JN409763

이상의 사상과 예술

이상의 사상과 예술

-이상 문학 연구의 새로운 지평 2

신범순 외

신구문화사

머리말

우리의 문학사를 수놓는 많은 별들이 있다. 그 가운데 특이한 빛으로 빛나며, 독특한 향기를 내뿜는 별이 하나 있는데, 그것은 이상이라는 별이다. 근대적 하늘의 먹구름들로 뒤덮여서 흔들리며 깜박거리고 있지만, 그것은 거친 폭풍에도 떨어지지 않고 거대한 우주의 생명력을 빨아들여 빛나고 있다. 우리는 그 별의 그러한 생명력에 대해 조금이나마 말해보고, 그러한 빛과 향기를 맛보고자 이 작은 책을 준비했다.

이미 1년 전에 이상의 문학에 대해 '문학연구의 새로운 지평' 이라는 제목으로 한 권의 책을 낸 적이 있지만, 거기서 미처 제시하지 못했거나 좀더 상세히 다루지 못했던 미진한 문제들이 있었다. 그러한 것들을 어느 정도 이번 책에서 보완할 수 있으리라 기대한다. 그러나 이 책은 그 이상으로 더욱 진전된 시각을 통해 문제의식의 방향전환을 꾀한 것이다. 우리는 특히 이상의 '사상과 예술' 에 초점을 맞추었다. 이상은 자신의 작품을 '문학' 적인 한계 안에 가두고 싶어하지 않았을 것이다. 그의 문학작품은 수학과 기하학, 물리학과 천문학, 시학과 철학이 교차하는 미묘한 직조물이다. 그는 이 다양한 영역들의 한계를 뛰어넘는 새로운 사상적 패러다임을 '문학적' 으로 제시하려 했다. 이 책의 '1부' 는 그러한 새로운 '사상적 패러다임' 에 대한 분석, 그러한 사상적 전망에 합류한 고전적 사유형태에 대한 탐색, 그리고 그러한 것을 가능케 한 당대 문단의 지적 성좌들끼리의 교류에 대해 탐구한 것들로 구성되었다. 이러한 논문들을 통해 이상의 문학적 사유가 매우 전위적이고 동시에 총체적인 안목으로 그 시대 전체의 문제와 대결하는 가운데 이루어진 것임을 알 수 있을 것이다.

'2부' 는 '원시주의와 고고학' 이라는 제목이 말해주듯이 이상의 '원시주의' 를 다룬 것이다. 조은주는 이상의 작품들에 자주 등장하는 '개' 이미지의 대지적 특성을 상세히 분석했다. 여기서 그것은 근대적 현실과 시인의 병든 육체를 재생시키는 구원적인 사유와 연관되어 있음이 밝혀졌다. 조규갑의 논문은 이상의 상상체계를 '반지' 의 둥근 고리의 상징으로 수렴시켰다. 그에게는 이상의 고고학적 사유와 광학적 사유의 계단을 통해 도달하고자 하는 목표에 '원시성의 힘' 이라는 것이 존재한다. 김초희는 이상의 광학적 시선에 의해 현실의 파편성이 드러난다고 보았으며, 이러한 것들을 극복하기 위한 고고학적 사유가 이상의 창조적 시각을 결정한다고 보았다. 이 세 편의 논문들은 각기 다른 문제들을 다루면서도 서로 연관되어 있는 것이어서 일종의 대화론적 관계에 놓여 있기도 하다. 최진옥의 글은 이러한 원시주의적 사유의 근원을 이상이 한때 휴양과 도피처로 택했던 평남 성천과 관련시킨 것이다. 최진옥은 그곳에서 이상의 '감각적 열림' 에 의해 근대적 원근법이 부정되면서 어떻게 감각적 확장이 일어났는가를 분석하고 있다. 이 신선하고 섬세한 논의들에 대해 여러분의 대화적 관심을 덧붙여보기 바란다.

'3부' 는 '현대성의 기호' 라는 제목으로 5편의 글을 실었다. 송민호는 이상의 초창기 시인 「삼차각설계도」에 나타난 새로운 세계인식을 다루었다. 그는 자아의 다중화와 분신의 테마가 3차원적 시공간을 벗어나려는 기획 속에서 나타난 것으로 파악했다. 정주아는 이상의 투시도법이 원근법을 파괴하며 기호의 환영을 제거하여 '텅빔' 을 지향하는 것으로 보았다. 여성이란 기호도 이러한 원근법적 체계를 파괴하는 역동성 속에서만 생명력 있는 존재로 나타난다고 했다. 박슬기는 '질주' 의 문제를 다뤘다. 그에게 이 주제는 이상 문학의 내적원리로서 '이중적 계보학' 즉 직선적 질주와 소용돌이 질주의 상이한 계보학으로 나타난다. 그리고 이중적 계보학은 서로 다른 육체/감각의 계보를 구성한다고 보았다. 정하늬는 '길' 의 문제를 다뤘는데 특히 도로와 골목의 표상이 제국주의적 자본주의 공간을 표상하는 것으로 생각했다. 그것은 근대 식민정책의 결과로 나타난 것인데, 이상의 질주는 근대의 속도와 대비되는 다른 속도의 방식으로 거기서 탈출하는 행위이다. 조윤정은 이상의 '모조' 이미지를 다뤘다. 그는 '모조' 와 '진짜' 의 대비법을 통해 이상이 추구한 것은 세계와 자아에 대한 창조적 주체의 관점이라고 생각했다. 이상이 자신의 작품 속에서 끊임없이 등장시키는 자신의 분신들을 통과하면서 그러한 실체적 관점에 어떻게 도달할 수 있는지 엿보려 한 것 같다.

위의 논문들이 다룬 문제들은 기존의 연구들에서 흔히 볼 수 있는 것들이다. 하지만 이미 다루어진 주제들에 대해 이들은 색다른 시각으로 새롭게 도전하고 있고, 기대 이상의 성과를 내고 있다.

'4부'는 '수사학과 진실'이란 제목으로 세 편의 글을 실었다. 박현수는 이상의 혼성적 특성을 다뤘다. 그는 모더니즘과 아방가르드를 구별함으로써 이상의 시학이 이 둘의 양가적 긴장 상태 속에 놓인 것으로 보았다. 「종생기」를 중심으로 이러한 이중적 특성을 상세히 분석했다. 오주리는 '사랑의 진실'이란 주제로 타자적인 세계 속에서 찾아낼 수 있는 진정성의 문제를 다뤘다. 진실 자체가 모순을 내포하기 때문에 이상이 진실의 본질에 접근하기 위해서는 '은유'적 언어를 통해 우회적으로 탐색하고 있다고 분석되었다. 최현희는 '아방가르드'적 측면을 다뤘다. 이상은 제도의 안과 밖을 모호하게 뒤섞고, 예술과 삶의 경계를 혼란시킴으로써 독특한 상상적 장을 창출한다고 보았다. 이러한 것을 통해서 이상은 한국 근대문학의 존재론을 비판적으로 성찰하게 한다고 생각했다.

우리는 이 책에 실린 논문들의 문제의식을 간단히 스케치 해 보았다. 비록 필자들의 생각을 완벽하게 전달한 것은 아니겠지만 독자들을 안내하기 위한 간단한 사색적 지형도 정도는 될 것이다. 일년여 정도 수많은 일들에 치이면서도 이상의 광맥을 캐내 이렇게 소중한 글들로 참여해준 필자들에게 거듭 고마움을 전한다. 이제 이 책은 독자들의 것이며, 그들의 사색과 비판의 대상이기도 하다. 그들과의 창조적 대화를 기대한다.

거친 원고에서부터 말끔하게 정리될 때까지 신구문화사의 여러분들, 특히 김광근 상무님과 편집부 교정팀, 디자인팀들이 애써주었다. 그분들 모두에게 고맙다는 말을 전한다.

2007년 8월 관악산 자락의 연구실에서

편자 신 범 순

차 례

제1부 사상과 예술

무한육면각체의 정원 (제논적 거울무한)

신 범 순

목차

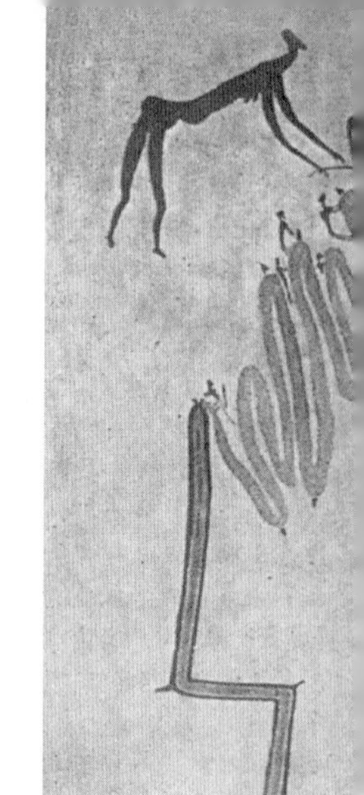

무한육면각체의 정원
(제논적 거울무한)

신 범 순*

1. 사각무한운동과 MAGASIN의 무한육면각체

나는 다른 글에서 이상의 무한정원과 무한호텔의 개념에 대해 논했다. 주로 「삼차각설계도」의 시편들을 중심으로 그러한 무한 사상의 여러가지 면모를 분석해 본 것이다. 남아 있는 매우 한정된 자료만으로 그의 사유와 사상을 완벽하게 재현한다는 것은 사실 어려운 일이다. 그렇지만 흩어진 자료들, 여러 작품들에 산재된 기호들을 연결시키고, 서로 반향시키면서 나는 그 '시인의 나라'를 조금이나마 복구시켜 보려 했다.

* 서울대학교 국어국문학과 교수

이제 이상의 '실낙원' 이야기를 해볼 차례가 되었다. 그는 「실낙원」이란 에피그람적 서사시를 유고작으로 남겼다. 거기에는 신화적 낙원시대의 꿈을 담은 「자화상(습작)」 같은 시가 들어 있다. 사실 그의 무한정원과 무한호텔은 잠깐 동안의 꿈에 지나지 않았는지 모른다. 물론 우리가 점검할 수 있는 현실적 생애와 그의 작품에 새겨진 절망적 기록들을 보아서 하는 말이다. 그러나 아무리 현실적인 장애물과 절망적인 생애로 가득하다 해도, 그의 꿈속에는 그가 파악한 아름다운 우주가 있다. 현실의 방대한 악무한적 황무지 위에 하나의 외로운 꿈나무처럼 그것이 가냘프게 서 있었다 해도, 그가 발견한 초검선[1]적 우주의 무한함은 그 자체로 영원무궁하게 있는 것이다. 그것은 이 물질적인 황무지의 세계, 근대문명으로 오염된 지구라는 별이 그저 한낱 점처럼 그 위에 떠 있을 뿐인 무한한 바다일지도 모른다. 이상은 그렇게 파악했던 것이다. 그러나 우리 각자에게 자신의 세계가 있듯이 지구 위의 인류에게도 자신의 우주가 있다. 아무리 초검선적 우주의 바다가 펼쳐져 있어도 오염된 지구 위의 인간들이 그것을 인식하지 못하고, 또 그 광대한 우주조차도 물질적인 차원에서만, 즉 광학적 반사상으로만 파악한다면, 초검선적 무한우주는 인간에게 없는 것이나 마찬가지가 된다. 그리고 우주는 곱셈적인 영역이니 지구의 이러한 문제는 다른 것들과의 조화와 결합을 깨뜨리게 되어 우주의 질서 자체를 상당 부분 오염시키게 될 것이다. 지구가 포함되는 곱셈적인 계는 진화하는 것이 아니라 퇴화하게 되는 것이다. 이상이 가냘프게 이 황무지 위에 심어 놓은 초검선적 생명나무는 이러한 면에서 너무나 중대한 의미를 갖고 있다. 그는 점차 파괴되어 가는 자신의 몸을 이 지구 속에 깊이 심고자 했다. 자신의 무한정원적인 사상과 함께 말이다. 잠시 그

1) '초검선' 이란 광선으로 포착할 수 있는 물질적 세계의 한계를 넘어서는 운동선이다. 그것은 우리 눈에 보이지 않는, 좀 더 미시적이고 또 동시에 광대한, 우주 영역에서 진동하는 메커니즘을 섭렵하는 우주적 삶의 운동선이다. '검' 이란 말은 우리 고대 신화와 역사에서 신성함을 의미했다. 그것은 우주창조의 근원이며 우주의 본질적 특성을 가리키는 '곰' 에서 나왔을 것이다.

것은 흙으로 덮여 있어도 뒤에 올 사람이 자신의 광맥을 찾아내 주기를 바라면서, 그는 자신을 깊이 파묻었다. 우리의 작업은 바로 그러한 그의 광맥을 파들어가는 일이다.

삼차각적인 설계도면을 창조함으로써 그는 새로운 문명적 구조물, 즉 무한정원적인 우주적 풍요로움을 삶의 문명적 양식으로 만들어낼 모델인 무한호텔을 만들어냈다. 우리는 앞으로 이러한 모델을 다양한 방식으로 우리의 학문, 사회구조, 생활양식 등에 적용시킬 수 있을 것이다. 이상이 남겨 놓은 광맥을 파내서 우리는 그것을 가공하고 여러 가지 물건과 도구, 구조물로 변화시킬 수도 있다. 이상은 자신의 이러한 모델을 설계한 뒤 세상에 공표하지 않았다. 「삼차각설계도」는 자신이 전공한 건축관계 잡지에 게재된 것이고, 그것은 대중들과는 아무 상관도 없었다. 그리고 그러한 잡지에 실린 시라는 것은 일종의 여기 정도로 여겨지는 것이 아니겠는가? 따라서 이상의 전체 시 중 극히 일부인 그 시조차 세상에 널리 공표될 기회는 없었고, 그 뒤에 대중들과 대면할 수 있는 자리에서 그는 거의 이러한 시들을 내놓지 않았던 것이다. 그것은 발표되자마자 파묻힌 셈이다.

이상은 그러한 자신의 사상을 뒤에 감추고 이 세상 사람들과 그래도 같이 살아갈만한 문제들이 없을지 생각했을 것이다. 이러한 행위는 현실적인 것인데, 왜냐하면 자신의 그러한 예술적 사상적 깃대에 같이 동조할만한 약간의 패거리조차 만들어 낼 수 없는 판에, 그러한 혁신적 사상을 그저 혼자서 밀고 나갈 수는 없었기 때문이다. 그는 현실적인 차선책을 택한 셈이다. 아마 '삼차각의 여각'을 발견했다는 것은 바로 그러한 의미가 아니겠는가? 삼차각이란 개념이야말로 무한호텔을 설계하는 핵심적인 것이었다. 그러한 것의 여각이란 도대체 무엇을 가리키는 것일까? 이러한 것에 대해 생각해보기로 하자.

앞으로 이상이 걸어간 실낙원 이후의 여정을 다루는데 가장 주목해야 할 부분은 그가 황무지적 현실을 어떤 방식으로 형상화했고, 거기서 탈출하거나 그 가운데 새롭게 안주할 수 있는 방식에 대해 어떻게 말했는가 하는 것이다. 나는 이것을 '거울무한'의 두 가지 양상과 이 세상에서의 초검선적 도피로이자 탈출구, 혹은 구원처인 죽음(무덤 속(幽界로의 통로인)으로의 여행)으로 구분해서 논할 것이다. 거울무한은 광학적 반사상의 세계 속에서 그가 택할 수 있는 무한적 삶의 추구인데, 나는 이것을 또한 두 가지로 구분하고자 한다. 즉 제논적인 악무한적 양식과 반사상의 율동적인 펼쳐짐인 거울푸가적 양식이 그것이다. 그리고 마지막으로 그의 유계적 탈출로, 즉 그의 '종생기'에 대한 집착을 살펴보겠다. 그것은 이상에게 소설적 산문의 세계에 시적인 것을 깃들게 하는 방식이었다. 이상의 소설은 이러한 면에서 일반적인 소설 양식에서 벗어나 있다. 그는 거울과 시계 이미지로 광학적인 반사상적 공간세계와 기계적인 수량화로 시간을 분절시키고 관리하는 그러한 세계를 그렸다. 그의 마지막 소설인 「실화」는 시계 이미지에 담배 연기를 대비시킴으로써 그의 마지막 장면들에 시적인 여운을 풍겨줄 수 있었다. 「종생기」의 화려한 말채찍인 산호편(珊瑚鞭)은 중국의 한문학을 뒤집고 바꿔치기하는 그의 독특한 창작술을 가리키는 것이었다. 그는 이러한 화려한 창작술로 죽음을 향해 달려가는 자신의 마지막 무한 사상의 발길에 박차를 가했다. 이러한 것도 그의 사상적 추구에 대한 집요한 의지를 알지 못하면 그저 기교적인 수사법 정도로 보인다. 수많은 연애행각에 대한 이야기도 시시한 부랑아나 탕자 정도의 이야기처럼 읽히게 된다. 그러나 이 모든 것들이 그저 한 개인의 사적인 체험담만은 아닌 것이다. 그러한 것들 모두 그의 사상적 추구와 그가 겪었던 현실체험들에 대해 그가 파악한 형상이거나 알레고리인 것이다. 그의 소설들은 그의 무한정원적 사상으로 통하는 작은 구멍을 통해서 다시 들여다보아야 제대로 읽힌다.

'삼차각'에 대한 추구 이후에 펼쳐질 시적인 풍경도 이렇게 단순하지만은 않다. 그 가운데 가장 눈에 띄는 것은 언젠가 상영된 영화의 제목이 되기도 한 「건축무한육면각체」이다. 이것을 어떤 사람들은 많은 비밀이 숨겨진 이상의 독특한 세계라고 생각할지 모른다. 그러나 사실은 전혀 그렇지 않다. 그의 중요한 비밀과 핵심은 「삼차각설계도」에 있지 여기 있는 것이 아니다. 단지 그의 무한적인 화법 때문에 그렇게 보일 뿐이다. 이 시에서 말하고 있는 것은 오히려 근대적인 현실 그 자체에 대한 이상 식의 화법과 표현이다. 한마디로 말해서 여기서 이상이 말하고자 한 것은 '세계의 황무지화' 이다. 그는 두 가지 측면에서, 즉 구조적 양식에서 핵심 부근에까지 파고들어가는 '사각형의 악무한적 운동' 에 대해 말했으며, 또 그러한 운동이 부채처럼 펼쳐지고 전체로 확산되는 현상, 즉 사각형의 원운동에 대해 말했다. 이것은 이상 식의 기호체계에서는 껍질들이 심화되고 확산되는 모습이다. 깊이와 두께와 내용물이 없는 이 껍질들의 세계는 서로 결합되거나 융화되지 못하는 세계, 고립되고 서로 투쟁하며, 위장하는 세계이다. 그는 근대적인 세계관과 그 생활양식을 바로 이러한 방식으로 파악했다. 그의 상상체계에서 이러한 것들은 차갑게 결빙되고 인공화 · 기계화되는 이미지를 갖는다. 그의 작품들 전체를 통해서 이러한 인공화 이미지를 찾아낸다는 것은 너무 쉬운 일이다. 그만큼 이 인공적인 상상력은 전반적인 흐름을 형성하고 있다. 우리는 이러한 것들이 우리가 앞에서 다루었던 무한에로티시즘과 반대되는 것임을 직감할 수 있다. 앞에서 분석했던 「광녀의 고백」은 무한에로티시즘을 흉내낸 것처럼 보이지만 결국 마지막 결론은 껍질들의 세계이다. 즉 쾌락의 상업주의는 낙원으로 이끈다는 표정과 몸짓을 짓지만 마지막 도달점은 그 모든 것이 가짜라는 것이다. 자신의 이익에만 사로잡혀 있는 근대적인 교환관계는 진정한 낙원, 무한정원의 낙원에 도달할 수 없다.

이 악무한적인 운동을 전형적으로 보여주는 「AU MAGASIN DE NOUVEAUTE」(앞으로는 줄여서 MAGASIN이라 함)에 대해 본격적으로 분석하기에 앞서서 여기에 등장하는 '차가운 사각형' 이란 기하학적 도형에 대해 생각해보자. 이것은 차갑게 굳어버린 사과라는 기호와 함께 앞으로 다루게 될 황무지적 세계의 가장 기본적인 도형이 될 것이다. 이 둘에 이상은 근대적 논리를 주도한 유클리드와 뉴턴이라는 두 상징적 이름을 숨겨놓았다.

이상은 점차 차갑게 얼어붙고 어두워가는 세계를 이미 「조감도」 시기에 명확하게 그려 놓고 있었다. 「조감도」는 「二人」, 「신경질적으로 비만한 삼각형」, 「LE URINE」, 「운동」, 「광녀의 고백」, 「흥행물천사」 등으로 되어 있다. 이 작품들은 초검선적 우주로부터 떨어져 내린 세계, 광학적 반사상인 물질적 세계의 이야기를 다룬 것이다. 여기서 「운동」이란 시는 「LE URINE」와 「광녀의 고백」 사이에 끼어 있는 시이다. 「LE URINE」는 차갑게 얼어붙은 대지에 오줌을 누면서 대지의 생식력인 뱀을 깨어나게 하는 주제를 갖는다. 까마귀가 태양 빛을 받으며 날고 있는 장면도 그러한 분위기를 보여준다. 그의 생식력인 성기는 졸아들어 있는 채로 이 얼어붙은 세계와 대결한다. 「운동」은 이러한 결빙적인 이미지와 달리 기계적인 수량화적 운동을 보여준 것이다.

> 일층우에있는이층우에있는삼층우에있는옥상정원에올라서남쪽을보아도아무것도없고북쪽을보아도아무것도없고해서옥상정원밑에있는삼층밑에있는2층밑에있는일층으로내려간즉동쪽에서솟아오른태양이서쪽에떨어지고동쪽에서솟아올라서쪽에떨어지고동쪽에서솟아올라서쪽에떨어지고동쪽에서솟아올라하늘한복판에와있기때문에시계를꺼내본즉서기는했으나시간은맞는것이지만시계는나보담도젊지않으냐하는것보담은나는시계보다는늙지아니하였다고아무리해도믿어지는것은필시그럴것임에틀림없는고로나는시계를내동댕이쳐버리고말았다.[2]

이제 무한정원[3]에서 이상이 내려간 곳은 바로 백화점 옥상정원이다.

---

2) 전집1, 49면.

3) 나는 이상의 '무한정원'에 대해 다른 글에서 상세히 분석했다. 그것의 개념 표상은 「삼차각설계도」의 첫 번째 시인 「선에관한각서1」에서 볼 수 있다. 100개의 무한 구체가 그려진 그의 '멱좌표'는 무한정원의 수학적 표상이다.

우리는 이 「운동」에서 옥상정원의 첫 번째 출현을 본다. 「MAGASIN」에서 이 옥상정원은 차가운 도형인 사각형의 악무한적 운동 꼭대기에 자리잡고 있다. 그리고 「날개」에서는 주인공이 집에서 쫓겨나 방황하며 헤매는 길에 도달한 꼭지점이다. 그는 그 꼭지점, 차가운 이해타산에 지배되는 상업적 논리의 꼭지점에서 이러한 현실세계 전체에 대해 조감한다. 여기에서 작동하는 시선은 초검선적 시선이 아니다. 따라서 삼차각적인 무한적인 사유체계도 작동하지 않는다. 위의 시는 어떻게 보면 너무나 단조롭고 유치한 어법으로 쓰여진 것처럼 보인다. 그런데 이 시를 제비 다방에 딸린 뒷골방에서 보았던 김기림은 그만 충격을 받았고 감동을 했다고 회상했다. 그럴만한 이유가 이 시에 있는가? 마치 수식화된 언어처럼 여기에서 쓰인 언어는 기계적이고 논리적이다. 유치원 학생도 다 알 정도의 수식과 논리이기는 하지만 말이다. 1층 위에 2층 그 위에 3층이 있고, 3층 밑에 2층 그 밑에 1층이 있다는 것이다. 이 너무나 당연한 말을 이상은 태양의 운동에도 그대로 적용했다. 태양이 동쪽에서 떠서 서쪽으로 진다는 이 너무도 당연한 말을 그는 세 번이나 반복했다. 한 번 더 하다 중단한 것처럼 마지막엔 하늘 한복판에 와 있는 태양에 대해 말했다. 즉 정오를 가리키는 시간, 백화점의 꼭대기에 떠 있는 시간의 꼭지점에 대해 그는 말하고 있다. 너무도 상식적인 이 공간적 운동과 그것을 수량적으로 측정하는 시계에 대해 말함으로써 그는 이 세계의 논리를 가장 간단한 화법적 공식 속에 밀어넣었다. 무슨 복잡한 말이 필요 있느냐 하는 표정으로 말이다. 그러한 공간적 운동에 대해 측정하는 시계와 달력에 대해 그는 줄기차게 비난을 퍼붓는다. 즉 그것은 무한하게 다양한 우주와 세계 그리고 사람의 운동을 획일적인 수량화의 기계적인 논리 안에 가둔 것이다. 근대인들은 더욱 철저하게 이러한 논리를 밀고 나가며, 치밀하게 다듬고 그 속에 점점 더 깊이 빠져든다. 그가 이 시 마지막 부분에서 시계를 내동댕이친 것은 그것이 자신의 생애, 즉 사람의 속도와 운동을 측정할 수 없다고 보았기 때문이다. 사람의(삶의) 운동은 「삼차각설계도」

에서 보았듯이 바로 초검선적인 무한우주적 운동이었다. 김기림은 같은 잡지에 실렸던 다른 시들 즉 「광녀의 고백」, 「흥행물천사」, 「LE URINE」 등도 함께 보았을 것인데, 다른 현란한 시들보다 이 시를 언급한 것은 이러한 의미가 내포된 것을 직관적으로 깨달았기 때문일 것이다. 그 당시에 그도 원시적인 단순성 같은 것들에 관심을 갖고 있었으니 그럴만도 하다. 이 「운동」에서 우리는 매우 단순하고 기계적인 논리가 백화점의 구조물과 태양의 운동, 그리고 시계의 시간 등에 함축되어 있음을 알게 된다. 근대세계의 복잡성은 바로 이러한 기본적인 논리를 확장하고 변화시키고 증폭시킨 것에 불과하다. 이러한 문제는 변증법적 논리와 사회주의적 사회구조라고 해서 별로 다를 것이 없다. 이러한 것들도 모두 유물론적 관점, 기계론적 관점, 광학적 한계 속에 내포되기 때문이다. 전체주의는 이론적으로는 이러한 것을 지양하려 했지만 그 이론 자체의 문제점과 제국주의적 속성 때문에 결국 더욱 나쁜 파괴적 운동으로 귀결되었다. 그리고 그것도 '근대를 비판한 근대'에 불과한 것이 되었다. 우리는 나중에 포스트모더니즘적인 운동까지 결국에는 이 범주에 포섭된다는 것을 알게 될 것이다. 「MAGASIN」은 이러한 「운동」의 논리를 좀더 복잡화한 양상으로 포착한 것일 뿐이다. 이 시는 간단히 말한다면 백화점 풍경을 그린 것이다. 백화점 안의 구조와 운동, 거기 놓인 상품과 매혹된 여인들, 광고표지 등에 대해 말하고, 그러한 것들의 꼭대기에 있는 옥상정원을 등장시킨다. 이 시의 중간 대목에 옥상정원이 놓인다. 그리고 백화점 외부풍경을 그리고 거리로 내려간다.

이 시의 첫머리에 나오는 구절이 여러 연구자들을 괴롭혔다. 아직 시원하게 그 복잡한 구절의 의미를 알게 된 것 같지는 않다. 나는 사각형의 이 무한운동을 제논적인 악무한적 운동으로 풀이해보겠다. "사각형의내부의사각형의내부의사각형의내부의사각형의내부의 사각형" '사각형의 내부'를 몇 번이나 되풀이 했는지는 별로 중요하지 않다. 그것은 무한히 되풀이 될 수 있다는 정도의 의미일 것이다. 마지막 항에 나오는 사각형

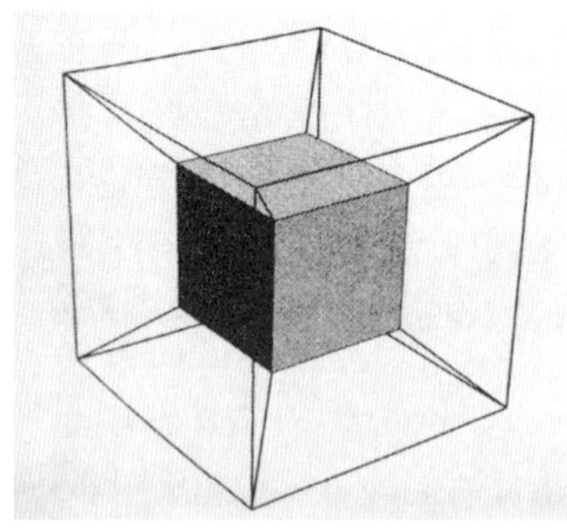

그림 1 하이퍼큐브

그림 2 '사각형 속의 사각형'을 무한하게 되풀이해서 만들어진 껍데기 입체 위에 그려진 작은 입체는 그 무한운동에 의해 마지막 도달한 입체

을 수식하는 말로서 이 '사각형의 내부의'가 되풀이된 것이다. 가장 깊은 곳에 뿌리박히게 된 이 '사각형'은 무한하게 많은 사각형의 껍질(포장) 속에 들어 있다.[4] 위의 두 그림을 통해서 대략적으로 이러한 사각형의 무한운동을 도상화시켜 보았다. 그림 2는 각 면에서 사각형의 내부를 향한 무한운동이 만들어낸 면들로 이루어진 육면체이다. 다음 그림(3, 4)은 그러한 육면체의 내부를 향한 무한운동을 도상화한 것이다.

우리는 이 무한사각운동을 멩거의 스펀지로 설명해볼 수도 있다. 멩거 스펀지의 한 면은 무한하게 많은 사각형들을 점점 더 많이 만들어내는 방식이다. 이것은 무한히 많은 사각형의 구멍을 냄으로써 결국에는 전체 부피가 0으로 수렴되는 3차원 육면체를 만들어낸다. 이 궁극적인 사각형 결정체가 바로 이 백화점 세계의 근본적인 논리이다. 그것은 모든 것의 원

4) 백화점적 건축물에 대한 이러한 무한적 서술은 이상만의 독자적인 것이다. 아마 이러한 것과 비교할만한 것이 있다면 피터슨의 다음과 같은 언급 정도일 것이다. "사차원 공간에서 하이퍼큐브에 빛을 비추었을 때 나타나는 그림자를 3차원으로 보면 마치 작은 유리 정육면체가 좀더 커다란 유리 정육면체 안을 떠다니는 것 같아 보인다."(이바스 피터슨, 김승욱 역, 『무한의 편린』, 경문사, 2005, 71면) (그림은 73면) 물론 이상의 건축물은 이러한 하이퍼큐브는 아니다. 그러나 그러한 다차원적인 사유가 아니면 「MAGASIN」의 그러한 독특한 이미지가 가능하지 못했을 것이다. 이상은 이러한 면에서도 매우 선구적인 모습을 보여준 것이라 하겠다.

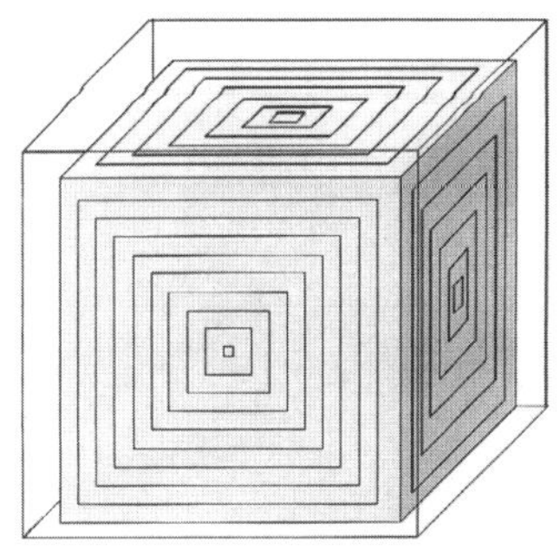

그림 3 위에서 만들어진 껍데기 입체의 무한운동1

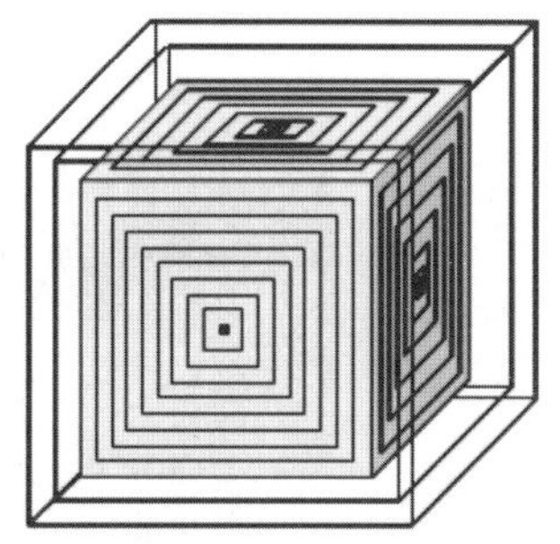

그림 4 껍데기 입체의 무한운동2. 이러한 운동이 무한하게 내부를 향해서 되풀이 된다는 것을 보여준다.

소이다. 즉 백화점 건물과 그 안의 공간, 그 안에 놓인 가게들과 그 안에 놓인 상품들, 그리고 그것을 사고파는 교환법칙들, 그러한 교환법칙에 길들어 있는 직원과 고객들의 생각과 마음속에까지 그 사각형은 박혀 있다.

두 번째 행은 이러한 사각의 원운동에 대해 표현하고 있다. "사각이난원운동의사각이난원운동의 사각이 난 원." 여기서 '사각이 난 원운동'을 표현 그대로 이해하려고 하면 이상의 시적인 맥락에서 벗어난다. 그에게 원운동은 무한구체에 대해서 보았듯이 부채처럼 펼쳐지는 운동을 말한다. 그것은 어떤 것의 확산과 전개 운동인 것이다. 사각형이 백화점 구조 즉 냉정한 교환법칙과 가치의 수량화적 측정 같은 것들을 상징하고 있듯이, 여기서도 마찬가지이다. 그러한 사각적인 논리의 전개에 대해 말한 것이다. 이 구절도 마지막에 나오는 '사각이 난 원'을 수식하기 위해 '사각이난원운동'이 되풀이 되었다. 즉 근대자본주의 논리의 전개와 확산을 말한 것인데, 원운동은 구체적으로는 전지구적 확산을 가리키고 있다. 그것은 사각형 건축구조물의 확산, 그러한 것들끼리의 교통로의 확산, 물류의 이동, 사람들의 이동 그 모든 것을 포괄할 수 있다. 그렇게 무한하게 확산됨으로써 전체적으로 완결된 모습이 '사각이 난 원'이다.[5] 이 운동

---

5) 「얼마안되는 변해」에서는 "사각진 달의 採鑛"이란 표현도 보인다.

그림 5 멩거 스펀지. 시핀스키 카펫(사각형 속에 한 번이 반절씩 줄어드는 사각형 구멍을 계속 뚫어가는)을 무한히 반복해서 만들어진 입체. 이상의 '사각형 내부의 사각형' 즉 사각형의 내부를 향한 사각형의 무한 운동을 이러한 방식으로 상상해볼 수도 있다. 그 결과 부피가 0인 껍질만으로 된 입체가 생긴다.

은 물론 백화점 내부에서도 발견될 수 있다. 그 다음 구절들에서 그것이 확인된다. "비누가통과하는혈관의비눗내를투시하는사람." 이러한 백화점 풍경에 몰입해서 끌려들어온 사람들은 다른 사람들까지 그러한 풍경으로 바라본다. 도시인의 창백한 피부, 마치 안에 피가 비누로 세척된 것처럼 보이는 그러한 피부에 대해 이상은 이렇게 표현했다. 거기에는 똑같이 백화점의 논리가 적용된다. 그 안에서 파는 육면체 비누가 사람의 원기둥 속에서 원운동을 한다. 사람 몸 속에 있는 것을 그 밖에서까지 냄새를 맡을 수 있을 정도로 이러한 백화점 풍경은 강렬하다. "거세된 양말"이나 "빈혈면포" 같은 표현들도 백화점의 상품들을 생명력이 상실된 인간 형상과 관련시킨 것이다. 생식적인 힘과 생명력의 상실이 백화점의 상품들에 널려 있다. 거기 흡수된 인간들은 그렇게 될 수밖에 없을 것이다. 그러한 상품의 통로를 거쳐서 평행사변형으로 오르고 내리는 계단을 통해 옥상정원에 도달한다.

> 옥상정원. 猿猴를흉내내이고있는마드무아젤.
>
> 彎曲된직선을직선으로질주하는낙체공식
>
> 시계文字盤에XII에내리워진2개의浸水된황혼
>
> 도아—의내부의도아—의내부의鳥籠의내부의카나리야의내부의 嵌殺門戶의내부의인사.

백화점 꼭대기에 있는 옥상정원의 풍경이다. 이상의 역설법적 표현은 여기에도 자리한다. 원숭이가 흉내낸다는 표현을 뒤집어서 원숭이를 보는 아가씨가 흉내낸다는 것이다. 프랑스식 어법으로 마드무아젤이라고 한 것은 그녀가 백화점의 프랑스식 패션을 모방하는 것에 익숙해 있음을 가리킨다. 최첨단 유행을 좇기 바쁜 모던 걸인 것이다. 이러한 흉내와 모방의 양식은 백화점의 근본적인 양식이다. 그리고 그것은 반사상에 지배되는 근대적 논리가 자기를 일상생활에서 꾸며나가는 최첨단 양식이기도 하다. 패션의 유행은 바로 그러한 양상을 보인다. 근대적인 여성일수록 이러한 모방에 익숙해 있다. 개성을 찾을수록 그러한 유행적인 패션을 휘감게 되는 것이다. 패션들은 그렇게 개성을 주장하며 선전한다.

'만곡된직선' 이란 표현도 역설적인 표현이다. 직선이 어떻게 구부러질 수 있는가 라는 문제는 비유클리드 기하학에서는 기본적인 공리이지만 여기서는 그러한 기하학적 표현이 아니다. '사각이 난 원운동' 이란 역설에도 상징적인 의미가 내포되어 있듯이 이것도 마찬가지로 그렇다. 이상은 '직선' 의 상징성을 부여한 것이다. 황혼이 오는 것을 수량적으로 가리키는 시계바늘의 운동을 그는 낙체공식으로 표현했다. '침수된 황혼' 이란 표현 속에는 태양의 원운동이 포함되어 있다. 그리고 시계바늘의 원운동이 겹쳐 있다. 이것이 '만곡된 직선' 을 가리킨다. 그것은 분명히 둥글게 휘어져 있지만 그것의 운동은 기계적이며 직선적인 것이다. 시계가 측정하는 황혼의 시간은 태양이 떨어지는 것을 표현한 '낙체공식' 이란 말 속에 함축되어 있다.

옥상정원의 마지막 풍경은 카나리아가 들어 있는 새장이다. 여기에도 처음 표현처럼 내부로 반복되는 감금장치들이 있다. 카나리아는 무한한 감옥 속에 갇혀 있다. 자유롭게 하늘을 날아다녀야 할 새가 그 반대의 지옥에 갇힌 것이다. 백화점은 자연의 아름다움까지 이렇게 감옥 속에 집어넣고 바라보도록 만든다. 그리고 이것이 자연에서 멀어진 근대인의 생활양식인 것이다.

이상은 이러한 비인간적이고 기계적인 운동을 흔히 자동인형이나 군대 등의 이미지로 표현했다. "명함을짓밟는군용장화" 같은 표현도 그래서 나온 것이다. "街衢를 疾驅하는 造 花 金 蓮"은 여성의 인공적인 이미지이다. 이 시의 마지막은 사각형의 운동으로 마무리했다. "사각이난케ㅡ스가걷기시작이다.(소름끼치는일이다)/라지에타의근방에서승천하는꾿빠이./바깥은雨中. 發光魚類의 군집이동." 비가 내리는 밤거리에서 헤드라이트를 키고 달리는 자동차들의 무리를 그는 이렇게 표현했다.

이러한 비인간화된 시장논리는 이미 「황의기」 같은 시에서도 엿보인다. 거기에서 생식적인 본능적 존재인 황을 데리고 이상은 화원시장을 걷는 장면이 나온다. 대리석 모조종자를 거기서 산다. 이러한 극단적인 역설적 표현들은 그렇게 인공화되어 가는 세계를 과장한 것이다. 봄이 와서 "꽃이 매춘부의 거리를 이루었다"라고 표현하는 것도 그렇다. 계절의 흐름조차 이러한 인공적인 리듬 속에서 포착됨으로써 이러한 표현이 가능해졌다. 매춘부를 꽃에 비유한 것이 아니라, 자연물인 꽃을 매춘부로 비유한 것은 이러한 역설적 과장에 의한 것이다. 태양과 달의 운동 같은 자연의 광대한 운동도 한 장의 캘린더로 포착한다는 것, 이것이 「습작쇼윈도우수점」 같은 시의 표현법이다.

이렇게 해서 이상은 두 가지 문제를 그 특유의 극한적인 방식으로 이끌어갔던 것 같다. 즉 하나는 무한정원과 무한호텔적인 그의 사상에서 가장 핵심적인 무한구체의 무한원점이란 극한적 중심, 초검선적 우주의 중력적인 씨앗을 붕괴시킨 것이다. 그는 이 무한구체의 중심에 껍질적인 사각형 논리의 결정구조를 심어 놓았다. 앞에서 언급한 사각형 내부의 악무한적 중심에 새겨진 '사각형 내부의 사각형' 이 바로 그것이다. 그리고 다른 한편으로는 그가 무한호텔을 설계할 때 중심적인 개념이었던 부채꼴의 전개와 회전이란 것을 악무한적인 사각형의 원운동으로 대체시킨 것이다. 사각무한운동은 무한구체 대신 껍질적인 것으로 도배된 '사각이 난 원' 을 갖다놓았다. 지구는 그러한 사각적인 논리로 도배되고 오염되었으며 차갑게 냉각된다. 차갑게 얼어붙은 뉴턴의 물리학적인 사과가 떨어져 내려 지구는 거대한 충격을 받는다. 어떠한 새로운 사상도 그 충격으로 싹트지 못한다. 이것이 「최후」라는 시의 내용이다. 그의 무한정원에서는 원자에서부터 과일과 지구, 달과 해, 별들과 성운에 이르기까지 모든 것들이 무한에로티시즘으로 조화되고 서로를 숨쉴 수 있는 것이었는데 반해서, 이제 그러한 시적 유기적 관련들을 모두 차가운 논리적 시선 앞에서 붕괴되어버렸다. 하늘의 그러한 풍경은 찢어졌다. '찢어진 천체' 에 대해 그는 「BOITEAU BOITEUSE」에서 말했다. 평면기하학적 이미지를 거기에 덧붙였다. 「황의기(작품 제2번)」에서는 황량해진 하늘을 이렇게 표현했다. "붉은 밤, 보랏빛 바탕/ 별들은 흩날리고 하늘은 나의 쓰러져 객사할 광장/ 보이지 않는 별의 嘲笑/ 다만 남아있는 오리온좌의 뒹구는 못같은 星員". 눈보라 흩날리는 하늘에서 비틀거리는 별들의 혼란스런 풍경은 「오감도」 중 「시제7호」에서도 보인다. 그러나 위의 구절들이 더 멋들어지게 표현했다. 폭풍우 같은 휩쓸림 속에서 거의 모든 별들이 비틀거리며 숨어버렸다. 그렇게 찢어진 듯한 하늘에 못처럼 뒹구는 오리온좌의 별들만이 남아 있다. 별을 뒹구는 못으로 비유했다니 이 얼마나 비참하고 슬픈 풍경인가! 그러한 것들은 무너진 폐허에서 우리 발에 밟히는 것들이 아닌가? 그러나 남아 있는 별들인 오리온좌는 나중에 그 하늘을 되살릴 희망이 되기도 한다. 요리인의 단추에는 그 오리온좌의 약도가 새겨져 있는 것이다. "요리인의 단추는 오리온좌의 略圖다".[6] 이러

6) 「황의기」 중 「記 4」에서, 전집1, 182면.

한 이미지를 보면 이상의 기호들에는 유사성의 흐름이 존재하는 것 같은 느낌이 든다. 즉 나비날개와 오목렌즈 그리고 오리온좌 등에는 그가 「선에관한각서」에서 말했던 수렴과 융합적인 형상이 깃들어 있는 것처럼 보인다. 어떻게 보면 이것들은 모두 비슷한 형태가 아닌가?

2. 근대체제의 바벨탑과 역사시대의 종말

우리는 앞에서 무한육면각체, 즉 조감도의 악무한적 기하학의 세계에 대해 알아보았다. 이러한 것들은 바로 근대적인 현실을 이상의 무한사상적 시각으로 포착한 구조, 즉 악무한적 구조였던 것이다. 이러한 구조에서는 무한정원/무한호텔적인 세계의 무한원점(중력중심)이 제거된 것은 물론, 무한구체를 만들어내는 방식으로서의 '부채꼴의 전개와 회전' 운동도 붕괴되었다. 현실적인 역사 과정에서 그렇다는 것이 아니고, 이상의 사상적 우주에서 그렇게 되었다는 것이다. 그런데 이러한 근대적 현실을 무한적 시각으로 포착한 형상은 매우 특이해서 어디에서도 그 선례를 볼 수 없다. 그리고 그가 살았던 시대로부터 한참 지난 지금까지도 그러한 시선에 도달한 사람은 아직 없다. 따라서 그의 특이한 사유와 상상력이 그려낸 이 무한육면각체의 구조물이 도대체 어떤 것인지에 대해 그저 가볍게 지나칠 일이 아니다. 왜냐하면 그것은 그러한 무한적인 사유로 포착한 만큼, 그러한 근대적 대상에 대한 무한적 사유적 관점과 견해가 거기 담겨 있기 때문이다.

근대성에 대해 모두 뒤따라가기에 바빴던 시대에 이러한 그의 사유는 거의 우리 눈에 보이지 않았다. 그리고 근대성에 대해 비판한 사람들조차 그러한 이상의 무한적 사유와 그것으로 포착한 근대의 악무한적 형상이 무엇을 의미하는지, 또 그것이 근대를 어떻게 비판하고 있는지 알지 못했다. 이상을 옆에서 지켜 보며 그에 대해 가장 잘 알고, 또 그의 정신

세계에 대해 경이감을 느끼고 있던 김기림도 그의 비판적 사유가 과연 어떤 내용을 담고 있는지 정확하게 알지 못했다. 이상이 죽은 해인 1937년에서 2년이 더 경과된 후 김기림이 발표한 「산」 같은 수필을 보면 그렇다. 김기림은 서양의 근대문명에 대해 비판하면서 그것을 '인간의 기계화의 길' 이라고 지적했다.[7] 그는 랭보와 고갱의 반열에 이상을 올려놓았다. 즉 근대적인 서구 문명을 탈출한 이 전위적인 시인과 화가에 이상을 합류시킨 것이다. 랭보와 고갱, 그들은 서구 문명의 답답한 공기에 질식되기 전에 야생적이고 원시적인 아프리카의 오지와 태평양의 타히티로 떠났다. 그러나 김기림은 이상의 '날개' 를 단지 그러한 탈출 시도로만 파악하지는 않았고, 새로운 인류와 새로운 세계를 꿈꾸었던 더 거대한 비상으로 파악했다. 그런데 그것으로 끝이었다. 그는 도대체 그러한 꿈이 내포한 사상의 정확한 얼굴을 묘사할 수 없었던 것이다. 그는 단지 그러한 서구 근대문명의 몰락을 대치할 수 있는 '동양의 소리' 가 무엇이겠는가 라는 상식적인 선을 넘지 못했다. 그것은 그보다 2년 후 쓴 「'동양' 에 관한 단장」에서도 역시 마찬가지였다. 대동아공영권이라는 일본의 제국주의적 신질서 구상이 동양주의 깃발을 내세운 가운데 여기저기 우후죽순으로 동양주의에 대해 많은 글들이 쏟아지고 있을 때 김기림은 한마디 하지 않을 수 없었다. 그는 루소나 로렌스의 원시주의를 비판하면서 고갱의 타히티 행과 야수파의 원시주의에 대해서도 비판했다. 서양 근대의 극복을 위해 그가 내세운 것은 그러나 너무 상식적인 수준에 머물러 있다. 그는 동양주의 바람을 경계하면서 '동양'은 경도되어야 할 대상이 아니라 새롭게 발견해야 할 대상이라고 말했다. 그리고 서양의 과학을 통속성과 형이상학에서 끌어내어 새롭게 해야 할 것이라고 했다. 이제 새롭게 창조될 문화는 과연 어떤 것인가에 대해 그는 이렇게 말했다.

7) 김기림, 「산」, 《조선일보》, 1939. 2. 16.(전집5, 177면 참조)

> 이제 새롭게 창조될 문화는 서양문화의 말로를 당하여 지리멸렬해진 현대인의 정신을 다시 풍부하게 하고, 심화하고 희망과 용기와 건설과 인간성의 충실과 動하는 질서와 조화를 가져올 수 있으며, 근대문화보다도 다시 더 높은 단계 함축 있고 포괄적인 것 이라야 할 것이다.[8)]

그는 서양문화를 극복할 새로운 문화는 이렇게 "더 높은 단계의 함축 있고 포괄적인 것" 이라고 분명히 말했는데,[9)] 이것은 서양문화를 분해한다고 해서 원시문화로 돌아가서는 안된다는 그의 발상에서 나온 것이다. 결국 그의 결론은 그러한 '함축과 포괄' 즉 전체성을 동양 정신에서 찾을 것으로 생각했다. 그리고 거기에 원시성을 극복하는데 필요한 서양 문명의 유산, 즉 합리적인 과학적 방법을 결합시켜야 할 것으로 보았다. 이것이 "동양문화와 서양문화의 결혼" 으로 귀결되었다. "동양문화와 서양문화의 결혼---이윽고 세계사가 구경하여야 할 한 향연일 것이고, 동시에 위대한 新文化탄생의 序曲일 것이다."[10)] 어쩐지 이 동서의 '결혼' 이 「쥬피타 추방」에서 이상의 담배 연기가 만들어낸 圓光의 '간다라' 양식을 떠올리게 하지 않는가? 중화민국의 어설픈 '간다라' 양식에 꼴을 찡그린 '쥬피타-이상' 의 담배 연기로 만들어진 이 '원광' 이야말로 새로운 간다라적 문화양식을 암시했던 것은 아니겠는가?

김기림의 이러한 판단은 그 시기의 사상적 분위기를 반영한 것이다. 그러나 동양주의가 '대동아공영권' 이란 슬로건 아래 일본 중심의 아시아 신질서 체제를 위해 이용당하는 시점에서, 어느 정도 그에 대해 경계심을 가져야 한다는 비판적 논리가 슬쩍 끼어들어간 것이기도 하다. 우리는 물론 루소의 원시주의가 김기림이 생각했듯이 그저 원시야만 상태

8) 김기림, 「'동양' 에 관한 斷章」, 『문장』 폐간호, 1941. 4, 215면.
9) 여기서 '함축' 과 '포괄' 이란 말은 당시 압도적 이데올로기였던 '전체주의' 때문에 오염되어버린 '전체' 라는 말을 슬쩍 비켜간 것이다. 김기림은 본래 '전체성' 에 대한 이론을 전개했었다.
10) 위의 책, 217면.

로 돌아가자는 것이 아님을 안다. 레비 스트로스는 루소가 지향한 '원시 상태의 인간' 혹은 '고결한 야만인' 같은 것들이 다만 인간의 원시적 덕성을 회복하는데 있다고 생각했다. 그는 루소가 지향한 것은 그러한 원시사회가 아니라 원시와 문명의 중간적 사회라고 보았다.[11] 레비 스트로스는 바로 그러한 루소적 이상사회가 있을만한 곳을 뒤지고 다녔다. 그가 남미 정글을 누비고 다닌 것도 바로 그 때문이었다. 그것은 새로운 사회 모델을 위한 루소적 탐색이었고, 여러 소수 종족들 속을 누비며 중간사회적 관점을 더 치밀히 구성하기 위해 필요한 것들을 채집하러 다닌 답사여행이었다. 그러한 과정에서 그는 서구 문화와 이러한 원시적인 종족들의 문화가 구조적으로는 거의 동일한 형태(의미와 가치가 포함된)를 지닌다고 판단했다. 즉 그때까지 서구 근대인들이 지니고 있던 편견인 문명과 야만이란 이분법을 폐기시켜야 한다고 생각한 것이다. 어떤 문명이 더 발전되고 진화된 것이 아니라, 거의 동일한 삶의 구조와 의미들이 다만 상이한 기호형태들로 발전되어 갔을 뿐이라는 것이다. 그는 이렇게 구조적 평준화를 이룸으로써 서구 중심주의를 벗어났다. 그러나 그가 이러한 구조주의로써 새로운 사회에 대한 획기적인 전망을 보여준 것일까? 그는 새로운 문명에 대한 설계도를 그릴 수 있었던가? 그가 비록 제3의 휴머니즘[12]을 선언했지만, 그 내용은 빈약하다. 이 자리에서 우리는 그에

11) 레비 스트로스는 루소적인 '중간 상태'의 사회에 대한 관심으로 그의 인류학적 탐사여행을 시작했다. 그는 이렇게 말했다. "만약 인간성이 미개상태의 태만과 우리들의 자부심에 의해 가속되고 있는 추구활동 사이의 중간지역을 고수하는 것이라면, 우리의 행복에 더 좋을 것이라고 루소가 주장한 것은 틀림없이 옳은 생각이었다. 루소는 그 중간상태가 인간에게는 가장 좋은 것이라고 말했다." 그러나 자기가 볼 때 지금까지 기술된 어떤 사회도 그 중간상태의 특권적인 이미지에 일치하지 않는다고 아쉽게 말했다.(레비 스트로스, 박옥줄 역, 『슬픈 열대』, 한길사, 1998, 703면)

12) 레비 스트로스, *STRUCTURAL ANTHROPHOLOGY* Volume 2, The Univ. of Chicago Press, 1983, pp.272~274. 레비 스트로스는 여기서 고전적 휴머니즘, 근대 부르조아 휴머니즘 이후 서구 중심주의를 벗어난 새로운 구조적 휴머니즘을 제안하고 있다. 신대륙과 극동, 오세아니아 등의 여러 다양한 종족들의 관점들을 대등하게 인정하고 그러한 것들을 조화시킬 수 있는 휴머니즘에 대해 그는 생각했던 것 같다.

그림 6 고갱, 「마나오 투파파우」, 1892

대해 자세히 논할만한 여유가 없다. 다만 그의 신화연구가 원시적 종족들이 우주자연에 대해 무한하게 구축해 왔던 상상체계를 끌어모아 인류의 보석상자 속에 여러모로 분류해서 소중하게 보관했다는 공적에 찬사를 보내기로 하자. 그러한 신화들을 광범위하게 탐색함으로써 그는 그러한 상상적 우주를 창조하고 생동하게 하는 기호들을 우리의 도서관에 보관할 수 있게 해주었다.

아이젠만에 의하면 고갱은 이러한 레비 스트로스적인 관점을 이미 선취했었다. 그는 고갱의 「마나오 투파파우」를 "사물과 정신이라는 두 영역을 융화시킨 실험작"[13]이라고 평가했다. 그는 고갱이 그 그림 속에 나오는 타히티 어린 신부(고갱은 10대 소녀 테후라와 결혼했다)에 대해 "내 몫의 생선은 요리된 것(문명)이고 그녀의 생선은 날 것(야만성)이다."라고 말했다고 하면서 레비 스트로스를 예상한 이러한 구분과 그 결합이 바로 고갱의 진정한 지향점이었다고 했다. 고갱은 노란 침대 위에 누워 있는 타히티 신부의 벌거벗은 몸을 그렸다. 그는, 홀로 남은 방에서 공포와 기대감에 떨고 있는 신부의 원시적인 몸뚱아리를 신비로운 타히티 신화

13) 스티븐 F. 아이젠만, 정연심 역, 『고갱의 스커트』, 시공아트, 2004, 150면.

속에 배치했다. 침대의 노란 색과 대비되는 보랏빛 어둠 속에 더 깊이 박혀 있는 신화 속의 유령이 신부를 바라보고 있다. 이 타히티적 신화의 분위기는 레비 스트로스가 이성적으로 분석했던 '구조' 그 이상의 것을 보여준다. 그는 자신의 어린 신부와의 사랑을 통해 그녀의 마음속에 잠겨 있는 원시적 신화 세계 속으로 빨려들어갔다. 고갱은 학술적 탐구만도 예술적 취재만도 아닌 삶, 원시적 신부와 육체적 영적으로 결합된 그러한 삶을 선택했다. 즉 타히티 섬의 원시적 삶 자체 속에 뿌리를 내리고 싶어 했던 것이다. 그것은 타히티의 신화적인 삶 속에 깊이 참여해서 그들 원주민처럼 그렇게 살아가고자 한 결단을 말한다. 그러나 프랑스 식민지가 된 작은 섬에서 유럽에서 홀로 떨어져 나온 한 고독한 유럽인에게 그러한 삶이 어떻게 가능했겠는가? 그리고 그러한 정복자 국민의 한 사람이 어떻게 식민지 원주민들과 완전히 하나로 융합할 수 있었겠는가? 김기림이 꿈꾸었던 두 문명의 결혼이란 것은 이렇게 모험적인 추구 속에서도 실현되기 어려웠다.

우리는 이상의 무한사유적 비판이 과연 김기림에게 또는, 근대를 대체할 새로운 문명에 대해 관심을 가졌던 다른 자들에게 어떻게 비쳤을까 하는 것에 대해 잠깐 생각해보았다. 레비 스트로스와 고갱을 예로 든 것은 그들에 대한 김기림의 관심(레비 스트로스 대신에 루소이기는 하지만) 때문이었다. 그러나 이들의 사상과 이상의 그것은 매우 현격한 차이를 보인다. 나에게는 루소 이후 탐색된 그러한 '중간적인 사회' 즉 문명과 야생이 결합된 그러한 사회에 대한 지향이 너무 추상적인 것으로 보인다. 루소와 고갱의 실패는 너무 확연하며, 레비 스트로스의 구조주의 역시 학문적 방법론으로 확산되는 것 이상의 성과를 가져오지는 못했다. 그것은 새로운 문명에 대한 창조적 사상에까지 도달하지는 못했던 것이다. 구조주의는 그 이후 탈구조주의 혹은 해체주의 그리고 포스트모더니즘 등의 사조로까지 발전했다. 그러나 구조주의에 대한 그러한 해체적 혁신이 정말 완전한 혁신이었을까? 그러한 것들은 구조주의적 이성을 해체함으로서 새로운 창조적 사상으로 발돋움 할 수 있었던가? 그러한 것들은 단지 근대를 부정적으로 '해체' 하는 데만 능했던 것이 아닐까? 근대적 이성의 논리와 명료한 질서를 해체한 뒤 그것은 우리에게 너무나 복잡한 미로와 시뮬라크르적인 환영적 반사상들로 가득 채워진 거울세계만을 남겨 놓은 것은 아닌가? 그런데 따지고 보면 이상의 거울 이미지들도 바로 이러한 탈근대 혹은 포스트모더니즘 사조를 이미 선취했던 것이 아닌가? 아니 오히려 그보다 더 위에서 설계된 어떤 명료한 창조적 세계를 꿈꾸었던 자로서 그러한 미로와 거울의 헛된 그림자 놀이들을 내려다 보았던 것이 아니겠는가! 그의 '무한육면각체' 건축물은 그러한 높이에서 내려다볼 때 해체적 미로와 시뮬라크르적 거울세계의 악무한적인 성격을 드러낸다. 보르헤스와 움베르토 에코 등의 도서관들 속에 펼쳐진 광대한 미로를 이상은 절대 긍정적인 것으로 용납하지 않았을 것이다. 그에게 그것은 이미 근대성 자체 속에 포함되어 있는 것이었다. 근대적인 명료한 질서와 논리들이 이미 사람들을 그러한 반사상의 미로 속에 가둬버렸다. 해체주의와 포스트모더니즘은 그러한 질서와 논리 속에 포함되어 있던 그 괴물을 밖으로 끄집어낸 것에 불과한 것이 아니겠는가?

우리는 이상의 '무한육면각체' 에 담긴 사상을 좀더 정확하게 포착할 필요가 있다. 그래야 이러한 서구 근대(혹은 근대를 넘어섰다고 주장하는) 사상들과 그의 사상을 세밀히 비교해볼 수 있다. 그의 「MAGASIN」이 보여주는 악무한적인 사각형들의 무한한 포개짐 위에 구축된 '옥상정원' 은 과연 정확하게 어떤 풍경을 숨기고 있는가? 이 근대적 정원의 풍경을 좀더 광대한 지평에서 바라보기 위해 우리는 이상의 다른 글 「얼마안되는 변해」를 살펴보아야 한다. 거기에는 근대 식민지를 지배하는 두 축의 하나인 정치적 권력기구와 관련된 건축물이 나온다. 식민지를 지배하는 두 축의 하나인 상업자본의 권력을 대표하는 백화점에 대해서 「MAGASIN」을 이미 분석해보았다. 그것과 대응되는 건물은 위 글에 나오는 전매청 본사 건물이다. 이상은 최초의 작품인 소설 「12월 12일」에서 이 건축물

공사판에서 잠깐 쉬는 틈을 타서 무엇인가 문학적인 작업을 하던 상황을 전해주고 있다. 즉 '의주통 공사장' 이라는 말이 나오는데[14] 그것은 바로 전매청 본사 사옥 건설 현장이었다. 미당 서정주는 이상의 집을 방문한 적이 있는데, 청계천 4가 어느 골방에 처박혀 있는 이상을 찾아보고 그의 방이 박쥐소굴같다는 인상을 받았다. 서대문을 지나면서 본 전매청에서도 비슷한 느낌을 받았다고 했다. 전매청 사옥을 이상이 설계하고 감독했다는 것을 언급하면서 그렇게 회상했던 것이다.[15]

이상은 바로 그 건물 낙성식(落成式) 자리에서 수치스런 눈물을 흘리면서 박차고 나왔었다. 그 건물 계단을 줄달음쳐 내려와 교외의 어떤 무덤 속으로 들어가게 된 이야기를 위의 글에서 썼다. 그는 그 자리에서 왜 이러한 수치를 느꼈을까? 그가 그 자리에서 도망쳐 나와 들어간 무덤은 과연 무엇이었을까? 이 무덤 이야기에 대해서는 뒤에서 좀더 자세히 다

14) 「12월12일」에서 이상은 '於義州通工事場' 이란 문구를 두 번 삽입했다. 아마 이 소설을 쓰면서 한번은 자신의 일기식 메모를 했던 것 같다. "나의 지난날의 일은 맑앗케 잊어주어야 하겠다. 나조차도 그것을 잊으려 하는 것이니 자살은 몇 번이나 나를 찾아왔다 그러나 나는 죽을 수 없었다.------펜은 나의 최후의 칼이다./-1930.4.26. 於義州通工事場-(李 0)" (전집2권, 74면). 소설의 뒷 부분에도 그 문구가 또 한번 나온다. 아마 이상은 서대문의 의주통에 있었던 전매청 건설공사 현장에서 이 소설을 틈틈이 썼던 것 같다. 그는 자신의 이 소설 내용이 '무서운 기록' 이라고 하면서 이 기록을 끝까지 해나가는 것으로 자신의 자살충동을 이겨나간다고 말했다.

15) 서정주, 「이상의 일」, 『월간중앙』, 1971.10, 『서정주문학전집』 5권, 일지사, 1972, 87면. 1935년 가을 어느날 해질 무렵 서정주는 후에 「시인부락」 동인이 된 함형수, 이성범 등과 청계천 4가와 을지로 4가 사이에 있던 이상의 집을 방문했다. 그 집에 대한 인상을 그는 이렇게 적었다. "장마 뒤의 그의 집 앞 좁은 골목은 유난히 질척질척한 데다가 맞추어 모든 게 까맣게 낡아빠지고 망가져 들어가는 최하급 일본식 건물인 그의 집의 인상은 거기 사람 아닌 동물이 살기라면 역시 할 수 없이 박쥐나 한 두 마리 넣어둠직한 그런 것이었다." 전매청에 대한 인상도 그는 적어놓았는데 그 대목을 조금 보면 이렇다. "건축 이야기가 나왔으니 또 기억이지만, 왜 서대문에서 서울역으로 향해 가자면 서대문경찰서에서 그 쪽으로 얼마 가지 않아서 서울 연초전매청이라 하는가 하는 그런 우중충한 여러 채의 붉은 벽돌집이 있지. 이것이 하필이면 겨우 스무 살 남짓한 우리 이상의 주 설계로 지어졌다는 것도 어쩐지 익살인 것만 같다. 내부 시설을 어떻게 정교하게 꾸미었는지는 안 보아 모르지만 그 겉모양만을 지나면서 보면 이상 그가 살던 입정정의 그 박쥐집 같던 구중충한 오막살이가 생각나고, 이 연초전매청도 어딘지 그의 그 주거를 닮은 것만 같아 익살맞아만 보이는 것이다."

루기로 하고, 여기서는 그 건축물에 관련된 것에만 주목해보기로 하자. 그는 이렇게 시작했다. "配線工事의 '1년' 을 보고하고 눈물의 양초를 적으나마 장식하고 싶다." 1932년 11월 6일 쓴 것으로 글 말미에 부기되어 있는 것으로 보아 이 전매청 사옥의 배선 공사는 1931년 말 쯤 시작되었던 것 같다. 이 1년 동안 그는 '치졸한 시' 나 쓰면서 무의미하게 보냈다고 자책하고 있다.

> 무의미한 1년이 한심스럽게도 그에게서 시까지도 추방하였다. 그는 '죽어도 떨어지고 싶지 않은' 그 무엇을 찾으려고 죽자하고 애를 썼다.
> 하지만 그에게 있어서의 '그것' 은 詩 이외의 무엇에서도 있을 수 없었다." 16)

그는 위에서 「삼차각설계도」 이후의 세월에 대해 이야기하고 있다. 그의 사상적 절정기 이후 보낸 '무의미한 1년' 에 대해 말하고 있는 것이다. 그의 절정기는 매우 짧았다고 우리는 앞에서 말했다. 「삼차각설계도」 가운데 첫 번째 시인 「각서1」은 그의 시 가운데서 가장 먼저 쓰인 것처럼 보인다. 그 시의 말미에는 1931. 5. 31이란 날짜와 9. 11이란 날짜 이 두 개가 함께 병기되어 있다. 이 시만이 특이하게 이렇게 두 개의 날짜를 갖고 있다. 「각서2」와 「각서3」도 1931년 9. 11로 되어 있어서 이 세 편의 시가 같은 날짜인 9월 11일에 쓰인 것으로 생각할 수 있다. 나머지는 하루 뒤인 9월 12일 쓴 것으로 되어 있다. 이렇게 거의 이틀만에 7편의 가장 중요한 시를 쓸 수 있었던 것은 오랜 사유과정이 그 이전에 축적된 결과라고 할 수 있다.

아마 첫 번째 시인 「각서1」은 5월 31일에 초고가 쓰였고, 9월 11일에 완성되었을 것이다. 그의 사상이 완벽하게 체계를 갖추기 위해서는 4달 정도의 시간이 필요했을 것이다. 물론 이러한 시들에 담겨 있는 사상을

16) 전집3, 141면.

구상하고 탐색하던 기간까지 합친다면 훨씬 거슬러 올라갈 것이다. 「이상한 가역반응」 이외의 몇 편의 시들은 1931년 6월에 쓴 것이고 7월에 발표된다. 그리고 「조감도」는 1931년 6월과 8월에 쓴 것들이고 8월에 발표된다. 「삼차각설계도」는 9월달에 쓴 것이고 10월에 발표된다. 그 다음 해인 1932년에 「건축무한육면각체」의 여러 시편들이 쓰이고 7월에 발표된다. 「1931년(작품 제1번)」도 1932년 정도 발표된 것으로 추정되어 그가 위에서 1년 동안 쓴 '치졸한 시' 라고 한 것에 위 두 시편들, 즉 「건축무한육면각체」(7편의 시를 묶은 제목임)와 「1931년(작품 제1번)」이 해당되는 셈이다. 1931년 11월에 쓴 「황(獚)」도 그 '1년 동안' 에 들어간다고 보면 우리가 확인할 수 있는 '치졸한 시' 는 총 9편이 된다. 그 밖에 확인되지 않는 작품들도 많이 있을 것이다. 이러한 상황을 통해서 우리는 그가 자신의 무한정원을 지키는 '황' 이란 개로써, 자신 속의 무한정원적 존재가 상처받고 죽어가는 상태이긴 해도, 지속되고 있다는 것을 보여주려 했다는 것을 알 수 있다. 그리고 그는 다른 한편으로는 자기를 에워싼 식민지 근대 현실의 대표 구조물에 대한 비판적인 무한사유적 탐구를 시작했다. 그러한 구조물을 비판적으로 바라볼 수 있게 하는 시선은 바로 '황' 의 시각이다.

그는 「얼마 안되는 변해」에서 그러한 식민지의 구조물(전매청 사옥)에 참여했던 자신의 모든 것을 무(無)로 돌리고 싶은 심정을 토로했다. 그는 자신을 "양처럼 유순한 악마의 가면" 을 습득한 사람으로 비판했다. "양처럼 유순한 악마의 가면의 습득인인 그를 벗이어 기념해야 할 것이다." 이 구절은 그가 참여했던 전매청 사옥 건설 낙성식 자리에서 그가 식민지인에 불과한 비천한 신분임을 뼈저리게 깨우치게 된 비애와 분노의 상황 속에서 다시 한번 읽혀야 한다. 그는 이렇게 말했다.

> 지식의 첨예각도 0도를 나타내는. 그 커다란 建造物은 준공되었다. 최하급기술자에 속하는 그는 공손히 그 낙성식장에 참예하였다. 그리고 신의 두 팔의 유

골을 든 司祭한테 最敬禮하였다.

줄지어 늘어선 유니폼 속에서 그는 줄줄 눈물을 흘렸다. 비애와 고독으로 안절부절 못하면서 그는 그 建造物의 계단을 달음질쳐 내려 갔다.[17)]

그가 설계했고 감독했으니 거의 그의 손으로 된 것이지만, 정작 그것이 완공된 것을 축하하는 낙성식 자리에서 그는 맨 뒷줄로 떠밀려나 완전히 소외된다. 그는 식민지 출신으로 그저 그들의 지도에 따라 봉사했을 뿐인 노역꾼이었던 셈이다. 거기 참여한 최고위급 간부는 마치 사제처럼 신성하고 위엄있는 식민지 본국의 행식을 거행한다. 이 장면은 식민지 권력기구의 신분질서를 매우 선명하게 드러낸 것이어서 주목된다. 소금과 담배 같은 것들을 사설시장의 자유로운 교환관계로부터 격리시켜 국가기관의 통제 밑에 두려는 이 전매청은 권력기구의 재정확보를 위해 중요한 역할을 했을 것이다. 이 세상의 무엇보다도 담배를 제일 좋아한다고 「실화」에서 말했던 이상이 이러한 전매청을 설계하고 감독했다니 이 무슨 얄궂은 운명이란 말인가. 자신의 취향을 좀더 자유롭고 쉽게 해줄 수 있는 기회를 박탈할 기관을 제 손으로 지을 수밖에 없었다니! 그는 이 건조물의 계단을 줄달음치며 내려갔다. 그는 어떤 황폐한 무덤 속으로 들어갔던 것이다. 그 이후 묘사들은 수치스런 눈물에 이어지는 비와 파라솔과 번개와 무덤의 이미지들로 엮어지는 그의 도피선에 관한 이야기이다.

이렇게 해서 우리는 식민지를 지배하는 두 영역을 대표하는 건축물에 대한 이상의 생각을 추적해볼 수 있게 되었다. 그의 「MAGASIN」이 마치 포장 상자처럼 겹겹이 쌓인 무한사각형의 꼭대기에서 패션의 모방과, 자연에서 격리된 감옥의 이미지를 보여주었다면, 위에서는 정치적 권력기구의 신분 피라밋인 일종의 카스트적 구조를 보여주었다고 할 수 있다.

---

17) 위의 책, 142면.

이 카스트는 식민지 권력기구가 만들어 놓은 권력의 꼭지점에 그들의 '신(神)' (아마 신사(神社) 예배를 했을 것이다)과 그것을 집전하는 사제(司祭) 그리고 행정기구 최고 관리들의 높은 신분으로부터 최하층 신분까지 그렇게 위계적으로 나열할 수 있다. 이상이 줄달음쳐 내려간 '계단'은 바로 그러한 신분 피라밋의 하이어라키적 구조를 상징한다고 볼 수 있다. 강제적으로 고정된 이러한 신분구조, 그리고 식민지인들을 그 구조의 최하층에 밀어넣어 자신들의 노예로 삼는 이러한 제국주의적 카스트는 그 구조를 완벽하게 융합시킬 정도의 유기적 전체를 만들어내지 못한다. 제2차 세계대전의 주축국들이 기조사상으로 삼았던 전체주의 사상은 사실 그들이 주장했던 '유기적 전체성'을 진정으로 성취하지 못한다. 그렇게 강요된 유기적 전체는 사이비 전체성인 것이다. 이러한 사이비 전체성의 문제점을 유기적 전체성 일반의 문제로 오독하는 것은 굉장히 미련한 짓이다. 우리는 뒤에 개미 군락의 카스트를 다루면서 이 문제를 좀더 정교하게 논해보기로 한다.(이 부분은 본 논문에는 게재되지 않았다.) 개미들의 카스트는 일방적으로 위에서 강요되지 않는, 매우 탄력적이고 유동적인 카스트이다. 그것을 구성하는 개미들은 상황에 따라서, 자신의 판단에 따라 적절한 형태의 카스트를 주체적으로 형성한다.

백화점 옥상정원을 암시하는 「MAGASIN」의 무한육면각체 정원에서 이상은 그 정원의 질서를 관리하는 시계를 배치했다. 하늘에서 움직이는 해의 운동을 시계는 대수적인 숫자에 할당해서 '낙체공식' 으로 표현했다고 그는 썼다. 해의 움직임은 별 신비할 것도 없는 시간의 계기판 숫자로 전환되었다. 그는 이 무한육면각체의 옥상정원에서 거리를 조감하는 시선을 「날개」 마지막 장면에서 보여주기도 했다. 그 옥상정원에서 보았던 어항 속의 금붕어들처럼 그는 '회탁의 거리' 속에서 흐린 물 속에 갇혀 있는 듯이 흐물거리는 사람들을 보았다. 이 장면은 매우 뜻깊은 의미를 갖고 있다. 즉 우리가 분석했듯이 껍데기들만으로 무한하게 쌓아올려진 높이, 바로 근대적인 바벨탑의 꼭대기 아래 거리의 모든 것들이 다 포괄되어 있기 때문이다. 옥상정원의 작은 감옥인 어항의 이미지는 거리의 모든 것들을 가두고 있는 것으로 확장되어 있다. 옥상정원의 시계도 그렇게 모든 곳을 관리하고 있을 것이다. 이 옥상정원의 높이는 진정한 높이가 아니다. 거기에서는 무한한 높이 속에 떠 있는 무한구체의 과일들인 태양과 달과 별들을 제대로 맛볼 수 없다. 옥상정원은 무한정원에 이르지 못하는 것이다. 그 높이는 단지 그러한 것들의 움직임을 평면적인 계기판의 숫자로 수량화해서 측정할 뿐이다. 그것은 멀리 떨어져 있는 대상이나, 길거리의 시간들을 재기 위해 살펴보는 눈금만을 가지고 있을 뿐이다. 이러한 사이비 높이가 어떻게 대지 속에 깊이 뿌리박을 수 있겠는가? 이 사이비 높이는 진정한 깊이를 갖지도 못한다. 우리는 전매청의 카스트에 대해서도 마찬가지 이야기를 할 수 있다. 그것의 하이어라키는 서로 유기적으로 결합되어 형성된 참된 높이를 갖지 못한다. 강제적으로 점령하여 복종시키고 굴종시켜 식민지인들을 노예처럼 부리는 제국주의의 포악한 주인들은 식민지 사회에 자신들이 만든 카스트 구조를 일방적으로 강요한다. 이 강제력에 의해 형성된 카스트의 계단은 위에서 강요되는 강제력이 사라지는 순간 무너진다.

나는 이상의 이 두 건축물이 제국주의 본국과 식민지를 포괄하는 근대의 상징물로 매우 적합하다고 생각한다. 이 둘을 함께 융합해서 하나의 근대적 바벨탑을 만들 수 있지 않을까? 「마가진」에 대해서도 이러한 관점을 갖게 되면 그것의 카스트적 구조에 대해 어느 정도 말해볼 수 있다. 그것은 식민지 본국에서 발달한 거대자본이 그 하위자본들, 그리고 식민지의 자본들을 밑으로 깔며 점차 높은 곳으로 올라가는 구조이다. 김기림의 「쥬피타 추방」에 나오는 '록펠러의 정원' 같은 것이 바로 그 대표적인 것이다. 록펠러는 무수히 많은 하위자본들을 희생시키면서 그것들을 자신의 하부구조로 흡수하여 높이 솟구쳤다. 그는 독점자본의 대명사가 되었다. 「마가진」은 최고의 패션을 마치 신처럼 모시게 함으로써 모두 그것을 본받고 따르게 하여, 모방적 풍경을 확산시킨다. 그렇게 상품

그림 7 에셔, 「바벨탑」, 1928

을 퍼뜨림으로써 그것은 자신의 탑을 높이 쌓을 수 있게 되는 것이다. 프랑스 패션에 몰입된 모던 걸이 그 옥상정원에 올라가 있는 것은 그러한 것을 표상한다. 거기 쇠창살에 감금된 원숭이는 그러한 모방적 인간들을 패러디하기 위해 배치된 것이다.

에셔의 바벨탑은 이러한 근대성의 높이에서 어떤 일이 벌어지는지 설명해준다. 에셔의 그림을 보면서 「마가진」과 전매청 사옥이 합쳐진 바벨탑을 연상하도록 해보자. 흉내와 모방 또는 강제력에 의한 통합구조물은 높이 올라갈수록 점점 더 그 모순적 무게의 압력 때문에 틈이 벌어지게 된다. 에셔의 바벨탑은 아득하게 올라간 꼭대기에서 어떤 혼란이 벌어졌는지 보여주고 있다. 그 꼭대기 중앙에서 두 사람은 논쟁을 벌이고 있다. 한 사람은 허리를 뒤로 제끼고 마치 무엇인가 설교하고 지시하는 듯한 몸짓을 하고 있다. 그 맞은 편 사람은 약간 허리를 굽히고 있어서 신분이 앞사람보다 낮은 것임을 알아챌 수 있다. 그러나 그는 무엇인가 마음에 들지 않는다는 듯이 앞사람에게 따지고 있다. 이 중앙의 논쟁 때문에 다른 사람들의 모든 일이 중단되고 있다. 그러나 이렇게 중단된 원인이 다른 몇 곳에서도 확인된다. 이 그림은 여러 곳에서 다른 원인들을 보여주고 있다. 바로 밑에 층 모서리 난간과 또 그 아래층 아치 형 난간에서도 흑백 두 사람간의 언쟁이 벌어지고 있다. 이 꼭대기 세 층에서 무엇인가 심각한 혼란이 생겼다. 그 밑에 층들에서는 인부들이 아예 누워 있거나 앉아서 쉬고 있다.

에셔는 이 바벨탑의 벽면을 몇 가지로 처리했다. 이 건물은 무한하게 많은 벽돌을 쌓아올려 만들어진 것임을 마지막 층, 아직 외장재로 마감하지 않은 부분에서 알 수 있다. 이 벽돌을 감싼 외장재는 이 건축물을 까마득한 수직선들로 감쌈으로써 꼭대기에서 밑을 향해 아찔한 높이를 연출시킨다. 이 수직선(垂直線)들은 무한히 밑으로 뻗어내려감으로써 원근법적인 소실점에서 만나게 될 것이다. 이 수직선들은 바벨탑의 '높이'에 대해 생각하게 만든다. 이 '높이'는 무엇을 위한 것인가? 또 누구를 위한 것인가? 이 꼭대기에서 허리를 뒤로 제끼고 설교하듯이 말하고 있는 사람은 과연 누구인가? 이 유클릿적 기하학적 구조물의 꼭대기가 별로 평온하지 않다는 것은 이 건물에 위기가 닥쳐온 것을 말해준다. 에셔의 이 그림 속에 우리의 논의들을 집어넣어 설명해보기로 하자.

유클릿과 뉴턴적인 지식체계가 이끌어온 이 바벨탑 건축은 제국주의적인 정치기구와 거대자본들의 합작이라는 현실적인 역사로 채워질 수 있다. 이 근대적 상징물의 꼭지점에서 벌어진 갈등이야말로 근대 자체의 모순을 상징한다. 그것은 두 차례 세계대전과 그 이후의 냉전을 모두 포괄하는 모순인 것이다. 즉 선발 자본주의 국가들과 후발 자본주의 국가들 사이, 그리고 이 두 국가들과 식민지 사이의 국가적 '계급' 갈등, 그리고 그러한 국가들 내의 사회적 계급 갈등(여기서 '계급'이란 말을 우리는 좀 확장해서 쓴 감이 있다)이 바로 그것이다. 우리는 근대의 모순을 단지 자본의 문제라거나 아니면 자본가와 노동자 사이의 문제로만 좁혀서는 이 근대 전체의 모순을 이해할 수도 해결할 수도 없다고 생각한다. 이 근대 전체의 모순은 근대적 세계관 전체의 모순이다. 즉 근대를 추진시켰던 근대적 이성(변증법적 유물론—즉 사회주의적 이성까지 포함해서) 자체의 모순인 것이다.

우리는 이상의 견해를 빌어서 그가 대수적 수량화의 논리를 얼마나 심각하게 비판했는지 보아 왔다. 이러한 논리는 자본주의와 전체주의 그리고 사회주의 그 어디에서도 통용되는 방식이다. 전체주의와 사회주의를 주장하는 이론가들이 이러한 수량화적 논리를 자본주의적 모순으로 비판하기는 했지만, 그렇다고 그들이 근본적으로 그러한 대수적 수량화 논리를 극복한 것은 아니다. 자본주의적 교환관계의 폐지만으로 근대적 수량화 논리가 어떻게 모든 측면에서 사라질 수 있겠는가? 결국 그러한 대수적 논리의 흐름 속에서 그들 역시 자신의 정치경제학을 진행시킬 수밖에 없었다. 거기에는 이 논리를 치밀하게 주도한 부르조아 상인적 세계관이 담겨 있기 때문에, 그 논리에 따르는 한 그 모든 것은 자기 이해관계(혹은 계급을 통한 자기 이해관계)를 본위로 따질 수밖에 없도록 되어 있다. 다른 사람들과의 진정한 융합 이전에 먼저 자신의 눈앞의 이득을 따지는 이러한 행위는 결국 궁극적으로는 침략적이고 약탈적인 행위로까지 나아가게 한다. 이러한 이해관계를 바탕으로 한 차가운 교환관계가 근대 이후 모든 것을 지배해 왔다. 이 잘못된 교환관계 때문에 사람들은 서로 손해보지 않으려고 자신을 위장하고, 타인을 속이려 든다. 이러한 껍질들을 뒤집어쓰고 사람들을 대하기 때문에 서로 진정한 통합적 관계를 형성하기는 매우 어렵다.

이상의 소설들은 바로 이러한 차가운 교환관계 속에서 위장하며 사는 삶 즉, 껍질적 존재의 문제를 다룬 것이다. 그의 소설들이 언제나 속고 속이는 문제에 집착하는 것은(「봉별기」의 마지막 장면에서 금홍이가 부르는 노래 "속아도 꿈결 속여도 꿈결 굽이굽이뜨내기 世上"이란 구절을 보라) 그가 자신의 사상적 근거를 어디에 두고 있는지 분명히 보여준다. 즉 그는 이러한 껍질적인 가면의 세계, 그러한 껍질들만이 서로 거울처럼 반사되는 사회를 비판하고, 그러한 껍질들 속에 진정한 과육을 채워 넣어 속이 꽉 찬 열매를 만들고 싶어 했던 것이다. 그렇게 자신을 먼저 꽉 찬 존재로 만들기 위해서는 근대적인 세계관을 극복해야 했다. 식민지를 탈피해서 다른 근대국가들과 동등한 지위로 올라가보았자, 이 문제를 해결하지 못하면 점차 심화되어 가는 근대적 모순에 부딪치게 된다. 결국 식민지나 그 이후나 근본적인 문제는 여전히 남게 된다. 이 문제는 순차적으로 해결해야 될 것도 아니다. 우리는 문명의 단계론, 즉 고대로부터 근대, 그리고 그 이후의 시대 식으로 순차적인 단계로 발전된다는 근대의 선조적 역사 개념부터 비판해야 할 것이다. 그것은 그들의 근대 논리를 처음부터 인정하고 그것을 뒤쫓자는 것 밖에 안된다. 결국 그들과 치열하게 경쟁하면서 그들을 따라잡아야 하니 근대적 모순은 점점 더 증폭될 것이고, 결국 총체적으로 모순이 확장되어 터질 것이다.

사회주의 이론가들은 자신들의 체제가 이러한 순차적인 역사관에서 볼 때 자본주의를 대체할 새로운 시대의 체제라고 선전했다. 그것은 그들에 따르면 '근대 이후의 역사'에 해당할 것이다. 그러나 그 결과는 참담하다. 근대의 가장 후발 국가에서 꽃 핀 사회주의는 제국주의와 전체주의를 극복하여 가장 선진적인 사회를 건설하려는 듯 보였다. 그러나 사회주의 선발국가들은 그들보다 근대화에 뒤지거나 아예 근대화에 관심을 두지 않던 다른 여러 나라들을 강제적으로 자신들에 종속시킴으로써 새로운 국가간 카스트를 형성했다. 소련의 경우 시베리아에 흩어져 있던 수많은 소수민족들을 침략하고 약탈했으며, 그들의 세계관과 종교, 풍속 등을 모두 강제로 폐기시켰다. 사회주의 국가인 중국 역시 그러한 전철을 밟았다. 이렇게 강제적인 통합은 항상 모든 것을 획일적으로 단순화시키게 됨으로써 점점 다양성을 잃게 되었다. 다양한 것들이 서로 자신들의 특수한 것들을 교환함으로써 자연은 점점 더 다양하고 복잡한 모습으로 진화해 왔다.[18] 근대 문명의 첨단적인 국가들은 이러한 진화의 방향을 거

18) 빅터 샤우버거는 자본주의 시장 경제와 근대적인 과학 기술의 반자연주의적인 속성을 비판하면서 이러한 것들이 자연의 진화방향을 파괴시켰다고 했다. 그에 의하면 "단순한 것에서 치밀한 것으로, 즉 원초적인 재료를 바탕으로 격조 있고 발전된 체계와 새로운 종을 만들어내는 것이 자연의 진화방향이다. 자연의 진화방향은 다양성을 한층 더 증진시키는 과정이다."라고 했다.(콜럼 코츠, 유상구 역, 『살아있는 에너지』, 양문, 1998, 56~67면) 그에게 이러한 다양성은 차이로 인한 분화와 그렇게 분화된 것들 간의 유기적인 관련성이다. 그는 다윈적인 생존경쟁을 비판한다. 근대적 과학은 모두 이러한 경쟁적인 관점에서 이룩된 것이어서 실제 자연의 조화롭고 유기적인 실체를 이해하는데 실패했다. 그는 인류의 파멸을 면하기 위해서 "경쟁적인 세계관에서 벗어나 종합적이고 조화로운 세계관을 추구해야 한다"고 하면서 자연의 상호

꾸로 퇴화되는 방향으로 되돌려 놓았다. 자본주의나 전체주의 그리고 사회주의 등 근대의 제 양식들은 모두 자기들의 방식으로 강제적인 통합, 모든 다양성을 소멸시키는 그러한 통합 방향을 택함으로써 자연의 진화방향과 어긋난 쪽으로 문명의 물길을 돌렸다. 문명의 진화가 그러한 자연의 진화방향과 전혀 상관없다면 그러한 일들도 용인될지 모른다. 그러나 결과는 참담하다. 자연환경은 끊임없이 근대문명에 의해 오염되며 파괴되고 있다. 이러한 문명에 대한 자연의 거대한 반발적 재앙이 인간들을 삼킬지도 모른다는 공포가 사람들의 무의식 속에 차오르고 있다. 근대문명 자체의 모순으로 국가 간 계급 간 갈등도 줄어들 줄 모르고 있다.

자본주의적 교환관계를 자본가 계급의 이익이라고 보아 아예 시장을 폐지시키려 했던 사회주의 체제도 이러한 반자연주의적 관점, 즉 다양성을 소멸시키는 나쁜 통합 쪽으로 나아감으로써 나중에 저절로 붕괴되었다. 그것은 개인들끼리의 자유로운 교환 대신 국가가 관리하는 배급으로 전환했다. 그러나 이것은 자유로운 교환이 갖는 생명력을 무시함으로써 사회 전체의 생명력을 훨씬 후퇴시켰다. 즉 자유로운 교환은 재화와 지식 등을 유통시키는 세밀한 핏줄들과 그 속의 흐름을 역동적인 것으로 만들었는데, 그러한 역동적인 흐름을 차단함으로써 사회적 활력이 사라졌던 것이다. 사람들은 모두 똑같이 배급을 받기 때문에 자발적인 창조력을 발휘하지도, 또 애써 힘들게 노력하지도 않게 되었다. 그리고 사회계급을 폐지한다고 했지만 사회주의 사회를 관리하는 계층과 노동하는 계층이라는 또 다른 카스트가 생겼다. 자본가 계급만이 없어졌다고 할 수 있다. 사회는 자발적인 교환이라는 실핏줄과 시장이라는 심장을 잃어버림으로써 창백하고 무기력한 우울한 구조가 되었다. 그만큼 자발성이란 것은 한 유기체의 생동력을 위해서 너무나 중요한 것이다. 우리가 지금

교환 즉 '적절하게 주고받음'에 대한 자연의 교리를 설파한다. 그에 의하면 "반드시 받는 것보다는 주는 것이 많아야 한다."(283면) 그에 의하면 자연이란 "서로 자유롭게 주고받을 수 있는 열린 계, 활력이 넘치는 계, 정신적인 대통합이 이루어지는 계"이다.

까지 계속 강조한 곱셈의 영역이란 자발성을 기초로 한다. 국가라는 거대기관의 지시와 명령에만 따르는 사람들은 자발성을 잃어버림으로써 자신의 생명력의 기초를 없애버린 것이라 할 수 있다.

이제 우리는 자발성을 기초로 한 진정한 유기적 통합의 문제가 무엇인가에 대해 말하고 있는 셈이다. 자본주의의 기초인 개인주의는 이러한 유기적 통합의 문제를 해결하지 못하고 고립적인 자발성만을 내세웠다. 즉 눈앞의 이득을 위해서만 자발적이었던 것이다. 이러한 세계관이 결국 그러한 고립적인 여러 자발성의 충돌을 가져오고, 엉성하게 '사회계약'이라는 임시변통적인 구조로 얼기설기 엮인 사이비 통합구조를 만들어 냈다. 이러한 통합은 언제나 한 개인 혹은 한 집단의 이익 때문에 뒤흔들린다. 앞에서 보았듯이 자유로운 교환체계 내에서는 언제나 이러한 다양한 자발성들의 충돌에 의해 가장 강력한 존재가 다른 것들을 억압하고 종속시킨다. 자본주의 세계가 제국주의적인 방향으로 가게되는 것은 필연적인 일이다.

에셔의 바벨탑을 통해서 우리는 이러한 근대의 세 가지 체제가 갖는 모순을 형상화할 수 있다. 이 세 체제는 어떤 방식으로든 강제적인 통합에 의한 사이비 전체성으로 귀결된다. 그러한 체제가 확대되고 심화되면 될수록 그러한 통합에 균열이 가게 되는 여러 갈등 요인들이 점점 더 증폭된다. 왜냐하면 그 높이에 오르게 될 만큼의 켜켜이 쌓인 강제적 하이어라키의 압력이 중력의 무게로 내리누르기 때문이다. 그러한 압력에 의한 고통과 신음들이 쌓인다. 그것이 점차 위로 솟구쳐 올라옴으로써 상층부에서는 그러한 위기를 느끼고, 이 건축물을 계속 쌓아올려야 할 것인가를 두고 갈등이 생긴다. 에셔의 바벨탑 꼭대기에서 벌어진 풍경이 바로 그러한 것이다. 중앙의 논쟁들에 지쳐서 이 건축물을 쌓고 있던 맨 꼭대기 지점에 앉아 있는 사람은 하늘을 향해 두 손을 활짝 펼치고 있다. 어렵게 바벨탑을 쌓아올렸던 모든 땀과 희생과 노동이 한순간에 실종된 목표 때문에 갑자기 방향을 잃고 쌓아올린 높이 이상으로 깊이 파인 허무

속으로 추락한 것 같다. 그는 아예 퍼질러 앉아서 그 모든 것을 잊어버리고 그로부터 이제는 초탈해야겠다는 듯이 하늘을 향해 두 팔을 벌리고 있다. 이 사람은 바로 이 탑을 그린 에셔 그 자신일 것이다. 그는 도대체 이렇게 쌓아올려서 '우리가 과연 하늘에 도달할 수 있단 말인가' 라고 외치는 것 같다.

무한육면각체의 이러한 바벨탑적 모순을 이상의 무한기하학으로 새롭게 풀어보기로 하자. 이 건축물은 어떤 기하학적 물리학적 문제를 갖고 있는가? 수많은 악무한적 사각형운동으로 만들어진 껍질들의 무한한 쌓임으로 이루어진 이 건축물은 그 자체로도 유기적인 통합력을 상실하고 있다. 이러한 건물은 지구와 다른 별들의 유기적 전체성에 참여할 수 없다. 새로운 문명의 건설은 물질적인 부의 평등한 분배 같은 문제 이전에 이러한 유기적 통합의 문제에 관심을 쏟아야 한다. 이것이 새로운 문명의 진정한 기초이다. 아무리 우리가 선진국을 따라잡아도 이 새로운 문명의 기초에 결코 더 빨리 도달하지는 못한다. 선진국을 좇아가면 갈수록 오히려 더 늦게 되기 십상이다. 누가 빨리 그러한 방향으로 전환하느냐 하는 문제만이 남아 있는 것이다. 이러한 유기적 전체성의 확보는 모든 건축물에도 적용되어야 한다. 그것을 구성하는 재료와 구조, 양식 등 이 모든 것이 무한정원/무한호텔적인 것이 되지 않으면 안된다. 모든 건축물들은 정확하게 지구의 중력 중심을 향하도록 설계되어야 한다. 모든 재료와 구조에 이르기까지 그 모든 것이 그러한 중력중심을 향하도록 해야 한다는 것이다. 그러한 구조물과 재료들 자체 또한 자신들 속에 무한원점을 확보한 것이어야 한다. 이러한 것들을 만족시켜야 무한적 우주 속에 통합되어 생명력을 갖게 될 것이다.

이러한 것은 단지 물질적인 차원의 계산만으로는 정확하게 측정되지 않는다. 이상의 무한수학, 무한기하학은 고도의 정신적인 참여 없이는 이루어질 수 없다. 너무나 복잡한 계산이, 전우주적 변수들을 고려하는 계산이 한 건축물의 구조에도 있어야 하는 것이다. 참된 과일은 나무에서 그렇게 열리는 것이다. 그렇게 치밀하게 계산되어 설계된 건축물만이 하늘과 완벽하게 통합될 수 있다. 바로 이러한 문명이야말로 그들의 멋진 하늘을 건설하는 것이기도 하다. 이상은 뒹구는 못같은 오리온 자리의 별들에 대해 말했었다. 그렇게 폐허가 된 하늘은 이러한 유기적인 우주적 통합을 상실한 문명의 하늘이다. 이상이 「1933.6.1」이란 시에서 말했듯이 별들의 밝기와 수효만을 세고 있는 문명은 참다운 하늘을 건설할 수 없다. 근대문명의 하늘이 바로 그렇다. 이상은 그 하늘을 멋진 모습으로 구축했던 오리온의 못들이 빠져서 뒹구는 모습을 포착했다. 그는 「권태」라는 수필에서 "향기도 촉감도 없는 절대 권태의 도달할 수 없는 영원한 피안"에 있는 별들을 묘사했다. 우리로부터 완전히 분리된 하늘 세계에 대해 그는 이렇게 노래했다. 그에 대해 우리는 둔감하다. 이상은 '공포'를 느꼈다. 그는 이러한 도달할 수 없는 하늘을 뒤집어 쓰고 있는 이 세계에서 '암석같은 심연'을 보았다. 이 우주의 암흑 밑바닥에서 그는 혼절할 것처럼 느꼈다. 그리고 그러한 풍경에 창백한 나비 한 마리를 날게 했다. 그는 "啓示의 종이조각" 같은 흰 나비를 그 황량한 풍경 속에서 보았다.

3. 수량적 인식의 질병과 거울 수술

앞에서 우리는 이상이 근대적 현실 일반을 자신의 무한적인 사유로 이끌어가 그것의 껍질적인 본질을 명백히 드러냈다고 생각한다. 특히 '무한육면각체'라는 그의 독창적인 악무한적 입체는 그만이 그려낼 수 있는 멋진 이미지, 즉 무한껍질과 무한감옥의 이미지를 만들어 보여주었다. 어쩌면 그는 자신의 무한정원/무한호텔적인 꿈이 근대적인 현실을 이러한 악무한적 악몽 속의 이미지들로 보여준다고 생각했는지 모른다. 그렇게 보면 그의 무한적 사유와 상상력은 여전히 현실에서 작용하고 있었던 셈이 된다.

그것은 근대적 현실의 부정성을 무한적인 사유와 상상 속에 녹임으로써 그 악몽적인 악무한적 가상들로 바꾸어 보여준 것이리라. 사람들은 흔히 그러한 나쁜 꿈속에서 어떤 무서운 것에 쫓기게 되면 아무리 빨리 달리려 해도 발걸음이 점점 느려지고, 나중에는 거의 개미걸음같이 조금밖에 나아가지 못하게 되었던 경험들을 모두 몇 번 쯤은 갖고 있으리라. 이 악몽적인 쫓김은 제논의 이야기 속에 나오는 아킬레스 달리기와 매우 닮아 있다. 그가 아무리 거북이를 잡으려 해도 어쩐 일인지 그의 발걸음은 점점 졸아들 뿐, 아무리 용을 써도 거북이를 잡을 수 없다. 반대로 이 아킬레스를 누군가 쫓아오고 거북이를 잡아야만 그것을 방패로 삼을 수 있다고 생각해보자. 이것은 아킬레스의 악몽이 되는 것이다. 제논도 혹시 그러한 악몽을 체험한 뒤 자신의 그 이상한 논리를 개발한 것은 아닐까? 그러나 이러한 악몽적 이미지도 이상 같은 무한적 사유와 상상의 활동에 의해서 포착된 것이고, 그 이외에 이러한 근대적 논리와 질서에 익숙해 있는 사람들에게는 현실의 일들이 전혀 악몽이 아니고 매우 질서정연하며, 매우 합리적인 것이다. 바로 그러한 이성적 논리와 질서를 주장하고 나선 근대적인 이론가들, 사상가들(이상에게 이들을 대표하는 이름이 바로 유클리드와 뉴턴이다. 물론 이 두 이름은 근대 이후의 유클리드주의자, 뉴턴주의자들을 가리킨다)에 의해 구축된 현실이기 때문이다. 모든 신비와 마술, 그리고 직관이나 주관적인 상상력 같은 것들을 변두리로 밀어붙였던 이러한 근대주의자들은 근대세계라는 마술[19]을 만들어냈는지 모른다. 우리 모두는 그러한 마술세계에 익숙하게 빠져들어 더 이상 그것이 하나의 환영일 수 있다는 생각조차 하지 못한다. 이상이 이러한 근

19) 존 브리그스는 *Turbulent MIRROR*에서 중국 광동 지역 전설에서 따온 黃帝 이야기를 통해 카오스론을 펼쳤다. 그 전설적인 황제는 거울 세계 사람들을 마법으로 제압했는데, 존 브리그스는 이 황제의 마법이야말로 우주를 부분적인 것들의 집합으로 이해하려는 근대의 과학적 환원론으로 보았다. 이에 대해서 이 책의 「거울의 거울」 장에서 더 설명할 것이다.

대성을 더 이상 확고한 실체나, 명료한 형상들로 파악하지 않고 거울 속에 이 모든 것을 밀어넣어 일종의 유령적인 이미지로 만들어버린 것은 대단히 경이로운 일이다. 그 얇고 차가운 유리감옥 속에서 모든 것들은 실체없는 그림자처럼 되어버린다. 근대주의자들이 가장 확실하고 명료하며 실체적이라고 생각했던 현실을 그는 완전히 반대적인 것으로 바꿔치기한 것이다. 이러한 과감한, 세계상 전체에 대한 역설적 전도를 그 말고 감행한 사람이 과연 누가 있었던가! 이것은 대단한 깨우침과 영웅적인 용기 없이는 불가능한 일이다. 그는 근대적 현실의 악무한적인 악몽적 이미지 이외에 이렇게 명료한 실체적인 것(근대적인 확실성)의 유령화라는 또 다른 그림을 그려냈다. 그것이 바로 대수적인 숫자의 질병을 그린 「診斷 0:1」이다. 1931년 10월 26일 쓴 것으로 부기되어 있는 이 시는 아래와 같다.

이 시는 대수적인 10개의 숫자를 10줄로 나열했는데, 마침표처럼 보이는 어떤 점이 끝 숫자 밖에서부터 점차 안으로 파고드는 모습을 그렸다. 나의 생각으로는 이것은 이 대수적인 명료한 질서를 붕괴시킬만한 어떤 미지의 수를 이 대수적 질서 속에 심어 놓은 것이다. 즉 이 미지의 점은 처음에는 10개의 숫자 밖에 있지만 한 줄씩 내려갈 때마다 하나씩 안으로 파고들어 온다. 마지막엔 첫 숫자 1 바로 앞에 위치한다. 이렇게 해서 모든 숫자 사이에 한 번씩 있게 되는데, 그렇게 함으로써 이 명료한 질서로 이루어진(순차적으로 1씩 증감하는) 모든 대수적 숫자들의 사이에 혼란스런 틈을 퍼뜨린다. 즉 모든 곳에서 숫자들의 질서를 한 번씩 뒤흔들어버린다는 것이다. 이것이 바로 대수적 숫자에 사로잡힌 자들, 또는 대수적 체계 속에 들어 있을지도

◇診 斷 0 : 1

或る患者の容態に關する問題.

1 2 3 4 5 6 7 8 9 0 ·
1 2 3 4 5 6 7 8 9 · 0
1 2 3 4 5 6 7 8 · 9 0
1 2 3 4 5 6 7 · 8 9 0
1 2 3 4 5 6 · 7 8 9 0
1 2 3 4 5 · 6 7 8 9 0
1 2 3 4 · 5 6 7 8 9 0
1 2 3 · 4 5 6 7 8 9 0
1 2 · 3 4 5 6 7 8 9 0
1 · 2 3 4 5 6 7 8 9 0
· 1 2 3 4 5 6 7 8 9 0

診斷 0:1
26 · 10 · 1931
以上 責任醫師 李箱

그림 8 이상, 「진단 0:1」, 1931

모르는 이상한 바이러스를 가리키는 것은 아니겠는가. 그 바이러스에 의한 질병을 대수 체계는 피할 수 없다는 것이 이상의 진단이다. 그런데 이 바이러스적인 점이 「선에관한각서1」의 무한정원 좌표계의 ●으로 커지면 대수적 체계는 폭파되고 오히려 바이러스에 의한 그 병은 치료된다. 이상은 무한정원/무한호텔에서 현실로 내려왔을 때 더 이상 ●에 대해 말하지 않았다. 다만 그것이 무한히 줄어든 점만을 보여주게 된 것이다. 세상의 그러한 질병을 자신의 상처처럼 앓으며, 그는 그러한 병을 치료하는 문제에 대해 생각하게 된다.

이 시에 대해서는 다른 해석도 가능하다. 즉 이 '진단' 은 탄생 이후 죽음에 이르는 병에 대한 진단이라고 말이다. 숫자의 대수적 영역을 점차 확장하고 초월해야 하는 삶이 거꾸로 줄어들고 있다. 마침표가 0 안으로 파고들어가는 것은 그렇게 숫자적 영역의 수축이라는 질병을 보여주고 있다. 그 마침표가 대수적 숫의 출발인 1 앞으로 오면 사망이다. '진단 0:1' 은 0.과 .1의 결합이다. 이 시는 「오감도」의 「시제4호」에서 뒤집힌 모습으로 다시 쓰인다. 그런데 '진단 0:1' 은 '진단 0 .1' 로 바뀐다. 이상의 이러한 뒤집기는 마치 거울상처럼 보이는데, 사실은 「건축무한육면각체」의 「진단 0:1」이 거울세계이며, 뒤집힌 「시제4호」는 거울밖의 '참나' 를 가리킨다. 이 시는 이상 자신의 죽음을 가리킨다. 천재적인 존재로 태어났다가 세상 사람들에 의하여 바보같이 되어 죽는다는 내용이다. 여기서 '0 .1' 은 '0' 과 '.1' 이다. 즉 이 천재적 존재는 0 뒤에 어떤 마침표도 없이 무한수의 영역을 사유하는 존재로 태어났다. 그러나 점차 세상 속에서 인정받지 못하고 방황하며 결국 세상의 물결 속에서 좌초해 죽는다. '.1' 은 그러한 죽음이다.

이상이 자신의 획기적인 해로 내세웠던 1931년은 쿠르트 괴델이 불완전성 정리를 발표했던 해이기도 하다. 이 괴델은 대수적인 수들, 즉 명료하게 계산 가능한 수들이 오히려 예외적인 수들이라고 역설적인 발언을 했다.[20] 그는 러셀이 꿈꾸었던 수학적 논리처럼 엄격하게 논리적이고 명석한 언어와 세계에 대한 그러한 언어의 확실한 진술같은 것이 가능하지 않다는 것을 증명했다. 오스트리아의 빈 서클[21]에 의 일원이었던 그는 논리실증주의자들의 그러한 수학적 언어철학을 그들의 논리로 붕괴시켰다. 마치 적군 속에 들어가서 그들의 무기로 그들을 폭파시키듯이 말이다. 그는 이렇게 말했다. “일련의 규칙을 따름으로써 사물의 핵심에 나아가려는 시도는 (피할 수 없는) 장벽과 마주친다.”[22] 이렇게 괴델은 서구의 유물론적 분위기에서 점점 더 치밀한 논리, 인간이 개발할 수 있는 이성적 법칙을 수학적인 명료함으로 무장시키려는 모든 시도들을, 수학과 과학, 철학 모든 분야에서 전개되던 근대적 이성의 이러한 발걸음을 근본에서부터 붕괴시켜버렸다. 그의 괴델정리는 이성적 명료성을 추구하던 당대의 모든 철학자, 과학자, 수학자들에게 전염병처럼 퍼져나갔다. 근대적 이성의 바벨탑, 즉 우주의 모든 법칙에까지 올라가려 했던 그 탑의 건설은 이렇게 해서 기초부터 금이 가기 시작했다. 그러나 괴델이 이 괴델정리를 발표했을 당시인 1931년엔 그 주변의 전문가들조차 그것이 과연 무슨 이야기인지 잘 알아듣지 못했다. 그것은 몇 년이 지난 뒤에야 몇몇 사람들에 의해 그 중요성이 인식되었고, 그보다 한참 뒤에는 맹렬한 기세로 퍼져나갔다.

이상은 1931년에 자신의 시에 근대적인 논리와 수식과 개념들을 동원함으로써 그렇게 기묘한 괴델적인 행위를 하고 있었다. 그것도 적군(敵軍)의 언어(일본어)를 씀으로써 말이다. 그리고 그는 사실 괴델을 넘어서

20) 존 캐스티 · 베르너 드파울리, 박정일 역, 『괴델』, 몸과 마음, 2002, 137면.

21) 러셀의 『수학철학입문』을 다루는 모리츠 슐리크의 세미나에 한번 참여해본 괴델은 이후 그가 주도한 ‘빈 논리학 서클’ 에 자주 모습을 보였다. 빈에서 가장 폐쇄적이었던 이 서클의 주제는 논리실증주의였고, 이 모임의 영웅은 루트비히 비트겐슈타인이었지만 괴델은 그에게 매료되지 않았다. (이 서클에 대한 이러한 정보를 나는 매우 흥미있고 친절하며 심도있는 책인 팰레 유어그라우의 『괴델과 아인슈타인』, 곽영직 · 오채환 역, 지호, 2005)에서 얻었다. 그 책의 3장이 바로 빈 서클 시절의 지적인 풍경을 그린 것이다. 그러나 그 모든 지적 분위기의 일반적인 구조를 파괴할 수 있는 씨앗이 바로 그 서클의 일원인 괴델에 의해 뿌려졌다.

22) 위의 책, 145면.

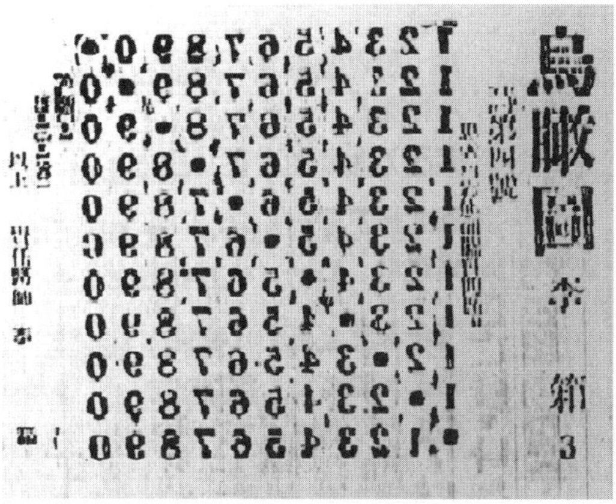

그림 9　이상, 「오감도」 중 「시제4호」, 1934. 7. 28

는 여러 논리들을 창조적으로 펼쳤다. 괴델은 단지 근대적인 이성들을 붕괴시킬 수 있는 작업을 한 것에 그쳤다. 그러나 이상은 무한정원과 무한호텔이라는 초근대적 개념을 제시할 수 있었다. 그러나 그것을 그 당시에 아무도 알아보지 못했으며, 그가 죽은 뒤 한참이 지난 지금까지도 그 상황은 크게 바뀌지 않았다. 그의 「조감도」는 어떻게 보면 그러한 괴델적인 작업처럼 보인다. 근대적인 체계와 언어, 그리고 논리를 무한적으로 확장시킴으로써 그에 대해 부정적인 파괴적 결론을 이끌어낸다는 것은 괴델과 무척 닮아 있다. 그리고 그의 결론에 따르면 그러한 근대적 명료성을 대표하는 대수적 숫자 체계, 명쾌하고 논리적인 수학적 이성은 질병이라는 것이다. 「진단 0:1」은 간단 명료하고 시적인 이미지로 그 모든 사유를 압축해서 보여준다. 그는 이 시의 숫자들을 거울에 비친 모습으로 뒤집어서 배열함으로써 「오감도」의 「시제4호」를 완성했다. 즉 대수적 숫자들의 질서정연한 얼굴에 거울 이미지를 첨가한 것이다. 이것은 대수적 체계로 파악된 세계와 광학적 반사상으로 파악된 세계가 동일한 것임을 가리킨다.

이러한 근대적 질병을 이상은 어떻게 치료할 수 있다고 보았을까? 그는 이러한 근대적인 시선에 의해 붕괴되고 만신창이가 된 하늘을 「오감도」의 「시제7호」에서 묘사한 뒤 「시제8호」에서 이러한 질병과 상처를 치료하고자 했다. 조금은 유머와 익살이 가미된 수술인데 그것은 거울에 투영된 상에 또 다른 거울을 서로 마주보게 겹쳐 놓는 수술(?)을 함으로써 그 반사상의 질병과 상처를 치료해보려는 시도였다. 물론 실제 있을 수 있는 일을 기술한 것이 아니며 시적인 기술이라는 것을 우리는 잊지 말아야 한다. 그런데 이러한 일, 즉 거울에 거울을 마주 세우는 일이야말로 이상이 근대적인 현실에서 취할 수 있었던 유일한 탈출구였다.

4. 역사시대 거울로부터의 도피선

비의 전선에서 지는 불꽃만은 죽어도 놓쳐버리고 싶지 않아

—이상, 「얼마 안되는 변해」

1) 극한적인 '거꾸로 달리기' —기차의 역주행선

그의 이러한 탈출은 일종의 '거꾸로 걷기' 이다. 즉 일상에서 모든 것을 반대로 하면, 거울 세계(이것이 바로 근대세계의 일상인데)에서 빠져나갈 수 있으리라고 생각한 것이다. 이 역설적인 삶의 양식을 두 가지 측면으로 나누어 살펴볼 수 있다. 그 하나는 '거꾸로 걷기' 와 초검선적 걷기를 결합함으로써 현실에서 탈출구를 모색한다는 것이다. 그리고 또 하나는 거울세계에 자신이 설계한 거울을 서로 마주보게 통합시킴으로써 무한한 반사공간을 만들어내는 것이다. 그것을 우리는 「얼마 안되는 변해」[23]의 한 장면에서 찾아볼 수 있다. 바로 이러한 부분이다.

23) 1932년 11월 6일에 쓴 것이다. 유고를 김수영이 번역해서 『현대문학』(1960.11)에 게재했다.

어떤 그한테 끌리어서 그라는 骨片은 방향을 거꾸로 걸었다. 그는 一刻을 서두르면서 편안히 쉴 수 있는 숙소를 찾고 있었지만 도로는 삘딩에로 이어지고 삘딩은 또한 가랑비 속으로 이어져 있다.

발가락은 욱신욱신 쑤시기 시작하였다. 이미 그는 한발자욱의 반조차도 전진할 수 없는 가련한 환자로 되어 있었다.

汽笛 一聲 북극을 향해서 남극으로 달리는 한대의 기관차가 제방 위를 疾驅해온다.

그는 최후의 몇방울 피에 젖은 손바닥을 흔들어 올리며 살려 달라고 소리를 질렀다. 다행히 기관차는 정거하고 석탄같은 기관차는 그의 便乘을 허락해 주었다.

기관차로 생각하고 있었던 그 내부는 소박하게 설비되어 있는 객차였다.

그는 어디로 가는 것인가. 이 선로는 驛은 고사하고 대피선조차도 안가지고 있다고 한다.

—————

승객이 한사람도 없는 차실내에서 그는 자유로운 에스푸리의 소생을 축하하였다. 창밖은 아직까지도 비가 오고 있다. 비는 소낙비가 되어 산천초목을 그야말로 적시고 있다. 그는 방긋이 웃었다. 그러자 두사람의 나어린 娼妓가 한 대의 엷은 비단 파라솔을 받고 나란히 나란히 비를 피해가면서 철도선로를 건느고 있다. 그 모양은 그에게 어느 彈道를 思想하게 하여 인생을 횡단하는 장렬한 방향을 그는 확인하였다. 그와 동시에 소리없는 방전이 그 파라솔의 첨단에서 번쩍하고 일어났다. 그와 동시에 車室은 삽시에 棺桶의 내부로 화하고 거기에 있는 조그마한 벽면의 여백에 古代未開人의 낙서의 흔적이 남아있다. 왈 "비의 電線에서 지는 불꽃만은 죽어도 놓쳐 버리고 싶지 않아" "놓치고 싶지 않아" 운운.[24]

24) 전집3, 143~144면.

매우 혼란스러운 것 같은 위 글을 처음 읽은 사람들은 아마 미완성작을 읽는 것 같은 느낌을 받을지 모른다. 치밀한 사유와 일관된 서술 같은 것들을 이 글에서는 거의 찾아보기 어렵다. 그런데 시적인 산문 양식을 즐기는 이상에게는 이러한 일이 흔한 것이다. 그러나 여기서 그러한 혼란을 가중시킨 것은 그 특유의 '거꾸로 걷기' 주제를 초검선적인 것과 결합시켰기 때문이다. 그의 역설적인 삶과 역설적인 서술방식 같은 것도 골치 아픈데, 거기에 초검선적인 '시적 에스푸리'가 첨가된 것이다. 우리는 "자유로운 에스푸리의 소생을 축하하였다"라고 한 부분에서 그러한 자유로운 시적 정신을 확인할 수 있다.[25] "북극을 향해서 남극으로 달리는 기관차"라는 것은 '거꾸로 걷기'의 연장이며 그 변형인 것이 확실해 보인다. 그것은 지구적인 차원으로 확장된 거대한 '거꾸로 달리기'이다. 이것을 우리는 「MAGASIN」의 무한육면각체 운동 중의 '사각형의 원운동'과 연관시켜 볼 수 있다. 기차나 자동차 등이 지구 위를 달리는 것을 생각하면 이러한 '사각형의 원운동'이란 표현이 상당히 정확한 것이라고 하겠다. 이러한 근대적 교통기관의 기계적인 운동을 거꾸로 전도시켜 본 것이 바로 "북극을 향해서 남극으로 달리는 기관차"라는 표현이다. 이상은 「얼마 안되는 변해」를 쓴 1932년 11월 6일보다 일주일 정도 뒤에 「習作 쇼오윈도우 數點」(1932년 11일 14일 밤에 씀)을 썼다. 이 시의 첫 줄에도 거의 비슷한 표현이 나온다. "북쪽을 향하고 남쪽으로 걷는 바람 속에 멈춰 선 婦人/ 영원의 젊은 처녀/ 지구는 그녀와 서로 맞닿을듯이 자전한다.//운명이란 것은/ 인간들은 일만년후의 그 어느 일년 칼렌다까지도 만들 수 있다./ 태양이여 달이여 종이 한 장으로 된 칼렌다여.// 달밤의 氣圈은 냉장고다./ 육체가 냉각한다. 혼백만이 월광만으로써 충분히 燃燒한다." 그의 다른 글에서도 마찬가지이지만, 근대화된 현실은 차갑

25) 이상에게 '에스푸리'는 시적인 정신을 가리키는 말이다. 그가 다른 글에서 '꿈의 방사선'이라고 한 것, 또는 '개의 에스푸리'라고 한 것 등이 모두 이러한 시적 정신을 가리킨 것이다. 그리고 이러한 것만이 삼차각적인 초검선적 우주를 살아가는 정신인 것이다.

게 모든 것을 얼어붙게 만들었다. 태양과 달의 기계적인 움직임만을 포착해서 만들어진 한 장의 달력은 시계와 마찬가지로 모든 운동을 수량적 평면으로 환원시키는 근대의 껍질적인 성격을 가리킨다. 대수적인 수량의 측정값만이 나열되는 이 평면의 세계 속에서 모든 대상과 그것의 운동은 실제 살아있는 모습으로 포착되지 못한다. 그러한 것들은 모든 실제적 특성이 삭제된 채 대수적인 번호표로만 자신을 드러낸다. 이렇게 생생하게 살아있는 존재의 활력과 특성들이 제거된 것들을 그는 차갑게 얼어붙은 이미지로도 포착했다. 백화점 쇼윈도우의 마네킹을 노래한 이 시는 그렇게 냉각된 세계 속에서 얼어붙은 것같은 한 부인을 보여준다. 마네킹 부인의 창백한 대리석 피부(셀룰로이드로 된 마네킹일 것이다)는 마치 이렇게 얼어붙은 세계와 함께 영원히 존재할 것처럼 묘사된다. 이상은 이 부인에게 그 특유의 '거꾸로 걷기' 라는 시적인 삶의 방식을 부여해본다. 북쪽을 향해 남쪽으로 걷는다는 이 역설적인 삶의 방식을 그 마네킹에 부여하고자 한 것이다. 그러나 그녀는 바람 속에 멈춰 서 있다. 그는 이중의 역설을 여기 부여하고 있다. 바람은 북쪽을 향하여 남쪽으로 걷는 거꾸로 걷기의 흐름 속에 그녀를 담아낸다. 이 역설적인 흐름 속에서 그녀는 같이 흘러가지 않고 멈춰 서 있다. 그녀는 마치 모든 것을 정지시킬 듯이 그러한 흐름에 요동도 하지 않는다. 이상은 강력한 화석적(化石的) 힘을 그녀에게 부여했다. 모든 것은 움직이는데 그녀는 움직이지 않는다. 지구의 자전에도 그녀는 따라가지 않을 정도이다. 이렇게 영원히 석화되어 그 자리에 못박힌 듯 고정된 이 마네킹 부인을 그는 '영원의 젊은 처녀' 라고 했던 것이다. 백화점의 쇼윈도우 속에 있는 마네킹 속에서 이러한 반생명적 영원성을 본 것은 무엇 때문일까? 마치 북극의 얼음 속에 갇힌 듯한 이 너무도 차디찬 냉각이야말로 이상이 백화점의 상업적 논리의 본질적 특성을 자신의 시각으로 드러낸 것이다. 어떻게 보면 이 시는 「MAGASIN」의 악무한적인 무한육면각체적 구조 안에 들어있는 상업적 논리의 극한적인 얼굴일 것이다. 이러한 논리 속에서 "육체가 냉각한다."라고 그는 썼다. 그는 "혼백만이 월광만으로써 충분히 연소한다."라고 덧붙였다. 냉각된 하늘 속에서 차디찬 월광만으로 자신의 혼을 연소시켜야 한다는 것, 이 차가운 현실에서 시인의 혼은 그 식어버린 차가운 달빛만으로 무엇인가 생각하고 노래해야 할 것이다.

비슷한 시기에 이 시인의 시적 에스푸리는 거꾸로 달리는 기차를 타고 있었다. "북극을 향해서 남극으로 달리는 기관차"라는 것은 근대적 교통기관을 전도시켰다는 점에서 더 큰 역설을 발생시킨다. 그리고 북극과 남극이라는 극한적인 방향 설정이 그 역설의 힘을 극한적으로 증폭시킨다. 이러한 역설의 증폭은 현실적인 논리로부터 더 강렬한 힘으로 빠져나가려는 그의 충동을 암시하고 있다. 그렇다면 이러한 '거꾸로 가기'의 방향은 궁극적으로 어디를 향하고 있는 것인가? 자신의 일상적인 삶과 현실의 논리들을 뒤집는 방향, 그러한 것들의 정상적인(?) 흐름을 뒤집는 방향은 과연 어디에 도달하려는 것인가?

이상은 이 글에서 그 '거꾸로 가기'의 도달점을 마치 세 장의 서로 다른 그림을 보여주듯이 그렇게 세 가지 지점으로 나눠 보여주었다. 그 하나는 무덤이며, 다른 하나는 거울 공간, 그리고 마지막엔 별의 광산이다. 뒤로 갈수록 '거꾸로 가기'는 본래 꿈꾸었던 무한정원적 지평이 퇴색되는 방향으로 나아간다. 이 중에서도 첫 번째 등장하는 '무덤'이야말로 그가 무한정원/무한호텔에서 추방된 후 그가 가장 집요하게 집착했던 그러한 공간이다. 그것은 바로 초검선적 우주를 향한 입구 정도로 여겨진다. 「오감도」의 「시제10호 나비」에서 벽에 나 있는 나비 모양의 찢어진 틈도 바로 그러한 유계(幽界)로 통하는 입구처럼 묘사된다. 그에게 죽음의 세계란 모든 것이 끝나는 그러한 절망적인 세계라거나, 아니면 아무것도 없게 되는 허무라거나 그러한 것이 아니다. 오히려 그것은 1920년대 김소월과 홍사용, 이상화 등에서 나타났던 신비로운 유계(幽界), 즉 새로운 생명력을 얻을 수 있는 공간, 자연의 신비로운 힘들이 꿈틀대는 공간 등과 통하는 것이다. 이러한 면에서 이상을 모더니스트로만 평가하는 것은 그

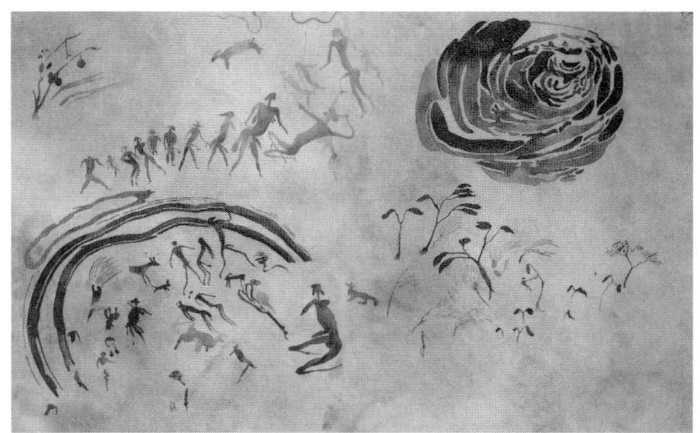

그림 10 아프리카 짐바브웨 지역 암각화

의 정신사적 본질을 훼손하는 일이다. 그는 우리의 깊은 정신사적 저류 속에 뿌리를 내리고 있었던 것이다. 그는 그 무덤 속으로 들어가는 일을 마치 자신의 자궁으로 들어가듯이 그렇게 생각한다. 그의 '거꾸로 가기'는 자신의 생애를 거슬러가는 것이기도 하다.

이상의 문학은 이러한 측면에서 1920년대 몇몇 시인들의 낭만주의적 전통을 이어간 측면이 있다. 그는 「봉별기」에서 금홍이와 마지막 헤어지는 술자리에서 영변가를 불렀다. 그는 다른 자리에서는 창부타령을 구성지게 불러 서정주 일행을 감동시키기도 했을 정도의 가창 실력이 있었다. 김소월의 어떤 시에서 "이 넋이 뉘넋이랴/...수심가나 부르리라"라고 했듯이 김소월의 유계적인 분위기에도 수심가의 분위기가 깔려 있다. 그의 「초혼」과 「산유화」 등에도 이러한 유계적 분위기가 팽배해 있음을 우리는 알고 있다. 홍사용은 「해저문 나라」 이외의 여러 시편들에서 무덤과 죽음의 세계에 대해 노래했다.

내 맘의 어루쇠(鏡)는 녹이 슬어서
기꺼우나 슬프나 비추이든 얼골
다시는 그림자도 볼 수 없으니....

나는 이제껏 그이를 찾아서
어두운 이 나라에 헤매이노라.[26]

마음 거울에 비치는 님의 모습이 사라져가는 불행에 대해 홍사용은 노래했다. "어두운 이 나라"는 그가 헤매는 유계이다. 그는 다른 글에서 우리 민족(그는 '부루 종족'이라고 했다)의 유현(幽玄)한 낭만주의에 대해 설파하기도 했다. 북방의 대륙에서 끝없이 쫓겨내려온 '부루 종족의 역사'가 낳은 이 독특한 낭만주의적 색채 속에서 그는 자신의 시들을 썼다.[27] 그는 1920년대 말에 「조선은 메나리 나라」라는 글에서 그러한 전통의 살아있는 흐름을 정리했다. 우리의 메나리들은 "우리의 넋을 울리는 소리"라는 것이다. 아마 이상은 서도 기생인 금홍과 사귀면서 이러한 전통의 흐름 속에 자신의 사상적 추구를 한가닥 담았는지 모른다. 그래서 그는 「얼마 안되는 변해」라는 글에서 기찻길을 가로질러 건너가는 창기(娼妓)들에게서 강렬한 탄도선(彈道線)을 떠올릴 수 있었던 것이 아니겠는가? 금홍과 만나고 헤어진 전말에 대해 쓴 소설 「봉별기」의 마지막 대목을 그는 그래서 자신의 수심가인 「영변가」와 금홍의 「육자배기」로 마무리 했을 것이다. 1930년대의 문학적 장면 속에서도 우리의 메나리 가락은 이렇게 전통적인 유현한 낭만주의를 한 대목 솟구치게 했다.

아프리카의 짐바브웨 지역의 한 암벽에 그려진 선사시대 그림 하나는 그러한 유계와 자연과 인간 사회의 유기적인 관계를 잘 드러내고 있다. 마치 쌍무지개처럼 두 개의 반원형 고리 안에는 사람들과 동물과 곡식 등

26) 홍사용, 「해저문 나라에」, 『개벽』 37호, 76면.

27) 홍사용, 「백조 시대에 남긴 餘話」라는 글에서 「백조 흐드든 그 시대」(『조광』, 1936. 9)에서 그는 이렇게 말했다. "부루 종족의 역사는 한가락 길고 느릿한 상두군의 소리였었으니 애끓는 시름도 애오라지 20여년.... 옛날의 추방을.... 동대륙 그윽한 땅에서 남으로 남으로 반도의 최남단까지 자꾸자꾸 올망올망 한걸음 두걸음 뒤를 돌아보면서 遊離逃亡하여 내려오던 그 기억을 시방도 아직껏 짐작하고 있었다." 그는 이러한 부루종족의 幽鬱한 분위기에 대해 말했다. 그것은 자연 속에 깃든 죽음의 세계까지 모두 포괄한 유현한 낭만주의적 분위기를 가리키는 것이다.

이 어울려 있어서 사람들이 살아가는 모습을 보여준다. 이 둥근 영역의 아래쪽 입구에는 커다란 남성적 존재가 자신의 뒤에 광대한 자연을 등지고 앉아 있다. 그는 자연 전체의 생명력을 사람이 살아가는 둥근 영역에 이어주는 매개자이며, 이 영역 전체의 지도자처럼 보인다. 반원형 고리쪽으로 올라가는 행렬 중에 선두에 한 사람이 큰 걸음으로 걸어 올라가며 반원형 너머의 세계를 올려다보고 있다. 그는 이 삶의 영역에서 영들의 영역인 유계(幽界)로 올라가려는 것 같다. 반원형 고리 위쪽으로는 마치 구름같은 것이 하나 둘러쳐 있고 그 위쪽으로 여러 영들이 보인다. 이 영들의 대열 맨 오른쪽에 여신적 존재가 비스듬히 누워서 그들을 영접한다. 그는 이 영들을 한 쌍씩 맺어주는 존재인 듯하다. 그 위로

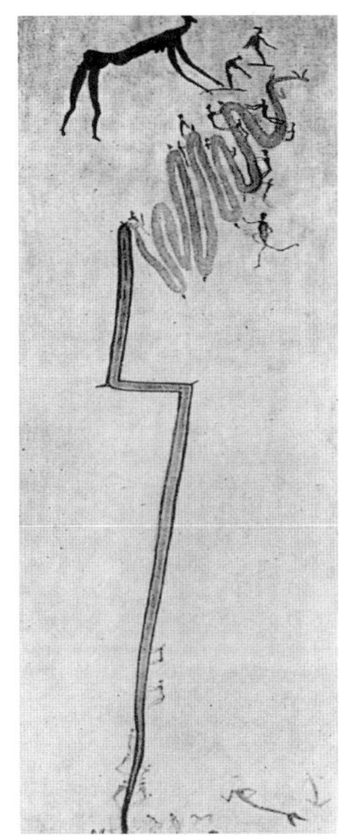

그림 11 아프리카 남부, 로디지아 마란델레스 지역 암각화

는 남신이 서 있고 이 둘 사이에 한 쌍의 영이 있다. 이 여신과 남신 뒤에는 마치 거대한 우주적 장미처럼 보이는 원이 있다. 수많은 꽃잎들이 안으로 겹쳐 있는 듯이 보이는 이 그림은 매우 신비롭고 상징적인 이미지이다. 자세히 보면 마치 한 쌍이 거의 하나로 합체된 듯한 이미지들이 여러 개 보인다. 이렇게 결합된 영들이 모여 들어 거대한 하나의 꽃을 만들어낸 것이다. 나는 이것을 우주적 무한장미로 이름붙이고 싶다. 이 무한장미가 광대하게 펼쳐져 있는 대지 위에 떠 있는 것이다. 그 무한장미의 에너지와 정보들이 나무와 풀과 꽃과 동물과 사람으로 가득한 이 대지 전체에 생명력을 불어넣고 있는 것처럼 보인다. 무한장미는 말하자면 영적인 태양인 것이다. 나는 이 그림의 오른쪽 부분에서 무한정원의 이미지

를 본다. 거대한 우주장미가 하늘에 떠 있는 그러한 대지의 정원은 얼마나 풍요롭고 아름다울 것인가! 이 그림은 이 우주가 물질적인 차원만으로 이루어진 것이 아님을 뚜렷하게 보여준다.

남아프리카의 한 암각화에서도 신화적인 형상으로 유계와 현실의 소통관계를 멋지게 보여주고 있다. 이 그림에 대해서 한 해석자는 가뭄에 희생된 한 여성의 몸에서 자라난 나무를 샤먼들이 기어오르는 것으로 설명했다. 그러나 이것은 나무로 보기는 어려운 형상을 하고 있다. 특히 하늘쪽의 구불거리는 형상은 더욱 그렇다. 이 그림은 물의 두 가지 형상을 보여준 것이다. 죽은 물과 살아 있는 물이다. 이 물들을 뱀의 형상으로 요약한 것이 이 선사시대 화가가 대단한 예술적 창조력을 갖고 있음을 드러낸 것이라 하겠다. 즉 땅에서 하늘까지 벋어 있는 물의 통로인 뱀은 구불거리는 생명력을 잃고, 마치 죽은 것처럼 죽 벋어 있다. 하늘의 영적인 존재들이 하늘의 구불거리는 뱀의 입을 이 축 늘어진 뱀의 입에 대주고 있다. 그 일을 하는 선도자가 그 입 쪽에 있다. 구불거리는 여러 곳에 많은 영적인 존재들이 매달려서 중요한 작업들을 하고 있다. 이 작업 전체를 지도하는 세 명의 신이 그 위쪽에 있다. 이 신들은 가장 근원적인 하늘 여신과 그 여신의 명령에 따라 이 모든 작업을 감독하고 지휘하는 두 명의 신들로 이루어져 있다. 아마 이 하늘 여신은 마고와 영등할미 같은 최고의 신격일 것이다. 그 밑의 작은 두 신은 바람과 구름과 비의 신일 것이다. 축늘어진 뱀의 밑에는 이러한 신들의 일을 위해 희생제물을 바친 여샤먼과 여러 종족의 대표들이 제의적 행위를 하고 있다. 캠벨은 이것을 나무와 뱀으로 해석하고 이 둘은 모두 번갯불을 나타낸다고 보았다.[28] 그러나 자세히 보면 '나무'라고 한 것과 뱀이 모두 머리와 꼬리를 갖고 있음을 알 수 있다. 캠벨은 직각으로 구부러진 모습에서 번개를 연상한 것 같다. 그러나 번개는 더 날카롭게 구부러진다. 이것은 다만 구불거리

28) 조셉 캠벨, 홍윤희 역, 『신화의 이미지』, 살림, 2006, 502면.

며 파동치는 힘이 직각으로 구부러진 직선적 형상 속에서 사라진 것을 암시하고 있을 뿐이다.

우리는 이러한 그림들을 통해서 선사시대의 신화들 속에 우주에 대한 전혀 다른 개념들이 존재했음을 알 수 있다. 그것은 유계에 대한 지금과는 전혀 다른 인식이었고, 그러한 영적인 존재들과의 소통 속에서 우주적인 삶을 구상할 수 있었음을 보여준다. 이상의 사상은 바로 그러한 원초적 사유들을 다시 이끌어오는 통로를 제공하고 있다. 그가 바라보는 근대세계는 말하자면 위 그림에서 메말라 버린 물줄기인 축 늘어진 뱀으로 표상되는 것이다. 이 말라붙은 뱀의 이미지를 이상은 「첫번째 방랑」에서 보여준 바 있다. "赤土 언덕 기슭에서 한 마리의 뱀처럼 말라 죽을지도 모르지만, 나는 아름다운—꺾으면 피가 묻는 고대스러운 꽃을 피울 것이다."[29] 이러한 뱀의 이미지는 그의 초기 시편인 「조감도」 중의 「LE URINE」에서 나타난 뱀, 즉 생명력이 위축된 자신의 성기에서 흘러나온 물줄기가 간신히 구불거리며 흘러가는 것의 연장선에 있는 것이다. 여기서 "실과 같은 童話"라고 한 이 오줌의 물줄기는 '뱀'의 이미지를 통해 계속해서 그의 상상력 속에서 다양하게 전개되었다. 그것이 거기 등장한 까마귀라는 초검선적 존재와 하나의 짝이 된다는 것을 우리는 알 수 있다. 우리는 아프리카 암각화에서 이상이 전개했던 사상의 시적인 모습들을 신화적 형상으로 정리해볼 수 있다. 우주장미와 무한정원, 하늘의 뱀과 말라붙은 대지의 뱀 등의 이미지는 이상의 무한정원적 사상을 설명하는데 매력적인 도구가 된다. 이 근대의 말라붙은 황무지 위에서 어떻게든 새롭게 꿈틀거리려는 뱀과 하늘의 우주장미나 하늘뱀을 다시 살아나게 하려는 까마귀의 날갯짓을 이상은 자신의 작품들 속에서 여러 가지 이미지로 보여주려 했다.

29) 전집3, 187면. 이 태고의 꽃은 그의 '뇌수에 피는 꽃'이었다. 그것은 그가 「각서3」에서 말한 뇌수가 부채처럼 원에까지 전개되고 완전히 회전하는 운동을 가리키는 것이기도 하다. 뇌수가 생식기처럼 흥분했다고 그가 말한 것을 참조할 수도 있다. 꽃은 생식기이다.

2) 파라솔의 탄도선(彈道線)과 새로운 탄생의 좌절

> 탄도를 잃지 않은 질풍이 가르치는 대로 곧잘 가는
> 황금과 같은 절정의 세월이었다.
> —이상, 「공포의 기록」

이러한 일은 우리가 「삼차각설계도」에서 논의한 '초검선' 의 힘이 이 '거꾸로 가기' 에서도 느슨하게나마 작동하는 것이 아닌가 생각해보게 한다. 아마 그렇다고 보아야 할 것이다. 이상의 작품에서는 '광선' 과 '초검선' 그리고 거꾸로 가는 '역주행선' 등의 주제가 서로 경쟁하고 있었다고 할 수 있다. 그가 자주 언급하는 이미지 가운데 '총알' 이 있다. 이것도 그의 문학적 기호 가운데 매우 독특한 자리를 차지한다. 그것은 다분히 성적인 은유로부터 시작한 것이지만 그것을 떠나 좀더 폭넓은 진폭을 갖고 있다. 그의 「오감도」의 「시제 9호 총구」 같은 것에서는 미묘한 에로티시즘적 분위기로 달궈진 자신의 몸을 '총' 의 이미지로 표상한다. 마침내 그가 입에서 내뱉은 것은 무엇인가 라고 그는 묻는다. 에로티시즘적 열기로 충만한 이러한 육체에 대해 노래한 것은 그러나 그 이외에는 거의 찾아보기 어렵다. 그의 몸은 유령 아니면 골편(骨片)처럼 죽음의 분위기로 대부분 채색되어 있는 까닭이다. 냉각된 현실에서 그의 몸은 점차 뼈대와 껍질만을 남기고 거기서 육체적 과육은 모두 빠져나가는 듯이 보인다. 「얼마 안되는 변해」에서 "그는 뼈와 살과 가죽으로써 그를 감싸주는 어느 그의 骨格으로 되어 있었다."[30]고 한 것에서 그러한 예를 볼 수 있다. 그의 거꾸로 가기는 바로 이러한 '껍질화' 로부터 탈출하기 위한 것이기도 했다. 그렇다면 이 껍질적인 존재의 '거꾸로 가기' 는 저절로 그 '무덤' 에 도달한 것일까? 그렇지 않다. "그라는 骨片은 방향을 거

---

30) 위의 책, 143면.

꾸로 걸었"지만, 그는 "한발자욱의 반조차도 전진할 수 없는 가련한 환자로 되어 있었다." 그는 극한적인 거꾸로 달리기를 하는 기차를 얻어 타고서야 그 '무덤'으로 향할 수 있는 힘을 얻을 수 있었다. 그러나 그것만으로도 아직 '무덤'에 도달하지는 못한다. 기차 속에서 그가 비에 맞아 젖은 몸을 화로에 쪼여 녹이면서 "자유로운 에스프리의 蘇生을 축하"했을 때 그 다음 장면에서 우리는 그를 그러한 무덤 속으로 이끌 수 있게 한 결정적인 빛을 보게 될 것이다. 그 빛은 기차 속의 광선을 모두 압도할 정도의 무한우주적 빛이다. 초검선적 우주의 검은 빛이 기차의 모든 빛들을 억누르고 무덤 속 같이 어둡게 했던 것이다. 매우 짧은 장면이지만 여기에 등장하는 것은 그의 무한사상과 연관될 수 있는 인상적인 이미지다. 그는 창밖에서 파라솔을 쓰고 가는 두 명의 창기(娼妓)를 보았다. 그는 처음 추운 겨울의 가랑비 속을 헤맸던 것인데, 그 빗줄기가 이제 굵어져 소나기가 되었다. 산천초목을 적시는 이 빗줄기 속을 두 명의 어린 창기(娼妓)들이 파라솔을 쓰고 철도선로를 건너고 있었던 것이다. 그는 이렇게 묘사했다.

> 비는 소낙비가 되어 산천초목을 그야말로 적시고 있다. 그는 방긋이 웃었다. 그러자 두사람의 나어린 娼妓가 한 대의 엷은 비단 파라솔을 받고 나란히 나란히 비를 패해가면서 鐵道線路를 건느고 있다. 그 모양은 그에게 어느 彈道를 思想하게 하여 인생을 횡단하는 장렬한 방향을 그는 확인하였다. 그와 동시에 소리없는 방전이 그 파라솔의 尖端에서 번쩍하고 일어났다. 그와 동시에 車室은 삽시에 官桶의 內部로 化하고 거기에 있는 조그마한 벽면의 餘白에 古代未開人의 洛書의 흔적이 남아있다. 日 "비의 전선에서 지는 불꽃만은 죽어도 놓쳐 버리고 싶지 않아" "놓치고 싶지 않아" 운운.[31]

31) 위의 책, 144면.

이 장면에서 우리는 이상이 새롭게 샘솟는 시적 에스프리를 통해서 거꾸로 달리는 기차를 무덤 속의 관통으로 변화시켰음을 알 수 있다. 그러나 그 매개체는 달리는 기차의 선로를 횡단하는 두 명의 창기(娼妓)가 쓰고 있는 파라솔이었다. 잠깐 동안 등장했던 스치는 듯이 지나간 이 이미지는 사실 우리가 어디선가 본듯한 다른 장면을 연상시킨다. 이상은 이 파라솔 꼭지점에서 일어난 번갯불이 기차를 무덤 속의 환상적인 장면으로 바꿔준 것처럼 묘사했다. 여기에는 분명히 삼차각 원뿔형 빛다발과 연관되는 무엇인가가 있다고 느껴지지 않는가? 마치 부채처럼 활짝 펼쳐진 파라솔은 분명히 삼차각의 원뿔이 회전하며 전개된 모습(활짝 펼쳐진 모습)을 연상시킨다. 파라솔의 꼭지점은 그러한 삼차각적 수렴의 한 극점일 것이다. 초검선적인 우주선들이 그 한 점에 모여들어 강렬한 빛(일반적인 광선이 아니라 초검선적인 빛인)을 내뿜었던 것은 아닐까? 그 순간적인 불꽃을 노래한 원시 미개인의 낙서를 그 관통의 벽면 여백에서 발견했다고 그는 썼다. 그는 이 활짝 펼쳐진 파라솔 속에 이제는 천민의 지위로 떨어진 두 명의 창기를 배치했다. 그녀들은 "나란히 나란히"라는 말이 보여주듯이 서로 하나로 합친 곱셈적 존재처럼 보인다. 이상은 이러한 그녀들의 발걸음에서 "어느 彈道를 思想하게 하여"라고 했는데, 여기에도 그의 중심적인 이미지인 총알을 등장시켰던 것이다. 그는 '사상(思想)' 이란 중요한 단어를 탄도(彈道), 즉 총알이 날아가는 선과 함께 썼다.

그림 12
파라솔처럼 쓰이는 대륜선

◀ 접혀 있던 부채를 펴면 수레 바퀴모양이 된다. 조선시대. 국립민속박물관 소장.

▲ 이 대륜선은 햇볕을 가리는 일산(日傘) 기능을 했을 것이라고도 한다. 『전통부채』, - 참조

철길을 가로지르는 이 '파라솔의 彈道線' 이야말로 그에게 강렬한 충격으로 다가왔다. 그것은 자신의 역설적인 거꾸로 달리기, 즉 역주행선(逆走行線)보다 더 강력한 것이었음에 틀림없다. 왜냐하면 그 탄도선에서 이 거꾸로 달리는 기차를 '무덤' 으로 바꿀 수 있는 강렬한 에너지가 발생했기 때문이다. 여기서 '무덤' 은 초검선적 공간, 즉 물질적 차원인 3차원의 벽이 무너져 다른 차원들의 세계까지 활짝 열린 공간을 말한다. 마치 강렬한 '빛의 총알' 을 맞은 듯이 기차는 충격을 받았다. 그 내부는 삽시간에 무덤으로 변했다. 시간은 더 고대로 흘러 그 안에서 고대 미개인의 낙서를 볼 수 있기도 한다. 우리는 그 낙서에서 파라솔의 꼭지점에서 일어난 불꽃의 노래를 확인할 수 있다. 초검선적 우주의 한 자락이 여기 희미하게나마 펼쳐져 있다. 이 무덤 속에서 이상은 마치 자신의 생애를 완전히 뒤집어서 새롭게 탄생하려는 듯이 자궁 속으로까지 들어가려 한다. 그는 자신의 뼈만 남은 육체 속의 늑골을 더듬으며, 마치 창조주가 이브를 만들려고 아담의 늑골을 더듬듯이 그렇게 더듬어본다. 그것을 나무뿌리에 삽입하였다고 했다. 그것은 "아

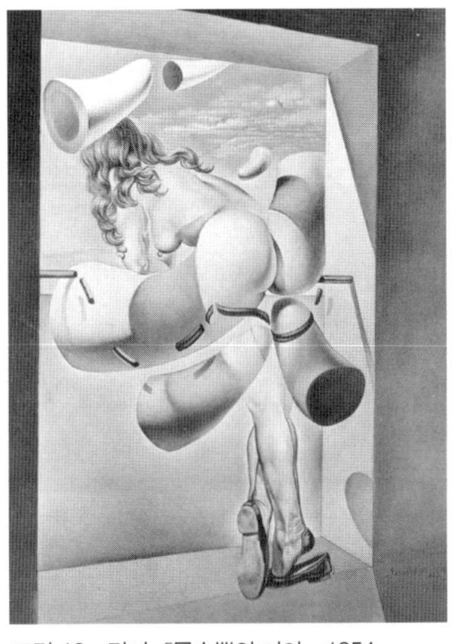

그림 13 달리, 「무소뿔의 여인」, 1954
창밖을 보는 여인의 몸이 부드러운 원뿔 도형들로 해체되고 있다. 그녀의 욕망과 그녀에 대한 욕망이 미묘하게 결합해서 그녀의 몸과 남성 성기가 부드럽게 결합되기도 한다. 이 원뿔은 마치 탄환처럼 그녀를 묶고 있던 즈로오스 끈들을 산산조각내고, 그녀를 강하게 충격한다. 그녀는 마치 창 밖 하늘 멀리로 튕겨져 나갈 것 같은 자세가 된다. 몇 개의 원뿔은 벌써 그녀의 꿈 속 하늘로 날아간다. 이상의 초검선적 탄환과 삼차각 원뿔이 결합된 이미지처럼 보이지 않는가. 달리는 사차원적 풍경을 이렇게 그려냈다. 이상은 「오감도」의 「총구」(1934.8.3) 에서 자신 속의 무한 에로티즘적 탄환을 이렇게 노래했다. "매일같이 열풍이 불더니 드디어 내 허리에 큼직한 손이 와 닿았다. 황홀한 지문 골짜기로 내 땀내가 스며드자마자 쏘아라, 쏘으리로다, 나는 내 소화기관에 묵직한 총신을 느끼고 내 다문 입에 매끈한 총구를 느낀다."

름다운 接木을 실험하기 위해서" 였다.

그러나 이 창조적 곱셈을 위한 실험은 실패한다. 그 다음에 시도한 것은 자궁 속으로 들어가려는 것이었다. "子宮擴大模型의 正門에서 그는 父親을 분장하고 闖入하였다. 탄생일을 연기하는 목적을 가지고———". 그는 초검선적 여행을 통해 자신이 태어난 자궁 속으로 들어가려 한 것처럼 보인다. 부친은 자신의 잉태를 연기시킬 수 있었을 것이다. 그러나 그의 이러한 시도는 실패한다. 자궁확대모형은 그 속에 들어가자마자 바로 밖으로 나가는 뒷문을 가졌던 것이다. 즉 이 자궁모형은 잉태공간을 위한 내부가 없다. 들어가는 정문은 바로 나가는 뒷문이다. 이상에게 인공적인 모형은 언제나 껍데기일 뿐이니 이 자궁모형 역시 생명이 깃들일 수 있는 '깊이' 를 갖고 있지 못했던 것이다.

이처럼 파라솔적인 탄도선의 초검선적 우주는 매우 불완전한 것이다. 그것은 현실의 인공적인 이미지들을 완벽하게 녹이지 못한다. 여기에 나타난 그의 총알 이미지는 이렇게 초검선적인 삼차각의 회전운동을 하는 듯 하지만 완전치 못하다. 그는 폭발적인 초검선적 운동을 묘사하기 위해 총알 이미지를 가져왔다. 그러나 그것을 만족할만큼 초검선적 형상으로 만들어내지는 못했던 것 같다. 「삼차각설계도」 중 「각서4」(미정고)는 그러한 탄환의 운동선을 그렸지만 미완성작이란 느낌을 주게 했다. 그는 "탄환이 一圓壔(원기둥)를 질주했다" 라고 썼는데, 원기둥을 나선형으로 회전하는 이러한 이미지로 자신의 초검선을 묘사하는데 흡족하지 않았는지 여기에 '未定稿' 라고 했던 것이다. 그 이후 이 탄도선의 이미지는 여러 곳에 등장하지만 그것은 모두 이렇게 초검선적인 것을 지향하면서도 거기에 완전히 도달할 수 없는 것으로 나타난다. 예를 들어 「황의 기작품 제2번」에서는 "나는 불꺼진 탄환처럼 그 길을 탄다...화살처럼 빠른 것을 이 길에 태우고 나도 나의 불행을 말해버릴까." 라고 말했다. '불꺼진 탄환' 과 '화살' 은 이러한 탄도선이 현실의 차가운 압력 속에서 냉각되어버린 것을 말한다. 예술적 사상적 열기가 식어버린 탄도선의 불행에 대해 그는 이렇게 노래했다. 따라서 탄도선이란 냉각된 현실에서 강렬하게 그러한 무한정원 세계를 향해 질주하는 이미지이다. 즉 현실에서 그러한 이상세계를 향해 달려가는 사상적 예술적 달리기를 형상화하고 있는 것이다.

3) 냉각된 거울세계의 별

탄도선에 의한 환상적 무덤 공간에서의 초검선적 열림은 이렇게 불완전한 것으로 끝났다. 그가 그러한 환상적인 자궁에서 빠져나와 후퇴한 곳은 거울공간이었다. 정신적이고 "혹종의 종교적"[32)]인 차원에 대해서는 체념한 채 그는 냉정한 물리적 현실세계에서 새로운 생식적 공간을 구상한다. 그는 특별난 거울을 설계하는 것이다. "그는 한 장의 거울을 설계하였다. 그리고 물리적 생리수술을 그는 무사히 畢了하였다." 그는 정신적인 차원과는 상관없는 빛들의 물리적 반사상들의 세계 속에 돌입해서, 차가운 빛과 유리의 세계 속에 생리적인 힘들이 작동할 수 있는 공간을 설계하려 한다. '생리수술'은 그러한 거울 속 차갑고 깊이없는 반생명적 공간에 생명력을 깃들게 하려는 치료행위이다. 마치 「오감도」 「시제7호 해부」를 생각나게 하는 장면이다. 그는 이러한 수술을 통해서 "무한으로 통하는 方丈의 제3축에"서 그가 安住할 수 있는 공간을 발견한다. 그러나 이러한 시도는 역시 실패한다. 그는 "이 가장 文明된 軍備, 거울을 가지고 그는 과연 믿었던 安住를 다행히 享受할 수 있을 것인가?"라고 물었다. 이러한 물음 자체가 역설적인 것인데, 왜냐하면 이 근대 문명의 군대 장비와도 같은 거울을 가지고는 도저히 그러한 안주 공간을 그 안에 만들어낼 수 없다는 어조가 이 문장에는 담겨 있기 때문이다. 그의 '군대'

32) 위의 책, 146면. 그는 "혹종의 종교적 체념을 가지고 왔다"라고 썼는데, 이것은 그러한 시적 에스프리의 초검선적 공간에서 물질적인 법칙이 지배하는 냉정한 현실세계로 돌아온 것을 말한다.

이미지가 기계적인 자동인형 같은 것이라면 이 "가장 문명된 軍備"라는 표현은 그가 부정하고자 하는 근대적 이미지를 매우 극단적인 수준으로 과장한 것이라 하겠다. 결국 이 물질적인 반사상의 세계 속에서 무한적인 '방장(方丈)의 제3축'에 안주의 공간을 구축하려는 것도 실패한다. 이 수수께끼 같은 '방장의 제3축'이란 것은 아마도 반사상들이 무한하게 펼쳐지는 공간의 중심축을 가리킬 것이다. 나는 이것을 다른 글에서 더 깊이 다룰 것이다. 이상의 육면거울방에 대한 논의 속에서 거울무한의 새로운 차원을 논하게 될 것이다. 이상은 「무제―육면거울방」에서 음악의 대가인 악성(樂聖)에게 이끌려 그러한 거울무한 공간 속에 들어가 본다. 그의 이후 거울 이미지들은 그러한 체험의 산물이다. 그러한 거울의 푸가적인 음악적 향연이 현실에서 그에게 남겨진 유일한 예술적 추구 목표가 되었는지도 모른다.

그의 탄도선이 불꺼진 것처럼 식어서 도달한 마지막 도달점은 '별의 광산'이다. "문제의 그 별은 鑛山이라고 한다./ 採光學이 이미 그 별을 발견하였다."[33] '찢어진 천체' 혹은 폭풍우처럼 휩쓸린 상태의 폐허 같은 하늘 이미지들이 그의 시 여기저기에 있다. 우리는 그가 태양과 달을 한 장의 캘린더라는 수량화된 얇은 종이 평면으로 환원시킨 것을 이미 「습작 쇼오윈도우 수점」에서 보았다. 이러한 근대적 시선은 물질적으로 매우 좁혀진 시각으로만 하늘을 본다. 우리에게서 멀리 떨어진 별들까지도 자신들의 현실적인 이해관계의 눈으로만 파악하는 근대적 시선이 그 아름답게 빛나야 할 별들을 칙칙한 광산으로 만든다. 그는 이 별을 광부들이 채굴용 기계로 채광하는 장면을 묘사했다. 거기서 나오는 소음 때문에 음악적인 사상들마저 그 별에서 뿔뿔이 흩어져버린다. "음악은 思想을 떨어버리고 迂曲된 길 위를 질서없이 도망쳐 다니고 있었다." 아마도 그의 기차는 한 시커먼 광산 옆을 지나고 있었을 것이다. 우주에서 아름

33) 위의 책, 146면.

답게 빛날 이 지구라는 별이 이렇게 "癨亂처럼 들끓는 음악" 속에서 파헤쳐진다. 그 채광 대열을 감독하고 사열하는 싸늘한 권력의 압박을 그는 느꼈다. 그의 중축은 폭발할 것만 같은 통증으로 아파왔다. "그는 조용히 四角진 달의 採鑛을 주워서, 그리고는 지식과 법률의 창문을 내렸다. 採鑛은 그를 싣고 빛나고 있었다."라고 그는 썼다. '사각진 달' 은 「마가진」에 나오는 '사각이 난 원' 을 생각나게 한다. 이 역설적 표현도 '사각형' 이란 규격화된 평면적 속성으로 파악된 전체를 가리킨 것이다.[34] "채광학이 발견한 별" 이란 것도 역시 그러하다. 위에 나온 "지식과 법률의 창문" 도 같은 이미지이다. 이렇게 채광으로 부서져나간 별빛의 파편을 소중하게 그는 손에 쥐었는데, 그 광선이 그의 몸 속 몇 억 개의 세포를 통과한 장면을 아름답게 묘사했다. "그의 몇 億의 세포의 間隙을 통과하는 광선은 그를 붕어와 같이 아름답게 하였다./ 순간 그는 제풀로 비상하게 잘 製鍊된 보석을 교묘하게 분만하였던 것이다." 그가 파괴된 별의 파편들을 소중하게 줍는다는 것, 그것의 생명력인 광선(광학적인 것이 아닌)이 자신을 꿰뚫고 들어와 그러한 파편을 새로운 결정체로 변화시킬 수 있도록 해준다는 것은 얼마나 아름다운 이야기인가? 조각난 달의 파편이지만 그것의 생명력을 소중하게 생각해야 한다는 것, 그것을 품에 안음으로써 그렇게 파괴된 조각들의 본질적인 생명적 결정체를 새롭게 탄생시킬 수 있다는 것을 이 부분은 시적으로 멋지게 표현했다. 그러나 이것마저도 전체적으로 파괴되어가는 별의 황무지적 파편더미 위에서는 아주 사소한 일에 불과한 것이다. 이 황무지 위에서 그러한 작은 보석의 결정체를 만들어내는 것이 무슨 소용이란 말인가?

34) 우리는 뒤에서 이러한 부정적인 숫자로서의 4를 그의 마지막 소설인 「실화」에서 보게 될 것이다. 그의 숫자의 방위학에서 볼 때 이러한 부정적인 숫자인 4는 참다운 방위학의 4(그는 자신의 이름을 'ㅁ' 라고 말하기도 했다)가 전도된 것이다.

이상의 독서 행위와 장자적 사유

김 주 현

목차

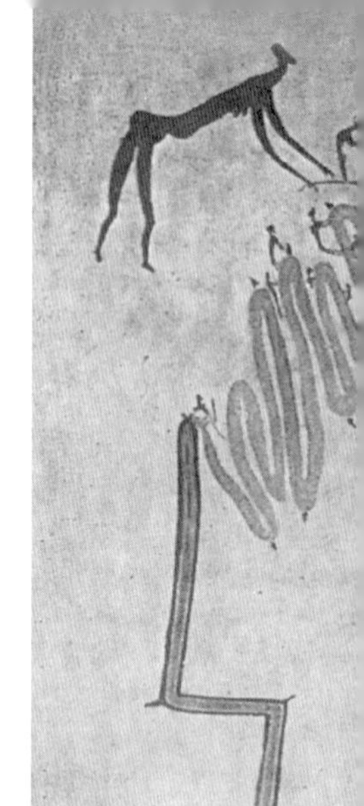

이상의 독서 행위와 장자적 사유

김 주 현*

1. 이상과 한학적 소양

이상의 사상적 토대는 무엇인가? 이제까지 그의 문학적 특성들은 많이 논의되었지만 그의 사상에 대해서는 제대로 밝혀진 적이 없다. 이 글은 그의 문학 연구에서 제대로 밝혀지지 않은 사상적 측면에 한발자국 다가서 보려고 한다.

이상은 1910년에 태어나 신명학교와 동광학교, 보성고보를 거쳐 경성고등공업학교를 졸업하였다. 그는 건축학을 전공했으며, 또한 미술과 문학에도 많은 흥미를 갖고 있었다. 그러나 그의 집안 분위기나 학문적 배경은 제대로 알려져 있지 않다.

* 경북대학교 국어국문학과 교수

두 돌 때부터 천자문을 놓고 '따 지' 자를 외며 가리키는 총명을 귀여워 못 배겨하시는 큰아버지, 그래서 집안의 모든 일을 어린 큰오빠와 상의하시는 큰아버지를 못마땅하게 여기시는 큰어머니가 오빠를 어떻게 대했을까 하는 것은 능히 상상할 수 있는 일입니다.[1)]

김옥희에 따르면, 이상은 두 돌(3살) 때부터 천자문을 공부했다고 한다. 이것은 그리 특별한 것은 아니다. 당시로서 크게 새로울 것도 없는 지적이기 때문이다. 그러나 이상이 신식 학문을 하기 이전에 한학적 소양을 갖추었다는 것은 대단히 중요한 사실이다. 또한 고은은 "이상의 백부 김연필은 중인답게 말단 이방이 갖추는 정도의 지식「한학」을 구사했"[2)] 다고 하였다. 김연필이 한학적 소양을 갖고 있었다는 것은 당시 매우 자연스러운 현상에 속한다. 그는 아직 근대적인 학교제도가 정착되기 이전 세대였다. 그는 1882년 태어났으니까 전통적인 한학교육을 받았을 것으로 보인다. 왜냐하면 당시만 하더라도 입신과 출세를 위해서는 한학이 필수였기 때문이다. 그런 그가 이상에게 한학을 교육시킨 것은 지극히 당연하다.

현재로선 이상의 한학적 깊이를 가늠하긴 어렵다. 왜냐하면 위 내용 이상의 언급을 찾아볼 수 없기 때문이다. 그러나 우리는 이상 문학을 통해서 그의 한학적 소양과 토대를 파악해 볼 수 있다.

2. 교양으로서의 경서 및 경전 읽기

우리는 이상 문학을 통해서 그의 다양한 독서 행위 및 사상적 경향을 추적해 볼 수 있다. 그는 전통적인 학습 교재였던 사서삼경을 탐독한 흔

1) 김옥희, 「오빠 이상」, 김유중 · 김주현 편, 『그리운 그 이름, 이상』, 지식산업사, 2004, 55~56면.
2) 고은, 『이상평전』, 민음사, 1974, 24면.

적들이 발견된다. 그리고 불경, 성경 등의 경전도 광범위하게 읽었음을 알 수 있다.

이상의 글에는 『논어』, 『맹자』 등의 직접 인용이 눈에 띈다.

> (가) 德不孤 必有隣(2, 168면)[3]
>
> (나) 其父攘羊 其子直之(1, 71면)
>
> (다) 나는 찬밥한술 冷水한목음을먹고도 넉넉히 一世를威壓할만한 「苦言」을 摘摘할수있는 그런智慧의 實力을갖었다.(2, 363~364면)
>
> (라) 그러나 또 不遠間에 나와똑같이 어리석기짝이없는 「讀者」는 이런 맹랑한 「포―즈」가 意外에도 「巧言令色之格」이라는것을 看破할줄 믿는다.(3, 228면)

이 구절들은 이미 주해서에서 밝혔듯 『논어』에서 가져온 것들이다. (가)는 덕(있는 사람)은 외롭지 않다는 말로 「이인」편의 내용이다. (나)는 「자로」편으로 그 아버지가 양을 훔쳐 그 아들이 증명했다는 내용인데, 원문의 "其子證之"를 "其子直之"로 한 글자 바꾸었다. (다)는 「옹야」편의 "一簞食一瓢飮"으로 매우 가난하면서도 도를 잃지 않는 안회의 모습을 말해주는 「苦言」이며, (라)는 「학이」편으로 "巧言令色"은 교묘한 말과 아첨하는 얼굴을 하는 사람은 어진 사람이 드물다(巧言令色鮮矣仁)는 구절에서 가져온 것이다. 이것들은 이상이 『논어』를 애독하였음을 보여주는 증거이다. 이상은 『논어』의 구절들을 적소에 끌어와 써먹었다. 그러한 용사적 글쓰기 이면에 우리는 이상의 교양적 독서의 면모를 발견할 수 있다.

> 仰不愧於天 俯不怍於人 이런心境에서 사는사람이라도 그런 一點의흐린구름이 지지안흔生活을, 남이 그야말로 求景꺼리로알고 보려달려들ㅅ때에는 저윽히

3) 김주현 주해, 『이상문학전집』 2권, 소명출판, 168면. 이하 이 책의 인용은 인용 구절 뒤 괄호 속에 1(시집), 2(소설집), 3(수필 기타), 면수만 기입. 밑줄은 인용자, 이하 동일.

不快할것이다.(3, 93면)

『맹자』 역시 그에게 교양에 좋은 지침서가 된다. 밑줄 친 구절은 『맹자』의 「진심장」에서 가져온 것이다. 원래는 하늘에 우러러 한 점 부끄럼이 없고, 사람에게 한 점 부끄럼이 없다는 말인데, 이상은 뒤의 한 글자를 비틀어 사람에게 유쾌하지 못하다(불쾌하다)로 쓰고 있다. 즉, 소록도 나환자들은 하늘에 부끄럼은 없지만 사람들이 자기들을 구경거리로만 보려고 달려들 때 불쾌하다는 것이다. 좀 다른 문맥에서 썼지만 고사를 비틀어 쓴 실력이 대단하다. 이를 통해 이상이 『논어』나 『맹자』 등을 자세히 읽었음을 알 수 있다.

뿐만 아니라 이상은 『주역』에도 관심을 갖고 있었다. 주역적 사고를 가장 잘 보여주는 것이 「역단」이라는 시이다. 역단이란 『주역』에 의해 인간의 길흉화복을 판단하는 것이 아니던가. 『주역』은 음양의 이치로 세상을 설명한다. 그러한 것은 「휴업과 사정」에 여실히 드러난다.

양기(陽氣)에넘치든그를생각하며(2, 43면)

보산이얼마나음양에관한리치를잘리해하야정신수양을하고잇는것인가(2, 167면)

양의성한ㅅ대를잠자며 음의성한ㅅ대를ㅅ새워잇서 학문하는것이얼마나리치에맛는일인가(2, 168면)

첫 예문에서 "양기에 넘치던 그"는 남자로서의 정기가 넘치던 그를 말한다. 음양에 대해서는 두 번째, 세 번째 예문인 「휴업과 사정」에 보다 잘 드러난다. 여기에서 "양의 성 한 때"는 낮을, "음의 성 한 때"는 밤을 가리킨다. 보산은 음양의 이치를 잘 이해해야 한다고 하며 밤낮을 바꾸어 생활을 한다. 그는 "아마 SS도 저렇게 밤을 낫으로 삼아서 지내는가 그러면 SS도 음양의 조흔 리치를 터득하얏단 말인가"(2, 169)라고 하였다.[4] 음양의 좋은 이치란 결국 작품의 결말처럼 음양(SS와 그의 부인)의 조화로 새로운 생명(아이)이 탄생하는 것이 아니던가. 이상은 밤과 낮, 그리고 남자와 여자를 음양으로 설명했다. 그것은 사물을 음양의 관점에서 바라보는 주역적 사고의 결과이다. 『논어』, 『맹자』, 『주역』 등의 경서는 이상이 여전히 전통적 학문, 특히 한학의 세례를 받고 있었음을 보여준다. 뿐만 아니라 이상 문학에는 불교 용어들이 많이 등장한다.

「신에게대한최후의복수는 내몸을사파로부터 사라트리는데잇다」고.(2, 49면)

그것은 다만 香氣도觸感도업는 絶對倦怠의 到達할수업는 永遠한彼岸이다.(3, 117면)

당신의은혜는명도에가서반드시갑흘것을약속하오.(2, 71면)

나는 勿論 그 자리에 昏倒하야 버렸다. 나는 죽었다. 나는 黃泉을헤매었다. 冥府에는달이밝다. 나는또다시눈을감았다. 太虛에 소리있어 가로대 너는 몇살이뇨? 滿二十五歲와 十一個月이올시다.(2, 377면)

그러한C간호부의서잇는등뒤에부동명왕의얼골과갓치 흑연화렴속에인쇄되여잇는듯한 T씨의그것도 그는볼수잇섯다.(2, 124면)

머리 정수리를 粉碎 당한 不動明王 같이 그의 敏感은 이미 電氣椅子 위에 端坐하고 있었다.(2, 201면)

羅漢은肥大하고여자의子宮은雲母와같이부풀고여자는돌과같이딱딱한쵸콜레이트가먹고싶었던것이다. 여자가올라가는層階는한층한층이더욱새로운焦熱氷結地獄이었기때문에여자는즐거운쵸콜레이트가먹고싶다고생각하지아니하는것은困難하기는하지만(1, 50면)

小鹿島의癩院을 보고온이의 이야기를들으면 아모리 釋尊가튼 慈悲스러운얼골을한사람이 來到하야도 그들은 그저 無限한憎惡의눈초리로마지할줄박에모른

4) 원문을 본문 중에 인용할 때에는 현대 띄어쓰기로 함.

다한다.(3, 93면)

이 摩訶不可思議한 呪文같은 遊戱는 이리하여 허다한 不吉과 怨恨을 품고 大團圓을 告하였다.(3, 155면)

'사바' 는 괴로움이 많은 인간 세계를, '피안' 은 사바세계 저쪽에 있는 깨달음의 세계를, '명도' 는 인간이 죽은 뒤에 간다는 영혼 세계, 곧 '명부' 세계를 말한다. 그리고 초열지옥은 8열지옥의 하나로 뜨거운 불길에 둘러싸여서 그 뜨거움을 견디기 어려운 지옥이다. 초열지옥은 살생, 투도(偸盜), 사음(邪淫), 음주, 망어(妄語) 따위의 죄를 지은 사람이 가게 된다. 인간이 괴로움 많은 사바 세계에 살다가 명도 세계로 가며, 이승에서 지은 죄에 따라 136군데나 되는 지옥으로 떨어지게 된다.

불교에서는 성인을 예류(預流)·일래(一來)·불환(不還)·아라한(阿羅漢)의 네 방위로 나누는데, 여기에서 아라한, 즉 나한은 최고의 자리에 있다. 또한 여덟 방위를 지키는 명왕이 있는데, 마두명왕, 대륜명왕, 군다리명왕, 보척명왕, 항삼세명왕, 대위덕명왕, 부동명왕, 무능승명왕 등이 그것이다. 이 가운데 부동명왕은 중앙을 지키며 일체의 악마를 굴복시키는 왕이며, 오른손에 칼, 왼손에 오라를 잡고 불꽃을 등진 채 돌로 된 대좌에 앉아 성난 모양을 하고 있다. 석존의 자비야말로 중생에게 즐거움을 주고 괴로움을 없게 하는 불교의 진수가 아니던가. 그리고 「마하」는 불교에서 '위대함·뛰어남·많음' 을 의미하는 단어로 그 주문이라는 것은 「마하반야바라밀다심경」을 의미하는 것으로 보인다. 사바와 명도, 피안과 지옥, 석존과 나한 등은 불교적 세계관을 보여준다. 위에서 사용되는 어휘들은 일반화된 것들도 있지만 심오한 불교 세계를 그대로 보여주는 것들도 있다. 이것들은 이상이 불경 등의 서적을 적잖이 읽었고, 불교 세계를 어느 정도 이해하고 있었음을 말해준다.

다음으로 성경을 기초로 한 표현들이 있다. 이상은 초기 시에서 기독교적 비유를 많이 썼다.

공연히내일일을글탄말라고(2, 224면)

或은 엘리엘리 라마싸박다니(1, 145면)

基督은襤褸한行色으로說教를시작했다.(1, 43면)

크리스트에酷似한한襤褸한사나이가잇으니이이는그의終生과殞命까지도내게 떠맛기랴는사나운마음씨다.(1, 115면)

그는원숭이가진화하야 사람이되엿다는데대하야 결코밋고십지안앗는 샌만안이라 갓흔에호바외손에된것이라고도 밋고십지안앗스나그의?(2, 152면)

고무電線을 끌어다가 聖베드로가 盜聽을 한다.(1, 195면)

「애드뻘룬」이 着陸한 뒤의 銀座하늘에는 神의 思慮에 依하여 별도 반짝이렷만 이미 이 「카인」의 末裔들은 별을 잊어버린지도 오래다. 「노아」의 洪水보다도 毒瓦斯를 더 무서워 하라고 教育받은 여기市民들은 率直하게도 散步歸家의 길을 地下鐵로 하기도 한다.(3, 139~140면)

이상 문학에는 성서와 관련된 내용들이 많이 언급되어 있다. 이상은 "내일 일을 글탄말라", "주여, 어디로 가시나이까" 등의 성서 구절을 직접 시에 인용하는가 하면, 기독을 알카포네나 아버지에 비유하기도 했다. 그가 인용한 크리스트, 여호와, 베드로, 유다, 그리고 천사들은 모두 성서와 관련된 인물들이다. 이상의 작품 가운데 특히 기독교적 인식을 잘 보여주는 작품이 「실낙원」, 「최저낙원」 등이다. 천사 · 노아 · 카인, 파라다이스 · 실낙원 · 최저낙원 등은 성서적 세계를 보여준다. 그가 성경에 많은 관심을 갖고 읽었음을 의미한다. 이상에게 성서는 주로 인용 및 언급에 그쳤지 사상적으로 심취하여 수용한 것은 아닌 것으로 보인다.

3. 이상, 장자를 만나다

그러나 이상에게 많은 영향을 끼친 이로 장자를 들 수 있다. 이상과 장자의 만남은 특이하다. 이상은 처음 발표한 작품 「12월12일」에서 장자의 꿈을 언급하고 있다.

> 장주(壯周)의삶과갓치—눈을부비여보앗슬ᄯᅢ 머리는무겁고 무엇인가어둡기가짝이업는것이엿다 그짧은동안에지나간 그의 그의반생의축도를 그는조름속에서도 피곤한날개로한번휘거처 날아보앗는지도몰낫다 삶을기억할수는업섯스나 삶을ᄭᅮ엇는지도 혹은안ᄭᅮ엇는지도 그것ᄭᅡ지도알수는업섯다(2, 119면)
>
> 活動寫眞을 보고난다음에 맛보는淡泊한虛無 —莊周의 胡蝶夢이 이러하얏슬것임니다.(3, 51면)

『장자』의 제2편인 「제물론」에는 꿈에 관해 두 군데 나온다. 장자는 “꿈을 꿈에 있어서는 그것이 꿈임을 알지 못한다. 꿈속에서 또 그 꿈을 점치고, 깨어서 뒤에 그것이 꿈임을 안다. 대각이 있고 그런 뒤에 그것이 대몽임을 아나 그런데도 우자는 스스로 깬 것이라 하여 다 아는 체한다(方其夢也 不知其夢也 夢之中又占其夢焉也 覺以後知其夢也 且侑大覺而後知此其大夢也 而愚者自以爲覺 竊竊然知之)”[5]라고 했다. 장자는 큰 깨달음을 통해 인생이 결국 커다란 꿈이었다는 것을 알게 된다고 했다. 그의 입장에서 현실이나 인생은 곧 꿈에 불과하다. 그리고 그는 호접몽을 이야기하였다. ‘호접몽’ 이야말로 장자의 사상을 가장 잘 보여주는 예화가 아니던가. 이상은 「12월12일」에서 장주의 꿈을, 「권태」에서는 호접몽을 언급하고 있다. 호접몽은 주체와 대상의 구분이 모호한, 그래서 어느 것이 주체이고 어느 것이 객체인지 잘 구분이 되지 않는 그런 세계이다.

---

5) 우현민 역주, 『장자(상)』, 박영사, 1996, 122면.

꿈에는생시를꿈꾸고생시에는꿈을꿈꾸고 어느것이나자미있다.(2, 224면)

현실의 이상은 꿈을 꿈꾸고 꿈속의 이상은 생시를 꿈꾼다고 했다. 그것은 생시와 꿈이 구분되지 않아 장자가 나비가 되고 나비가 장자가 되는 그런 세계이다. 그것은 오늘날의 주체 해체와 닿아 있다. 주체는 고정되어 있는 것이 아니라 분열되고 해체된다. 장자는 나비를 꿈꾸고 나비는 장자를 꿈꾸는 세계, 거기에서 현실과 꿈의 고정된 경계는 무너지고 만다. 꿈은 주체의 경계를, 활동사진(영화)은 현실의 경계를 무너뜨리는 것이다.

快晴의空中에鵬遊하는Z伯號.(1, 67면)

이것은 「AU MAGASIN DE NOUVEAUTES」의 한 구절이다. 여기에서 우리는 붕새 이야기를 만나게 된다. 붕새는 『장자』 제1편인 「소요유」의 첫머리를 장식하고 있지 않는가. 장자는 "북쪽 바다에 물고기가 있으니, 그 이름은 곤이라고 하는데, 크기가 몇 천 리인지 모른다. 그것이 변해서 새가 되는데 그것을 붕이라 한다. 한번 기운을 떨쳐 날면 날개가 마치 하늘을 드리운 구름과 같다. 붕새는 바다 기운이 한번 움직일 때에 남쪽 바다로 옮겨 가려고 하는 데 남쪽 바다는 곧 천지다(北冥有魚 其名爲鯤 鯤之大 不知其幾千里也. 化而爲鳥 其名爲鵬 鵬之背 不知其幾千里也. 怒而飛 其濮若垂天之雲. 是鳥也 海運 則將徙於南冥. 南冥者 天池也)"라고 하였다. 한편 제해(齊諧)는 붕이 남쪽 바다로 옮겨 갈 때 물결을 치는 것이 3천 리, 요동쳐서 오르는 것이 9만 리, 그래서 날아가길 여섯 달을 하고야 쉰다고 했다. 곤이 붕이 되고 북에서 남으로 날아가는 이야기야말로 장자의 놀라운 상상력이 아닌가. 그래서 붕새처럼 날아다니는 것을 '鵬飛'라 한다. 그것은 '逍遙遊' 하는 장자의 사유를 그대로 보여준다.

이상은 "쾌청의 공중을 붕유하는"이라 쓰고 있다. 『장자』에서 붕새처럼 나는(鵬飛)을 붕새처럼 노니는(鵬遊)으로 고쳐 쓰고 있지만, 하늘을 나는 붕새의 절대 자유의 상상력은 그대로 가져왔다. 북과 남을 가로지르는 그 거대하고 자유로운 붕새에게 인간은 그야말로 미물에 지나지 않는다. 붕(원추)과 같은 장자에게 인간은 매미나 산까치, 또는 소리개에 불과하다.[6] 이상은 Z백호를 붕새에게 비유하긴 했지만 광대무변함의 자유를 그대로 표현하고 있다.

翼殷不逝 目大不覩(1, 70면)

또 장자의 흔적을 발견할 수 있는 것이 「산목」편의 까치 설화이다. 우리는 일반적으로 날개와 나는 것 사이의 동질성을 가정한다. 즉 날개가 크면 클수록 잘 난다는 생각이 그것이다. 그러나 장자는 "날개는 커도 날지 못하고"라 하였다. 제 기능과 역할을 제대로 못하는 것을 말한다. 그것은 눈의 경우도 마찬가지이다. 눈이 크면 잘 본다는 우리의 가정은 '눈이 커도 보지 못한다'로 뒤집어진다. 이것은 먹잇감에 정신을 빼앗긴 까치가 자신을 노리고 있던 장자를 제대로 보지 못했다는 이야기이다. 이상은 이 이야기를 이끌어와 「진단 0:1」을 썼다. 그는 위 구절을 인용하고 나서 "반왜소형의 신의 눈앞에 내가 낙상한 고사가 유함(胖小形の神の眼前に我は落傷した故事を有つ)이라 쓰고 있다. '살찌고 왜소한 신'의 내용이 분명하진 않지만 '고사'라는 표현으로 보아 장자의 까치 설화로부터 연유되어 왔음을 짐작할 수 있다. 이상은 나비와 붕새, 나아가 까치와 원숭이[7] 이야기를 통해 장자를 만났다.

---

6) 『장자』「추수」편에는 붕과 같은 새로 원추(鵷鶵)가 나온다. 원추는 오동나무가 아니면 깃들지 않고 대나무 열매가 아니면 먹질 않고 예천이 아니면 마시지 않는다. 그런데 소리개가 썩은 쥐를 갖고 있다가 원추가 지나는 것을 보고 그것을 빼앗길까봐 성을 내어 소리를 지른다. 소리개는 원추의 높은 이상(?)을 알지 못하고 자기의 이익에만 급급할 뿐이다.

7) 이상은 또한 『장자』의 원숭이를 언급하였다. 「위독—매춘」에서 언급한 "朝三暮四의싸이폰作用"(1, 113면)이 그것이다. 물론 「朝三暮四」는 『열자』「황제」편에 나온 것으로 전해진다. 장자

4. 이상과 장자가 통하는 길

이상의 문학에서 장자의 냄새를 많이 풍기는 작품은 「건축무한육면각체」이다. 이것은 단순히 장자의 몇몇 구절을 가져왔다는 것을 의미하지 않는다.

> 輪不輾地 展開된地球儀를앞에두고서의設問一題.(1, 73면)

이상은 다시 『장자』 「천하」편에서 윤부전지를 끌어온다. 이상은 '윤부전지' 에서 한 글자를 달리 썼다. 그렇다면 그것은 무슨 의미인가? 먼저 「천하」편의 내용을 살피기로 한다.

> 바퀴는 땅을 밟지 않는다. 눈은 보지 못한다… 정방기는 네모가 아니다. 정원기는 둥글지 않다. 구멍은 마개를 에워싸지 않는다. 나는 새의 그림자는 움직이지 않는다. 화살의 빠른 것도 가지도 않고 그치지 않는 때가 있다… 한 자의 지팡이를 날마다 반씩 깎으면 만년이 가도 다하지 않는다.(輪不蹍地. 目不見…矩不方. 規不可以爲圓. 鑿不圍枘. 飛鳥之景, 未嘗動也. 鏃矢之疾而有不行不止之時…一尺之棰, 日取其半, 萬世不竭)[8]

『장자』의 「천하」편은 辯者, 혜시의 변설로 가득하다. 그것은 소피스트의 궤변과 다를 바가 없다. 이상은 바퀴는 땅을 밟지 않는다(輪不蹍地)를 바퀴는 땅을 구르지 않는다(輪不輾地)로 고쳐 쓰고 있다.[9] 이것이 단순

는 「제물론」에서 조삼모사의 원숭이를 이야기하고 있다. 어그러짐이 없는 데도 성냄과 기쁨이라는 결과는 달랐다는 점, 성인은 이를 조화시켜 가지런히 만든다는 것이다. 이상은 이것을 과학의 사이펀 작용으로 설명했다. 수평면에 4와 3을 놓고 사이펀 작용을 하면 둘 모두 같은 양으로 동일하게 된다. 이상에게 과학은 사물을 조화시켜 가지런히 만들 수 있는 존재가 된다.

8) 김달진 역해, 『장자』, 고려원, 1989, 522~523면.

9) 이 구절과 관련하여 한 논자의 정체한 설명이 있었다. 그는 이상의 시에서 장자와 관련된 토포

히 오식인지, 아니면 의도적 교정인지 알 수 없다. 그것은 비일상적 관념으로 일상적 관념을 뒤엎는 일종의 패러독스이다. 이상은 「차8씨의 출발」에서 "生理作用이 가져오는 常識을 抛棄하라"고 강조하여 외치고 있다. '윤부전지' 야말로 상식을 포기하는 표현이다.

司馬彪는 "땅은 평평하고 바퀴는 둥근데 바퀴의 가는 것은 자국일 뿐이다(地平輪圓則輪之所行者跡也)"라고 했다.10) 이것은 "바퀴는 끊임없이 굴러간다"11), 또는 "바퀴는 땅에 닿지 않는다"12) 등으로 해석된다. 바퀴는 구르지 않는다에서 이상은 "전개된 지구의"를 도출했다. 펼쳐진 지구의란 지구가 구의 속성이 사라진 평면으로, 그것은 다원추도법에 의해 그려진 지구도와 같지 않은가. 구가 평면인 것은 네모난 것(矩)은 네모가 아니고, 둥근 것(規)은 원이 아닌 것과 같은 이치다.13) 우리가 지구를 평면으로 인식하는 것도 펼쳐진 지구의와 같은 인식의 산물이다.

> 四角이난圓運動의四角이난圓運動 의 四角 이 난 圓.(1, 67면)
>
> 彎曲된直線을直線으로疾走하는落體公式(1, 68면)

사각형을 분해하거나 운동을 가미하면 그것은 다른 형체가 된다. 먼저 사각형을 지그재그방향으로 같은 크기로 아주 잘게 잘라서 좁은 모서리를 중심으로 붙이면 그것은 하나의 원모양이 된다. 반대로 원을 중심을

스 몇 가지를 세밀히 분석하였다. 박현수, 「토포스의 힘과 창조성 고찰」, 『모더니즘과 포스트모더니즘의 수사학』, 소명출판, 2003, 277~291면.

10) 우현민 역주, 『장자(하)』, 박영사, 1996, 668면.

11) 김달진 역해, 앞의 책, 522면.

12) 우현민 역주, 『장자(하)』, 669면.

13) 『장자』에 나온 혜시의 변설은 비슷한 시기에 살았던 제논의 역설과도 통한다. 제논의 제1역설인 이분 역설(Dichotomy paradox)은 '나는 새의 그림자는 움직이지 않는다' 는 이야기와, 제2역설인 아킬레스와 거북이의 역설(Achilles and the tortoise paradox)은 '한 자의 지팡이를 아무리 잘라도 다하지 않는다' 는 이야기, 제3역설인 화살의 역설(Arrow paradox)은 화살이 빨리 날아도 가지 않는 때와 멈추지 않는 때가 있다는 이야기와 그 사유방식의 측면에서 유사하다.

중심으로 일정한 크기로 수없이 잘라서 그것을 지그재그로 붙이면 하나의 사각형이 완성된다. 또한 사각형을 대각선의 교차점을 중심으로 회전시키면 영락없는 원이 된다. 직사각형을 세워 한 면, 또는 아래 윗면의 중앙을 중심으로 돌리면 원기둥이 되고, 대각선을 중심으로 세워 돌리면 상하 두 개의 원뿔이 완성된다. 사각은 원과 다르지만 공간분해를 통해 조합하면 원이 될 수 있고, 원운동을 가하면 원통이 된다. 반대로 지구의와 같은 구(球)도 펼치면 다원추 지도처럼 평면이 된다. 수레바퀴(원)를 분해하면 사각형이 되고, 원주를 펼치면 일직선이 된다. 그러므로 수레바퀴가 가는 것은 구르는 것이 아니라 땅과 일직선으로 전진하는 것일 뿐이다. 이상은 수레바퀴와 지구의가 공간 분해와 회전 운동을 통해 사각, 또는 평면과 다르지 않다는 것을 말하고 싶었던 것으로 보인다. 평면과 구, 사각과 원의 동일성은 곡선과 직선의 동일성과 다르지 않다. 이상은 "彎曲된 直線", 또는 "屈曲한 直線"을 언급하고 있는데, 직선도 굽은 공간에서는 곡선이 된다. 반대로 곡선도 굽은 공간에서는 직선이 될 수 있다. 그렇기에 곡선과 직선은 다르면서 같은 것이다.

> 만물은 생겨남과 동시에 죽어 있다(物方生方死)[14]
>
> 남방은 끝이 없음과 동시에 끝이 있다(南方無窮而有窮)[15]

이것은 혜시의 曆物十事라 말하는 궤변으로 4번째와 6번째 것이다. 사실 이것은 궤변이라기보다는 오히려 역설을 통한 논리의 확장된 모습을 보여준다. 사물은 생겨남과 동시에 죽어 있다는 것은 양면을 갖고 있다는 것이다. 장자는 「제물론」에서 "생에 아울러 사가 있고, 사에 아울러 생이 있다(方生方死 方死方生)"[16]고 언급했다. 장자의 입장에서 생사도

14) 우현민 역주, 『장자(하)』, 665면.
15) 같은 책, 같은 면.
16) 우현민 역주, 『장자(상)』, 85면.

현실과 꿈처럼 양면적인 것이 된다. 그리고 남방은 무궁하기도 유궁하기도 하다는 것이다. 남방은 남쪽 지방을 일컫지만 공간을 말한다. 그러므로 남방은 공간이지만 공간적 제약을 넘어선다. 이상에게서 이러한 사유를 발견할 수 있다.

> 홁무든花苑틈으로 막다른 下水溝를 뚤는데 기실 뚤렷고 기실 막다른 어룬의 골목이로소이다.(1, 133면)
>
> 安全을 헐값에 파는 가가 모퉁이를 도라가야 最低樂園의 浮浪한 막다른골목이요 기실 뚤인 골목이요 기실은 막다른 골목이로소이다.(1, 135면)

이상은 「최저낙원」에서 막다른 골목이요 뚫린 골목이라고 했다. 「지도의 암실」에서는 "뚫린 골목은 막힌 골목이요 막힌 골목은 뚫린 골목(活胡同是死胡同 死胡同是活胡同)"(2, 154)으로 언급했다. 골목은 뚫려 있기도 하고 막혀 있기도 하다는 것이다. 뚫려 있는 것을 무궁이라 하면 막혀있는 것은 유궁이 된다. 이상에게 있어서 '호동'은 장자에게 있어서 '남방'과 일치한다. 이상에게 뚫린 골목은 곧 막힌 골목이 된다. 골목이란 공간은 유한하기도 무한하기도 하다. 그것은 삶과 죽음에 있어서도 마찬가지이다.

> 女王蜂과未亡人—世上의 허고많은女人이本質的으로 임이 未亡人아닌이가있으리까? 아니!女人의全部가 그日常에있어서 개개「未亡人」이라는 내 論理가 뜻밖에도女性에對한冒瀆이되오?(2, 253면)
>
> 나는견디면서女王蜂처럼受動的인맵씨를꾸며보인다.……그래서新婦는그날그날까AM라치거나雄蜂처럼죽고죽고한다.(1, 114면)
>
> 天使는 아모데도없다. 「파라다이스」는 빈터다.
>
> 나는때때로 二三人의 天使를 만나는수가 있다. 제各各 다쉽사리 내게 「키스」하야준다. 그러나 忽然히 그당장에서 죽어버린다. 마치 雄蜂처럼(1, 128면)

이상은 「날개」에서 여왕봉은 미망인이라는 논리를 펴고 있다. 여왕봉은 여러 웅봉을 거느리고 있다. 그러나 그 웅봉들은 교미와 더불어 죽어버린다. 미망인은 남편을 잃은 여자이다. 세상의 많은 여인들은 남편을 거느리고 있지만 본질적으로 미망인이라는 것이다. 거기에는 세상의 남편들은 살아 있는 것이지만 동시에 죽어 있다는 논리가 들어 있다. 「생애」에서는 웅봉처럼 죽는 아내를, 「실낙원」에서는 죽어버리는 천사를 묘사했다. 여기에서 생에 아울러 죽음이 있고, 죽음에 아울러 생이 있다. 죽음과 삶, 존재와 무는 인간의 삶에 동시적으로 작용한다.

장자는 「제물론」 23절에서 생과 사를 여일한 것으로 설명했다.[17] 생과 사는 만물제동의 원리 속에서 하나가 되는 것이다. 이상은 골목과 웅봉의 비유를 통해 유한과 무한, 생과 사의 다르지 않음을 언급했다.

> 내 자신이 안다고 하는 것은 실은 아무것도 알지 못하는 것이거나, 반대로 내 자신이 알지 못한다고 하는 것이 사실은 아는 것이거나 하는 법이구나(庸詎知吾所謂知之非不知邪 庸詎知吾所謂不知之非知邪)[18]
>
> 나는아이는것을아알며있었던典故로하여알지못하고그만둔나에게의執行의中間에서더욱새로운것을아알지아니하면아니되었다.(1, 71면)
>
> 내가二匹을아이는것은내가二匹을아알지못하는것이니라.(1, 86면)

「제물론」에서 왕예는 지(知)와 부지(不知)의 여일(如一)함을 말했다. 공자는 『논어』 「위정」편에서 “아는 것을 안다 하고 모르는 것을 모른다 함이 진실로 아는 것(知之爲知之 不知爲不知 是知也)”이라고 주장하였다. 아는 것이 아는 것일 뿐이라는 분명한 논리이다. 그런데 『장자』에서는 그

---

17) 같은 책, 120면.

18) 같은 책, 112~114면. 이러한 논리는 「지북유」편에서도 나온다. 이곳에서는 “알지 못하는 것이 아는 것이고, 안다는 것이 알지 못하는 것인가. 누가 알지 못함이 앎인 것을 알랴!(弗知乃知乎 知乃不知乎 孰知不知之知)”라는 태청의 말이 실려 있다.

러한 주장에 대해 회의하고 부정하였다. 그리하여 안다는 것이 실은 알지 못하는 것이거나 알지 못하는 것이 실은 아는 것이라고 논리를 뒤엎어 버렸다. 이러한 역설은 이상에게도 발견된다. 「출판법」에서는 "아는 것을…알지 못하고…알지 않으면 아니 된다"고 언급하였다.[19] 아는 것은 곧 알지 못하는 것이라는 논리이다. 그것은 「오감도 시제5호」에 보다 확연히 드러난다. 거기에서 이상은 "내가 2필을 안다는 것은 알지 못하는 것"이라고 했다. 이상은 '안다는 것'에 대해 회의와 부정의 태도를 지녔다. 그래서 어떤 것을 안다는 것은 알지 못하는 것이라고 하였다. 지와 부지는 꿈과 현실, 생과 사, 그리고 심지어 유한과 무한처럼 인간에게는 동전의 양면처럼 존재하고 있다. 이상도 장자처럼 그러한 것의 동일화를 문학에서 드러내고 있다.

5. 변자(辯者)와 건담가(健談家)

장자가 혜시로부터 많은 영향을 받았음은 『장자』의 곳곳에서 목격된다. 장자는 혜시의 궤변을 통해 많은 것을 얻었던 것이다. 혜시에게서 '역물10사'와 같은 궤변은 일상적인 사고를 전복하는 언술이다. 그것은 단순한 말장난 이상으로, 그러한 언설을 통해 보다 심원한 진리에 이를 수 있게 해준다. 혜시에게는 장서가 다섯 수레가 될 정도로 많았다고 한다. 혜시의 언술들은 수많은 독서의 산물이다. 장자는 혜시의 언술들을 언급하면서 자신의 논리를 발전시켰다.

이상이 장자를 통해서 혜시의 언술들을 배웠음은 더 이상 논급할 필요가 없다. 그러한 것은 역설적 이론으로 앞에서 언급한 것처럼 "상식을 포기"하는 것이다. 그런데 이러한 역설적 이론이 장자 내지 혜시만의 것은

19) 한 논자는 이것을 공자의 앞 구절과 관련지어 설명했다(박현수, 앞의 책, 289면).

아니다.

> 원체가 東洋道德으로는 身體髮膚에瘡痍를내는것을 嚴重히取締한다고 寡聞이 들어왓거늘 그럼이 무시무시한 毁傷을 曰, 中에도 으씀이라는孝道의 極致로 대접하는 逆說的理論의 根據를 찻기어렵다.(3, 59면)

이상은 위 글에서 당시 우리 사회에서 흔했던 효에 대한 역설적 이론을 지적하였다. 신체발부 어느 곳도 훼손해서는 안 된다는 유교적 효의식에 손가락의 절단은 배치된다. 그러나 그것을 효도의 극치로 간주하는 것은 어불성설이다. 그럼에도 세상에는 불효의 극단이 최고의 효로 인식되는 역설적 상황이 존재하고 있다.

윤태영은 이상이 스스로를 건담가로 칭했다고 했다.[20] 건담가란 무엇인가? 그것은 변설을 좋아하는 사람이 아니던가. 사실 이상은 장자나 혜시처럼 뒤집어 생각하고 역설적으로 표현하는 대가였다.

> 「가량 자기가 제일 싫여하는 음식물을 상찌푸리지않고 먹어보는거 그래서 거기두있는「맛」인 「맛」을 찾어내구야마는거, 이게 말하자면 「파라독스」지. 요컨댄 우리들은 숙망적으로 사상, 즉 중심이있는 사상생활을 할수가없도록 돼먹었거든. 知性―홍 지성의 힘으로 세상을 조롱할수야 얼마든지있지, 있지만 그게 그사람의 생활을 「리―드」할수있는 근본에있을힘이 되지않는걸 어떻거나? 그렇니까 仙이나 내나 큰소리는 말아야해 일체 맹세하지말자 허는게 즉 우리가 해야할 맹세지.」(2, 286면)
>
> 『우리醫師는 죽으려드는사람을 부득부득 살려 가면서도 살기어려운 세상을 부득부득 살아가니 거 익쌀맞지 않소?』(2, 316면)
>
> 無事한世上이病院이고꼭治療를기다리는無病이끗끗내잇다.(1, 99면)

20) 윤태영, 「자신이 건담가라던 이상」, 『그리운 그 이름, 이상』, 249면.

(天使는 어디를가도 天使는없다. 天使들은 다 結婚해버렸기 때문에다)(2, 339면)

싫어하는 음식을 탐식하는 상황이야말로 패러독스이다. 싫어하는 것과 좋아하는 것을 하나로 하는 것, 그것은 맹세하지 말자 하는 게 맹세(하자)가 되는 형국이다. 그리고 죽으려 드는 사람을 부득부득 살리려 애쓰면서도 살기 어려운 삶을 살아가는 의사의 삶, 무사한 세상이 병원이 되고 무병이 치료되어야 하는 세상 역시 패러독스적 상황이다. 단순한 말놀이로 치부할 수도 있는 이러한 것이야말로 그가 '역설적 이론' 이라 일컬었던 것이 아닌가. 거기에 삶에 내재된 심원한 진리를 투시하는 이상의 날카로운 눈이 빛난다.

건담가는 그야말로 변설을 즐기던 존재가 아닌가. 이상도 혜시나 소피스트처럼 다양한 변설을 즐겼음은 그의 지우들이 증명한다. 그의 변설들은 위트와 패러독스로 점철되었다. 그는 다양한 독서를 통해 지식을 얻었으며, 그러한 지식과 자신의 재치를 바탕으로 종횡무진 변설을 즐겼다. 건담가였던 이상, 그는 뛰어난 재사이자 변자였던 것이다.

6. 남은 과제

이상이 산 시대는 일제의 강권에 의해 근대화가 이룩되어 가는 특수한 시기였다. 그는 전통적인 한학뿐만 아니라 한글 세례를 받았고, 또한 학교에서 일어와 영어도 배웠다. 그는 무엇보다 외국어 공부에 대한 욕심을 갖고 있었다. "五個國語에 能通"하겠다거나 "七個國語 云云"하였던 것은 그러한 바람이다. 여러 국어에 대한 관심은 결국 다양한 독서에 대한 욕구이며, 새로운 학문을 흡수하고픈 욕망에서 비롯되었다.

그것은 "나는 내 言語가 이미 이 荒漠한 地上에서 蕩盡된 것을 느끼지 않을 수 없을 만치 精神은 空洞이오, 思想은 당장 貧困하였다"라는 맥락에서 엿볼 수 있다. 언어는 사상과 밀접한 관련을 띠고 있다. 사상은 언어를 통해서 전달되며, 또한 언어는 사상 형성의 토대가 된다. 그는 외국어 공부에 대한 욕심을 가졌었다. 언어 공부는 사상의 발달을 위해 필수적이다. 그는 다양한 서적들을 통해 옛 학문뿐만 아니라 새로운 이론도 적극 공부하였다. 그는 당시 일본을 통해 니체와 세스토프 등의 실존 철학, 불안사조를 받아들였다. 그리고 아인슈타인 등의 현대물리학도 접했다. 아인슈타인의 영향은 「선에 관한 각서」, 「삼차각설계도」 등에서 확연히 드러난다. 뿐만 아니라 「건축무한육면각체」는 테오 반 두즈버르그의 건축무한육면각체라는 4차원의 공간모형에도 많은 영향을 받은 것으로 보인다. 이에 대해서는 앞으로 보다 깊은 논의가 요구된다.

이상은 『논어』, 『맹자』, 『장자』, 『주역』, 『성서』 등 각종 경서나 경전을 읽었다. 그런데 이들 대부분은 지식을 확장하는 교양적 독서물로서 의미가 컸지만, 『장자』는 그의 사유에 적지 않은 영향을 주었다. 각종 사상을 종횡으로 흡수했던 이상에게 있어서 장자의 만물제동의 사상뿐만 아니라 아인슈타인의 상대성원리는 대단히 매혹적인 대상이었을 것이다. 그의 문학에는 지극히 상대적이고 또한 역설적인 논리가 깃들어 있다. 이상은 장자 및 아인슈타인과의 만남을 통해서 독특한 사유 구조를 확립하고, 그러한 사유를 문학을 통해 드러냈던 것이다.

이상 혹은 리토르넬로의 비교교유록

조 영 복

목차

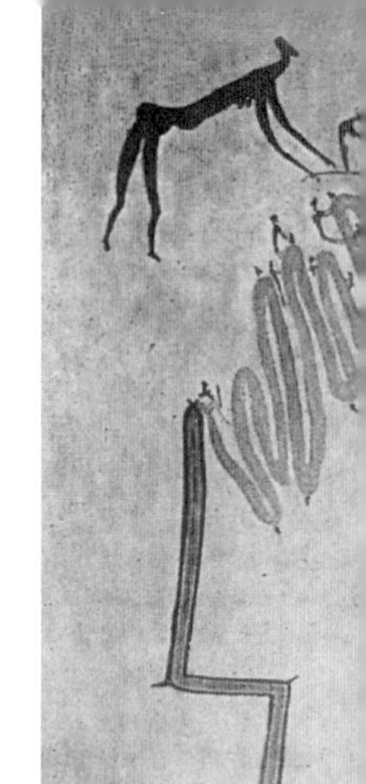

이상 혹은 리토르넬로의 비교교유록

조 영 복*

1. '큰' 예술가들

이상의 경성고공 시절 친구 문종혁은 이상의 '입독'(入讀)은 유명했다고 썼다.[1] 1936년에 이루어진 '동경행'의 주요 목적이 '더 이상 읽을 책이 없다'는 데서 기인했다는 증언도 '독서광'으로서의 이상을 말해주는데, 책방에서 사선으로 읽듯 속독을 했고, 방에 누워서 읽는 책은 대부분 예술 관련 책이었다. 이상은 '돈없는 예술지상주의자'[2]였다. 이상은 서양회화사에서 특히 인상파 이후의 화파에 관심을 가졌고, 마티스와 피카

* 광운대학교 국어국문학과 교수

1) 문종혁, 「심심산천에 묻어주오」, 김유중 · 김주혁 엮음, 『그리운 그 이름, 이상』, 지식산업사, 2004, 97면.

2) 위의 책, 126면.

소에 이르면 그들에 대한 찬사는 절정에 이른다. 베토벤, 슈베르트, 모차르트 등의 음악가 이름도 이상을 회고하는 지인들의 기록에서 확인된다. 파리에 사는 보헤이안 예술가들의 가난과 꿈과 사랑을 그린 푸치니의 오페라 「라보엠」(La bohème)을 좋아했다는 증언에서도 예술가 이상의 면모를 확인할 수 있다. 이상의 예술에 대한 전방위적 감각이나 아방가르드적인 예술 감각은 그의 나이 18세 이전에 이미 형성되어 있었다는 것이다. 그가 한국인들이 거의 가지 않았던 경성고공에 입학한 이유도 미술을 하기 위해서였다. 당시 미술 전문학교는 없었고, 그나마 미술을 할 수 있는 곳은 경성고공뿐이었다.[3] 그가 비교적 미술 습작을 자유롭게 할 수 있었던 미술반 활동을 했던 것도 주목된다. 미술에서 시작한 그의 예술 취향은 영화, 음악 등의 분야로 확장되었고, 미술에서 문학으로 옮겨간 것은 그의 예술 취향의 정점에 해당하는 것이었다. 이상의 아내였던 변동림은 후일 회고에서 "이상은 그 시대에 가장 진보적인 교육을 받았다. 건축과 미술과 시를 동시에 습득했다"고 썼다.[4]

1930년대 문단의 핵심은 바로 이상의 출현에 있었고 이상을 중심으로 문단의 일화가 끊임없이 재생산되었다. 이는 몽마르뜨 언덕의 빈궁한 예술가의 무리들이 음악, 미술, 문학, 사진 등의 서로 다른 분야에서 예술적 영감을 나누어 가지면서 추상예술의 심오한 경지를 이루어내었던 20세기 '아방가르드 친구들'을 생각나게 한다.[5] 차이를 지적한다면, 몽마르뜨 예술가들이 집단적으로 20세기 추상예술의 큰 원형질 덩어리를 만들었다면, 1930년대 문단은 '이상'이라는 중심인물을 두고 형성된다는 점이다. 그들은 '이상'이라는 성좌를 중심에 두고 전위예술이라는 은하의 축제를 벌였던 것이다.

'이상 은하단'의 화려한 군무를 기록할 결심을 한 것 또한 이상이다.

3) 원용석 외, 「이상의 학창시절」, 위의 책, 368면.

4) 김향안, 「이상에서 창조된 이상」, 위의 책, 183면.

5) 만 레이, 김우룡 역, 『나는 다다다』, 미메시스, 2005 참조.

이상은 실명의 친구들을 원고지 위에 불러내 한바탕 격투하듯 이 위험한 예술가들의 오만한 축제를 기록한다. 친구들의 외모와 버릇, 습관들을 손금보듯 훤하게 꿰뚫고 있는 이상은 정작 자신은 이들의 야밤 술 격투를 전신주 뒤에 서서 관조하듯 바라보면서, 한편으로는 애정 가득한 시선으로 한편으로는 내면이 비춰지는 거울에 상처입은 자처럼 냉소적인 시선으로 킬킬거린다. "이 분들의 일을 적확히 묘파해서 내 비교교유록을 결정적으로 어실히하겠다"는 이상의 '비장한 복안' 에 들어 온 인물은 김기림, 박태원, 정지용, 김유정이다. 실제로 이상의 '비장한 복안' 의 낚싯줄에 걸려 든 인물은 김유정밖에 없었지만, 그러나 「김유정」에는 이미 이들 세 인물들의 초상이 적확하게 묘파되어 있다. 슈베르트가 4악장으로 완결되어야 할 교향곡을 2악장의 '미완성' 으로 남겨두면서도 가장 유려한 완성품을 만든 것처럼, 이상은 이 미완의 텍스트에 이미 완결의 마침표를 찍어놓았다. 이상의 '比較交遊錄' 은 실은 '秘教交遊錄' 인 것이다.

이들 인물들은 당대의 일상과 풍속이 번잡하고 화려하게 펼쳐지는 경성의 거리에서 예술적 몽상을 통해 그 번잡한 일상들을 넘어선다. 황폐한 근대적 소비 문화에 너절해진 일상들을 그들 삶의 한복판에서 밀어 내고 그 자리에 그들은 연애와 청춘과 죽음의 환터지로 가득찬 예술의 품목들을 채웠다. 그리고는, 교만하고 고집센 예술가적 자의식으로 가득찬 '거리의 문학' 을 훈장처럼 내세웠다.

이들을 묶어 주는 것은 1930년대 일상의 문화사적 공간인 다방, 바, 끽다점 같은 '대중 향락 공간' 이라기보다는, 이들의 문화 예술사적 감수성과 지적 욕구들을 충족시켜 주면서, 문화적 담론의 중심들을 채울 수 있게 한 '예술' 에 대한 취미와 정보의 공유이다. 이상은 그들이 속이기의 천재라는 것, 무슨 표정이라도 다 '데폴매숑(deformation)' 일 뿐이라고 자신들의 예술적 취향을 20세기 전위예술의 한 조류에 위치시켜 두었는데, 자신들의 예술이야말로 어떤 것으로도 설명하기 어려운 것이며, 이들을 설복할 학설은 그 어디에도 없다고 공언한 바 있다. 일상적 삶과 관습을 '데폴매숑' 함으로써 그들은 현실에서의 결핍된 욕망을 보정하는 몽상가들이었다.[6] 일상의 관습과 질서를 데폴매숑(해체)할 수 있는 것은 예술만이 가능했으며, 그 점에서 그들은 스스로 '데폴매숑의 영웅' 이 되기를 원했다.

이상이 경영한 다방 제비, 무기 등에는 이들의 예술적 취향을 알려주는 그림이 걸려 있고, 당대 유행하던 고전음악이 축음기에서 흘러나왔다. 다방 구석진 곳에 앉아서 그들은 당대 최고의 바이올리니스트 엘만의 랄로 협주곡에 귀를 기울였고, 쥘 뤼나르의 해학과 기지에 찬 경구성 문구들에 매혹당한다. 아폴리네르, 장 꼭또 등 초현실주의 문학에 심취했고, 르네 클레르(René Clair)의 환타지 장르의 영화에 열광했다. 그들은 종로나 광화문에서 산책을 하다 영화관에 가서 서양 영화 관람을 하고 영화 얘기를 '안주' 로 삼던 영화광이었다. 그들의 다방 순례는 예술적 향연의 시작이자 마무리였으며 그것이 1930년대 문학의 인프라를 단단하게 구축할 수 있었던 '접합제' 가 된다. 1930년대 문학의 한 축은 이 같은 예술적 감수성을 바탕으로 형성된 것이다. 마치 19세기 말과 20세기 초 몽마르뜨를 중심으로 아방가르드 예술가들의 무리가 생겨나고 그들에 의해 20세기 추상주의 예술이 무르익듯 그렇게 우리 1930년대 문학은 일제시대 최고의 꼭지점을 향하여 달려갔다. 이 글은 이상과 친구들의 전인적인 예술체험과 예술교유의 흔적을 탐색한 작은 보고서이다.

2. 정지용과 이상

없으녁이여할경우에 「이놈! 네까진 놈이 뭘 아느냐」라든가 성을 내면 「여! 어디 뎀벼봐라」쯤 할 줄 아는, 하되, 그저 그러줄 알아뿐이지 그만큼 해두고 주저

6) 프로이트, 정장진 옮김, 『작가와 몽상, 예술, 문학, 정신분석』, 열린책들, 2003, 141~157면.

앉는 파 에, 고만 이유로 코밑에 수염을 저축한 정지용이 있다.[7]

조용만은, 정지용이 이상의 시에 대해 우리나라에도 그런 시가 한두 편 있는 게 괜찮다' 는 생각을 가졌으며, 카톨릭 청년에 신성모독이라 할 만한 이상의 시가 실릴 수 있었던 것은 정지용의 너그러운 품성 때문이었다고 회고한다. 정지용의 '망또' 즉 정지용의 너그러운 성품의 그늘 아래서 이상은 활개를 칠 수 있었다는 것이다.[8] 그러나 '깔끔한 성격' 의 이태준조차 독자들의 항의에도 불구하고 이상의 「오감도」를 실은 것은 이상의 시가 갖는 '특이성' 이나 '신기성' 에 있었다고는 보기 어렵다. 좀 더 내밀한 지점에서 이 문제를 탐색할 필요가 있는데, 정지용과 이상의 경우 또한 '품성' 문제나 '구인회' 나' 모더니즘 문단' 같은 '문단 권력' 의 차원을 넘어서 있다.

박태원이 이상을 모델로 한 소설, 「애욕」에서 하웅은 명치제과 테이블에 앉아 자신을 배신한 여자가 외운 시 한 편을 기억한다. 다방 구석진 곳에 앉아 정지용의 「가마가와(鴨川)」를 읊던 여자의 고운 목소리를 회상하면서, 그는 다시 그 여자의 목소리를 들을 수 있을까 귀를 기울여 본다. 하웅을 배신한 여자가 읊은 시 「압천」은, 축약과 절제가 돋보이는 짧은 시다. 정지용이 일본 최고의 시 잡지라는 『근대풍경』에 조선인 학생으로 처음으로 시를 실었다고 해서 화제가 되었던 작품이다. 일본 대가들의 작품을 싣는 '扉詩' 란의 첫 페이지에 실렸다는 게 더욱 화제였다.[9] 이 시는 목소리를 죽여 읊으면 낭랑한 비애와 그림 같은 향수가 느껴질 법한 시다. 별 언어적 기교가 없고 뚜렷한 주제를 파악해야 하는 것도 아니며 초현실주의적 감각을 필요로 하지 않는 이 시가 이상의 감각을 붙들어 맨 것은 무엇일까. 이상은 「나의 애송시」에서 정지용의 시 「말」의 '검정콩

7) 김주현 주해, 『정본이상문학전집』 2권, 소명출판, 2005, 318면.
8) 김기림, 「이상의 모습과 예술」, 김유중 · 김주현 엮음, 앞의 책, 34면.
9) 조용만, 「이상 시대, 젊은 예술가들의 초상」, 위의 책, 287면.

푸렁콩을 주마' 라는 대문이 한량없이 매력적인 '발성' 이라고 말한다. '발성' 이란 '읊는 효과' 나 '목소리의 아우라' 를 의미하며 독서물로서의 시라기보다는 읽는 시 곧 낭송의 효과에 대한 취미를 반영한 것이다. 씌어진 것이 아니라 읽히는 것이며, 보는 것이 아니라 읽는 것이며, 말하는 것이 아니라 읊조리는 것이다. 이 말의 전통은 궁극적으로 인간 존재의 '성스러운 것' 과 결부되어 신비스러움을 띠는데,[10] 이상이 주목한 것도 이 말의 신비로움과 관계가 있는 것 같다.

'발성' 은 역동적이고 활력적이며 생명감이 있는 시의 상태를 말한다. '검정콩 푸렁콩' 을 읊을 때 목소리의 묘미나 아우라는, 「압천」을 읊는 여자의 목소리와 낭랑하게 조화를 이루고 있다. 이상은 「아름다운 조선말」에서도 이 구절을 다시 인용하고 있는데, 말의 '음향' 적인 효과, 즉 말의 해학적인 여운이나 음향에 특히 민감했던 그의 취향을 확인할 수 있다. 서도인 여인네들의 재촉할 때 쓰는 '엉야–' 라는 말은 콧소리를 내서 좀 길게 끌어당기는 발성법인데, 그는 이 말소리가 '눈이 스르르 감길 듯이' 매력적이라고 밝혔다.[11] 이상이 말 끝에 붙이는 '참, 참' 소리에 대한 서정주의 회고도 있거니와, 이상은 자신의 이 같은 말버릇에 대해 스스로는 '참 아름다운 화술' 이라고 말한다. 타인은 자신의 말버릇이 우습다는데 자신은 그 같은 타인들의 반응이 참 이상하다는 투로 말이다. 이상의 활달하고 열정적인 목소리에 대한 회고가 많은데, 시를 암송했을 때의 효과는 이상의 소리와 음향에 대한 탐미주의적 취향과 나르시즘적인 자기 몰입을 보여준다. 미묘한 음향과 목소리의 아우라가 겹쳐져 내는 말의 효과는 '언어' 의 형태적 특이성을 추구하고, 데폴매숑의 실험을 시도했던 이상의 예술적 취향을 투영한 것이다.

정지용 또한 「압천」을 자주 읊었다. 특히 일본어로 읊었었을 때의 그 낭랑한 시적 음향에는 많은 이들이 환호 갈채를 보냈다. 정지용이 말한,

10) 월터 J.옹, 이기우 · 임명진 역, 『구술문화와 문자문화』, 문예출판사, 1996, 89~91면.
11) 김주현 주해, 『정본이상문학전집』 3권, 소명출판, 2005, 220면.

「오감도」와 같은 실험적인 시의 필요성에 대한 그들의 의견 일치는 표면적인 것에 지나지 않는다. 정지용과 이상은 공통적으로 말(언어)의 미감에 대한 고도의 자의식과 취향을 가지고 있었던 것이다.

언어의 음성적 자질은 '개념' (사상)과는 필연성이 없다. 소쉬르는 그래서 사상의 물질화도 없고, 소리의 정신화도 없다고 주장한다. 그러나 언어는 소리와 개념(사상)의 결합으로 이루어지는 것인데, 이 두 덩어리의 결합은 자의적이며 인공적이다. 그래서 말(단어)은 그 자체로서는 신비한 울림들을 가지지 않는다. 시적 은유의 미묘한 울림들을 만들어 내기 위해서는 언어적 배열과 장치들을 필요로 한다. 은유적 심상들이 갖는 신비로움은 씌어진 그 상태의 물질적 형상에서 비롯되는 것이 아니라 상상의 과정, 정신화 작용과 해석의 과정, 그리고 읽기의 차원에서 작동한다. 소리와 개념이 결합해 하나의 단어가 되는 이른바 '완전한 말' 과는 다른 이상이나 정지용이 심취한 '음향' 의 상태를 어떻게 이해할 수 있을까. 공기와 수면이 접촉해 있는 경우에 대기의 압력이 변하면 물이 표면은 분해되어 '물결' (파동)을 이룬다. 물 표면과 대기가 만나 새로운 파동을 만들어 내듯,[12] '음향' 의 상태는 '말' 이 되기 이전의 '자연음' 으로서의 극적인 효과들을 갖는다. 이상이 '발성' 이라고 말한 것은 말의 음향적 효과이다. '참, 참' 처럼, 반복적인 후렴구 같은 이상의 언어적 습관을 대중이 이해하지 못한다고 불평한 것은 이 음향의 미묘한 울림을 이해하지 못하는 데 대한 불만이다. 「압천」을 읊조리는 이 여성의 목소리는 여성에게서 묘한 분냄새를 느끼고자 하는 이상의 사도마조히즘적인 예술적 취향과 분리할 수 없다.

이상의 '발성(음향)에 대한 매혹' 이라는 문맥에는 정지용의 목소리가 반향하고 있다. 정지용은, 강진을 배경으로 시를 썼던 김영랑 시의 '토착어 풍' 을 가리켜 "곡선적이고 감각적이요 정서적인 것" 이라 고평한 적이 있다. 김영랑 시 언어의 '토착적 성격' 은 단순히 소재적인 차원의 논의

12) 페르디낭 드 소쉬르, 최승언 옮김, 『일반언어학강의』, 민음사, 1990, 135면.

에 머무를 수 없다. 그것이 우리말 언어의 미학적 감수성이 폭넓게 확장되는 1930년대 시사적 흐름의 중요한 계기를 이루는 데 그 의미를 두어야 할 것이다.

> 전라도서는 이곳 말이란 것이 처음 듣는 이는 아직 말이 덜 되었다고 웃고, 자주 듣는 이는 간지러워 못 듣겠다고 얼굴에 손까지 가리운다. 여자의 말이 더욱 그러하다. '잉－이응－오' 하는 주정어가 어디 또 있는가. 길거리에서 떠드는 말소리가 공중으로 휙 날아 들어온다. 봄이 아니고야, 봄이 아니고야 그럴 수 없다. 바람이 댓잎 끝을 새어 나오는데 끝이 다 퍼져버려서 말소리가 타고 오는 것일까.[13)]

김영랑은 이 같은 음향적 느낌을 '토정' 이라고 썼다. 김영랑이 '완전한 말' 이 아니라 '덜된 말' '주정어' 라고 쓴 것을 기억하자. 입안에서 맴도는 불분명한 '주정어' 처럼 불명확하고 울렁거리며 수선수선 느껴지는 감각들을 느낄 수 있다. 정확히 분절된 말이 아니라 '끝이 다 퍼져버려서' 정확한 발음을 듣기 어려운 말을 바람이 댓잎 끝에서 스치는 미묘한 음향감에 비유한다. 이 '덜된 말' 은 말에 자연음을 입히고 본능적인 생명감을 불어넣고 육체적인 형상을 씌운 것인데, 김영랑은 이로써 1930년대 아무도 주목하지 않았던 전라도 언어의 매혹적인 상을 만들어 내었다. "음향이 봄 기운을 탄다, 휭휭 울려난다" 고 5월을 찬탄했던 김영랑은, 봄 기운을 타고 말소리가 멀리 퍼져 나가는 신비하고 미묘한 음향적 특질을 잡아냈다. 말의 물질화와 미묘한 음향화는 정지용이나 이상, 김영랑 같은 1930년대 우리말의 진뜩진뜩한 맛을 알고 살려냈던 이들의 언어적 감수성에 깊이 스며든다.[14)]

---

13) 김영랑, 「春心」, 김학동 엮음, 『모란이 피기까지는』, 문학세계사, 1981, 155~156면.

14) 졸고, 「김영랑과 강진, 1930년대 시의 지역성과 일반성」, 『어두운 시대의 빛과 꽃』, 민음사, 2004, 270~271면.

앞에서 언급한, 이상이 인상파 이후의 미술 특히 마티스와 피카소의 그림에 깊은 관심을 보였다는 것은 기억할 만하다. 알제리나 모로코 여행을 하면서 아프리카 가면이나 조각 같은 원시적 형상에 관심을 기울인 이후의 마티스의 그림에 분명한 변화가 오고 피카소 또한 이 시기에 마티스의 '아프리카적인 것'에 공감했다.[15] 알제리 경험을 바탕으로 그려진 「푸른 나부: 비스크라의 추억」의 여인의 누드 형상은 이상이 『소설가 구보 씨의 일일』의 삽화로 그린 소묘를 연상시킨다. 옆으로 비스듬히 누운 포즈와 구상적 형태를 무너뜨리고 과감하게 세부 묘사를 생략한 붓터치라든가 풍만한 가슴과 둔부 같은 부분 묘사가 특히 그러하다. 구본웅의 그림 또한 마티스나 피카소의 강력한 영향이 입증되고 있다. 이상의 서구 아방가르드적인 회화에 대한 관심은 경성고공 입학 시점에 이미 형성된 것인데, '구상성'의 해체는 '덜된 말'에 대한 심취나 허물어지는 선율에 대한 탐닉과 동일한 선상에 있는 것으로 보인다.

자연의 음향 그 자체는 기계적이고 수학적인 인간의 음악과는 차원이 다르다. 시냇물 소리나 눈사태 소리, 바람이 몰아치는 소리 등은 인간의 음악에 동기나 모델이 되었을 수는 있지만, 음악의 본질과는 거의 관계가 없다. 단지 불연속되는 공기의 진동에 의한 것일 뿐이다.[16] 그러나 수학적이고 기계적인 측정이 가능한 인간의 음악에 비하면 음향으로서의 자연의 소리는 이미 '전(前)창조된 것'으로서의 원질료적 의미를 갖는다. 1950년대 이후 현대 음악가들이 추구했던 '음향음악'을 생각해 볼 수 있는데, 전통적인 음악에서는 개별음들이 음악의 기본적인 요소가 되는 데 반해 음향음악은 음향을 작곡의 대상으로 삼는다. 그러나 이 때 '음향'은 자연의 음향과는 오히려 대립적인 것으로 전자음향을 말하는 것이다. 전자음향을 일반 악기로 옮기는 과정에서, 길게 지속되거나 미세

15) 제임스 모건, 권민정 옮김, 『마티스와 함께 한 1년』, 터치아트, 2006, 272~273면.
16) 에두아르트 한슬리크, 이미경 역, 『음악적 아름다움에 대하여』, 책세상, 2006, 162~163면.

하게 변하는 음향적 효과가 발생하는데,[17] '음향음악'은 이 점에서 오히려 수학적으로 측정 가능한 인간의 음악에 보다 접근해 있다고 할 수 있다. 즉, 자연의 '음향'과 인간이 인공적으로 만들어 내는 '음향음악'의 '음향'은 다른 것이다.

따라서 이상이나 정지용 등이 몰입한 '음향'은 오히려 '음악 시학'[18]이라는 차원에서 이해해야 할 것이다. 조각, 풍경화 등의 조형 예술에 비해 음악은 소리라는 비가시적 감각을 필요로 하는 것이어서 추상적이고 유토피아적이다. 시, 미술, 조각 등 타분야 예술에서 '자연의 모방'이라는 개념은 음악에 있어서는 불가하며, 따라서 음악에 있어 '자연미'란 개념은 성립되지 않는다. 음표가 자연을 모방할 수는 없는 것이다. 음악가는 자연을 모방하거나 변형하지 않고 오직 자기 내적인 집중에 의해 새로운 예술을 창조한다.[19] 음악의 이데아적인 특성은 전적으로 '자신의 심장'에서 새로운 음악을 창조해 내는 음악가의 이상과 겹친다. 이 같은 음악과 음악가의 개념은 다소 낭만적인 개념을 띤다. 창작 과정에서 영감과 무의식적인 느낌, 신적인 재능과 민감성은 예술 창작의 기본 조건이 된다는 것이다. 현대 작곡가로 알려진 말러는 창작 과정에서 합리적 요소보다는 영감과 같은 비합리적 요소가 더 강하게 작용했다고 고백하기도 한다. 작곡을 하는 과정에서 풀리지 않는 문제들을 그는 꿈속에서 자신의 선배 작곡가인 베토벤 혹은 바그너를 만남으로써 해결했다고 말하는데, 이 장면은 몽환적이고 우연적이다.[20]

> 나는 작품의 어떤 부분에서 매우 이상한 경험을 했다. 나는 몇일 동안 한 부분 때문에 매우 고민을 했고, 해결할 수 없었다. 그런데 오늘 잠을 자는 동안 꿈

17) 홍정수 · 오희숙, 『아도르노, 달하우스, 크나이프, 다누저』, 심설당, 2002, 389~390면.

18) 음악학적으로는, 음악의 창작 과정과 작품 간의 관계를 고려하는 개념인데, 시인과 시의 상관관계를 해명하는 데 도움이 된다. 홍정수, 위의 책, 320~323면.

19) 위의 책, 168~169면.

20) 위의 책, 331~332면.

속에서 어떤 목소리가 나를 불렀다.(이는 요즈음 친밀한 관계를 갖고 있는 베토벤 아니면 바그너였다.) '호른들이 3마뒤 뒤에 나오게 하라' 그리고 바로 이것으로 내 자신도 믿기 어려울 정도로, 어려웠던 문제가 가장 쉽게 그리고 가장 훌륭하게 해결되었다.[21)]

말러를 예로 들어 "음악가의 본질은 단어로는 전혀 표현할 수 없는 것"이라고 말할 때, 이 문맥은 음악 자체가 갖는 모호성과 신비로움을 강조한 것이다. 김영랑, 이상 등 말 소리에 민감했던 시인들은 자연의 음향에 집중하고 거기서 미학적인 특징과 말의 신비스러움을 발견한다. 여기에는 '천재적 영감'의 개념과 시인의 자기 몰입이라는 낭만주의적 발상이 자리잡고 있다. 이상은, 정지용의 시 「말」에서 다락 같은 말을 호령하며 신천평야 칠십 리를 나는 광경을 그려 본다. 천하를 달리며 말을 호령하는 목소리의 활력과 기품 있고 거칠 것 없는 말의 질주가 공감각적으로 만들어 내는 영상들에 이상은 매료되었을 것이다.[22)] '검정콩 푸렁콩'의 유음적 부드러움이 여성의 낭랑한 목소리를 타고 공간에 퍼져나가면서 미묘한 음향 효과를 낳고 신비한 이미저리를 만들어 내는 것에 이상은 또한 주목했을 것이다. 음성의 효과와 그것이 만들어 내는 영상적 이미지는 초현실주의적인 예술의 감각에 심취해 있던 이상의 몽상가적 감각과 정확하게 겹쳐 있었던 것이다. 정지용, 이상이 몰입한 '음향'이란, 음악적 시학의 초현실주의적 비전이라고 말할 수 있는 것이다. 여기서, '표현에서 생성'이라는 문제로 음향적 특질을 강조한 들뢰즈나 가타리의 견해를 참조할 수 있다. 음악은 정서나 사상의 '의미'를 표현하는 도구가 아니라 그 자체로 독립적인 영역이다. 이들은, 정신분석학자들이 'Fort-Da'에 대해 음운 대립이나 언어-무의식에 대한 상징적 해석을 구하고자 했던 사례를 비판하면서 이를 단지 '리토르넬로'로서만 파악하

21) 위의 책에서 재인용, 330면.
22) 정지용, 『정지용 전집 2 산문』, 민음사, 1995, 204면.

고자 한다. 새의 노랫소리나 트랄랄랄 같은 어떤 뜻없는 흥얼거림처럼, 이른바 리토르넬로는 오히려 음악을 방해하고 몰아내거나 음악없이 지내게 함으로써 음악의 본질적 내용이 된다.[23] 이상의 '음향'에 대한 감각은 이상의 아방가르드 정신의 광대한 음역을 이루고 있는 것이다.

이상과, 언어의 미적 효과와 감정의 절제에 고심했던 정지용의 교유록은 여기서 하나의 중요한 고리를 이룬다. 이상이 여성들의 미묘한 콧소리와 음향적 발성에 몰입했던 것은 그의 마조히즘적 예술적 취향의 분위기를 말해준다. 이는 본고에서는 그다지 논할 주제가 아니다. 다만, 이상을 품고 이상의 시를 이해했던 정지용과, 이상 관계의 한 축은 언어의 미감을 '발성'의 육체성에 둘 수 있었던 탁월한 언어 탐구자의 태도에서 비롯된 것임을 지적하고자 한다.

3. 김기림과 이상

> 암만해도 성을 안낼 뿐만 아니라 누구를 대할 때든지 늘 좋은 낯으로 해야쓰느니 하는 타잎의 우수한 견본이 김기림이라.[24]

이상이 정신적으로 의존했던 유일한 인물이 있다면 아마 김기림일 것이다. 김기림은 이상에 대해 메마른 형식이 아니라 절대적 애정을 찾아 마지않은 한 퓨리턴이었다고 회상한다.[25] 이상이 김기림에게 보낸 서신들은, 누군가에게 고백하지 않으면, 의존하지 않으면, 삶을 지탱할 수조차 없는 어른아이의 심성을 보여준다. 이석훈 같은 이에게는 불쾌한 외교적 화술로 비춰지기도 하고, 해방공간의 시인들에게는 실천력과 행동

23) 들뢰즈 · 가타리, 김재인 역, 『천개의 고원』, 새물결, 2003, 567~569면.
24) 김주현 주해, 『정본 이상 문학 전집 2』, 318면.
25) 김기림, 「이상의 모습과 예술」, 『이상, 그리운 그 이름』, 35면.

성이 결여된 사변적 지식인의 표상으로 비판받기도 했던 김기림을 생각하면, 이상의 김기림에 대한 '의존'은 색다르게 느껴진다. 경성 고보 교사 시절의 제자이자 후배 시인인 김규동은 이 김기림의 '웃음'을 이기주의를 극복한 인간의 표상으로 말하기도 했다.[26] 이 호인형의 얼굴을 한 김기림과, '도무지 만족할 줄 모르는' 냉소주의자인 이상은 표면적으로 어느 한 부분도 공유할 수 있는 것이 없어 보인다. 이상은 자신의 시 「오감도」에서 그러했던 것처럼, 까마귀가 지상을 내려다보듯 맹맹한 얼굴로 거리에서 이전투구를 하는 친구들을 관조했고 그 관찰을 토대로 '비교교유록'을 작성했다. 그는 자신을 포함해 이들이 서로 '성격의 순차적 차이'가 있다고 썼다.[27] 이상이 이들의 교유록을 작성한 것은 전적으로 이들이 예술가이기 때문이다. 이상은 이들을 가리켜 '교만하고 고집 센 큰 예술가'라고 분명하게 밝혀 놓았다. '성격의 순차적 차이'에도 불구하고 그들을 마치 하나의 원형질 덩어리처럼 묶어 준 것은 삶의 데폴매숑적 일탈이며 아방가르드 예술이 본질적으로 내포한 정신적 생명력이었다.

그들은 아방가르드 예술 그 자체의 전위성이나 실험성보다는 그들 정신적 지향이 갖는 에너지와 예술의 확장에 매혹되었다. 이 때 예술의 확장이란 20세기 예술의 방향성이자 정신을 의미하는 측면이 강하다. 대체로 이상을 제외하고는 이들 문학의 '형식적 일탈이나 전위성'을 논하기는 어렵다는 점이 이를 뒷받침한다. 20세기 예술의 실험 정신은 이들을 묶어주는 힘이었다. 그들은 문화 예술 분야의 한 특정 작가, 연주가에 대한 취향으로 몰려다닌다. 그들은 얼마나 자주 몽마르뜨를 꿈꾸었던가. 그들의 이상적 거주지는 프랑스 파리였고 이상과 김기림이 파리를 가고 싶어했다는 기록도 있다. 보들레르 취향은 이미 알려진 바다. 김기림은 행장을 차릴 때 반드시 구비할 것으로 보들레르의 『악의 꽃』을 꼽았고, 이

26) 졸고, 「일제말기 해방공간, 6.25 전후의 김기림—김규동 인터뷰 및 보유」, 『어문연구』 133호 참조.

27) 김주현 주해, 『정본 이상 문학 전집 2』, 319면.

상은 습관처럼 "내 몸에서 향수처럼 술이 빛나다"는 보들레르의 시구를 읊었다. 파리의 몽마르뜨 언덕에 있었던, 피카소, 스트라빈스키, 막스 쟈콥, 장 꼭또, 만 레이 등의 예술가들의 서로의 예술적 영감의 교유와 새로운 예술 창조의 정신은 이상과 그의 친구들에게 자극을 주었다. '구인회' 가 이 같은 그들의 이상을 언뜻 현실화시켜 주는 듯 했지만, 그러기에는 생활의 압박이 너무 심했다. 그들은 다방이나 카페에 모여 장 꼭또가 말한 '진실을 말하는 허위' 의 아방가르드적 예술 취향을 흠모했다. 데생과 글이 결합된 장 꼭또의 『포토막(potomak)』이 그들이 추구할 예술의 참조목록에 오르기도 했다.

그들은 다방에 앉아 고전 음악을 즐겨 듣는다. 이상이 슈베르트와 쇼팽, 베토벤, 모차르트 등의 음악을 즐겨 들었던 것은 그가 남긴 글과 지인들의 회고록에서 확인된다. 그는 베토벤보다는 천재의 초조한 모습이 그냥 보이는 모차르트를 좋아했다.[28] 기지와 해학에 가득찬 이 타고난 천재에 이상이 자신의 모습을 겹쳐보았을 것이라는 추정은 충분히 가능하다.

바이올리니스트 미샤 엘만(Mischa Elman, 1891~1967)에 대한 경의는 여러 번 표명된다. 이상이 다시 찾은 동경 거리의 다방에도, 그가 경영했던 다방 무기에서도 불안하게 돌아가는 축음기의 축을 따라 엘만은 흘러나온다. 그것은 죽음을 앞둔, 아홉 계단을 따라 올라가면 겨우 닿을 수 있는 이상의 동경 자취방에서도 흘러나온다. 그것은 거리에서 축제를 즐긴 이들 정신적 귀족들이 일상의 황폐함을 저만치 밀어내는 역동적인 삶의 카텐짜였으며 또한 죽음의 비장한 레퀴엠이기도 했다. '진실을 말하는 허위' 의 귀재 이상의 삶을 조명하듯, 엘만은 그렇게 이상을 사로잡는다. 그런 점에서 엘만의 연주는 현실의 삶에서 예술적 이상을 꿈꿀 수 있게 한 음악의 '리토르넬로' 이다.

이상이 엘만에 얼마나 심취해 있었는가 하는 것은 김기림의 글에서 확

---

28) 김향안, 위의 글, 185면.

인된다. 김기림의 뒤를 따라 이상이 도동한 뒤에도 그들은 한동안 만나지 못한다. 동경으로 한번 오라는 애절한 이상의 편지는 계속되지만, 선대(仙臺)를 떠나지 못했던 김기림은 해를 넘긴 1937년 3월 20일에서야 봄비가 질척거리는 동경을 겨우 찾을 수 있었다. 죽음을 앞둔 이상의 초췌한 몰골이 거기 있었다. 이상이 벌떡 일어나 그동안 말을 못해 병이 난 사람처럼 말을 쏟아낸다. 그 불안한 몰골과 수다스런 행태가 염려된 김기림이 아무리 누우라 권해도 이상은 듣지 않고 장장 두 시간에 걸쳐 열변을 토한다. 그런 이상에게서 김기림은 고대 제우스 신상과 골고다 예수의 형상을 겹쳐서 본다. 금세 승천을 할 듯 이상에게서는 신적이고 종교적이며 영웅적인 풍모가 풍긴다. 그러나 영웅의 말은 힘을 잃었다. 현실의 사그러지는 꽃이 되기를 거부하듯 이상은 수선스럽다. 이상의 다변은 이상의 실어증의 이면이다. 그 자리에 존재한 것은 이상이 아니라 고대적이고 신화적인 풍장을 한 전설적인 영웅 제우스였다. 김기림은 이상에게서 침몰돼 이미 이 세상에는 존재하지 않는 피디아스의 제우스 상을 떠올렸던 것이다. 그리고 그 조각상이 있어야 할 자리를 대신 차지하고 있던 것은 엘만이다.

이상은 김기림에게 보낸 사신에서 엘만의 연주를 찬탄한 적이 있다. 이상은 음력 선달 그믐에 동경 다방에서 커피를 마시며 클래식 음악을 듣는다. 새삼 향수에 젖어 김기림에게 편지를 쓴다.[29] 똑같은 랄로 협주곡을 연주하는데, 브로니슬로 휴베르만(Bronislaw Huberman, 1882~1947)[30]의 랄로는 너무나 탐미적이지만 기묘할 뿐 정서가 없다고 혹평하고, 미샤 엘만의 랄로는 "그저 막 헐어내서는 완전히 딴 것을 만들어버린다" 고 평가한다. 이를 소위 당시 유행했던 용어로는 '엘만톤' 이라 부르는데, 이

29) 김주현 주해, 『정본 이상 문학 전집 3』, 사신 8, 254~256면.

30) 폴란드 출신의 바이올리니스트. 1892년 베를린으로 가서 요제프 요하임에게 배웠으며, 1934~36년까지 빈 음악학교 교수를 지냈다. 이스라엘 필하모닉 오케스트라의 전신인 팔레스타인 오케스트라를 창립했다. 유태인 음악인을 돕는 등 당시에는 사회활동가로도 널리 존경을 받았다.

상은

> 휴베르만이란 제금가는 참 너무나 탐미주의자입디다. 그저 한없이 기레이 하다 뿐이지 정서가 없오, 거기 비하면 요전 에루만은 참 놀라운 인물입니다. 같은 랄로 더욱이 초종악장 론도의 부를 그저 막 헐어내서는 완전히 딴 것을 맨들어 버립니다. 에루만은 내가 싫어하는 제금가였었는데, 그의 꾸준히 지속되는 성가의 원인을 이번 연주를 듣고 비로소 알았오, 소위 엘만톤이란 무엇인지 기도의 문외한의 이상으로서 알 길이 없으나 그의 슬라브적인 굵은 선은 그라고 그 분방한 변형은 경탄할 만한 것입디다. 영국 사람인줄 알았더니 나좋에 알고보니까 역시 이미그란또입니다.[31]

이상이 엘만에게서 본 것은 '변형' 이다. 헐어내서 완전히 딴 것을 만들어 내는 것에서 예술의 지고한 아방가르드 정신을 본다. 화려한 기교를 앞세웠던 당대 바이올린 연주자들과는 달리 후베르만의 주법은 비교적 온건하고 신중한 해석에 근거한 것이었다. 이상이 '탐미주의적이고 기레이(きれい)한 것' 이란 평가 또한 '온건한 해석' 에 따른 주법을 보여주는 후베르만 연주의 특징과 관계가 있다. 반면, 엘만의 랄로 협주곡에 특히 민감하게 반응하는 이상의 고전 음악 취향은 이상의 예술관을 뿌리 깊게 반영한다. 엘만의 바이올린 주법은 즉물주의적인 연주에서 두드러진 투명하고 다소 기계적인 선율보다는 개성적이며 화려한, 그러면서도 강렬한 서정을 만들어 낸다. 바로 '엘만톤' 이라 부르는 것이다. 카알 훌레슈(Karl Flesch)는, '감각적인 매끄러움과 동양적인 겉옷을 걸친 이탈리아 벨칸토풍, 투명한 인터네이션' 등을 엘만 연주의 특징으로 꼽고 엘만톤은 그 누구도 흉내낼 수 없다고 평가하고 있다.[32] 기교파적인 데서 오는 강렬한 인상도 인상이지만 그보다는 정확한 주법과 비브라토의 아

31) 사신 8, 255면.

32) 안동림, 『이 한 장의 명반』, 현암사, 1997, 1091~1092면.

름다움, 화려한 색채와 완벽한 인터네이션이 엘만의 연주를 더없이 빛나는 것으로 만든 것이다. 슬라브 계통 음악 교육의 한 계보를 이루는 레오폴드 아우어의 영향을 받았다는 것, 1927년 미국 시민권을 얻음으로써 우크라이나 태생의 유태인 음악계의 계보를 이어간 것도 엘만에게서 주목할 부분이다.[33] 슬라브 계로 태어나 미국으로 이민을 간 '이미그란또'인 엘만의 생애 역시 '탈주'와 '변형'의 유목적 감각과 관련있는 것으로 이상은 파악하고 있다.

특히 바이올린이라는 악기 자체에 주목하고 맨델스존 이후의 화려하고 개성적인 색채의 바이올린 선율을 창조해 낸 랄로와, 엘만의 만남은 그 자체로 '변형'과 '창조'의 표상일 수 있었다.[34] 바이올린 곡의 특성상 애잔한 선율과 정서는 센티멘털리즘적인 분위기를 탈각하지 못한다. 이 감상성을 삭제할 수 있는 것이 바로 개성적인 주법인데, 엘만은 특히 완벽한 인터네이션과 비브라토를 통해 화성적인 선율의 평범한 아름다움을 비틀어 새롭고 독창적인 선율을 만들어 내는 것이다. 거기에 강력한 비트가 생기고 탈선적인 음률의 질주가 생기는 것이다.

센티멘털리즘과 같은 애상적 정서 그 자체는 농후한 서정적 느낌에서 벗어나기 어렵게 한다. 그러나 현대의 음악 미학자들은, 음악을 어떤 감정이나 사상의 표현이라고 말하는 것은 불충분하다고 말한다. 음악은 인간과 시간 사이의 관계에 질서를 부여해 준다. 이 같은 질서의 구축에 절대적으로 필요한 것이 바로 건축학적인 구조이다. 엘만의 연주에서 새로운 질서를 창조한다는 느낌을 이상이 받은 것은 연주에서의 테크닉의 완벽함을 통해 얻게 되는 음악적 건축학의 완성이었을 것이며, 이는 이상이 추구하고자 한 아방가르드적인 문학의 전위적 속성을 엘만이 깊숙하게 재현하는 듯 보였기 때문일 것이다.[35] 특히 완전히 허물고 새로운 것

33) Marc Pincherle, 『바이올린 음악의 역사』, 대학음악저작연구회, 삼호출판사, 1989, 114~115면.
34) 로베르 피투르, 편집부 역, 『프랑스 근대 음악의 대작곡가들』, 삼호출판사, 1993, 37~39면.
35) 스트라빈스키, 박문정 역, 『나의 생애와 음악』, 지문사, 1990, 70~71면.

을 만들어 내는 엘만의 탁월한 주법(엘만톤)은 소리 그 자체의 '리토르넬로'에 접근해 가는 신비스러움을 자아냈을 것이다. 그것이 이상의 귀를 예민하게 자극하게 되는데, 이상은 이를 '분방한 변형'이라 말한다. 탈주적인 선율은 육체의 탈각과 같은 환상을 일으키면서 이상의 아방가르드적인 감수성을 자극했던 것이다. 공복과 피로와 같은 육체의 고통을 '곽란'처럼 들끓는 악보의 이미지로 그려낸 「얼마 안되는 변해(辨解)」에서 음악은 자신의 계통을 상하게 하면서 질주하고 있다. 음악의 질주는 이상의 탈주해 가는 정신의 감각적 표상이었던 것이다. "음악은 사상을 떨어 버리고 迂曲된 길위를 질서없이 도망쳐 다니고 있었다"고 이상은 썼다.[36] 광대한 음역을 가로지르며 달려나가는 엘만의 바이올린의 선율에서 이상은 육체를 통과해 나가는 찰나적 영원성을 느낀다. 그는 이 육체적 경험의 황홀함을 '붕어와 같이 아름다운' '보석의 분만'이라고 표현한다. 음악은 이상에게 순간적으로 통과해 가는 빛의 영원성과 소리의 무한 질주가 결합된 어떤 창조적 영감의 지층 위에 존재하고 있다. 여기서 말의 리토르넬로와 음악의 탈주적인 선율은 신비하게 결합된다.

이상과 이들 친구들의 클래식 음악 취향은 두루 드러나 있다. 차를 마시고 담배를 태우면서 위안과 안식을 얻는 공간인 다방에서 그들을 붙들어 맨 것은 '축음기 예술'이었다. 한번 다방에 가면 엔리코 카루소의 엘레지 같은 곡은 열두 번 이상 듣는다.[37] 카루소의 성대는 그가 아니면 창조할 수 없는 '예술'로서의 음악을 뿜어내었다고 박태원은 쓰고 있다. 엘만은 영국 왕족을 위한 연주회에서 카루소와 동행한 적이 있고, 이후 몇 차례 함께 연주회를 연 것으로 알려져 있는데, 박태원이 들었다는 카루소의 '엘러지'는 아마도 마스네(Massenet)의 「엘레지(Elégie)」일 것이다. 이 곡은, 반주가 성악을 뒤에서 받쳐 주는 역할을 하는 보통의 경우와는 달리, 엘만의 바이올린 반주가 카루소를 능가할 정도의 탁월한 연주

36) 김주현 주해, 『정본 이상 문학 전집 3』, 147면.
37) 박태원, 「피로」, 『소설가 구보씨의 일일』, 깊은샘, 1994, 122면.

로 알려져 있는데, 공전의 히트를 기록한 당대 최고의 음반으로 평가되기도 한다. 미샤 엘만의 바이올린 곡은 이상, 박태원이 쓴 작품에서도 몇 차례나 등장하고 있다. 구보는 다방의 구석진 곳을 찾아 미샤 엘만의 '발스 센티멘털' 을 듣는다. 이는 차이코프스키의 「Valse sentimentale」(감상적 왈츠)를 말하는 듯하다. 결혼과 사업과 취직 같은 소란스런 현실 문제로부터 분리돼 혼자 고독하게 이 음악을 들을 수 있는 것이 이들이 다방을 찾은 중요한 이유였던 것인데, 음악을 통해 그들은 피로에 지친 심신을 달래곤 했던 것이다. 7~10시간씩 다방에 죽치고 앉아 있어도 그들은 지겹지 않았고, 음악을 듣고 난 뒤 저녁 늦게 그들은 집으로 돌아오면서 기쁨을 만끽할 수 있었다.[38] 하지만 박태원의 엘만 심취는 이상의 탈주적이고 아방가르드적인 측면보다는 감상적이고 애상적인 선율에 기울어져 있었던 것으로 보인다.

4. 박태원과 이상

좋은 낯을 하기는 해도 적이 비례를 했다거나 끔찍이 못난 소리를 했다거나 하면 잠자코 속으로만 꿀꺽 업신여기고 그만두는 그러기 때문에 근시안경을 쓴 위험인물이 박태원이다.[39]

이상이 가장 편하게 대한 친구인 박태원은 이상이 위에 서술한 대로 자신의 생각을 내색하지 않는 인물이었다.[40] 박태원은 다방 '낙랑파라' 에서 이상과 차를 마시다 첫딸 雪英이의 출산 소식을 뒤늦게 접하고 기묘한 '아비된 설움' 에 젖는다. '다방 한구석에서 언제나 한가지로 벗과

38) 박태원, 위의 책, 64면.
39) 김주현 주해, 『정본 이상 문학 전집 2』, 318면.
40) 조용만, 위의 글, 285면.

이야기를 하고 있었다는 데서 느껴진' 미묘한 감정을 그는 후일까지 벗어버리지 못한다. 낙랑파라의 주인은 이순석이다. 그가 아치형 다방의 창가에 앉아 거리를 내다보고 있으면 누구나 다 그에게 악수를 청하고 싶어진다는 기록도 있다. 이순석과 악수를 나눈 뒤 사람들은 꿈을 얻고 대신 물건을 잃고 돌아간다. 다방 낙랑파라에 대해 이상은 고독한 꿈을 향해 악수를 청하는 곳이라고 하고, 이 같은 낙랑파라의 매력을 '순수하고 그윽한 것' 이라 썼다.[41]

다방에 있다 그들이 들르는 곳은 영화관이다. 1934년 그들은 한 편의 영화에 열광한다. 르네 클레르의 「최후의 억만장자」이다. 이상은 박태원의 호주머니를 털어 르네 클레르의 이 '영화적 장난' 에 기꺼이 예술적 정열을 투자한다. 다음 해에 개봉될 르네 클레르의 영화 「유령 서쪽으로 가다」도 그들의 필수 영화관람 목록에 이미 올라와 있는 상태다.

정지용, 김기림의 여행벽에 대한 낭만적 감상은 이상의 여행에 대한 경멸적 태도와 어긋나 있다. 김기림은, 인생의 절망으로부터 도망하기 위해 여행으로부터 구원의 혈로를 구한 것은 보들레르라고 하고, 보들레르의 시구를 빌어, '다만 떠나기 위해 여행을 떠나는 진정한 영혼의 모험가' 들의 후예로 이상을 지적한다. 이상이 날개를 그리워 한 것은 한 계절 떠나기 위해 떠나는 계절조의 날개는 아니었다. 천공을 마음대로 날아다니는 새 인류의 종족을 꿈꾸었던 것이다. 그러나 정작 이상은 어떤가 하면, 그는 당시 유행했던 문인들의 여행벽을 냉소적으로 비난한다.[42]

김기림은 자유를 찾기 위해 길을 떠난 후예로 르네 클레르의 「유령 서 서쪽으로 가다」를 지적한다. 르네 클레르(1898~1981)는 환타지 코메디의 대가로 이 '유령' 은 1935년 제작된 영화다. 이상은 도동하기 직전인

41) 조용만, 위의 글, 219면.

42) 세상 사람들이 다 제각기의 흥분, 도취에서 사는 판이니까 타인의 容喙은 불허하나 봅니다. 즉 연애, 여행, 시, 횡재, 명예—이렇게 제것만이 세상에 제일인줄들 아나봅디다. 김주현 주해, 『정본이상문학 전집 3』, 245면.

1936년 10월 초에 김기림에게 쓴 편지에서 "「유령 서쪽으로 가다」는 「홍길동전」과 함께 영화 사상 굴지의 가장 가치없는 것" 이라는 혹평을 한다. 그는 이미 1934년 제작된 르네 클레르의 영화, 「최후의 억만장자」도 박태원의 주머니를 털어 같이 본 적이 있다.[43]

르네 클레르는 논리와 절대적 의미를 부여하는 기존의 영화 독법을 허물어 그 자리에 환상과 꿈을 배치시킨 프랑스 전위파 그룹의 영화감독이다. 그는 스크린 위에서의 '논리의 지속' 을 반대하면서, "시각의 착각은 나의 것이다. 이 재창조된 우주는 나의 것이고 그것은 내 마음대로 내가 자족하는 형상으로 방향을 설정한 것이다" 는 영화에 대한 분명한 시선을 보여준다.[44] 그의 영화에는 신화적 분위기와 꿈과 환상이 미묘하게 겹쳐 있다. 눈에 보이지 않고서는 세계의 형상을 생각한다는 것이 불가능한 현대인의 사고로 보면, 르네 클레르의 영화는 난해하고 복잡하기 이를 데 없다. 모든 지각들이 뒤섞이고 소멸되고 다시 생성되는 추상과 꿈의 지대에 세계의 형상을 위치지우는 그의 문법을 이해한다는 것은 도무지 쉽지 않다. 앙리 쇼메뜨는 『월간 수첩 Les Cahiers du Mois』(1925)에서 르네 클레르의 입장을 이렇게 소개한다.

> 영화란 전형적인 형으로 제한된 것이 아니라 영화는 창조한다. 벌써 영화는 일종의 리듬을 창조했다. 리듬의 덕택으로 영화는 새로운 힘으로 그 자신으로부터 끌어냈다. 새로운 힘은 사물에 대한 사실과 사건에 있어서의 논리성을 버림으로써 움직이고 있는 필름으로부터 객관적인 일치를 벗어나 감지할 수 없고 알 수 없는 일련의 視界를 나오게 하는 것이다.[45]

즉 영화의 비논리성은 결국 '시각적 교향악' 의 탄생을 의미하며, 영화

43) 조용만, 「이상시대, 젊은 예술가들의 초상」, 『이상, 그리운 그 이름』, 304~305면.
44) 앙리 아젤, 조병옥 역, 『영화미학』, 탐구당, 1989, 40~43면.
45) 위의 책, 43면.

학적 상상의 세계에 참다운 시야를 제공하게 된다. 영화의 서정적 시학은 바로 시간의 논리성 제거를 바탕에 깐 환상과 꿈의 환타지 위에서 구축되는 것이다. 영화에서 시적 서정을 추구하면서, 삶을 꼭 외부적인 형상 그대로 묘사하려고 하는 자연주의적 영화 문법을 비판했던 타르코프스키는 꿈과 비현실의 서정적 순간들에 몰두한다.[46] 타르코프스키의 화면은 환상적이면서 아름답고 그것에서 오히려 더 현실적인 순간들을 실감하게 한다. 환상과 추상의 장면과 해학과 기지의 비판으로 채색된 르네 클레르의 영화적 서정은, 이상의 예술적 감각을 자극시키기에 충분했던 것이다. "신을 믿지 못하게 하는데도, 서쪽으로 가서 새로운 질서를 만들었다"는 김기림의 이 영화에 대한 평가 역시 '새로운 질서'를 만들어내는 전위파들의 영화 문법을 적극적으로 이해한 데서 가능했다.

5. 예술가는 뒤를 돌아보지 않는다

이상이 다방 '제비'를 그만 두고 창문사에서 일을 하고 있을 때의 일화가 있다. 창문사 일을 보면서 조선일보 출판부에 드나들었고 김기림이 동북제대로 유학 가기 전에는 김기림을 만나러 조선일보를 드나들었다. 이 시절의 이상을 추억하면서 박태원은 『여성』 1939년 5월호에 「이상의 비련」이라는 제목으로 글을 쓴다. 그는 자신의 소설 「애욕」에서 이상을 모델로 '하웅'이라는 인물을 그려내었는데, 「이상의 비련」은 이것의 후일담이다. 박태원은 「애욕」의 인물이 자신이기도 하고 이상이기도 하다고 밝히기도 했다. 때문은 콜텐 양복에 해진 셔츠, 세수는 사흘에 한 번 할까 말까한 모양새의 이상은 불결하기 그지없었다. 그 불결함과 비상식적인 행동이 여성들의 모성애와 호기심을 자극했던 모양이다. 박태원은,

46) 안드레이 타르코프스키, 김창우 역, 『봉인된 시간』, 분도출판사, 1997, 23~39면.

"그러한 곳에는 형언키 어려운 일종의 매력이라는 것이 있는 듯 싶어, 매서운 각서를 보낸 여인이 있었"다고 하고, "당당한 시민이 못되는 선생을 저는 따르고자 합니다, 아무개."라는 연서의 내용까지 밝히고 있다. 이름을 말하면 누구나 알만큼 유명한 이지만 그것을 이곳에 밝히는 것은 나의 본의가 아니며 당자는 물론 죽은 이상도 원하지 않은 바여서 영원한 비밀로 묻어 둔다고 덧붙였다. 이 '아무개'가 누구일까. 이름을 말하면 누구나 다 아는 유명한 이라고 말했듯 당시 문인이거나 출판부의 여성 기자일 가능성도 있다. 그것이 누구인가를 맞추어 보는 것은 재미있는 퍼즐게임을 푸는 것처럼 흥미롭다. 노천명, 최정희, 이선희 등 조선일보 출판부에서 근무했던 문인기자의 얼굴을 떠올리는 것이 퍼즐을 푸는 첫 작업이 아닐까.

이상의 이 시절의 이야기에는 김기림과 얽힌 것도 있다. 김기림이 엘리어트의 『황무지』를 참조로 해서 1936년 7월 펴낸 장시 『기상도』의 장정을 한 것도 이상이었다. 김기림의 『기상도』는 구본웅의 아버지가 경영하던 창문사에서 인쇄되었다. 이상은 1936년 6월경 황금정 뒷골목에 변동림과 신혼의 보금자리를 차리고 있었다. 일본에 유학가 있다 잠깐 다니러 온 김기림이 아침 무렵 이상의 방을 찾았을 때, 이상은 햇빛 한 줄기 들지 않는 캄캄한 방에서 짐승처럼 웅크리고 있었다. 그날 오후, 둘은 조선일보사 3층 뒷방에서 지인들에게 『기상도』의 발송을 했다. 발송을 마치고 둘은 창에 기대 서서 거리를 내려다보았다. 갑자기 거리에 소낙비가 쏟아져 내렸다. 이상이 예의 버릇대로 창앞(窓前)에 침을 뱉었다. 침에 빨간 피가 섞였었다. '폐병쟁이' 이상에 대한 '건강인' 김기림은 심한 부끄러움을 느낀다. '예술가'와 '생활인'의 차이로 느껴졌다. 김기림은 이렇게 쓴다.

> 상의 앞에 설 적마다 나는 아침이면 丁抹 體操를 잊어버리지 못하는 내 자신이 늘 부끄러웠다. 무릇 현대적인 퇴폐에 대한 진실한 체험이 없는 나는 이 점

에 대해서는 늘 상에게 경의를 표했다. 그러면서도 그를 아끼는 까닭에 건강이 라는 것을 너무 천대하는 벗이 한없이 원망스러웠다.[47]

김기림의 '건강'에 대한 이상의 질투어린 찬탄은 이 '성격의 순차적인 차이'를 바탕한 교유록의 마지막이 돼야 할 것이다. 횡선과 사선으로 질주하는 전위 예술처럼 그들은 당대 예술의 지향점을 전위 예술의 실험성과 창조성에서 찾았다는 점에서는 동일했고, 실제 창작에서 구현된 '실험'의 정도에서는 차이가 있었다. 그러나 그들은 그들 성격 만큼이나 분명히 드러나는 이 '차이'를 통해 1930년대 문단의 중심을 차지하게 된다.

이후, 이들 네 명의 예술가들이 또 한 번 한 지면에 등장하는 것은 동북제대 유학을 가 있던 김기림에게 쓴 이상의 편지에서이다.[48] 김기림이 빠진 그들의 경성 거리에서의 교유는 퍽 시시해진다. 1936년 8월경이다. 이상은 박태원이 생활고로 만나기 어렵고, 지용은 한 번도 못 만났으며, 기림이 서울에 들를 때 만났으면 좋겠다는 간절한 소망을 내비친다. 김기림이 부재한 서울(경성)은 텅 빈 것과 마찬가지다. '김기림이라는 공석이 하나 결정적으로 생겨나' 버린 것과 같아진다. 이상은 창문사에서 김기림의 『기상도』를 장정하면서 한편으로는 조선일보 학예란에 「危篤」을 연재(1936.10.4~10.9)한다. 명월관에서 김영랑 시집 출간의 밤이 거행되고 구인회 동인들은 여전히 권태와 퇴폐와 게으름으로 일관한다. 그 한가운데 이상과 김기림과 박태원과 정지용이 있었다. 이상은 김기림에게 보낸 편지에서, 자신의 시 「위독」이 "기능이 조선어, 구성어, 사색어로 된 한글문자 추구시험이오. 다행이 고평을 비오. 요다음쯤 일맥의 혈로가 보일 듯하오"라고 쓴다. 기능어, 구성어, 사색어로 된 「위독」은 쥘 뤼나르의 『전원수첩』이나 장 꼭또의 『포토막』에서 보는 것처럼 사색적인 단

47) 김기림, 『김기림 전집 5』, 심설당, 1988, 419면.
48) 김주현 본은 사신 (4)로 편집, 『정본 이상 문학 전집 3』, 244면.

문과 철학적인 경구로 이루어져 있다. 기능어, 구성어, 사색어는 음향이나 소리에 민감했던 이상을 다시 떠올리게 만든다. 기능어, 구성어, 사색어와 이상의 음향, 음악과의 내적 긴밀성은 다른 지면에서 밝혀져야 할 것이다.

이상은 곧 창문사 일을 그만두고 김기림의 뒤를 따라 1936년 10월경 동경으로 간다. 찾을 듯하던 '일맥의 혈로' 가 동경에서도 보이지 않았던 탓일까. 1937년 4월 폐결핵이 악화되어 이상은 결국 비극적인 죽음을 맞는다. 김기림은, 동북제대에서 39년까지 공부를 하고 서울로 재입성한다. 그의 나이 32세 되던 해였다. 보성전문과 연희전문에서 교수로 초빙하기도 했지만 도동 전부터 기자생활을 했던 조선일보사에 복직해 곧 학예부장이 된다. 그러나 이번에는 반대로, 서울(경성)에 이상이 부재한다. 그들 '비교교유록' 의 충실한 기록자이자 그들 '큰 예술가' 성좌의 중심 인물인 이상이 부재한 서울은 쓸쓸하기 그지없다.

『여성』 1939년 5월호에는 문우 박태원이 김기림의 귀경을 소리 높여 축하하는 장면이 실려 있다.[49] 첫 질문은 '아무래도 아직 술을 못 배웠소' 였다. 술과 연애가 당시 문인들 혹은 기자들의 특허품인 것처럼, 그것이 일종의 기자들의 생리학으로 이해되던 시절이었던 것을 생각하면 술을 입에도 대지 않은 김기림은 '천연 기념물' 적인 존재였던 것이다. 「鐵路沿線」은 김기림이 1935년 12월호와 1936년 1월호 『조광』에 실은 소설인데, 이상도 이 작품을 좋게 보았던 모양이다. 박태원은 김기림의 이 작품 뒤로 창작 활동이 뜸한 것을 지적하면서 아무래도 술을 배우지 못한데 그 원인이 있음을 지적하였다. 박태원 왈, "우리 술 좀 같이 자시고 누구 꺼릴 것 없이 죽은 이상이의 욕이나 한바탕 합시다."

김기림이 답변을 한다.

49) 박태원, 「느티나무 아래-김기림 형에게」, 『여성』, 1939년 5월호.

> 꿈 얘기를 써보낸 긴 편지 읽었소. 소설가의 꿈이란 왜 그리 지저분하오? 茶집이나 나오고 화신 상회가 나오고 전차가 나오고－－－－－따님이 퍽 컷겠소. 편지에 따님이 찍어놓은 붓작난자최를 보면 암만해도 당신보다 앞으로 글씨를 더 잘 쓸 것 같소. 봄이 오니까 형도 '제비'가 그리우신가보오. 돌아오지 않는 제비의 임자는 얼마나 야속한 사람이겠소? 동경을 지날때는 머리를 수그리오.[50]

달려들기를 멈추지 않는 불나비처럼 그들의 가슴에 이상에 대한 향수가 불꽃처럼 타올랐다. "불을 보면 뛰어들 줄 알고, 평소에 초조히 불을 찾아다닐 줄도 아는 정열의 생물"[51]이란, 소멸하지 않는 예술에 대한 그들의 정신과 열정을 이르는 것이 아닌가. 큐비즘 화가들과 아폴리네르, 리베르드 같은 시인들에게서 창조적인 영감을 감지했던 장 꼭또는 몽마르뜨 시절을 이렇게 회고한다.

> 나는 뒤도 돌아보지 않고 그들을 만났다. 만일 그 때 뒤를 돌아보았다면 나는 설탕 기둥으로 변했을 것이다. 그 때 나는 열정적인 삶에 이르기 위한 도상에 있었다.[52]

이상, 김기림, 박태원, 정지용. 그들은 뒤를 돌아보지 않았다. 그것이 이들 '불나비'들이 사는 방법이다. 이들, 이상이 지칭했던 '큰 예술가들'의 교유는 1930년대 경성의 한 작은 지도 위에 미로처럼 얽혀 있다. 그들의 미궁은 이미 신화가 되었다. 이 미궁을 들어서면서 우리가 갖는 아리아드네의 실타래는 이들의 내면을 가로지르는 문학과 예술의 아우라, 1930년대의 지적 향취이다. 이상은 그가 좋아했던 음악, 미술, 영화 등의 예술의 사선들을 가로지르며 1930년대 문단의 정신의 성좌로 남아 있다.

---

50) 김기림, 『여성』, 1939년 5월호.
51) 이상, 「권태」, 김주현 주해, 『정본 이상 문학 전집 3』, 118면.
52) 빌리 클뤼버, 이계숙 역, 『파카소와 함께 한 어느날 오후』, 창조집단 시빌구, 2000, 177면.

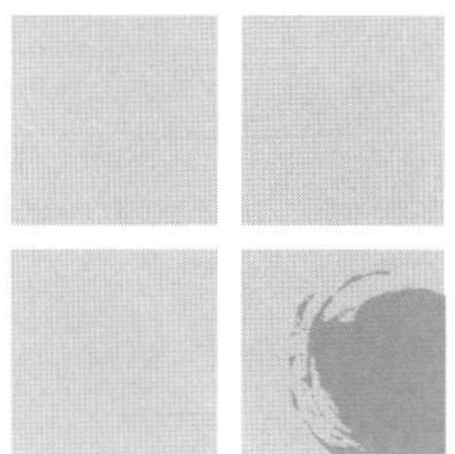

제2부 원시주의와 고고학

이상의 「獚」 연작시와 '개' 이미지

조 은 주

목차

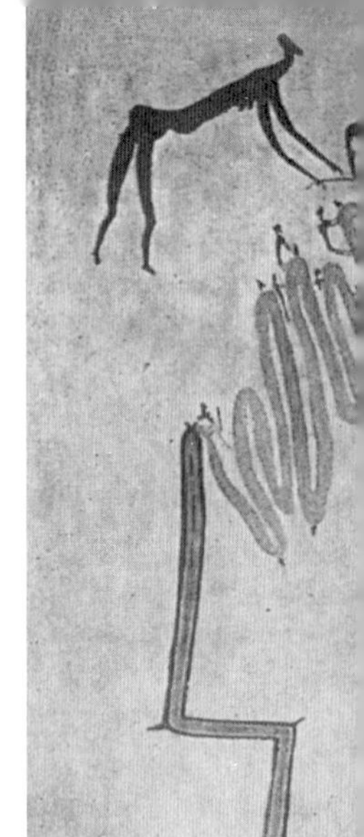

이상의 「獚」 연작시와 '개' 이미지

조은주*

1. 서론: 「獚」과 이상의 연작시들

이상(李箱: 1910~1937)의 시는 『鳥瞰圖』, 『鳥瞰圖』와 같은 대표작들 덕분에 흔히 난해하고 해체주의적 면모를 지닌 것으로 여겨지곤 한다. 그러나 그의 대부분의 시 텍스트가 연작시 혹은 계열시[1]의 형태로 발표되었던 점을 감안한다면, 우리는 보다 적극적인 해석학적 접근법을 취해야 할 것이다. 총체적인 시적 세계를 지향하는 각각의 시편에서 치밀하게 연

---

* 서울대학교 국어국문학과 박사과정

1) 김주현(『정본이상문학전집』 1권, 소명출판, 2005)이 이상의 시를 분류하며 사용한 개념이다. '계열시(系列詩)'는 몇 편의 개별시가 같은 표제 하에 묶여 발표된 것이다. 그러나 작품의 주제 의식을 중심으로 두고 볼 때, 이상의 경우 연작시와 계열시의 구분은 상당히 모호한 편이다. 이윤경이 이상의 연작시를 '옴니버스(Omnibus)연작시'라는 용어를 동원하여 이해한 것도 이러한 이상 시의 특이성 때문이다. 이윤경, 「이상 詩의 변형세계 연구」, 국민대 박사논문, 2003.

결되어 있는 이미지와 상징, 기호 체계를 분석하고 그 의미를 추출하는 작업이 요구되는 것이다.

이상의 시 가운데 연작시는 『烏瞰圖』(총15수), 『正式』(총6수), 「紙碑」(총2수), 『危篤』(총12수), 「獚」(총4수) 등이며, 계열시는 『鳥瞰圖』(총8수), 『三次角設計圖』(총7수), 『建築無限六面角體』(총7수), 『易斷』(총5수), 『失樂園』(총6수) 등이 있다. 이외에도 같은 소재를 다루면서 비슷한 주제의식을 보여주는 「無題」, 「無題(其二)」, 「距離－女人이出奔한境遇」와 「內科」, 「咯血의아침」, 그리고 「肉親의章」, 「悔恨의 章」 등을 연작시의 범주에 포함시킨다면 이상의 시는 거의 모두가 연작시이거나 계열시라고 해도 과언이 아니다. 또한 이들은 ‘거울’, ‘질병(결핵)’, ‘매춘부(안해)’, ‘개’ 등의 핵심적 이미지와 은유적인 기호 체계를 통해 유기적으로 연결되어 상호텍스트적인 양상을 보이는 것이다.

이 글은 이상의 연작시 가운데 4편의 「獚」 연작시[2]를 ‘獚’ 이라는 ‘개’의 이미지를 중심으로 추적해 볼 것이다. ‘개’ 이미지는 이상의 문학 세계를 대표하는 거울 이미지와 밀접한 관련을 맺고 있을 뿐만 아니라 그의 독특한 시적 사유를 함축하고 있음에도 불구하고 중요하게 다뤄진 적이 별로 없다. 기존 연구에서 이상의 ‘개’의 이미지에 주목한 논자로는 김주현과 신범순을 들 수 있다. 김주현[3]은 상호텍스트적 관점에서 이상의 ‘개’를 『파우스트』의 메피스토펠레스와 연결시키면서 “황은 인간의 이중적 감정, 즉 사악한 특성”, “범박하게 말해 인간의 하이드적 속성”을 의미한다고 지적하였다. 그러나 스스로 언급한 바 그의 분석은 “선행의

2) 이 글은 「獚」, 「一九三一年(作品 第一番)」, 「獚의記 作品 第二番」, 「作品 第三番」을 「獚」 연작으로 묶어 논의의 대상으로 삼는다. 「獚」의 원고 말미에 기록된 창작시점(1931. 11. 31.), 「一九三一年(作品 第一番)」에서 언급된 백부의 사망일(1932. 5. 7.) 등으로 미루어 이 연작시가 1931년에서 1933년 사이에 씌어진 작품임을 대략적으로 추정할 수 있다. 이 4편의 연작시는 모두 미발표작들이긴 하지만, 산문시이기 때문에 텍스트의 내용이 풍부하고 이상 특유의 비유와 이미지들이 다양하게 형상화되어 연구할 가치가 높은 작품들이라고 판단된다.

3) 김주현, 「이상 시의 상호 텍스트적 분석－특히 ‘개’의 이미지와 관련된 시를 중심으로」, 『관악어문연구』 제21집, 1996, 141~159면.

텍스트에서 자유롭지 못"하여 두 작품을 일 대 일로 대응시킴으로써 이상 텍스트의 고유한 의미들을 간과한 측면이 많다.

한편 신범순[4]은 '개'를 까마귀, 뱀과 함께 이상의 시적 토템 기호의 세계도를 형성하는 세 꼭지점 중의 하나이자 '대지화(大地化)'를 지향하는 상징적인 기호라고 보았다. 그에 의하면 「獚」과 관련된 시편들은 '자연적인 동물성과 문명화된 자아의 분열상'을 보여주는 이상의 자화상을 담고 있는데, 여기서 '황'은 '자연의 충동적 생명력'을 상징한다. 그러나 '황'은 결국 시의 화자인 '나'를 역도병(逆倒病)의 세계인 거울에 빠뜨리는 존재로 전락하고 있으며 '나비'라는 또 하나의 자연적인 힘과 결합하지 못함으로써 불완전한 이미지로 파악되고 있다. 이는 「獚」 연작시의 범주에 속하는 「獚」, 「一九三一年(作品 第一番)」, 「獚의記 作品 第二番」, 「作品 第三番」 등을 함께 분석하지 않았기 때문에 '황'이라는 이상의 독특한 '개' 이미지의 비밀을 제대로 포착하지 못한 결과라고 할 수 있다. 따라서 본고는 「獚」 연작시를 중심으로 하되 그 외 구체적으로 '개' 이미지가 등장하는 다른 텍스트들을 함께 논의하면서 이상 문학에서 '황', 즉 '개'가 지니고 있는 은유적 함의들에 다가서고자 한다.

'거울'이 수학이나 과학, 의학 등으로 상징되는 근대적 세계관이 지배하는 세계를 차갑게 응시하는 자의 패러디적 창조물이었다면, '개'는 그러한 세계 안에 유폐되어 있었던 존재가 근대적 논리에서 탈출하는 순간 폭발하는 자연적인 생식력을 상징한다. 흥미로운 점은 개가 등장할 때 동반되는 식목(植木), 발아(發芽)와 관련된 이미지들이다. 근대적 폐허의 공간인 대지를 뚫고 나온 개는 에로티시즘의 향연을 통해 땅에 파묻힌 삶과 글쓰기의 은유들을 꽃피우게 만든다. 「獚」 연작시에는 이러한 '개―대지―식목'의 이미지의 연결 체계가 비교적 선명하게 드러나고 있으므로 이상 문학의 전반을 주도하는 상징적인 기호인 '개'의 의미를 함축하

4) 신범순, 「실낙원의 산보로 혹은 산책의 지형도」, 신범순 외, 『이상문학연구의 새로운 지평』, 역락, 2006.

고 있는 중요한 텍스트라고 할 수 있다.

2. 이상의 또 다른 분신, '황(獚)' 의 의미

이상의 거울은 프리즘을 통과하는 빛처럼 다양한 스펙트럼의 분신들을 창조해냈다. 그러나 그 빛은 광기를 잃은 채 퇴색되고 냉각된 거울 속에서 시인의 자화상을 그려내는 우울한 시선 안에서 작동되는 것이었다. 이상의 소설에서 그의 분신적 존재들은 서술적 자아로서의 '나' 의 층위, '나=이상' 의 층위, '나=김해경' 의 층위로 구분되어 분석된 바 있다.[5] '나' 라는 수많은 가면들 속에서 이상의 텍스트는 끊임없이 변조되며 번신(翻身)적 곡예를 펼치는 것이다. 그런데 이상의 시에서 시적 주체의 분신적 존재들은 '나' 라는 가면들보다 훨씬 은유적이고 상징적인 동물이나 곤충의 형상을 취하는 경우가 많다. 가령 나비와 귀뚜라미, 뱀, 개 등이 그러하다.

시인이 거울 속에서 발견하는 '나비' 는 자신의 수염 이미지와 결합되면서 저승세계와 소통하는 '秘密한 通話口' (「詩第十號」)이거나 연약한 소녀적 자아가 추구하는 텍스트의 좌절된 꿈을 상징하는 그의 분신이었다(「少女」). 그리고 '귀뚜라미' 는 서울을 떠나 성천에 머무르던 시인의 내밀한 '惡의 衝動' 을 일깨움과 동시에 원고지 위에서의 그의 '慾望' 과 '絶望' 을 모두 이해하는 분신적 존재였다. "어쨌던 너는 서울로 돌아가라. 그리고 노래해 보게나. 그리하여 전과는 다른 의미에서의 삶의 새로운 意義와 光明을 발견하게나. 考案해 보게나."라고 말을 건네며 현실에 적극적으로 대응하려는 도전적이고 모험적인 존재이기도 하였다(「첫번째 放浪」). 한편 '뱀' 은 보다 은유적인 층위에서 신화적인 이미지로 그려

5) 김윤식, 『이상문학텍스트연구』, 서울대출판부, 1998, 67~111면.

지면서 유구한 역사적 흐름 속에서 조상과 우로보로스적인 관계망을 획득하였다(「LE URINE」, 「遺稿」). 그것은 수척해진 현실적 자아의 모습이자 '古代스러운 꽃' 을 피우기 위해 적토 언덕 기슭에 또아리를 틀고 있는 이중적 존재이기도 하였다(「斷想」, 「첫번째 放浪」).

그렇다면 이상 문학에서 '개' 는 과연 그의 어떠한 측면을 강조하는 분신적 존재인지 질문을 던져볼 차례이다. 결론부터 말하자면 이상의 텍스트에서 '개' 는 원초적인 '육체적 동물성' 을 상징하는 존재라고 정의할 수 있다. '개' 는 대지의 생명력 위에서 뿌리내리고 꽃을 피움으로써 글쓰기적 은유들을 환기시키는 기호이기도 하다. 그러나 '개' 라는 기호가 지닌 복합적인 의미망을 제대로 파악하기 위해서는 '황(獚)' 이 탄생되는 지점으로까지 거슬러 올라가 볼 필요가 있을 것이다.

'황' 이라는 단어가 처음으로 등장한 텍스트는 「獚」[6]이다. '獚' 은 자전에 없는 글자인데 이상이 만들어낸 조어라는 관점에서 '누렁이 개' 라는 뜻으로 풀이된 바 있으나[7] 실제로 '황' 은 개의 품종 중의 하나를 지칭하는 용어이다. '獚' 이란 "耳大下垂 毛長有光 善嗅亦善流水 還善于在荊棘叢中穿行 是出色的獵犬品種"[8], 변역컨대 귀는 크고 아래로 늘어졌으며 털은 길고 빛이 나며 후각이 좋고 헤엄을 잘 치고 가시덤불을 뚫으며 걸을 수 있는 사냥개의 품종이다. 따라서 '황' 은 여느 시골 길목에서 쉽게 만날 수 있는 누렁이 개의 이미지와는 상당히 거리가 먼 것이다. 오히려 그는 '異國種 강아지' (「失花」)에 더 가깝다. 「獚」의 도입부를 보자.

時計를 보았다. 시계는 서있다.

---

6) 『現代文學』, 1966. 7. 김윤성 역. 나중에 『文學思想』(1976. 6. 유정 역)에 발표되었을 때는 '1931년 11월 3일' 이라는 창작 날짜가 첨가되어 있는데 이는 「獚의 記 作品 第二番」에서 '1931년 11월 3일 命名' 이라는 구절에서 추정된 것 같다. (김주현 주해, 『정본이상문학전집』 1권, 소명출판, 2005, 169~173면, 이하 같은 전집에서 인용할 경우에는 권수와 면수만 밝히겠음.)

7) 김윤식 엮음, 『이상문학전집3』, 문학사상사, 2004, 322면.

8) 『漢語大字典』 2권, 四川辭典 출판사, 1987, 1367면.

…… 먹이를 주자 …… 나는 단장을 분질렀다 × 아문젠翁의 食事와 같이 말라 있어라 순간,

…… 당신은 MADEMOISELLE NASHI를 잘 아십니까, 저는 그녀에게 幽閉당하고 있답니다 …… 나는 숨을 죽였다.

…… 아냐, 이젠 가망없다고 생각하네 …… 개는 舊式처럼 보이는 피스톨을 입에 물고 있다. 그것을 내게 내미는 것이다 …… 제발 부탁이네, 그녀를 죽여다오, 제발 …… 하고 그만 울면서 쓰러진다.

—「獚」(1:169) 부분

위의 인용시에서 황은 자신이 MADEMOISELLE NASHI라는 여인에게 유폐되어 있음을 고통스럽게 호소하고 있다. 이 장면에서는 NASHI[9]가 누구이냐는 질문보다는 왜 황이 그녀를 죽여달라고 부탁하는가에 초점을 맞춰 읽을 필요가 있다. 왜냐하면 자신이 사랑하는 대상을 죽여달라는 부탁은 결국 스스로가 고통을 받는, 자기 파괴적인 행위이기 때문이다. 이러한 황의 모습은 마법에 걸려 동물로 변신한 자가 피학대적인 방식으로 구원을 요청하는 신화적 장면을 연상시킨다. 가령 「황금새」 민담에서 여우는 공주에게 "나를 쳐 죽여 주세요, 머리와 손발을 잘라 주세요"라고 부탁한 후 실제로 그렇게 행동하자 공주의 오빠로 변신하며 마법의 주문에서 풀려난다.[10] 이러한 맥락에서 「獚」 연작시는 작가가 스스로를 구원하기 위한 전략으로서의 텍스트라고 이해할 수 있지 않을까.

그런데 왜 하필 이 시는 시계 이야기로 시작되는 것일까. 게다가 그 시

9) 이경훈과 신범순은 NASHI의 정체를 탐색한 바 있다. 가령 이경훈은 NASHI가 '梨'의 일본어 발음인 '나시(なし)'와 같다는 점을 지적, 그녀를 「一九三一年(作品 第一番」(1:175)의 '梨孃'과 동일한 인물이라고 보면서 그녀를 이름처럼 국제적인 대상, 즉 매춘부라고 보았다. (이경훈, 『이상, 철천의 수사학』, 소명, 2000, 189~190면) 한편 신범순은 나시를 「불행한 계승」에 나오는 '나기' 양과 연결시키면서 백금선의 바둑무늬처럼 기하학적인 패션 안에 사는 근대적 생활에 충실한 여성이라는 주목할 만한 지적을 하였다. (신범순, 「실낙원의 산보로 혹은 산책의 지형도」, 신범순 외, 앞의 책, 115~116면)

10) 안진태, 『신화학강의』, 열린책들, 2001, 420면.

계는 멈춰 있다. 여기서 우리는 시계가 등장하는 이상의 다른 시들을 통해서 그 의미를 풀어낼 수 있다. 우선 「面鏡」의 "시계는 左向으로 움즉이고 있다. 그것은 무엇을 計算하는「메-터」일까. 그러나 그사람이라는 사람은 疲困하였을것도같다. 저 「캐로리」의 削減-모든 機械는 年限이다. 거진거진-잔인한 정물이다."라는 구절을 보자. 시계는 생명의 연한을 끊임없이 계산하며 사람을 피곤하게 만드는 잔인한 정물이라고 표현되고 있다. 즉 이상에게 시계는 자동화된 기계적 이미지를 통해 근대적인 정신과 경험을 함축하는 소재인 것이다.[11] 시계가 '좌향' 으로 움직인다는 표현은 이상이 근대적인 세계의 축도로 사용했던 '거울' 과 이 시계를 동일시하고 있음을 알려준다.[12] 그래서 「運動」에서 시계는 내동댕이치며 폐기될 수밖에 없었던 것이다.[13] 따라서 「獚」에서 시계가 멈춰 있다는 말은 근대적 세계로부터의 탈출, 즉 근대라는 규율과 법칙으로부터 벗어난 시점을 의미한다. NASHI는 근대적인 시계의 세계를 대유하는 여성이라고 할 수 있는데, 이 시계가 작동되지 않자 황은 역설적으로 유폐당한 자신의 처지를 말할 수 있게 된 것이다.

한편 '舊式처럼 보이는 피스톨' 은 황의 생식기를 의미하는데 이는 그가 육체의 생식력과 직접적으로 연결되는 존재임을 암시한다. 그런데 이 시에서 황의 생식기는 낡은 '舊式' 이며 극지탐험가인 아문젠의 식사처럼 차갑고 메마른 이미지로 형상화되고 있다. 이는 황이 유폐되어 있는 공간이 근대적인 거울의 세계임을 확인시켜 주는 것인데, 극지에 비유되는 거울과 같은 차가운 현실 속에서 시적 주체의 생식력은 고갈되어 버릴 수밖에 없음을 표현한 것이다.

11) 今村仁司, 이수정 역, 『근대성의 구조』, 민음사, 1999, 65~66면.

12) 그에게 왼쪽은 거울의 세계를 상징하는 방향이다. 가령 「거울」에는 다음과 같은 구절이 있다. "거울속의나는왼손잡이오 / 내握手를바들줄몰으는-握手를몰으는왼손잡이오" (1권, 79면)

13) 근대적인 의미에서의 시계를 폐기한 후 시인은 "이튼날(卽그때)부터 나의 時計의 침은 三個였다" (「一九三一年(作品 第一番)」)라고 말하며 근대적 가치로 산술되지 않는 자신만의 고유한 세계의 원리인 '나의 시계' 를 창조한다.

「獚」은 '나'와 황의 대화를 통해 전개되고 있지만 여기서 황은 화자의 분신적 존재이다. 이는 「獚」의 두 번째 부분에서 황이 '白髮老人'[14]으로 묘사되고 있는 점에 착안, 「月傷」의 한 장면을 참조하면서 분석해 볼 수 있다. 「月傷」[15]에서는 구체적으로 개의 이미지는 포착되지 않으나 '슈염 난 사람'이 등장하고 있다. 그는 시의 화자인 '나'에게 달(月)로 상징되는 소중한 존재가 만신창이로 상(傷)한 현실을 직시하라고 촉구한다. 결국 그는 새로운 달을 발견하기 위해 천문(天文)[16]과 대결하는 가운데 "드디여나는 내 前方에 疾走하는 내그림자를 追擊하야 앞슬수있"(1:131)게 되었다고 고백한다. 이 수염 난 사람은 '내그림자'적 존재, 즉 그의 분신이었던 것이다. 「獚의 記 作品 第二番」에서는 "獚은 나의 牧場을 守衛하는 개의 이름입니다"라고 명명된 바, 이를테면 황은 시인만의 고유한 세계(목장)를 지키는 수호신이다. 「獚」에서 "나는 내가 싫다"며 스스로를 부정하는 황의 모습에 화자가 끝없는 연민을 느끼는 이유 역시 그가 황에게서 자신의 슬픈 자화상을 발견하기 때문일 것이다.

저 백발의 노인 황이 죽음의 문제를 거론하는 것은 당연한 이치일까. 황은 나의 '뼈'와 '墓掘'을 파헤치고 "죽음을 覺悟하느냐, 이 삶은 그대로 받아들이지 않을 수 없느니라"는 잠언적인 말을 건넨다. 이는 현실을 변혁시키기 위해서는 죽음의 극한을 각오하며 '뼈'와 같은 삶의 가장 본질적인 지점으로 파고 들어가야 함을 의미한다. 또 마지막 구절에서 담배 연기가 '양치류'처럼 몽환적으로 흩날릴 때 죽음을 향해 '노스탈쟈를 呼訴'한다는 표현은 이 시에서 '죽음'이라는 단어 역시 삶의 대립적인

14) 이상은 개를 백발노인의 모습에 자주 빗대고 있는데 가령 다음과 구절에서도 유사한 이미지가 발견된다. "白髮老人과 같이…… 나란히 앉아 있다. 奇怪한 휘파람소리는 눈앞에 있다. 과연 奇怪한 휘파람소리는 눈앞에 있었다. // 한 마리의 개가 쇠창살 안에 갇혀있다." 즉 이 시에서 '백발노인=(쇠창살에 갇힌)개'이다. 「無題」, 『현대문학』, 1966. 7. 김윤성 역.(1권, 161면)

15) 『조광』, 1939. 2. 『실락원』 연작시 6수 중 하나로 유고작이다.

16) '천문(天文)'은 「얼마안되는辨解」에서처럼 별을 오염시키는 세력인 '採鑛學', 즉 천문법과 같은 근대적 지식을 의미하는 것이다.(3권, 146면)

자질로서만 파악될 수 없음을 암시한다. 그는 '죽음' 을 생명이 끝나는 장소가 아니라 '노스탈쟈' 를 느끼는 태고적 공간으로 형상화하고 있기 때문이다. 따라서 황과 죽음의 밀접한 관계망을 탐색하기 위해서는 「一九三一年(作品 第一番)」과 「獚의 記 作品 第二番」 등을 함께 분석해 보아야 한다.

우선 「一九三一年(作品 第一番)」[17]의 화자는 자신의 얼굴에 '不撓不屈의 美德' 을 상징하는 풀이 돋은 것을 가리켜 "一九三二年五月七日(父親의 死日) 大理石發芽事件의 前兆이엇다" 고 말하고 있다. 계속해서 그는 '精虫의 一元論을 固執하고 精虫의 有機質의 分離實驗에 成功' 하였으며 이제는 '有機質의 無機化問題' 만이 남았다고 진술한다. 이와 유사하게 「獚의 記 作品 第二番」[18]에서는 '二元論的 生命觀' 에 철저하여 숱한 개들을 해부대의 이슬로 희생시켰던 고인 '主治醫 R醫學博士' 에 대한 회고가 나온다. 이후 '나' 는 황을 동반하고 화원시장을 거닐다가 진열된 '不發芽' 의 '不長品' 종자 대신에 '大理石 模造인 種子 模型' 을 구입하였고 얼마 후 '逆倒病' 에 걸렸으며 '날마다 印刷所의 活字 두는 곳에 나의 病軀를 이끌었다' 고 고백하고 있다.

부친의 사망일은 차가운 대리석이 발아하는 사건의 전조였다는 것, 유기질인 정충을 무기질화 하는 문제가 남았다는 것, 불발아의 불량품 종자 대신에 대리석 모조 종자를 구입했다는 것 등과 같은 구절들이 공통적으로 보여주는 시적 사유는 무엇인가? 위의 시들에서 언급되는 '부친의 사망—대리석의 발아', '정충의 유기질 분리—무기질화', '불발아의 불량품 종자—대리석 모조 종자 모형' 의 대응관계는 각각 삶과 죽음, 유기질과 무기질, 실재와 모조라는 대립적인 구도를 전도시키고 있다. 그렇

17) 총 12개의 부분으로 나누어져 1931년이라는 한 해동안 겪었던 시인의 경험이 재구성되는 듯한 느낌을 주는 작품이다. 『現代文學』, 1960. 11. 김윤성 역.(1권, 174~178면)

18) 『文學思想』, 1976. 7. 유정 역. 원고 말미에 '3.20' 이라고 창작시점이 기록되어 있다. 記一에서 記四까지 네 부분으로 나뉜 산문시이다.(위의 책, 179~184면)

다면 그가 걸렸다는 역도병이란 R박사의 이원론적 생명관을 철저히 부정하는 것이 아니겠는가. 삶과 죽음, 영혼과 육체, 물질과 정신을 단절적으로 인식하는 서구의 유물론적 생명관에 의하면 인간의 의학적 지식을 위해서 개와 같은 동물들은 쉽게 희생될 수 있었을 것이다. 그러나 이와 반대의 입장에서 「獚」 연작시는 죽음을 긍정하고 정충의 '一元論' 을 고집하며 대리석과 같은 무기질에서 싹이 튼다는 설정을 보여줌으로써 '황' 으로 상징되는 육체적 동물성을 해방시키고자 하는 것이다.

한편 대리석 발아 사건으로서의 '죽음' 이 도착한 장소는 흥미롭게도 '인쇄소' 다. 그곳에서 대리석과 같이 냉각된 죽음은 문학적 열망으로 치환되고 동시에 활자화될 수 있는 것이다. '대리석' 이란 이를테면 보들레르가 노래한 대리석 비너스 상을, 그 불멸의 미를 함축하는 대상이다.[19] 이상은 결핵으로 소진되어가는 자신의 육체 대신에 '황' 을, 즉 상징적인 죽음 체험을 통해 무한히 증폭되는 육체적 에로티시즘의 세계를 선택했다고 할 수 있을 것이다. '황' 은 근대적인 거울 속의 금기(시계)를 깨고 나와서 대지를 산책하는 생명력 넘치는 그의 분신인 것이다.

3. 대지에 '불륜(不倫)의 구멍' 내기 : 폐허의 에로티시즘

'황' 은 가이아가 우라노스를 낳듯 "모든 존재를 낳아주고 그들을 먹여주며, 그들로부터 다시 풍부한 종자를 돌려받"[20] 는 대지적인 신성(神聖)의 다른 이름이다. 대지란 생식력에 있어서 지치지 않는 자궁과도 같기 때문이다.[21] 그러나 근대의 과학적 합리주의, 이성중심주의, 자본주의 등은 근본적으로 이러한 원초적인 대지의 생식력을 훼손시키는 원리들

19) 보들레르, 윤영애 옮김, 「어릿광대와 비너스」, 『파리의 우울』, 민음사, 1996, 47~48면.
20) *Choephori*, v, 127~28. (미르치아 엘리아데, 이은봉 옮김, 『종교형태론』, 한길사, 2004, 323면)
21) 위의 책, 351면.

이다. 신성성과 결별한 일상의 삶은 피곤하고 권태로운 불모지가 되어버렸고 그 공허한 공간에는 상업화된 웃음들, 즉 '에로, 그로, 넌센스' 의 웃음들이 들어차게 된 것이다.[22] 우리는 바로 이 지점에서 '황' 의 독보적인 활약상을 엿볼 수 있을 것 같다. 시적 주체의 동물적인 생식력을 상징하는 '황' 은 근대적 황무지의 생식력을 복원시키는 작업을 진행하고 있기 때문이다. 이러한 '황' 의 '治療法' (1:181)을 경이로울 정도로 잘 형상화하고 있는 「어리석은 夕飯」[23]의 한 대목이다.

> 쇠파리와 함께 밑바닥 깊숙이 **寂寥해진 天地**는, 내 腦髓의 不安에 견딜 수 없으므로 因한 昏倒에 依한 것이다. 나는 그걸 알고 있다. 이제 地上에 무슨 일이 일어나지 않으면 안된다. 만일 이대로 아무일도 일어나지 않는다면 宇宙는 그냥 그대로 暗黑의 밑바닥에서 悶節하여버릴 것이다. (중략)
>
> **大地의 性慾에 대한 缺乏-이 嚴重하게 封鎖된 禁制의 大地에 不倫의 구멍을 뚫지 않으면 안된다.** (중략)
>
> 一瞬, 숨결이 거치른 곳에-
>
> 事態는 그 絶頂에서 爆發하였다. 그리하여 **村落의 모든 調和와 土人은 正常的인 情緖를 회복하였다.**
>
> 나는 安心하였다. 그리고서 慾望하였다. 性慾을 獸慾을-나의 軀幹은 蒼白히 瘦瘠하였다. 性慾에의 渴望으로 焦燥와 煩悶 때문에.
>
> **地球의 이런 구멍에서 나오는 것일 게다. 한 마리의 純白한 암개가 무겁게 머리를 드리우고 濃密한 침으로 주둥이를 더럽히면서 슬금슬금 나온다.** 어떻게 될 것이냐. 地球의, 限 없는 性慾에의 白晝 속에서, 如何히 履行되어 갈 것인가 하고, 나의 가슴은 뛰었다.
>
> -「어리석은 夕飯」(3:169~171, 이하 강조 인용자) 부분

22) 소래섭, 「1930년대의 웃음과 이상」, 신범순 외, 앞의 책, 448면.
23) 『現代文學』, 1961. 1. 김수영 역.

성천 체험을 기록한 「어리석은 夕飯」은 마늘과 닭고기와 같은 음식들(식욕)과 성욕이 교묘히 결합되어 있는 작품이다. 이상은 죽음보다도 더 적막한 시골길을 거닐며 "지구의 끝 聖 스런 土地에 莊嚴한 疾患이 있는 것일 게다"라는 진단을 내린다. 그가 언급하듯 성스러운 토지에 생긴 장엄한 질환이란 다름아닌 '性慾에 대한 缺乏'을 의미한다. 따라서 그는 이처럼 성욕이 극도로 억제된 현실에, 즉 '禁制의 大地'에 "不倫의 구멍을 뚫지 않으면 안된다"고 강조할 수밖에 없었던 것이다. 이때 '불륜의 구멍'이라는 은유는 「얼마 안되는 辨解(혹은 一年이라는 題目)」[24]에서 "리벳트와 같은 墓地를 보고 그것이 地球를 表彰하는 勳章이라고 생각하지 않는가. 혹은 같은 意味에서 地球의 시들어간 에로티즘을 隱匿하는. 그것이 충실한 단추라고 생각하지 않는가"(3:142)라고 말하던 구절을 상기시킨다. 그에게 묘지는 대지의 결핍된 에로티시즘이 은닉되어 있는 단추이자 그 에로티시즘이 발산될 훈장과도 같은 구멍인 것이다. 그런데 바로 이러한 관능적인 구멍 속에서 '황'의 후신격인 '純白한 암개'가 유유히 걸어나오고 있다. '나'의 가슴은 뛴다.

순백한 암캐는 살집좋은 '陰門'을 드러내놓고 지면 위의 돌멩이, 나무조각, 복숭아씨 등의 냄새를 킁킁거리며 어슬렁거린다. 이 암캐의 생식기에서 풍기는 '사향(麝香)'은 대기에 생비린내를 풍기며 붉은 비단(緋緞)과도 같은 신성한 바람을 일으키고 있다. 이렇듯 암캐가 지구에 불륜의 구멍을 뚫고 나오자마자 "村落의 모든 調和와 土人은 正常的인 情緖를 回復"하게 된다는 것은, 그의 출현으로 인해 대지에 결핍되어 있던 성욕이 충만해졌기 때문일 것이다. 이 암캐를 응시하던 시선은 자연스럽게 대추처럼 푸르고 세피야빛처럼 검붉기도 한 촌처녀의 성욕을 발견하게 되었고, 그는 "이들 處女 앞에서 이런 腐倫한 誘惑을 품고 길 잃은 兒孩가 되어버렸다"고 털어놓는다. 부륜한 유혹과 불륜의 구멍이란, 실로 대지

24) 『現代文學』, 1960. 11. 김수영 역. 원고 말미에 '一九三二·十一·六'이라고 창작 시기가 기록되어있다. 따라서 「황」 연작시와 비슷한 시기에 창작된 작품으로 추측된다.

의 풍요로운 생식력을 수식하는 은유들이 아닐 수 없다. 그러므로 대지의 강렬한 생명력 앞에서 그는 마치 길(윤리)을 잃은 듯 순수한 아해의 모습으로 변신할 수 있었던 것이다.

한편 위에서 살펴본 대지를 뚫고 나오는 개 이미지는 니체의 '불개(火犬)' 이미지와 유사하게 읽힌다. 「대사건에 대하여」에서 짜라투스트라는 불개를 두 가지 종으로 분류하고 있는데, 하나는 천박한 거짓말을 일삼는 복화술(複話術)사로서의 불개이고 다른 하나는 '대지의 심장' 으로부터 '황금' 과 '웃음' 을 꺼내어 말하는 진정한 의미에서의 불개이다.[25] 짜라투스트라는 애초에 '깊이' 속에서 탄생되었고 '고뇌의 매력' 을 지녔던 불개가 연기와 포효의 위선 속에서 변질된 현재를 비판하는 것이다. 비교하자면 이상이 형상화하는 개, 즉 '황' 은 후자인 진정한 불개의 이미지인데 그는 거짓으로서의 복화술 대신에 식욕과 성욕의 지대인 '배(腹)' 의 언어를 사용하는 복화술사이다.[26] 「獚의 記 作品 第二番」에서 "複話術이란 결국 言語의 貯藏倉庫의 經營일 것이다", "나의 腦髓가 擔任 支配하는 사건의 大部分을 나는 獚의 位置에 貯藏했다", "나의 배의 發音은 마침내 三角形의 어느 頂點을 정직하게 출발하였다" 와 같은 구절들은 모두 '황' 의 복화술이 이상의 문학관과 직결되는 산물이며 이때의 언어란 바로 정직한 '배' 의 언어임을 시사해 주는 것이다.

그렇다면 '황' 의 생식적인 '배' 의 언어가 지향하는 바는 과연 무엇인가. 우리는 이미 그 답을 알고 있다. 주지한 바 그것은 적막한 대지에 은닉되어 있는 에로티시즘의 세계이다. 「獚의 記 作品 第二番」에서 "나는 생각한다—骸骨에 대하여…… 墓地에 대하여 영원한 景致에 대하여" (1:182)라는 구절에서와 같이 묘지가 영원한 경치가 될 수 있는 이유는 그에게 죽음이란 에로티시즘의 세계로의 진입을 상징하기 때문일 것이

25) 프리드리히 W. 니체, 황문수 역, 『짜라투스트라는 이렇게 말했다』, 문예출판사, 1992, 171~174면.

26) 신범순, 「실낙원의 산보로 혹은 산책의 지형도」, 신범순 외, 앞의 책, 125면.

다. 이 구절 뒤에 수수께끼처럼 나열되는 '달덩이 같은 얼굴'의 여자와 '食慾'과 '料理人', 그리고 '오리온좌' 등에 관한 복합적인 은유들은 황의 복화술이 펼쳐내는 에로티시즘의 절정을 감각적으로 형상화하고 있다.

달덩이 같은 얼굴에 여자는 눈을 가지고 있다 / 여자의 얼굴엔 입맞춤할 데가 없다 / 여자는 자기 손을 먹을 수도 있었다 // 나의 食慾은 二次方程式같이 簡單하였다 / (중략) // 여자는 빈 접시 한 장을 내 앞에 내어놓는다—(접시가 나오기 전에 나의 味覺은 이미 料理를 다 먹어치웠기 때문이다) / 여자의 嘔吐는 여자의 술을 뱉어낸다 / 그리고 나에게 대한 체면마저 함께 뱉어내고 만다 (오오 나는 웃어야 하는가 울어야 하는가) / 料理人의 단추는 오리온座의 略圖다 / 여자의 肉感的인 부분은 죄다 빛나고 있다 달처럼 반지처럼 / 그래 나는 나의 分身에 걸맞게끔 나의 表情을 節約하고 謙遜하고 하는 것이었다

—「獚의 記 作品 第二番」(1:182) 부분

위의 인용시에서 육감적인 이 '여자'의 얼굴에 입맞출 공간이 없는 이유는 "입맞출 자리란 말하자면 얼골中에도 正히 아모것도아닌 자그만한 뷘터전이어야만 합니다. 그렇것만 이 女人의 얼골에는 그런 空地가 한군데도 없읍니다."[27]라는 구절과 관련지어 그녀의 얼굴에 '空地'[28]가 없기 때문이라고 생각할 수도 있다. 그러나 「슬픈이야기」에 등장하는 여인이 "그 前에 月光아래 오래오래놀는歲月"의 흔적만을 간신히 간직한 채 자본주의에 오염된 '몸時計'와 같은 인공적인 여성일 뿐이었다면, 「獚의

27) 「슬픈이야기」, 『조광』, 1937. 6.(3권, 124면)

28) 이상에게 '空地'는 자본주의적 원리로부터 벗어난 개인의 자유로운 공간을 의미하는 비유로 사용되곤 하였다. "정말空地—참말이지 이 世上에는 인제는 空地라고는업다. 아스팔트를싼 쌘질한길도 空地가아니다 질편한논밧, 林野, 石山, 다 아모개의 所有畓이오, 아모개所有의山치오, 아모개所有의鑛山인 것이다. 생각하면 들에나는풀한포기가空地에새리를나리지못한다." 「早春点描」, 《每日申報》, 1936. 3. 4~26. (3권, 66면)

記 作品 第二番」에서의 '여자' 는 달처럼 반지처럼 육감적으로 빛을 내는 관능의 여성이라는 점에서 구분될 수 있을 것이다. 따라서 여기서 그가 입맞출 수 없다고 말하는 이유는 여성의 눈부신 광채에 대한 일종의 찬사라고 보는 편이 나을 것이다. 그녀는 자기 손을 먹을 수 있을 정도로 왕성한 식욕의 소유자이고 나 역시 그녀 앞에서 체면 따위는 잊어버리고 '二次方程式같이 簡單' 한 자신의 식욕을 거리낌 없이 표출할 수 있게 된다. 원래 성적 본능의 기본은 구강성이기 때문에[29] 여기서 식욕과 성욕은 흡사 이차방정식과 같이 반응하며 극대화된다. 그 순간 두 사람의 앞에 모습을 드러낸 요리사는 자신의 옷에 달린 단추들을 통해 '오리온座의 略圖' 를 보여주며 세상에서 가장 에로틱하고 원초적인 야생의 식사를 준비하고 있다. 오리온 별자리는 에로틱한 '단추' 를 통해 묘사되고 있는데 이는 육감적으로 빛난다는 여자의 이미지와 중첩되면서 요리사와 여자가 실은 동일한 인물임을 암시한다. 그리고 때마침 들려오는 개 짖는 소리는 '불성실한 지구' 를 두드리며 대지에 은닉되어 있는 에로티시즘을 방사시키려는 하나의 신호탄이라고 할 수 있을 것이다.

한편 「獚」 연작시에서 관능적인 여성은 '斷髮' 한 '閨秀' 의 모습으로 형상화되기도 하였다. 가령 「作品 第三番」에서는 "留置場에서 즈로오스의 끈마저 빼앗긴 良家집 閨秀" 가 등장하고 있다. 속옷의 끈과 같은 개인의 내밀한 성적 영역까지도 통제당하는 제도권 안에서 그녀가 선택하는 탈출법은 '단발' 이었다. "저는 武器를 生産하는 거예요/이윽고 자라나는 閨秀의 斷髮한 毛髮" (1:185)이라는 구절은 이 시에서 '단발' 이란 머리카락이 잘려나간다는 쪽의 의미보다는 이후 다시 자라난다는, 즉 생식적 특성에 무게가 실려 있는 표현임을 알려준다. 이를테면 그녀는 거세당하면서도(유치장) 스스로를 거세하는(단발) 유희적인 여성이다.[30] 소설 「斷髮

29) 제임스 힐만 · 찰스 보어, 김영진 · 양현미 옮김, 『프로이트는 요리사였다』, 황금가지, 2001, 12~13면.

30) 거세의 효과를 부정하는 유희적인 여성상에 대해서는, 자크 데리다, 김다은 · 황순희 옮김, 『에

(遺稿)」에서 작가는 여성의 단발이란 '새로워진 少女의힘' 을 상징하는 것임을 간파해내고 "少女의 끝없는 고독이 少女에게 一人二役을 식힌게에 틀님없" (2:290)다고 말하지 않았던가. 따라서 '폐허' 위에 선 자의 '눈물' 을 언급하는 황의 모습은 단발한 여성을 상상하며 그녀의 고독을 곱씹을 때의 눈물과 같은 의미라고 볼 수 있을 것이다. 그리고 이때 중요한 것은 바로 이 폐허에서의 고독과 눈물을 에로티시즘의 세계 안으로 편입시키는 '황' 의 강력한 생식력의 힘이라 하겠다.

4. 개-인간에서 나무-인간으로의 변신술

「獚」 연작 가운데 가장 이질적으로 느껴지는 작품은 「作品 第三番」이다. 왜냐하면 이 시에서는 제목 이외에 '황' 을 연상시키는 어떠한 구절도 찾아볼 수 없기 때문이다. 나머지 3편의 연작시가 모두 '황' 이라는 개 이미지를 전면에 내세웠던 것은 아니지만 단편적으로나마 활용하고 있는 점을 감안한다면 '황' 이 등장하지 않는 「作品 第三番」은 「獚」 연작시의 궁극적인 귀결점을 추측할 수 있는 중요한 표지가 되어줄 수 있을 것이다.

우선 「作品 第三番」은 다른 연작과 달리 프롤로그가 첨가되어 있는데 바로 "未來의 끝남은 面刀칼을 쥔채 잘려 떨어진 나의 팔에 있다 이것은 시작됨인 「未來의 끝남」이다 過去의 시작됨은 잘라 버려진 나의 손톱의 發芽에 있다 이것은 끝남인 「過去의 시작됨」이다" 라는 구절이다. 이 시의 프롤로그에는 이상 특유의 시간관, 즉 과거와 미래를 마치 우로보로스와 같은 관점으로 통합시키는 역설이 담겨 있다. 내용을 쉽게 풀어보자면 '잘려진 팔' 은 '미래의 끝남' 을, '손톱의 발아' 는 '과거의 시작됨'

뻐롱」, 동문선, 1998, 47~58면을 참고.

을 각각 의미한다는 것인데 여기서 시작과 끝은 상호 교차(교환)되며 과거와 미래라는 단어 역시 일반적인 시간관을 거스르고 있다.

우리는 이를 「線에關한覺書5」[31)]를 참조하면서 분석해 볼 수 있을 것이다. 「線에關한覺書5」에는 미래로 달아나서 과거를 보고 또 과거로 달아나서 미래를 볼 수 있는, 광선(光線), 즉 빛보다도 빠른 인간형이 제시된 바 있기 때문이다. "過去를 現在로 알라"와 같은 시인의 당부처럼 그의 시에서 과거와 현재, 미래는 결국 '현재'에 강조점을 둔 시간관이라고 이해할 수 있다. 따라서 과거로 달아나라는 말은 현실에서 도피하거나 퇴보하는 것이 아니라 '過去의나의破片'을 끌어 모으면서 '永遠의童心'에 도달하기 위한, 적극적이면서도 미래 설계적인 현실의 행동양식을 의미하는 것이다. 그렇다면 이 시에서 가장 흥미롭게 읽히는 "全等形의體操의技術을習得하라"는 구절에서 '전등형의 체조'란 과연 어떠한 행위를 비유한 것일까. 이는 이상이 다음 해에 발표한 「且8氏의出發」의 '아크로바티(acrobatics)[32)]'를 통해 어느 정도 구체화되고 있다.

「且8氏의出發」[33)]은 간단히 말하자면 '地球를 掘鑿하라'는 시인의 메시지를 전달하는 시이다. 내용인즉 且8氏가 지구의 균열에 곤봉을 꼽자 그 곤봉은 마치 수목처럼 무성하게 자라다가 결국 '隱花植物의 꽃'을 피우고 '光'을 내게 되었다는 것이다. 이승훈은 이 시를 남성의 성적 이미지와 항문기적 새디즘이라는 관점에서 주석을 단 바 있는데[34)] 그의 주석은 속류 프로이트주의를 고수한다는 비판을 면하기는 어렵겠지만 완전히 틀린 해석이라고 말할 수도 없다. 왜냐하면 「且8氏의出發」은 분명히 성적인 생식력을 형상화하고 있기 때문이다. 이와 관련하여 우리가 특히

31) 『三次角設計圖』라는 표제하에 총 7수로 된 계열시 중 하나이다. 원문은 『朝鮮と建築』(1931. 10)에 실렸다.(1권, 60~62면)

32) 아크로바티(acrobatics): 재주넘기, 곡예, 줄타기(1권, 74면)

33) 『建築無限六面角體』라는 표제하에 총 7수로 구성된 계열시 중 하나이다. 원문은 『朝鮮と建築』(1932. 7)에 실렸다.(1권, 73~74면)

34) 이승훈 엮, 『이상문학전집』, 문학사상사, 2003, 179면.

주목해야 할 대목은 "棍棒은사람에게地面을떠나는아크로바티를 가르치는데"라는 구절인데, 이는 곤봉이 수목처럼 자라서 꽃을 피우고 빛을 발산하는 것이야말로 사람이 지면을 떠날 수 있는 유일한 '아크로바티'라는 전언이다. 사람에게 지면으로 상징되는 한계성을 극복하고 나무와 같은 인간이 되라는 것, 즉 대지에 곤봉(생식기)을 꼽고 뿌리내리고 꽃을 피우라는 것은 앞서 「線에關한覺書5」에서 말한 '전등형의 체조'를 의미하는 것이 아니겠는가.[35] 바로 이러한 시적 사유 안에서 '황'의 강력한 생식력은 다시 작동된다. '식목(植木)'의 이미지가 주조를 이루는 「作品 第三番」으로 되돌아가 보자.

주지한 바 「作品 第三番」이 「獚」 연작시 가운데 가장 이질적인 느낌을 주는 이유는 이 작품이 '개' 대신 '식목(植木)'의 이미지를 중심에 두었기 때문이다. 그러나 대지의 결핍된 성욕을 회복시키는 황의 작업과 대지의 풍부한 생식력을 바탕으로 자라게 될 나무를 '식목'하는 행위가 전혀 다른 것이라고 말할 수는 없을 것이다. 오히려 황이 회복시킨 대지의 생식력이 시각화되어 표출되는 지점이 '식목'이며 이러한 식목 행위를 통해 성장한 '나무'는 황이라는 작가적 분신을 더 높은 차원으로 격상시키는 대상이라고 볼 수 있다. 왜냐하면 나무는 본질적으로 지하세계와 천상세계를 연결시키는 우주적이고 신화적인 상징물이기 때문이다. 나무

35) 신범순은 '전등형'을 유클릿 기하학으로 파악되지 않는 일종의 프랙탈 도형을 가리킨다고 해석하였다. 즉 전등형이란 프랙탈적으로 무한히 계속되는 분할되는 조각으로, 무한 등분을 의미한다. 이는 자연을 기계적으로 단순화시키지 않는 자연기하학이며 뉴튼적 결정론 우주의 한계를 벗어나는 방식이라는 것이다. (신범순, 「이상의 원시주의와 부채꼴 인간의 의미」, 현대문학회 동계학술 발표회 자료집, 2006. 1. 26면) 이러한 신범순의 관점은 본고가 전등형 체조를 사람이 곤봉처럼 지구에 굴착되어 나무화되는 과정의 비유적 표현으로 보는 방식과 동궤에 놓인 것이다. 전등형 체조란 분할되어 있는 나의 파편들을 통합하고 무한한 존재가 되는 방식이기 때문이다. 본고는 이것이 사람이 지구를 굴착하여 나무화되는 방식, 즉 아크로바티로서 구체화되었다고 보았다. 이는 '전등형'이라는 용어가 등장하는 또 다른 시 「出版法」의 한 대목을 참조해볼 수 있다. "開放된試驗管의열쇠는나의손바닥에全等形의運河를掘鑿하고 있다"는 구절에서 전등형의 운하는 열쇠가 손바닥을 굴착하는 이미지로 사용되고 있기 때문이다. 전등형은 우주목의 추상적 형상인 '원뿔'을 의미하는 것으로 이해된다.

는 대지(어둠)와 하늘(광명)과 같은 단절적인 요소들을 뿌리와 가지를 통해 하나로 통합시키며 발아에서부터 개화, 신록, 잎의 추락까지 '생과 사의 우주적 놀이' 를 계절의 주기 속에서 체현하는 존재이다.[36] 이러한 관점에서 「線에關한覺書5」의 '全等形의體操', 「且8氏의出發」의 '아크로바티' 는 대지의 생식력을 빌어 '개-인간' 인 황이 '나무-인간' 이 되기 위한 체조이자 곡예, 즉 일종의 변신술이라고 볼 수 있지 않을까? 이것이 바로 황이 등장하지 않는 「황」 연작, 「作品 第三番」이 지니고 있는 비밀일 것이다.

> 나 같은 不毛地를 地球로 삼은 나의 毛髮을 나는 측은해한다
>
> 나의 살갖에 발라진 香氣 높은 香水 나의 太陽浴
>
> 榕樹처럼 나는 끈기 있게 地球에 뿌리를 박고 싶다 사나토리움의 한 그루 팔손이나무보다도 나는 가난하다
>
> 나의 살갖이 나의 毛髮에 이러 함과 같이 地球는 나에게 不毛地라곤 나는 생각지 않는다
>
> 잘려진 毛髮을 나는 언제나 땅 속에 埋葬한다-아니다 植木한다
>
> -「作品 第三番」(1:185) 부분

위의 인용시에서 화자는 자신의 '잘려진 모발' 을 땅 속에 묻는다는 설정을 보여주는데 그에 따르면 '육체=(가난한)불모지', '지구≠불모지' 공식이 성립된다. 그래서 그는 수목처럼 "지구에 뿌리를 박고 싶다" 고 말하면서 육체의 일부인 모발을 대지에 식목함으로써 자신의 불모적인 육체를 재생시키고자 하는 것이다. 여기서 그가 '매장' 이라는 단어를 부정하고 굳이 '식목' 이라는 단어를 선택한 이유는 프롤로그의 '손톱의 發芽' 가 암시하듯 새로운 탄생으로서의 '발아' 를 향한 시인의 욕망 탓이다.

36) 로베르 뒤마, 송현석 옮김, 『나무의 철학』, 동문선, 2002, 31면, 41면.

한편 불모지(不毛地)라는 한자어에서 '毛'가 환기하는 수염 이미지는 이상의 다른 시에서도 반복적으로 형상화된 바 있다. 가령 「수염」[37]에서의 수염은 '건조한 식물성'의 성질을 갖고 있는 것으로, 「自像」[38], 「自畵像」(習作)에서의 수염은 마치 북극의 풀과 같은 성질의 것으로 비유되며 "絶望을알아차리고生殖하지안는다"고 표현된 바 있다. 이 시들은 자신의 병든 육체는 수염이 성장할 수 없을 정도의 불모지에 불과하다는 시인의 인식에서 비롯된 것일 터이다. 그러나 「作品 第三番」은 이러한 절망적인 자기 인식으로부터 한 발 나아가서 대지의 강력한 생식력을 포착하고 있다.

> 바람 사이사이로 綠色 바람이 새어 나온다 그것은 바람 아닌 香氣다 나는 나의 모든 것을 묻어버리지 아니하면 아니된다 나는 흙을 판다 // 흙속에는 봄의 植字가 있다 // 地上에 봄이 滿載될 때 내가 묻은 것은 鑛脈이 되는 것이다 / 이미 바람이 아니불게 될 때 나는 나의 幸福만을 파내게 된다 / 봄이 아주 와버렸을 때에는 나는 나의 鑛窟의 문을 굳게 닫을까 한다 // 男子의 수염이 刺繡처럼 아름답다 / 얼굴이 수염 투성이가 되었을 때 毛根은 뼈에까지 다달아 있었다
>
> —「作品 第三番」(1:186~187) 부분

화자의 피부에 와 닿는 태양과 바람은 모두 '香氣'를 지닌 것들로 신성한 분위기를 형성케 한다. 그래서 그는 앞서 묻었던 모발 이외에 자신의 '모든 것'들을 땅에 묻고서 이제 기적처럼 '봄', '광맥', '행복'과 같은 것들을 발굴하게 될 것이라고 예언하고 있다. 지상에 봄이 완연해졌을 때 자신의 광굴(鑛窟)의 문을 닫겠다는 말은 그의 육체가 이전의 생식력을 모두 회복했음을 의미한다. 이로 인해 그의 얼굴은 수염 투성이가

37) 『朝鮮と建築』, 1931. 7.(1권, 37~38면)
38) 《조선일보》, 1936. 10. 9.(1권, 116면)

되었고 그 수염은 자수처럼 아름답고 모근이 뼈에 도달할 정도로 잘 성장할 수 있었던 것이다. "毛根은 뼈에까지 다달아 있었다"는 말이 큰 울림을 주는 까닭은 그에게 뼈는 "언제까지나 희고 체온이 없"[39]는 차갑고도 불모적인 최후의 영역이었기 때문이다.[40] 피에 물들지 않는 이 하얀 골편들에 대항하면서 "난人間만은 植物이라고생각됩니다"[41]라고 말하던 시 「骨片에關한無題」는 위의 「作品 第三番」에서 비로소 완성될 수 있었다. 수염의 모근이 식물처럼 뿌리내림으로써 뼈는 또 하나의 대지가 된다.

5. '봄의 식자(植字)'와 '광맥' 캐기: 글쓰기의 은유들

「獚」 연작시에서 대지의 에로티시즘을 중심으로 '개－대지－식목'의 이미지들이 감각적으로 변주되는 양상은 이상의 시적 사유의 깊이와 폭을 보여준다. 이제 우리가 마지막으로 분석해야 할 대목은 「作品 第三番」에서 흙 속에서 발견된 '봄의 植字'와 관련된 상징들이다. 어쩌면 이것은 그저 '식목(植木)'이라는 단어에서 연상된 수사학적 표현일지도 모른다. 그러나 「獚의 記 作品 第二番」에서 그가 날마다 자신의 병든 육체를 이끌었던 장소가 '인쇄소(印刷所)의 활자두는 곳'이었음을 상기한다면 '봄의 植字'란 글쓰기의 문제와 직결되는 작가 특유의 은유적 표현임을 알 수 있다. 이상은 자신의 분신인 황을 통해 육체의 생식력을 회복하고 나무－인간으로의 변신술을 형상화하면서 그 자리에 작가로서의 자의식을 첨부해 둔 것이다. 「獚」 연작시에 나타나는 이러한 글쓰기의 은유들

39) 「遺稿」, 김수영 역, 『현대문학』, 1960. 11.(1권, 151면)

40) 김초희는 이상에게 골편은 광선이 투시해내지 못하는 유일한 것임과 동시에 현실의 한계를 탈출할 수 있는 가능성을 지닌 것임을 지적한 바 있다. 김초희, 「이상 詩에 나타난 고고학적 사유 연구」, 『이상리뷰』 5호, 2006. 125면.

41) 「骨片에關한無題」, 『이상전집』, 1956, 임종국 역.(1권, 146면)

을 풀어내기 위해서는 출판법을 패러디하면서 조판 및 인쇄 과정을 묘사하고 있는 시 「出版法」[42]을 미리 읽어보아야 한다.

1909년 3월 24일 반포된 출판법은 인쇄물을 단속하기 위한 일제의 식민지 정책의 일환이었다.[43] 1909년 이후의 언론 매체에서 출판법과 관련된 기사를 검토해보면 이를 위반하여 검거된 사람들이 1928년에서 1931년 사이에 비약적으로 증가하고 있음을 알 수 있다. 사회 운동 단체, 공장 조합원들이 출판법 위반이라는 명목 하에 무차별적으로 검거되는 상황은 당대 출판법이 얼마나 권위적으로 행사되었던가를 짐작케 한다.[44] 그런데 흥미로운 점은 31년 후반부터 강력하게 제기되고 있는 출판법 개정 운동이다.[45] 이상이 1932년에 발표한 「出版法」은 이러한 당대적 분위기를 패러디하며 근대적인 식민 정책을 바라보는 작가의 관점을 투영하고 있는 것이다.

> 나는雪白으로暴露된骨片을주어모르기始作하였다. (중략) // 嫌疑者로檢擧된 사나이는地圖의印刷된糞尿를排泄하고다시그것을嚥下한것에對하여警察探偵은 아아는바의하나를아니가진다. 發覺當하는일은없는級數性 消化作用. 사람들은 이것이야말로卽妖術이라말할 것이다. / 「勿論너는鑛夫임에틀림없다」[46]/ 參考男

42) 「建築無限肉面角體」라는 표제 하에 7수로 구성된 계열시 중 하나, 『朝鮮と建築』, 1932. 7.(1권, 71~72면)

43) 「출판법과 민적법 발포」, 《신한민보》, 1909. 3. 24.

44) 《동아일보》, 《중외일보》, 《중앙일보》 등에서 관련 기사의 개수만 따져보면 28년에는 대략 8개, 29년에 17개, 30년에는 26개, 31년 23개, 32년 15개 등이다. 몇 개의 기사만 예로 들자면, 「출판법 위반으로 청년동맹원 검거」, 《중외일보》, 1928. 2. 22.
「원산 인공조합위원 검속, 그 이유는 출판법 위반, 총회도 금지」, 《중외일보》, 1929. 11. 4.
「朝紡盟罷의 主謀者는 送局? 출판법 위반이란 죄명으로 尙今 十二名」, 《동아일보》, 1930. 10. 4.
「민중서원 주인 집행유예 판결, 출판법위반으로」, 《중앙일보》, 1931. 12. 3 등이 있다.

45) 「不備한 現行出版法 改訂促進의 機運」, 《동아일보》, 1931. 10. 1.
「出版法令改正說 徹底한 案을 세우라」, 《동아일보》, 1931. 10. 2.
「出版法規改正의 必要, 改正을 急遽實現하라」, 《동아일보》, 1932. 5. 13 등을 참조.

46) 원문의 'お前は鑛夫に違ひない'를 유정은 '勿論너는鑛夫이니라'라 번역했으나, 김주현의 견

子의筋肉의斷面은黑曜石과같이光彩나고있었다한다./(중략) 開放된試驗管의열쇠는나의손바닥에全等形의運河를掘鑿하고 있다. 未久에濾過된膏血과같은河水가 汪洋하게 흘러들어왔다.

—「出版法」(1:71~72) 부분

인용시 「出版法」은 출판법을 위반한 혐의로 검거된 사나이가 경찰 탐정의 비밀 신문실(訊問室)에서 취조를 받는 과정을 다루고 있다. 그런데 이 사나이는 독특하게도 요술을 부리는 '광부(鑛夫)'의 이미지로 묘사되고 있다. 말하자면 그는 경찰의 감시망을 탈출하여 요술처럼 인쇄되는 활자인 것이다. 인쇄과정에 사용되는 '아스팔트 가마'라는 시어, 사나이가 삼켰다는 '地圖가 印刷된 糞尿', 사나이의 근육의 단면이 '黑曜石'과 같이 빛났다는 구절 등에서 우리는 이 사나이가 검은 잉크가 묻은 활자를 의인화한 것임을 유추해낼 수 있다.[47]

그러나 굳이 인쇄 작업을 떠올리지 않더라도 「出版法」에 사용되고 있는 글쓰기와 관련된 몇 가지 은유와 이미지들은 상당히 흥미롭게 읽힌다. 가령 시적 주체가 '雪白으로暴露된骨片'을 주웠다는 점, 그 골편이 '消化作用(=妖術)'을 통해 '黑曜石'의 근육을 부착했다는 점, 그러자 그는 '鑛夫'라는 호칭을 부여받는다는 점, 이후 손바닥에 전등형의 운하가 굴착되어 고혈(膏血)과 같은 강물이 흘러 들어왔다는 점 등이 그것이다. 즉 이 시는 뼈와 같이 불모적인 육체의 파편들이 소화작용(글쓰기)을 통해 근육과 피를 부여받는 것으로 형상화하고 있다. 이상이 여기에서 광부의 이미지를 떠올린 이유는 대지에서 광석을 캐는 '광부'와 불모적 현실에서 새로운 의미를 창조해내는 '작가'를 동일하다고 여겼기 때문일 것이다. 또한 이러한 그의 글쓰기는 자신의 불모적인 육체에 전등형의 운하를 뚫어 강물을 흡수하는, 즉 생명력을 회복하는 방식이기도 하다는 것

해에 따라 고쳐 읽었다.(1권, 72면의 160번 각주)

47) 이승훈 엮, 『이상문학전집』1, 문학사상사, 2003, 176면.

이다. 그러면 이제 다시 「獚」 연작시로 되돌아가 보자.

> **複話術이란 결국 언어의 貯藏倉庫의 經營일 것이다** // (중략) 나의 腦髓가 擔任 支配하는 사건의 大部分을 나는 獚의 位置에 貯藏했다—冷却되고 加熱되도록—/ **나의 規則을—그러므로—리트머스紙에 썼다** / **배—그속의 結晶을 加減할 수 있도록 小量의 리트머스液을 나는 나의 食事에 곁들일 것을 잊지 않았다** / 나의 배의 發音은 마침내 三角形의 어느 頂點을 정직하게 출발하였다
>
> —「獚의 記 作品 第二番」(1:181) 부분

앞의 「出版法」의 분석에서 우리는 특별한 주석없이 '消化作用' 을 글쓰기의 은유로 분석했는데 이 시어는 쉽게 황의 복화술, 즉 '배(腹)' 의 언어를 연상시키기 때문이었다. 그런데 이 '소화작용' 이라는 비유적 표현은 위의 「獚의 記 作品 第二番」에서 보다 구체적으로 형상화되고 있음을 알 수 있다. 인용된 시의 내용을 정리하자면 시의 화자는 일종의 언어 저장창고인 배(腹) 안에 자신의 규칙을 적은 리트머스지를 저장해 둔다. 그리고 식사 때마다 곁들이는 리트머스액, 즉 물은 그의 배 속 리트머스지와 반응하여 언어들이 결정(結晶)되도록 촉매작용을 한다는 것이다. 그렇다면 이상이 위에서 언급한 '소화작용' 이란 배 속의 언어가 실제 글쓰기를 통해 활자화되는 과정을 의미하는 것이 아니겠는가. 푸른색 리트머스지가 약산성인 물과 반응하여 엷은 붉은 빛으로 변하는 모습은 마치 황이 대지를 뚫고 나와 일으켰던 붉은 비단 바람과도 같은 느낌을 준다. 식욕과 성욕의 지대인 배에서 나오는 발음이야말로 니체의 진정한 불개가 말하는 황금과 웃음의 언어, 즉 황의 언어이다. 그래서 이상은 이러한 배의 언어가 자신의 'AMOUREUSE' [48]인 삼각형(△)의 정점을 출발하는 언어라고 표현하고 있는 것이다.

---

48) 「破片의景致」와 「▽의遊戯」, 이 두 편의 시의 부제는 모두 "△은나의AMOUREUSE이다" 로 동일하다.

> 廢墟에서 나는 나의 孤獨을 주어 모았다 /(중략) 바람은 봄을 뒤흔든다 그럴 때마다 겨울이 겨울에 포개진다 / 바람 사이사이로 綠色 바람이 새어 나온다 / 그것은 바람 아닌 香氣다 나는 나의 모든 것을 묻어버리지 아니하면 아니된다 나는 흙을 판다 // 흙속에는 봄의 植字가 있다 // 地上에 봄이 滿載될 때 내가 묻은 것은 鑛脈이 되는 것이다
>
> —「作品 第三番」(1:186) 부분

이상이 글쓰기와 관련하여 즐겨 사용한 이미지는 훼손된 육체적 생식력을 재생시키는 과정을 형상화하는 것이었다. 가령 「出版法」에서 그는 하얀 골편을 줍고 그 뼈에 피와 살을 붙였다. 인용된 「作品 第三番」에서 화자는 자신의 병든 육체와 같은 폐허지에서 '나의 孤獨'의 파편들을 주워서 땅에 묻는다. 그런 뒤 여러 겹으로 포개진 겨울 사이로 '綠色 바람'의 향기가 불어오는 순간 흙 속에서 '봄의 식자'와 '광맥'을 캐게 된다고 한다. 식자(植字)란 문선공이 골라 뽑은 활자를 원고대로 조판하는 것을 의미하므로 여기서 '봄의 식자'라는 시어는 작가의 유토피아적 꿈이 설계된 활자판, 즉 텍스트를 상징한다. '봄'의 생명력을 함축하고 있는 활판이 이제 막 인쇄를 앞두고 흙 속의 씨앗처럼 몸을 웅크리고 있는 것이다. 요컨대 작가는 자신을 광부의 모습으로 형상화하면서 폐허와 같은 고독의 대지로부터 봄의 광맥들, 즉 아름다운 시를 거둬들이게 되는 것이다.

그러나 이러한 시적 표현의 밑바닥에는 「獚」에서 "發見의 기쁨은 어찌하여 이다지도 빨리 發見의 두려움으로 또 슬픔으로 轉換한 것일까"라고 말하던 그의 작가로서의 고뇌가 깔려 있다. 이상에게 창작이란 발견이자 새로운 창조와도 같았는데 그는 창조가 "한 面으로는 直觀을 요하며 (중략) 다른 面으로는 直觀을 培養하는 것의 / 科學的 기초를 요한다"[49]고

---

49) 「권두언8」, 『이상전집』, 1956, 임종국 역.(3권, 268면)

말했다. 직관, 그리고 그 직관을 배양하기 위한 과학(이성) 사이에서 균형을 잡으며 그는 번뜩이는 직관적 발상을 통해 황이라는 분신을 탄생시켰다. 이렇게 탄생된 황은 대지의 생식력을 빌어 시인의 병든 육체를 치유했을 뿐만 아니라 그의 문학적 꿈, 시적 에스프리에 도달하는 중요한 통로로서의 역할을 한 것이다.

6. 결론: "나는人間만은植物이라고생각됩니다"

이 글의 목적은 「獚」 연작시에서 '황' 이라는 개가 육체의 동물성 혹은 대지의 생식력을 상징한다는, 이 너무도 자명해 보이는 사실을 확인하는 데에 있지 않았다. 우리는 '황' 을 중심으로 「獚」 연작시를 읽으며 작가의 숨은 저력이 대지 위에 펼쳐놓은 나무와 꽃, 지하로부터 끌어올린 광맥과도 같은 눈부신 은유들을 엿볼 수 있었던 것이다.

황은 삶과 죽음, 육체와 영혼, 유기질과 무기질 등을 단절적으로 인식하는 형이상학적 세계관을 뒤집는 시적 사유 안에서 탄생되었다. 그래서 죽음은 마치 땅에 묻은 대리석이 발아하여 생장을 시작하게 되는 사건처럼 상징화될 수 있었던 것이다. 이러한 역도병적 세계관은 이상이 첨예하게 비판했던 거울 이미지를 패러디한 것이기도 하다. 근대적인 세계를 표상하는 거울 속에 유폐되어 있던 황은 시계로 상징되는 금기를 위반함으로써 거울 밖으로 탈출할 수 있었다. 그는 폐허와 같은 대지에 불륜(不倫)한 구멍을 뚫고 식목(植木)함으로써 지구에 은닉된 에로티시즘을 방사시키는 작업을 진행시켰다. 서론에서 제기한 '개-대지-식목' 의 이미지의 연결이란 결국 대지의 강력한 생식력을 중심으로 유기적으로 결합될 수밖에 없는 이미지들인 것이다.

이렇듯 「獚」 연작시가 만들어내는 '개-대지-식목' 의 이미지는 고대의 도상에서 발견되는 가장 일반적인 유형인 '대여신-식물-문장적(紋

章的) 동물—사제' 를 연상시킨다.[50] 우주의 풍요로움의 원천인 식물과 여신이라는 결합, 그리고 그 대지로부터 생명력을 부여받는 동물은 여신을 숭배하는 사제의 이미지와 결합될 수 있는 것이다. 여신으로서의 신성한 나무는 "재생을 원하는 죽은 자의 영(靈)에 의하여 찾아지는 것"[51]으로 영원한 생명의 중심이자 창조의 원천이 된다. 이러한 맥락에서 우리는 앞서 「獚」의 도입부에서 살펴본 자학적인 황의 모습과 변신자의 구원의 문제를 재론할 수 있을 것이다. 개—인간 황이 대지의 생식력을 회복시킨 뒤 나무—인간화되는 과정은 결국 불모적인 육체의 재생 과정과 연결되어 있었기 때문이다.

이상이 실제로 앓던 결핵, 그리고 근대적 도시 문명으로부터 오는 신경증, 일제의 폭력적인 식민 정책 안에서 느꼈을 법한 지식인으로서의 패배감, 그 끝없는 우울과 공포 속에서 그의 육체는 죽어가고 있었던 것은 아닐까. 황은 그러한 상황에서 재생을 꿈꾸며 신성한 식물을 찾아 헤매던 그의 영혼과도 같은 존재일 것이다. 따라서 우리는 「獚」 연작시가 궁극적으로 지향하는 바가 근대적 현실에 유폐된 작가가 스스로를 구원하기 위한 하나의 전략이었다고 정리할 수 있는 것이다. "終始제自身은地上의樹木의다음가는것"[52]이라고 말하던 이상, "나는人間만은植物이라고생각됩니다"[53]라고 말하던 그에게 「獚」 연작시는 일종의 구원의 텍스트다.

50) 미르치아 엘리아데, 앞의 책, 373~381면.

51) 앞의 책, 374면.

52) 「隻脚(외짝구두—짝을 제대로 갖추지 않은 한쪽 구두)」, 『이상전집』, 1956, 임종국 역.(1권, 141면)

53) 「骨片에關한無題」(위의 책, 146면)

이상 문학에 나타난 '반지'와 '원시성의 힘'의 의미

조 규 갑

목차

이상 문학에 나타난 '반지'와 '원시성의 힘'의 의미

조 규 갑*

1. '장난감신부'의 '반지'와 '원시성의 힘'의 문제

우리는 이상의 시에서 여러 유형의 여성들을 만나게 된다. '마리아', '천사', '안해', '여자', '부인'. 이러한 말들로 이상은 여성들을 미화한다. 하지만 이것은 역설적인 표현임을 우리는 너무나 잘 알고 있다. 이상 특유의 지독한 역설법은 이들 여성들에게도 반영되어 있는 것이다. 「狂女의告白」이나 「興行物天使」에서 등장하는 '여자'와 '천사'는 거리의 창녀다. 시에서 이들은 "얼굴에 초콜릿을 방사"하고 있는데 '초콜릿'은 우리가 아는 달콤한 초콜릿이 아니라 지독한 악취를 풍기는 '독소'이며, 쾌락의 상품으로 전락한 그들의 성을 나타내는 기호다. 이상은 「흥행물

* 서울대학교 국어국문학과 석사과정

천사」의 후반부에서 생식력을 상실한 채 쾌락의 상품으로 전락해 버린 그들을 '낙태한 여성'이라 말한다.

'여자'나 '천사'와 같이 성적 능력을 상실한 '낙태한 여성'들은 이상의 시에서 얼마든지 찾을 수 있다. '안해'도 그중 하나다. 「紙碑」에서 이상은 '안해'와의 결혼 생활을 '절름발이'로 표현한다. 그리고 이러한 어긋난 부부관계를 병이라고 보고 이를 치료할 병원이 있어야 한다고 말한다. 이 시에서 '절름발이'는 두 다리의 길이가 서로 다른데서 생겨나는데 하나는 '나'의 것이고 다른 하나는 '안해'의 것이었다. 각각이 소유한 다리의 길이가 맞지 않은데서 생기는 '절름발이'가 속궁합이 맞지 않는 그들의 부부관계를 나타내는 것이라 하면 저속한 상상일까?

이상의 시에 등장하는 여성들은 이와 같이 대부분 성적 결함을 지닌 '낙태한 여성'들이다. 그리고 이들의 피부는 하나같이 종이처럼 창백하다. '안해'를 '천사'와 같이 '낙태한 여성'이라고 볼 수 있는 또 다른 이유는 '안해'에 대한 묘사가 '천사'나 '여자'와 유사하기 때문이다. 이상은 「紙碑－어디갔는지모르는안해」에서 '안해'가 "화장은 있고 인상은 없는 얼굴"을 하고 있다고 말한다. 이것은 「광녀의고백」이나 「흥행물천사」에 등장하는 '창백한 여자'에 대해 "온갖밝음의太陽들아애여자는참으로맑은물과같이떠돌고있었는데참으로고요하고매끄러운表面은조약돌을삼켰는지아니삼켰는지항상소용돌이를갖는褪色한純白色이다"라고 표현한 것과 유사하다. '안해'는 '천사', '여자'와 같이 '창백한 피부'를 가지고 있는 것이다.

시에서의 '창백'하고 '낙태'한 여성들과는 달리 수필에서는 이와 반대되는 여성들이 등장한다. 「山村餘情」의 '시골 새악시'와 「첫번째 放浪」의 일부인 「山村」에서 등장하는 '젊은 며느리'와 '처녀'들은 창백한 피부가 아닌 "자외선에 맛있게 그을린" '구리 빛'이나 '하드롱 빛' 피부를 하고 있는 건강한 여성들이다.

이렇게 보면 이상은 시에서는 성적인 능력이 없는 창백한 여성을 그리고 있고, 수필에서는 성적 능력이 풍부한 여성들을 그리고 있다고 말할 수 있을지 모른다. 그러나 이러한 판단을 어렵게 하는 다른 유형의 여성이 이상 시의 한 구석에 존재한다. '장난감신부' 가 그것이다. 「I WED A TOY BRIDE」에서 등장하는 '장난감신부' 는 '신부' 라는 말에서 「지비」의 '안해' 와 같아 보이고 '장난감' 이라는 말에서 매춘부인 「광녀의고백」, 「흥행물천사」의 '여자' 나 '천사' 와 같아 보인다. 그럼 이 '장난감신부' 역시 '창백한' 피부의 '낙태한 여성' 인 것일까? 그러나 시의 내용을 보면 그렇지가 않다.

> 1 밤 // 작난감新婦살결에서 이따금 牛乳내음새가 나기도한다. 머(ㄹ)지아니하여 아기를나으려나보다. 燭불을 끄고 나는 작난감新婦귀에다대이고 꾸즈람처럼 속사겨본다. / 「그대는 꼭 갓난아기와 같다」고…… / 작난감新婦는 어둔데도 성을내이고 대답한다. / 「牧場까지 散步갔다왔답니다」/ 작난감新婦는 낮에 色色이風景을暗誦해가지고온것인지도모른다. 내手帖처럼 내가슴안에서 따근따근하다. 이렇게 營養分내를 코로맡기만하니까 나는 자꾸 瘦瘠해간다. // 2 밤 // 작난감新婦에게 내가 바늘을주면 작난감新婦는 아모것이나 막 찔른다. 日曆. 詩集. 時計. 또 내몸 내 經驗이 들어앉어있음직한곳. / 이것은 작난감新婦마음속에 가시가 돋아있는證據다. 즉 薔薇꽃 처럼………………… / 내 가벼운武裝에서 피가좀난다. 나는 이 傷차기를곶이기위하여 날만어두면 어두운속에서 싱싱한蜜柑을먹는다. 몸에 반지밖에갖이지않은 작난감新婦는 어둠을 커-틴열듯하면서 나를 찾는다. 얼른 나는 들킨다. 반지가살에닿는것을 나는 바늘로잘못알고 아파한다. / 燭불을켜고 작난감新婦가 蜜柑을찾는다. / 나는 아파하지않고 모른체한다.
>
> —「I WED A TOY BRIDE」 전문[1)]

1) 본고는 김주현 주해의 『정본이상문학전집』(소명출판, 2006)에 수록된 이상의 작품들을 연구 대상으로 삼았다.

위 시에서 '장난감신부'는 곧 아기를 낳으려는 임산부로 등장한다. 이는 '낙태한 여성'이라고 분명히 명시했던 '천사', '여자'와는 다른 모습이다. '우유냄새'에서도 차이가 보인다. '천사'와 '여자'에게서 나는 '초콜릿' 냄새는 달콤하기는커녕 지독한 악취만 풍기는 것이다. 그러나 '장난감신부'의 살결에서 나는 '우유냄새'는 '영양분 내'이다.[2] '장난감신부'가 성적으로 건강한 여성이라는 증거는 아마도 '장난감신부'가 '싱싱한 밀감'에 대한 식욕을 보인다는 점일 것이다. 이것은 '초콜릿'과는 분명히 다른 것으로 「산촌여정」에서 보이는 '누에'의 '건강한 미각'과 연결되는 것 같아 보인다. 그러나 이것만으로는 '장난감신부'를 수필의 건강한 '촌 처녀'와 같은 여성으로 단정하기에는 무리가 있다. 이렇게 '장난감신부'는 시에서 등장하는 '천사', '여자', '안해'와 수필에서 등장하는 '촌 처녀'들 사이에 위치하고 있다. 특히 이상의 시에서 생식력을 갖춘 여성이 '장난감신부'가 유일하다는 점에서 더욱 그러하다. '장난감신부'의 이러한 애매한 위치와 성격이 이 시를 이해하는데 어려움을 준다. 그러나 반대로 이 시의 해석에 따라 시에서 등장하는 '낙태한 여성'들과 수필에서 등장하는 건강한 '촌 처녀'의 차이의 원인을 해명할 수 있을지도 모른다.[3] 어떻게 '장난감신부'는 생산의 능력을 가질 수 있었던 것일까? 이 문제에 대한 해답이 그러한 차이에 대한 해명의 열쇠가 될 것이다.

탐정이 범행 현장에서부터 단서를 찾듯이 우리는 위 시에서 해결의 실마리를 찾아야 한다. 돋보기를 대고 시를 읽어보자. 우리는 곧 두 가지 부

2) '우유냄새'가 '영양분내'라면 이상은 왜 "자꾸 수척해 간다"고 하는 것일까? 이는 "영양분내를코로맡기만하니까"라는 말에서 알 수 있듯이 이 영양분을 직접 섭취하지 못하고 코로만 맡기 때문일 것이다.

3) 이들의 차이를 단순히 도시와 농촌이라는 환경적인 차이에서 기인하는 것으로 볼 수는 없다. 왜냐하면 같은 성천 기행문 중의 하나인 「권태」와 「어리석은 석반」 등에서 이상은 생명력이 없고 권태롭기 그지없는 자연을 그리고 있기 때문이다. 이에 대해서는 뒤에서 '원시성'의 의미를 밝히는 부분에서 구체적으로 다룰 것이다.

분에서 범인의 냄새를 맡을 수가 있다. 하나는 '장난감신부' 가 '바늘' 로 아무것이나 막 찌른다는 것이고 다른 하나는 '장난감신부' 가 "몸에 반지밖에갖이지않" 는다는 것이다. "반지가살에닿는것을 나는 바늘로잘못알고 아파한다" 라는 구절에서 이 두 부분이 서로 연관되어 있다는 것을 짐작할 수 있다. '장난감신부' 의 '찌르는 행위' 와 그녀의 '반지' 는 무엇을 의미하는 것일까?

이상 시에서 '반지' 는 '장난감신부' 만이 가지고 있는 것은 아니었다. 「지비—어디갔는지모르는안해」에서 '안해' 역시 '반지' 를 가지고 있다.

> … // 안해는 정말 鳥類엿든가보다 안해가 그러케 瘦瘠하고 가벼워젓는데도 나르지못한것은 그손까락에 낑기웟든 반지때문이다 … // …
>
> —「지비—어디갔는지모르는안해」 부분

위에 인용된 부분에서 '반지' 는 '나' 와 '안해' 의 결혼 서약의 증표처럼 보인다. '안해' 가 '조류' 임에도 "날지 못한 것은 그 손가락에 끼었던 반지 때문이다" 라는 말이 '안해' 가 '나' 를 떠나고 싶지만 결혼 서약을 하였기에 차마 그 약속을 저버리지 못하고 떠나가지 않았다는 의미로 들리기 때문이다. 그럼 '장난감신부' 의 반지는 '안해' 의 '반지' 와 같이 결혼 서약의 증표를 의미하는 것일까? 우리는 이미 '장난감신부' 가 '안해' 와는 다른 유형의 여성임을 살펴보았다. 따라서 '장난감신부' 의 '반지' 가 '안해' 의 '반지' 와 같다고 말하기 위해서는 보다 정밀한 논증이 필요할 것이다. 특히 「I WED A TOY BRIDE」에서 이상은 '장난감신부' 의 '반지' 에 아파하지만 「지비—어디갔는지모르는안해」에서는 그러한 모습이 보이지 않고 '반지' 는 다만 한 번만 언급될 뿐이기 때문이다. 그럼 우리는 이 '장난감신부' 의 '반지' 의 의미를 어디서 찾아야 하는 것일까? 이 글의 첫 번째 목표는 바로 이 '반지' 의 의미를 밝히는 것이다.

그리고 두 번째 목표는 「病床以後」에서 이상이 욕망하는 '원시성의 힘'

이 무엇인가를 밝히는 것이다. 「병상이후」에서 폐결핵으로 병상에 누워 있는 '그'(이상 자신)[4]가 등장한다. 그는 의사에 대한 믿음과 불신의 상반되는 감정과 함께 자신의 병에 대해 절망하면서도 나을 수 있다는 희망의 끈을 놓지 않으려 한다. 육체의 병은 그의 마음까지도 약하게 만들어서 자신이 "중요하지 않은 인간"이라는 "제어할 수 없는 상념"이 자꾸만 일어난다고 말한다. 그러나 그러는 와중에도 그는 나날이 말라 들어가는 그의 체구가 마치 '강철'로 만든 것 같은 '새 힘'을 느끼게 된다고 말한다. 이 '새 힘'이 증폭되어 '원시성의 힘'으로 느껴졌던 것은 어느 우인의 긴 편지를 읽고 나서였다. "그는 그것을 다 읽는 동안에 무서운 원시성의 힘을 느꼈다." 그는 참을 수 없어서 원고지를 꺼내 한두 자 쓰기 시작하다가 곧 "펜이 무연히 종이 위를 활주"하면서 몇 줄의 짧은 시를 단숨에 써낸다.

> 어느時間 그는벌서 아지못할(根據)希望에 애태우는人間으로 낱아났다. 「내가 이러나기만하면…」그에것는 「단테」의 神曲도 「다빈치」의 「모나리자」도 아모것도 그의 마음대로 나올것만같었다. 그러나 오즉 그의몸이 不健康한것이 한탓으로만녁여ㅈ다. 그는 그友人의길다란편지를 다시끄내여들었들때 前날의 어둔구름을 代力身야無限히 굿세인「동지」라는 힘을느겼다. 「××氏! 아모쪼록 光明을 보시요!」 그의눈은 이러한句節의쓰인곳에까지 다달았다. 그는 모르는사이에 입밖에 이런 부르지즘을 내이기까지하였다. 「오냐 지금 나는 光明을보고있다」고.
>
> —「병상이후」 부분

위의 인용된 부분은 「병상이후」의 마지막 부분이다. 여기서 '원시성의 힘'이 창작의 욕구임이 분명하게 드러난다. 따라서 우리는 이 '원시

4) 이 수필에서 '그'가 "우선 가슴 아픈 것만이라도 나았으면 그래도 살 것 같다"고 말하는데 이를 보아서 그가 앓는 병은 결핵으로 보인다. 따라서 '그'는 실제 결핵을 앓았던 이상 자신으로 볼 수 있다.

성의 힘' 을 예술적 창조력이라는 말로 바꾸어 말할 수 있을 것이다. 그러나 문제는 '힘' 이 아니라 '힘' 을 수식하는 '원시성' 이라는 말에 있다. 왜 '힘' 은 '원시성의 힘' 인 것일까? 창조력이 '원시성' 에서 나온다는 것 같은데 그럼 '원시성' 이라는 것은 무엇을 의미하는 것일까? 아니면 '원시성의 힘' 은 예술적 창조력을 가리키는 말이 아닌 것인가?

이렇게 이 글은 두 가지 문제의식에서 출발한다. 하나는 '장난감신부' 의 '반지' 가 의미하는 것이 무엇인지에 관한 것이고 다른 하나는 '원시성의 힘' 의 의미가 무엇인지에 관한 것이다. 본고는 이 두 문제를 해결하기 위해 이상의 시와 수필을 뒤져가며 파편처럼 흩어져 있는 이미지들을 모으고 이들을 새롭게 구성하는 작업을 하였다. 이를 통해 이상의 시문학에서 어떠한 모델이 그려진다면 그것을 준거로 하여 '반지' 와 '원시성의 힘' 의 의미를 알 수 있지 않을까하는 믿음에서 말이다. 2장은 그러한 구도를 구성하는 작업이다. 본고는 여기서 이상의 문학에서 이미지의 연결을 통해 이미지의 고리(본문에서는 '변환상징의 고리' 라고 칭하였다.)를 만들 수 있음을 보일 것이다. 3장은 이미지의 고리가 갖는 의미와 기능에 관한 글이다. 여기에서 본고는 이 이미지의 고리와 '장난감신부' 의 '반지' 와의 관련성을 살펴볼 것이며 그러한 과정에서 '원시성의 힘' 의 의미 또한 밝혀질 것이다. 1장에서 제기한 문제는 2, 3장에서 모두 해명이 되는데 본고는 이것으로 글을 마치지 않고 '반지' 와 '원시성의 힘' 을 가지고 '고귀한 야만' 개념의 낭만적 원시주의를 대체할 새로운 개념의 원시주의를 구성할 수 있는지를 탐색하는 작업을 더 진행하였다. 본고의 욕심이자 앞으로의 과제이기도 한 이 부분은 4장에서 결론을 대신하는 글로 쓰일 것이다.

2. 변환상징의 고리— '아버지'에 이르는 약도

우리가 이상의 문학에서 어떠한 주제에 대해서 말하기 위해서, 그리고 그것이 공감을 끌어내는 것이 되기 위해서는 그의 전반적인 작품 경향에서 해당 주제를 다루어야 할 것이다. 물론 한 작가의 모든 작품들이 그의 작품 경향에 완전히 포섭되는 경우는 거의 없다. 인간의 의식은 물질의 물리적인 운동처럼 항상 연속적인 것이 아니라 불연속적이면서도 동시다발적으로 전개되기 때문에 우리는 한 작가의 작품 경향으로부터 동떨어진 작품들을 때때로 접하게 된다. 그러나 그러한 특수한 작품조차 해석해 내기 위해서는 해당 작가의 전반적인 작품 경향을 검토하는 일은 필수적인 작업이고 그러한 작업을 바탕으로 할 때만이 작품의 특수성 또한 부각될 수 있는 것이다.

우리는 이상의 시를 읽으면서 시 하나하나의 온전한 것이기는커녕 대략적인 의미조차 쉽게 포착해낼 수가 없다. 불쑥불쑥 튀어나와 의미의 파악을 방해하는 부자연스러운 구절들, 알 수 없는 수식과 도형들, 띄어쓰기의 무시, 역설적인 표현들. 이러한 요소들이 그의 시에는 너무나 많이 존재한다. 그러나 텍스트를 개별적인 작품 한 편으로 제한하지 않고 그의 작품들 전체로 확장하여 볼 경우 우리는 그가 곳곳에 유사한 이미지들을 심어놓았음을 발견하게 된다. 본고는 이렇게 이상의 작품 전체에 파편처럼 흩어져 있는 이미지의 조각들을 긁어모아 새롭게 분류하는 작업을 시도하였다. 이러한 작업을 수행하는 동안 하나의 그림이 드러나기 시작했다. 그러나 그 그림은 너무나 복잡해서 알아보기가 힘든 것이었다. 그의 작품에는 유사하면서도 조금씩 다른 이미지들이 산재해 있었던 것이다. 따라서 유사한 이미지들을 대표하는 하나의 이미지로 단순화하는 작업이 더해져야 했다. 그러자 형체를 알아볼 수 없을 정도로 복잡했던 그림은 그 형체를 드러내기 시작했다. 그것은 '아버지'에 이르는 지도였다. 이 장은 '아버지'에 이르는 지도를 읽기 위한 범례라고 할 수 있다.

지도, 정확하게 말해서 약도에는 '아버지' 에 이르는 세 가지의 경로가 그려져 있다. 하나는 하늘로 올라가는 비행로이고 다른 하나는 땅속으로 들어가는 지하도이다. 그리고 마지막 하나는 눈에 보이지 않는 통로이자 이미 '내' 가 가지고 있는 통로이다. 이들은 서로 다른 방향으로 갈라지는 것이지만 결국 '아버지' 에 이르러서 만나게 된다.

우선 하늘로 올라가는 비행로를 따라가 보자. 이 비행로는 빛을 따라가는 광학적 사유의 길이라고 할 수 있다.

> … // 速度etc의統制例컨대光線은每秒當三00,000키로메-터달아나는것이確實하다면사람의發明은每秒當六00,000키로메-터달아날수없다는法은勿論없다. 그것을幾十倍機百倍機千倍機萬倍機億倍機兆倍하면사람은數十年數百年輪千年數萬年數億年數兆年의太古의事實이보여질것이아닌가, …
>
> ―「線에關한覺書1」 부분

> … // 사람은다시한번나를맞이한다, 사람은보다젊은나에게적어도相逢한다, 사람은세번나를맞이한다, 사람은젊은나에게적어도相逢한다, 사람은適宜하게기다리라, 그리고파우스트를즐기거라, 메퀴스트는나에게있는것도아니고나이다. // 速度를調節하는날사람은나를모은다, 無數한나는말(譚)하지아니한다, 無數한過去를傾聽하는現在를過去로하는것은不遠間이다, 자꾸만反複되는過去,無數한過去를傾聽하는無數한過去,現在는오직過去만을印刷하고過去는現在와一致하는것은그것들의複數의境遇에있어서도區別될수없는것이다. // …
>
> ―「線에關한覺書5」 부분

「三次角設計圖」에서 이상은 빛에 대해서 말하면서 끊임없이 빛의 속도를 앞지를 수 있음을 역설한다. 그는 빛의 속도를 초월할 때 과거의 영상을 볼 수 있다고 말한다. 아인슈타인은 특수-일반 상대성 이론에서 물질이 느끼는 시간은 저마다 상이함을 발견하였다. 그에 의하면 물질의 속도가 빛에 가까워질수록 그 물질에서 느껴지는 시간은 더디게 흘러간다고 한다. 그러나 시간은 상대적인 것일 뿐 역전이 가능한 것은 아니다. 어떠한 물질도 빛보다 빠를 수는 없기 때문이다. 뉴턴의 고전 물리학을 대폭 수정하면서 등장한 상대성 이론에서도 시간은 전과 다름없이 미래로만 흐르고 과거로의 시간여행은 불가능하다. 그러나 이상은 시적 상상력으로 이 광속의 벽을 극복한다. 광속의 벽을 극복하는 것은 무엇을 의미하는 것일까? 이는 과거의 '나'를 볼 수 있고, 더 거슬러 올라가면 태초의 우주의 모습도 볼 수 있음을 의미하는 것이다. 이상은 광속의 초월로 과거로의 시간여행이 가능하고 그렇게 되면 과거의 '무수한 나'를 만날 수 있다고 말하고 있다.

「선에관한각서5」에서 이상이 광속을 초월하면서 '무수한 나'를 만나고 이들을 모아가는 방식은 「烏瞰圖」 연작시 중 「詩第二號」에서 '아버지'를 떠올리는 방식과 동일한 형태를 취하고 있다.

> 나의아버지가나의겨테서조을적에나는나의아버지가되고또나는나의아버지의아버지가되고그런데도나의아버지는나의아버지대로나의아버지인데어쩌자고나는자꾸나의아버지의아버지의아버지의……아버지가되느냐나는웨나의아버지를껑충뛰어넘어야하는지나는웨드듸어나와나의아버지와나의아버지의아버지와나의아버지의아버지의아버지노릇을한꺼번에하면서살아야하는것이냐
>
> —「시제2호」 전문

「시제2호」에서 이상은 '아버지'와 '아버지의 아버지'와 또 그의 '아버지'가 되면서 그들의 노릇을 한꺼번에 하면서 살아야한다고 말하고 있다. 「삼차각설계도」의 「선에관한각서5」가 보여주는 광속의 초월에 의해 만나는 '무수한 나'의 모습들과 「오감도」의 「시제2호」가 보여주는 '아버지'의 모습들은 현재의 '나'의 모습과의 관계를 고려할 때 동일한 것임을 알 수 있다. 광속을 초월할 때 만나게 되는 '무수한 나'는 곧 유전

의 추적에서 만나게 되는 무수한 '아버지' 들의 모습이라고 할 수 있기 때문이다. 광속의 초월은 과거의 '나' 뿐만이 아닌 '나' 가 태어나기 전의 '나' 의 모습, '아버지' 안에 '나' 가 있을 때의 모습까지 보여줄 것이고, 더 거슬러 올라가면 '아버지' 가 태어나기 전 '아버지의 아버지' 안에 있을 때의 모습도 보여줄 것이다. 따라서 '무수한 나' 는 '나' 이면서 '아버지' 이기도 한 것으로 '나' 와 '아버지' 사이에 존재하는 무수한 상인 것이다. 따라서 광속의 초월은 과거의 '나' 의 추적이면서 동시에 '아버지' 의 추적이기도 한 것이다. 이렇게 광학적 사유는 현재의 '나' 에서 시작하여 '무수한 나' 를 거쳐 '아버지' 에 이르는 '나-무수한 나-아버지' 의 이미지의 연결을 보여준다.

'아버지' 에 이르는 길은 광학적 사유를 통한 통로와 정반대의 방향에서도 이루어지는데 그것은 땅을 파고 수직으로 내려가는 지하도다. 이는 이상의 고고학적 사유를 따라가는 길이다. 그의 고고학적 사유는 굴착과 발굴, 수집이라는 행위를 통해 드러나는데 「絶壁」은 굴착과 발굴이라는 행위를 통한 고대의 추적을 보여준다.

> 꽃이보이지안는다. 꽃이香기롭다. 香氣가滿開한다. 나는거기墓穴을판다. 墓穴도보이지안는다. 보이지안는墓穴속에나는들어안는다. 나는눕는다. 또꽃이香기롭다. 꽃은보이지안는다. 香氣가滿開한다. 나는이저버리고再처거기墓穴을판다. 墓穴은보이지안는다. 보이지안는墓穴로나는꽃을깜빡이저버리고들어간다. 나는정말눕는다. 아아. 꽃이또香기롭다. 보이지도안는꽃이—보이지도안는꽃이.
>
> —「절벽」 전문

위에서 이상은 '꽃' 을 캐기 위해 '꽃의 향기' 를 따라 땅을 계속 파 내려가고 있다. 여기서 '꽃' 과 '꽃의 향기' 의 의미를 아는 것은 중요한데 이는 우리가 알고 있는 식물로서의 꽃이 아닌 상징적인 의미를 담고 있는 것이기 때문이다. 김초희는 '꽃'을 별과 연관하여 설명한다.[5] 그는 '꽃-광물-별'이라는 이미지의 연결이 가능함을 말하고 '꽃의 향기'는 별의 인력이라고 설명한다. 「절벽」의 '꽃'을 「이런詩」의 '돌'과 「出版法」의 '광채'가 나는 '흑요석'을 통해 하늘의 '반짝이는 별'과 연결할 때 '꽃-광물-별'의 이미지의 연결은 가능할 것이다.[6] 그러나 시에서 '꽃'은 끝내 실체를 드러내지 않고 향기만을 방출하고 있다는 점에서 '돌'과 '광석'과는 구별되어야 한다. '꽃'은 물질로 존재하는 것이 아닌 상상 속에서 존재하는 것이기 때문이다. 따라서 '꽃의 향기' 역시 물질에서 나는 것이 아닌 상상 속에서 나는 향기인 것이다. 이상은 이러한 상상의 꽃과 상상의 향기를 수필 「첫번째 방랑」에서도 등장시켰다.

> 나는 나의 記憶을 소중히 하지 않으면 안된다. 나의 精神에선 이상한 香氣가 나기 시작했으니 말이다.
>
> 이 뼈만 남은 몸을 赤土있는 곳으로 運搬하지 않으면 안되겠다. 나의 透明한 피에 이제 바야흐로 赤土色을 물들여야 할 時機가 왔기 때문이다.
>
> 赤土 언덕 기슭에서 한 마리의 뱀처럼 말라 죽을지도 모르지만, 나는 아름다운—꺾으면 피가 묻는 古代스러운 꽃을 피울 것이다.
>
> —「첫번째 방랑」 부분

「첫번째 방랑」에는 물질이 아닌 정신에서 나오는 '이상한 향기'가 등장한다. 위의 인용된 부분에서 '정신의 이상한 향기'는 '고대스러운 꽃'

5) 김초희, 「이상 시에 나타난 고고학적 사유 연구」, 『이상 리뷰』 제5호, 역락, 2006. 10, 99~131면.

6) 역사를하노라고 땅을파다가 커다란돌을하나 끄집어내어놋코보니 도모지어데서인가 본듯한생각이들게 모양이생겻는데 목도들이 그것을메고나가드니 어데다갓다버리고온모양이길내 쪼차나가보니 危險하기짝이업는 큰길가드라. / … (「이런시」 부분)
… /「勿論너는鑛夫이니라」/ 參考男子의筋肉의斷面은黑曜石과같이光彩나고있었다한다. // … (「출판법」 부분)

에서 나는 향기로 '고대의 냄새' 와 같은 것이다. 그럼 「첫번째 방랑」에서 말하는 '고대스러운 꽃' 과 「절벽」의 '꽃' 은 동일한 것인가? 「절벽」에서 '꽃' 을 캐기 위해 땅을 파는 것이 고고학에서의 발굴과 유사하다는 것과 이 두 '꽃' 이 모두 상상적인 것으로 물질이 아닌 정신에서 나는 상상의 향기를 발산한다는 점에서 이들을 동일한 것으로 볼 수 있다. 따라서 「절벽」에서 '꽃' 을 캐기 위해 땅을 파는 것은 굴착과 발굴을 통해 고대로 가기 위한 행위로 볼 수 있다.

이는 마치 원형에 대한 탐구와 같아 보인다. 융은 원형을 고정된 상이 아닌 잠재적인 에너지의 형태로 존재하는 것으로 무의식의 투사에 의해 다양한 이미지로 의식에 지각되는 것이라고 말한다.[7] 이러한 융의 원형 개념으로 보면 끝내 실체를 드러내지 않는 '꽃' 은 단 한 번도 온전히 그 실체가 밝혀지지 않은 원형과 같아 보인다. '꽃' (고대스러운 꽃)을 원형 개념으로 파악할 수 있다면 이상의 시에 등장하는 '돌' 은 원형을 드러내는 원형표상으로 볼 수 있을 것이다. 「이런시」에서 이상은 땅을 파다가 발견한 돌을 보고 "도무지 어디선가 본 듯한 생각이 들게 모양이 생겼"다고 말한다.[8] '어디서 본 듯한 모양' 에서 이것이 원형의 표상임을 알게 하는데 이는 원형으로서의 '꽃' 이 투사된 '모양' 이라고 할 수 있을 것이다.[9]

이와 같이 굴착과 발굴에 의한 고고학적 사유를 원형의 탐구로 이해할 수 있다면 '골편' 의 수집을 고고학적 사유의 가장 처음에 위치시킬 수 있다. 이상의 시에서 '골편' 은 땅속에 묻혀 있지 않고 지표면 위에 드러나 있다. 그렇기 때문에 '골편' 은 발굴의 방식이 아닌 수집의 방식으로 모

7) C. G. 융, 『원형과 무의식』(한국융연구원 C.G.융 저작 번역위원회 옮김), 솔, 2002, 105~155면.

8) 각주 7)을 보라.

9) 융은 니체의 『짜라투스트라는 이렇게 말했다』에서 등장하는 초인의 인상이 새겨진 돌을 초인의 원상으로 설명한다.(C. G. 융, 『연금술에서 본 구원의 관념』(한국융연구원 C.G.융 저작 번역위원회 옮김), 99~103면)

아진다.

> … / 나는雪白으로曝露된骨片을주워모으기始作하였다. / 「筋肉은이따가라도附着할것이니라」/ 剝落된膏血에對해서나는斷念하지아니하면아니된다. / …
>
> —「출판법」 부분

위에서 이상은 '골편'을 주워 모으고 있다. '골편'을 '돌'과 같은 원형표상의 하나로 이해할 때 위 부분은 원형의 상징적인 의미의 복원과 좌절을 담고 있다고 할 수 있다. 이상은 지표면에 드러난 '골편'에 대해 "설백으로폭로된골편", "근육은이따가라도부착할것이니라", "박락된고혈에대해서나는단념하지아니하면아니된다"라고 말하고 있다. 이러한 구절들에서 이상은 '골편'을 육체에서 '근육'과 '고혈'들이 사라져버린 것으로 보고 이것을 다시 복원시키고자 하는 것임을 알 수 있다. 그는 뼈뿐인 '골편'에 '근육'을 부착하고 피가 통하게 하려고 한다. 그러나 '근육'은 부착할 수 있지만 '고혈'의 문제에 대해서는 단념할 수밖에 없다고 말하면서 결국 '골편'을 온전한 육체로 복원할 수 없음을 말하고 있다. 여기서 이상이 '골편'으로부터 복원시키려 했던 육체는 누구의 것인가? '골편'은 이 땅에서 살다간 조상의 유해다. 이상의 문학에서는 '아버지'의 유해가 될 것이다. 따라서 '골편'에 '근육'을 붙이고 피가 흐르게 하는 것은 유해로 남은 '아버지'를 복원시키는 것을 의미하는 것으로 볼 수 있다. '아버지'를 '나'와 '아버지' 사이에 존재하는 무수한 원상들의 원형으로 보면 '골편'은 원형의 상징적 의미들이 다 사라져버리고 탈색된 상태에 있는 파편적인 이미지에 불과한 것이며 여기에 '근육'을 붙이고 피를 통하게 하는 것은 원형의 복구를 의미하는 것이다. 그러나 이상은 "박락된고혈에대해서나는단념하지아니하면아니된다"라고 말하면서 '골편'의 수집으로는 원형의 복구가 불가능함을 깨닫는다. '골편'은 이미 복구가 불가능할 정도로 원형의 상징적 의미들을 소실하였기 때문이다.

따라서 원형의 탐색인 고고학적 사유는 '골편의 수집' 에서 직접 고대의 원상을 캐는 굴착의 방식으로 넘어갈 수밖에 없는 것이다. '골편의 수집' 은 타락되어버린 이미지의 수집에 불과하지만 '꽃의 발굴' 은 직접 과거로 가면서 타락되어 버리기 전의 원상을 찾아내는 것이기 때문이다.

이렇게 해서 이상의 고고학적 사유는 '골편' 의 수집에서 굴착을 통해 '돌' 과 '꽃' 을 발굴하면서 '아버지' 로 연결되는 '골편-돌/꽃-아버지' 의 이미지의 연결을 보여준다.

이제 '아버지' 에 이르는 보이지 않는 길에 대해 설명할 차례다. 이 길은 유전의 추적이며 생물학적 통로라고 할 수 있다. 이 통로는 다른 것들과는 달리 직접 걸어가지 않고도 도달할 수 있는 통로이며 이미 '내' 안에 있는 것이다.

> 배고픈얼굴을본다바드르르한머리카락밑에어찌서배고픈얼굴은있느냐저사내는어데서왔느냐저사내는어데서왔느냐 …(중략)… 아무튼 아해라고하는 것은 어머니를 가장 의지하는 것인즉 어머니의 얼굴만을 보고 저것이 정말로 마땅스런 얼굴이구나하고 믿어 버리고선 어머니의 얼굴만을 열심히 숭내낸 것임에 틀림없는 것이 어서그것이 지금은 입에다금니를박으신 분과시절이 되었으면서도 이젠 어쩔수도 없으리만큼 굳어 버리고만 것이나아닐까하고 생각도나는 것은 무리도없는일인데 그것은 그렇다하더라도 반드르한머리카락밑에 어째서 저 험상궂은 배고픈얼굴은 있느냐
>
> —「얼굴」 부분

위의 시에서 이상은 자신의 얼굴에서 '어머니의 배고픈 얼굴' 을 본다. 이것을 「시제2호」에서 "나는 왜 아버지들의 노릇을 한꺼번에 하면서 살아야 하느냐?" 라고 반문하는 것과 연관하여 보면 자신의 얼굴에서 보는 것이 단순히 '어머니의 배고픈 얼굴' 만은 아닌 것을 알 수 있다. 이상의 얼굴에는 '아버지' 들의 인상 역시 새겨져 있는 것이다. 이상은 거울 속

의 자신의 얼굴에서 조상들의 모습을 발견함으로써 '아버지'와 자신의 유전적인 관계를 인식한다. 그러나 이러한 생물학적 통로는 타락되어 있다. 이상은 「황의 기」에서 "치욕의 계보를 짊어진채 내가 해부대의 이슬로 사라질 날은 그 어느 날에 올 것인가?"라고 말한다. 「얼굴」에서 이상이 자신의 얼굴에서 본 것은 어머니가 하고 있는 것과 동일한 '배고픈 얼굴'이었다. 여기서 배고픔이 공복감만을 의미하는 것이 아님을 위 시에서 알 수 있다. '배고픔'은 어머니로부터 유전된 것이며 이 배고픔은 '어머니'가 겪어야 했던 시대적인 고통이었다. 이상은 이를 '치욕의 계보'라고 말하며 부정하는 것이다. 「시제2호」에서 볼 수 있는 '아버지'에 대한 부정은 '치욕의 계보'와 정확히 일치하는 혈통에 대한 인식을 보여준다. '아버지'의 유해가 '골편'으로 '설백'된 것과 마찬가지로 '아버지'에서 '나'로 연결되는 생물학적 통로는 타락되어 갔으며 이미 '나'가 태어나기 몇 대전의 '아버지'부터 그것은 '치욕의 계보'로 바뀌어 있었던 것이다.[10] 이상은 '치욕의 계보'로부터 벗어날 수 없음을 인식하고 있었는데 "나는 왜 아버지들의 노릇을 한꺼번에 하면서 살아야 하는 것이냐?"라는 반문과 부정이 그것을 반증하고 있다. '치욕의 계보'가 벗어날 수 없는 것이라면 이상은 이를 어떻게 극복하려 하였을까? 혹시 위에서 살펴본 고고학적 사유와 광학적 사유를 통해 '아버지'에 접근하려 했던 이유가 여기에 있는 것은 아닐까? 이에 대한 답은 뒤에서 약도가 갖는 재생과 치유의 상징을 통해 설명될 것이다.

지금까지 본고는 '아버지'에 이르는 세 가지 경로를 살펴보았다. 이를 간단히 요약하면 '골편-돌/꽃-아버지'의 고고학적 사유의 길과 '나-무수한 나-아버지'의 광학적 사유의 길, 그리고 '나-아버지'의 생물학적 통로이다. 여기서 세 경로상의 끝에 해당하는 '아버지'는 모두 같은 것

10) 자신을 부계조상들의 고고학적 유물로 파악하면서 이를 부정적으로 보는 이상의 태도에 관해서는 신범순의 「담배파이프와 안경의 얼굴기호」(『이상리뷰』 제4호, 역락, 2005. 6.)를 참고할 것.

이므로 이 세 통로는 끝에서 '아버지' 에서 모두 만나게 된다. 그럼 시작점은 어떨까? 여기서 문제가 되는 것은 '나' 와 '골편' 의 관계일 것이다. 왜냐하면 광학적 사유의 통로상의 '나' 와 생물학적 통로상의 '나' 는 동일하게 이상 자신을 나타내는 것으로 볼 수 있기 때문이다. 본고는 '골편' 을 '나' 의 타락된 상태를 나타내는 것으로 보고자 한다. 이상은 도시에서 생활하는 자신은 물론 원시적 생명력을 잃은 자연조차 '골편' 으로 묘사한다. 「골편에관한무제」에서 '인간=식물=골편' 이라는 등식이 성립하는 것을 확인할 수가 있다.[11] '골편' 은 생명력을 잃고 유령처럼 살아가는 모든 타락한 존재들을 나타내는 대명사이며 '치욕의 계보' 에 의해 타락한 '나' 는 '골편' 들 중의 일부인 것이다. 따라서 이들 세 통로는 다음 그림과 같이 시작과 끝이 만나게 되는 원을 그리게 된다.

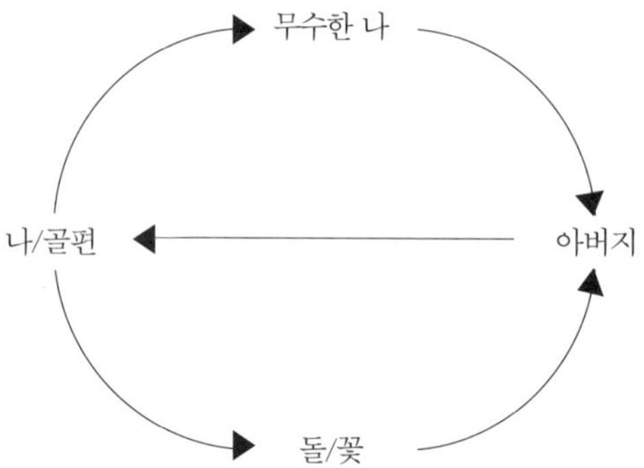

위의 그림이 '아버지' 에 이르는 약도의 완전한 모습이다. 이제 이 약도를 가지고 할 수 있는 이야기들을 해보자. 우선 이 약도에 그려진 화살표의 방향에 대해서 살펴보면 약도의 시작점은 좌측의 '나/골편' 으로 보

11) "… / 墨竹을사진촬영해서原板을햇볕에비쳐보구료-골격과같다. / 頭蓋骨은석류같고 아니석류의陰畵가두개골 같다(?) / 여보오 산사람骨片을보신일있수? 수술실에서 그건죽은거야요 살아있는骨片을보신일있수? 이빨! 어머나 이빨두그래骨片일까요. 그렇담손톱도骨片이게요? / 난人間만은植物이라고생각커든요." (「골편에관한무제」 부분)

이지만 실은 우측의 '아버지'이다. '아버지'는 현재의 '나/골편'을 있게 한 원인으로 우주의 탄생과 함께 했던 인류의 시조이기 때문이다.[12] 따라서 약도의 시작은 '아버지'에서 '나'로 통하는 생물학적 통로라고 할 수 있다. 이 생물학적 통로의 끝에서 생성된 '나/골편'이 다시 '아버지'를 찾아가는 길이 광학적 사유와 고고학적 사유의 통로인 것이다. 따라서 이 약도는 '아버지에 이르는 길'이 아니라 '아버지로 돌아가는 길'이라고 해야 더 정확한 표현이 될 것이다.

다음으로 형태를 살펴보면 약도는 원의 형태를 하고 있다. 본고는 이를 2차원 평면에 묘사하였지만 이 약도는 하늘과 지하로 난 길이다. 따라서 우리는 이 약도를 삼차원 입체로 이해하여야 한다. 그러나 광학적 사유의 통로와 고고학적 사유의 통로는 정반대의 방향으로 향하는 길이므로 삼차원상에서 이 두 통로의 끝은 절대 만날 수 없다. 그러면 각 통로의 끝에 위치하는 '아버지'들은 서로 다른 '아버지'인 것일까? 그렇지 않다. 우리는 발굴이라는 방식이 갖는 고고학적 사유와 광속을 초월하는 광학적 사유가 모두 과거를 탐색하는 과정임을 상기해야 한다. 이들은 공간상에서 반대 방향으로 도약과 하강을 하는 것으로 시작하지만 시간상에서 휘어지면서 과거에 존재하는 '아버지'에서 만나게 되는 것이다. 따라서 위의 약도는 삼차원상에서 그려지는 것도 아니다. 이는 삼차원에 시간의 차원이 더해진 다차원에서 그려지는 것이다. 본고는 이 다차원에서 그려지는 약도를 '변환상징의 고리'라고 명명하고자 한다. 이는 '나', '골편', '무수한 나', '돌', '꽃', '아버지' 등의 이미지가 고리모양으로 서로 연결되어 있기 때문이고 개별적인 것으로 보이던 이미지들이 고리로 연결됨으로써 하나의 원형을 가지고 다양하게 변화되는 원상들로 드러나기 때문이다.

마지막으로 이 약도에 대해 고려해야 되는 것은 여기에는 고대로부터

12) 「삼차각설계도」에서 '무수한 나'는 태초의 시작점에 도달하는 순간까지 계속 만나게 되는 것을 볼 때 '아버지'는 우주의 시작과 같이 하는 존재라는 사실을 알 수 있다.

흘러들어오는 냄새와 소리가 있다는 것이다. '아버지'에 이르는 고고학적 사유의 길에는 '꽃의 향기'가 스며 있다. 「절벽」에서 이상이 땅을 파게 되었던 것은 '꽃의 향기'가 그를 자극하였기 때문이다. 우리는 앞에서 이 '꽃'이 「첫번째 방랑」에서 등장하는 '고대스러운 꽃'이라는 것을 알아보았으며 '꽃의 향기'는 '고대스러운 꽃'에서 나는 '고대의 냄새'임을 확인하였다. 즉, 고고학적 사유의 길에 스며 있는 '꽃의 향기'는 고대에서부터 흘러들어온 것이다. 그럼 광학적 사유에서는 어떠한가? 여기에는 '별의 운행소리'가 있다.

> 시원한 空氣가 肺腑에 흐르고, 별들이 운행하는 소리가 體內에 상쾌하다.
>
> 어느 틈엔가 별의 보슬비다. 그리고 수줍어하듯 하늘은 엷은 銀빛으로 빛나기 시작했다. 별은 한층 더 기쁜 듯이 반짝인다.
>
> ―「첫번째 방랑」 부분

「첫번째 방랑」에는 '반짝이는 별'과 '반짝이지 않는 별'이 등장하는데 위에서 '반짝이는 별'은 '운행소리'를 들려주는 별이라는 것을 알 수 있다. '반짝이는 별'과 '반짝이지 않는 별'의 차이는 반짝임의 유무 외에도 소리의 유무가 있는 것이다. 그럼 '별의 운행소리'가 의미하는 것은 무엇일까? 별이 실제로 운행상의 소리를 내었을 리 만무하다. 한갓 인간이 어떻게 몇 만 광년 떨어진 별의 소리를 들을 수 있겠는가? '별의 운행소리'는 상상적인 소리인 것이다.[13] 그리고 별을 우주의 탄생부터 존재하여 왔던 고태적인 상으로 본다면 '별의 운행소리' 역시 '꽃의 향기'처럼 고대에서부터 흘러들어온 감각이라고 할 수 있을 것이다. 이렇게 변환상징의 고리에는 고대의 냄새와 소리가 스며 있다.

---

13) 이러한 상상적인 소리는 다른 작품에서도 나타나는데 「무제」에서의 "마음의 空洞"을 울리는 궐련 재의 "부드러운 音響"과 「어리석은 석반」에서의 "가슴에 音響하는 流量한 鐘소리"가 그것이다.

3. 재생과 치유의 상징으로서의 변환상징의 고리

본고는 앞 장에서 이상 문학에서 구성할 수 있는 '아버지'에 이르는 약도를 살펴보고 이를 변환상징의 고리라고 명명하였다. 이 장에서는 이상 문학에서 이 변환상징의 고리가 갖는 의미와 기능에 대해서 살펴보고 1장에서 제기하였던 두 가지 문제에 대해 답변하고자 한다.

변환상징의 고리는 어떤 의미를 갖는 것일까? 앞에서 본고는 변환상징를 고리는 '아버지'에 이르는 약도라고 설명하였다. 그러나 변환상징의 고리는 '아버지'에 이르는 길만을 의미하지 않는다. 본고는 이 변환상징의 고리를 의식과 무의식의 결합의 상징으로 보고자 한다. 이는 변환상징의 고리의 두 가지 측면을 고려할 때 알 수 있다. 우선 변환상징의 고리를 광학적 사유의 상부반원과 고고학적 사유의 하부반원으로 이분화하여 살펴보자. 「삼차각설계도」는 근대 물리학의 광학과 아인슈타인의 상대성 이론을 시적 소재로 삼은 것으로 보이는데 이상은 이를 시적 소재로만 취할 뿐 그것을 법칙으로 받아들이지 않는다. 그는 시적 상상력을 통해 광속의 벽을 넘음으로써 과거로의 시간여행을 보여준다. 상부반원은 광속을 초월할 때 만나게 되는 이미지의 변화과정이라고 할 수 있다. 이와 같이 근대 지식체계를 수용하고 그것을 허물어버리는 그의 상상력은 명백한 의식의 영역이다.

융은 의식의 방향은 시계방향을 띠고 무의식의 방향은 반시계방향을 띤다고 설명한다.[14] 그의 설명은 무의식에 집중되어 있어서 의식이 시계방향을 보이는 것에 대한 충분한 근거는 제시하지 못하고 있지만 무의식의 방향에 대해서는 많은 신화적 예를 통해 설명하고 있다. 그의 설명에 의하면 무의식의 방향이 반시계방향을 띠는 것은 서에서 져서 동에서 떠오르는 태양의 일주운동과 관련되는 것이다. 그는 신화적 영웅의 일생이

14) C. G. 융, 『꿈에 나타난 개성화 과정의 상징』(한국융연구원 C.G.융 저작 번역위원회 옮김), 솔, 2002, 157~174면.

태양의 일주와 같다고 말한다. 영웅은 바다괴물과의 싸움에서 져서 바다괴물에게 삼켜지고 심연으로 하강하게 된다. 그러나 그는 영웅이기 때문에 결국 싸움에서 승리하여 괴물의 배를 가르고 세상으로 다시 나오게 된다. 융은 이를 영웅이 무의식의 심연으로 침잠하였다가 무의식에서 분리되어 재탄생하게 되는 과정으로 설명한다. 그는 태양을 영웅의 상징으로 보면서 태양의 운동을 영웅이 무의식의 심연으로 침잠하였다가 분리되는 과정과 동일한 것으로 이해하였다. 따라서 무의식의 방향은 태양의 운동과 같이 반시계방향을 띤다는 것이다. 융의 이러한 설명에 기대어보면 반시계방향을 띠는 하부반원은 무의식의 방향으로 볼 수 있을 것이다. 「절벽」에서 '꽃'을 파내기 위해 끊임없이 지하로 내려가는 이상은 무의식의 심연으로 침잠하는 영웅과 다르지 않아 보인다. 또한 고고학적 사유의 통로상에 배열된 이지들은 고태적인 상으로 원형적 의미를 담고 있는 것이기에 더욱 변환상징의 고리의 하부반원은 무의식의 영역이라고 할 수 있다. 앞에서 본고는 '골편', '돌', '꽃' 등을 '나'와 '아버지' 사이에 존재하는 원상으로 파악하였는데 원형의 표상으로서의 원상은 투사에 의해 의식에 인지되는 것이다. 여기서 투사란 무의식의 활동이라고 할 수 있다.[15] 원형적 표상은 무의식의 투사에 의해서만 의식에 지각되는 것이므로 이들 원형표상으로 이루어진 하부반원은 무의식의 흐름으로 볼 수 있다. 따라서 상부반원과 하부반원의 결합인 변환상징의 고리는 의식과 무의식의 결합의 상징이라고 할 수 있는 것이다.

이러한 의미부여는 이미지의 방향과 원형적인 의미의 고려 없이도 변환상징의 고리가 지성적 사유와 내면의 냄새와 소리의 결합이라는 것을 통해서도 설명될 수 있다. 앞에서 살펴보았듯이 변환상징의 고리에는 '꽃의 향기'나 '별의 운행소리'와 같은 냄새와 소리가 스며 있다. 이러한 냄새와 소리는 어디에서 생겨나는 것인가? 감각은 물질의 운동에 대

15) C. G. 융, 『원형과 무의식』(한국융연구원 C.G.융 저작 번역위원회 옮김), 178~180면.

한 의식의 지각이다. 그러나 변환상징의 고리에 스며 있는 '꽃의 향기'나 '별의 운행소리'는 물질에서 나는 것이 아닌 '정신'과 '마음'에서 나는 것이었다. 인간의 정신을 의식과 무의식의 영역으로 나눌 때 이러한 내면의 냄새와 소리는 무의식의 영역에서 발생하여 의식에 지각된 것으로 밖에는 볼 수가 없다. 따라서 변환상징의 고리는 의식의 영역인 지적 사유와 무의식의 영역인 내면의 감각의 결합으로 볼 수 있는 것이다. 이렇게 변환상징의 고리는 '아버지'에 이르는 약도의 의미만이 아닌 의식과 무의식의 결합의 의미를 담고 있는 것이다.

그럼 이제 의식과 무의식의 결합의 상징으로서의 변환상징의 고리가 어떠한 기능을 하는지 살펴보자.

융은 꿈과 연금술에서 나타나는 개성화 과정을 설명하는 글에서 육체적으로 완전한 상태로 태어났음에도 불구하고 정신적인 불임으로 고통받는 한 왕에 대해서 이야기한다.[16] 이 왕의 왕국은 왕의 불임으로 인해 불모지가 되었는데 왕의 불임의 원인은 동일한 것이 동일한 것과 짝을 이루었기 때문이다. 철학자들은 왕에게 불임을 치유하기 위해서는 그의 아들과 딸을 결혼시켜야 한다고 말한다. 결국 왕은 오누이를 결혼시키고 나서야 정신적인 불임에서 벗어날 수 있었고 그의 땅은 다시 생산력을 회복하게 되었다. 융은 오누이의 근친상간적 결합을 대극 합일의 상징으로 보고 이것을 자신의 꼬리를 물고 있는 자웅동체의 우로보로스 관념의 한 변이로 설명한다. 다른 부분에서는 불임의 원인을 탈혼, 즉 혼의 상실로 보고 이를 치유하기 위해서는 의식과 무의식이 결합되어야 한다고 말한다.[17] 이 설명에 의하면 오누이의 결합이라는 대극의 합일은 곧 의식과 무의식의 결합을 의미하는 것으로 상실된 영혼을 회복하는 것임을 알 수 있다. 그는 의식과 무의식, 정신과 물질의 결합의 상징은 재생과 치유의

16) C. G. 융, 『연금술에 나타난 구원의 관념』(한국융연구원 C.G.융 저작 번역위원회 옮김), 245~246면.

17) 위의 책, 141~142면.

상징이 된다고 말하면서 그 예로 '조상의 상'을 들고 있다. '조상의 상'은 자아의 개성화 과정에서 나타나는 재생과 치유의 상징으로 여겨진다. 융은 재생의식의 상징성은 "유아성과 고태적인 점을 넘어서 동물적 차원까지 거슬러가는 조상의 모든 삶의 결과물이자 침전물이며 이것은 동물의 상징과 조상의 상징으로 드러난다"고 말한다.[18] '아버지'에 이르는 길인 변환상징의 고리는 융의 해석에 기댈 때 조상의 상으로 거슬러 올라가는 것으로 볼 수 있을 것이다.

변환상징의 고리는 의식과 무의식의 결합이라는 점에서 그리고 조상의 상으로 거슬러 올라가는 길이라는 점에서 융이 말하는 재생과 치유의 상징이 될 수 있는 것처럼 보인다. 과연 그런가? 변환상징의 고리는 실제로 재생과 치유의 기능을 하는 것인가? 이에 대한 답변은 우리가 이상 문학에서 재생과 치유의 기능을 하는 변환상징의 고리를 직접 찾을 수 있을 때만이 가능할 것이다. 본고는 변환상징의 고리와 이것의 재생과 치유의 능력을 증명하는 것으로 '장난감신부'의 '반지'를 제시하고자 한다.

본고는 1장에서 '장난감신부'가 이상의 시에서 등장하는 '낙태한 여성'들과 달리 아이를 낳을 수 있고 '싱싱한 밀감'에 대한 식욕을 보여주는 건강한 여성이라고 보았다. 그리고 어떻게 '장난감신부'는 이러한 생식력을 유지할 수 있었는가라는 의문을 제기하면서 "몸에 반지밖에갖이지않은"이라는 구절을 통해서 '장난감신부'가 '반지'를 가지고 있었기 때문에 가능한 것이 아니었는가라는 추측을 하였었다. 이제 「I WED A TOY BRIDE」를 분석하면서 이 문제에 대한 해답을 찾아보자.

이 시에서 우선 눈에 띄는 부분은 '장난감신부'의 아무것이나 막 찌르는 행동이다. '장난감신부'는 '나'가 건네준 '바늘'로 모든 것을 마구 찔러대서 '나'의 피부에 '피'까지 낸다. 이러한 '장난감신부'의 찌르는 행위와 '나'의 피부에 난 '피'는 무엇을 의미하는 것일까? 이를 동일한 내

18) 위의 책, 168~170면.

용을 담고 있는 다른 작품을 살펴보면 이는 불임으로 황폐화된 육체에 성적인 생식력을 회복시키기 위한 행위임을 알 수 있다.

「且8氏의 出發」에서 이상은 "지구를 굴착하라"고 외치는데 이는 "사람의숙명적발광은곤봉을내미는것이니라"라는 이어지는 구절에서 그것이 성행위를 암시하는 것임을 알 수 있다. 그리고 꽃이 피지 않는 식물인 '은화식물'이 꽃을 피웠다는 "차8씨의온실에는은화식물이꽃을피워가지고있었다"라는 말에서 또한 확인할 수가 있다. 생식력 회복을 위해 지구를 '굴착'하는 것은 「어리석은 夕飯」에도 동일하게 나타난다. 이상은 여기서 "대지의 성욕에 대한 결핍, 이 엄중하게 봉쇄된 금제의 대지에 불륜의 구멍을 뚫지 않으면 안 된다"라고 하면서 대지에 구멍을 뚫는 것이 성욕의 회복임을 분명히 보여주고 있다. 이렇게 「차8씨의 출발」과 「어리석은 석반」에서 나타나는 굴착의 행위와 그 의미를 미루어 볼 때 '장난감 신부'의 찌르는 행위 역시 성욕이 결핍된 육체에 생식력을 부여하기 위한 행위로 볼 수 있다. 이러한 해석을 가능하게 하는 또 다른 이유는 이 '찌르는 행위'가 '피'를 유발하였다는 것에 있다. 「倦怠」에서 자연의 녹색은 '흥분이 없는 것'이거나 '심심한 것'을 나타내는 권태롭기 그지없는 색으로 나타난다.[19] 「어리석은 석반」에서도 녹색은 광대무변함만을 나타내는 자연의 '세련되지 못한 색'으로 표현된다.[20] 반면 '붉은색'이나 '피'는 성적 생식력과 관련된다. 「어리석은 석반」에서 이상은 '성욕이

19) 어서-차라리-어둬버리기나 햇스면조켓는데-僻村의 여름-날은 지리해서 죽겟슬만치 길다
東에 八峰山. 曲線은 왜 저리도 屈曲이업시 單調로운고?
西를보아도 벌판, 南을보아도 벌판, 北아을보아도 벌판, 아-이 벌판은 어쩌자고 이러케 限이 업시 늘어노엿을고? 어쩌자고 저러케까지 똑가티 草綠色 하나로 되어먹엇노? …중략… 어쩔 作定으로 저러케 퍼러냐. 하로왼終日 저 푸른 빗은 아모짓도하지안는다오즉 그 푸른것에 白痴와가티 滿足하면서 푸른채로잇다. 이윽고 밤이오면 또 巨大한구뎅이처럼 빗을일허버리고 소리도업시 잔다. 이 무슨 巨大한謙遜이냐. (「권태」 부분)

20) 이 廣大無邊한 際涯도 없는 洗鍊되지 못한 永遠의 綠色은 도대체 어디로부터 어디에까지 繼續하고 있는 것인가. 나는 이 程度로써 이 洪水같은 綠色의 眺望에 실쭝이 나버렸다. (「어리석은 석반」 부분)

결핍된' 대지에 '불륜의 구멍'을 뚫을 결심을 하는 상황에서 자신의 손가락이 "시뻘겋게 충혈되어" 팽창한다고 말한다. 「첫번째 방랑」에서는 '정신의 이상한 향기'를 느끼자 "나의 투명한 피에 이제 바야흐로 적토색을 물들여야 할 시기"가 왔다고 말한다. 또한 같은 글에서 "피가, 지칠 줄 모르는 피가 이렇게 내뿜고 있는 대자연은 천고에도 결코 늙어 보이는 법이 없다"고 말한다. 이상의 시에서 등장하는 불임된 육체를 가진 여성들이 모두가 핏기 없는 '창백한' 피부를 가지고 있다는 것을 통해서도 혈색과 관련되는 '피'가 성적인 생식력을 의미하고 있다는 것을 알 수 있다. 이와 같이 이상의 문학에서 '피'를 흘리는 육체와 '붉은색'의 대지는 성적인 능력을 가진 건강한 육체와 풍요로운 대지이며 '창백한' 피부를 가진 육체와 '녹색'의 대지는 성적인 능력의 부재한 불임된 육체와 불모의 대지를 의미하는 것이다. 따라서 '장난감신부'가 이상의 몸에 대고 '바늘'로 마구 찌르는 것은 생식력을 회복시키기 위한 행위인 것이고 이상의 피부에서 '피'가 조금 났다고 하는 것은 성적으로 황폐했던 그의 육체가 생식력을 조금씩 회복하고 있음을 의미하는 것이다. 생식력의 회복은 바로 '싱싱한 밀감'에 대한 식욕으로 나타나는데 이러한 '식욕'은 이상의 다른 작품에서는 찾아보기 어려운 것이다.

이처럼 '장난감신부'는 아이를 낳을 수 있는 생산력을 가지고 있고, 또한 이상의 육체에 생식력을 회복시켜주는 존재로 그려지고 있다. 이는 아마도 이상의 시에서 등장하는 여성들 중에서 유일할 것이다. 그렇다면 '장난감신부'는 어째서 '낙태한 천사'들이 소유하지 못한 생식력과 건강한 식욕을 가질 수 있는 것일까? 본고는 '장난감신부'가 몸에 '반지'만을 가지고 있다는 것에 주목하고자 한다. 이상은 '반지'가 몸에 닿는 것을 '바늘'로 잘못 알고 아파한다고 하였다. 우리는 위에서 '바늘'로 찌르는 것이 불임된 육체에 생식력을 회복시키는 행위라는 것을 살펴보았다. 그렇다면 이상에게 '장난감신부'의 '반지'는 '바늘'처럼 그를 고통스럽게 하면서도 생식력을 회복시켜주는 물건이 되는 것이다. 그리고

'바늘'은 이상이 '장난감신부'에게 건네 준 것이지만 '반지'는 '장난감신부'가 처음부터 가지고 있었던 것이다. 따라서 '장난감신부'가 생식력과 건강한 식욕을 가질 수 있었던 것은 바로 이 '반지'를 가지고 있었기 때문이다. '반지'는 '바늘'과 같이 황폐화된 육체에 성적 능력을 회복하게 하는 재생과 치유의 힘을 가지고 있는 것이며 이는 생식력 회복의 메커니즘으로 작용하는 변환상징의 고리가 확실한 원시기하학적 도형으로 나타난 것이라고 할 수 있다. 이렇게 의식과 무의식의 결합의 상징인 변환상징의 고리는 '장난감신부'의 '반지'가 되어 불임된 육체에 생식력을 회복시키는 재생과 치유의 상징이 되는 것이다. 그리고 이 재생과 치유의 힘이 바로 '원시성의 힘'인 것이다.

1장에서 이상이 「병상이후」에서 욕망하는 '원시성의 힘'이 예술적 창조력을 나타내는 것임을 살펴보았다. 그리고 예술적 창조력이 '원시성'에서 나온다는 것으로 '원시성의 힘'을 받아들일 때 '원시성'이 뜻하는 바가 무엇이냐는 문제가 있음을 또한 살펴보았다. 우리는 우선 '원시성'을 원시적 자연으로 파악할 수 있을 것이다. 그리고 '원시성의 힘'을 원시 자연에서 생겨나는 생명력으로 볼 수 있을 것이다. 그럼 이상은 창조력으로서의 '원시성의 힘'을 원시적 자연의 생명력에서 찾은 것일까? 그러나 자연에 대한 그의 태도가 그다지 긍정적이지만은 않은 것을 볼 때 그럴 가능성은 적어 보인다. 성천기행문에서 드러나는 자연에 대한 이상의 태도는 이중적이다. 「산촌여정」이나 「첫번째 방랑」의 「산촌」에서 자연의 생명력은 '누에의 건강한 미각'이나 '세피아색의 처녀들', '자연의 섹슈얼한 부면'이라는 말로 미화되고 예찬되는 것처럼 보인다. 그러나 같은 성천기행문이 「권태」나 「어리석은 석반」, 「이 兒孩들에게 장난감을 주라」에서 묘사된 자연은 이와는 완전히 다른 모습이다. 여기에 묘사된 자연은 권태롭기 그지없는 '녹색'을 하고 있고 '성욕이 결핍'된 황폐한 불모지나 다름없다. 따라서 '원시성의 힘'을 원시자연의 생명력으로 보기에는 무리가 있다.

그럼 '원시성의 힘' 은 무엇을 말하는 것인가? 이것은 바로 변환상징의 고리에서 생겨나는 재생과 치유의 힘을 가리키는 것이다. '원시성' 은 원시적 자연을 의미하는 것이 아닌 원형의 상징적 의미를 말하는 것이고 '원시성의 힘' 은 '골편' , '돌' , '꽃' , '무수한 나' 등과 같이 원형의 상징적인 의미를 담고 있는 고태적인 이미지와 상징들에서 흘러나오는 것이다. 이것이 불임된 육체에는 성적 기능을 회복하여 주는 것으로 나타나고 예술적 창조행위에서는 고갈된 영감과 열정을 다시 불러일으키는 것으로 나타나는 것이다.

이렇게 해서 1장에서 제기하였던 문제에 대한 해답을 모두 찾아보았다. 정리하면 '장난감신부' 의 '반지' 는 이상 문학에서 구성할 수 있는 의식과 무의식의 결합의 상징인 변환상징의 고리가 원시 기하학적 도형으로 나타난 것이며 여기에는 불임된 육체에 생식력을 회복하게 하는 재생과 치유의 힘이 담겨 있다. 그리고 이 '반지' 가 가진 재생과 치유의 힘이 바로 「병상이후」에서 이상이 욕망하는 '원시성의 힘' 으로 예술적 창조의 힘으로 나타나는 것이다.

그러나 여기서 분명히 집고 넘어가야 할 것은 변환상징의 고리가 갖는 재생과 치유의 힘은 비단 육체의 불임만을 해소하는 것이 아니라 육체의 불임을 낳게 한 정신의 불임, 즉 영혼의 병을 치유하는 것이라는 점이다. 앞에서 정신적인 불임으로 고통 받는 왕에 대한 융의 해석을 살펴보았다. 그리고 정신의 불임을 해결할 방법으로써 의식과 무의식의 결합에 대해서도 알아보았다. 의식과 무의식의 결합의 상징은 육체의 불임을 있게 한 정신의 불임을 해소하는 것이며 탈혼된 육체에 영혼을 다시 불어넣는 것을 의미하는 것이었다. 변환상징의 고리는 의식과 무의식의 결합의 상징으로 이것이 갖는 재생과 치유의 힘은 육체의 병만이 아닌 영혼의 병을 치유함으로써 육체의 고갈된 생식력과 생명력을 회복시키는 힘인 것이다. 따라서 변환상징의 고리와 '원시성의 힘' 을 축으로 이상 문학에서 원시주의를 구성할 수 있다면 이는 '고귀한 야만' 을 동경하는 여타의 낭만적 원시주의와는 질적으로 구별되는 것이어야 한다.

4. 새로운 원시주의의 구성 가능성

신범순은 서양의 낭만주의 한 흐름이었던 원시주의를 루소와 고갱, 레비스트로스의 편력을 통해서 설명하고 이와 이상의 원시주의를 관련시킨다. 그에 의하면 '고귀한 야만'에 대한 끌림이었던 원시주의는 단순한 자연으로의 회고적, 이국적 취미가 아니라 자신의 정체성을 찾기 위한 것이었다고 말한다.[21] 그러나 본고는 이상의 '원시성'을 이러한 낭만적 원시주의인 '고귀한 야만'의 범주에 위치시키기가 망설여지는데 이는 이상이 추구하던 '원시성의 힘'에는 '고귀한 야만'이 담아내지 못하는 의식과 무의식, 정신과 물질의 결합이라는 문제의식이 담겨 있기 때문이다.

서구의 근대 물질문명에 관한 비판들 중에서 의식과 무의식의 분리와 이에 따른 영혼의 고갈 문제를 지적한 것은 융이 선구적이었던 것으로 보인다. 융은 유럽 사람들이 느끼는 마음의 공허함의 원인을 물질과 정신의 분리에 따른 영혼의 고갈이라고 판단했다. 그는 근대 물질문명의 발달과 함께 사람들은 영혼의 문제에 대해 관심을 가지지 않기 시작했으며 이는 의식과 무의식의 대립을 극대화하는 방향으로 나아갔다고 설명한다. 그러나 무의식은 의식에 영향을 미치려 하기 때문에 이러한 대극의 심화는 오히려 사람들이 무의식에 사로잡히는 결과를 초래하는 것이었다.[22]

켄 윌버는 정신과 물질, 의식과 무의식의 분리를 종교와 과학의 분리로 이해하였다. 그는 종교와 과학이 차별화되지 않았던 전근대에서 근대화는 이를 차별화하였고 이로 인해 종교와 과학은 각각의 부분에서 발전

---

21) 신범순, 「이상의 원시주의와 부채꼴 인간의 의미」(한국현대문학회 2006 동계 학술대회 자료집), 87~92면.

22) C. G. 융, 『원형과 무의식』(한국융연구원 C.G.융 저작 번역위원회 옮김), 118~125면.

할 수 있었다고 말한다. 그러나 근대화가 지속되면서 이 차별화는 서로 대립적인 분리로 나아갔다고 하면서 그는 근대성이 가져온 차별화는 근대성의 축복이지만 대립적인 분리는 근대성의 재앙이라고 보고 있다.[23] 이는 융과 유사한 문제의식을 가지고 있는 것이었다. 하지만 그는 분리 상태를 극복하고 통합하는 방식에 있어서는 무의식의 소리에 귀를 기울여야 한다는 융의 방식에 동의하지 않는다. 그는 더 높은 정신의 고양을 통해서 통합은 달성된다고 말한다. 따라서 그에게 '원시주의'는 '원초로의 회고주의'로 규정되면서 정신적 고양으로 근대성이 초래한 분리를 해결하는 것이 아닌 차별화가 생기기 이전의 전근대로 회귀하는 것으로 파악되었다. 원시주의는 근대에서 전근대로의 퇴행에 불과한 것으로 여타의 해체론적 포스트모더니즘 사상과 함께 비판되어야 할 대상이었다. 그러나 그는 원시주의가 근대성이 가져온 분리를 나름의 방식으로 해결하려 한 것으로 파악하고 있었다. 다만 그것이 분리 이후의 상위단계에서의 통합이 아닌 분리 이전의 하위단계로의 퇴보로 보였기 때문에 비판을 가한 것이었다.[24] 이러한 켄 윌버의 원시주의 비판은 『휴머니즘의 옹호』에서 보여주는 머레이 북친의 원시주의 비판[25]보다 훨씬 성숙한 것이었다. 왜냐하면 켄 윌버의 원시주의 비판에는 정신과 물질의 분리와 결합이라는 문제가 담겨 있기 때문이다. 그러나 북친은 근대의 문제가 정신과 물질의 분리에서 기인하였다는 것을 인식하지 못한 상태에서 원시주의를 단순히 원시낙원에 대한 동경이나 이국취향에 의한 것으로 볼 뿐이었다.

사실 이러한 원시주의 비판들이 부적절한 것이거나 부당한 것은 아니었다. 19세기 말에서 20세기 초까지 유럽에서 유행했던 '고귀한 야만'에 대한 동경이 그 예술적 성과에도 불구하고 그들 예술가 자신의 공허함을

23) 켄 윌버, 『감각과 영혼의 만남』(조효남 역), 범양사출판부, 2003, 79~105면.

24) 위의 책, 153~172면.

25) 머레이 북친, 『휴머니즘의 옹호』(구승회 역), 민음사, 2002, 191~233면.

치유하고 그들이 바라던 자연 상태의 원시적 생명력을 얻게 하였는가는 의심이 가는 부분이다. 원시주의의 유행을 이끌었던 고갱의 타이티에서의 생활이 그 자신에게 과연 풍요롭고 건강한 삶을 보장해 주었는가를 생각할 때 문명인이 원시 야만의 상태로 돌아가는 것이 가능한 것인지, 아니면 문명인이 원시적 생명력을 제대로 수용할 수 있기나 한 것인지에 대한 의구심이 생기지 않을 수 없다.[26]

이상은 이러한 원시 자연의 허구성을 인식하고 있었던 것 같다. 그는 자연을 생식력이 풍부한 건강한 모습으로만 그리고 있지 않다. 오히려 그의 작품에 나타나는 자연의 모습은 대부분 이상 자신의 병든 육체와 연결되어 있고 근대의 황량한 도시와 마찬가지로 생식력을 상실한 모습으로 그려지고 있기 때문이다. 그는 이 불모의 자연에 생식력을 부여하기 위해서는 자신의 불임이 해결되어야 한다는 것을 인식하고 있었다. 왜냐하면 자연의 불모성은 자신의 불임에서 기인하는 것이고, 육체의 불임은 정신의 불임이라 할 영혼의 상실에서 비롯된 것이기 때문이다. 이상의 근대에 대한 비판은 물질문명에 대한 상식적인 수준의 비판이 아니었다. 그는 르네상스 이후 진행된 서구의 근대 물질문명이 노출했던 정신과 물질의 분리의 길을 인식하고 있었던 것이다. 그에게 근대는 정신과 분리된 물질만이 존재하는 사회였다. 근대에 존재하는 물질들은 영혼을 상실한 채 서로 어떠한 연결도 보이지 않는 파편적인 생활을 하고 있었다. 이러한 근대의 탈혼적인 모습을 그는 '골편'으로 인식하였던 것이다. 이러한 맥락에서 의식과 무의식, 정신과 물질의 결합의 상징으로서의 변환상징의 고리와 여기에서 생겨나는 '원시성의 힘'에는 융과 켄 윌버가 제기했던 정신과 물질의 분리와 결합의 문제가 담겨 있는 것이다. 따라서 이상 문학의 '원시성'을 '고귀한 야만' 개념의 원시주의와 같은 것으로 끌어내릴 수는 없다. '고귀한 야만'이 단순한 원시 낙원에 대한 동경이나 원

26) 고갱의 생애에 관한 내용은 『고갱』(프랑수아즈 카생(이희재 역), 시공사, 1996)과 『고갱의 스커트』(스티븐 F. 아이젠만(정연심 역), 시공사, 2004)를 참고하였다.

시 자연으로의 회고가 아니라 자연의 생명력을 얻고자 하는데 있다고 하더라도 그것은 물질적, 육체적인 것에 머무는 것일 뿐이다. 반면 이상이 추구하는 '원시성의 힘' 은 육체적 불임을 초래한 영혼의 병을 치유하는 것이다. 본고는 이러한 이상의 '원시성의 힘' 과 변환상징의 고리를 통해서 '고귀한 야만' 을 극복할 새로운 원시주의를 구성할 수 있는 가능성을 검토하고자 한다. 새로운 원시주의는 끝내 '슬픈열대' 의 공허함으로 끝나버리는 원시 자연에 대한 낭만적 동경이 아닌 융이 말하듯 우리들이 본래부터 가지고 있었으면서도 잊어버리고 살았던 우리의 본래의 상, 고태적인 상들이 가지는 상징적인 힘을 다시 부활시키는 것을 말하는 것이다.[27] 이것이 의식과 무의식, 정신과 물질의 결합을 추구하는 한 포스트모던과 해체의 시대를 살아가는 우리들이 때때로 느끼는 이유를 알 수 없는 공허함을 치유해 줄 수 있지 않을까. 근대초기에 행해진 이상의 시도는 이렇게 끊임없이 추구되어야 할 것으로 우리에게 남아 있다.

27) C. G. 융, 『원형과 무의식』(한국융연구원 C.G.융 저작 번역위원회 옮김), 118~121면.

이상 시에 나타난 고고학적 사유 연구

김 초 희

목차

이상 시에 나타난 고고학적 사유 연구

—해부학적 시선에서 고고학적 사유로

김 초 희*

1. 뫼비우스의 띠의 절망

이상의 처녀작 「12월 12일」(『조선』, 1930.2~12)과 초기 시 日文 「鳥瞰圖」(『조선과건축』, 1931.8), 「삼차각설계도」(『조선과건축』, 1931.10), 「건축무한육면각체」(『조선과건축』, 1932.7), 國文 「烏瞰圖」(《조선중앙일보》, 1934.7.24~1934.8.8)[1]는 '설계도-지도' 의 이미지를 가지고 있다. 「12월 12일」에서 '설계도-지도' 의 이미지는 이 소설의 에필로그에서 찾을 수 있다. "이 하잘것업는 짧은한편은 이 어그러진인간법측을 『그』라는인격에붓치여서 재차의방랑생활에흐르랴는 나의 참담을 극한 과거의공개

* 서울대학교 국어국문학과 박사과정 수료

1) 이하 본고에서 인용된 이상 작품은 김주현 주해, 『정본이상문학전집』 1~3권(소명출판, 2005)을 참조했음.

장으로하라는것이다"란 구절에서 "인간법칙"이 그것이다. 이상은 이를 인간의 삶이 어떠한 곡절을 가진다고 해도 결국은 불행에 이르는 법칙이라고 말한다. 그래서 '그'란 인물을 자신이 설계한 인생프로그램 즉 '인간법칙'에 입력해서 '그'가 이로부터 벗어나기 위해 어떠한 노력을 하더라도 결국은 비극적 파국에 이르고 마는 인생시뮬레이션을 보여주겠다고 선언한다.

이는 일련의 연작시에서도 마찬가지이다. 이상은 연작시의 표제를 모두 도(圖)라 하여 여기에 묶여 있는 시들이 자신이 작성한 일종의 설계도, 지도임을 명확히 하고 있다. 이처럼 반복되는 '지도' 혹은 '설계도'의 이미지를 통해서 이상은 과연 무엇을 말하고 싶었던 것일까?

일련의 연작시들에서는 '설계도-지도'란 유사성 이외에도, 비슷하게 반복되는 모티프, 이미지, 시어들이 발견된다. 특히 「삼차각설계도」의 경우, 각각의 시편들은 속도, 시각, 광선 등의 개념을 이상 자신만의 독특한 방식으로 재정의하고 있다. 또한 이렇게 재정의 된 시어를 바탕으로 각각의 시편들이 서로가 서로를 참조하는 방식으로 쓰여져 있다. 여기서 알 수 있는 것은 이상이 자신의 초기 작품군을 자신의 문학세계를 전개하기 위한 일종의 '설계도'로 구상하고 있다는 사실이다. 다시 말해 그는 이후 사용하게 될, 혹은 사용하는 시어와 이미지들을 철저한 계획과 구상 아래 자신만의 방식으로 재정의해 놓고 있는 것이다. 따라서 이를 해석하고 이해하는 것은 이상의 문학세계로 들어가는 입구가 된다.

이상은 총독부 기수시절 무수한 설계도면을 그렸으며, 미술에도 특별한 재능과 취미를 가지고 있었다. 그는 '설계도'와 '그림'이 그려지는 이차원 평면의 상징적 의미에 대해서 깊은 사유를 했던 것으로 보인다. 「삼차각설계도」에서 이상은 유클리드 기하학을 비판하고 있다. 현대기하학에서 위상기하학은 유클리드적 평면공간을 부정하고 굴곡진 평면 즉 안과 밖에 서로 만나는 평면에 대해 사유한다. 그가 유클리드 기하학을 부정한다는 것은 어떻게 평면공간을 탈출할 것인가를 고민한다는 의미이다. 「건축무한육면각체」란 연작시의 표제인 '무한육면각체' 란 내각의 합이 360°를 넘어서서 3차원적 좌표축 내에서는 그려낼 수 없는 다차원도형이다. 따라서 건축무한육면체는 평면공간을 벗어난 다차원 혹은 다른 차원에 대한 사유를 의미한다.

따라서 본고는 이상의 설계도(지도)의 문제를 차원의 문제로 생각해 보고자 한다. 왜냐하면 설계도(지도)는 3차원적 공간을 2차원 평면에 투영시키는 것이기 때문에 차원이 서로 넘나들고 있는 대표적인 예이기 때문이다.

위상기하학의 대표적인 예로 들 수 있는 것은 '뫼비우스의 띠' 이다. 뫼비우스 띠를 만들기 위해서는 평면을 한 번 꼬아 붙여주면 된다. 이렇게 평면을 한 번 꼬아서 이어 붙이면 평면을 그냥 이어 붙인 원통과 달리 안과 밖이 서로 만나는 뫼비우스 띠가 만들어진다. 즉 뫼비우스 띠는 2차원적 평면이 3차원을 따라 꼬인 것[2]이다. 2차원 평면에서 안과 밖은 절대로 만날 수 없다. 그러나 이를 3차원에서 한 번 꼬아 주면, 절대로 만날 수 없던 안과 밖이 서로 만나게 된다. 이는 클라인의 병에서도 마찬가지다. 클라인의 병은 삼차원 입체의 안과 밖을 연결시켜 일종의 고차원 입체를 만든 것이다. 이는 안과 밖이 서로 먹고 먹히는 관계인 러셀역설을 시각화한 것으로도 볼 수 있다. 러셀역설이란 자기 언급적 상황이 불러일으키는 모순을 일컫는 것으로 전체가 부분 속에 있어 전체와 부분의 위계질서가 붕괴되고 순환적으로 반복되는 상황을 말한다.[3] 러셀역설은 상대성이론을 예고하는 위상기하학의 바탕이 되는 사유로써 공간과 시간은 고정되어 있다는 뉴턴적 칸트적 인식론을 뒤흔들었다. 따라서 이들은 모두 새로운 공간과 시간의 차원에 대한 문제를 다루고 있다.

이상은 지속적으로 설계도가 그려지거나 사진이 찍히는 '평면' 을 문제 삼았다. 이는 역전된 뫼비우스의 띠를 의미한다. 그는 차원을 하강시

2) 아미르 D. 액셀, 김희봉 옮김, 『신의 방정식』, 지호, 2002, 140면.
3) 김상일, 『러셀 역설과 과학 혁명 구조—과학 혁명은 있는가』, 솔, 1997.

킴으로써 연결되어 있었던 것들을 끊어내고, 완결된 형태를 낱낱이 해체시켰다. 그는 우리가 살아가는 현실이 무수히 많은 차원들의 중첩으로 이루어져 있으며 언제든지 무너질 수 있는 균열과 틈새를 지니고 있음을 보여주었다.

이로써 이상의 설계도(지도)는 이중의 의미를 지니게 된다. 첫째, 뫼비우스 고리 안에서는 안과 밖이 연결되어 있기 때문에 결코 그 평면을 빠져나갈 수 없다는 대칭축의 의미가 그 하나이다. 에셔는 뫼비우스 띠 위를 기어가는 개미를 그린 바 있다. 3차원의 공간을 지각할 수 있는 우리로써는 개미가 하나의 고리를 빙빙 돌고 있다는 것을 알 수 있다. 그러나 2차원 평면을 기어가는 개미는 아무리 기어가도 왜 이 고리로부터 벗어날 수 없는지를 알 수 없다. 이상은 이와 같은 무한반복의 과정을 '대칭축'의 이미지로 표현하고 있다. 둘째, 하나의 차원에서는 동일성을 가진 완결된 형태로 보이는 것이 차원을 달리하면 무수히 많은 다른 것들로 분리될 수 있다는 것, 혹은 무한하게 펼쳐질 수 있다는 스펙트럼 이미지의 의미가 그 하나이다.[4)]

현대 물리학에서 다차원성의 문제는 전체와 부분을 동일한 것으로 사유하는 과학 혁명을 가리킨다. 고전 물리학에서는 관찰되는 대상과 관찰자를 분리시켰기 때문에 항상 관찰하는 관찰자까지 포함시킬 때는 자기언급이란 모순이 발생해 왔다. 이러한 상황을 논리적으로 해명한 것이 러셀역설이다. 이를 해결하기 위해 현대 물리학은 관찰자를 다시 안으로 끌어들였다. 이는 전체가 부분 속으로 들어가고, 부분 속에서 전체가 들어가는 방식이다. 이는 one과 One을 분리시켜 생각하는 것으로 전체의 부분인 하나와 전체인 하나가 동일하면서도 다르다는 사유방식이

4) 이에 대해서 신범순, 「실낙원의 산보로 혹은 산책의 지형도」, 『이상 문학연구의 새로운 지평』, 역락, 2006 참조.
이 글에서 저자는 광학적 반사상의 세계를 벗어나고자 한 이상의 시적 탐구의 도정을 '부채꼴 인간' 이란 개념을 통해서 추적하고 있다. 본고에서 사용하는 '스펙트럼' 이미지는 신범순의 '부채꼴 인간' 개념을 참조하고 있다.

다.[5] 이러한 사고혁명을 신화적 사유와 연결시키는 나카자와 신이치는 다차원성의 문제를 대칭의 문제로 풀면서 이것이 분리된 것들을 연결시키는 사유이며, 나아가 전체와 부분이 연결되는 신화적 사고[6]로 해석한 바 있다. 이처럼 차원을 넘나드는 전체성을 사유하게 하는 다차원성의 개념이 이상에게는 정반대의 의미 즉, 빠져 나갈 수 없는 대칭축의 의미를 지니는 이유는 무엇일까? 이는 이상이 자신과 그의 동시대인들이 자신이 살아가고 있는 세계의 다층적 차원을 인식하지 못하고 2차원적 평면 안에 갇혀 버둥거릴 뿐이라는 비극적 인식에서 기인하는 것으로 보인다. 이는 오늘날에도 마찬가지가 아닐까? 이에 본고에서는 어떻게 자신이 살고 있는 차원을 상승시킬 것인가를 문제 삼고 있는 이상의 작업을 추적함으로써, 이에 대한 어렴풋한 출구라도 찾을 수 있기를 기대한다.

2. 투시(透視)로서의 해부학적 시선

1) 광선의 두 가지 의미－오목렌즈와 볼록렌즈

「線에關한覺書7」(1:64~66)에서 이상은 "光線이사람이라면사람은거울이다……視覺의이름을가지는것은計畫의嚆矢이다……視覺의이름들을健忘하라"라고 하여 '광선＝사람＝거울＝시각＝광선≠시각의이름' 이란 이

5) 김상일, 위의 책.
이는 홀로그래피를 통해서 설명된다. 홀로그래피는 두 개의 렌즈를 사용해서 한 대상에서 나온 빛을 분리시켜 다시 합치는 과정을 통해 '간섭효과' 를 만들어 3차원의 영상을 보여준다. 처음에 반사된 빛을 one으로 두 번째 분리되었다가 합쳐진 빛을 One이라고 한다. 이러한 홀로그래피는 불교적 세계관과 만나는데, 불교에서 말하는 깨달음의 단계도 또한 one－two－One이기 때문이다. "당신이 선을 공부하기 전에는 산은 산이고 물은 물이다(one)→선을 공부하고 있는 동안 산은 더 이상 산이 아니고 물은 더 이상 물이 아니다(two)→그러나 당신이 일단 깨닫고 나면 다시 산은 산이고 물은 물이다(One)" 145~158면 참조.

6) 나카자와 신이치, 김옥희 옮김, 『대칭성인류학』, 동아시아, 2005.

미지의 계보도를 제시하고 있다. 여기서 "시각의이름을가지는것은계화의 효시이다" 란 구절은 자신의 '계획' 또는 설계도라는 것이 '시각의 이름' 을 방법론으로 삼고 있음을 밝히는 것이다. 그리고 이때 이상이 시각을 광선과 동일한 것으로 설정해 놓았기 때문에, 「삼차각설계도」 연작에서 '광선' 의 의미가 무엇인지를 해석하는 것이 이상의 작업인 설계도의 의미를 풀어가는 데 있어 시발점이 된다.

따라서 이들 이미지가 어떻게 연결되는지 그의 초기 작품에서부터 추적해 보면, 광선 이미지가 제일 처음 등장하는 것은 「이상한가역반응」임을 알 수 있다.

> 任意의半徑의圓(過去分詞의 時勢)// 圓內의一點과圓外의一點을結付한直線//二種類의存在의時間的影響性/(우리들은이것에관하여무관심하다)//直線은圓을殺害하였는가//顯微鏡/그밑에있어서는人工도自然과다름없이現象되었다.
>
> —「異常한可逆反應」(1:31—1:32) 부분

여기서 광선은 '현미경' 의 이미지로 나타나고 있다. 현미경은 육안으로는 보이지 않는 것을 확대하여 보여주는 역할을 한다. 즉 동일성을 지닌 대상을 뚫고 들어가 그 속에 이질적인 다른 것들이 있음을 드러내는 것이다. 이는 표면을 뚫고 들어가는 광선의 힘을 잘 보여주는 이미지이다. 이상은 이를 '원을 살해하는 직선' 이라고 말하고 있다. 이는 광선의 뚫고 들어가는 투시의 힘을 '직선' 으로 이미지화한 것이다. 이 이미지가 「삼차각설계도」에서 '선' 이미지로 이어진다고 볼 때, 「선에관한각서」 연작은 모두 '광선' 에 대한 이야기이며 자신이 사용하는 '광선' 이미지에 대한 세밀한 해설임을 알 수 있다.

「선에관한각서1」(1:55~1:56)은 「건축무한육면각체」의 「진단0:1」과 「오감도」의 「시제4호」와 동일한 구조를 가지고 있는 시로, "우주는羃에依하는羃에의한다" 라고 하여 무한반복과 반복을 통한 무한팽창의 이미지를 나타내고 있다. 그러나 이때의 반복이란 대칭축을 중심으로 한 닫힌 구조(순환적인 원환구조)란 점에서 계속 같은 자리를 맴돌 뿐 2차원 평면[7]을 빠져나가지 못하는 것이다. 따라서 우주는 계속 같은 자리에서 처음의 자기 자신을 복제할 뿐 복제되고 있는 자기 자신은 바라보지 못한다. 즉, 자기를 반성하지 못하는 반복을 통해 우주는 자기 자신을 일종의 감옥으로 만들고 있는 것이다. 여기서 '광선' 은 이러한 사태 혹은 구조를 뚫고 지나가 사진처럼 인화해내는 역할을 한다. 1부터 0까지 사각형의 모양으로 반복적으로 찍혀 있는 점은 이러한 광선이 투시해낸 우주의 이미지이다.[8]

> 스펙톨//軸X 軸Y 軸Z//速度etc의統制例컨대光線은每秒當三00000키로메—터달아나는것이確實하다면사람의發明은每秒當六00000키로메—터달아날수없다는法은勿論없다. 그것을 幾十倍機百倍機千倍機萬倍機億倍機兆倍하면사람은數十年數百年數千年數萬年數億年數兆年의太古의事實이보여질것이아닌가, 그것을또끊임없이崩壞하는것이라고하는가, 原子는原子이고原子이고原子이다, 生理作用은 變移하는것인가, 原子는原子가아니고原子가아니다, 放射는崩壞인가, 사람은永劫인永劫을살릴수있는것은生命은生도아니고命도아니고光線인것이라는것이다.
>
> —「선에관한각서1」 부분

7) 이차원 평면은 굴곡이 전혀 없다는 점에서 안과 밖의 이중 구조를 가지고 있다. 이는 유클리드 기하학, 즉 평면 기하학의 대전제가 되는 공간 개념이다. 이상은 이 평면을 안과 밖의 대립구조라는 점에서 대칭점, 대칭축이란 개념을 통해 표현하고 있다.

8)

	1	2	3	4	5	6	7	8	9	0
1	●	●	●	●	●	●	●	●	●	●
2	●	●	●	●	●	●	●	●	●	●
3	●	●	●	●	●	●	●	●	●	●
4	●	●	●	●	●	●	●	●	●	●
5	●	●	●	●	●	●	●	●	●	●
6	●	●	●	●	●	●	●	●	●	●
7	●	●	●	●	●	●	●	●	●	●
8	●	●	●	●	●	●	●	●	●	●
9	●	●	●	●	●	●	●	●	●	●
0	●	●	●	●	●	●	●	●	●	●

「선에관한각서1」 부분, 55면.

위 인용문에서 '스펙톨' 로 명명된 '광선' 은 유한한 역사의 흐름-시간의 순환적 고리를 벗어나 있다. 이때 광선은 역사의 끊임없는 붕괴와 탄생의 무한반복을 내려다보는 영겁의 자리에 있다. 따라서 '광선' 으로 세계를 투시한다는 것은 일종의 차원의 상승을 의미하는 것으로 볼 수 있다. 예를 들어 2차원 평면에 사는 생물이 있다고 하자. 그 생물은 평면의 x, y축으로만 움직일 것이다. 그런데 이 생물을 3차원에 사는 사람이 z축의 방향으로 들었다 놓았다고 했을 때 무슨 일이 일어날까? 그 생물은 z축을 이해하지 못하기 때문에 자신이 어디로 움직였는지 전혀 지각할 수 없다. 자신을 들어 올린 사람의 형상도 오직 선과 면으로밖에 인식하지 못할 것이다. 따라서 그는 갑자기 신비한 어떤 힘으로 사라졌다가 다시 나타난 것이 될 것이다. 그 생물의 동료들 역시 마찬가지일 것이다. 그들은 자신의 동료가 갑자기 사라졌다가 나타나는 광경을 목격할 수 있을 따름이다. 다시 나타난 동료에게 그들이 무슨 일이 있었느냐고 물어보더라도 그는 무수한 선과 면으로 구성된 어떤 신비한 것을 보았다고 밖에 말할 수 없을 것이다. 즉, 한 차원(2차원) 내에 있으면 그 차원(2차원)을 제대로 파악할 수 없는 것이다. (n)차원은 오직 (n+1)차원에 의해서만 그 본질이 드러난다.

이상은 자신의 세계를 조감해 낼 수 있는 (n+1)차원을 '광선' 에서 찾았다. '광선' 을 통한 조감은 「조감도」와 「오감도」로 이어진다. 그러나 이러한 해결방식 또한 문제를 가지게 된다. 왜냐하면 차원상승을 통한 문제해결 방식은 결국은 무한한 차원의 상승을 계속 반복해야 한다는 모순에 직면하기 때문이다. 따라서 이는 진정한 의미에서의 문제해결일 수 없고, 차원상승일 수도 없는 것이다.

이러한 문제인식 하에서 이상이 「선에관한각서2」와 「선에관한각서6」에서 오목렌즈와 볼록렌즈를 구별하고 있음에 주목할 필요가 있다. 이상은 볼록렌즈의 투시의 효과와 오목렌즈의 방사의 효과를 구별함으로써 '광선' 을 둘로 나누고 있다. 이는 광선에 대한 좀 더 심화된 차원의 문제

제기이다.

> (太陽光線은, 凸렌즈때문에收감光線이되어一點에있어서赫赫히빛나고赫赫히 불탔다, 太初의僥倖은무엇보다도大氣의層과層이이루는層으로하여금렌즈되게 하지아니하였던것에있다는것을생각하니樂이된다, 幾何學은凸렌즈와같은불장 난은아닐는지, 유우크리트는死亡해버린오늘유우크리트의焦點은到處에있어서 人文의腦髓를마른풀과같이燒却하는收감作用을羅列하는것에의하여最大의收감 作用을재촉하는危險을재촉한다, 사람은絶望하라, 사람은誕生하라, 사람은誕生 하라, 사람은絶望하라)
>
> —「선에관한각서2」(1:57~58) 부분

> 사람은사람의客觀을버리라//主觀의體系의收斂과收斂에의한凹렌즈…중략… (1234567890의疾患의究明과詩的인情緖의棄却處)
>
> —「선에관한각서6」(1:62~64) 부분

이상은 위의 두 시에서 광선을 볼록렌즈와 오목렌즈란 이미지를 통하여 둘로 나누고 있다. 「선에관한각서2」에서 이상은 농담처럼 대기의 층과 층이 볼록렌즈처럼 작용하지 않은 것이 얼마나 다행이냐며 만약 그랬다면 지구는 모두 불타고 말았을 것이라고 말하고 있다. 이는 볼록렌즈를 통해서 광선을 수렴시키면 소각이란 위험한 속성이 광선에 부여될 수 있다는 통찰이다. 이는 차원과 차원을 겹쳐 놓으면 서로가 서로를 불태우게 된다는 지적으로, 무한한 차원상승이 가진 모순점을 볼록렌즈 이미지를 통해서 드러내고 있는 것이다.

그러나 오목렌즈는 스펙스트럼의 효과를 보여주는 렌즈이다. 오목렌즈는 광선이 가지고 있는 다양한 차원을 한 평면 위에 쭉 늘어놓는다. 이는 한 차원에 다양한 차원이 공존하는 상태이다. 이를 위의 인용문에서는 주관의 체계에 의한 수렴이라고 말하고 있다. 즉, 볼록렌즈는 유클리드기하학의 은유로써 객관의 수렴이고, 오목렌즈는 주관의 수렴이라는 것이다. 이상은 이로써 '광선' 에 끊임없는 수렴작용을 통해서 인문의 뇌수를 불살라 버리는 사이비 객관(볼록렌즈)의 한계를 넘어설 수 있는 주관의 체계로서의 오목렌즈의 의미를 부여하고 있는 것이다.

이는 과거의 유산을 모두 짊어지는 것을 부정하는 이미지로 나아가고 있다. 「선에관한각서5」에서 이상은 광선보다 빠르게 달려가 광선을 보는 자리에 서서, 즉 영겁의 '광선' 의 시선에 서게 되면, 미래와 현재와 과거란 모두 동일한 것이 된다고 말하고 있다. 아인슈타인의 상대성이론에 따르면, 사람이 광선보다 빠르게 갈 수 있다면 과거를 여행할 수 있다고 한다. 물론, 광선보다 빠르게 가려면 질량이 무한대로 커지기 때문에 시간여행이란 실현 불가능한 관념태에 불과하지만 시적인 상상력으로 이상은 광선보다 빠르게 달려 그 광선의 자리에 서고, 나아가 그 광선을 바라봄으로써 우주 전체를 관조하는 시선을 획득하고 있다. 이상은 광선의 자리에서 태초의 과거를 보며 그것이 바로 미래를 보는 것임을 깨닫고 있다. 이처럼 시간과 공간은 고정되어 있다는 유클리드적 기하학을 벗어남으로써 이상은 그 모든 것이 연결되어 있으며, 내(현재)가 아버지(과거)이고 아버지가 바로 나(미래)라는 전체성의 사고로 나아가고 있다. 위의 「선에관한각서5」에서 '과거' 를 '아버지' 로만 바꿔놓은 아래의 시는 바로 이와 같은 전체성의 사고를 다루고 있다.

> 나의아버지가나의겨테서조을적에나는나의아버지가되고또나는나의아버지의아버지가되고그런데도나의아버지는나의아버지대로나의아버지인데어쩌자고나는작고나의아버지의아버지의아버지의……아버지가되니나는웨나는아버지를껑충뛰어넘어야하는지나는웨드듸어나와나의아버지와나의아버지의아버지와나의아버지의아버지의아버지모릇을한꺼번에하면서살아야하는것이냐
>
> —「詩第二號」 전문(1:83)

위의 시에서 나는 자꾸만 아버지가 되고, 그 아버지의 아버지가 되고, 또 그 아버지의 아버지가 된다. 이상은 자신 안에 그 모든 아버지들이 겹겹이 쌓여 있다며 자신이 결국은 이 모든 아버지의 노릇을 하며 살아야 한다고 말하고 있다. 이는 각각의 층들이 겹쳐 있어 수렴 작용하는 볼록렌즈와 같은 것이다. 이는 또한 꼬리에 꼬리를 물고 자기가 자기를 반영하여 무엇이 자기를 반영하는 것인지 결국은 알 수 없게 만드는 러셀역설의 주제이기도 하다. 이상은 이 수많은 아버지들의 겹을 통해서 과거와 현재의 구별, 나와 아버지의 구별이란 거시적 시각에 있어서는 구별이 불가능한 것이라고 말하고 있다. 따라서 과거의 무수한 짐을 떠안고 살아가려는 것은 결국은 인문의 뇌수를 불태워버리는 볼록렌즈적 수렴 작용에 불과한 어리석은 짓이라는 것이다. 이는 기독교의 원죄의식이 인간을 영원한 죄인 즉 노예로 만들었다는 니체적인 주제이기도 하다.

> 墳塚에게신白骨까지가내게血淸의原價償還을强請하고잇다. 天下에달이밝아서나는오들오들떨면서到處에서들킨다. 당신의印鑑이이미失效된지오랜줄은꿈에도생각하지안으시나요—하고나는으젓이대꾸를해야겠는데나는이러케실은決算의函數를내몸에진인내圖章처럼쉽사리끌러버릴수가참없다.
>
> —「門閥」 전문(1:112)

그러나 이상은 위의 시에서 알 수 있듯이 자꾸만 과거의 짐에 얽혀 들어가고 있다. 그는 "당신의 인감은 이미 실효" 되었다며 겉으로는 조상이 자신에게 요구하는 원가상환을 거부하지만 실제로는 자신의 몸에 새겨져 있는 인장을 쉽게 벗어던지지 못한다. 앞서서 이를 이상은 인문의 뇌수를 불태우고 세계를 폐허로 만드는 원인이라고 말했다. 그런데 여기서는 그것을 자기 자신으로 끌어들여 설명하고 있다. 과거에 자꾸만 얽매이는 것은 나를 나로 살지 못하게 하는 원인이 된다는 것이다. 왜냐하면 과거의 무수한 파편들을 모으는 것만으로는 진정한 나를 구성할 수 없기 때문이다.

여기서 「선에관한각서5」에서 그가 '사람'과 '나'가 다르게 사용되고 있다는 사실을 눈여겨 볼 필요가 있다.

> 사람은適宜하게기다리라, 그리고파우스트를즐기거라, 메퀴스트는나에게있는것도아니고나이다//速度를調節하는날사람은나를모은다.無數한나는말(譚)하지아니한다…중략…//來到할나는그때문에無意識中에사람에一致하고사람보다도빠르게나는달아난다…중략…于先사람은하나의나를맞이하라, 사람은全等形에있어서나를죽이라.
>
> —「선에관한각서5」(1:60~62) 부분

「선에관한각서5」에서는 위에 인용된 부분에서 알 수 있듯이 반복적으로 '나'와 '사람'을 구별하여 다르게 사용하고 있다. 여기서 '나'는 특정한 시간과 공간 속에서 동일성을 지닌 것으로 「이상한 가역반응」에서의 '원'의 이미지와 비슷한 맥락에 놓여 있다. 이 시에서 나의 동일성은 순간적인 것으로 나타난다. '나'는 무수하게 도래했다가 사라진다. 때문에 '나'는 전체적인 시각에서 볼 때 과거, 현재, 미래가 연결된 '사람' 즉, 전체성의 한 부분이다. 여기서 '사람'은 광선과 비슷한 의미를 가지고 있다. 때문에 '사람'이 영겁의 자리에서 이 명멸하는 '나'를 내려다본다는 진술이 가능해지는 것이다. 그런데 여기서 재미있는 것은 "도래한 나는 무의식중에 사람에 일치하고"라고 하여 '나'는 '사람'의 '부분'이지만, '사람'은 '나'와 어느 순간에서는 일치하기도 한다는 구절이다.

이는 홀로그램이론에서의 one과 One의 관계와 같다. 전체가 부분이 되고 부분이 전체가 되는 것이다. 따라서 이상은 "우선 사람은 하나의 나를 맞이하라"고 말하고 있는 것이다. 우선 나를 맞이해야만 작은 나에서 전체적인 나로 나아갈 수 있기 때문이다. 그래서 이상은 '전등형' 즉 전체적인 One을 획득했을 때 '나'를 죽이라고 말하고 있는 것이다. 따라서

"원을 살해하는 직선" 과 "사람은전등형에있어서나를죽이라" 란 구절은 동일한 것이라고 볼 수 있다.

따라서 '시각의이름' 을 가지는 것은 곧 '시각의이름들은건망' 하는 것이 되며, '과거를미래에있어서도태' 시키는 것이 된다. 그리고 '시각의 이름' 을 완전히 벗어버릴 수 있을 때 즉, 과거의 짐을 모두 망각하고 새롭게 시작할 때 무한반복을 넘어선 차원상승이 가능해진다.[9] 이는 나카자와 신이치가 말하는 전체와 부분의 일치 문제이다. 그러나 이상이 이러한 일치를 '광선' 의 힘을 통해서 간단하게 이루어내고 있는 것은 아니다. 오히려 이상의 작업은 역설적으로 이 일치가 붕괴임을 혹은 파편 조각들임을 드러내는 과정임을 힘겹게 확인하며 한걸음 한걸음 나아가고 있다.

2) 투시하는 광선과 2차원 평면의 한계

「선에관한각서1」에서 이상은 "(立體에의絶望에依한誕生)/(運動에의絶望에依한誕生)" 이라고 하여 광선이 보다 높은 차원에 있을지언정 이를 통해 투영해낸 세계는 결국 2차원 평면임을 명확히 했다.

> 臭覺의味覺과味覺의臭覺//(立體에의絶望에依한誕生)/(運動에의絶望에依한誕生)/(地球는빈집일境遇封建時代는눈물이나리만큼그리워진다)
>
> ─「선에관한각서1」 부분

9) '시각의 이름' 은 '광선' 과 동일선상에 놓이는 것은 아니다. 이상에게 '시각의 이름' 은 자신이 겨냥한 '계화' 를 위한 과도기적 단계에 불과하다. 그 좋은 예가 「月傷」(1:131~132)의 '달' 의 이미지이다. 이 시에서 이상은 새로운 달을 발견하기 위해서 달에 대한 일을 잊어버려야 한다고 말하고 있다. 이는 시각의 이름을 망각하라는 구절과 일치된다. 이 시에서 달은 추락하는데, 이 추락을 통하여 '나' 는 쫓고 쫓기는 그림자의 경주를 끝내고 새로운 달 아래 '홍수' 를 만난다. '홍수' 는 「詩第十一號」(1:91)의 백지를 찢는 홍수와 연결되기도 한다. 따라서 백지와 그림자가 이차원 평면을 가리킨다고 볼 때, 새로운 달은 차원의 상승을 의미하는 것으로 읽을 수 있다.

입체와 운동의 절망이란 일차적으로는 '평면'의 한계겠지만, 다른 한편으로는 '광선' 자체의 한계이기도 하다. 위의 시에서 "취각의미각과미각의취각"이란 광선의 시선을 통해서는 시각 이외의 미각과 후각을 표현해 낼 수 없다는 언급으로 읽힌다. 이는 광선이 투영해 내는 평면상의 한계를 단적으로 보여주는 것이다. 이러한 인식 아래서 보면 「선에관한각서1」의 "幾十倍機百倍機千倍機萬倍機億倍機兆倍하면사람은數十年數百年數千年數萬年數億年數兆年의太古의事實이보여질것이아닌가, 그것을또끊임없이崩壞하는것이라고하는가, ……放射는崩壞인가"란 구절을 이해할 수 있다. 이는 광선의 시각이라는 것도 붕괴를 보여주는 것일 뿐, 그것들을 통합해 내는 힘은 아니라는 것이다. 오히려 광선의 투시의 힘은 사람을 원자로까지 잘게 해부함으로써 진정한 의미에서의 붕괴일 수 있는 것이다. 이는 「烏瞰圖」「詩第八號 解剖」의 주제이기도 하다.

> 第一部試驗 手術臺 一/ 水銀途沫平面鏡 一/ 氣壓 二倍의平均氣壓/ 溫度 皆無 // 爲先麻醉된正面으로부터立體와立體를위한立體가具備된全部를平面鏡에映像식힘. 平面鏡에水銀을現在와反對側面에途沫移轉함. (光線侵入防止에注意하야) 서서히麻醉를解毒함. 一軸鐵筆과一張白紙를支給함.(試驗擔任人은被試驗人과抱擁함을絶對忌避할것) 順次手術室로부터被試驗人을解放함. 翌日. 平面鏡의縱軸을通過하여平面鏡을二片에切斷함. 水銀塗沫二回./ ETC 아즉그滿足한結果를收得치못하얏슴.// 第二部試驗 直立한平面鏡 一/ 助手 數名// 野外의眞實을選擇함. 爲先麻醉된上肢의尖端을鏡面에附着식힘. 平面鏡의水銀을剝落함. 平面鏡을後退시킴. (이때映像된上脂는반드시硝子를無事通過하겠다는것으로假設함) 上脂의終端까지. 다음水銀途沫. (在來面에)이瞬間公轉과自轉으로부터그眞空을降車식힘. 완전히二個의上脂를접수하기까지. 翌日.硝子를前進식힘. 連하여水銀柱를在來面에途沫함(上脂의處分) (혹은滅形)其他. 水銀途沫面의變更과前進後退의重複等./ ETC 以下未詳
>
> —「詩第八號 解剖」(1:88~89) 전문

「異常한可逆反應」(1:31~32)에서 이상은 "眞眞5의角바아의羅列에서/肉體에對한處分法을센티멘탈리즘하였다." 고 말하며 육체 또한 이 광선의 시선으로 평면상에 투영해 낼 수 있겠는가를 물은 적이 있는데, 「詩第八號 解剖」는 바로 이에 대한 실험이다. 실험 一部에서는 신체의 종축을 중심으로 하여 정면부터 반대면까지 그 단면 단면을 거울을 통해서 투시해 낸다. 그리고 실험 二剖에서는 MRI를 찍듯 횡축을 중심으로 그 단면을 역시 거울을 통해 투시해 내고 있다. 이제까지의 설계도(지도)가 예를 들어 어떤 입체의 표면을 대칭축을 따라 잘라내 이차원 평면에 펼쳐놓는 전개도의 형태를 가지고 있었다면, 이 시에서는 표면이 아닌 내부를 정말로 투시해 내고 있으며, 따라서 더 복잡한 조작과정과 여러 장의 거울을 사용하고 있다. 이러한 과정을 통해서 육체는 종축과 횡축을 따라 무수히 잘려나가게 된다. 이는 '광선' 의 시선이라는 것이 신체를 투시함으로써 신체를 조각조각 내고 나아가 '살해' 하고 있음을 말하는 것이다. 여기서는 앞 절에서 살펴본 바와는 다르게 광선의 폭력적인 힘이 느껴진다.

그러나 광선의 투시의 힘이 폭력적 살해의 의미를 지니게 되는 것은 광선 때문이 아니다. 앞 절에서 살펴보았듯이 광선의 투시의 힘은 오목렌즈의 효과인 '스펙톨' (스펙트럼)은 '방사' 를 의미하는 것이다. 스펙트럼이란 광선을 오목렌즈(프리즘)에 통과시킬 때 파장의 길이에 따라 다양한 색깔의 빛들을 평면 위에 부채처럼 펼쳐지는 현상을 말한다. 이를 통해서 광선은 자신이 세계를 투영해 내는 이차원 평면보다 더 많은 차원을 가진 다차원적 존재임을 증명한다. 이렇게 볼 때 '붕괴' 는 광선에서 비롯되는 것은 아니다. 광선은 그 대상을 다양한 각도에서 투시하여 그 대상 또한 광선의 스펙트럼이 그러하듯 다차원성을 가진 것으로 펼쳐 낼 수 있는 가능성을 충분히 가지고 있기 때문이다. 이를 「선에관한각서3」에서 "뇌수는부채와같이원에게까지전개되었다, 그리고완전히회전하였다" (1:59)고 하여 '부채꼴의 이미지' 로 형상화하기도 하였다. 그렇다면, 붕괴(파편화)는 어디서 생겨나는 것일까?

붕괴(파편화)는 광선이 투시의 힘으로 해부해 놓은 조각들을 잡아당기는 중심점이 존재하지 않을 때 일어난다. 중심점이 없을 때 광선의 투시의 힘은 세상을 붕괴시키고, 폐허로 만든다. 여기서 "(지구는빈집일경우봉건시대는눈물이나리만큼그리워진다)"(「스펙톨」(1:36))의 진술이 도출된다. 이에 대해서 이야기하기 전에 대칭축의 의미에 대해서 더 살펴보도록 하겠다.

'광선'의 시선은 「오감도」에서도 안과 밖이 함께 드러나는 대칭구조로 나타나고 있다. 이는 「시제1호」의 '막달은골목'과 '뚫린골목', '무서운아해'와 '무서워하는아해', 「시제3호」의 '싸움하는사람'과 '싸움하지아니하는사람', 「시제6호」의 '너'와 '나'라는 것이 결국은 같은 것이라는 이상 특유의 역설적 표현의 근원이 되는 것이다. 이는 처녀작 「12월 12일」에서 인생의 답을 도출하기 위해서는 항상 그 반대 항을 설정해 본다는 것과도 통한다. 왜냐하면 세상은 일종의 닫힌 원환구조를 가지고 있기 때문이다.

이차원 평면은 안과 밖이라는 대칭축을 그 존재 기반으로 하여 현실의 다양한 국면들을 투시하는 것이지 그대로 반영하는 것은 아니다. 즉, 광선의 시선은 안과 밖의 경계를 꿰뚫어 볼 수 있다는 점에서는 분명 보다 차원이 높지만 여전히 이 경계선을 유지한다는 점에서는 '시각'의 세계에 갇히는 것을 의미하는 것이기도 하다.

나의內面과外面과/이件의系統인모든中間들은지독히춥다//左 右/이兩側의손들이相對方의義理를저바리고두번다시握手하는일은없이/困難한勞動만이가로놓여있는이整頓하여가지아니하면아니될길에있어서獨立을固執하는것이기는하나//추우리로다/추우리로다/ /누구는나를가리켜孤獨하다고하느냐/이群雄割據를보라/이戰爭을보라/ /나는그들의軋轢의發熱의한복판에서昏睡한다/심심한歲月이흐르고나는눈을떠본즉/屍體도蒸發한다음의고요한月夜를나는想像한다//天眞한村落의畜犬들아짖지말게나/내體溫은適當스럽거니와/내希望은甘美로웁다

—「空腹一」(1:41~42) 부분

이상은 '시각' 이외의 모든 감각들이 사상되어 버리는 극단적 객관성의 세계인 '광선'이 자리한 곳을 위의 인용 시에서 "나의내면과외면과/이건의계통인모든중간들은지독히춥다"라며 '추운 곳'으로 이미지화하고 있다. 그럼에도 불구하고 이상은 이 경계선을 고수하는 것을 긍정적으로 평가한다. 왜냐하면 이 경계 바깥은 "전란의발열의한복판"이기 때문이다. 따라서 이상은 "내체온은적당스럽거니와/내희망은감미로웁다"며 자신이 자리한 경계지대에 머물러 있고자 한다. 그러나 이상은 자신이 전략적으로 선택한 이 대칭축 위에서 지속적으로 대칭을 벗어나는 삐걱거림을 느끼고 있다. 이 삐걱거림을 통해서 「空腹一」은 「紙碑」, 「紙碑—어디갓는지모르는안해」와 연결된다.

> 내키는커서다리는길고왼다리압흐고안해키는적어서다리는짧고바른다리가압흐니내바른다리와인해왼다리와성한다리끼리한사람처럼걸어가면아아이夫婦는부축할수업는절름바리가되어버린다無事한世上이病院이고꼭治療를기다리는無病이끗끗내잇다
>
> —「紙碑」(1:99) 전문

> ○紙碑二
>
> 안해는 정말 鳥類엿든가보다 안해가 그러케 瘦瘠하고 거벼워젓는데도 나르지못한것은 그손까락에 낑기웟든 반지 때문이다 午後에는 늘 粉을바를때 壁한겹걸러서 나는 嘲弄을 느낀다 얼마안가서 없어질때까지 그 파르스레한주둥이로 한번도 쌀알을 쪼으려들지안앗다 또가끔 미닫이를열고 蒼空을 처다보면서도 고흔목소리로 지저귀려들지안앗다 안해는 날를줄과 죽을줄이나 알앗지 地上에 발자죽을 남기지안앗다 秘密한 발은 늘보선신ㅅ신고 남에게 안보이다가 어느날 정말 안해는 업서젓다 그제야 처음房안에 鳥糞내음새가 풍기고 날개퍼

덕이든 傷處가 도배우에 은근하다 헤트러진 깃부스러기를 쓸어모으면서 나는 世上에도 이상스러운것을어덧다 散彈 아아안해는 鳥類이면서 염체 닷과같은쇠를삼켯드라그리고 주저안젓섯드라 散彈은 녹슬엇고 솜털내음새도 나고 千斤무게드라 아아

○紙碑三

이房에는 門牌가업다 개는이번에는 저쪽을 向하야짓는다 嘲笑와같이 안해의 버서노은 버선이 나같은空腹을表情하면서 곧 걸어갈것갓다 나는 이房을 첩첩이다치고 出他한다 그제야 개는 이쪽을向하야 마즈막으로 슬프게 짓는다

―「紙碑―어디갓는지모르는안해」(1:100~101) 부분

「지비」에서 나는 키가 크고 왼다리가 아프며 아내는 키가 작고 바른 다리가 아프다. 그래서 서로 같이 걸어가면 "부부는부축할수없는절름바리"가 되고 만다. 이상은 "이 절름바리란 무병이 끗끗내 잇다"고 하여 '절름바리'가 자신의 힘으로 극복할 수 없는 상황임을 명확히 하고 있다. 이러한 '절름바리'는 대칭축의 평면을 빠져나가는 이미지이다. 절름발이적 상황에서 이상이 '광선'의 이름으로 행한 안과 밖의 만남은 더 이상 가능하지 않게 된다. 여기서 이상은 내부와 외부의 영원한 분리란 문제에 맞닥뜨리고 있다.

대칭축을 벗어나는 절름발이의 문제는 「지비―어디갔는지모르는안해」에 와서 앞 절에서 남겨 놓은 「선에관한각서1」의 '지구는빈집'이란 구절을 해명하는 열쇠를 보여준다. 이 시에서 이상은 자신의 '안해'가 '조류'였다고 말하고 있다. 그 이유는 '안해'가 떠난 텅 빈 방에서 아내의 발자국을 도저히 찾을 수 없기 때문이다. 이는 '안해'가 지상에 발을 붙인 적이 없다는 증거이다. 이후 속속들이 '안해'가 '조류'였다는 증거가 발견되는데, 방 안에 가득한 조분 냄새와 벽지에 가득한 날개 퍼덕이든 흔적들이 그것이다. '안해'가 '조류'라는 설정은 그녀가 평면의 세계를 날아올라 갔다는 것이기에 중요하다. 이는 평면세계가 위나 아래로 뚫릴 수

있는 불완전한 세계임을 드러내는 것이기 때문이다. 이는 평면의 세계를 벗어날 수 있는 가능성을 제시해주는 것인 동시에 평면의 한계를 드러내는 것이다. 이상이 '광선'의 이름으로 행한 대칭의 설계도는 일종의 관념의 실험에 불과함이며 결국은 그것이 불일치의 폐허임을 드러내는 것이다.

이상은 처음에는 광선의 힘으로 어떻게 차원을 상승할 것인가를 고민했다. 이는 다양한 차원을 함께 사유하는 오목렌즈적 스펙트럼 작용을 통해서 이루어졌다. 즉 현실을 해체시켜 다양한 국면들을 평면 공간 안에 투영시키는 것이다. 이는 과거, 미래, 현재와 같은 다양한 국면들이 공존하는 전체성의 사고를 의미하는 것이다. 그러나 이와 같은 실험은 평면 공간을 지탱하는 중심축, 즉 대칭축이 부재함으로써 결국은 실패로 끝나고 만다. 현실의 해체작업이 중심축의 부재로 인해 전체성의 사유로 연결되지 못하고 결국은 불일치의 폐허로 변해버렸기 때문이다. 그러나 이상은 여기서 자신의 탐색을 멈추지 않았다. 그는 광선의 힘이 아닌 고고학적 시선을 가지고 산산조각 난 자신의 파편조각들을 주어모아 다시금 전체성의 사고를 시도하고 있다. 이에 대해서 다음 장에서 살펴보도록 하겠다.

3. 평면 기하학을 벗어나기 위한 고고학적 사유

이상에게서 고고학적 이미지가 직접적으로 등장하는 것은 「LE URINE」(1:45~47)의 "埋葬되어가는考古學은과연性慾을느끼게함은없는바가장無味하고神聖한미소와더불어小規模하나마移動되어가는 실(糸)과같은童話가아니면아니되는것이아니면무엇이었는가."란 구절과 수필 「骨董癖」(3:70~73)의 "骨董品의價値는 그런 考古學的인要求에서 생기는것일것이다. 兼하야 늣기는아름다운心情은 즉先朝에對한 그윽한鄕愁에서오는것이아닐가" 란 구절에서이다. 「LE URINE」에서 고고학은 폐허가 되어버린 세계 아래에서 실처럼 가늘게 이어지고 있는 생명력에 대한 은유로, 「골동벽」에서 고고학은 각각 떨어져 있으면 '사금파리' 조각과 같아 아무런 가치도 없는 것들을 이리저리 배열하고 끼어 맞춰 의미를 만들어내는 것으로 나타나 있다.

그러나 이처럼 '고고학' 이란 직접적 시어만을 추적하여서는 이상의 고고학적 사유에 접근할 수 없다. 이상의 문학 세계에서 고고학적 사유를 추적하기 위해서는 벤야민의 도움을 받을 필요가 있다. 왜냐하면 벤야민에게 있어서 '고고학' 이란 개념은, '폐허' , '알레고리' , '광부' , '망각' , '명상가' 와 같은 일련의 이미지들이 서로 교직되어 만들어지고 있는데, 이러한 이미지는 이상에게서도 중요하게 작동하고 있기 때문이다. 따라서 본고에서는 벤야민의 고고학의 개념을 살펴보고, 이를 바탕으로 하여 이상의 고고학적 사유에 접근하고자 한다.

벤야민은 폐허를 염두에 두고 고고학이란 개념을 사용하였다. 벤야민이 보기에 현실은 폐허와 같았다. 왜냐하면 자본주의와 기계문명이 항상 새것을 만들어 냄으로써 이전의 것들을 자꾸만 폐기해 가고 있었기 때문이다. 이를 「역사철학테제」[10)]에서는 파국의 이미지라고 하였다. 벤야민은 이 구체적인 예를 『아케이드 프로젝트』에서 '아케이드' 이미지 속에서 찾아냈다. 아케이드는 길 양옆으로 줄지어 늘어선 상가들을 유리지붕으로 연결한 것으로 19세기 자본주의의 전유물이었다. 아케이드를 걸으면서 19세기 프랑스인들은 날씨에 상관없이 쇼윈도를 구경하며 쇼핑을 즐겼다. 그러나 20세기 들어와 백화점이 생기면서 아케이드는 순식간에

10) 발테 벤야민, 반성완 편역, 「역사철학테제」, 『발터벤야민의 문예이론』, 민음사, 2006, 348면. 이 글은 파울 클레의 '새로운 천사' 라는 작품을 설명하고 있는 부분이다. 여기서 벤야민은 클레의 천사가 자신을 떠미는 소용돌이 위에서 뒷걸음질 치며 바라보는 것은 잔해 위에 또 다른 잔해를 쉬지 않고 쌓고 또 이 잔해를 우리들 발 앞에 내팽개치는 단 하나의 파국의 이미지라고 말하고 있다. 여기서 벤야민이 말하는 파국의 이미지란 진보의 환상으로 무장하고 현실을 폐허로 만들어가는 자본주의를 의미한다.

폐허로 변해버렸다. 따라서 벤야민에게 아케이드는 자본주의 하에서는 무엇이든 항상 폐허화될 수 있는 가능성이 잠재되어 있다는 자신의 견해를 증명하기에 좋은 이미지였다. 벤야민은 여기서 한걸음 더 나아가 자본주의 현실 자체가 이미 폐허라는 인식을 보여준다. 왜냐하면 자본주의는 세상이 지금보다 항상 더 나아질 것이라는 진보에 대한 믿음을 줘서 사람들로 하여금 지금의 현실을 미래의 꿈을 투영시켜 바라보게 하기 때문이다. 이것은 폐허로 변한 자연사 박물관을 걸어가면서도 그 잔해들을 머리속으로 재구성하여 마치 폐허가 되기 전의 자연사 박물관을 걸어가는 것으로 착각하는 것과 같다.[11)]

그러나 그가 진보의 환상을 비판한 이유는 그것이 파시즘적으로 이용당할 가능성이 농후했기 때문이었다. 벤야민은 자본주의의 거짓된 유토피아적 이상에 대응할 수 있는 것으로 '고고학적 사유' 를 제시했는데, 이를 '도시의 고고학' 이라 명명했다. 그가 유독 '도시' 를 테마로 삼은 이유는 그가 베를린에서 유년시절을 보냈기 때문이다. 자본주의는 도시를 중심으로 형성되었기 때문에 벤야민은 자신의 유년의 기억을 통해서 자본주의가 어떻게 도시를 변형시켰는지를 추적할 수 있었다. 그가 이를 드러내는 방식으로 채택한 것은 자신의 유년의 기억 속에 잠재되어 있는 유토피아적 꿈의 흔적들을 되살려서 그것을 자본주의의 집합적 유토피아 의식과 대응시키는 것이었다. 또한 벤야민은 도시의 미로를 헤매고, 재구성되어 있는 전체적인 기억들을 조각조각내거나 새로운 기억을 끄집어내어 '기억되지 않은 죽은 자' 를 복원시켰다.[12)] 이로써 도시가 까맣게 잊고 있었던 과거의 피해자들과 망각된 상처가 드러나기 시작했다.

이렇게 도시의 곳곳을 돌아다니면서 '파편' 화되어 여기저기 흩어져 있는 것들을 모으고, 이를 되살려내는 작업을 벤야민은 '알레고리' 라고 했

---

11) 발터 벤야민, 진형준 옮김, 『아케이드 프로젝트』, 새물결, 2005.

12) 그램 질로크, 노명우 옮김, 「도시의고고학」, 『발터 벤야민과 메트로 폴리스』, 효형출판사, 2005, 141~157면 참조.

다. 벤야민의 알레고리 개념은 하나의 파편조각을 통해서 시간과 공간을 초월하여 현실 속에 고대적 공간을 순식간에 재구성해내는 것으로 정의할 수 있다. 그는 파편을 찾아내는 것을 '광부'가 땅속에서 광물을 캐내는 작업에 비유하여 설명하였다.[13] 여기서 주목해야 할 것은 그가 이러한 시공간의 중첩을 오직 '명상'의 형태로만 가능하게 할 수 있다고 말하고 있다는 점이다.[14] 이는 모든 것들을 망각한 상태에서 갑자기 섬광처럼 전혀 이질적인 것들이 동일성을 갖게 되는 것이다. 이때 시간과 공간은 아무렇지도 않게 중첩될 수 있게 된다. 이는 자신만의 이미지를 창조하고, 이것을 바탕으로 시를 쓰는 이상의 시 창작 방법과, 망각과 건망을 강조하는 「삼차각설계도」를 떠올리게 한다.

이상에게 현실은 일종의 '폐허'이며 '파편조각'의 나열에 불과했다. 따라서 지속적으로 파편조각인 '골편'과 '사금파리 조각'의 이미지가 등장한다. 그리고 이것들을 끌어 모으는 이미지도 등장한다. 이는 벤야민의 알레고리와 명상가의 이미지를 떠올리게 한다. 그리고 이상의 시에는 땅을 파내려 가거나 채굴하는 광부의 이미지가 직접적으로 제시되어 있다. 이렇게 볼 때, 이상에게서도 벤야민과 비슷한 의미에서 분명 '고고학적 사유'가 작동하고 있었음을 확인할 수 있다.

벤야민의 '고고학적 사유'가 파시즘과 자본주의에 대항하는 정치사회적 목적을 가지고 있었다면 이상에게는 지금의 시간과 공간 속에 다양한 시간과 공간의 축들을 중첩시켜 평면세계를 탈출하고자 하는 차원 이동의 목적으로 '고고학적 사유'가 작동하고 있다. 다음 장에서는 이를 이

---

13) 그램 질로크, 앞의 책.

14) 발터 벤야민, 위의 책 참조.

여기서 벤야민은 명상가란 이미 거대한 문제에 대한 해결책을 손에 넣었으면서도 그것을 망각한 사람으로 알레고리가와 동일한 유의 사람이라고 말하고 있다. 명상가의 추억은 죽은 지식의 무질서한 더미에 두루 미치는데 이를 통해 잡다한 재료의 더미 여기저기에서 단편을 떼어내 그것을 다른 단편 옆에 놓은 다음 그것들이 맞는지, 즉 이것의 의미가 옆에 있는 것의 이미지에 맞는지 또는 옆에 있는 것의 이미지가 옆에 있는 것의 의미에 맞는지 검토한다는 것이다.

상의 구체적인 작품 분석을 통해서 살펴보도록 하겠다.

1) 폐허로의 빈방 이미지

「지비－어디갓는지모르는안해」에서 나는 '안해' 가 떠난 방안에서 '안해' 가 떨어뜨린 '깃부스러기' 를 쓸어 모은다. 이렇게 쓸어 모으는 작업을 통해서 그는 그것이 천 근 무게의 산탄 조각임을 알게 된다. 그는 아내가 아마도 '닻' 과 같은 쇠를 삼켰던 것이고 그래서 잠시 나에게 머물러 있었던 것이라고 추측한다. 처음부터 땅에 속하지 않았던 아내와 내가 함께한 결혼생활은 이처럼 언제든 깨어질 수 있는 불완전한 대칭관계였다.

아내가 떠나고 난 후 방안에 흩어져 있는 산탄 조각들은 광선이 세계를 원자와 원자로 붕괴시켜 세계의 실상을 보여주었듯이 아내와 나의 비대칭관계의 실상을 보여주는 이미지이다. 이상은 '안해' 가 떠난 방 안에서 비로소 방이 '안해' 와 나의 결합을 간신히 지탱하고 있었던 중심이었음을 알게 된다. 이를 통해 이상은 '방' 이 원래는 아내와 나의 조각을 끌어당기는 중심으로 기능해야 함에도 불구하고 실상의 방은 조각조각 흩어진 파편들을 그럴 듯하게 포장하고 있었을 뿐이었다는 인식을 보여준다.

'안해' 가 떠남으로써 텅 비게 된 방의 이미지는 '내' 가 '공복' 을 표정한다는 표현을 통해 아내와 나의 관계에서 나의 내면과 외면의 문제로 심화된다. 텅 빈 방은 바로 나의 내면을 가리키며 나 자신이 일종의 파편조각과 같이 산산이 부서져버렸다는 의미이기도 한 것이다. 따라서 '나' 는 이제 '공복' 을 표정하며 방이라 표상되는 '중심' 혹은 내면과 외면의 행복한 일치의 상태를 일종의 잃어버린 유토피아와 같이 첩첩이 접어서 닫고 방랑의 길에 나서게 되는 것이다. 여기서 그가 짓는 공복의 표정은 「空腹一」과 연결된다. 「空腹一」에서 이상은 안과 밖의 경계에 서 있는 것은 춥고 배고픈 일이지만 그럼에도 불구하고 '감미롭다' 고 말한 바 있다. 여기서 이상이 말하는 '경계' 란 안과 밖의 불일치를 인식한 상태의 다른 말임을 알 수 있다. 즉, 이상이 '경계' 에 서 있으려 한 것은 실제적인 안과 밖의 불일치를 관념 속에서나마 통합하려 했던 눈물겨운 노력이었던 것이다.

엘리아데에 따르면 '집(방)' 은 우주의 중심에 자리하고 있는 것으로 세 축의 우주(천상, 지상, 지하)가 소통할 수 있는 공간이다.[15] 이는 실재의 중심[16]을 가리킨다. 실재의 중심은 영적인 것과 생물학적인 것, 객관적인 것과 주관적인 것을 통합시키는 전일적 주체-우주적 자아의 다른 말이다. 실재의 중심으로서의 '방' 이란 개념을 염두에 두고 이상이 말하는 안과 밖의 평행을 살펴 볼 때, CROSS란 이미지는 엘리아데적 의미에서 천상의 수직축과 지상의 수평축이 만나는 교점인 집(방)에 해당하는 것으로 해석할 수 있다.

> 긴것//짧은것//열十字/×/그러나 CROSS에는기름이묻어있었다//墜落//不得已한平行//物理的으로아펐었다/(以上平面幾何學)
>
> —「BOITEUX · BOITEUSE」(1:39~40) 부분

위의 시에서 CROSS는 교차로의 의미이지만 '추락' 이란 시어와 연결되면서 기독교의 십자가를 떠올리게 하기도 한다. 그러나 이 시를 아내와 나 사이의 균형관계로 생각한다면 이 시가 비대칭의 관계를 나타내고 있음을 쉽게 이해할 수 있다. 여기서 천상의 수직축이란 새의 이미지를 지닌 아내를, 지상의 수평축은 나를 의미한다. 그리고 위 시의 표제인 절

15) M. 엘리아데, 「성스러운 공간과 세계의 정화」, 『성과속』, 한길사, 1998 참조.

16) 존 버거, 김우룡 역, 『그리고 사진처럼 덧없는 우리들의 얼굴, 내 가슴』, 열화당, 2004 참조. 존 버거는 현대인을 엘리아데적 의미의 '집' 을 상실한 상태라고 규정한다. 그에 따르면 천상과 지하와의 연결점을 잃은 현대인은 일종의 파편적 존재이다. 그리고 이를 폭력적 유목민적 상황이라고 지칭하고 있다.

름발이란 뜻인 「BOITEUX · BOITEUSE」와 십자가의 두 길이가 길고 짧다는 언급은 아내와 나의 관계가 절름발이와 같음을 의미한다. 따라서 CROSS에 기름이 묻어 있다는 표현은 이와 같은 절름발이 관계는 서로에게서 계속 미끄러질 뿐 평행을 이룰 수 없다는 것을 의미한다. 여기서 이상은 평면 기하학의 한계를 절름발이의 이미지로 표현하고 있다.

평면상의 교차지점(CROSS)에서 '추락' 한다는 위의 이미지는 「建築無限六面角體」에 속한 「二十二年」(1:70)과 이 시와 거의 동일한 「烏瞰圖」의 「詩第5號」(1:83~84)에서도 발견할 수 있다.

> 前後左右를 除하는 唯一의 痕迹에 잇서서
>
> 翼殷不逝 目大不覩
>
> 胖矮小形의神의眼前에我前落傷한故事를有함.
>
> 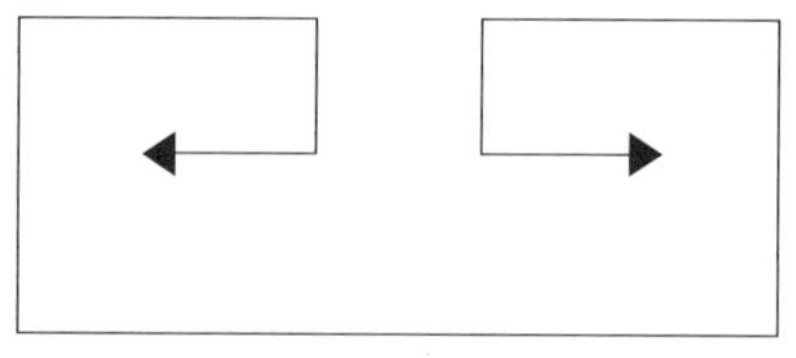
>
> 臟腑라는것은浸水된畜舍와區別될수잇슬는가
>
> ─「詩第5號」(1:83~84) 전문

위의 시의 "胖矮小形의神의眼前에我前落傷한故事를有함" 이란 구절은 키가 작고 뚱뚱한 신의 앞에서 떨어져 다친 일이 있다는 의미이다. 신의 형상은 한쪽은 짧고 한쪽은 긴 CROSS와 '절름발이' 의 이미지로 연결된다. 이 시에 그려져 있는 그림은 오목렌즈를 표현할 때 사용하던 凹자와 닮아 있다. 그런데 이 오목렌즈는 화살표의 방향이 바깥이 아닌 안쪽이다. 즉 역전된 오목렌즈인 것이다. 오목렌즈는 광선을 방사시키는 렌즈이나 이들 시에서는 오목렌즈를 통과한 광선이 거꾸로 수렴되고 있다. 그리고 그 수렴의 방향은 '臟腑' 라 표현되면서 내 안을 향하고 있다.

> 海底에가라앉는한개닻처럼小刀가그軀幹속에滅形하야버리드라完全히달아없어졌을때完全히死亡한한개小刀가位置에遺棄되여있드라
>
> ─「正式」(1:96~98) 부분

> 죽고십흔마음이칼을찻는다. 칼은날이접혀서펴지지안으니날을怒號하는焦燥가絶壁에끈치려든다. 억찌로이것을안에떼밀어노코또懇曲히참으면어느결에날이어듸를건드렷나보다. 內出血이뻑뻑해온다. 그러나皮膚에傷차기를어들길이업스니惡靈이나갈門이업다. 가친自殊로하야體重은점점무겁다.
>
> ─「沈歿」(1:111) 전문

이와 같이 광선이 역류에 들어와 내 몸 안에 쌓인다는 이미지는『정식』의「정식 I」과「침몰」에서는 내 몸 안으로 출혈된 피가 쌓인다는 내출혈의 이미지로 변주되고 있다.「정식 I」에서 "小刀가軀幹속에서滅形하야버리드라" 라는 구절을 살펴보면, 투시하는 광선의 힘이 칼의 이미지로 변화되어 나타남을 알 수 있다. 그러나 그 칼은 몸 혹은 나의 피부를 꿰뚫지 못하고 몸 안에서 녹아버리고 만다.『모독』의「침몰」에서도 스스로 내 안에 찔러 넣은 비수가 그것도 날이 펴지지 않아 억지로 떠밀어 넣은 그것이 어딘가를 찌르긴 찌른 것 같으나 피부엔 생채기를 얻을 길 없어 피가 내 안에 고여 가서 결국은 죽음에 이르지 못하고 나의 무게만이 점점 무거워만 간다는 '내출혈' 의 이미지가 나타난다.

2장에서 우리는 오목렌즈로 상징된 광선이 내면을 투시하는 해부학적 시선을 의미함을 살펴 본 바 있다. 그러나 위들 시에서 이상은 광선의 투시의 힘을 일종의 '칼' 로 이미지화하여 광선이 투시의 힘을 발휘하지 못하고, 내 안에 쌓여만 간다는 '내출혈' 의 상황을 통해 해부학적 시선의 한계를 드러내고 있다. 이와 같이 안과 밖을 꿰뚫지 못하는 '비수' 의 이

미지는 '달빛' 으로 형상화되어 있기도 한데 '달빛' 은 '방', '집', '무덤' 등의 일련의 '방' 계열의 이미지와 겹쳐지면서 좀 더 심화된 인식으로 나아가고 있다.

> 달빛이내등에무든거적자욱에앉으면내그림자에는실고초같은피가아믈거리고 대신血管에는달빛에놀래인冷水가방울방울젓기로니너는내벽들을씹어삼킨원통하게배곱하이즈러진헌겁心臟을드려다보면서魚항이라하느냐
>
> —「·素·榮·爲·題·」(1:95) 부분

위의 시에서 그림자란 것이 달빛이란 광선의 투시의 힘이 영사해 낸 이미지임을 드러낸다. 그리고 달빛이 지나간 자리에 생긴 그림자에 피가 아물거린다는 표현은 달빛이 비수와 같이 나를 찌르고 지나갔음을 의미하는 것이다. 달빛은 나아가 나를 처형하는 것으로 형상화되어 있기도 하다.

> 나의 길 앞에 하나의 패말뚝이 박혀 있다/ 나의 不道德이 行刑되고 있는 증거이다// 나의 마음이 죽었다고 느끼자 나의 肉體는 움직일 필요도 없겠다싶었다// 달이 둥그래지는 내 잔등을 흡사 墓墳을 비추듯 하는 것이다// 이것이 내가 慘殺 당한 現場의 光景이었다
>
> —「月原橙一郎」(1:192) 부분

위의 시에서 이상은 자신이 참혹하게 살해당한 현장을 내려다보고 있다. 달빛이 비수와 같이 나를 꿰뚫고 지나갔기 때문이다. 이로써 '달빛' 의 투시의 힘은 내 안과 밖을 꿰뚫고 나아가 내 안으로 쌓여만 가던 '피' 를 밖으로 출혈시켜 나의 죽음을 가능하게 한다. 이때 비로소 비수와 같이 아프기만 했던 달빛은 "둥그래지는 내 잔등을 흡사 묘분을 비추듯" 나를 부드럽게 감싸고 위로해 주는 이미지로 변화된다.

즉 이상의 달빛 이미지는 '광선' 의 이미지와 마찬가지로 차원상승의 의미를 지니고 있다. 광선이 유클리드 기하학과 비유클리드 기하학 같은 과학적 개념을 통해서 차원의 얘기를 하고 있었다면, 달빛은 실제로 절름발이인 채로 살아야 하는 자신의 현실을 통해 역시 차원의 얘기를 하고 있는 것이다. 따라서 이상 시에 나타난 '죽음' 은 실제적인 죽음이 아닌, 차원의 상승이란 측면에서 새롭게 해석될 필요가 있다.[17] 그러나 이는 이 시만의 예외성에서 그치고 있다. 다른 시편들에서 달빛은 고이거나(「소영위제」), 침처럼 묻어 있어(「가정」) 육체와 삶의 병들어 있는 모습을 드러내는 역할을 하고 있기 때문이다.

> 門을압만잡아단여도않열리는것은안에生活이모자라는까닭이다. 밤이사나운꾸즈람으로나를졸른다. 나는우리집내門牌앞에서여간성가신게아니다. 나는밤속에들어서서제웅처럼작구만滅해간다. 食口야封한窓戶어데라도한구석터노아다고내가收入되여들어가야하지않나. 지붕에서리가나리고뾰족한데는鍼처럼月光이무ㄷ다. 우리집이알나보다그러고누가힘에겨운도장을찍나보다. 壽命을헐어서典當을잡히나보다. 나는그냥門고리에쇠사슬늘어지듯매여달렷다. 門을열려고않열리는門을열려고.
>
> —「家庭」(1:103) 전문

특히 위의 「가정」이란 시에서 '달빛' 은 나에겐 열리지 않는 문을 가지고 있는 집의 지붕에 침처럼 묻어 있다. 이 시에서도 역시 '달빛' 은 바늘로 형상화되어 투시의 힘을 가지고 있는 것으로 나타나 있다. 그러나 꼭꼭 닫힌 '집' 은 나뿐만 아니라 달빛 역시 들여보내 주지 않는다. 이를 보

17) 이를 죄에 대한 처형이란 이미지로 형상화하고 있다는 것도 해명되어야 할 지점이다. 이상에게 '죄' 의 문제는 「출판법」에서부터 나타나는데, 여기서 그는 허위고발이라는 죄명으로 잡혀오게 된다. 이때 그의 허위고발이란 아버지의 죄를 고발한 것을 말한다. 이상에게 '아버지' 는 기독교의 원죄의식과 겹쳐져 있는 이미지이다.

고, '나'는 집이 "알나보다보다그러고누가힘에겨운도장을찍나보다"라고 표현하여 집이 병들어 있는 징후라고 설명하고 있다. 이 시에 표현된 '집'은 「지비－어디갔는지모르는안해」의 '아내가 떠나 버린 방'이자, 「BOITEUX · BOITEUSE」의 기름이 묻은 CROSS이며, 「정식 I」과 「침몰」의 육체이다. 또한 절름발이 상태인 평면 기하학의 세계이기도 하다. 그래서 '달빛'은 지붕 위에 묻어 있는 것이고, 이는 고름의 형상을 띠며 집의 환부를 상징하고 있다. 집에 들어가지 못하는 '나'는 문 밖에서 제웅(짚으로 만든 인형)처럼 멸해가고 있다. '집'에 들어가고자 하는 것은 '파편'으로서의 자신을 극복하고자 하는 것이나 내가 들어가고자 하는 '집'은 이를 이루어 줄 수 없기 때문이다.

즉 달빛이 뚫고 들어가지 못하는 나의 육체와 방 그리고 집은 유클리드 기하학의 평면세계와 마찬가지로 거짓된 교차점을 가까스로 유지하고 있는 폐허인 것이다.

2) 폐허의 잔해에 대한 고고학적 작업

앞 절에서는 폐허의 은유로 작동하고 있는 육체, 방, 집의 이미지를 살펴보았다. 이 절에서는 골편의 이미지를 살펴보도록 하겠다. 이상에게 골편은 광선이 투시해내지 못하는 유일한 것으로 형상화되어 폐허로서의 방-집과 비슷한 맥락을 가지면서도 고고학적 사유를 통해 평면공간의 한계 혹은 현실의 한계를 탈출할 수 있는 가능성을 보여주고 있다.

> 신통하게도血紅으로染色되지아니하고하이한대로/ 뺑끼를칠한사과를톱으로쪼갠즉속살은하이한대로/ 하느님도亦是뺑끼칠한細工品을좋아하시지－사과가아무리빨갛더라도/ 속살은亦是하이한대로 하느님은이걸가지고人間을살작속이겠다고/ 墨竹을寫眞撮影해서原板을햇볕에비쳐보구료－骨格과같다./ 頭蓋骨은石榴같고 아니 石榴의陰畵가頭蓋骨같다(?)/ 여보오 산사람骨片을보신일있우? 手

> 術室에서—그건죽은거야요 살어있는骨片을보신일있우? 이빨! 어마나—이빨두 그래骨片일까요. 그렇담 손톱두骨片이게요?/ 난人間만은植物이라고생각됩니다.
>
> —「骨片에關한無題」(1:146) 전문

> 피는 뼈에는 스며 들지 않으니까 뼈는 언제까지나 희고 體溫이 없다.
>
> —「遺稿」(1:150~151) 전문

「골편에관한무제」에서 뼈의 흰색과 피의 붉은 색은 사과 껍질의 빨간색과 과육의 흰색에 대응되고 있다. 이상은 이를 하나님의 속임수라고 했는데, 이는 「유고」의 "피는 뼈에는 스며 들지 않으니까 뼈는 언제까지나 희고 체온이 없다"는 구절과 연결해 생각하면 이해할 수 있다. 즉, 여기서 뼈는 절대로 피에 물들지 않음으로써 안과 밖의 만남이 불가능하다는 평면 기하학의 한계에 대한 은유로 쓰이고 있는 것이다.

그런데 이상은 독특하게도 이와 같은 골편에 식물의 이미지를 부여하고 있다. 「골편에관한무제」에서 이상은 석류나 묵죽을 엑스레이도 찍는다면, 골편의 이미지를 보여준다는 점에서 식물과 골편을 동일한 것으로 보고 있다. 그리고 사람 역시 식물에 가까운 것으로 보고 있다. 이상이 이렇듯 골편과 식물 이미지를 연결시키는 이유는 무엇일까? 이는 골편도 식물처럼 땅에 뿌리를 내릴 수 있게 하기 위해서임을 아래 인용 시에서 확인할 수 있다.

> 未來의 끝남은 面刀칼을 쥔채 잘려 떨어진 나의 팔에 있다 이것은 시작됨인 「未來의 끝남」이다 過去의 시작됨은 잘라 버려진 나의 손톱의 發芽에 있다…중략…1 나 같은 不毛地를 地球로 삼은 나의 毛髮을 나는 측은해한다/ 나의 살갗에 발라진 香氣 높은 香水 나의 太陽浴/ 榕樹처럼 나는 끈기 있게 地球에 뿌리를 박고 싶다 사나토리움의 한 그루 팔손이나무보다도 나는 가난하다/나의 살갗이 나의 毛髮에 이러 함과 같이 地球는 나에게 不毛地라곤 나는 생각지 않는

> 다/ 잘려진 毛髮을 나는 언제나 땅 속에 移葬한다—아니다 植木한다// …중략…廢墟에서 나는 나의 孤獨을 주어 모았다/…중략…나는 나의 모든 것을 묻어버리지 아니하면 아니된다 나는 흙을 판다// 흙속에는 봄의 植字가 있다// 地上에 봄이 滿載될 때 내가 묻은 것은 鑛脈이 되는 것이다/ …중략… 얼굴이 수염 투성이가 되었을 때 毛根은 뼈에까지 다달아 있었다
>
> —「作品 第三番」(1:185~187) 부분

위의 시에서 이상은 '나' 를 땅으로 비유하고, 잘려 떨어진 팔 · 손톱 · 모발을 식물에 비유하고 있다. 그런데 여기서 나(땅)는 불모지다. 따라서 나를 지구로 삼아 심겨진 팔과 손톱, 모발 등은 영양분을 얻을 수 없어 말라 비틀어져 있다. 이상은 여기서도 앞 장에서 살펴본 바와 같이 자신의 육체를 폐허로 상징화하고 있는 것이다. 그런데 동시에 골편과 수염에 식물의 이미지를 부여함으로써 땅에 이것들을 '식목' 함으로써 폐허의 불모성을 해결할 방법을 제시하고 있기도 하다. 이상은 "끈기 있게 지구에 뿌리를 박고 싶다" 고 하여 평면 기하학의 한계를 아래로 내려가기를 통해서 극복하고자 하는 것이다. 이상은 잘려진 나의 팔과 손톱을 땅에 심고, 잘려진 모발을 땅에 식목하다가 급기야는 '나의 모든 것' 을 땅속에 묻어버린다. 이는 달빛이 나를 처형한다는 구절과 겹쳐지면서 새로운 차원을 향한 죽음을 의미하고 있다. 이상은 또한 이에 그치지 않고 이와 같은 '식목' 을 통해서 궁극적으로 "내가 묻은 것" 이 "광맥" 이 되는 순간을 지향하고 있다. 이 광맥을 따라 털이 자라고, 그것이 내 몸의 불모성의 상징이었던 뼈를 뚫고 들어가 나를 대지와 연결해 주기를 원하기 때문이다.

이와 같이 나의 파편 조각들이 폐허가 된 불모지에 쌓이고, 쌓여서 일종의 잔해가 된 후 그것들 가운데 의미 있는 것을 캐내는 광부가 된다는 이미지는 「출판법」에서도 등장하고 있다.

> 나는雪白으로暴露된骨片을줏어모으기始作하였다./「筋肉은이따가라도附着할

> 것이니라」/ 剝落된膏血에對해서나는斷念하지아니하면아니되었다./ I 어느警察探偵의秘密訊問室에있어서/ 嫌疑者로서檢擧된사나이는地圖의印刷된糞尿를排泄하고다시그것을嚥下한것에對하여警察探偵은아이는바의하나를아니가진다. 發覺當하는일은없는級數性消化作用. 사람들은이것이야말로卽妖術이라말할것이다./「勿論너는鑛夫이니라」/參考男子의筋肉의斷面은黑曜石과같이光彩나고있었다한다.
>
> —「出版法」(1:71~73) 부분

이 시에서 이상은 '설백으로폭로된골편을줏어모으기시작' 하나 '근육' 과 '혈' 과 같이 진짜 생명을 부여해 줄 수 있는 것은 골편을 모으는 것만으로는 구성해낼 수 없었다. 그러나 그가 '광부' 가 되었을 때, 그는 흑요석처럼 빛나는 근육을 가질 수 있다고 말하고 있다.

이상은 나의 파편조각일 수도 있는 골편들을 땅에 파묻고, 그것들이 발아하기를 기다린다. 그리고 이때의 발아의 이미지는 광석과 연결된다. 이는 광석의 반짝거림이 별을 연상시키기 때문이다. 즉 이상은 하늘(별)과 땅(광맥)을 이어주는 수직축을 '나' 라는 수평축과 연결시키고 있는 것이다. 이는 엘리아데가 말한 세 축의 우주의 교차점이자, 이상의 아내가 떠나기 전의 방이고 생활이 모자라지 않은 집이며 폐결핵을 치유한 이상 자신의 육체인 것이다. 이 축을 서로 연결시킬 때, 현실의 불모성 혹은 폐허로의 현실을 극복하게 된다. 이와 같은 과정은 아래의 시에서 좀 더 구체적으로 묘사되고 있다.

> 꽃이보이지안는다. 꽃이香기롭다. 香氣가滿開한다. 나는거기墓穴을판다. 墓穴도보이지안는다. 보이지안는墓穴속에나는들어난는다. 나는눕는다. 또꽃이香기롭다. 꽃은보이지안는다. 香氣가滿開한다. 나는이저버리고再처거기墓穴을판다. 墓穴은보이지안는다. 보이지안는墓穴로나는꽃을깜빡이저버리고들어간다. 나는정말눕는다. 아아. 꽃이또香기롭다. 보이지도안는꽃이—보이지도안는꽃이.

—「絶壁」(1:111~112) 전문

위의 시에서 나는 보이지 않는 꽃의 향기를 맡고 그 꽃을 찾기 위해 구멍을 파 들어가고 있다. 이때의 꽃은 땅속에 묻혀 있다는 점에서 광석을 떠올리게 하고, 보이지 않음에도 느낄 수 있다는 점에서 「선에관한각서4」에서 언급된 '별'을 의미하기도 한다. 「선에관한각서4」에서 '별'은 인력을 가지고 있기 때문에 대상을 끌어당기는 힘을 가지고 있는 것으로 표현되었다. 이렇게 볼 때, 이 시에서 '내'가 보이지는 않지만 '꽃'이 있음을 느낄 수 있게 하는 '꽃'의 향기는 '별'의 인력을 의미하는 것이다. 그리고 그 구멍이 '묘혈'로 나타난다는 것은 나를 파묻는다는 의미를 가진다. 왜냐하면 내가 죽어야 비로소 나는 발아할 수 있기 때문이다. 즉, 이 시에서 내가 꽃을 찾아 묘혈을 팠다가 꽃을 잊고 '묘혈'에 드러눕고, 또 다시 꽃을 찾아 '묘혈'을 파는 과정은 꽃(별)이 인도하는 길을 따라 '광맥'을 파 내려가고, 나 자신이 그 광맥의 광석이 되어 현실의 불모성을 극복해 가는 과정을 설명하고 있는 것이다.

3) 얼굴과 폐허

이상은 위에서 살펴본 폐허의 이미지를 '얼굴'을 통해 형상화하고 있기도 하다. 폐허와 '얼굴'이 연결되는 시로는 「자화상」과 「자상」[18]이 있다.

여기는 도모지 어느나라인지 分間을 할수없다. 거기는 太古와 傳承하는 版圖

18) 여기는어느나라의떼드마스크다. 떼드마스크는盜賊마젓다는소문도잇다. 풀이北極에서破瓜하지안튼이수염은絶望을알아차리고生殖하지안는다. 千古로蒼天이허방빠저잇는陷穽에遺言이石碑처럼은근히沈沒되어잇다. 그러면이겨틀生疎한손젓발짓의信號가지나가면서 無事히 스스로워한다. 점잔튼內容이이래저래구기기시작이다. —「自像」(1:116) 전문

가 있을뿐이다. 여기는 廢墟다. 「피라미드」와 같은 코가있다. 그구녕으로는 「悠久한것」이 드나들고있다. 空氣는 退色되지 않는다. 그것은 先祖가 或은 내前身이 呼吸하던바로 그것이다. 瞳孔에는 蒼空이 凝固하야 있으니 太古의 影像의 略圖다. 여기는 아모 記憶도 遺言되여 있지는 않다. 文字가 닳아 없어진 石碑처럼 文明의 「雜沓한것」이 귀를 그냥지나갈뿐이다. 누구는 이것이 「떼드마스크」(死面)라고 그랬다. 또누구는 「떼드마스크」는 盜賊맞었다고도 그랬다./ 죽엄은 서리와같이 나려있다. 풀이 말너버리듯이 수염은 자라지않는채 거츠러갈뿐이다. 그리고 天氣모양에 따라서 입은 커다란소리로 외우친다—水流처럼

—「自畵像(習作)」(1:130~131) 전문

이들 시에서 이상은 자신의 얼굴을 오래전 사라진 어느 나라의 폐허로 이미지화하고 있다. 이곳의 원래 모습은 이미 사라지고 없고 태고로부터 전승되는 판도만이 있을 뿐이다. 이상에게 이와 같이 흔적만 남아 있는 폐허로써의 얼굴의 이미지는 「얼굴」(1:47)에서 처음 등장한다. 이 시에서 '나'는 배고픈 얼굴을 하고 있는데, 이는 자신의 얼굴이 어머니와 아버지, 그리고 그들의 또 다른 어머니와 아버지로 이어지는 무수한 과거의 파편들 가운데 하나일 뿐이라는 인식에 기반하고 있다. 즉 나의 얼굴은 의미 없이 반복되기에 깊이도 높이도 없이 말라붙은 수많은 겹들 중 하나의 표면에 불과하다는 것이다. 이는 사금파리(각혈의아침)와 같은 나의 존재상황에 대한 은유이기도 하다. 따라서 「얼굴」에서의 '배고픈얼굴', 「자화상」에서의 '데드마스크'란 이미지는 모두 '폐허'로서의 현재적 상황의 다른 표현이다.

그런데 「자상」과 「자화상」에서 털은 풀의 이미지를 가지고 있다. 따라서 "털이 절망하여 자라기를 그만뒀다"(자상)는 표현은 이곳이 더 이상 생식력을 가지지 않는 불모의 땅이란 의미이다.[19] 그런데 여기서 「자화

19) 얼굴을 불모의 땅으로, 수염을 풀이나 나무와 같은 식물로 연결시키는 발상은 「작품 제삼번」

상」의 피라미드와 같은 코에 주목할 필요가 있다. 이 코를 통해서 유구한 것이 드나들기 때문이다. 이는 「詩第10號 나비」(1:90)를 떠올리게 한다. 이 시 또한 '얼굴'을 형상화하고 있는데, 이 시에서 수염의 은유로 보이는 '나비'는 '幽界'와 '絡繹되는 秘密한 通話口'로 형상화되어 있다. 이렇게 볼 때, 수염=털=풀은 불모지의 표면상을 뚫고 다른 차원으로 내려가 그 차원과 이곳을 연결시켜 불모지를 회생시키는 역할을 하는 것으로 해석할 수 있다. 또한 나비가 입김에 어린 가난한 이슬을 먹으며 겨우 살아있는 것으로 나타난다는 점에서 얼굴은 백지와 연결되고, '유계'는 홍수와 연결된다.

> 그사기컵은내骸骨과흡사하다 내가그컵을손으로꼭쥐엿슬때내팔에서는난데업는팔하나가接木처럼도치드니그팔에달린손은그사기컵을번적들어마루바닥에메여부딋는다.내팔은그사기컵을死守하고잇스니散散히깨어진것은그럼그사기컵과흡사한내骸骨이다. 가지낫든팔은배암과갓치내팔로기어들기前에내팔이或움즉엿든들洪水를막은白紙는찌저젓으리라. 그러나내팔은如前히그사기컵을死守한다.
>
> —「詩第十一號」(1:91) 전문

위의 시에서 나는 나의 해골과 비슷하게 생긴 사기 컵을 꼭 쥐고 있었다. 그런데 난데없이 내 팔에서 다른 팔이 하나 돋아나와 그 사기 컵을 던져버렸다. 사기 컵이 산산이 부서져버렸는데도 나는 여전히 사기 컵을 붙잡고 있다. 즉 실제 현실에서 나라는 동일성은 이미 산산이 부서져버렸는데도 나는 여전히 그 동일성을 붙잡고 살아가고 있는 것이다. 자신의 이러한 행위에 대해서 이상은 백지로 홍수를 막기 위한 것이었다고 말하고 있다. 또한 「자상」에서는 "천고로창천이허방빠져있는/함정에유언이석

의 "나 같은 불모지를 지구로 삼은 나의 모발을 나는 측은해 한다"는 구절에서도 찾을 수 있다.

비처럼은근히침몰되어있다"고 하여 하늘이 지상에 고여 있는 것이 물임을 지시하고 있기도 하다. 이와 같은 구절들을 염두에 둔다면 '홍수'란 다른 차원임을, 더 구체적으로는 하늘을 의미하는 것임을 알 수 있다.

즉, 털은 유계(지하)인 밑으로의 방향성을 가지고 '물'은 창천(천상)인 위로의 방향성을 가짐으로써 한 장의 백지처럼 엷아진 불모지로서의 평면상을 탈출하게 되는 것이다. 이때의 탈출이란 생식력의 회복으로 「작품 제삼번」에 표현된 바와 같이 "얼굴이 수염투성이가 되었을 때 모근은 뼈에까지 다달아 있었다"고 하여 털이 자라나 뼈에 뿌리를 내리는 것으로 나타난다. '뼈'가 앞 절에서 살펴본 바와 같이 투시에 저항하는 가장 마지막 지점이었다는 점에서, 뼈를 털을 통해 얼굴과 연결시키고 있다는 것은 내면과 외면의 만남임을 의미한다. 이는 속까지 빨간 사과의 의미이기도 하다. 「西望栗島」(3:54~55)의 "故鄕의 風土는 毛髮같아 건드리면 새빩애진다"는 구절과 「遺稿」(1:150~151)의 "고향의 산은 털과 같다. 문지르면 언제나 빨갛게 된다"는 구절은 위와 같은 복합적 이미지들을 모두 담아 놓은 표현이다. 여기서 고향은 세계의 불모성을 벗어나 생식력을 유지한 유일한 공간이다. 따라서 이곳에서만은 육체의 불모성 또한 치유되어 그곳의 나무인 털은 뼈까지 그 뿌리를 내리고 있어 내면과 외면이 서로 연결되어 있다.

이상은 이처럼 땅으로 파고 내려가는 고고학적 사유를 통해서 평면공간의 중심의 부재를 대체시킬 수 있는 뿌리를 찾아내고 있다. 이는 대지가 지니고 있는 생명력, 즉 식목의 이미지로 나타나고 있다. 이를 통해서 이상은 폐허로서의 평면공간의 한계를 아내처럼 날아올라가는 것이 아니라, 땅 밑으로 파고 내려감으로써 극복하고자 했다. 이를 통해서 이상이 불모지의 폐허를 되살릴 수 있었던가는 그의 작품 활동이 짧았기에 확인하기 어렵다. 그러나 그가 자신의 얼굴에서 잃었던 고대의 왕국의 흔적을 찾아내고, 털과 수염에서 대지의 생명력과 연결된 '식목'의 이미지를 찾아내며 그 흔적들을 모아 과거의 기억과 미래의 염원을 통합시키는 고고학적 사유를 행했다는 사실은 그가 평면공간을 벗어날 수 있는 확실한 힘과 가능성을 가지고 있었다는 사실을 의미한다 할 것이다.

이상 문학에 나타난 성천 체험의 의미

최 진 옥

목차

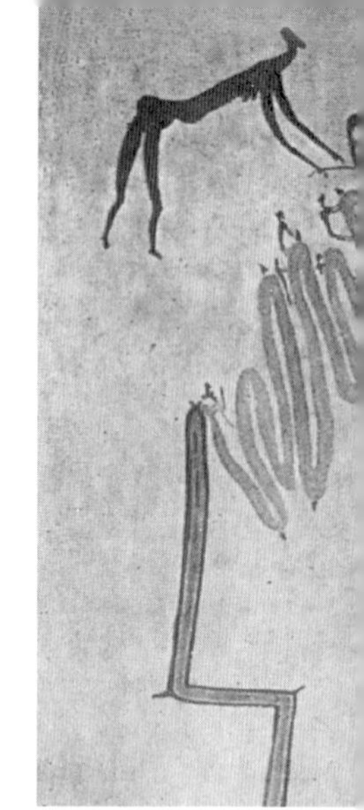

이상 문학에 나타난 성천 체험의 의미

—감각의 변화와 그 의미를 중심으로

최 진 옥*

1. 서론

이상의 글쓰기는 근대 문명의 수혜자인 이상이 근대 도시 경성에서 목도한 근대 문명의 허상과 그 속에서 자신이 겪은 내면의 갈등을 극복하기 위한 기호놀이에서 출발하고 있다. 서울 토박이인 이상에게 경성이라는 근대적 공간은 자신을 근대인의 일부로 살아가게 하는 공간인 동시에, 한편으로는 끊임없는 탈주의 욕망을 불러일으키는 공간이었다.

경성에서 벗어난 새로운 세계와의 대면은 이상에게는 크게 시골 체험과 동경 체험을 통해 이루어졌다. 전자의 배천(白川) 온천과 성천(成川) 체험이 근대 도시와는 다른 자연과의 조우를 가능하게 한 것이었다면, 후

* 서울대학교 국어국문학과 박사과정 수료

자의 동경 체험은 경성을 탈출하려는 이상 자신의 욕망에서 비롯되었지만 끝내 절망을 안겨준 것이었다. 특히 이상의 시골 체험에 대해 김윤식은 배천 온천이 결핵 환자였던 이상의 요양을 목적으로 한 것이었다면, 성천 체험은 결핵과는 무관한, 이상 문학의 원초적 시골과의 마주침이라는 점에서 이상 문학을 해명하는 중요한 지점에 있다고 보았다.[1)] 여기서 '원초적 시골' 로서의 성천이라는 점은 주목을 요하는데, 이상에게 '원초적' 이라 함은 '위조, 모조, 거짓' 으로 대변되는 근대 도시적 삶의 진실을 깨닫게 하는 '무서운 原始性의 힘' 으로 각인되기 때문이다. 신범순은 이러한 이상의 원시성의 힘을 대지의 근원을 밟고 직립하려는 창조력의 근원으로 보고, 이상 문학의 원시성의 지향을 '원시주의' 라는 키워드 아래 논의하고 있다.[2)] 이상 문학을 '원시주의' 라는 키워드 하에서 논의한다는 것은, 이상의 문학을 근대성의 측면에서 피상적으로 논의한 기존 논의의 한계를 지양하고, 상징적인 기호들을 추적함으로써 이상 문학의 본질적 특색을 파악할 수 있다는 점에서 의의를 지닌다. 그런데 이상 문학의 이러한 원시성은 그것이 감각의 차원과 밀접하게 연결되어 있다는 점에 주목할 필요가 있다. 특히 도시 경성과 동경, 시골 성천에서의 이상이 느꼈던 감각의 상이함은 이상의 세계관의 문제를 추적할 수 있는 실마리를 제공한다는 점에서 중요하다.

본고는 이러한 문제의식에서 출발하여, 성천기행 관련 글들—「山村餘情—成川紀行中의 몇節—」, 「이 兒孩들에게 장난감을 주라」, 「어리석은 夕飯」, 「暮色」, 「무제(초추)」, 「倦怠」, 「첫번째 放浪」 등—을 중심으로 하여 이 작품들에 나타난 이미지, 기호의 의미를 추적하고자 한다. 이를 통해 이상이 궁극적으로 지향한 바가 무엇인지를 살펴보고, 이상의 성천 기행의 의미를 재고해 보고자 한다.

1) 김윤식, 「배천 · 성천 · 동경 체험」, 『이상문학전집3』, 문학사상사, 1993, 11면.
2) 신범순, 「이상의 원시주의와 부채꼴 인간의 의미」, 한국현대문학회 학술발표회자료집, 2006. 1, 86면.

2. 열림의 공간으로서의 '성천'

이상은 1935년 8월 약 한 달 간 평안남도 성천에 머물렀다. 이상이 성천으로 가게 된 표면적인 이유에 대해서는 이상의 고등공업 토목과 동기 동창인 원용석의 고향이 성천이었다는 점과 원용석이 이상의 성천행을 결핵 요양으로 설명하고 있다는 점을 근거로 해서 생각해 볼 수 있다.[3] 그러나 이상이 성천으로 간 목적 자체보다는 도시라는 공간 안에 있었던 이상이 시골인 성천을 어떻게 인식하고 있느냐의 문제가 우선되어야 할 것이다. 이상의 성천 체험을 바탕으로 한 「산촌여정」(《매일신보》, 1935. 9. 27~10. 11)은 이러한 도시인으로서의 이상이 감각하고 있는 성천이 묘사되고 있는 주요한 작품이다.

이상에게 있어서 시골 성천은 "신문도 잘 아니 오고, 체전부는 이따금 '하도롱' 빛 소식을 가져오는" 벽지이지만, 도회와 달리 "처음으로 별들의 진행하는 기척을 들을 수 있는" 자연의 공간으로 인식된다. 이는 시 「1933. 6. 1」(『카톨릭 청년』, 1933. 7)에서 "天秤위에서 三十年동안이나 살아온 사람(어떤科學者)" "三十萬個나 넘는 별을 다헤어놓고만 사람(亦是)" 에서처럼 별을 '수량화하고 시각화'[4]하는 것과는 다른 차원이다. 도회의 별이 '시각의 대상' 으로 분석되고 쪼개어진 각각의 별 하나하나로 인식됨에 비해, 성천의 별은 '청각의 대상' 으로 전환되면서 '전체적(총체적)' 인 별들의 운행으로 인식된다.

하지만 이상은 성천의 인상과 주변 환경을 도시와는 무관한, 전혀 별

---

3) 김윤식, 앞의 글, 10면.
이경훈, 「「권태」의 사상」, 『이상, 철천의 수사학』, 소명출판, 2000, 298면.

4) 르네상스 시대의 서구인들은 실재를 최대한 시각적으로, 그리고 한꺼번에 몽땅 포착하는 것에 대해 관심을 기울였다. 그것은 질서를 위한 갈망, 요구로 해석할 수 있다. 세계를 균질적인 단위의 집합체로, 균질적 수량의 개념으로 이해하고자 했으며, 이는 수량화와 시각화라는 새로운 사고 양식을 낳았고, 이후 수세기 동안 서양 문화를 규정지은 가장 큰 특징이 되었다.
앨프리드 W. 크로스비, 김병화 옮김, 『수량화 혁명』, 심산, 2005, 26~28면.

개의 대상으로 인식하지 않는다. 오히려 이상은 도회적 감수성을 통해 성천의 자연을 인식한다. 석유등잔에서 이상은 도회지 석간 신문의 냄새를 맡으며, 벼쨍이의 울음 소리에서 "도회의 여차장이 차표 찍는 소리", "이발소의 가위 소리"(3: 104)를 떠올린다.[5] 또한 성천 새악씨들의 소맥빛 피부색을 "M백화점 '미소노' 화장품 '스위-트 껄' 이 신은 양말"(3:108)에 비유한다. 이처럼 이상은 도시적인 것을 통해 비로소 시골 성천의 풍경을 묘사하고 있는 것이다.[6]

그런데 이상은 성천의 자연을 인식하는데 있어서, 공간적 이동을 통해 도시의 감각을 끌어들이는 것에서 더 나아가 '소년시대의 꿈' (3:103)이라는 과거로의 시간적 이동까지도 감행하고 있다.

> 野菜 '사라다' 에 놓이는 '아스파라가스' 입사귀 같은 또 무슨 花草가 있읍니다. 客主집 아해에게 물어봅니다. '기상꽃'-妓生花란 말입니다.
>
> 무슨 꽃이 피나-眞紅 비단꽃이 핀답니다.
>
> 先祖가 指定하지 아니한 '조셋트' 치마에 '외스트민스터' 卷煙을 감아놓은 것 같은 都會의 妓生의 아름다움을 聯想하여 봅니다. 薄荷보다도 훈운한 '리그레추 윙껌' 내음새 두꺼운 帳簿를 넘기는 듯한 그 입맛 다시는 소리-그러나 아마 여기 필 妓生꽃은 分明히 蕙園 그림에서 보는 것 같은-或은 우리가 少年時代에 보던 떨떨 人力車에 紅日傘받은 至今은 지난날의 揷畵인 妓生일 것 같습니다.
>
> —「산촌여정」(3:106)

성천 시골의 풍경에 대한 묘사는 특히 화초에 대한 관심을 통해 나타나고 있는데, 그 중에서도 '기생화' 에 대한 묘사와 그로 인한 연상의 양상은 독특하다.[7] 처음에 기생화(기상꽃)를 보고 도회의 기생의 아름다움

5) 이하 인용은 문학사상사판 이상 전집을 따르고, 본문에는 권수와 면수만을 표기하기로 한다.
6) 김윤식, 앞의 글, 11면.
7) 이상은 성천의 꽃들을 강렬한 색채 및 선명한 감각적 이미지로 묘사한다. 이상에게 꽃은 대지

을 떠올리던 이상은 곧 시간을 거슬러 올라가 혜원의 그림이나 과거 소년 시대에 보았던 삽화 속의 기생을 상상해 본다. 이러한 상상 속에는 근대 도시의 기생과 과거 고대로까지 올라가는 기생의 계보를 구분지어 보고자 하는 이상의 의도가 내포되어 있다. 즉 이상은 성천이라는 자연을 도시적인 잣대로 이해하면서도 그 속에 과거의 추억의 공간을 상상함으로써 성천이라는 공간을 시 · 공간적으로 확장하고 있는 것이다. 이는 근대 도시 경성을 바라보던 이상의 비판적 시선과도 연결된다. 경성이라는 도시를 단일한 초점에 의해 쪼개고 나누는 조감도적인 지형도는 근대의 획일화된 시야를 보여준다. 이에 대해 이상은 조감도(鳥瞰圖)를 의도적으로 오감도(烏瞰圖)로 변형시키고 까마귀의 시선으로 경성을 내려다본다. 여기에는 조감도에 나타난 근대의 획일화된 시선을 전복하고, 나아가 총체적 시야를 확보하려는 이상의 의도가 내포되어 있다. 그런데 경성이라는 공간에서는 주로 시각의 차원에서 근대 문명을 비판하던 이상의 시선은 성천이라는 공간에서는 다양한 감각들에 의해 열림의 상태를 보여주고 있다는 점에서 변화가 나타나고 있다. 물론 이상에게 시골 성천은 변화와 자극이 없이 '초록의 공포'가 존재하는 '극권태'의 공간으로 인식되기도 하지만, 이상은 성천이라는 자연 속에서 '太古, 古代스러운 꽃'(「첫번째 방랑」, 3:166~167)으로 상징되는 생명성의 회복을 염원하였다. 이는 다음 장에서 감각의 확장과 생식력의 회복이라는 측면에서 자세히 살펴보도록 하겠다.

와 대기를 이어주는 것으로, 감각을 일깨워 육체성(생명력)을 회복하게 하는 기호로 작용한다. (김윤정, 「이상의 성천 체험의 내적 의미」, 『이상 문학연구의 새로운 지평』, 역락, 2006, 424~425면)

3. 근대적 원근법의 부정과 감각의 확장

근대 도시 경성을 관찰하는 이상의 태도에는 항상 '시선, 보기'와 관련된 시각의 문제가 제기되고 있다. 특히 이상은 이를 원근법의 측면에서 접근하면서, 원근법에 대한 거부의 태도를 그의 문학 곳곳에서 드러내고 있다. 「咯血의 아침」에서 "먼 사람이 그대로 커다랗다 아니 가까운 사람이 그대로 자그마하다 아니 그 어느 쪽도 아니다"(3:326)라는 서술은 근대적 원근법을 부정한 상태에서의 대상에 대한 관찰을 의미하며, 「幻視記」에서의 '인색한 원근법'(2:288) 역시 원근법에 대한 이상의 비판적 태도를 보여준다. 특히 「환시기」에서 '나'는 아내인 순영의 얼굴에서 월광을 사라지게 하는 '인색한 원근법'을 대신해 '나'의 불손한 시각을 정정한다. 이는 앞서 살펴본 시 「1933. 6. 1」에서 시적 화자가 별의 본질을 파괴하는 '시각화, 수량화'를 경고하는 것과 같이, 근대적인 원근법의 환영에 의해 사물의 본질이 흐려지는 것을 경계하는 태도이다. 「線에 關한 覺書7」에서 시적 화자는 음파에 의한 속도가 광선에 비해 열등한 것이라는 규정을 통해, 음속이 표상하는 '듣기(청각)'보다 광선이 표상하는 '보기(시각)'의 우월함을 드러내고 있다. 하지만 "視覺의이름을가지는것은計量의嚆矢이다", "하늘은視覺의이름에對하여서만存在를明白히한다.(代表인나는代表인一例를들것)/ 蒼空, 秋天, 蒼天, 靑天, 長天, 一天, 蒼穹(大端히갑갑한地方色이아닐는지) 하늘은視覺의이름을發表했다."(1: 164~165)라는 구절은 시각의 계량(수량)화와 시각에 의한 존재의 현현을 문제 삼고 있다. 특히 후자의 경우 시각에 의해 창공, 추천, 창천 등의 다양한 이름을 획득하고 있는 하늘에 대해 화자는 그것을 '대단히갑갑한지방색'이라고 표현함으로써 시각에 의해 관찰된 대상의 일부분이 그것의 본질(전체)을 드러낼 수 없다는 한계를 드러내고 있다.

한편 "비누가 통과하는 혈관의 비눗내마저 투시하려는 사람"(「AU MAGASIN DE NOUVEAUTES」, 1: 167)의 철저한 투시벽(透視癖) 속에는 어떤 대상이든지 투시하고 해부하고자 하는 시선이 존재하는데, 이는 「1931년(작품제1번)」의 파편화된 신체 이미지를 통해 확인할 수 있다. 이 시에서 '나'의 신체는 조각나 있는데, 조각난 신체 내의 기관들은 위치와 기능들이 뒤죽박죽으로 되어 있다. 폐가 맹장염을 앓고 있으며, 심장의 위치가 위와 가슴이라고 주장하는 이설(異說)이 분분한 상태이다. 이는 파편화된 신체 기관들이 유기적인 통일성을 이루지 못하고 있는 상태로, 대상을 바라보는 해부학적 시선이 야기한 결과라고 할 수 있다. 또한 시각이 화려하고 자극적인 근대의 인상에 대해 '몰감각' 해졌음(「病床以後」, 1:57)을 지적하며, 아이들의 '안경'을 근대적 패션의 청신한 감각으로 인식하면서도 한편으로는 절름발이나 벙어리에 준하는 불구를 의미하는 것으로 보는(「早春點描」 중 '童心行列', 3:50~51) 이상의 시각에서도 이상이 근대의 지배적 감각인 시각에 대한 한계를 인식하고 있음이 드러난다.

이처럼 이상은 근대의 원근법과 시각에 의한 감각적 인식의 한계를 지적하면서, 이를 '감각적 훈련, 특히 촉각 연습'(「권두언9」, 3:202)을 통해 극복하고자 한다. 이는 '시각의 촉각화'를 의미하는 것으로, 「동해(童骸)」에서 '나'는 익숙한 방안의 정경을 시각이 아닌 '촉각'으로 도해한다(2:259). 이 소설에서 시각이 아닌 촉각에 의한 방안 정경의 도해는 자기에게 익숙한 풍경을 낯설게 함으로써, 파편화된 세계를 촉각이라는 느낌에 의해 연결시키고 있다. 감각의 확장을 통해 시각적 세계를 확장해나가고 있는 것이다.

그런데 다른 감각(특히 촉각)을 통해 시각의 한계를 넘어서고자 하는 이상의 노력은 성천기행 수필에 와서는 전면화되는 양상을 보인다. 즉 대상에 대한 인식이 시각만이 아닌 청각, 미각, 후각 등 감각의 확장을 통해 이루어지고 있는 것이다.

성천의 자연과 사물은 시각적으로만 인식되지 않는다. 「산촌여정」에서 기생화는 "'조셋트' 치마에 '외스트민스터' 권연을 감아놓은 것 같은(시각)", 그리고 "박하보다도 훈운한 '리그레추윙껌' 내음새(후각)"가 나며, "두꺼운 장부를 넘기는 듯한 그 입맛 다시는 소리(청각)" 로 묘사되며, " '하도롱' 빛 피부는 푸성귀 내음새가 나며(후각)" , "새악시들의 발은 자외선에 맛있게 끄실린(시각과 미각의 혼합)" 것으로 그려진다. 이처럼 성천에 대한 풍경과 자연을 묘사한 글에서는 근대적 원근법이나 시각의 한계에 대한 성찰의 태도가 직접적으로 드러나기보다는 대상 속에서 다양한 감각이 혼합되어 나타남으로써 대상에 대한 인식의 차원을 확장시키고 있다. 그런데 이처럼 단일한 시각의 차원에서 오감으로 감각의 확장이 이루어지는 가운데서도, 특히 청각과 후각, 미각의 두드러짐에 주목할 필요가 있다.

「어리석은 석반」에서 '나' 는 성천의 무한한 무료한 생활에 시달리고 있다. 온통 푸른 성천의 자연은 처음에는 '나' 에게 자연의 청신함으로 다가오지만, 어느 순간 그것은 '홍수같은 녹색의 조망' , '초록의 공포' 로 '나' 를 위협하는 존재가 된다. 따라서 '나' 의 감각은 점점 무뎌지게 되는데, 이때 '나' 의 가슴에 '유량한 종소리' 가 울리면서, '나' 는 순간적인 각성의 상태에 이른다.

> 그때였다. 나의 가슴에 音響한 것은 流量한 鐘소리였다. 나는 아차! 하고 머리 들었다.
>
> 大地의 性慾에 대한 缺乏－이 嚴重하게 封鎖된 禁制의 大地에 不倫의 구멍을 뚫지 않으면 안된다. (중략)
>
> 나는 安心하였다. 그리고서 慾望하였다. 性慾을 獸慾을－나의 軀幹은 蒼白히 瘦瘠하였다. 性慾에의 渴望으로 焦燥와 煩悶 때문에.
>
> 地球의 이런 구멍에서 나오는 것일 게다. 한 마리의 純白한 암캐가 무겁게 머리를 드리우고 濃密한 침으로 주둥이를 더럽히면서 슬금슬금 나온다. 어떻게 될 것이냐. 地球의, 限 없는 性慾의 白晝 속에서, 如何히 履行되어 갈 것인가, 하고 나의 가슴은 뛰었다.
>
> —「어리석은 석반」(3: 129~130)

성천에서 권태에 시달리던 '나'가 '종소리'에 의해 깨닫게 되는 것은 바로 대지의 성욕에 대한 결핍과 성욕에의 갈망이다. 성천을 배회하면서 성천의 풍경을 관찰하던 '나'의 시선에 의해 무뎌진 인식은 소리(청각)를 통해 각성에 이르게 되는데, 그 각성이란 다름 아닌 지구의 구멍을 뚫고 나오는, 성욕을 상징하는 개를 통한 대지의 생식력이다. 소리에 대한 감각은 「어리석은 석반」보다 앞서 발표된 「休業과 事情」(『조선』, 1932. 4)에서도 나타나고 있다.

보산은 매일 자기 집 앞마당에 침을 뱉는 SS의 행위를 전근대인의 무지함에서 비롯된 비위생적인 행위라고 비판한다. 하지만 어느 고요한 밤 SS의 노랫소리를 들은 보산은 그것을 음양의 이치를 터득한 신비로운 소리라고 감격해한다. 그것은 낮에 SS가 보산의 앞마당에 침을 뱉고 부른 개선가의 '오지뚝백이긁는소리같은껄껄한목소리'와는 정반대의 '사람을 감동시킬만한, 아름다운 목소리'로 인식된다. 심지어 그것은 보산에게 '뚱뚱보 SS를 업수이 여길 수 없게 만드는 것'이자, 'SS에 대한 경멸감과 우월감을 일시에 무너뜨릴 수 있을 만한 강력한 힘'으로 다가온다. 그런데 그 소리의 근원지가 SS의 방에서 흘러나오는 소리라고 생각한 보산은 그 소리에 기울이면서도 한편으로는 그것이 SS와 SS의 부인이 한방에 있다는 사실을 보산에게 일부러 알리고자 하는 문란한 행위라고 간주한다. 여기서 보산이 말하는 문란함이란 남녀의 성적 결합을 의미한다. 우생학의 관점에서 뚱뚱보 SS의 나쁜 뇌가 자식들에게 유전되는 것의 불행함을 강조했던 보산의 시각에서 SS부부의 성적 결합은 비판의 대상이 되고 있다. 이처럼 생식과 두뇌를 연결시키는 보산의 시각에는 철저히 '이성적' 인간의 탄생을 우월한 위치에 두는 근대의 문명화된 시각이 내포되어 있다. 거기에는 이성과 문명만이 존재할 뿐, 인간의 본질, 생명력의 힘은 존재하지 않는다. 하지만 밤중의 SS의 노랫소리는 SS의 나쁜 뇌마저 무색하게 만드는 신비스러운 것으로 인식된다는 점에서, 그것은 SS를 바라보던 보산의 시각을 교정해주는 자연의 신비의 소리이자, 생식력을 불러일으키는 소리라고 할 수 있다.

이러한 대지의 생명력에 대한 인식은 후각, 미각과도 밀접한 관련을 맺고 있다. 후각(냄새)은 추억을 불러일으키는 동시에 잠자는 감각을 일깨우고, 욕구를 채워주고, 자아상을 규정하는 역할을 한다.[8] 이상에게는 이러한 냄새의 감각이 대지의 냄새를 맡으며 獸慾의 체취를 뿜어내는 '개'의 형상으로 나타나고 있다.

「어리석은 석반」에서 성천의 무료함, 적막함에 시달리던 '나'는 지구의 구멍을 뚫고 나오는 한 마리의 순백한 암캐를 발견한다. 이 암캐는 '방순한 체취를 코에서 발산하며' 대지의 냄새를 맡고 돌아다니는데, 음문의 냄새로 순흑색의 수캐를 불러들인다. 그리고 이러한 개들의 성교(또는 생식) 행위는 농염한 피부빛의 촌처녀의 체취와 성욕을 환기시킨다. 이들 촌처녀의 체취, 즉 땀내는 목장 풀과 봉선화의 향기로 전환되면서 "黃玉처럼 투겨진 옥수수의 꿈. 우물 속에 움직이는 目高魚의 꿈. 그리고 가엾은 물빛 人絹의 꿈. 그리고 서투른 사랑의 꿈"(3:131) 등 다양한 꿈의 세계, 추억의 세계를 불러일으킨다. 촌처녀의 체취는 자연의 꿈, 낭만적 꿈을 환기하고 있는 것이다. 그런데 이상은 이와 동시에 '혼잡한 도회의 신문 같은 꿈'을 떠올리고 있다. 자연의 꿈이 '촌처녀의 체취'라는 감각(후각)과 연관된 것이라면 도회의 신문 같은 꿈은 '어젯날 신문처럼 신선함을 잃으며 퇴색하는 두뇌'와 연결되고 있다. 시간에 민감한 근대적 매체인 신문은 '당일, 하루'뿐이라는 유통기한이 존재하는 순간적인 것으로, 항상 새로운 것으로 대체되어야 하는 속성을 지닌다.[9] 계속되는 새

8) 다이앤 애커먼, 백영미 옮김, 『감각의 박물학』, 작가정신, 2004, 65면.

9) 신문이라는 근대매체에 대한 감각은 김기림에게서도 나타난다. 김기림에게 있어서 신문매체에 대한 태도는 양가적으로 드러난다. 새로운 것이 좋은 것이라는 소박한 낙관론에 기댈 경우, 신문은 새로운 정보들의 유통현장이 된다. 하지만 신문은 한편으로는 모든 것을 가상의 지위와 붕괴의 위험에 떨어뜨리는 황무지적 성격을 가지고 있다. 신문은 무수한 정보들을 수집하고 편집함으로써 어느 정도 전체적인 세계상을 구상하고 있지만, 끊임없이 새로 유입되고 재구성되는 정보들 속에서 그 세계는 불완전한 것, 가상적인 것이 되며 파편화될 수밖에 없다. 거기에

로운 정보의 홍수 속에서 지내던 도시인 이상은 신문도 잘 오지 않는 시골 성천에서 새로운 정보와는 차단된 삶을 살아야 했다. 이를 이상은 '어젯날 신문처럼 신선함을 잃고 퇴색하는 두뇌'로 표현하고 있는 것이다. 하지만 이상은 성욕과 함께 자연의 낭만적 꿈을 환기시키는 촌처녀의 체취 속에서, 순간적인 정보의 매체 속에 노출되었던 자신의 두뇌(근대적 지식)가 퇴색해짐을 느끼면서 자신을 '길 잃은 아해'로 표현하고 있다. 근대 지식인 이상에게 주입되었던 근대적 질서, 근대적 지식 체계가 더 이상 작동하지 않는 곳에서 그것들의 가치를 회의하는 이상은 '길 잃은 아해'가 될 수밖에 없었으며, 이 지점에서 이상은 촌처녀의 체취를 통해 생식력, 생명력의 가능성을 발견하고 있는 것이다.

또한 성천은 이상에게 새로운 미각을 체험하게 하는 공간으로 인식된다. 이상은 성천에서 "향기로운 MJB(커피의 일종)의 味覺을 잊어버렸다"(「산촌여정」, 3:103)고 서술하고 있는데, 도시에서의 미각은 곧 '향기'(후각)의 맛이라고 할 수 있다. 그것은 신경을 자극하여 카페인의 흥분을 느끼게 하는[10] 환각의 맛이기 때문에, 여기에는 생명의 유지라는 음식의 일차적인 목적은 배제되어 있다. 이 점에서 성천에서 느끼는 미각은 도시에서의 미각과 구별되는 것으로 나타난다.

> 유자가 익으면 껍질이 벌어지면서 속이 비져 나온답니다. 하나를 따서 실 끝에 매어서 房에다가 걸어둡니다. 물방울져 떨어지는 豊艶한 味覺 밑에서 鉛筆같이 瘦瘠하여가는 이 몸에 조곰式 조곰式 살이 오르는 것 같습니다. 그러나 이 野菜도 果實도 아닌 '유모러스'한 容積에 香氣가 없읍니다. 다만 세수비누에

는 지식과 정보만이 있을 뿐, 형이상학적 통찰이나 삶에 대한 지혜로운 각성은 결여되어 있는 것이다. (신범순, 「신문매체와 백화점의 시학—1930년대 김기림을 중심으로」, 『축제 · 패션 · 감각의 기호』, 267~271면)

10) 다이앤 애커먼은 16세기~17세기에 서구 세계에 유입되어, 빠른 속도로 유럽 전역에 퍼진 커피, 차, 담배 등의 중독성 흥분제들이 신경계통에 자극을 주어 사용자들에게 마취제의 혼미함이나 카페인의 흥분을 가져다 주었다고 하였다. (다이앤 애커먼, 『감각의 박물학』, 앞의 책, 250면)

한겹씩 한겹씩 解消되는 내 都會의 肉香이 房 안에 徘徊할 뿐입니다.

—「산촌여정」(3:107)

조밭을 어지러뜨린 者는 누구냐—己往 한될 조여든—그런 마음으로 그랬나요 몹시 어지러뜨려 놓았습니다. 누에—戶戶에 누에가 있읍니다. 조이삭보다도 굵직한 누에가 삽時間에 뽕잎을 먹습니다. 이 健康한 味覺은 王侯와 같이 至尊스러우며 侈奢스럽습니다. 새악시들은 뽕심부름하는 것으로 몸의 마지막 光榮을 삼습니다. 그러나 뽕이 떨어졌읍니다. 온갖 幣帛이 동이 난 것과 같이 새악시들의 情熱은 허둥지둥하는 것입니다.

—「산촌여정」(3:109)

성천에서의 미각은 철필(鐵筆)같이 수척하여 가는 '나'를 살찌우는 '풍염한 미각'이며, 굵직한 누에가 삽시간에 뽕잎을 먹어치우는 '건강한 미각'을 상기시키는 것이다. 그러한 미각에는 향기가 없으며, '나'의 몸에 배었던 도회의 육향마저 성천의 생활 속에서 한 겹씩 떨어져나간다. 매혹적 향기에 의한 순간적인 신경의 자극보다는 육체의 건강, 생명을 유지하기 위한 미각만이 존재하는 성천에서의 미각은 또한 뽕따는 새악시들의 정열을 낳는 것이기도 하는데, 이는 동경에서의 후각, 미각과도 차별화된다.

근대를 구현하고자 하지만, 모조된 근대만을 보여주었던 경성으로부터의 탈출 욕망은 이상을 당시 근대화의 모델이었던 동경으로 향하게 하였다. 하지만 동경에 대해 가졌던 이상의 기대감은 곧 절망감으로 드러나는데, 이는 수필 「東京」에서 나타나고 있다.

어쨌든 이 都市는 몹시 '깨솔링' 내가 나는 구나! 가 東京의 첫 印象이다.

우리같이 肺가 칠칠치 못한 人間은 우선 이 都市에 살 資格이 없다. 입을 다물어도 벌려도 척 '깨솔링' 내가 滲透되어 버렸으니 무슨 飮食이고간 얼마간의

'깨솔링' 맛을 免할 수 없다. 그러면 東京市民의 體臭는 自動車와 비슷해 가리로다.

—「동경」(3:95)

'뿌라질' 에서는 石炭 대신 '커피' 를 燃料로 汽車를 運轉한다는데 나는 이렇게 진한 石炭을 암만 삼켜 보아도 情熱은 불붙어 오르지 않는다.

—「동경」(3:98)

이상의 동경에 대한 첫 인상은 한마디로 '깨솔링 냄새가 나는 도시' 이다. 근대 도시 경성에 대한 인식이 이상에게는 시각과 관련된 원근법, 투시벽, 해부학적 시선에 대한 비판으로 나타났다면, 동경을 인식하는 그 첫머리에 놓인 감각은 후각 즉, '깨솔링 냄새' 이다. 이처럼 시각이 아닌 후각에 의해 공간을 인식하는 이상의 태도는 성천 체험의 결과 얻어진 감각의 확장의 연장선상에 있다. 그러나 후각에 의해 공간을 인지한다는 점에서 성천과 동경이 유사하더라도, 그것을 인지한 '내용' 에 있어서는 양자 간에 차이점이 드러난다. '깨솔링 냄새' 가 나는 도시 동경은 폐가 온전치 못한 사람들에게는 생명을 위협하는 공간이 된다. 또한 이 '깨솔링 냄새' 는 인체에 삼투되어 사람들로 하여금 무슨 음식이든 '깨솔링 맛' 을 느끼게 하는 것으로 나타나는데, 이러한 '깨솔링 냄새' 에 대한 이상의 거부감은 동경시민의 체취를 자동차의 그것과 유사한 것으로 인식하는 데까지 나아간다. 즉 이상이 동경에서 맡은 '깨솔린 냄새' 는 인간의 생명력을 위협하는 동시에 인간을 생명이 없는 기계의 차원으로 전락하게 하는 것이다. 이는 성천에서의 생명력을 불러일으키는 촌처녀의 체취나 누에의 건강한 미각과는 대척점에 위치하는 것이다.

또 하나 이 수필에서 흥미로운 것은 '커피' 에 대한 이상의 인식의 변화를 보여주는 부분이다. 「산촌여정」에서 이상에게 커피는 향기로운 미각을 불러일으키는 것이었지만, 「동경」에서 커피는 더 이상 음미(吟味)의 대상으로 인식되지 않는다. 이상은 브라질에서는 석탄 대신 기차의 연료로 사용되는 커피를 아무리 삼켜 보아도 정열은 불붙어 오르지 않는다고 고백한다. 이는 뽕따는 새악시들의 정열을 낳는 성천의 미각과는 대조적인데, 이상에게 커피는 강인한 생명력, 정열의 매개물로서 작용하지 못하고 있는 것이다. 이처럼 이상에게 후각과 미각은 성천 체험 이후 생명력과 밀접한 관련을 가지는 것이 되었고, 따라서 동경에서 후각으로 인식한 세계가 생명력 없는 공간이었을 때 그는 좌절할 수밖에 없었던 것이다. 생명력과 관련된 미각과 후각은 성천에서의 식사를 통해서도 드러난다.

> 滿腹의 狀態는 거의 苦痛에 가깝다. 나는 마늘과 닭고기를 먹었다. 또 어디까지나 사람을 無視하는 후꾸진쓰께(福神漬)와 지우개 고무 같은 豆腐와 고추가루가 들어 있지 않는 덴도마수 같은 배추 조린 것과 짜다는 것 以外 아무 味覺도 느낄 수 없는 熟卵을 먹었다. 모든 반찬이 짜기만 하다. 이것은 이미 여러 가지 外形을 한 소금의 類族에 지나지 않는다. 이건 바로 生命을 維持하는 데 目的을 두고 있는 完全한 快適 行爲이다. 나는 이런 食事를 벌써 尊敬之念까지 품고서 對하는 것이다.
>
> —「어리석은 석반」(3:122)

> 나는 마늘 냄새 풍기는 게트림을 하였다. 마늘 이 土地의 香氣를 빨아 올린 貴重한 것이다. 나는 이 倦怠 바로 그것인 土地를 사랑하는 동시, 白面들을 除外한 그들 村사람의 幸福을 祝福하고 싶다. 이제 나는 움직일 수 없는 泰山처럼 滿足狀態이다.
>
> —「어리석은 석반」(3:124)

이상에게 성천에서의 식사는 미각을 느낄 수 없는 짠 반찬뿐이다. 그것은 향기와 관련해서 맛을 음미(吟味)하는 차원보다는 생명을 유지하는 데 목적을 두고 있는 행위이다. 그런데 이러한 음식에 대한 미각적 차원의 접근은 '마늘 냄새—토지의 향기를 빨아올린 귀중한 것' 으로 인식되고 있다. 이는 '토지의 향기', 즉 '대지의 향기' 를 지닌 음식으로서의 생명력을 드러낸다. 「暮色」에서도 이상은 '나' 의 약한 혓바닥을 금새 맹목하게 만들 머루와 다래를 먹는 촌사람들의 건강한 혀를 언급하고 있다. 이상은 맛을 음미하기보다는 생존을 목적으로 한 성천의 음식 속에서 성천 사람들과 황량한 자연의 권태 너머에 있는 생명력의 일면을 보고 있는 것이다.

4. 생식력의 회복으로서의 배설 행위

「이 兒孩들에게 장난감을 주라」와 「권태」에서는 성천의 권태로운 생활 속에서 촌 아해들의 권태를 극복하는 유희를 관찰하는 이상의 시선이 드러나 있다. 어제와 내일이 다르지 않는 시골의 반복되는 생활, 단조롭고 무미한 채색인 '초록' 의 공포에 시달리는 '나' 는 '권태의 극권태' 를 느끼면서 동네를 관찰하며 돌아다닌다. 그 가운데 '나' 의 시선을 사로잡는 것은 권태를 이겨내려는 아이들의 여러 가지 유희 중에서도 '똥누기 놀이' 이다. '나' 는 아이들이 일제히 내지르는 대변에 대해 더러움과 불쾌감을 드러낸다. 이는 표면적으로는 도시인으로서 근대적 위생 관념에 젖어 있는 이상이 배설물에 대해 가지는 혐오감으로 읽히지만, 여기에서는 보다 다른 차원의 접근이 필요하다고 본다.

이에 대해 신범순은 '똥누기 놀이' 가 프로이트의 견해에서 '놀이' 의 쾌락적 성격을 드러낸 것으로 볼 수도 있지만, 이상은 이 장면을 알레고리적으로 표현했다고 하면서 권태로운 어른들의 황무지에 살아남은 마지막 '생식력의 유희' 라고 해석하였다.[11] 이상이 성천에서 생식력, 생명력의 가능성을 확인하였던 것을 염두에 둔다면, 아이들의 '똥누기 놀이'

11) 신범순, 「이상의 원시주의와 부채꼴 인간의 의미」, 앞의 글, 108~109면.

역시 생식력의 한 측면에서 이해될 수 있다. 특히 「이 아해들에게 장난감을 주라」에서 '나'가 대변을 누는 아이들을 관찰하던 중 그들의 생식기를 보고 남아가 아닌 여아임을 깨닫고 아연실색하는 부분은 아이들의 놀이의 의미를 재고하게 한다. 즉 배뇨기가 곧 생식기가 되는 차원에서 아이들의 배설은 대지의 생식력과 연결되는 유희라는 의미를 획득하게 되는 것이다. 이러한 배설 행위는 이상의 다른 텍스트에서는 변형된 형태로 등장하고 있는데, 그것은 바로 소변 누기와 침 뱉기 행위이다.

성천 기행 관련 글에서 대변 누기와 함께 배설 행위로서 등장하는 것이 소변 누기이다.

> 어느덧 오줌이 마렵다. 이건 어젯밤부터의 小便일 것이다. 暫時동안 오줌이 마렵다는 것을 思惟 속에 維持하면서 漠然한 것을 생각한다. 아무 일도 떠오르지 않는다. 이건 所謂 아무것도 생각지 않는 것보다 더욱 不純한 狀態일 것이다.
>
> 갑자기 나는 오줌은 싸버리지 않으면 안된다는 것과, 毒素의 體內 沈澱은 身體에 有害하다는 데 精神이 쏠렸다. 나는 놀라 버린다. 호박의 白痴 같은 잎사귀 밑에다 小便을 한다. 들은 이제야 누렇게 물들려 아침 햇빛에 제법 아름다이 빛나고 있다.
>
> —「어리석은 석반」(3:124)

> 小便을 누어보는 것도 좋겠다. 달리는 汽車 위로부터 떨어지는 小便은 가루눈처럼 산산이 흩어져, 그것은 땅바닥에 가 닿지도 못할 것이다.
>
> —「첫번째 방랑」(3:164)

위의 두 인용에서 '소변'은 단순한 배설 욕구의 차원으로 이해될 수도 있지만, 그것이 대지를 적시고 있다는 점에서 배설 행위 이상의 의미를 지닌다. 특히 「첫번째 방랑」에서 '나'는 달리는 기차 위에서 누는 소변이 가루눈처럼 흩어져 땅에 닿지 못할 것이라고 하고 있다. 이는 대지의 생식력을 불어넣어줄 수 있는 소변이 불모지인 대지에 닿지 못한 상황을 암시한다. 또한 "몹시 수척한 심각한 표정의 하현달"(3:165), "적토 언덕 기슭에서 말라 죽은 한 마리의 뱀"(3:166)이라는 상징들도 이와 관련된다. 우주적 에너지를 지닌 신성한 달이 창조적 힘이 쇠퇴해가는 수척한 하현달로 표현된 것, '우주론, 성적인 상징'과 밀접하게 관련된 '굴(조개류)–물'과 같은 의미망에 놓이는 뱀이 말라 죽은 것으로 표현된 것은 생식력의 부재, 대지의 불모성을 의미하는 것이다.[12] 그런데 이상이 소변이라는 배설 행위에 대해 부여한 의미망을 좀 더 검토하기 위해서는 시 「LE URINE」를 검토할 필요가 있다.

> 들쥐(野鼠)와같은峻險한地球등성이를匍匐하는짓은大體누가始作하였는가를瘦瘠하고矮小한ORGANE을愛撫하면서歷史冊비인페이지를넘기는마음은平和로운文弱이다. 그러는동안에도埋葬되어가는考古學은과연性慾을느끼게함은없는바가장無味하고神聖한微笑와더불어小規模하나마移動되어가는실(系)과같은童話가아니면아니되는것이아니면무엇이었는가.
>
> —「LE URINE」 부분(1:123)

'LE URINE'란 오줌이라는 의미를 지닌 불어로, 이 시에서 오줌은 왜소한 성기(ORGANE)에서 나온 물로, '가는실(系)과같은동화'로 표현되고 있다. 오줌의 뜨거운 물줄기가 얼어붙은 지상에 흘러내리며 꿈틀거리는 풍경을 통해, 생식기가 내뿜는 오줌의 유동적인 생명력의 힘이 얼어붙은 대지에 활력을 불어넣어 줄 수 있음을 드러내고 있다.[13][14]

---

12) 달과 뱀의 상징성에 대해서는 미르치아 엘리아데, 이재실 옮김, 『이미지와 상징』, 까치, 1998, 85면, 141~143면 참고.

13) 신범순, 「실낙원의 산보로 혹은 산책의 지형도」, 『이상 문학연구의 새로운 지평』, 앞의 책, 47~48면.

14) 이경훈은 「LE URINE」를 분석하는 글에서, 오줌을 '성욕—성병'과 관계된 것으로 해석함으로

이처럼 이상에게 있어서 배설이라는 행위가 생식력의 측면과 관련을 지닌다면, '침 뱉기' 행위도 이러한 측면에서 재고의 여지가 있다. 물론 '침 뱉기' 라는 것은 생식기와는 직접적인 연관은 없지만, 이상의 배설 행위가 상징적인 차원에서 그 의미망을 획득하고 있음을 고려할 때, '침 뱉기' 의 의미를 이러한 관점에서 해석해 볼 수 있다.

이상 문학에 있어서, '침 뱉기 행위' 가 사건의 주요 모티프로 등장하는 작품은 「휴업과 사정」이다. 「휴업과 사정」에서 보산은 자기 집 앞마당에 계속해서 침을 뱉는 SS의 행동을 비난한다. 보산은 '위생학과 우생학' 의 관점에서 SS의 침 뱉기 행위를 비판하며, SS의 우위에 서서 SS를 개조하려고 한다. 하지만 보산은 밤중에 들려오는 SS의 노랫소리에 SS에 대한 경멸감과 우월감이 무너짐을 경험하게 된다. 그럼에도 불구하고 보산은 여전히 자신의 마당에 침을 뱉는 SS에 대해 편지를 써서 그를 개조시키고자 한다. 하지만 편지를 SS문간에 넣으려던 보산은 SS의 집 대문에 숯과 붉은 고추가 매어달린 것을 발견하고 편지 넣기를 관둔 채 자기 집 마당으로 돌아오는 것으로 소설은 끝난다. 그런데 만약 SS의 침 뱉기를 위생학의 관점에서 전근대적인 행동에 대한 보산의 경계로 해석할 경우, 한밤중 SS의 방에서 들려오는 소리에 대한 보산의 경이로움이라든가, 마지막 장면에서 아이의 출산을 간접적으로 드러내는 상징물들을 설명하는 데에 한계가 따르게 된다. 물론 이상은 이 소설에서 철저하게 보산의 시각만을 드러냄으로써 오히려 근대적 위생 관념에 사로잡힌 보산의 태도를 비판적으로 조롱하고 있다. 하지만 이는 단지 위생 관념을 둘러싼 전근대와 근대적 사고간의 갈등 양상이라는 잣대로만 평가하기에는 무리가 따르며, 보다 근본적으로 '침 뱉기 행위' 가 의미하는 것이 무엇

써, 오줌을 '불결한 것' 을 상징하는 것으로 보았다. 이러한 해석은 다른 상징체계들과의 연관성을 간과한 채 생식(생식기)과 관련된 부분을 지나치게 성욕, 성병과 관련지어 의미 부여함으로써 이상 문학의 풍부한 해석을 저해하고 있다. (「「LE URINE」 주석」, 『이상, 철천의 수사학』, 앞의 책, 218~230면)

인지를 살펴볼 필요성이 제기된다.

이상은 보산(甫山)이라는 필명으로 이 작품을 발표하였다. 이상이 의도적으로 등장인물인 보산의 이름과 동일한 필명을 사용했다는 점에서 작품 속 보산이 작가 이상의 생각을 대변한다고 볼 수 있다. 하지만 이상이 전적으로 보산의 입장에 있지 않음은 작품 서두에서 확인할 수 있다.

> 삼년전이보산과SS와 두사람사이에 끼어들어앉아있었다. 보산에게다른갈길이쪽을가르쳐주었으며 SS에게다른 갈길저쪽을가르쳐주었다.이제담하나를막아놓고이편과저편에서 인사도없이그날그날을살아가는보산과 SS두사람의 삶이어떻게하다 가는가까워졌다. 어떻게하다가는 멀어졌다이러는것이 퍽재미있었다.
>
> —「휴업과 사정」(2:149)

보산과 SS 사이에 끼여 있던 서술자는 그들에게 서로 정반대 방향의 길을 제시한 후, 그들의 삶이 어떻게 가까워지고 멀어지는지를 흥미 있게 바라보고 있다. 여기서 보산과 SS가 가는 정반대의 길이란 근대적 규율에 충실하고자 하는 보산과 보산에 의하면 '동물적 행동'을 일삼는 SS의 상이한 삶의 태도를 의미한다. 그런데 보산과 SS의 사이에 끼여 있는 서술자의 위치와 작품 내에서 SS의 동물적 행동에 대한 보산과 SS의 대화는 이 두 인물이 각각 독립된 인물이 아니며 서술자의 이중적 상태 즉 분열적 상태임을 암시한다.[15] 이러한 분열상은 이상의 수필「血書三態」

15) 이러한 분열상을 조연정은 이상 문학의 '분신' 테마라는 측면에서 다루고 있다. 그는 정신분석학적 개념을 가져와 '분신(the double)'과 '주체의 향유(주이상스, jouissance)'라는 측면에서 보산과 SS의 관계, 즉 '이중화' 된 주체의 심리를 분석한다(조연정,「이상 문학에서 '분신' 테마의 의미와 그 양상」,『이상 문학 연구의 새로운 지평』, 앞의 책, 342~354면). 그에 의하면 SS는 주체인 보산의 우월감을 붕괴시킬 만한 불안을 가져오는 분신에 해당하는데, 이러한 분신은 주체의 억압된 욕망에 탐닉하는 존재에 해당한다. 따라서 SS라는 존재는 보산의 심리 속에서 혐오스럽게 재구성된 분신일 수 있다는 것이다. 그리고 SS에 대한 보산의 혐오와 경멸이 극도에 달하는 곳에서 보산이 진정으로 원하는 주이상스가 발견될 수 있다고 보았다. 보산은 그 향유가 보산의 현실적 존재 기반을 무너뜨릴지도 모른다는 불안에 분신에 대한 적

(『신여성』, 1934. 6) 가운데 '하이드 씨' 라는 글에서도 반복되고 있다. 이 글에서 '나' 는 자신이 가장 적은 '지킬 박사' 와 훨씬 많은 '하이드 씨' 를 소유하고 있으며, 일상생활의 중압이 교양의 도태(淘汰)를 야기하므로 자신은 부득이 자신의 빈약한 이중성격을 '지킬 박사' 와 '하이드 씨' 에서 '하이드 씨' 와 '하이드 씨' 로 진화시키고 있다고 고백하고 있다. 그렇다면 '지킬 박사' 와 '하이드 씨' 로 분화된 '나' 의 이중성이 점점 '지킬 박사' 에서 '하이드 씨' 로 진화하고 있다는 것은 무엇을 의미하는 것일까.

신범순은 이상 문학에 나타난 '개' 의 형상, 특히 인간에 붙어 다니면서 인간을 자연의 입구에 세워 놓는 '개' 에 주목하고 있다. 그리고 이러한 '개' 를 소재로 한 일련의 작품들(「1931년(작품제1번)」, 「황」, 「황의 기」, 「유고3」 등)이 모두 이상의 자화상들, 특히 자연적인 동물성과 문명화된 자아의 분열상을 다룬 것이며, 이상 문학은 이러한 자연과 문명의 분열 양상을 보여주기보다 그 둘을 대화론적 방향으로 이끌어가고 있다는 점에서 특징적임을 지적하고 있다.[16] 「휴업과 사정」의 '보산과 SS' , 「혈서삼태」의 '지킬 박사와 하이드 씨' 역시 이러한 분열상, 즉 문명화된 자아와 자연적인 동물성의 분열상과 밀접하게 관련되어 있다. 보산과 SS의 관계를 이러한 시각에서 볼 경우, SS의 '침 뱉기 행위' 의 의미가 재고될 수 있을 것이다.

문명화된 자아의 상징인 보산의 시각에서 그의 마당에 침을 뱉는 SS의 행위는 철저히 야만적이며 더러운 행동이지만, 자연적인 동물성의 상징인 SS의 행위라는 측면에서 볼 때 SS의 침 뱉기는 인공적인 근대 문명에

의를 드러내는 한편, 분신을 죽이겠다는 죽음 충동에 의해 자신의 주이상스에 동참하려는 모순된 태도를 드러낸다는 것이다. 그러나 후자의 경우는 주체의 죽음이라는 치명적인 결과를 야기하므로 주체인 보산은 그 향유에 대해 의식적인 방어적 자세를 취한다고 해석하였다. 주체의 분열상을 정신분석학적 측면에서 고찰한 이러한 해석은 이상 문학의 분신, 죽음 충동의 문제를 이해하는데 유용한 해석이 될 수 있지만, 본고에서는 이 문제를 '생명성' 이라는 보다 본질적인 측면에서 접근해보고자 한다.

16) 신범순, 「실낙원의 산보로 혹은 산책의 지형도」, 앞의 글, 113면.

대한 거부와 저항을 의미한다. 이는 SS의 침 뱉기가 가지는 높이에서 더욱 뚜렷하게 드러난다.

> 보산의마당을 둘러싼담어떤점에서 부터수직선을 끌어놓으면그선위에SS의 방의들창이있고 그들창은 **그담의 매앤꼭대기보다도 오히려한자와가웃을 더높이나있으니까**SS가들창에서 내어다보면 보산의마당이환히들여다보이는것을 보산은 적지아니화를내며 보아지내왔던것이다.
>
> ─「휴업과 사정」(2:149, 강조: 인용자)

SS방의 위치는 보산의 담 꼭대기보다 한 자 이상 높이 있으므로, SS의 방 들창에서 SS가 보산의 마당을 내려다볼 경우에는 일정한 높이를 지니게 된다. 즉, 일정한 높이에서 SS는 보산의 마당에 침을 뱉고 있는 것인데, 이는 일정한 높이에서 근대적 도시 경성을 내려다보는 까마귀의 시선과도 같은 것이며, 이상 문학에 나타난 에피그램(경구)의 역할과도 동일한 차원에 있는 것이다.[17] 다시 말해 SS의 침 뱉기는 근대적 체계를 맹신하는 자아(보산)에 대한 자연적인 동물성, 생명력의 표출인 것이다. 이런 점에서 소설 결말의 아이의 출산(생명의 탄생) 역시 자연적 동물성의 상징인 SS가 지닌 생명력을 암시한다고 볼 수 있다.

이러한 SS의 침 뱉기 행위는 배천 온천의 경험을 소재로 한 「지팽이 轢死(戲文)」(《월간신보》, 1934. 8)에서는 기차에 뚫린 큰 구멍에 침을 뱉는 S의 태도로 나타나고 있다.

> 마루창 한본복판 꽤 큰 구멍이 하나 뚫려서 기차가 다라나는 대로 철로 바탕이 들여다 보이는 것이 이상스러워서 S더러 이것이 무슨 구녕이겠느냐고 의논

17) 이상 문학에서 '높이'의 문제는 니체가 이야기하는 초인적 존재의 시선, 피와 웃음의 높이, 디오니소스적 높이와도 통한다. 그것은 강인한 생명력과 생식력을 상징하는 것이자, 근대적 질서 체계에 대한 조소를 의미한다.

하여 보았더니 S는 그게 무슨 구녕일까 그리기만 하길래 나는 이것이 아마 이렇게 철로 바탕을 나려다 보라고 만든 구녕인 것같기는 같은데 그런 장난구녕을 만들어 놓을 리는 없으니까 내 생각 같아서는 기차 바퀴에 기름 넣는 구녕일 것에 틀림없다 그랬더니 S는 아아 이것을 참 깜빡 잊어버렸었구나. 이것은 춤을 배앝으라는 구녕이라고 그리면서 춤을 한 번 배앝아 보히드니 나다러도 정말인가 거짓말인가 어디 춤을 한번 배앝아 보라고 그러길래 나는 그 「모나리사」 앞에서 춤을 배앝기는 좀 마음에 께림직하여서 나는 그만 두겠다고 그리면서 참 아가리가 여실히 타구같이 생겼구나 그랬읍니다.

—「지팽이 역사」(3:185~186)

기차 마루 한복판에 난 구멍의 정체에 대해 논의한 '나'와 'S'는 결국 그것을 침을 뱉는 그릇인 타구(唾具)로 결론을 내린다. 그리고 그곳에 S는 침을 뱉는데, '나'는 '내'가 '모나리자'라고 이름붙인 여인 앞에서 침을 뱉기를 꺼린다. 그런데 이 구멍은 단순히 침을 뱉는 타구 이상의 의미를 지니는데, 이 소설에서 그 구멍은 지팡이가 빠진 곳이며, '나'는 그 구멍에 담뱃대를 떠는 영감의 행동에 소름끼침을 느끼기 때문이다. 이는 기차의 구멍이 타구 이상의 상징적인 의미를 지니고 있음을 의미한다.

이상 문학에서 기차는 「첫번째 방랑」, 「얼마 안 되는 변해」에도 등장하는데, 이 작품들에서 기차는 고대적 세계로 안내하는 공간의 역할을 한다. 특히 「얼마 안 되는 변해」의 경우, 차창 밖으로 보이는 두 명의 어린 창기(娼妓)가 쓴 파라솔 첨단에 번개가 치자, 동시에 기차 객실이 관통의 내부로 변하고 그 벽면의 여백에서 이상은 고대 미개인의 낙서의 흔적을 발견한다. 근대적 교통 기관인 기차에서 이상은 상상적으로 고대적 세계를 불러내고 있는 것이다. 「지팽이 역사」의 경우는 기차 마루의 구멍이 이러한 고대적 세계의 상상적 불러냄과 연관된다. 이는 그 구멍 속으로 빠져 사라진 지팡이와 관련시켜 볼 수 있다. 지팡이를 집어 삼킨 구멍과 그 구멍에 담뱃대를 떠는 영감의 행동에 대한 '나'의 소름끼침은 그 구멍이 생식력, 생명력의 상징으로 작동하고 있음을 의미한다. 그 구멍은 대지의 생식력의 결핍을 충족시켜줄 구멍(「어리석은 석반」)과도 같은 것이며, 이러한 구멍 속으로 빠진 지팡이는 대지에 뿌린 내리 생명 나무를 연상케 한다.[18] 따라서 타구라고 생각되었던 기차 마루 한복판의 구멍은 생식력의 상징이며, 이곳에 침을 뱉는 행위 역시 위생 관념과 대치되는 야만적 행위가 아닌 원시적 생식력을 의미하는 하나의 상징적 행위인 것이다.

5. 결론

근대인인 이상에게 있어서 성천 체험은 도시 경성과는 다른 '원초적 시골' 로서 다가온다. 그것은 '위조, 모조, 거짓' 으로 대변되는 근대 도시적 삶의 진실의 실체를 되묻는 '무서운 원시성의 힘' 으로 각인된다.

그런데 이상에게 '원시적이며 생명의 공간' 으로서의 성천은 특히 감각의 문제와 밀접하게 관련되어 있다는 사실에 주목할 필요가 있다. 이상은 그의 텍스트를 통해 근대 도시 경성을 관찰하는 '시선, 봄' 의 문제, 즉 시각의 문제를 계속해서 제기해왔다. 시각과 관련된 원근법을 거부하는 이상의 태도는 원근법에 의해 파편화된 신체의 상징 또는 해부학적 시

18) 시 「且 8氏의出發」에는 균열이 생긴 장가이녕(莊稼泥濘)의 땅에 꽂은 곤봉이 무성해짐과 사막에 성한 한 대의 산호나무라는 상징 등이 나타나는데, 이러한 상징 역시 대지의 뿌리내린 생명수를 의미한다. 인도-유럽 어족의 전통 사회에서는 인간이 나무에서 태어난다는 생각이 일반적이었다. 대부분의 전승들에서는 성스러운 돌과 근원목(根源木)을 연관짓고 있는데, 이는 이 두 가지가 자유로운 '정신', 발아할 준비가 되어 있는 씨앗, 잠재적인 존재의 저장소로 간주되며, 수태의 능력을 보유하고 있었기 때문이다. 돌이 '정태적 생명의 상징', 남성적 원리를 표현한다면, 나무는 생과 사의 순환 주기에 복종하는 '동적인 생명의 상징', 여성적 원리를 표현한 것이다. 이는 천상과 지하의 심연 사이를 연결하며 우주의 영원한 재생을 가능하게 하는 우주목에 관한 것으로 이상의 시에서 대지에 꽂은 나무들은 생명력, 생식력을 지닌 우주목과 의미가 통하는 상징체계에 해당한다. 우주목과 세계 여러 민족의 나무에 관한 신화에 대해서는 자크 브로스, 주향은 옮김, 『나무의 신화』, 이학사, 2002, 13~41면 참고.

선, 투시벽과 관련된 상징체계에 의해 반복되어 나타난다. 하지만 「산촌 여정」을 비롯한 성천 관련 기행문들에서는 시각이라는 단일한 감각의 차원이 청각, 후각, 미각 등의 다른 감각들을 통해 지양, 확장되고 있다. 이상은 근대적인 원근법의 환영에 의해 사물의 본질이 흐려지는 것을 경계하는 태도에서 나아가 성천에서의 체험을 통해 감각의 확장에 의한 열림의 공간, 생성의 공간을 마련하고 있는 것이다. 한편 성천 기행문에 나타난 아이들의 '똥누기 놀이' 나 '소변 누기' , 나아가 '침 뱉기 행위' 는 근대 위생학의 측면에서는 불결한 행위로 비판의 대상이 되나, 이상은 이에 생식력, 생명력의 의미를 부여하고 있다는 점에서 주목할 만하다.

그동안의 이상 문학에 관한 논의들은 이상 문학의 관념적이고 난해한 특성으로 인해 오히려 그의 문학에 대한 피상적이고 추상적인 해석의 한계만을 야기했다. 하지만 이상은 그의 문학 작품 속에 다양한 상징체계를 펼쳐 보이면서, 세계의 문제를 감각의 차원과 연결시켜 바라보고 있다. 이상 문학의 이러한 점에 주목했을 때, 이상이 근대를 어떻게 바라보고 또 어떠한 방식으로 극복하고자 했음이 드러날 것인데, 그것은 다름 아닌 자연의 원시적 힘, 즉 생식력 · 생명력의 회복이라고 할 수 있다.

제3부 현대성의 기호

이상의 「선에관한각서」에 나타난 시공간 차원과 분신의 주제

송 민 호

목차

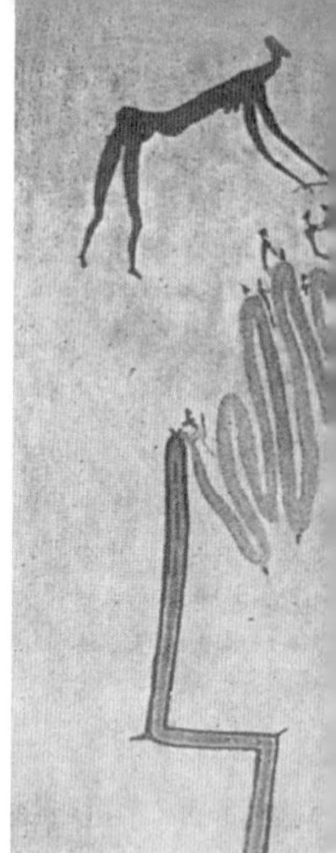

이상의 「선에관한각서」에 나타난 시공간 차원과 분신의 주제

송 민 호*

1. 李箱의 초기 일문시에 쓰인 수학식의 의미

李箱은 『朝鮮と建築』에 실린 초기작시들에서 일련의 수학식들을 여과없이 사용한다. 가령 대표적으로 「三次角設計圖」에서 사용되는 대수적이고 기학학적인 공식들이라든가 「建築無限六面角體」에서 보이는 기하학적인 설명 등이 그렇다. 학생시절 수학과목에서 우수한 성적을 내었을 뿐만 아니라 건축을 전공한 이상의 이력상 이러한 사실 자체가 그다지 놀라운 것은 아니라고 할지라도 문학작품인 시에 수학식이 별 여과없이 쓰여지고 있다는 사실은 그 해석의 차원에 있어서 여러가지 복잡한 문제를 발생하도록 한다. 곧 이러한 수학식들이 어느 정도의 수학적인 정확성을

* 서울대학교 국어국문학과 박사과정 수료

담고 있는가 하는 기술적인 문제를 해결하는 일도 물론 중요한 일이겠지만 그보다 그러한 수학식이 전체 문학작품의 구조 내에서 어떤 의미를 가지고 존재하고 있는가 하는 문제를 아울러 해결해야만 하는 과제를 남기는 것이다. 그러한 과제를 해결하지 않고서는 수학식이 그대로 노출된 초기 일문시를 공학도 출신의 '치기'로 환원하거나 혹은 단순히 초현실주의적 유행을 따르는 것으로 매도해버리는 등, 아무 의미없는 일종의 '배치'로 이해할 수도 있기 때문이다. 수학식을 포함하고 있는 문학작품이 수학식의 의미로부터 공명하여 문학작품의 해석에 이르는 일종의 의미망을 형성하지 못한다면 올바른 해석의 차원에 이르지 못할 위험이 있는 것이다.

지금까지 이상의 초기 일문시에 쓰인 수학식의 의미를 수학적으로 풀어내고자 하는 시도들은[1) 대개는 거의 이렇게 수학과 문학상 의미의 관계에서 제기되는 해석의 측면에 있어서는 한계를 드러내곤 했다. 이러한 작업들은 이상 문학의 수학적인 측면의 해석을 상당 부분 진전시켰다는 뚜렷이 훌륭한 성과에 비해서 그 수학식과 문학작품으로서의 시의 전체적인 해석과의 상관적인 관계를 통한 해석에 있어서는 그다지 성과를 보이지 못했다. 수학의 영역에서 본다면 이상이 사용하는 수학식은 단순히 풀이의 대상으로 문제-답의 형식을 갖는, 일종의 기호이자 암호에 불과하지만 이상이 수학이라는 도구를 통해 자신의 삶의 문제 뿐만 아니라 나아가 세계인식의 문제까지 적극적으로 파악해 내고자 했다는 사실은 수학식이 위치하고 있는 시(詩)의 문학적인 의미와의 공명을 파악함으로서

1) 이상 문학에 나타난 수학적인 문제들을 중심으로 살펴본 대표적인 작업으로 다음과 같은 것들이 있다.
김용운, 「이상 문학에 있어서의 수학」, 김윤식 편, 『이상문학전집4』, 문학사상사, 2001; 「자학이냐 위장이냐」, 『문학사상』, 1985. 12.
김명환, 「이상의 시에 나타나는 수학기호와 수식의 의미」, 권영민 편저, 『이상 문학 연구 60년』, 문학사상사, 1998.
김지숙, 「이상 시에 나타나는 수와 상징」, 『동남어문논집』 8집, 1998.

만 드러날 수 있기 때문이다. 이렇게 볼 때 수학식을 '감성이 배제된 객관적인 기호체계[2]'로 다루는 한계는 명확하다고 할 수 있다. 즉 단순히 수식적인 차원의 해명을 넘어서 그것이 의미하고 있는 의미망을 제대로 구축하기 위해서 문학적인 차원, 철학적인 차원의 논의를 종합하여 다룰 필요가 있으며 그럴 때, 이상의 시 속에 포함된 수학식이 가진 함의가 제대로 드러날 수 있을 것이다.

본고는 이상이 『朝鮮と建築』 1931년 10월에 '삼차각설계도'라는 큰 표제 아래 발표한 「선에관한각서」 연작을 대상으로 하여 그 안에 포함되어 있는 수학식을 보다 폭넓은 차원과 결부시켜 해석하고자 하는 시도적인 작업으로 그것이 구성하고 있는 의미망을 이상 문학에 전형적으로 나타나는 분열증, 분신 등의 주제와 결부하여 살펴보고자 한다.

2. 「선에관한각서」에 나타난 수학식의 해석

이상은 「선에관한각서 2」[3]에서 다음과 같은 얼핏 보기에 무의미해 보이는 수식을 제시한다.

線上의一點 A

線上의一點 B

線上의一點 C

A+B+C = A

2) 김주현, 「어느 수학자와 이상의 황홀한 만남」, 『이상리뷰4』, 이상문학회, 2005.
이 글에서 김주현은 김태화의 『수리철학적으로 바라보는 이상의 줌과 이미지』(교우사, 2002)를 리뷰하며 이 책이 많은 장점에도 불구하고 이상의 수학식을 '감성이 배제된 객관적인 기호체계'로 다룬 한계가 있다는 점을 지적한다.

3) 이하 「覺書」라 쓰고 번호만 명기하도록 한다.

A+B+C =B

A+B+C =C

—「覺書 · 2」 부분

점 A, B, C 사이에 대수적인 관계가 성립하므로 1차원의 직선상에서 수학적으로 이 수식을 모두 만족하여 참이 될 수 있는 A, B, C는 오직 A =B=C=0, 즉, 점 A, B, C가 모두 원점(0)일 경우뿐이다.[4] 그렇다면 이상은 왜 모두 같은 원점에 불과한 A, B, C를 굳이 구분해 두고 있는 것일까. 이 시의 다음 대목에서 바로 그러한 의문이 어느 정도 풀리게 된다.

二線의 交點 A

三線의 交點 B

數線의 交點 C

—「覺書 · 2」 부분

즉, 점 A는 두 선이 만나는 점이면서 0이라는 원점이므로 x축과 y축이 만나는 2차원 평면의 카테시안(cartesian) 좌표계[5]의 자유도[6] 2를 가지는

4) 이어령은 『李箱詩全作集』(문학사상자료연구실 편, 갑인출판사, 1978)의 해당 부분 주석에서 "線上의 점 A, B, C는 보는 위치에 따라 점 셋이 모두 다르지만 위로부터 본다면 A, B, C를 구별할 수 없다. 실지로 사영기하학에서는 同一直線上의 점을 구별하지 않을 때가 있다"(113면)고 보고 있다. 이러한 이어령의 주석은 세 점을 단지 1차원적인 선 내부에서 해결하려 한 것이 아니라 차원을 높여 그것을 바라보는 위치를 통해 해결하려고 했다는 의의가 있으나 이상이 제시한 수식을 그다지 진지하게 다루지 않음으로써 더 이상 진전된 해석에 나아가지 못하게 된 것으로 보인다.

5) 이러한 x축, y축, z축을 가지는 좌표계는 데카르트가 고안했다고 하여 카테시안(cartesian) 좌표계라 칭하기도 한다. 유클리드에 의해 불명확한 공리로 제시될 수 밖에 없었던 기하학을 데카르트는 자신의 좌표계 속에 넣어 좀 더 명료하게 수량화하였다. (데카르트의 좌표계에 대해서는 레오나르도 물로디노프의 『유클리드의 창 : 기하학 이야기』(전대호 역, 까치, 2002)의 제2장 데카르트 이야기(61~102면)를 참고할 수 있다.)

6) '자유도'라는 용어는 그 점(혹은 존재)의 위치를 파악할 수 있는 좌표를 의미한다. 가령 상자 속에 갇혀 움직이지 못하는 파리는 한 점으로 표현될 수 있으며 파리의 자유도는 0이다. 또한 직선 AB를 따라 움직이는 한 점은 x축 위의 숫자로 표현될 수 있으므로 자유도는 1이고 1차원

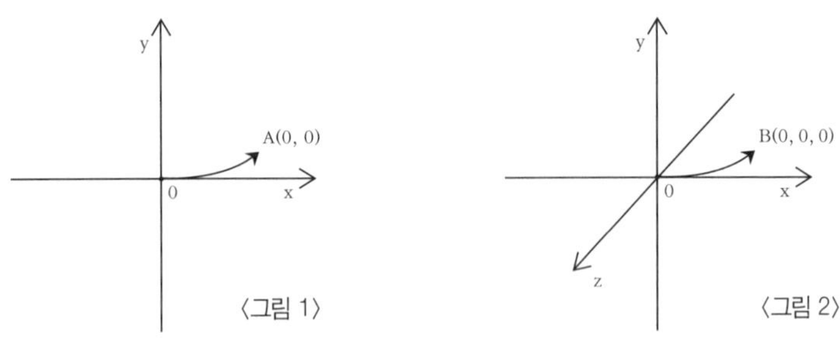

〈그림 1〉 〈그림 2〉

원점(0, 0)으로 추정할 수 있다.(〈그림 1〉 참조) 이상은 이미 「覺書 · 1」에서 '軸X 軸Y 軸Z' 라고 하며 좌표계에 대해 언급해 두고 있으므로 이는 그다지 무리한 추정이 아닐 것이다. 또한 점 B는 세 직선이 만나는 점이면서 0이라는 원점이므로 x-y평면에 z축을 그어 생기는 3차원 공간 좌표계의 원점(0, 0, 0)으로 표현될 수 있을 것이다.(〈그림 2〉 참조) 곧 점 A, B는 같은 원점이면서 차원을 달리하여 존재하는, 즉 각각 2차원, 3차원이라는 다른 차원에 속하는 점인 것이다. 그러나 점 C의 경우는 상대적으로 조금 복잡한데 그 이유는 A, B, C가 순서대로 2, 3, 4개의 직선의 교점이 아니라 C만 모호하게 '數線의交點' , 즉 많은 수의 직선의 교점이기 때문이다.[7] 분명 점 C는 4차원 혹은 그 이상의 차원에 속하는 점일텐

의 세계이며 x-y평면을 따라 움직이는 한 점은 (a, b)와 같은 두 개의 좌표로 표시할 수 있으므로 자유도는 2인 것이다. 여기에 시간의 요소를 덧붙여 생각해보면 3차원의 공간을 움직이는 인간의 위치를 구하기 위해서는 (a, b, c)라는 공간적인 좌표와 특정시간이라는 변수 t만 있으면 되는 것이다. 공간-시간의 4차원을 살아가는 인간은 따라서 4의 자유도를 가지는 셈이다. 이러한 생각은 물리학에서 일반적인 사고로 클리퍼드 피코버의 『하이퍼스페이스』(이충호 역, 에피소드, 2003, 1~47면) 혹은 쓰즈키 다쿠지의 『4차원의 세계 : 초공간에서 상대성이론까지』(김명수 역, 전파과학사, 1979, 123~124면)를 참고할 수 있다.

7) 이렇게 점 A, B, C가 X, Y, Z축과 관계된다는 생각은 이미 김명환에 의해서 행해진 바 있다. 그는 A=B=C=0이며 A가 X, Y축의 교점인 2차원 상의 원점이 B는 X, Y, Z축의 교점인 3차원 상의 원점이며 C는 수개의 축의 교점이자 수차원 공간의 원점으로 보아 이 글의 수식 해석과 거의 같은 풀이를 제시한다. 하지만 결론적으로 그는 이러한 사실을 근거로 A, B, C를 구분하는 것이 오히려 의미 없다고 봄으로써 이 글의 전개와는 거의 정반대의 결론에 도달하게 된다. 이는 '4' 라는 숫자를 전통적이고 관습적인 상징인 '死' 와의 발음상 유사성으로 해석함으로써 3+1과 1+3을 모두 의미 없는 죽음에 이르는 것이라 해석한 결과이다.(김명환, 앞의 글)

데 일반적으로 우리가 살고 있는 세계의 공간적인 차원은 3차원인 것으로 알려져 있기 때문에 4차원 이상을 해석하는 데에는 특별한 이론의 도움이 필요하게 된다.

4차원에 대한 연구는 20세기 초에 두 가지 정도의 방향으로 전개되어 왔는데, 우선 아인슈타인이 상대성 이론에서 전제하듯 세계를 공간 3차원과 시간 1차원이 합쳐진 공간, 즉 '3+1' 차원의 공간[8]으로 확정하는 것[9]이다. 이러한 시간과 공간을 각각 절대적인 것으로 보는 뉴턴의 시각에서 벗어나, 시간과 공간이 서로 상대적으로 작용하는 시공간으로 보는 이론은 아인슈타인의 수학스승이었던 민코프스키에게서 이미 시작되었는데[10] 1910년 중반 일본에서 출판된 阿部良夫의 『相對性理論』[11]에는 'ミンコ

8) P. A. Cherenkov, 김정흠 역, 『(일주일의)시간여행』, 동아, 1990.
'체렌코브 복사' 를 연구하여 노벨상을 받은 체렌코프는 자신의 책에서 직접적으로 4차원이란 공간 3차원에 시간 1차원을 합한 것, 즉 3+1=4라고 표시한다.

9) 러셀은 "(기존에는)공간에서 위치를 정하는 방법과 시간에서의 위치를 정하는 방법과는 전적으로 서로 무관하게 정할 수 있다고 믿었다. 이러한 까닭에, 사람들은 시간과 공간은 서로 아주 다른 것으로 생각하였다. 상대성이론은 이러한 생각을 바꾸어 놓았다. (중략) 공간과 시간은 이미 무관한 것이 아니고, 3차원의 공간 그 이상인 것이다. 한 사건의 위치를 정하기 위해서 네 개의 양이 필요하며, 그 전처럼 다른 넷과 무관한 하나의 양을 따로 떼어낼 수는 없는 것이다" (B. Russell, *The ABC of Relativity*, 김영대 옮김, 『상대성 이론의 참뜻』, 사이언스북스, 1997, 56~57면)라며 서로 다른 자질을 가진 시간과 공간이 합쳐져 시공간이 된 것에 아인슈타인의 중요한 공헌이 있다고 보았다.

10) "지금부터 공간과 시간 그 자체는 단순한 그림자 속으로 사라질 것이고 오직 이 두 가지 개념의 일종의 융합만이 독립적인 실체로 존재하게 될 것입니다." (헤르만 민코프스키, 「공간과 시간」(Contance Reid, *Hilbert*, 『현대수학의 아버지 힐베르트』(사이언스북스, 2005), 191면에서 재인용))

11) 阿部良夫, 『相對性理論』(東京 : 岩波書店, 大正15), 144~160면.
이 책이 당시 조선총독부도서관 신서부에 구비되어 있었다는 사실을 『朝鮮總督府圖書館新書部分類目錄: 昭和一二年一月一日 現在』(京城 : 朝鮮總督府 圖書館, 1937~1938)에서 확인할 수 있었는데 이외에 '조선총독부 도서관 신서부 목록' 에는 분류기호 7-22에 '相對性原理' 라는 주제명으로 약 20권 가량이 구비되어 있었음이 드러나 있다. 또한 '비유클리트 기하학' 와 '사영기하학', '입체기하학', '위상기하학' 등이 따로이 분류목록을 가지고 해당되는 책들이 상당수 모여 있는 것으로 보아 당시에 유클리트 기하학을 넘어서는 새로운 차원에 대한 관심이 어떠했는지 알 수 있으며 李箱 역시 이러한 책들을 충분히 접하고 이들을 통해 지식을 쌓아 나갔음을 확인할 수 있다.

ウスキー(민코프스키)の四次元空間' 이라는 제목으로 이러한 시공간의 차원을 연동하여 동시에 고려하는 이론이 제시되어 있다. 이상은 「覺書 · 2」의 앞과 중간 부분에 '3+1' (혹은 1+3[12])의 어구를 반복해서 사용하는데, 1916년 아인슈타인의 일반상대성이론이 수정, 발표된 이후 일본에서는 상대성이론에 관한 책들이 무수히 쓰여졌고 그 중 상당수가 경성의 도서관에 구비되어 있었음을 감안하자면 이상이 아인슈타인의 상대성이론에 대한 학습을 충분히 이루었을 개연성이 있다고 볼 수 있으며 '3+1' 을 아인슈타인이 전개한 시공간의 통합의 의미로 사용했다는 추측을 해볼 수 있다. 이러한 경우에 점 C는 3차원공간의 원점과 무수한 시간의 결들이 만나는 지점, 즉 '(0, 0, 0, t) (단, t는 시간변수)' [13]라는 좌표의 형태로 표현될 수 있다.(〈그림 3〉 참조)

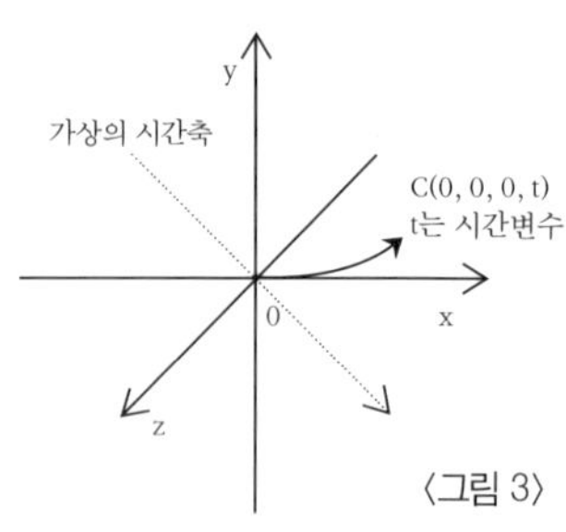

〈그림 3〉

한편 이렇게 시, 공간을 통합적으로 사고하여 4차원의 공간을 구성하는 물리학의 이론과는 달리, 수학자인 힐베르트(D. Hilbert)[14]는 x축, y축, z축… 이런 식으로 하나의 축이 늘어날 때마다 하나씩 차원이 생성되

12) 「線에關한覺書」 2에서 '3+1' 이 '1+3' 과 계속해서 혼용되어 쓰이는 것은 바로 1, 2, 3, 4차원을 논할 때 무심코 공간이 시간에 비해 우선 순위를 갖는다고 보는 인식이 잘못된 것으로 보고 시간이 우선할 수도 있다고 생각하는 표기법인 것으로 보인다.

13) 물론 이것은 원점에서 사건이 발생하는 경우이고 일반적으로는 시공간에서 발생하는 사건은 (x, y, z, t)의 형식으로 표현될 수 있다.

14) Constance Reid, 앞의 책, 184~185면.
"힐베르트는 해석학에 대한 연구에서 금자탑이라고 불릴 수 있는 업적을 창조했다. 그것은 힐베르트 공간이론(hilbert space theory)이라고 일반적으로 알려지게 되는 무한개의 변수에 관한 이론이다.
변수의 개수가 2개 또는 3개일 때의 2차형식에 대한 대수적 이론을 임의의 유한개의 변수의 경우로 일반화하는 연구는 19세기 대수학자들 사이에 인기가 있었다. 한 쌍의 변수는 평면의 점을 나타내고 변수 3개는 3차원 공간의 점을 나타내므로 수학자들은 변수의 개수를 증가시킴으로써 고차원 공간을 쉽게 생각할 수 있다는 것을 알았다."

는 것에서 아이디어를 얻어, 축을 더 생성시켜 기존의 카테시안 좌표계를 넘어 순수 관념 속에서 4차원 이상의 공간을 구현할 수 있다고 보았다. 이러한 생각을 따를 때, 개념차원에서는 4차원을 넘어 무한차원까지 확장하는 것도 가능하지만 3차원의 공간에 익숙한 우리에게는 이론적인 개념으로 존재하고 실제로 파악되지는 않는다. 이러한 무한차원 공간은 힐베르트 공간(Hilbert space)이라 불리운다. 힐베르트의 공간이론(spectral theory)은 1927년경에 발표되었는데 이러한 초공간의 기하학[15]을 이상이 접할 수 있었겠는가 라는 의문은 자연스러운 것이지만 「覺書」에는 분명하게 힐베르트의 이론에 부합한다고 할 수는 없으나[16] 특히 공간의 차원을 확장시킬 때, 동일한 계열의 기하학적 상상력이 작용한다고 볼 수 있다. 이렇게 보면 점 C는 (0, 0, 0,⋯, 0)과 같이 3차원 이상 무수한 차원에서 직선축들이 만나는 교점이라고 볼 수 있다.

이러한 20세기초의 4차원 이상의 고차원에 대한 관심은 다만 과학적인 연구에 그친 것이 아니라[17] 문학과 예술적인 차원으로 확대되어 다양한 작품의 창작의 원천이 되었음을 감안하자면 마찬가지로 이상이 「覺書 · 2」에서 사용하고 있는 기하학적 수식은 수학이나 물리학적 사실을 단독적으로 제시하고 있는 것이 아니므로 그것이 상기하는 문학적인 의미와 연관지어서 파악해야만 한다.

15) 흔히 이러한 3차원 이상의 공간은 일반적인 그림으로 표현되지 않기 때문에 개념상으로만 존재하며 '초공간' 이라 지칭된다. (미치오 카쿠, 최성진 · 한용진 역, 『초공간』, 김영사, 1997)

16) 그럼에도 불구하고 이상이 힐베르트의 공간이론(spectral theory)을 접했을 가능성을 배제할 수 없는 까닭은 이상이 「覺書 · 1」에서 1부터 9, 0 까지의 숫자를 행렬로 구성해두고 있는 것(본고의 2장에서 논의되는 차원과 분신의 관계를 확인할 것)과 더 많은 논의가 필요하긴 하지만 역시 같은 「覺書 · 1」에서 등장하는 '스펙톨(スペクトル, spectre)' 이라는 단어가 기존에 논의되던 대로 '스펙트럼(spectrum: 이승훈, 『이상시전집』)' 이나 '유령' (김승구, 『이상, 욕망의 기호』, 월인, 2004) 만이 아니라 힐베르트가 자신의 공간이론을 지칭하는데 사용했던 스펙트럴(spectral)의 명사 형태가 아닌가 하는 추측이 가능하기 때문이다.

17) 고차원에 대한 관심은 1870년과 1920년 사이에 그 절정에 도달했는데, 그 당시에 '제4차원'(우리가 제4차원이라고 알고 있는 시간과는 다른 공간적 차원으로서)이라는 개념이 일반대중의 상상을 사로잡았으며, 괴상함과 신비로움의 상징으로서, 점차적으로 예술과 과학의 전 분야에 접목되었다.(미치오 카쿠, 앞의 책, 43면)

3. 수학식이 가진 문학적인 의미와 李箱의 절망의 근거

앞서 이상이 제시하고 있는 수식이 담고 있는 의미는 바로 존재가 근거하고 있는 차원에 관한 것인데 그 내용은 다름 아니라 바로 '어떤 점이든 어떤 차원에 속해 있을 수밖에 없다' 는 의미와 비록 '같은 점이라고 할지라도 시, 공간차원과 연동시킬 때, 전혀 다른 무수한 점들로 바뀌어 나타날 수 있다' 는 의미를 담고 있다. 바로 이러한 지점에서부터 이상이 이와 같은 기하학적 수식으로부터 어떤 문학적인 의미를 이끌어내고자 했는가 라는 문학적인 변용의 문제를 다뤄볼 여지가 확보된다. 곧 좌표계의 원점의 자리에 '나' 라는 자아를 위치시켜 본다면 이상이 이러한 좌표계 속에서 절망하지 않을 수밖에 없었던 이유와 또한 희망을 가질 수 있었던 이유가 잘 드러나기 때문이다.

> 太陽光線은, 凸렌즈때문에收斂光線이되어一點에있어서爀爀히빛나고爀爀히불탔다, 太初의僥倖은무엇보다도大氣의層과層이이루는層으로하여금凸렌즈되게하지아니하였던것에있다는것을생각하니樂이된다, 幾何學은凸렌즈와같은불장난은아닐른지, 유우크리트는死亡해버린오늘유우크리트의焦点은到處에있어서人文의腦髓를마른풀과같이燒却하는收斂作用을羅列하는것에의하여最大의收斂作用을재촉하는危險을재촉한다, 사람은絶望하라, 사람은誕生하라, 사람은絶望하라
>
> —「覺書 · 2」 부분

볼록렌즈는 태양광선을 한 점에 수렴시킨다. 태양이 차원을 짐작할 수 없는 상위의 대상이라고 한다면 그것이 한 점에 수렴된다는 것은 왜곡을 거쳐 낮은 차원에 귀착되어 있다는 사실을 의미할 것이다. 이렇게 어떤 차원에도 속하지 않는 것처럼 보이는 대상이 실제로는 차원과 연동되어 있어 그것을 통해 세계를 바라본다는 사실은 마치 인간이 카테시안 좌표

계의 원점에 놓이면서 자신이 속해 있는 차원을 통해서만 세상을 보게 되어 있는 사실과 마찬가지가 된다. 즉 볼록렌즈는 인간이 놓여져 있는 차원을 통해 세계를 바라볼 수 있도록 하는 일종의 토대, 인식소(episteme)라고 볼 수 있는 것이다. 근대 이후의 과학은 이렇게 마치 볼록렌즈가 태양광선을 한 점에 집중시키듯 인식적인 기반을 통해 패러다임을 구성하고 그것으로부터 근대적인 발전을 이루어 왔다고 할 수 있다. '幾何學은凸렌즈와같은불장난' 이라는 구절은 따라서 유클리드가 제안했던 평면 기하학을 통해 이뤄낸 기하학상의 발전, 나아가 과학적인 발전이 실은 보다 커다란 가능성으로서의 '태양' 이라는 존재를 왜곡하여 한 점으로 집중하도록 만들었다는 의미를 가진다. 근대과학은 항상 새로운 차원을 열어젖히며 발전해온 것이 아니라 하나의 차원 위에 놓인 확실성의 토대에 의거하여 발전해온 것이므로 유클리드 기하학이나 뉴턴의 물리학은 궁극적으로 다른 차원, 다른 패러다임이 전개될 때, 필연적으로 무너지고 말 운명이 될 수밖에 없을 것이다. 러셀의 역설이나 괴델의 불완전성의 정리가 보여주는 현재의 차원의 모순 발생 가능성[18]은 이렇게 우리가 믿고 있는 진리가 마치 '人文의腦髓를마른풀과같이燒却하는' 볼록렌즈와 같은 우리의 인식적 틀에 의존하고 있으며 현재의 차원에서 언제든 모순에 직면할 수도 있다는 사실을 잘 보여준다.[19]

인간이 하나의 차원에 형성되는 인식적 틀에 고착되지 않을 수 없다는

18) 김상일은 『러셀역설과 과학혁명구조』(솔, 1997)에서 러셀이 전개하고 있는 역설(크레타섬의 거짓말쟁이 역설과 유사한)이 (칸토어의) 집합론에서 비롯되었다고 보고 그것이 궁극적으로 괴델의 불완전성정리로 귀결된다고 본다. 곧 이는 하나의 차원에서 모순이 발생할 수 있으며 그 모순은 해결되지 않을 수도 있다는 것이 요점이다. 러셀은 하나의 차원에서 발생하는 모순은 그 상위의 차원에서만 해결할 수 있다고 보았는데 김상일은 그러한 러셀의 해결책이 그다지 유효하지 않다고 본다.

19) 러셀은 "n차원의 모순은 n+1차원에서만 풀릴 수 있다." 고 하며 스스로가 발견한 역설을 해결하기 위해서 피해버려야 한다고 보았으며 따라서 차원을 높임으로서만 해결할 수 있다고 보았다. 이러한 러셀의 유형이론은 결국은 진정한 의미의 해결책은 되지 못했더라도 현재 차원에서 발생하는 모순은 현재 차원을 유지하는 한 결코 해결되지 않는다는 입장을 확인시켜준다는 점에서 의미있다.(김상일, 위의 책, 61~68면)

사실은 이상이 '절망' 하지 않을 수 없는 근거가 된다. 1차원의 선 위에 놓인 인간은 오직 좁고 긴 직선적인 방향만을 볼 수 있을 따름이고 2차원의 평면 위에 놓인 인간은 세계를 입체적으로 관찰하지 못하고 오직 지평선만을 바라볼 수 있을 뿐이며 3차원의 인간은 무시간성에 빠지거나 주어진 공간 배후에 숨겨진 듯 보이는, 보다 높고 근본적인 차원에 대해 무지할 수밖에 없을 것이기 때문이다. 시간적인 측면에 있어서도 마찬가지다. 시간은 일반적으로 1차원이기 때문에 항상 하나의 직선으로 흐른다는 것이 일반적인 관념이고 그 이상의 차원은 고려되지 않는 것이 일반적이다. 이렇게 닫혀진 시공간의 차원이 '나' 에게 있어서는 인식적인 제약을 낳고 '나' 는 그 때문에 절망하지 않을 수 없는 것이다. 하지만 이렇게 절망의 근거로 드러나는 '나' 의 인식적인 제한과 차원에의 고착은 반대로 '탄생' 이라는 상반된 가치의 작용을 동시에 포괄할 여지를 남기는데 이는 바로 이상에게 있어서 속도와 분신(分身)의 주제와 연관되어 있다.

4. 빛의 속도와 분신술의 기원

이상은 「覺書 · 1」에서 시공간에서 얻어지는 절망과 탄생을 다음과 같은 두 가지 방향에서 정리하고 있다.

> 立體에의絶望에依한誕生
>
> 運動에의絶望에依한誕生
>
> ―「覺書 · 1」 부분

여기에서 '立體' 란 점-선-면-입체라는 공간적인 층위와 차원에서 절망을 주는 요소이고 '運動' 이란 속도와 가속도를 포함하여 1차원이라는 시간적인 차원에서 절망을 주는 요소이다. 평면 기하학을 딛고 서 있던 인간이 입체를 발견하게 되면 자신의 모든 전제들을 수정해야하는 위험에 빠지기 마련인 것이다. 한편으로 시간을 결코 거슬러 올라갈 수 없다는 현대과학의 결론[20]은 시간축을 따라 이동하는 '나' 의 운동이 그다지 자유롭지 못할 것임을 알려준다. 다시 말해 이상에게 문제가 되는 것은 인간은 어쩔 수 없이 어떤 차원을 딛고 서 있게 마련이며 그 차원이 그다지 확실하거나 영속적이지 않다는 사실인 것이다.

하지만 이러한 절망은 한편으로는 '탄생' 을 불러오는 희망의 계기가 되기도 한다. 우선 공간적인 차원에 있어서는 앞서 살펴본 것처럼 0이라는, 고정된 한 점은 그것이 놓여 있는 x축, y축, z축, 이렇게 점차적으로 축을 생성시켜 차원을 늘려감에 따라 원래와는 다른 점으로 바뀌어 나타나는데, 이처럼 '나' 라는 하나의 인간 역시 차원과 연동하게 된다면 다양한 '나' 로 다시 탄생되어 나타날 수 있다는 것이다. '나' 라는 존재가 단지 하나의 위치만을 점유하고 있는 단일한 존재가 아니라 근거하고 있는 다양한 차원과 연동되어 복수적인 '나' 로 등장할 수 있다는 가능성은 이상이 차원에 대한 개념을 문학적인 사유를 통해 극단으로 밀어붙여 얻어낸 결과물인 것이다. '立體에의絶望에依한誕生' 이란 바로 이러한 공간차원의 확장을 의미하는 구절이다. 물론 이상은 시간의 측면에 있어서도 끊임없이 절망을 넘어서 새로운 탄생을, 새로운 희망을 보려는 움직임을 보이고 있는데 시간의 경우는 공간과는 달리 일반적으로 다차원성을 생각하기 어렵다.[21] 따라서 이상은 시간이 가지는 제약의 경우에는 공

20) 스티브 호킹은 그간의 시간여행에 대한 연구와 논의들을 정리하여 시간순서보호가설을 제시하고 현재에서 과거로 가는, 시간 순서가 바뀌는 것은 불가능하다고 결론을 내린다. 다른 연구자들도 마찬가지로 현재에서 미래로 가는 여행은 어느 정도 가능한 측면이 있다고 할 수 있으나 인간이 빛보다 빠르게 이동하지 않고서는 시간순서의 역전은 불가능하다는 것이 대강의 결론이다.(Hawking, Stephen W., 과학세대 역, 『시간은 항상 미래로 흐르는가』, 우리시대사, 1992)

21) 都筑卓司(쓰즈키 다 쿠지), 앞의 책, 133~135면.
"시간의 다차원성을 상상하기 어려운 것은 공간의 경우와 달리 모든 사람이 보조를 맞추어 한

간의 경우와는 달리 다차원성이 아니라 빛이 가진 속도를 가지고 넘어서고자 한다. 그러한 빛의 속도를 다룬 주제는 주로 「覺書 · 5」에 드러나 있다.

> 사람은光線보다빠르게달아나면사람은光線을보는가, 사람은光線을본다, 年齡의眞空에있어서두번結婚한다, 세번結婚하는가, 사람은光線보다도빠르게달아나라.
>
> 未來로달아나서過去를본다, 過去로달아나서未來를보는가, 未來로달아나는것은過去로달아나는것과同一한것도아니고未來로달아나는것이過去로달아나는것이다. 廣大하는宇宙를憂慮하는者여, 過去에살으라光線보다도빠르게未來로달아나라.
>
> ―「覺書 · 5」 부분

인간이 광선보다 빠르게 나아갈 수 없다는 사실은 이미 상대성이론에서 전제되어 있는 바이다.[22] 물론 이상 역시 이러한 사실을 모르고 있지 않았을 것이다. 다만 이상은 「覺書 · 1」에서는 "사람의發明은每秒當600,000킬로미터달아날수없다는法은勿論없다" (강조-인용자)라고 진술하며 실제로 인간이 물리학적으로 광선보다 빠르게 나아가는 것이 아니라 '發明'이나 '腦髓' 같은 정신적 사고의 움직임의 속도가 그러하다는 전제를 해둔 바 있다. 따라서 「覺書」에서 빛보다 빠르게 달아나는 속도란 바로 상상적이고 관념적인 '腦髓'의 정신운동의 결과물이다. 결국 상대성이론이 '인간은 결코 빛보다 빠르게 나아갈 수 없다' 라는 과학적 사실로 인

방향으로 가고 있다는 특수성 때문이라고 생각된다. (중략) 인간의 의지로 지배할 수 있는 공간과 전혀 뜻대로 되지 않는 시간과는 전적으로 서로 받아들일 수 없는 이질적인 것이라고 생각된다."

22) P. Davis, *About time : Einstein' s unfinished revolution*, 김동광 옮김, 『시간의 패러독스』, 두산동아, 1997, 132면.
"상대성이론은 소립자가 진공 속에서 빛보다 빠른 속도로 달릴 수 없다고 금하고 있다."

해 더 이상 상상의 극단까지 나아가지 않았다면 이상은 보다 자유롭고 사유적인 문학적 상상력을 발휘하여 나아가고 있는 것이며 그러한 부분이 「覺書」에서 특징적이고 눈여겨 평가되어야 할 지점인 셈이다.

이러한 문제의식을 가지고 「覺書」의 상황을 다시 살펴보자면, 다음과 같다. 인간이 광선보다 빠르게 달아나 가령 R_1이라는 지점에서 R_2로 움직인다면 R_1에 위치한 과거의 '나' 에서 내쏘여지는 빛이 R_2에 있는 현재의 '나' 의 망막에 닿기 전에 '나' 는 R_2를 지나 더 먼 곳까지 가버릴 것이 분명하므로, 광선 보다 더 빨리 달아나고 있는 현재의 '나' 는 달아나고 있는 한 계속해서 R_1의 시공간에 멈춰져 있는 과거의 '나' 를 보게 될 것이다. '나' 의 달아나는 속도는 광속의 2배이므로 미래를 향해 달아나는 '나' 와 멈춰서 있는 '나' 의 시간차이는 점점 더 벌어지게 될 것이고 멈춰서 있는 '나' 는 비록 움직이고 있지 않을지라도 달아나는 '나' 의 입장에서는 상대적으로 과거로 움직이는 것이나 다름없는 것이다. 물론 '未來로달아나서過去를본다, 過去로달아나서未來를보는가' 라고 의문을 갖고 궁극적으로 '未來로달아나는것이過去로달아나는것' 이라고 선언하는 것은 당연히 달아나는 '나' (미래의 '나')와 저만치 멈춰서 있는 '나' (과거의 '나')가 모두 다 '나' 의 파편들이기 때문이다.

게다가 만약 '적당한' 거리와 시간을 돌아와서 달아나고 있는 '나' 와 멈춰서 있는 '나' 가 만나게 된다면 [結婚 혹은 破片의 反芻] 빛의 속도로 이동하는 인간에게 있어서 과거-현재-미래는 직선적으로 구성되어 있는 것이 아니라 둥글게 찌그러져 과거와 미래가 맞닿아 있는 구형의 모양이 되는 것이고 '나' 는 동일한 시간, 동일한 장소에서 '나' 와는 다른 경험을 하는 분신을 마주하는 셈이 된다.[23] 일반적으로 시간이 단일한 1차원

23) 보르헤스에게도 이러한 시간의 차원을 거스르는 상상력은 역시 중요한 주제가 된다. 그는 「허버트 쾌인의 작품에 대한 연구」에서 20세기 초에 영국의 관념주의 철학자인 브래들리(Francis Herbert Bradley)가 보여준 역행적 세계, 즉 우리와는 다른 양식의 시간을 갖고 있는 세계를 가정하고 그 세계에서는 시간이 거꾸로 흘러 상처의 딱지보다 상처가 먼저 일어나고, 상처보다 그 상처가 일어나도록 만든 행위가 먼저 일어날 수도 있다고 본다.(J. L. Borges의 『픽션들』

임을 감안할 때, 하나의 인간이 어떤 다른 두 가지 장소에 '동시에' 존재하고 게다가 만나는 것은 불가능하다. 그럼에도 불구하고 동시에 존재할 수 있다고 하는 것은 바로 시간에 있어서 하나의 다른 차원이 더 열리는 것을 의미하는 것이다. 둘이 만나는 순간을 특정 시간 t라고 한다면 단지 (x, y, z, t)의 형식 속에서는 달아나는 '나'와 멈춰서 있는 '나'의 위치를 구분할 수 없으며 최소한 시간의 앞뒤 방향성을 구분해주어야 할 필요가 생기게 된다. 그나마 '나'를 세 번 만나게 되면 + -의 벡터로는 해결하기 힘든 시간의 다차원성, 다방향성이 열리게 되는 것이다.[24] 따라서 '두번結婚한다, 세번結婚하는가'라는 대목은 따라서 인간이 광속 이상으로 달아나 자신을 두 번, 세 번 만나게 된다면 1차원에 고정된 시간은 2차원이 되었다가 3차원이 될 수도 있음을 의미한다. 이렇게 확장된 시간 차원 속에서 '나'는 '나'의 수많은 파편들(과거의 '나')을 마주할 수 있는 것이다. '祖上의祖上의星雲의星雲의太初를未來에있어서보는두려움'(「覺書 · 5」) 때문에 빠르게 달아나는 것을 보류했던 사람들과 달리 '나'는 시공간을 빛의 속도 이상으로 질주하는 것이다. 이렇게 시공간의 확장과 분신적 주체의 나열은 「覺書 · 6」에서 언급하는 '時間性(通俗事考에依한歷史性)'을 극복하는 의미를 담고 있다. 이렇게 이상은 끊임없이 자신을 규정짓고 인식을 방해하고 있는 단일한 차원에 의한 고착을 해체하고자 애쓰며 시공간의 차원을 확대하여 수많은 '나'를 만들어내고자 하고 있는

(황병하 역, 민음사, 1994)의 「허버트 쾌인의 작품에 대한 연구」의 121면 번역자주 16번을 참고할 것) 이러한 상상력은 빛보다 빠른 운동에서는 실제로도 가능하게 측정될 수 있다. 이렇게 근대적인 직선의 시간에 대한 거부는 20세기 초에 다방면으로 전개되었으며 아인슈타인의 상대성이론 역시 그에 대한 뒷받침을 했다. 보르헤스는 이러한 시간 역전적 사고를 극단으로 밀어붙여 과거의 '보르헤스'와 만나는 경험을 소설화한 바 있다.

24) P. Davis, 앞의 책, 391면.
관찰자(E_1)가 빛의 속도(V_1)로 이동하고총에서 발사된 총알(E_2)이 광속의 2배의 속도(V_2)로 이동한다면, "관찰자는 먼저 목표물이 파괴되고 그 다음에 총이 발사되는 모습을 보게 될 것이다. 총알은 목표물에서 총의 총열을 향해 뒤쪽으로 날아가는 것처럼 보일 것이다. (중략) 빛보다 빠른 운동에서 E_1E_2라는 시간순서는 더 이상 고정되지 않으며 E_1E_2라는 특정한 준거틀에서는 역전된 것처럼 보일 수 있다."

것이다.

	1	2	3
1	●	●	●
2	●	●	●
3	●	●	●

—「覺書 · 3」 그림

「覺書 · 3」에 포함된, 위의 그림에 대해서는 다양한 방향의 해석이 가능할 수 있을 것이지만 이 글에서 앞서 논의한 바의 연장으로 공간 3차원과 빛의 속도에 의해 확장된 시간 3차원이 씨줄과 날줄처럼 가로놓여 교차하는 사이에서 탄생될 수 있는 '나' 에 대한 경우의 수를 표현한다고 해석해 볼 수 있다. 그렇게 보면 이 점들은 작가인 이상이 펼쳐 놓은 3차원의 공간과 3차원(빛의 속도에 의해 확장된 차원으로) 위에 펼쳐 놓여진 '나' 의 수많은 분신들의 조합을 나타내는 것이다. 곧 이러한 이상의 분신(分身)의 주제는 근대와 자본주의라는 거미줄처럼 조직된 망에 걸려 있는 '나' 를 구출해내기 위해 자아를 그것이 고착되어 있는 차원으로부터 떼어내어 다중화하는 전략과 관계되어 있다. 이상에게 있어, 유클리드 기하학과 비유클리드 기하학, 혹은 뉴턴의 물리학과 아인슈타인의 물리학은 각각 단순하게 앞선 것을 부정하고 뒤의 것으로 나아가야 하는 발전논리를 담은 이항대립이 아니라 오히려 이러한 각각의 패러다임을 딛고 세워진 주체들이 모두 이상의 내부에서 복수성을 띠고 펼쳐져 나열되고 있다고 할 수 있다. 이를 이상은 '主觀의體系' (「覺書 · 6」)라고 명명하였던 것이다. 이는 단일한 주체를 단일한 차원에 수렴하는 근대적인 볼록렌즈의 작용이 아니라 다양한 차원에 벌여진 주체들을 이상 내부에 모아 발산하는 오목렌즈의 작용을 내포하는 것이다. 이러한 '主觀의體系' , 혹은 펼쳐진 시공간의 차원은 발산하는 형태를 가지므로 이론적으로는 다만 3×3의 행렬이라는 시공간의 차원에 가로막히는 것이 아니라 「覺書・1」의 그림처럼 10×10의 행렬을 가지는 시공간, 나아가 이상의 인식을 제한하는 10진법("사람은 숫자를 버리라" 「覺書・1」)이 무효화되는 무한의 영역까지 확장될 수 있다.

하지만 이러한 가능성들은 현실세계에 있어서는 부정될 수밖에 없는데 인간이 빛의 속도로 운동한다는 것은 어디까지나 관념에서만 가능한 사실이기 때문이다. 실제세계에 있어서 인간은 결코 광선보다 빠르게 나아갈 수 없다. 「覺書」 5번과 7번에서 이상은 그러한 불가능성에 대해 보여준다.

> 速度를調節하는날사람은나를모은다, 無數한나는말(譚)하지아니한다,
>
> ―「覺書・5」 부분

> 視覺의이름의通路는設置하라, 그리고그것에다最大의速度를附與하라.
>
> 하늘은視覺의이름에대하여서만存在를明白히한다.(代表인나는 代表인 一例를 들것)
>
> 蒼空, 秋天, 蒼天, 青天, 長天, 一天, 蒼穹(大端히갑갑한地方色이나아닐른지) 하늘은 視覺의이름을 發表했다.
>
> 視覺의이름은사람과같이永遠히살아야하는數字的인어떤一點이다. 視覺의이름은運動하지아니하면서運動의코오스를가질뿐이다.
>
> 視覺의이름은光線을가지는光線을아니가진다. 사람은視覺의이름으로하여光線보다도빠르게달아날必要는없다.
>
> 視覺의이름들을健忘하라.
>
> 視覺의이름을節約하라.
>
> 사람은光線보다도빠르게달아나는速度를調節하고때때로過去를未來에있어서

淘汰하라.

—「覺書 · 7」 부분

'速度를調節하는' 행위는 빛보다 빠르게 달아나지 않는 것, 시간의 차원을 확장하지 않는 것을 의미한다. 빛의 속도로 운동하지 않는 순간에 시간의 차원은 축소되고, 펼쳐졌던 수많은 복수(複數)의 '나'는 단일한 차원의 '나'에게 모이게 되어 더 이상 '말'하지 못하는 것이다. 단일한 차원의 '나'는 다만 현재의 고정된 위치에서 시각(視覺)에 들어오는 대상만을 바라보는 데 만족하게 된다. 마치 하늘의 다양한 변화는 실제로는 '大氣의層과層이이루는層'(「覺書 · 2」)이 만들어내는 작용인데도 그것을 '蒼空, 秋天, 蒼天, 青天, 長天, 一天, 蒼穹' 등의 계절과 높이, 색깔의 속성 등을 고려하여 나름대로 다양한 이름으로 부르는 것은 단순히 인간이 땅에 서서 대기의 층에 의해 왜곡된 하늘을 올려다보고 있기 때문에 가능한 일일 뿐이다. 그것은 분명 '大端히갑갑한地方色'(「覺書 · 7」)이 아닐 수 없다. 따라서 '視覺의이름'이란 이상에게 있어서는 불가능한 광속을 대체하는 절박한 현실론을 반영하는 것이다. 당연히 빛의 속도 이상으로 나아가야 하고 그럼으로써 '나'의 과거를 만나고 시간의 차원을 확장해야 할 일종의 이상(理想)적인 전망은 그것이 불가능하다는 냉철한 과학적 진리 앞에서 '運動하지아니하면서運動의코오스를가질뿐'인 '視覺의이름'를 세우는 것에 만족할 수밖에 없는 것이다. 결국 '視覺의이름'은 볼록렌즈라는 객관을 버리고 난 뒤, 빛의 속도를 경험한 이후에 문학적으로 재정립된 주관적인 요소이긴 하지만 다중적인 주관이 아니라 확실성의 토대 위에 모인 단일한 주관(일종의 데카르트의 코기토cogito와 같은)이 만들어낸, 우리의 지식이 근거하고 있는 일종의 차원, 시선의 토대, 에피스테메를 의미하고 있으며 이상에게 있어서는 당연히 부정되어야 할 대상이지만 결코 버려질 수 있는 대상은 아니기 때문에 다만 '健忘'하고 '節約'될 수 있는 대상일 뿐인 것이다. 결국 이상은 기하학적 토대 위에 문학적인 상상력을 극한으로 전개하여 무한한 시공간의 차원 위에 수많은 복수의 '나' 들을 펼쳐 놓았다가 다시금 현실로 회귀하는 과정을 밟고 있는 것이다.

5. 자기 분열과 증식의 도구로서의 거울

이상은 이렇게 시공간차원 각각의 방향으로 무한한 영역까지 차원을 확장시켜 무한개의 '나' 를 창조하고자 하는데 이는 분명 관념을 통해서 전개하는 상상의 모험이고 바로 현재 혹은 여기에 고착된, 천편일률의 모양새를 지닌 근대적인 삶에서 탈피하기 위한 절실한 움직임이다.

> 知識의 尖銳角度 0°를나타내는, 그 커다란 建造物은 竣工되었다. 最下級技術者에 속하는 그는 공손히 그 落成式場에 참예하였다. 그리고 神의 두 팔의 遺骨을 든 司祭한테 最敬禮하였다.
>
> 줄지어 늘어선 유니폼 속에서 그는 줄줄 눈물을 흘렸다. 悲哀와 孤獨으로 안절부절 못하면서 그는 그, 建造物의 階段을 달음질쳐 내려갔다.(…)
>
> 그때에 時間과 空間과는 그에게 何等의 座標를 주지 않고 그냥 지나쳐 가는 機會를 놓치지 않고 그는 現在와 現在 뿐만으로 된 各種의 生活을 製作케 하였다.
>
> ―「얼마안되는 辨解」 부분

> 地球의 親切과 一致할 수 있는 地球引力의 補角의 數量을 計算한 飛艇은 물러죽은 개의 에스프리를 태운 채 作用하고 있었다―速度를―
>
> 그것은 마이너스에서 0으로 도달하는 級數運動의 時間的 現象이었다.
>
> 絶對에 모일 것. 에스프리가 放射性을 抛棄할 것. 車를 놓친 나는 四次元의 展望車 위에서 눈물을 지으며 餞送의 心境을 보냈다.

人間일 것. (의 사이) 이것은 限定된 整數의 數學의 헐어빠진 慣習을 0의 整數培의 役割로 重複하는 일이 아닐까?

나는 自棄적으로 내가 發見한 모든 函數 常數의 콤마 以下를 잘라 없앴다—

—「무제(役員이…)」 부분

지식의 첨예각도 0°를 나타내는 커다란 건조물은 바로 거대하고 차갑고 완결된 근대 사회를 상징하는 것이다. 그는 그곳에서 '줄지어 늘어선 유니폼' 사이에서 비애와 고독을 느낀다. 표준화와 통일로 대표되는 그 세계에서 '나'는 '최하급기술자'로서의 면모에 귀착될 뿐이고 그 지경에서는 어떤 상상력도 탄생하지 않기 때문이다. 시간과 공간이 어떤 좌표도 주지 않는 삶, 매일매일이 똑같아 보이는 근대 직업인의 삶은 그에게 현재의 삶만을 강요하는 것이다. 정수의 수학에서 0의 정수배는 항상 0일 뿐이며 다른 가능성은 존재하지 않는다. 하지만 앞장에서 살펴보았듯 0이라는 숫자에 차원을 고려하게 되면, 정수 0은 다양한 차원에서 새로운 탄생의 계기를 마련할 수 있게 된다. 이상은 바로 이렇게 근대가 주는 압력으로부터 탈주하기 위해 사차원 혹은 그 이상의 차원에 대해 전망하며 관념의 모험을 펼치는 것이다. 하지만 이러한 이상의 자유연상, 관념의 모험은 필연적으로 한계를 갖기 마련이다. 공간이 3차원으로 고정되어 있는 것이나 시간이 역사성을 가지고 한쪽으로 흐르는 1차원적인 구조를 갖고 있다는 것은 상식적으로 부인할 수 없는 물리적인 사실이기 때문이다. 게다가 인간의 빛보다 빠른 속도를 가질 수 없다는 엄연한 사실 때문에 특히 시간 차원에 있어서의 확장은 불가능한 것으로 여겨진다. 다만 그 대안으로 여겨질 수 있는 것이 바로 거울이라는 존재인데 이상은 거울을 통해 바로 다음과 같이 문제를 해결한다.

거울의 屈折反射의 法則은 時間方向留任問題를 解決하다. (軌跡의 光年演算)

나는 거울의 數量을 빛의 速度에 의해서 計算하였다. 그리고 로켓트의 設計

를 中止하였다. 거울의 不況과 함께 悲觀說 대두하다.

—「一九三一年(作品第一番)」 부분

光線이 사람이라면 사람은 거울이다.

—「覺書 · 7」 부분

하나의 數學, 퍽이나 짧은 數字가 그를 煩悶케 하는 일은 없을까?

그는 한장의 거울을 設計하였다. 그리고 生理手術을 그는 무사히 畢了하였다.

記憶이 關係하지 않는 그리고 意志가 音響하지 않는 그 無限으로 通하는 方丈의 第三軸에 그는 그의 安住를 發見하였다.

—「얼마안되는 辨解」 부분

이상은 한 장의 거울을 발견함으로써 현실세계에서는 좌절되었던, 시공간의 확장 가능성을 새롭게 발견한다. 거울은 단순히 대상의 모사를 만들어낼 뿐만 아니라 나아가 새로운 차원을 생성시키는 도구이다. 여기에 있는 '나' 는 동시에 거울 속에도 존재하기 때문에 '거울의 굴절반사의 법칙' 은 동시성을 창조해내고 단일한 시간을 부과하는 역사성으로부터도 탈피할 수 있게 하는 계기가 되는 것이다. 즉 거울의 발견은 이상으로 하여금 실제로 빛의 속도로 나아가지 않고서도 차원을 확장할 수 있도록 함으로써 관념의 작용에 머물렀던 '나' 의 복수화를 다시 가능하게 하는 수단이 된다. 거울의 법칙이 '시간방향유임문제' 를 해결한 것, 그리고 '로케트의 설계를 중지' 한 것 역시 같은 맥락에서 해석할 수 있을 것이다. 거울의 수량은 바로 '나' 의 분신의 개수이고 '나' 는 그것을 빛의 속도를 통해 계산하기만 하면 되는 까닭이기 때문이다. 더 이상 빛의 속도로 나아가기 위해 애쓰지 않아도 되는 것이다. 두 장의 거울을 마주 놓으면 양쪽 방향에 무한한 개수의 거울의 연속체가 생겨나게 된다는 사실을 떠올려 본다면 거울과 거울을 반사운동하는 빛의 속도와 거울의 수량, 즉 '나' 의 수량과의 관계를 확연하게 떠올릴 수 있을 것이다. 「오감도 · 시제팔호」, '해부' 1부에서 이상은 대상의 정면 영상을 거울에 투영시키고 거울의 앞면에 수은도말하여 양쪽이 모두 거울의 뒷면인 상태를 만들고 이를 종축으로 잘라내어 내부를 관차하는 관념실험을 행한다. 대상이 마취에서 깨어나는 순간 그 앞뒷면은 모두 거울이므로 대상은 양쪽으로 무한히 증식하는 경험을 하게 될 것이다. 그 뒤에 거울의 종축을 따라 박리해내듯 양쪽을 균등하게 잘라내어 분리하고 또 다시 양쪽에 수은도말하여 대상을 무한증식하는 실험을 거듭하는 것이다.

第一部試驗 手術臺 一

水銀塗沫平面鏡 一

氣壓 二倍의平均氣壓

溫度 皆無

爲先痲醉된正面으로부터立體와立體를爲한立體가具備된全部를平面鏡에映像시킴. 平面鏡에水銀을現在와反對側面에塗沫移轉함. (光線侵入防止에注意하여) 徐徐히痲醉를解毒함. 一軸鐵筆과一張白紙를支給함. (試驗擔任人은被試驗人과抱擁함을絶對忌避할것) 順次手術室로부터被試驗人을解放함. 翌日. 平面鏡의縱軸을通過하여平面鏡을二片에切斷함. 水銀塗沫二回.

ETC아직그滿足한結果를收得치못하였음.

—「烏瞰圖 · 詩弟八號」 부분

이렇게 거울이 '나' 의 분신을 만들어내고 증식을 도모하는 도구로서 이해될 때, 비로소 「선에관한각서 · 3」에서 제시하고 있는 이미지는 보다 완전하게 이해될 수 있다.

—「覺書 · 3」 부분

a)					b)			
	1	2	3			3	2	1
1	●	●	●		3	●	●	●
2	●	●	●		2	●	●	●
3	●	●	●		1	●	●	●

앞서 a)의 이미지만을 이용하여 이것이 공간 3차원과 빛의 속도에 의해 확장된 시간 3차원 사이에서 탄생되는 주체의 조직을 의미한다고 보았거니와 이를 b)와 연계시켜 본다면 b)는 a)의 오른쪽 하단에 사선방향으로 거울을 갖다대면 생성될 수 있는 이미지이다. 물론 수직과 수평한 두 개의 거울을 가지고도 b)의 이미지를 만들어 낼 수 있으며 따라서 결국 b)는 a)의 거울상이라고 할 수 있는 것이다. 시공간차원의 확장에 의해 탄생된 복수적인 주체는 거울이라는 매개에 의해서 한 번 더 현실적인 증식의 과정을 거친다. 이러한 차원에서 「覺書 · 3」의 "腦髓는 부채와같이圓에까지展開되었다, 그리고완전히廻轉하였다" 라는 구절이 가지는 전방위적인 확장의 문제를 이해할 수 있는 것이다. '뇌수' 라는 관념의 운동에서 주체는 무수히 탄생할 수 있으며 거울이라는 도구에 의해서 부채꼴처럼 사방으로 펼쳐질 수 있는 것이다. 「覺書 · 6」에서 '4' 라는 숫자를 가지고 방위학을 구성한 것도 역시 같은 맥락이다. 즉 이상은 초기 일문시에서 수학식의 활용을 통해 자신을 얽어매고 있는 수많은 제약들을 수많은 '나' 를 탄생시키는 관념적인 모험으로 극복하고자 한 것이고 나아가 거울의 발견을 통해 한층 자아의 복수성을 현실적인 맥락에서 전방위적으로 추구하고자 한 것이라 할 수 있다.

참고문헌

이어령 교주, 『이상시전집』, 갑인출판사, 1977.

김주현 주해, 『정본 이상문학전집—시』, 소명출판, 2005.

김명환, 「이상의 시에 나타나는 수학기호와 수식의 의미」, 『이상문학연구 60년』, 권영민 편저, 문학사상사, 1998.

김상환, 「이상 문학의 존재론적 이해」, 『이상문학연구 60년』, 권영민 편저, 문학사상사, 1998.

김승구, 『이상, 욕망의 기호』, 월인, 2004.

김용운, 「이상 문학에 있어서의 수학」, 김윤식 편, 『이상문학전집4』 · 부록, 문학사상사, 1995.

김주현, 「이상 소설과 분신의 주제」, 『한국학보』 25, 1999.

김지숙, 「이상 시에 나타나는 수와 상징」, 『동남어문논집』 8집, 1998.

김태화, 『수리철학적으로 바라보는 이상의 줌과 이미지』, 교우사, 2002.

박현수, 「이상 시의 수사학적 연구」, 서울대 박사학위논문, 2002.

문홍술, 「이상문학에 나타난 주체분열과 반담론에 관한 연구」, 서울대 석사학위논문, 1991.

신범순, 「이상문학에 있어서의 분열증적 욕망과 우화」, 『국어국문학』 103, 국어국문학회, 1990.

김상일, 『러셀역설과 과학혁명구조』, 솔, 1997.

阿部良夫, 『相對性理論』, 東京 : 岩波書店, 大正15.

『朝鮮總督府圖書館新書部分類目錄: 昭和一二年一月一日 現在』,京城: 朝鮮總督府圖書館, 1937~1938.

미치오 카쿠, 최성진 · 한용진 역, 『초공간』, 김영사, 1997.

都筑卓司(쓰즈키 다쿠지), 김명수 역, 『4차원의 세계 : 초공간에서 상대성이론까지』, 전파과학사, 1979.

Borges, J. L., 황병하 역, 『픽션들』, 민음사, 1994.

P. A. Cherenkov, 김정흠 역, 『(일주일의)시간여행』, 동아, 1990.

Contance Reid, Hilbert, 『현대수학의 아버지 힐베르트』, 사이언스북스, 2005.

Hawking, Stephen W., 과학세대 역, 『시간은 항상 미래로 흐르는가』, 우리시대사, 1992.

Mlodinow, Leonard, 전대호 역, 『유클리드의 창 : 기하학 이야기』, 까치, 2002.

Pickover, Clifford A., 이충호 역, 『하이퍼스페이스』, 에피소드, 2003.

B. Russell, The ABC of Relativity, 김영대 옮김, 『상대성 이론의 참뜻』, 사이언스북스, 1997.

평면으로부터의 탈주와 반(反)원근법의 설계도

정 주 아

목차

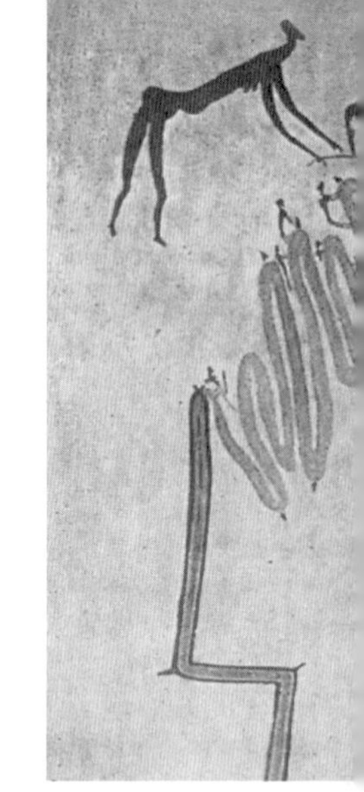

평면으로부터의 탈주와 반(反)원근법의 설계도

—이상 문학에 나타난 공간의식과 시각적 다원성

정 주 아*

1. 서론—절대적 가치에 대한 회의

한국현대문학사에서 작가 이상(1910~1937)의 작품들만큼 다양한 해석적 가능성을 보유한 연구대상은 드물다. 당대 문단의 경향과 구분되는 작품세계에서부터 온갖 기행(奇行)의 연속이었던 작가의 생애에 이르기까지, 이상은 시대적 전형으로부터의 '파격'을 체현한 존재이기 때문이다. 시 「오감도」의 발표 직후 나타났던 작품성 시비나, 소설 「날개」를 둘러싸고 벌어졌던 리얼리즘과 모더니즘의 해석적 공방은 그의 문학의 이질성을 입증하는 사례들이다. 최재서의 다음과 같은 언급은 그 이질성을 대면한 현장에서 나온 증언이라 보아도 좋을 것이다.

* 서울대학교 국어국문학과 박사과정 수료

"나는 이상을 알기 전에 그의 소설을 읽었읍니다. 그리고 이것은 일종의 실험적 소설이라고 생각하였읍니다. 나는 문단상식과는 대단히 거리가 먼 이 소설에 놀내면서도 그 예술적 실험을 어느 정도까지 신용해야할른지 다소의 의심을 품고있었읍니다. 즉 이 작가는 이러틋 괴상한 테크니크를 쓰지않고서는 자기의 내부생활을 표현할수없는 무슨 절실한 필연성이 있었든가 혹은 그저 독자의 호기심을 끄을기위한 단순한 손작란이였든가—이런 점에 관하야 다소의 의문이 없지 않었읍니다."[1)]

위의 인용문은 이상 문학이 조선 문단에 던졌던 고민의 일단을 나타낸다. "예술적 실험"이라 부를 수밖에 없는 글, 기존 문학의 장르론이나 문학의 정의를 되묻게 만드는 글이 등장한 것이다. 이상 문학의 파격성은 고정된 사고틀이 지닌 한계 혹은 경계를 의식하게 만드는 데에서 시작된다. 최재서는 이상의 소설 「날개」가 '소설의 전통적 요소를 갖추지 않은 점', '주관과 객관의 구별을 가리지 않는 점(꿈과 현실의 혼동)', '시와 소설을 결합한 점' 등을 특징이라 보았다.[2)] 또한 서구의 이성중심주의를 동경하던 김기림은 이상의 시가 전통적인 "감정의 선동"을 벗어나,[3)] "극도로 주관을 누르고 객관에 충실하려는 태도와 방법을 철저하게 밀어나가려는", "구라파적 의미의 철저성"을 띤 것으로 "동양에 대한 반역"을 보여준다고 말한다.[4)] 이 때 두 사람이 이상의 문학을 주목하는 층위에는 약간 차이가 있다. 최재서는 이상 문학의 의의를 당대 문학양식의 전형을 벗어난 데에서, 김기림은 조선이라는 시공간적 제한을 탈각했다는 점에서 찾는다. 그러나 당대 조선 문학이라는 구조체의 근간을 회의하도록 만드는, 내적 균열의 시도라 보고 있다는 점은 공통적이다. 이렇듯 이상 문

1) 최재서, 「故이상의 예술」, 『문학과 지성』, 인문사, 1938, 113~114면.

2) 위의 글, 115~117면.

3) 김기림, 「이상의 모습과 예술」, 『이상선집』 서문, 백양당, 1949. (김유중 · 김주현 편, 『그리운 그 이름, 이상』, 지식산업사, 2004, 34면에서 재인용)

4) 김기림, 「이상의 문학의 한모」, 『김기림전집』 3, 심설당, 1988, 180~181면.

학의 해명은 이상의 시학이 지닌 파격성에 대한 물음, 즉 무엇으로부터의 파격이며 어째서 파격인가를 설명하는 지점에서 시작되었다고 할 수 있다.[5]

이후 1950년대 중반 임종국의 서지학적 연구를 시작으로, 1970년대의 형식주의 방법론, 1980년대 말 포스트모더니즘의 유행과 더불어 연구량이 늘어나면서,[6] 이상 문학은 1930년대 모더니즘 문학의 대표적인 정전으로 자리를 잡는다. 당대 모더니즘 사조 속에 이상 문학을 위치시킴으로써 그 실험성과 난해함의 많은 부분이 해석된 것은 사실이지만, 다른 한편으로 모더니즘의 개념적 광범위함이나 모호함이 각 연구의 개별적인 차이를 희석시키거나 연구 관점을 제약하기도 하였다. 즉 논점이 서구 모더니즘 사조와의 영향관계, 수사학적 특징, 관념지향성 등으로 일반화되는 것이다. 특히 탈-모더니즘적인 반동조차 자체적인 유기성을 구축하는 요인으로 포섭해 버리는 모더니즘의 강력한 자기 환원성이나, 이상을 근대에 저항한 예술혼의 전형으로 호명하면서 신화화하는 경향 등은 이상 문학의 해석적 틀을 고착시키는 요인들이다. 그 과정에서 1930년대 이상 문학이 조선 문단에 던졌던 충격, '파격성' 의 질문들은 충분히 음미되기 전에 기정사실이 되어 버린 것으로 보인다.

이상의 문학이 당대의 문학적 전통을 벗어난 것이라는 최재서나 김기림의 견해는 오늘날에도 유효하다. 일정한 틀이 있고 그 방법론 안에서 해명이 가능하다는 구조주의적 방법론의 전제는 이상의 작품들 앞에서 위기를 맞는다. 이상의 미학적 실험의 내적 분류와 분석은 오히려 해석

5) 이 논문의 전반적 시각은 현대 형이상학적 체계의 폐쇄적인 틀을 비판하고 그 자체의 완결적인 구조로 인해 간과되는 논리적 공백에 대해 말한 데리다의 해체론적 시각을 따른 것이다. 그는 '해체' 를 "기호의 시대의 울타리를 넘는 일" 이라 정의하고 "해체로 탈구성시키는 것은 안쪽으로 떨어질 위험을 무릅쓰고 비판적 개념들을 둘러싼, 그 개념들의 조건 · 환경 · 한계들을 드러내고, 그 비판적 개념들이 이미 탈구성되도록 만드는 기구에 속하고 있다는 것을 지적하는 일", 그리하여 "울타리 바깥의 희미한 빛을 엿보게 해주는 균열을 지적하는 일" 이라 설명한다.(자크 데리다, 김웅권 옮김, 『그라마톨로지에 대하여』, 동문선, 2004, 33면)

6) 김주현, 「1990년대 이상 연구의 현황 및 전망」, 『이상리뷰』 창간호, 2001. 9.

상의 맹점들을 드러내는 계기가 된다. 이상의 작품은 작가의 메시지를 독자에게 전달하고 드러내는 장이 아니라, 어떤 메시지인지 알 수 없도록 은폐하고 왜곡하는 공간이다. 의미의 확정을 거부하는 방향으로 움직이고 있다는 점. 그 점만으로도 이상 문학은 문학적 소통의 체계 밖에 있으며 기존 방법론의 전제를 벗어난다. 정답을 제시하기보다는 숱한 질문을 쏟아낸다는 점에서 여전히 이상 문학은 열린 텍스트이다.

이상은 「종생기」에서 "한 구의 에피그람을 얻지 못하고 그대로 처참히 나는 물고하고 만다"(2:379)고 탄식한다.[7] 에피그람 혹은 아포리즘은 전후 상황을 관통하는 신랄함, 압축성을 묘미로 하며, 따라서 하나 자체로 완결성을 지향하는 속성이 있다. 이상 문학의 관념성을 지적하는 구절로 인용되곤 하는,[8] 「동해」의 "나는 울창한 삼림 속을 진종일 헤매고 끝끝내 한 나무의 인상을 훔쳐 오지 못한 환각의 인이다."(2:271)라는 문장 역시 위와 유사한 인식을 보여준다. "한 나무의 인상"이란 다수와 변별적 가치를 지니는 단 하나를 지향한다. 이것은 하나의 완전한 것을 향한 이상(理想), 절대적 가치를 추구하는 태도를 보여주는 동시에 하나의 정제된 실체를 찾는 일에 현실적으로 실패했다는 인식을 드러낸다. 현실이 울창한 삼림 속 같은 미로이며, 자신은 환각 속에서 살 수밖에 없었다는 것이다. 때문에 이상의 작품에 등장하는 도식, 숫자나 도형, 대칭적 이미지들을 기표-기의의 단일한 대응 관계 속에서 해석하는 것은 이미 한계가 노정된 작업이다. 작가 자신이 고정적이고 단일한 의미가 존재할 수 있느냐에 이미 회의를 보이고 있기 때문이다. 예컨대 이상의 작품에 반복적으로 나타나는 대칭적 이미지를 보자. 오른쪽과 왼쪽, 길고 짧음 등의 대칭관계는 사실상 하나의 속성에서 기인한 것으로, 그들이 보여주는

7) 김윤식 엮음, 『이상문학전집』 2, 문학사상사, 1991.
이하 작품의 인용은 문학사상사 판 『李箱문학전집』(제1권 시, 이승훈 엮음/제2권 소설, 제3권 수필, 김윤식 엮음)에서 하고, 본문에는 권 수와 면 수만을 표시하기로 한다.

8) 김윤식, 『이상문학텍스트연구』, 서울대학교출판부, 1998, 300면.

상호보조적인 길항상태는 결국은 상대의 존재를 빌어 자신의 존재를 유지하기 위한 기제이다. 이로써 숫자 2는 해석하기에 따라 숫자 1의 의미를 지닐 수도 있는 것이다. 따라서 이상의 문학을 읽는 데에 중요한 것은 기호의 의미라기보다 기호들이 벌이는 향연, 무수한 환각/환영을 만들어 내는 운동성 자체이다. 그 속에서 기존의 이성적인 사고를 지배해 온 절대적인 가치에 대한 신뢰, 기표-기의의 약속 관계에서 비롯된 완결된 세계에의 꿈은 그 폐쇄성과 한계를 드러낸다.

기존의 고정된 의미체계의 통념을 파괴하고, 절대적인 진리란 존재하지 않는다는 것을 보여주는 것, 이것이 본고에서 해명하고자 하는 이상 문학의 '파격성' 이다. 이상의 작품을 분석하면서 본고에서는 권력이나 체계의 핵심이 되는 유일자(唯一者)나 이항 대립처럼 궁극적으로 체계의 완결성에 기여하는 시공간적 질서가 파괴되는 양상에 초점을 두었다. 특히 시공간의 차원이 더해지거나 소거되면서, 새로운 시공간의 기획이 출현하는 과정을 살펴보고자 한다.

2. '투시벽(透視癖)' 과 '인색한 원근법'

이상은 식민지의 빈한한 가정에서 태어나 장래 화가를 꿈꾸었고, 그 절충의 형태로 건축과에 진학, 총독부 건축 기수라는 직업을 가지게 된 인물이다.[9] 이상은 1927년 경성고등공업고등학교(현 서울대학교 공과대학) 건축과에 입학한다. 미술에 대한 호감과 더불어 시작된 건축과 공부를[10] 마치고, 1929년 졸업하여 총독부 건축과의 기수로 취직한다. 조선

9) 이상과 함께 경성고등공업학교에 다녔던 오오스미 야지로는 한 대담에서 이상이 경성고공에 입학한 것은 그림을 그리기 위해서였다고 증언하고 있다.(「이상의 학창시절」, 김유중 · 김주현 엮음, 『그리운 그 이름, 이상』, 지식산업사, 2004, 368면)

10) 김옥희, 「오빠 이상」, 앞의 책, 57면.

인으로서는 최고의 일자리였던 건축기수 일을 마다하고 이상이 사표를 낸 것은 1933년 초이다. 그 사이 이상은 자화상을 그리고 「건축무한육면각체」(『조선과 건축』, 1932. 7)를 비롯한 시를 썼다. 요컨대, 현실의 영역에서 건축을 포기한 대신에 예술의 영역에서 건축을 시작한 것이다. 이와 같은 전회에 대한 주변 정황이야 어떻든 간에,[11] 그 내역을 사후적으로 드러내는 것은 그가 남긴 시와 소설, 산문들이다.

이상 문학은 당대 시각과 사유의 한계를 돌파하려는 운동성을 지닌다. 소설 「환시기(幻視記)」는[12] 이상의 문학적 사유가 지향하는 지점을 보여준다. 이 소설은 아내의 정조를 의심하는 남편의 이야기를 다룬다. 어느 날 '나'를 찾아와 아내의 왼쪽 얼굴이 비뚤어져 보인다고 호소하는 친구에게 '나'는 그녀의 얼굴은 약간 오른쪽으로 비켜서 볼 것을 권한다. "그 때문에 다른 물건이 죄다 바른쪽으루 비뚤어져 보이드래두 사랑하는 아내 얼굴이 똑바루만 보인다면 시각의 직능은 그만"이기 때문이다(2:294). 이는 이른바 이상 특유의 '인색한 원근법'이 드러난 부분이다. 원근법은 외부의 시점과 직각을 이루는 하나의 차원만을 허용하기에 인색하다. 자신이 인정한 대상만을 바르게 바라보려 주변 물상의 왜곡을 아랑곳하지 않는 시각은 폭력적이다. '인색한 원근법'이란 기존 원근법 체계를 의도적으로 조롱한 표현이다. 이 소설에서 이상은 원근법의 인색함을 뛰어넘음 방안을 제시한다. 즉, 대상을 바라보는 시점의 개수를 추가하는 것이다. 시점의 개수를 추가한다는 것은 그만큼 대상을 둘러싼 시 · 공간적 차원도 더해진다는 것을 의미한다. 물론 이때 시점이란 서사론적인 의미가 아니라, 원근법을 발생시키는 외부의 시선 혹은 투시행위에서 물체를 보는 하나의 눈이 존재하는 지점이라는 보다 일반적인 의미에서 사용한 개념이다.[13]

11) 이러한 전환의 계기에 대해서는 아직 분명한 이유가 밝혀져 있지 않다. 이상의 동생 김옥희는 근무 부서의 일본인과 이상의 의견이 충돌하곤 했다고 증언한다.(위의 글, 58면)

12) 『청색지』(1938. 6)에 유고로 발표, 정확한 집필 연대는 밝혀지지 않은 작품.

13) 제럴드 프린스, 이기우 · 김용재 역, 『서사론사전』, 민지사, 1992.

단일 평면에 시점의 다양성을 부여하는 것은 마치 입체파의 그림처럼, 어떤 형태로 존재할지 모르는 사물의 측면이나 이면을 동시에 관조하려는 호기심에서 나온다. 가령 「오감도 시제1호」에 나타난 '무서운 아해'와 '무서워하는 아해'의 공존, '막다른 골목'과 '뚫린 골목'의 공존은 하나의 시점을 파괴한다면 모순된 진술이 아니다. 그 스스로 식민지 통치자의 도시계획에 따라 건물을 짓는 무서운 아이의 역할을 하면서도, 다른 한편으로 건물로 표상되는 지배 권력의 확장을 무서워하는 아이이기도 하기 때문이다. 즉 눈에 보이는 풍경이 진실은 아닌 것이다. 고정된 시점을 거부하는 작업은 주어진 장면을 단선적으로 이해하는 데에서 오는 안정감을 스스로 파괴하는 것이다. 이상의 '인색한 원근법'은 시점과 시간의 차원을 늘려주어 평면을 입체화하고 그로써 은폐되었던 대상의 특징들을 읽을 수 있도록 만든다. 이러한 작업은 지배적인 시선에 위배되는 행위이며, 따라서 이상의 글쓰기는 고독한 저항의 성격을 띤다.

이상은 「종생기」에서 근대건축의 위용보다 그것의 철근과 철골, 시멘트 같은 것에 먼저 감응하는 자신의 버릇을 두고 "숙명의 슬픈 투시벽(透視癖)"(2:393)이라 일컫는다. 이 맥락에서 '투시벽'이란 완성된 형태를 감상하기보다 그것의 원리나 제작술을 분석하려는 태도로 해석된다. '투시도법'이란 건축과 회화의 밑그림을 제작하는 기초적인 원리이다. 이 경우 설계자나 화가는 보는 이의 가상의 시점을 전제하고, 소실점을 기준으로 원근법을 맞추어 상들을 배열, 화폭 속의 풍경이 마치 실제와 같은 입체감을 느낄 수 있도록 만든다. 원근법이 평면 위에 3차원의 공간성을 부여하기 때문이다.

이상의 '투시벽'이란 단지 수사만은 아니다. 실제 그의 작품에는 회화의 기초가 되는 소실점과 투시도의 기본적인 구도들, 이른바 '일원 투

서사물에서 시점(point of view)이란 상황 · 사건이 이야기 될 때 나타나는 지각 · 인식상의 위치를 의미한다.

시', '이원 투시', '삼원 투시'의 구도가 주요 모티프로 적용되기도 한다. 가령, 일원 투시는 빌딩이나 나무가 양쪽에 늘어선 대로나 길을 그리기 위해 사용된다. 이때 점점 작아 보이는 나무와 폭이 좁아지는 길은 화폭 가운데에서 한 점으로 만난다. 뚫렸는지 막혔는지 모를 도로를 달리는 아해의 이미지나(「오감도 시제1호」), 혹은 광선보다 빠르게 달아나 마침내 현재의 시공을 초극하고 마는 질주의 이미지(「선에 관한 각서5」)는 일원 투시의 구도가 만들어내는 동적인 속도감과 소실점 너머의 알 수 없는 불안을 근간으로 한다. 한편 이원 투시의 기본 구도는 한 건물이나 담장의 모서리 지점에서 점차 폭이 좁아지는 좌 · 우 양측의 담장 끝을 지켜보는 것이다. 이 구도에서 관찰자의 시선은 좌 · 우 두 갈래 길이 시작되는 모서리 지점에 놓여 있다. 이상 문학에서 좌 · 우의 대칭적 개념은 골목길이나 특정 신체부위—손, 팔, 뇌 같은—와 결합되어 나타난다. 이원 투시의 구도에서 좌 · 우의 대립은 비단 기하학적 대칭이라는 의미 이외에도 외부에서 강요된 선택과 그에 따른 갈등을 의미한다. 삼원 투시는 화폭을 가득 채운 거대한 삼각뿔의 구도로 나타나는데, 주로 큰 건물을 올려다보거나 내려다보는 장면을 그리는 경우 적용된다. 소설 「날개」에서 식민지 경성을 잠식한 거대 자본의 중심지, 미쯔꼬시 백화점 옥상에서 건물 아래 "회탁의 거리"를 굽어보는 '나'의 시선은 이와 같은 삼원 투시의 구도 속에서 가능한 것이다.[14]

그러나 이상의 작품은 투시도의 구도를 그대로 옮기는 것이 아니라, 투시도의 구도를 벗어나려는 동적인 운동성을 갖는다. 즉 원근법에 입각한 이미지의 시각화를 거쳐, 이를 전복시키는 방식으로 전개되는 것이다. 왜냐하면 원근법에 입각한 투시란 엄밀히 말해 현실이 아닌 별도의 현실

14) 한편 '4점 투시'는 이른바 어안(魚眼) 투시라고도 부르는 것으로, 화폭에 물고기의 눈처럼 입체감을 지닌 둥근 곡면을 그리는 경우 사용된다. 이 구도에서는 만약 평면이라면 서로 평행할 직선들이 마치 지구의 적도 · 위도 선이 그러하듯이, 동서남북의 네 점으로 모아지며 곡면을 형성한다. 이는 이상의 시에 나타난 '굴곡한 직선'(「▽의 유희」)이라는 모순적인 어법이, 실상 모순이 아니라 평면의 변형을 고려하는 경우 가능한 현상임을 나타낸다.

을 만드는, 환영을 창조하는 방법이기 때문이다.[15] 가령 휘어진 사각형이 존재한다 하더라도 시점을 잘 조절하면 평평하게 보일 수도 있는 것이다. 원근법은 "시각경험을 그대로 반영하는 수단이 아니라", "인간의 눈높이에 맞춘 자연의 조작"인 것이다.[16] 시점을 적당히 조절하면 실제와는 다른 환영의 창출도 가능하다는 「환시기」의 내용을 참조한다면, 앞서 이상이 마치 고질병인양 언급한 '투시벽'이란 실은 원근법의 속임수를 늘 간파하곤 한다는 일종의 반어임을 알 수 있다. 이는 나아가 실제 작품에 적용된 투시도법이 역으로 원근법을 조롱하고 파괴하는 방향으로 기능하고 있음을 시사한다. 지배적인 시각 구도에 대한 반항이란 이성중심의 일방적 권력구도에 대한 항의의 표시이기도 하다.

3. '-1'과 '+1'의 방법론

이상의 '인색한 원근법'이란 1920~30년대 경성의 사회문화적인 상황을 고려하는 경우 그 시대적 적합성이 드러난다. 원근법은 당대의 시·공간을 점유한 단일한 규제 방식이 드러나는 곳 어디에서든 존재하고 있다. 0시를 중심으로 구획된 시간, '휴일'을 중심으로 늘어선 일주일, 도시를 중심으로 늘어선 변두리, 대로를 중심으로 늘어선 뒷골목. 다시 말해 원근법은 하나의 중심점을 정하고 그로부터 멀고 가까움을 가늠하는 방식이며 따라서 사람들을 중심을 향하도록 통제하는 방식이다. 그러나 하나의 척도를 기준으로 만들어진 단일한 차원의 평면이란 실상 눈속임 혹은 환각의 세계를 의미한다. 에움길이 아닌 최단거리만을 정산하는 지도처럼, 현실과는 거리가 있는 것이다. 이상은 백화점 맞은편에 자리한

15) E.H.곰브리치, 차미례 옮김, 『예술과 환영—회화적 재현의 심리학적 연구』, 열화당, 2003, 234~274면 참고.

16) 임규찬, 『눈의 역사, 눈의 미학』, 한길사, 2002, 136면.

옹색한 과일노점(「모색」), "변소에서 가장 먼 나라의 호외를 가장 가깝게" 보는 인물(「지도의 암실」, 2:166), 백화점에 고용되어 옛 조상의 제의에 사용하던 음악을 연주하는 악단(「실화」)처럼 실제 현실에서 얼마든지 목격할 수 있는 시 · 공간의 겹침과 왜곡을 주목한다. 화려한 르네상스식 건물과 초가가 공존하는 도시, 만국박람회의 유행을 탄 도시에는 고대와 중세, 유럽과 아시아의 환영들이 뒤엉켜 있다. 국적과 시 · 공간을 초월하여 다양한 차원이 공존하고 있는 것이다. 이상은 이러한 시 · 공간의 다차원성 앞에서 몇 년 모월 모일이라는 지점, "카렌다" 상의 어떤 지점을 매김하는 것이 무슨 소용이 있을지 고민한다. 사람들은 비록 "일 만 년 후의 달력"(「習作쇼오윈도우數點」,1:242)을 만들 수도 있지만 그것이 현시점을 설명해주지는 못하는 것이다. 질서와 위계로 조직된 시 · 공간의 틀과 상관없이 존재하는 혼돈 속을 거니는 것을 이상은 "건설되지도 항해되지도 않는 한 성질 없는 지도를 그려서 가지고"(「지도의 암실」, 2:172) 다닌다고 표현한다. 원근법의 환영에 익숙해질수록 사람들은 쉽게 가상적 이미지에 동화된다. 소녀의 남루한 모습 대신 "정조의 모습을 지닌 원색판 그림엽서"(「홍행물천사」)에 실린 소녀의 모습을 기억하고, 종교적 성스러움을 "뺑기칠한 세공품"(「골편에 관한 무제」)에서 떠올린다. 수필 「산촌여정」에 등장한 시골마을의 활동사진 상영회와 영화가 끝난 뒤에 느끼는 허전함은 시 · 공간의 축이 뒤섞이는 당황스러움을 원초적으로 경험하는 모습이라 할 것이다.[17] 이상의 '인색한 원근법' 이란 보여주는 한 면을 보기보다 여러 시점을 동원, 평면 뒤에 가려진 속임수와 변형들을 찾아내는 방식이다. 실제 그는 "인생 혹은 그 모형에 있어서 디테일 때문에 속는다거나 해서야 되겠소?"(「날개」, 2:319) 라고 묻는다.

따라서 원근법에 의해 구획된 단일한 시점을 거부하는 이상 문학의 유연성을 '절대적 일자(一者)' 의 파괴라 요약할 수 있을 것이다. 그의 문학

17) "활동사진을 보고 난 다음에 맛보는 담백한 허무—장주의 호접몽이 이러하였을 것입니다" (3:111)

에서 일자의 파괴는 한편으로는 하나를 다수화하는 방향으로, 다른 한편으로는 고정된 하나를 소거해버리는 방향으로 진행된다. 이러한 방식을 '+1과 -1의 방법론' 이라 부를 수 있을 것이다. '+1' 은 단일 시각에 의존한 원근법으로 인해 하나의 평면 뒤에 숨었던 다양한 평면의 존재를 드러내려는 운동성이다. 주로 「오감도」, 「선에 관한 각서」, 「건축무한육면각체」 등 조형성이 두드러진 시들은 새로운 시점을 더하면서 세계가 확장되는 모습을 담는다. 새로운 시각을 하나씩 추가하면서 확장시키고 동일한 시선 상에서 닮은꼴처럼 보이는 상들을 입체적으로 보려는 시도이다. 그의 많은 시들은 거울 이미지처럼 반으로 접어 서로 포개지는 형상과, 오목렌즈와 볼록렌즈처럼 서로 합쳐지는 형상을 다룬다. 이것은 곧 1에서 2를 분리하는 과정이다. 일자와 다수의 결합관계를 살필 때, '대칭' 처럼 상반된 규정의 쌍을 활용하는 것은 효과적인 접근 방식이 된다.[18] 왜냐하면 이들에 의해 하나와 다수가 결합하는 방식이 모순 관계가 아니라 상보적 관계에 의한 것임이 드러나기 때문이다.[19] 즉 대칭이라는 하나의 개념은 서로 마주선 둘이 있어야 가능하고, 'Yes' 라는 긍정은 'No' 라는 부정이 있을 때에야 의의를 가진다.

상보적 관계에 놓인 한 쌍의 개념은 장차 3으로, 그리고 무한수의 세계로 나아가는 근간이 된다. 하나의 짝(2)을 이루는 각각은 1이며, 이때 어느 하나가 한 쌍에 부가되는 경우 즉, 2에 1이 더해지면 3이 생긴다. 이상의 소설 「동해」, 「환시기」, 「실화」에 등장하는 삼각관계는 자신을 소외시킨 한 쌍에 대한 관찰, 즉 떨어져 나온 1이 화자 및 관찰자의 역할을 담당하여 2, '+1' 로 성립된 3의 구도를 분명하게 보여준다. 유클리드 기하학은 물론 이보다 앞선 고대 그리스 형이상학에서도 1, 2, 3은 무한을 이해하기 위한 전제가 되었다.[20] 그러나 1, 2, 3의 조합으로 이루어지는 무

18) 양문흠, 「'一' 과 '他者' 를 중심으로 한 파르메니데스편 연구」, 서울대학교 철학과 박사학위 논문, 1984.

19) 위의 논문, 43면.

한수의 생산은 소수(素數)를 포함하지 못한다는 맹점을 지닌다. 「오감도 시제1호」, 「동해」에는 각각 13과 43이라는 소수가 등장하고 있다. 이들은 기존 숫자의 세계라는 하나의 평면을 벗어난 예외적 존재로서, 또 다른 '+1'의 역할을 담당한다. 이렇듯 그의 시에서 '+1'은 세계를 확장시키는 운동성을 갖는다. 「선에관한각서2」의 첫 연은 1+3과 3+1의 대칭으로 배열되어 있으며 전체적으로 볼록렌즈의 모양을 이룬다. 4라는 숫자를 3+1로 표현함으로써 3은 팽창하려는 욕구를 지니게 된다. 그러나 3+1은 나선모양으로 꼬인 대칭의 규칙적 반복과 "유우크리트의 초점"인 볼록렌즈 안에 갇혀 움직이지 못한다. 이밖에 숫자 4의 다양한 조합을 실험하는 「선에관한각서6」에 등장한 'etc'나, "三次角의 餘角을 發見하다. 다음에 三次角과 三次角의 餘角과의 和는 三次角과 補角이 된다는 것을 발견하다"(「一九三一年」(作品第一番))에 나온 '여각'이라는 표현은 '+1'이 잉여의 것, 표면적 현상의 배후의 것으로 인식되면서 무한으로 이르는 방법론으로 선택되고 있음을 보여준다.

반면 '-1'은 진실처럼 위장한 원근법의 환영을 하나씩 소거하는 운동성을 의미한다. 「지팽이 轢死」에서 '나'의 친구 S는 아침 식전부터 관광을 다녀왔다면서 장난스레 명승지를 그린 "에하가끼"(그림엽서)를 내어놓는다. 그림엽서를 비롯하여 활동사진, 장난감 등은 인공적인 복제물, 축소물, 모형이면서도 실경 대신 이미지를 생산하고, 대중적으로 소비되는 예에 해당한다. "이슬을아알지못하는 다 리야하고바다를알지못하는金붕어하고가繡놓여져있다. 囚人이만들은小庭園이다"(「囚人이만들은小庭

20) 숫자 1, 2, 3은 무한한 수를 끌어내기 위한 기본적 숫자로 알려져 있다. 2는 1의 2배이고, 3은 1의 3배이므로, 2가 있으면 2배가, 3이 있다면 3배는 반드시 존재한다. 그리고 2와 2배가 함께 있으면 2의 2배가 있고, 3과 3배가 있으면 3의 3배가 반드시 존재한다. 나아가, 3과 2배가 있고, 2와 3배가 있으면 반드시 3의 2배와 2의 3배가 있을 것이다. 그 결과 짝수의 짝수배가, 홀수의 홀수배가, 홀수의 짝수배가 생긴다. 그 결과 모든 수가 성립한다. 결론적으로 1이 다수와 존재할 수 있다는 가정 하에서야, 수는 무한하게 존재할 수 있다. 위의 방식으로 숫자를 파생시켰을 때 문제가 되는 것은 소수(素數)이다.(위의 논문, 58면)

園」, 1:222) 이 시에서 이상은 모조품의 이미지가 만들어 내는 구속적, 마취적 성격을 읽는다. 그럼에도 그 환영들을 제거하기란 쉽진 않다. 그 환영들은 오히려 진실이냐 아니냐를 판단하도록 좌와 우, 꿈과 현실 같은 선택의 문제를 만들어 내며 존속한다. 「실화」에서 이상은 비밀이 많으면서도 끝내 이를 감추며 거짓말을 일삼는 아내를 보고 "계집의 얼굴이란 다마네기다. 암만 베껴 보려므나. 마지막에 아주 없어질지언정 정체는 안 내놓느니" (2:369)라고 말한다. 겹겹이 거짓으로 포장된 얼굴을 양파에 비유하는 위 대목에서 작가는 환영의 층위가 얼마나 두텁고 끈질긴 것인지 한탄한다. 이상은 「무제(나)」에서 "나의 생활은 나의 생활에서 1을 뺀 것이다. 나는 회중전등을 켠다. 나의 생활은 1을 뺀 나의 생활에서 다시 하나 1을 뺀다. 나는 회중전등을 끈다. 감산이 회복된다 그러나 나는 그것 때문에 또다른 하나의 생활을 잃어버린다. 나는 회중전등을 포켓 속에 집어넣었다" (3:344)라고 읊었다. 매일매일 가상이라 생각되는 것들을 하나씩 포기하느라 그는 결국 시간과 방향개념까지도 잃고 만다. "시각의 이름을 짓고 그 다음으론 망각하라" (「선에관한각서7」)는 언급에 충실한 셈이다.

'+1과 -1의 방법론' 은 그 자체로 양면성을 갖는다. 즉, 우선은 현실에서 주어진 것을 파괴하고 새로운 것을 만들거나 발견한다는 창조적 생명력의 원천이 된다. 그러나 다른 한편으로 그것은 자신을 둘러싼 현실이 환영에 불과하다는 것을 확인하는 공포, 말하자면 환영에 발을 디딘 자의 존재불안을 낳기도 한다. 물론 이와 같은 양면성은 궁극적으로 이상 문학의 창작 동인으로 기능한다. 도식과 기호, 자체적 문법체계를 활용한 이종적인 작품들을 낳거나, 절망과 자살 충동이 담긴 자전적 기록으로 남는 것이다. 보다 엄밀히 말하자면, 현실에서 느끼는 불안감과 창조의 희열이 서로 뒤섞인 지점에서 그 혼란만큼이나 유연한 문학 특유의 기호들이 탄생하는 것이라 할 수 있다. 다만, 이 희비의 쌍곡선 속에서 이상의 문학은 감정적 도약과 추락이 교차하는 양상을 지니게 된다. 마치 원운동을 유지하는 원심력과 구심력의 상호 보조적인 작용처럼, 창조의 "에스프리"가 발산되려는 찰나 그것은 곧 현실의 덧없는 환영에 불과하다는 절망으로 변모한다. 도약과 추락이 교차하면서 제자리에 머무는 양상으로 나타나는 것이다. 이와 같은 '+1과 -1의 방법론'이 결국 제자리, 즉 '0'으로 수렴되는 과정이 드러난 작품이 「오감도 시제4호」이다. 1부터 0까지 연속된 숫자들의 규칙적 배열로 가득한 평면 위에서 작은 점은 대각선 방향으로 전진한다. 점이 하나씩 앞으로 전진하면서 숫자를 제해 나갈 때마다, 점의 뒤로는 하나씩 숫자가 쌓인다. 이 대칭구도를 통과한 점은 마침내 맨 앞에서 맨 뒤로 혹은 맨 뒤에서 맨 앞으로 자신의 위치를 옮기는데 성공한다. 그러나 "책임의사 이상"은 이에 대해 "0 · 1"이라는 "진단"을 내린다. 지속적인 운동에도 불구하고 점이 0 · 1사이에 놓였다는 사실에는 변함이 없는 것이다. '+1'과 '-1'의 운동이 계속되는 한 '0'으로 수렴된다는 운명은 막을 수가 없는 것이다. '0'은 '無'와 통한다는 점에서 자칫 허무주의로 귀결될 수도 있다. 그러나 적어도 이상의 문학에서 '0'은 '無'에서 오는 자포자기의 감정으로 해석되어서는 안 된다. 오랜 운동 끝에 '0 · 1'이라는 자리에 도달했다고 하더라도 그 '제자리'가 결코 어떤 정지 상태를 의미하는 것은 아니기 때문이다. 이 시에서 이상은 점이 매순간 숫자의 세계를 헤치고 나오는 '운동'을 그린다. 즉 어느 한 순간 점의 위치가 아니라 점의 자취를, 마치 연속 촬영된 사진을 겹치듯이 제시하는 것이다. 운동을 거쳐 같은 자리에 돌아온 작은 점은 이상 문학이 보여주는 운동의 방식을 닮았다. 즉 그것은 "운동하지 않으면서 운동의 코오스를 가질 뿐"(「선에관한각서7」)이다. '+1'과 '-1'의 운동으로 도달한 '0'이란 마치 정지 상태처럼 보이지만 수없이 많은 도약의 시도와 그를 끌어내리는 중력의 힘이 서로 대치하는 긴장 상태에 놓여 있다. 마치 미동하지 않는 물방울의 내부에서 물 분자의 격렬한 움직임이 계속되는 것처럼 말이다. 이상 스스로 인간 존재를 "0의 정수배"(「무제(2)」, 3:299)라 말한 것은 이런 맥락에서 나온다.

4. 유동적인 '0의 평면'과 '통로'로서의 시인

현실을 지탱하는 것이 환영이라는 인식은 곧 고정된 의미 체계를 거부하는 경향으로 이어진다. 글자, 도식, 사물 등 일상을 구성하는 기호들은 유동하며 본질을 지니지 않는 것으로 서술된다.

> 인류가아직만들지아니한글자가 그자리에서이랬다 저랬다하니무슨암시 이냐가무슨까닭에 한번읽어지나가면 도무소용인글자의고정된기술방법을채용하는 흡족지않은버릇을쓰기를버리지 않을까를그는생각한다. …(중략)…그는결국에 시간이라는것의무서운힘을 믿지아니할수는없다…(중략)그는아파오는시간을 입은 사람이든지길이든지 걸어버리고걷어차고싸와대이고싶었다 벗겨도옷 벗겨도옷 벗겨도옷 벗겨도옷 인다음에야 걸어도길 걸어도길인다음에야 한군데버티고서서 물러나지만않고 싸워대이이기만이라도하고싶었다
>
> —「지도의 암실」(1:165)

위의 인용에서 '그'는 기존 글쓰기의 방법을 못마땅하게 여긴다. '한번 읽으면 그만인' 것, 즉 그 상태로 의미가 고정되어 버리는 것을 왜 버리지 않느냐는 것이다. 이에 '그'가 노리는 글쓰기는 이와 같은 '의미의 고정'을 위한 글쓰기, 이로써 이해를 도모하는 글쓰기의 방식과는 다른 것임이 드러난다. 오히려 그가 원하는 쓰기 행위는 삶의 방식과도 구분되지 않는 것으로, 누적된 시간이 만들어낸 전통적인 문법과 의미체계에 저항하는 것이다. 시간 속에 만들어진 의미들이 기실 겹겹이 환영을 입고 있음을 알아챈 이상, 그 환영을 잡으려고 애를 쓰느니 차라리 그들과 싸우겠다고 결심하는 것이다.

기호의 환영을 벗기고 벗기는 싸움의 장소, 이로써 환영과의 유희가 시작되는 장소를 유동하는 '0의 평면'이라 부를 수 있을 것이다.[21] 이곳

21) 김상환은 데리다의 해체론을 설명하면서, 기존의 개념체계로는 사유할 수 없는 탈중심적 구

은 이미 주어진 상태로 있었지만 미처 의식하지 못했던 장소이고, 이제 환영의 세계 속에서 대결하기 위해 그가 능동적으로 요청한 평면이다. 이 평면에서 비로소 이상 문학의 파격성은 시작된다. 의미가 고정되지 않은, 역사를 전복하는 글쓰기에 대한 욕망은 한 평면에 여러 층의 시선을 부여하고, 의미를 암호화하고, 어순과 띄어쓰기를 파괴하는 등의 방법적 실험으로 나타난다. 그러나 어떤 방식으로 접근하든 그 지향은 글의 장르와 상관없이 기호에 운동성을 부여하는 것이다. 글자, 문장, 구성 등 작품의 모든 측면은 의미가 머물지 않고 움직이도록 고안되어 있으며, 따라서 그가 찾아낸 '0' 의 평면이란 유동적인 속성을 지닌다.

'0' 평면의 유동성은 이상의 시와 산문에 등장하는 '관통' 의 이미지 속에서 찾아 볼 수 있다. 그의 시에서 '탄환' , '빛' , '직선' 과 같은 속도감을 지닌 시어들은 정체된 시 · 공간을 가로지른다. 이와 같은 운동성의 근간에는 자신을 둘러싼 시공간을 모든 감각을 동원하여 받아들이는 감각의 개방성이 전제되어 있다. "기쁜 일도 있겠지. 그러나 또 생각하여 보면 몹시 급한 일도 있으렷다. 아무런 기쁜 일도 쓰라린 일도 다 통과시키어 전할 수 있는 전신주에 늘어져 있는 전선이야말로 나의 혈관이나 모세관과도 같다고나 할까?"(「十二月十二日」, 2:137) 이 소설에서 중심인물 '그' 는 세사를 실어 나르는 전선을 자신의 혈관과 동일시한다. 어떠한 자기논리를 만들거나 고집하지 않고 그는 시 · 공간의 흐름에 몸을 내맡긴다. 그는 정보를 소유한 송신자도 이를 받아들이는 수신자도 아니며, 따라서 정보의 성격을 고르거나 선택할 수도 없다. 자신의 몸은 통로에 불과하기 때문이다. 자신의 몸을 기호가 유동하는 영점의 지대, '0' 의 평면으로 만드는 것. 이것이 곧 유령처럼 본질이 없는 기호와 이를 다루는

조의 기원, 즉 부재의 자리를 '초월적 영점' 이라는 용어로 설명한다. 레비스트로스의 용례에서 착안한 이 어휘는 환원불가능한 무, 추상 불가능한 부재가 드러나는 흔적의 지점을 의미한다.(김상환, 「해체론에서 초월론으로-데리다의 구조주의 비판 소고」, 『철학과 현실』 38, 1998. 9, 29~30면) 본고에서 사용한 '0의 평면' 이라는 용어는 이와 같은 부재의 장소, 은폐의 장소로서의 '0' 라는 의미를 차용하고, 그것이 지면을 통해 드러난다는 의미에서 만든 조어이다.

시인이 만나는 방식이다. 그의 시 「공복(空腹)」은 자신의 몸을 빈 공간으로 만든 후 피폐해진 심사가 드러나 있다.

> 나의內面과外面과
> 이件의系統인모든中間들은지독히춥다
>
> 左 右
> 이兩側의손들이相對方의義理를저바리고 두번다시握手하는일은 없이
> 困難한勞動만이가로놓여있는이整頓하여가지아니하면아니될길에있어서獨立을固執하는것이기는하나
>
> 추우리로다
> 추우리로다
>
> 누구는나를가리켜孤獨하다고하느냐
> 이群雄割據를보라
> 이戰爭을보라
>
> —「空腹」(1:114) 부분

이상의 시에서 '공복'은 관념적인 공허함이 감각화되어 나타나는 이미지이다. 이와 같은 공복 상태는 세상의 강요와 달리 굳이 기의의 근원을 찾지 않는 태도, 어떤 선택도 판단도 내리지 않는 태도에서 비롯된다. 이로써 시인은 '좌/우', '내/외' 같은 개념처럼 형이상학적 이분법들 속에서 서로 대립하는 듯이 보이지만 기실 상호의존적으로 하나를 이루며 권력이 유지되는 세계 속에서 고립되고 훼손당하는 처지가 된다. 그리하여 "나의 內面과 外面과 이 件의 系統인 모든 中間들", 내면과 외면조차도 구별하지 않고 모든 중간을 끌어안은 시인은 "지독히 춥다"고 한탄한

다. 이러한 추위는 스스로 '0'의 평면, 늘 유동하고 따라서 비어 있는 상태를 지향했기 때문에 감수해야 하는 고독의 다른 표현이다.

그러나 '공복(空腹)'의 고독, 그 '비어 있음'의 상태는 역설적으로 '살아있음'을 확인하는 동인이 된다. 그는 수필 「공포의 기록」에서 아내가 떠나고 경제적 궁핍만이 남은 생활에 절망하던 상황을 회상하며 "공복만이 나를 지휘할 수 있었다"(3:201)고 말한다. 이때의 '공복'이란 그에게 어떤 목표나 일상을 부정하게 만드는 힘이라는 점에서 파괴적이지만, 운동성의 표현 자체를 창작원리로 삼는 이상에게 있어서는 예술적인 추동력으로 기능할 수도 있는 것이다. 요컨대, '공복'은 세계를 부정하는 원리이자 동시에 세계를 수용하는 태도로서 모순율을 자체에 조화롭게 담지한 셈이다. 이와 같은 부재의 상태는 고통을 지연시키고, 시인 내부의 광기를 조율하기 위한 방어막과도 같다.

'공복' 이외에 '비어 있음' 혹은 '부재의 장소'를 나타내는 또 다른 상태는 수필 「권태」에서도 찾아볼 수 있다. 이 수필의 공간적 배경인 평남 성천은 경성토박이인 이상이 도시를 벗어나 자연과 만난 경험을 기록한 글이다. 자연을 모방하여 만들어진 인공적인 도시 문명을 "囚人이 만들은 小庭園"(「囚人이 만들은小庭園」, 1:222)이라 공간화 했던 이상에게 농촌의 풍경은 세계의 또 다른 극단으로 인식된다. 「권태」는 도시와 농촌이라는 상이한 두 세계를 목도한 이후, 그 어떤 세계에도 섞이지 못하는 자신의 자의식에 대한 기록이다.[22] 그에게 농촌의 녹색 자연은 "조물주의 몰취미"로, 어떤 감흥도 주지 못하는 권태의 대상이다. 이때 권태란 도시에서 보았던 기호의 유희나 위장이 없는 상태, 그 자체로 완결된 정지 상태를 목도한 데에서 온다. 외부의 자극이 최소화된 상태, 권태는 이

22) 이상의 「권태」는 1936년 12월 19일 동경에서 집필되고, 그의 사후에 《조선일보》(1937. 5. 4~11)에 발표된 것이다. 동경에서 죽음을 앞두고 회고한 것이 성천 체험이었다는 점에서, 「권태」를 비롯하여 성천체험을 다룬 수필들은 평생 도시적 이미지를 뒤쫓고 살았던 이상에게 본질적인 체험이었다고 평가되곤 한다.(김윤식, 『이상전집』 3, 문학사상사, 1993, 9면, 140면)

제 '동공이 내부로 향해 열리는' 계기가 된다.

> 아무것도 생각할 수 없는 상태 이상으로 괴로운 상태가 또 있을까. 인간은 병석에서도 생각한다. 아니 병석에서는 더욱 많이 생각하는 법이다.
>
> 끝없는 권태가 사람을 엄습하였을 때 그의 동공은 내부를 향하여 열리리라. 그리하여 망살할 때보다도 몇 배나 더 자신의 내면을 성찰할 수 있을 것이다.
>
> —「권태」(3:147)

> 자살의 단서조차를 찾을 길이 없는 지금의 내 생활은 과연 권태의 극권태 그것이다. 그렇건만 내일이라는 것이 있다. …〈중략〉… 나는 이 대소없는 암흑 가운데 누워서 숨쉴 것도 어루만질 것도 또 욕심나는 아무것도 없다. 다만 어디까지 가야 끝이 날지 모르는 내일 그것이 또 창밖에 登待하고 있는 것을 느끼면서 오들 오들 떨고 있을 뿐이다
>
> —「권태」(3:153)

변화 없는 자연 경관과 그 시간의 흐름에 맞추어 한가로울 수 있는 주민들 속에서 이상은 자신이 "극권태"에 이르렀다고 말한다. 그러나 이 권태로움은 근본적으로 그가 느끼는 일종의 불안과 두려움을 상쇄하는 기능을 한다. 외적인 자극이 최소화되었음을 말하면서도, 그의 의식은 상대적으로 자신을 향해 열려 있다. 그는 자신과 장기를 두면서 승부에는 전혀 관심 없는 이웃 남자의 권태로움을 부러워하고, 음식물의 쾌감마저도 조소하는 듯이 반추하고 있는 소의 권태에 놀란다. '모든 것이 귀찮다'고 말하면서도 그는 권태를 체화하지 못하고, 권태를 권태로 의식하는 자신을 초조하게 바라본다.

이상은 "안구에 아무리 해도 보이지 않는 것은 안구뿐이다"(1:234)라고 이성적으로 의식하지 못하는 공백에 대해 말한 적이 있다.[23] 그러한

23) 이 글은 『현대문학』(1960. 11)에 발표된 유고 중의 일부이다.

공백이 성천이 제공한 권태 속에서, 공포스럽게 자신을 드러낸다. 공포의 끝에 놓인 것은 끝없이 주어진 내일, 그 반복성이다. 그 앞에서는 이성적인 사유도 무기력해지고 만다. 어떤 사유로도 내일의 반복성을 돌파할 수는 없다. 자신의 내면으로 회귀하여 공포의 심연을 목도하는 순간, 그는 반복되는 시간과 하나 새로울 것 없는 미래를 예감한다. 그리고 공포 속에 무기력해진다. 귀찮다는 말, 권태롭다는 불평은 그 공포로부터 자신을 구제해내기 위한 위장일 뿐이다. 그런 의미에서 이상에게 권태는 공포와 동의어이다. 한 순간 그는 부재의 상태로 자신을 지배하는 흔적을 알아본 것이다. 그를 무력하게 만드는 시간과 그의 내면에 존재하는 공포, 이 둘은 서로 다르지 않은 것이며 이때 안과 밖의 구별은 모호해진다. 자아의 내면과 자아 밖의 세계를 구획하는 경계, 안과 밖을 나누는 이분법은 더 이상 유효하지 않다.

5. 개방된 가능성으로서의 기호, 여성

이상 문학에서 여성은 '비어 있음' 혹은 '부재'의 맥락에서 출현한다. 소설 「날개」, 「동해」, 「실화」 등에서 아내 혹은 연인은 기존 가부장적 사회의 통념과는 거리가 먼 유형의 인물로 등장하곤 한다. 그들은 기생이나 매춘부로서 남성이 요구하는 '정조'에 대한 제약을 받지 않으며, 자식을 낳고 가정을 살피는 일과는 무관하다. 물론 남편이나 가정에 귀속되지 않으며, 때로는 책임감도 없어서 돌아온다는 기약 없이 가출했다가 아무렇지도 않은 듯이 귀가하곤 한다. 소설 「실화」에서 이상은 비밀이 많으면서도 끝내 이를 감추며 거짓말을 일삼는 아내를 보고 "계집의 얼굴이란 다마네기다. 암만 베껴 보려므나. 마지막에 아주 없어질지언정 정체는 안 내놓느니"(2:369)라고 말한다. 그러나 양파껍질처럼 벗겨내도 실체를 알 수 없는 여성이 이상에게 있어서 어떤 윤리적 단죄의 대상이 되는 것은 아니다. 이상에게 그들은 변신과 위장에 능한 "야웅의 천재"이며, 따라서 오히려 숙고해야 할 탐구의 대상이고 철학적 유희의 대상이다.

이상 문학에 등장하는 여성이라는 테마는 기호에 관한 몇 가지 질문을 낳는다. 우선 앞서 「실화」의 예에서 보았던 것처럼, 진심을 알 수 없는 여자의 말과 행동을 분석하면서 부딪치는 의미화의 한계들이다. 이는 기호의 본질, 기표를 지배하는 기의라는 것이 과연 존재하는가에 대한 물음으로 연결된다. 이상의 작품에서 종종 등장하곤 하는 엽서, 영화, 전보 등 매체의 속성은 이러한 기호의 불확정성이라는 맥락에서 살펴볼 수 있다. 예컨대 사람들은 "貞操의 모습을 지닌 원색판 그림엽서"(「홍행물천사」)에서 순결한 소녀의 모습을 만들어내고, "빼끼칠한 세공품"(「골편에 관한 무제」)에서 종교적 성스러움을 연상한다. 만약 절대적 기의라는 것을 상정한다면, 이들 상업매체와 상품들이 거꾸로 기의를 확정하고 만들어낸다는 모순이 생긴다. 그들은 기의의 구속에서 벗어나 그 자체로 의미를 생산하는 힘을 지닌다.

「동해」, 「실화」 류의 소설에 등장하는 여성은 이처럼 자유로운 기표의 일부이다. 여성은 삼각관계의 당사자로 나타나거나 이상과 더불어 '정사(情死)'의 문제를 의논한다. 이들과의 대화 속에서 이상은 그녀들의 말을 어디까지 믿을 수 있을지 분석한다. 기생이나 여학생 신분인 그녀들은 남자에게 순종하고 따르지만, 죽음 직전에 그를 배반하기도 한다. 절대적 기의에 대한 회의를 다룬 이들 소설에서 이상은 위트와 아이러니, 언어유희 같은 서술 전략을 쓴다. 이 전략은 작품 내에서 일관된 메시지가 형성되거나 감정적인 몰입이 생겨나는 것을 스스로 차단하는 역할을 한다. 또한 그것은 여성인물과 '나'의 관계가 가까워지지 못하도록, 서로 거리를 두고 관찰하도록 만드는 장치이다.

시 「狂女의 告白」에 나타난 광녀의 이미지는 의미를 잉태하지 않고 개방된 형상으로 세계를 지배하는 여성, 자유로운 기호를 단적으로 드러내는 예라고 할 수 있다.

> 여자는마침내落胎한것이다. 트렁크속에는천갈래만갈래로찢어진POUDRE VERTUEUSE가複製된것과함께가득채워져있다. 死胎도있다. 여자는古風스러운地圖위를毒毛를撒布하면서불나비와같이날은다. 여자는이제는이미五百羅漢의불쌍한홀아비들에게는없을래야없을수없는唯一한아내인것이다. 여자는 콧노래와같은ADIEU를地圖의에레베에ㅅ에다告하고No.1~500의어느寺刹인지向하여걸음을재촉하는것이다.
>
> —「狂女의 告白」(1:136) 부분

이 시에서 여자는 의미를 잉태해야 한다는 전통적인 소명을 버린다. 트렁크에는 변장에 필요한 화장품과 복제품들이 가득하다. 그리고 한 남자에게 점유되거나 소속되는 것이 아니라 "오백나한의 홀아비"의 아내가 되어 떠돈다. 어떤 윤리적 잣대가 그녀를 광인으로 만든 것인지, 광인이기 때문에 윤리적 구속을 받지 않는 것인지는 알 수 없다. 다만 이 시에서 광녀는 창부와 성녀의 경계를 넘나든다. 이것은 체계를 벗어난다는 것, 체계를 포기하고 '개방' 한다는 것이 근본적으로 종교적인 금기를 위반하는 것과 관련되어 있음을 보여준다.

데리다는 기표의 자체적 가능성을 외면하고 기의의 절대적 우월함을 인정하는 형이상학적 전통에서 고정된 권력의 구도를 읽는다. 그는 기의와 그 현전으로서의 음성언어에 신의 목소리, 초월적 기원, 로고스, 자기 자신에의 현전 등 신학적 숭배 요인이 착종되어 있다고 본다. 기의와 음성언어는 기표와 문자언어를 타락하고 우연한 것, 부수적인 것으로 돌리는 과정에서 상대적으로 우월한 위치를 점유하고 존립근거를 강화한다. 이와 같은 형이상학의 권력 구도는 자기동일성을 최고의 이상으로 삼으면서 외부에 대해 폐쇄적인 구조물로 고정된다는 점에서 한계를 지닌다.[24] 이는 "구조의 구조성", 즉 "구조 내적 유희(교환과 대체 혹은 변형의 운

24) 자크 데리다, 앞의 책.(제1장 제1절 '프로그램', 제1장 제2절 '기표와 진리' 부분 참고)

동)를 열어 놓는 개방성"을 사장시킨다.[25] 이때 구조의 "개방성"이란 "시간과 발생적 운동을 열어 놓는 것"[26], 즉 생성의 힘과 가능성을 존속시킨다는 점에서 중요하다. 그럼에도 개방성은 강력한 기성 체계의 권위에 대한 도전, 저항으로 나타날 수밖에 없다. 시 「광녀의 고백」에서 성녀이자 동시에 창부인 여자는 성/속이라는 형이상학적 이분법 체계 내에서는 해독되지 않는 존재이다. 그녀는 체계에 안주하지 않는 '개방성'의 힘, 저항과 창조의 힘을 보유하고 있다.

이상 문학에서 여성은 자유롭게 움직이는 동안에만 생명력을 가질 수 있으며, 고정되어 해석되는 순간에 소멸한다. 즉, 영구적 의미를 귀속시킨다는 것은 불가능하다. 그런 의미에서 여자의 불임 혹은 낙태라는 사태는 필연적이다. 시 「一九三一年」에서 이상은 "신부가 분만한 死兒의 피부 전면에 문신이 들어 있었다. 나는 그 암호를 해제하였다. 死兒의 선조는 옛날에 기관차를 치어서 그 기관차로 하여금 유혈임리, 도망치게 한 당대의 호걸이었다는 말이 기록되어 있었다"(1:238)라고 썼다. 옛 기록과 문자는 물론 고고학의 기록으로 남아 있지만, 그 모태를 구속할 수 없다.

여기에서 이상 문학의 여성이라는 기호는 또 다른 철학적 물음을 이끌어낸다. 즉, 본래 어떤 의미나 실체가 없는 것을 과연 소유할 수 있겠는가 라는 물음이다. 이 질문은 단지 여성을 하나의 기호로 보고 그 운동성을 관찰하는 차원에서 대답하기에는 무리가 있다. 여성을 "야웅의 천재"라 부르며 여유 있게 농담을 건네는 작가의 태도는 '소유'라는 주제에 이르는 순간 사라진다. 이러한 어조의 변모를 읽을 수 있는 것이 "출분한 안해", 곧 아내의 부재라는 상황을 서술한 「날개」와 「공포의 기록」 같은 소설, 산문이다. 이들 작품에서 아내는 텍스트에 거의 나타나지 않으며, 실제 본문의 내용은 남편인 '나'의 의식과 행동을 통해 지탱된다. 그러나 의식적이든 무의식적이든 간에, '나'의 행동과 사유는 아내의 사랑을

25) 김상환, 앞의 글, 23면.

26) 자크 데리다, 남수인 옮김, 『글쓰기와 차이』, 동문선, 2001.

얻지 못했다는 것에 집중되어 있다. 이때 여성을 소유할 수 없다는 문제는 기호의 유동을 지켜 보고 탐구하는 수준과는 차이가 있다. 그것은 자신이 실존하는 세계의 부조리함을 드러내는 매개가 된다. 반어법과 독특한 조어를 즐겨 구사하는 그의 재기어린 문장은 찾아볼 수 없고, 글의 어조는 낮고 음울하다.

> "어떤 點을 붙잡아 한 女人을 믿어야 옳을 것인가. 나는 대체 종잡을 수가 없어졌다. 하나같이 내 눈에 비치는 女人이라는 것이 그저 끝없이 輕佻浮薄한 음란한 요물에 지나지 않는 것이 없다.…(중략)… 그것은 무슨 한 女人에게 背叛당하였다는 고만 이유로 해서 그렇다는 것 아니라 事物의 어떤 「포인트」로 이 믿음이라는 力學의 支點을 삼아야겠느냐는 것이 全혀 캄캄하여졌다는 것이다"
>
> —「공포의 기록」(2:198)

인용한 부분에서 '나'는 가출한 아내를 생각하면서, "믿음이라는 力學의 支點"을 문제 삼는다. 세상을 믿을 수가 없다는 것. 여성을 소유할 수 없다는 것. 여성을 글쓰기 혹은 자유로운 기표라는 의미로 읽을 때, 이상에게 여성의 존재는 세계에 대한 믿음, 진리의 근원에 대한 문제로 격상되어 있다. 때문에 그에게 '출분한 안해'라는 사건은 반복적 글쓰기를 가능케 하는 사유의 주제가 되는 것이다. 데리다에 의하면, 여성을 소유한다는 것은 형이상학적 사유의 논리적 공백을 보여주는 사태 중의 하나이다.[27] 남녀의 관계에 있어서 여자는 수동적인지 능동적인지 알 수 없는 위치에 놓인다. "성적 차이의 문제, 남녀 관계의 문제, 남자와 여자가 주고받는 문제, 그것은 소유와 전유의 물음으로 귀착한다. 하지만 철학은 이 물음을 결코 통제하거나 결정할 수 없다."[28] 여성의 소유 문제는 '중

27) 이하 여성의 소유 문제를 통해 제기된 '선물'의 해체론적 비판 내용에 대해서는 김상환, 「해체론의 선물: 데리다와 교환의 영점」(『철학과 현실』 63, 2004. 12, 211~215면)의 내용을 참고하였다.

28) 위의 글, 212면.

여' 혹은 '선물' 처럼 애초에 주다/받다의 형식으로 출발하지 않은 것, 정의하려 드는 순간 파괴되고 소멸하는 것의 문제로 이어진다. 이들은 현전하는 어떤 형이상학적인 접근으로도 그 존재가 설명되지 않는 영역에 속한다.[29)]

아내의 배반이 이상 문학 전반의 동인으로 작용하게 되는 것은 이렇듯 그 사태가 세계에 대한 믿음을 흔드는 근간으로 작용하기 때문이다. 그가 배우고 익힌 어떤 것으로도 답을 구할 수가 없다는 것. 그리하여 그는 여성이라는 기호에서 어느 세계에도 용납되지 않는 개방성의 문제를 끌어낸다. 그리고 자신이 속한 세계를 포괄하는 더 근원적 세계의 꿈을 텍스트를 통해 구축하는 것이다.

6. 결론—탈-구조를 향한 꿈과 미완성의 문학

이상이 상상한 탈구조적 세계, 그 유토피아의 상은 물론 비단 현실부적응자의 도피적 사고에서 나온 엉뚱한 공상이 아니다. 그 탈구조적 세계는 1930년대의 경성, 서구 문화의 유입으로 인해 시 · 공간의 축이 뒤섞인 공간에서 이상이 부딪쳤던 위기에서 요청된 것이다. 르네상스식의 건물이 조선의 가옥과 공존하고, 만국박람회의 유행을 탄 도시에는 고대와 중세, 유럽과 아시아의 이미지들이 섞여 있다. 상의는 양복을 입고 하

29) 선물은 다음과 같은 몇 가지 이유에서 설명할 수 없는 대상이 된다. 1) 선물은 우선 대가를 전제하지 않은 증여라는 점에서 기존 경제적인 순환구조에서 벗어난다. 따라서 현전적 존재를 중심으로 한 경제적 순환과 시간의 순환을 동일시 해온 체계에 균열을 일으킨다. 2) 선물은 그것을 알아보고 그것에 어떤 의도가 있음을, 다시 말해 선물의 정체성을 획득하는 순간 소멸된다. 따라서 그것은 인식론적으로 불가능한 어떤 것이다. 3) 선물은 어떤 의도나 지향성의 대상이 아니기 때문에 나타나는 순간 소멸한다. 선물이 선물이려면 현상하지 말아야 한다. 따라서 그것은 현상학적으로 불가능한 무엇이다. 4) 선물은 선물이라 할 수 있으면 이미 선물이 아니다. 즉 정의를 획득할 수 없는 대상이다. 따라서 그것은 존재론적으로도 불가능한 무엇이다. (위의 글, 212~214면)

의는 한복을 입은 복장을 한 사람들이 활보하는 경성의 거리는 한 시대를 규정했던 고정적인 습관들을 매순간 지운다. 그러나 이러한 문명의 진보가 비록 "일 만 년 후의 달력"(「習作쇼우윈도우數點」, 1:242)을 만들고 또 오늘의 날짜와 요일을 구획하더라도, 정작 그것은 지금－여기가 어디인가 라는 문제를 해명하지 못한다.

이상의 문학은 자신을 구속하는 세계의 울타리를 벗어나 그 밖에 존재하는 빛을 보려는 운동이다. 그것은 우선 세계가 그럴 듯하게 위장하면서도 은폐하는 것을 추적하는 것으로 시작된다. 그는 시인으로서 자신의 존재를 현실적 제도와 규범에 소속되지 않은 빈 공간으로 만든다. 그러나 이것이 어떤 초월적인 자세를 의미하는 것은 아니다. 그 빈 공간은 기존의 이분법적 통념들과 체제가 강요한 규범들 속에 만들어진다. 자신을 기존의 사유가 한계를 드러내고 충돌하는 통로로 개방함으로써 그는 스스로 역사를 기록하는 백지가 된다. '비어 있음', '공복', '공허' 등 존재의 외로움을 담은 어휘들은 스스로를 고립시키는 데에서 나오는 것이 아니다. 그것은 오히려 자신을 비워야 보다 냉정하게 사태를 감지할 수 있다는, 자기 확인이자 동시에 자기 방기의 용어이다.

기성의 체계가 제공하는 고정된 의미를 부정하는 것, 그것은 이상 문학의 혼돈과 난해함을 불러온다. 그는 세상을 집약할 "한 구의 에피그람"을 얻지 못했다고 슬퍼했으나, 애초 그 하나가 절대로 추구해야 할 불변의 것이라고는 믿지 않았다. 절대적 기의에서 분리된 기표들을 추적하고, 그 기표들의 운동이 빚어내는 개방성을 표현하고자 했다. 그리하여 이상의 문학은 기표들이 대체·변형되는 공간이 되고, 기존의 범주로는 포섭되지 않는 비규정적인 유동성을 지닌다.

그러나 이상이 자신의 작품 세계를 이루기 위해 사용한 건축술은 자체 완결성을 유지하는 구조물을 짓기 위한 것이 아니다. 고정된 의미의 연결을 만들어주지 않는 한, 그것은 매순간 모양이 달라지고 변형될 수 있다. 고정된 방법론에 집착하기보다 이상은 기존의 철학적, 문학적 사유가 묻지 않았던 질문을 던지려 애쓴다. 따라서 그가 구축하려던 세계는 어떤 구체적인 형상으로 나타나지 않으며, 미완성으로 남을 수밖에 없다. 그러나 다만 지금까지의 읽기 작업을 통해 한 가지 결론을 내려 본다면, 아마도 " '파라다이스' 는 빈터"(「실낙원」)라는 구절로 요약할 수 있을 것이다.

참고문헌

김윤식 · 이승훈 엮음, 『이상 전집』 1~3, 문학사상사, 1989.

김유중, 김주현 엮음, 『그리운 그 이름, 이상』, 지식산업사, 2004.

김상환, 『해체론 시대의 철학』, 문학과지성사, 1996.

_____, 「해체론의 선물 : 데리다와 교환의 영점」, 『철학과 현실』 63, 2004. 12.

_____, 「해체론에서 초월론으로－데리다의 구조주의 비판 소고」, 『철학과 현실』 38, 1998. 9.

김윤식, 『이상문학텍스트연구』, 서울대학교출판부, 1998.

김주현, 「1990년대 이상 연구의 현황 및 전망」, 『이상리뷰』 창간호, 2001. 9.

양문흠, 「'一' 과 '他者' 를 중심으로 한 파르메니데스편 연구」, 서울대학교 박사학위논문, 1984.

임규찬, 『눈의 역사, 눈의 미학』, 한길사, 2002.

최재서, 『문학과 지성』, 인문사, 1938.

E. H. 곰브리치, 차미례 옮김, 『예술과 환영－회화적 재현의 심리학적 연구』, 열화당, 2003.

자크 데리다, 『그라마톨로지에 대하여』, 동문선, 2004.

_________, 『글쓰기와 차이』, 동문선, 2001.

'질주' 의 이중적 계보학

박 슬 기

목차

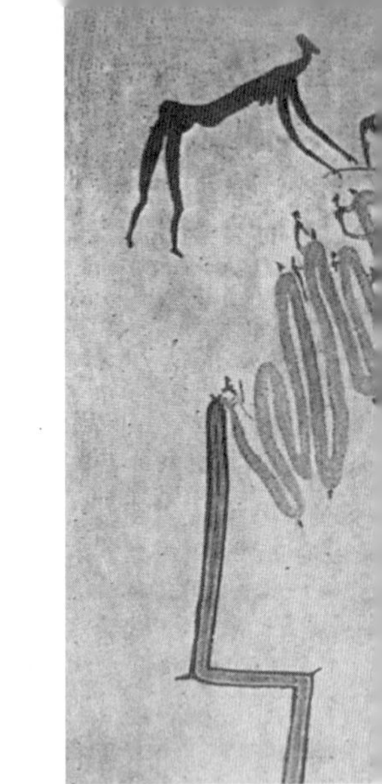

'질주'의 이중적 계보학
—이상 문학의 내적 원리로서

박 슬 기*

1. 이상 시에 나타난 수학적 이미지와 '질주'의 상관성

이상의 초기 작품에 속하는 「異常한可逆反應」[1]에서 그는 원과 원을 살해하는 직선에 대해 이야기한다. 이 시는 기하학과 숫자와 관련된 악명높은 시들의 신호탄에 해당하는 시이며, 이후 전개될 난해한 시를 해독할 수 있는 중요한 모티프를 제공하고 있다. 이 난해한 시들은 뉴턴의 물리학부터 아인슈타인의 상대성 이론 등 알려진 대부분의 과학이론을 이용한 연구의 대상이 되어 왔으며, 그것은 주로 뉴턴의 근대적 이론을 극복하는 탈근대적 이론을 구현/선취했던 것으로 평가되어 왔다. 하지

* 충북대학교 강사

1) 이 글에서는 김주현 편, 『이상문학전집』(소명출판, 2005)을 주된 판본으로 사용하되, 김윤식 편(문학사상사, 2001)을 보조 판본으로 사용하였다. 이하 인용된 면 수는 김주현 편을 따른다.

만, 비교적 초기에 속하는 이 시들의 이해는 대개 소설이나 후기시편들에서 빈번히 드러나는 육체와 성의 이미지, 그리고 변신술의 이미지를 이해하는 것과는 별도로 진행되어 왔다고 해도 과언은 아니다.[2)]

이상 시에 나타난 수학적 이미지들이 이상 시의 가장 근본이 된다는 것은 다시 지적할 필요도 없다. 그러나 이러한 수학적 이미지들은 꼼꼼한 분석에도 불구하고 자주 왜곡되거나 잊혀져 왔다. 그 하나의 현상이 수학적 이미지들을 이상의 시에서만 한정하여 해석한 점이다. 작가론적 연구가 성공적으로 밝혀낸 것처럼, 시와 소설 그리고 수필은 상호텍스트적으로 관련을 맺고 있다. 더 중요한 것은 시에서 주도적으로 나타나는 수학적 이미지들이 소설, 수필에서도 하나의 면면한 흐름을 이어나가고 있으며, 그것은 이상 작품 전체를 관통하는 하나의 방법론과 밀접하게 연관되어 있다는 점이다. 또 하나의 오류는 수많은 분석이 행해졌지만, 결론은 기이하게도 하나였다는 사실이다. 그것은 이상이 시에서 펼치고 있는 기하학과 수학의 이미지들을 통틀어서 '수학'으로 보고, 수학의 근간인 '숫자'가 근대의 합리주의적 세계관을 상징한다는 단 하나의 전제에서 출발했기 때문에 일어난 결과이다.

2) 이상 문학에 대한 연구는 대개 이상 연구사가 그 자체로서도 별도의 연구 대상으로 자리매김될 수 있을 만큼 풍부하고도 다양하게 전개되어 왔다는 점을 지적하면서 시작한다. 그러나 기본적으로는 큰 두 가지 방향으로 전개되었다고 할 수 있을 텐데, 하나의 방향은 자연인 김해경과 예술가 이상 사이의 거리 혹은 그 내면의 드라마를 지적하는 것이다. 김윤식 교수의 『이상 연구』(문학사상사, 1987)가 대변하듯, 이러한 연구의 핵심은 김해경의 삶으로 대변되는 근대적 세계에 대한 환멸과 고통이 이상이라는 거울 속의 가면을 발명한 것이며, 이 낙차와 불화가 이상 문학을 만들어 내는 원동력이라는 것이다. 이러한 연구는 이상 문학을 일관되게 설명할 수 있는 장점이 있기는 하지만, 문학 연구에서 가장 기본적인 텍스트를 하나의 자전적 증거로 취급하는 단점이 있다.

반면, "기호의 성채"라 할 만큼 난해하고 풍부한 기호를 생산해 내고 있는 이상의 텍스트 그 자체를 연구 대상으로 삼아야 한다고 주장한 일련의 흐름 또한 존재해 왔다. 여러 번 기호론적 연구의 중요성을 강조한 바 있는 이어령(이어령, 「이상문학의 길찾기」, 권영민 편, 『이상문학 연구 60년』, 문학사상사, 1998)이나, 꼼꼼한 텍스트 읽기로 텍스트 연구의 전범을 보여준 바 있는 이승훈(이승훈, 『이상문학전집1』, 문학사상사, 1989)의 연구가 대표적이다. 그러나 지나친 경우 이상의 텍스트를 이론의 실험장으로 만들었을 뿐만 아니라 대개 이상 문학에서 필요한 부분만을 추출하여 검증하는 식으로 전개되었다고 해도 지나치지 않다.

결론을 내리기 전에, 우리는 먼저 이 초기시들이 생산해낸 무수한 모티프들을 다시 검토해보지 않으면 안 된다. 즉, 시간/속도의 문제는 기하학/수학의 방법과 밀접하게 연결되어 있으며 이것은 다시 육체/감각의 문제를 생산해내고 있기 때문이다. 그것은 "眞眞5″의角바아의羅列에서/肉體에 對한 處分法을 센티멘탈리즘하였다"(「異常한可逆反應」)에서 그 최초의 표현을 얻고 있다. '眞眞5″' 는 시간의 최소단위이며, 따라서 '최소시간' 을 의미한다. 그리고, 處分을 축자적으로 해석해보면, 육체가 점하는 자리이며, 시간은 그 법을 규정하는 자이다. 따라서, 이 구절은 " '최소시간' 이 규정하는 육체의 자리를 슬퍼한다" 는 정도로 이해할 수 있을 것이다. 시간/속도와 육체/감각이 결합하는 자리는, 그가 초기 시에서 광활하게 펼치고 있는 기하학/수학의 기호를 해독하는 과정에서 성립될 것이며 이를 위해 선행되어야 하는 것은 시간/속도, 그리고 그 두 이미지를 결합하고 있는 '질주' 의 이미지의 이중성이 해명되는 것이다.

이때 질주의 이미지와 결합된 속도는 시간의 단축에 의해 공간을 단축시키는 정치학적 개념[3]이다. 비릴리오가 전개한 질주의 논리(dromologie)[4]는 속도의 가속화가 가져온 시간과 공간의 단축이 어떻게 인간과 인간의 사회를 변화시켰는가를 구명하는 것이며, 이때 속도는 핵심적 개념으로 논의된다. 이러한 속도의 개념은 이상의 문학 뿐만 아니라 당대 김기림의 문학에서도 나타나는 바, 이상의 경우는 이 질주의 이미지를 추동하는 근대사회 원리를 꿰뚫어보는 동시에, 그러한 직선적이고 군사적인 질주를 넘어서는 새로운 질주를 창조했다. 다시 말하면, '질주' 는 근

3) P. Virilio, Vitesse et Politique, 이재원 역, 『속도와 정치』, 그린비, 2004. 참고. 이 책의 주제는 전쟁의 문제를 속도의 문제와 결부시키는 데 있다. 비릴리오는 이 책에서 군사학의 발전은 속도의 극단화와 관련이 있다고 논의하고 있다.

4) 비릴리오 스스로가 규정한 개념인 dromologie는 정확하게 '경주의 논리' 를 뜻한다. 속도 그 자체를 문제삼기보다는 속도의 가속화, 그리고 가속화를 가져오는 정치학적, 역사적 맥락을 문제삼고 있는 개념이다. 이 글에서 이상이 전개하는 질주가 이러한 측면을 강하게 반영하고 있다고 보아 차용한다.

대적 세계의 속성인 동시에 그 세계를 빠져나가는 힘으로서 이해되며, '질주' 의 이미지는 육체/감각의 이중성과 결합하고 있다. 이를 이해하기 위해서는 이상 문학에서의 질주의 이중적인 계보를 확립해야만 하는 것이다.

1) 기하학의 논리와 직선적 질주

「異常한可逆反應」의 첫머리는 임의의 반경의 원과 원내의 일점과 원외의 일점을 연결하는 직선을 보여주면서 시작한다. 이 임의의 도형에 대한 이상의 반응은 "直線은圓을殺害하였는가" 이다. 이 원을 살해하는 직선은 "屈曲한直線" (「▽의 遊戱」, 1:35)과는 분명히 대립되는 장소에 놓여 있다. 말하자면, 임의의 두 점을 연결하는 유클리드적 직선과 공간의 비균등성을 전제하는 이 비유클리드적 직선은 분명히 대립되는 것이다. 그러나 두 가지 직선의 해석에 있어서, 연구자들은 대개 지나치게 그 구도를 단순화하여 유클리드적 근대를 초극하는 행위로서 비유클리드적 직선으로 해석하였다. 그러나 이 두 직선 모두가, 속도/질주를 근간으로 한다는 점에서 해석이 필요하다. 일단, 원, 즉 굴곡된 직선으로서의 원을 살해하는 직선은 한 점에서 또 다른 한 점으로 뚜렷하게 나아가는 것이다. 이 선의 의미를 명확하진 않지만 보여주고 있는 시 계열로, 「建築無限六面角體」를 들 수 있을 것이다. 이 7개의 계열시 안에는 여러가지 모티프가 상호작용하고 있다.

> 四角形의內部의四角形의內部의四角形의內部의四角形의內部의四角形./四角이난圓運動의四角이난圓運動의四角이난圓./비누가通過하는血管의비눗내를透視하는사람./地球를模型으로만들어진地球儀를模型으로만들어진地球/去勢된洋襪(그女人의이름은워어즈였다)/貧血면포,당신의얼굴빛깔도참새다리같습네다/平行四邊形對角線方向을推進하는莫大한重量./마루세이유의봄을解纜한코티의

> 香水의마지한東洋의가을./快晴의空中에鵬遊하는Z伯號.蛔虫良藥이라고쓰여져있다./屋上庭園.猿猴를흉내내이고있는마드무아젤./彎曲된直線을直線으로疾走하는落體公式/時計文字盤에XII에내리워진二個의侵水된黃昏/도아의內部의도아의內部의鳥籠의內部의카나리야의內部의嵌殺門戶의內部의인사./食堂의門깐에方今到達한雌雄과같은朋友가헤여진다./검은잉크가엎질러진角雪糖이三輪車에積荷된다./名啣을짓밟는軍用長靴.街衢를疾驅하는 造 花 金 蓮
>
> —「AU MAGASIN DE NOUVEAUTES」 부분

그 첫 시인 「AU MAGASIN DE NOUVEAUTES」는 "사각형의 내부의 사각형의 내부의 사각형"이라는 식으로 끝없이 수렴되는 사각형의 이미지를 제시하면서 시작한다. 角이 두 직선이 만나서 형성하는 도형이라는 점을 염두에 둔다면, 이러한 사각형의 이미지는 네 개의 직선이 상호교차하는 것으로 볼 수 있다. 즉, 이 시의 첫머리는 네 개의 직선이 끝없이 하나의 기하학적 영토를 만들어가면서 한 점으로 수렴되고 있는 모습을 보여주면서 시작하고 있는 것이다. 이러한 기하학적 이미지는 바로 다음 구절에서, "四角이 난 圓"으로 변형된다. 사각이 난 원이란 존재하지 않는다. 각이란 직선에 의해서만 존재하게 되는 것인데, 원은 직선이 아니기 때문이다. 바로 이 지점에서 앞서 원을 살해하는 직선의 이미지를 떠올리게 된다.

평행사변형의 대각선 방향으로 "추진"하는 것은 공간을 분리하는 직선을 의미한다. "굴곡된 직선"(즉, 원)을 직선으로 질주하는 것 역시, 공간을 분리하는 직선이다. 따라서 이 두 직선은 앞서 「이상한가역반응」에 나타난 원을 살해하는 직선의 이미지와 동일한 것으로 이해할 수 있다. 그러므로, 이 시에서 직선은 막대한 중량으로 질주하는 직선으로 이해할 수 있는 것이다.

중요한 것은 이러한 직선의 이미지가 백화점의 마네킹의 얼굴, 코티의 향수와 같은 '상품'의 이미지와 병치되면서 나타나고 있으며, 그것 자체

로 군사적 이미지를 내포하고 있다는 것이다. 창백한 마네킹의 얼굴과 "평행사변형의 대각선 방향으로 추진하는 막대한 중량"이, 그리고 "원후를 흉내내이고 있는 마드무아젤"은 "굴곡된 직선을 직선으로 질주하는 낙체공식"과 병치되어 있는 것이다. 그런 의미에서, 이 시에서의 기하학이 백화점의 동선과 밀접하게 관련을 맺고 있다는 지적은 핵심적이라 할 수 있다.[5] 그러나 여기서 한 가지 더 추가되어야 할 점은, 이러한 직선의 이미지가 군사학의 이미지와 밀접하게 관계를 맺고 있다는 점이다. 회충약을 뿌리는 제트기와 군용장화의 이미지는 이 시에서 중요한 역할을 하고 있다.

백화점이 기본적으로 자본주의의 첨병이며, 자본주의는 군사학의 힘으로 완성되어 왔다고 할 수 있다고 한다면, '경험'되는 상품의 이미지와 '경험'되지 않는 군사학의 이미지는 확실히 이 시에서 단단하게 결부되어 있다.[6] 그렇다면, 이러한 군사적 이미지는 직선의 이미지와 어떻게 관련을 맺고 있는가.

비릴리오는 대로의 장악을 통해서 국가가 비로소 성립했다고 말한다. 수많은 군중들이 오가는 교통로였던 도시의 대로는 그 대로를 질주하던 시민들의 혁명을 통해서 비로소 그 국가적 권력을 획득하게 되었다. 국

5) 박현수는 이러한 기하학이 백화점의 동선과 밀접한 관계를 지닌다고 설명했다. 백화점에서 고객은 상업적 목적에 의해 그어진 동선을 따라 수없이 분할되고 중첩된 공간들을 마치 미로처럼 지나가게 되는 경험을 하게 된다는 것이다. 이러한 동선을 꿰뚫는 것은 이상의 눈이며, 이상의 아방가르드적 작업을 말해주는 것이라고 평가하고 있다.(박현수, 「이상의 아방가르드 시학과 백화점의 문화기호학」, 신범순 외, 『이상 문학 연구의 새로운 지평』, 역락, 2006.)

6) 30년대 경성을 장악했던 자본주의적 이미지와 이러한 미로와 같은 동선을 걸어다니는 산책가의 이미지가 이 시에서 하나의 체계를 형성하고 있는 것은 사실(조영복, 「1930년대 산책자들과 근대성의 담론」, 『한국 모더니즘 문학의 근대성과 일상성』, 다운샘, 1997, 51~52면)이지만, 많은 연구자들이 이러한 상품의 이미지와 군사학의 이미지가 결합되어 있다는 사실은 간과했다. 이 시에서 경성의 거리를 뒤덮고 있는 군사적 이미지를 찾아낸 연구로는 신형철의 것이 유일하다. 그러나 그는 이 군사적 이미지가 '직선' 그리고 '도형'과 밀접하게 관련을 맺고 있다는 점을 간과했다.(신형철, 「이상 시에 나타난 시선의 정치학과 거울의 주체론」, 신범순 외, 앞의 책) 군사학의 이미지는 "명함을 짓밟는 군용장화"의 구절에서 확연하게 드러나며, 그것은 "가구를질구하는 조화금련"이라는 자본주의 이미지와 단단하게 결합되어 있다.

가는 그 대로를 장악하고, 다시 그 군중들을 자신의 군대로 끌어들인다. 그러므로 비릴리오는 프랑스 혁명 이후 대로는 국가의 것이 되었다고 말할 수 있는 것[7]이다. 따라서 대로는 군중을 통제하는 국가의 감시의 눈이 작동하는 장소이다. 직선의 이미지가 대로를 점거한 군대의 이미지와 동일시될 수 있다는 것은 매우 중요한 지점인 것으로 보인다. 이상의 시에서 이 직선은 감시하고 처벌하는 국가의 이미지와 결합되어 있는 것이다. 실제로 이 시는 직선의 이미지를 면밀하게 이어가고 있다. 사각형에서 직선의 이미지는 회충양약을 뿌리는 비행기와 명함을 짓밟는 군용장화의 이미지와 연결되고 있다. 이러한 군사학의 이미지는 근대적 시간관을 표상하는 시계와 관련이 있는데, 일분일초로 결정되는 시간이야말로 군대적인 것이기 때문이다.

그것은 「수염」(1:37)에서, "일소대의군인이동서의방향으로전진하였다고하는것은/무의미한일이아니면안된다/운동장이파열하고균열할따름이니까"라고 하여 그 직접적인 표현을 찾을 수 있다. 경성의 대로가 동서방향으로 나 있다는 것은 이미 알려진 바다. 이러한 대로는 국가의 권력이 밀접하게 작용하는 곳이었다. 동서방향의 대로를 움직이는 육중한 군대는 그 대로 속에 포섭되지 않는 개인을 억압한다.

국가의 군대와 관련된 이러한 직선의 이미지는 무게를 가진 것으로 정리할 수 있다. 그것은 "音譜化된 成績表가 그의 消化系를 亂麻와 같이 蹂躪하였다. 重量의 구두의 소리의 體積―. 野蠻스런 律法 밑에서 擧行되는 查閱, 거기에는 역시 한사람의 落第者를 내놓는 일은 없었다" (「얼마안되는 변해」, 3:147)에서도 그 표현을 얻고 있다. 이러한 무게와 속도의 결합은 "이윽고 나의 속도는 개들의 그것보다 훨씬 뒤진다. 개들의 흙투성이 발이 내 위에 포개졌다. 無數한 體重이 나를 짓누른다." (「첫번째 放浪」, 3:182)에서도 보여진다. 내가 아니라 나 너머의 어떤 한 점을 향해 질주

7) P. Virilio, 앞의 책, 76면.

하는 개들의 모습은 바로 대각선 방향을 육중하게 움직이는 직선의 모습과 닮아 있다.

직선이 가진 무게를 증명하기 위해 많이 돌아오긴 했지만, 이러한 무거운 직선은 공간을 질주하면서 그 공간을 다시 구성하게 된다. 원을 살해하는 직선은 원을 가로지르면서 원을 두 개의 반원으로 만들어버릴 것이다. 또한, 彎曲된 직선을 직선으로 질주하는 낙체공식은, 그러한 굽어 있는 직선이 형성한 자연스러운 공간을 제거해버리는 데 지나지 않는 것이다. 이러한 직선은 "유우크리트의초점은도처에있어서인문의뇌수를마른풀과같이소각하는수렴작용을나열하는것에의하여최대의수렴작용을재촉"하(「선에관한각서2」, 1:55)는 '凸 렌즈' 의 작용을 한다. 그것은 끝없이 수렴되는 사각형의 이미지이다.

그러므로, 일직선으로 뻗어가는 직선은 바로 기하학의 논리를 구성한다고 말할 수 있다. 기하학이란, 직선을 이루는 점이나 선분의 성질을 무시하고 직선이 이루는 각을 통해서 도형을 형성해나가는 것이기 때문이다. 그것은 점들의 관계를 규칙으로 환원시키고, 하나의 견고한 체계를 구성한다.[8] 이상의 시, 「AU MAGASIN DE NOUVEAUTES」에서 이렇게 추동해 온 직선은 거대한 입방체를 구성하는 것으로 귀결된다. "도아의 내부의 도아의 내부의 조롱의 내부의 카나리야의 내부의 감살문호의 내부의 인사"라는 구절에서 보듯, 평면적 사각형은 확장되어 끝없는 입방체를 형성하고 있는 것이다. 이러한 입방체는 이 계열시의 전체 제목인 "건축무한육면각체"와 무관하지 않다. 이러한 입체가 있을 수 있는가의 문제는 여기서 중요하지 않다. 중요한 것은 끝없이 뻗어나가는 기하학의 논리는 결국, 사람을 가두어버리는 입방체를 '건축' 한다는 점이다. 이러

8) Kojin Karatani, *Architecture as Metaphor: Language, Number, Money*, 김재희 역, 『은유로서의 건축—언어, 수, 화폐』, 한나래, 1998, 41~49면. 가라타니 고진은 서구 문명이 기본적으로 "건축에의 의지" 에 따라 움직여왔다고 설명한다. 이때 수학 혹은 숫자는 이러한 문명적 건축의 가장 기본적인 토대가 된다.

한 입방체는 이상의 문학에서 "방안지로 된 방"이나 "바둑판"(「가외가전」, 1:105)의 이미지로 나타나고 있다.

이상에게서 특이한 점은 이러한 기하학이 끝없이 '수렴'되는 도형으로 나타난다는 점이다. 그것은 끝없이 거슬러 올라가서 도달하는 "옥상정원"에서 아주 작은 "조롱"을 발견하는 것(「AU MAGASIN DE NOUVEAUTES」)처럼 물리적 공간을 직접 표상할 수도 있고, 시계가 움직이지 않는 정지한 시간(「運動」, 1:49) 속에 서게 되는 것처럼 시간적 소멸을 의미할 수도 있다. 무한적으로 수렴된 그 토대는 바로 이러한 직선의 움직임에서 결정된다. 그것은 역설적으로 직선이 창조하는 角의 소멸이며, 마찬가지로 시간의 최소화를 의미한다.

비릴리오는 질주의 가속화는 결국 공간을 소멸시킨 시간의 문제가 될 것이라고 지적하였다. 그것은 속도를 통해서 장소에 구애받지 않게 된 군대의 무차별 공격과도 같은 것이며, 인간의 운명은 바로 그 '숙명의 1초'에 의해서 결정[9]될 것이다. 시간의 최소단위이자 최소 도형인 "眞眞5초의角"은 이러한 직선의 의미를 경유하고 나서야 육체의 문제와 관련을 맺게 된다. 끝없이 수렴하면서, 사람을 가두어두는 하나의 무한 입방체를 구성하게 되는 이러한 기하학의 논리는 이상에게 있어서 군대/국가의 문제와 밀접하게 연결되어 있으며, 억압과 공포의 발원지가 되고 있는 것이다.

2) 새로운 숫자가 창출하는 소용돌이의 질주

그러나 직선이 창출하는 이러한 속도 외에 이에 대비되는 속도 역시 존재한다. 그것은 "사람은광선보다도빠르게달아나라"(「선에관한각서5」, 1:60)에서 표현되었고, 이는 광선의 속도를 뛰어넘는 질주, 근대를 탈주

9) P. Virilio, 앞의 책, 251면.

하는 속도로 이름붙여진[10] 속도이다. 「오감도」의 질주, 「삼차각설계도」의 질주 등의 텍스트를 근거로 하여, 많은 연구자들이 별다른 이의없이 수용하고 있는 이러한 탈근대적 속도는 그러나 앞 장에서 서술한 직선적인 속도와 구별할 필요가 있다. 이 두 가지 속도가 뒤섞여 있는 것처럼 보이지만, 실상 텍스트를 면밀하게 검토해 보면 뚜렷하게 구별되고 있는 것이다.

이는 「삼차각설계도」 아래 계열시인, 「선에관한각서4」(1:59)에서 뚜렷하게 대비되고 있다. "彈丸이一圓壔를疾走했다(彈丸이一直線으로疾走했다에있어서의誤謬등의修正)" 의 구절이 그것이다. 미정고인 이 시를 해석하기는 쉽지 않지만, 이 구절은 속도의 구별에서 중요한 지점을 보여주고 있는 것으로 보인다. 탄환이 원기둥을 질주하는 것과 탄환이 일직선으로 질주하는 것은 분명히 다른 질주이기 때문이다. 원기둥을 질주하기 위해서는 그 공간을 파괴하지 않는 한 나선형으로 질주할 수밖에 없다. 탄환이 일직선으로 질주하기 위해서는 그 원기둥이 생성하고 있는 공간을 파괴할 수밖에 없기 때문이다. 이에 이상은 그것이 오류라고 말한다. 공간을 파괴하지 않는 질주는 직선적 질주가 아니다. 이러한 질주는 나선형, 일종의 '소용돌이' 로서 나타난다.

그러나 이러한 질주의 의미를 해독하기 전에 그러한 질주의 이미지가 기하학이 아니라 숫자와 밀접하게 연관되고 있다는 점을 상기하지 않으면 안 된다. 「建築無限六面角體」는 끝없이 수렴되는 프랙탈적 도형뿐만 아니라, 숫자의 나열 역시 제시하고 있다. 그것은 「診斷 0:1」(1:69)인데, 여기서 1234567890이라는 숫자는 점(.)의 배열만 바꾸어서 나열되고 있다. 다른 말로 하면, 점이 점점 앞으로 이동하는 형태로 구성되어 있는 것인데, 0의 뒤에서 시작한 이 점이 1의 앞으로 도달하면 이 진단은 끝난다. 이 시는 「鳥瞰圖시제4호」(1:84)에도 뒤집어진 형태로 등장한다. 다른

10) 신범순, 「실낙원의 산보로 혹은 산책의 지형도」, 신범순 외, 앞의 책, 29면.

부분은 그대로 두고, 숫자의 나열 부분만 거울에 비춘 것처럼 좌우를 뒤집어놓은 것이다.[11] 이상은 왜 이러한 작업을 했으며, 이렇게 바꾸었을 때 변하는 것은 무엇인가. 이 숫자의 의미를 이해하기 위해서는 「三次角設計圖」의 계열시를 살펴보지 않으면 안 된다.

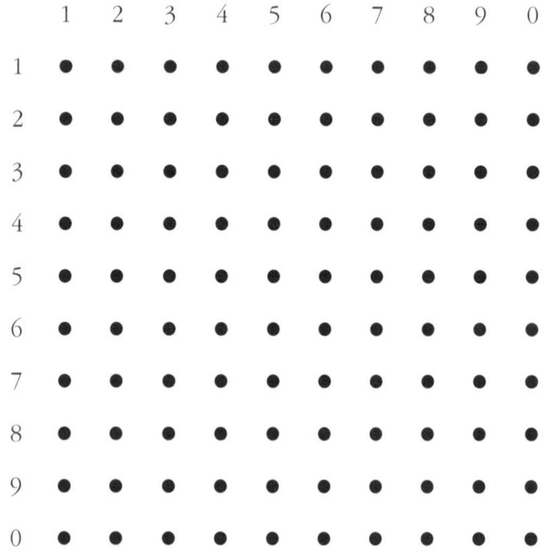

(宇宙는羃에依하는羃에依한다)

(사람은數字를버리라)

(고요하게나를電子의陽子로하라)

「삼차각설계도」의 첫 시인 「선에관한각서1」(1:55)은 이러한 점들의 나열로서 시작한다. 이 시의 숫자는 일반의 수학적 상식과는 전혀 다른

11) 이 시에 대한 해석은 다양하다. 숫자가 근대적 세계를 나타낸다는 전제 하에, 죽음과 삶의 대립을 나타낸다는 해석(이승훈, 앞의 책, 26면), 0이라는 무한수가 점점 이동하면서, 합리적 세계에 균열을 낸다는 해석(김명환, 앞의 글, 171면)도 있고, 둥근 것과 작대기의 대립 즉 여성적인 것과 남성적인 것의 대립을 나타낸다는 해석(이어령, 앞의 글)도 있다.

것으로 나열되며, 그래서 그것은 수학적 분석의 대상이 되어 왔다. 그러나 그 결과는 대개, 숫자를 차원으로 만들어서 또 하나의 기하학을 형성하는 것[12]이었는데, 그러한 기하학의 결과는 대개 숫자가 표상하는 근대적 세계로 귀결되는 것이었다. 연구자들은 대개 그 근거를 위의 시에 등장하는 경구, "사람은숫자를버리라"에서 찾았다. 하지만, 숫자의 좌표에 점이 나열되어 있는 이 시에서, 숫자와 점은 밀접하게 관련을 맺고 있음을 주지할 필요가 있다. 또한, 그 다음 구절이 "고요하게 나를 전자의 양자로 하라"라는 구절인 것 역시 예사롭게 보이지 않는다. 그것은 전자와 양자가 이루는 하나의 입자, 즉 '원자'를 의미하기 때문이다. 이를 볼 때, 단순히 숫자를 근대적 세계의 표상으로 이해하기는 어렵다.

> 數字의 方位學/ 4 4 4 4 / 數字의 力學/時間性(通俗思考에衣한歷史性)/速度와 座標와 速度/ 4+4 4+4/4+4/4+4 / 사람은靜力學의現像하지아니하는것과同一하는것의永遠한假說이다,사람은사람의客觀을버리라./ 主觀의體系의收斂과收斂에의한凹렌즈./ 4 第四世/ 4 一千九百三十一年九月十二日生/ 4 陽子核으로서의陽子와陽子와의聯想과選擇/ 原子構造로서의一切의運算의硏究/ 方位와構造式과質量으로서의數字의性態性質에依한解答과解答의分類/數字를代數的인것으로하는것에서數字를數字的인것으로하는것에서數字를數字인것으로하는것에서數字를數字인것으로하는것에(1234567890의疾患의究明과詩的인情緖의棄處)/(數字의一切의性態數字의一切의性質 이런것들에의한數字의語尾의活用에依한數字의消滅)/數式은光線과光線보다도빠르게달아나는사람과에衣하여運算될것/사람은별-天體-별때문에犧牲을아끼는것은無意味하다,별과별과의引力圈과引力圈과의相殺에依한加速度 函數의變化의調査를于先作成할 것.
>
> ―「선에관한각서6」 전문

12) 조수호, 「도형에서 바라본 이상 시의 해독」, 김윤식 편, 『이상문학전집 5』, 문학사상사, 2001.

이 시는 이상의 시에서 숫자가 가진 의미를 밝혀주는 단서가 될 수 있을 정도로 많은 모티프를 포함하고 있다. 이상은 이 시에서 먼저 숫자의 방위학과 숫자의 역학을 제시한다. 즉, 이때 숫자는 힘과 방향을 가진 것으로 이해할 수 있는 것이다. 이는 숫자가 오로지 계산의 수단으로 여겨져 왔던 데 의문을 제기한다. 힘과 방향을 가진 숫자란 이미 계산의 수단에서 탈피한 것이기 때문이다. 힘과 방향을 가진 숫자의 연산은 따라서 텍스트에서 보여지듯, 아무런 의미가 없다. 가로 누운 4와 뒤집어진 4는 +라는 연산을 불가능하게 만들기 때문이다. 우리는 계산을 구조들의 어떤 내적 속성을 증명해 주는 것으로 간주[13]한다. 수학이야말로 근대적 세계의 자명한 원리로서 군림해 왔고, 수학의 자명성을 보증해주는 것은 철저한 계산에서 나왔던 것이기 때문이다. 힘과 방향을 가진 숫자는 그 수학이라는 토대의 근원부터 무너뜨리고 있다.

그렇다면, 이때 대수학은 숫자의 이러한 성질을 고려하지 않고서는 성립 불가능하게 된다. 대수학이란 기본적으로 수의 성질이나 관계를 연구하는 수학의 한 분과이므로, 그 근저에는 연산이 기본적으로 깔려 있다. 그러나 연산이 불가능한 상태에서의 대수학은 계산을 토대로 하는 대수학과는 전혀 다른 새로운 학문이다. "數字를代數的인것으로하는것에서數字를數字的인것으로하는것에서數字를數字인것으로하는것에서數字를數字인것으로하는것에(1234567890의疾患의究明과詩的인情緖의棄却處)"라는 구절에서, 이상은 숫자를 대수적인 것으로 하는 것과 숫자를 숫자적인 것으로 하는 것을 구분하면서, 이러한 변형된 대수학이 다만 계산의 수단으로서의 숫자가 지닌 '질환'을 구명할 수 있는 것으로 보고 있다.

이러한 숫자는 과연 어떠한 것으로 이해해야 할 것인가? 힘과 방향을 지니면서, 서로의 인력권을 가진 숫자는 그러므로 "양자핵"과 "전자"에

13) L. Wittgenstein, *Bemerkungen uber die Grundlagen der Mathematik*, 박정일 역, 『수학의 기초에 관한 고찰』, 서광사, 1997, 77면.

비견된다. 즉, "陽子核으로서의陽子와陽子와의聯想과選擇/原子構造로서의一切의運算의硏究/方位와構造式과質量으로서의數字의性態性質에依한解答과解答의分類"라는 구절에서 볼 수 있는 것처럼 "원자"와 "숫자"는 전혀 다르지 않은 것으로 나타난다. 원자는 '운산' 가능하며, 숫자는 "방위와 구조식과 질량"을 가지고 있다. 이러한 숫자의 성태와 성질에 의한 '해답'은 단순한 계산의 도구로서의 숫자가 산출하는 것과는 전혀 다른 어떤 것이다. 그러므로 숫자를 이렇게 '입자'로서 이해할 때, 비로소 앞서 인용한 「선에관한각서1」에서의 그림은 전혀 다른 의미를 갖는다. 숫자는 계산의 도구가 아니라, 독자적인 위치를 가진 하나의 '점'이다. 이 '점'은 힘과 방향을 가지고 움직이는 일종의 벡터이며, 이로서 이 숫자는 연산의 굴레에서 벗어날 수 있다. 「선에관한각서2」는 바로 이러한 숫자의 연산을 보여주고 있다.

> 1+3 / 3+1/ 3+1 1+3/ 1+3 3+1/ 1+3 1+3 /3+1 3+1/ 3+1 /1+3/線上의一點 A/線上의一點 B /線上의一點 C // A+B+C=A/A+B+C=B/A+B+C=C // 二線의交點 A/三線의交點 B/數線의交點 C
>
> —「선에관한각서2」 부분

이 시에서는 이러한 숫자가 기하학과 어떤 연관을 맺을 수 있는지를 보여준다. 무의미한 1+3, 3+1이라는 연산을 나열한 뒤, 선상의 1점 A, B, C를 제시한다. A와 B와 C는 모두 더해지고, 더해져도 그것은 A이고, B이며, C이다. 숫자를 벡터로서, 자유롭게 유동하는 하나의 점으로 이해할 때, 이 시에서 나타난 수식은 다른 차원의 기하학을 펼치는 것으로 이해할 수 없다. 그것은 오히려, "선을 살해하는 점"의 모습이라고 볼 수 있다. 점 A, B, C는 선을 중단하고 출몰하며, 그것은 어떤 식으로 연산을 해도, 그 자신이 될 수밖에 없는 "점"이다.

따라서 앞서 「診斷 0:1」 혹은 「診斷 0 · 1」은 결국은 같은 것으로 이해할 수 있다. 연산이 중요하다면 숫자는 순서대로 배열될 필요가 있다. 그렇지 않다면, 전혀 다른 연산이 창출될 것이기 때문이다. 그러나 숫자가 하나의 유동하는 점이며, 힘의 의미를 지닌다면 그것은 어떤 식으로 배열되어도 상관없다. 그러한 의미에서, 이 시가 x와 y축에 고정되어 있었던 점들이 공간 상에서 '운동'하는 이미지를 보여주고 있다는 지적[14)]은 음미할 가치가 있다. 「診斷 0:1」혹은 「診斷 0・1」에서 자유롭게 운동하는 점 혹은 힘으로서의 숫자는 근대적 의미에서 측량하고 수량화하는 숫자가 아니다. 그것은 오히려 그러한 근대적 의미를 뛰어넘는 숫자라고 할 수 있고, 이상이 제시한 숫자의 진정한 의미라고 할 수 있을 것이다.[15)]

이러한 '힘과 방향을 가진 숫자', 혹은 '유동하는 점'으로서 숫자를 이해할 때 이상에게 있어 중요한 숫자는 '소수'라는 점을 이해하게 된다. 많은 숫자 중에서도 이상은 '소수'를 긍정한다. "아무수로도 除해지질않는", "素數", "옳다. 신통하다. 신통해라"(「童骸」, 2:301)인 것이다. 이러한 소수의 긍정은 숫자의 힘이 연산에 있지 않다는 것을 의미한다. 오히려 그것은 "한정된 整數의 수학의 헐어빠진 習慣을 0의 整數倍의 役割로 重複하는 일"(「무제」, 1:152)이며, "물려 죽은 개의 에스푸리를 태운 채 작용"하는 비행기의 "마이나스에서 0으로 도달하는 급수운동의 시간적 현상"(「무제」, 1:152)으로서의 속도를 의미하고 있다.

---

14) 김민수, 「시각예술의 관점에서 본 이상 시의 혁명성」, 권영민 편, 앞의 책, 225면. 물론, 이 글에서 김민수 교수는 합리적 세계를 나타내는 숫자, 0:1의 대립쌍이라는 기존 견해를 다시 한번 피력하고 있다. 하지만 그는 도형적 관점에서 이상 시를 바라봄으로써, 고립된 좌표 상을 횡단하는 자유로운 점으로서의 '숫자' 개념을 그의 의도와는 상관없이 간취해내고 있다.

15) 그리스에서 유래한 기하학과 유목민의 대수학을 구분한 들뢰즈는 그렇게 구분함으로써 숫자를 계산이나 계량의 수단에서 구원했다. 그는 유목민의 숫자가 이동적, 자율적, 방향적, 리듬적, 암호적인 특징을 가진다고 설명하고, 이러한 '방향'을 가진 숫자는 오로지 '자리바꿈'의 수단이라고 지적했다. 그러나 이러한 자리바꿈은 국가에서 일어나는 것처럼 질서를 확립하기 위해 일어나는 것이 아니라, 어떠한 위계적 질서와는 상관없는 자리바꿈이다. 그것은 어떠한 위치를 차지해도 상관없는 유동하는 공간, 혹은 위치를 구성하는 것이다.(G. Deleuze& F. Guattari, *Mille Plateaux: capitalisme et schizophrenie 2*, 김재인 역, 『천개의 고원』, 새물결, 2001, 749면)

소수, 혹은 전혀 다른 존재로서의 숫자의 연산은 '무한'으로 나아가는 것이며, '직선'이 아니라 '곡선'으로 향하는 것이다. 주로 숫자에 관한 시인 「삼차각설계도」의 계열시들이 광선, 속도와 같은 모티프들을 함께 다루고 있는 것은 우연이 아니다. 「선에관한각서1」에서는 "사람은영겁인영겁을살수있는것은생명은생도아니고명도아니고광선인것이라는것이다"는 구절이 나타나고, 「선에관한각서3」에서는 「선에관한각서1」과 유사한 그림 아래에, 다음과 같은 수식이 발견된다. "∴nPn=n(n−1)(n−2)…(n−n+1)/(腦髓는부채와같이圓에까지展開되었다, 그리고完全히廻轉하였다)" 이상의 시에서 연산이 일반적인 규칙을 따르지 않는다는 점을 감안하면, 이 연산 자체를 분석하는 것은 큰 의미가 없을 것이다. 다만 이 연산이 무한대로 지속되는 연산임을 지적할 필요는 있다. 그리고, 이러한 연산이 지속될 때, 그것은 "원에게까지 전개되는 것", 그리고 완전히 "회전"하게 된다는 점이다. 즉, 이러한 연산은 앞 장에서 논의한 직선으로 뻗어가는 기하학을 구성하는 것이 아니라 끝없이 돌고 도는 나선형의 질주를 구성하게 된다.

수식은 관념적인 작용으로 또 하나의 선, 기하학을 구성하는 것이 아니라 그것의 운동으로서, 광선과 사람과의 사이에 작용하는 일종의 힘이다. 이러한 '힘과 방향을 가진 숫자,' 즉 벡터는 힘의 흐름을 의미하게 되고, 숫자의 무한 배열 혹은 숫자의 작용은 힘의 흐름을 의미하게 된다. 그러나 이러한 힘은 임의의 두 점 사이를 오가는 직선처럼 한 방향으로 작용하는 힘이 아니다. 그것은 "酷刑에씻기워서算盤알처럼資格넘어로튀"(「街外街傳」, 1:105)어 오르는 것이다. 그것은 그러므로 "육교우에서도하나의편안한대륙을나려다"볼 수 있는 높이를 가지게 된다. 이렇게 '주판알'처럼 튀어오르는 숫자의 도약은 그 가벼움 때문에 속도를 얻게 된다.

바로 이러한 숫자의 속도는 외적으로 규율되는 속도, 한 방향으로만 질주하는 속도가 아니라 내포적인 강도[16](즉, 힘)를 지닌 유동하는 속도이다. 그러므로 이러한 힘은 내적인 것이기 때문에, '절대속도'[17]가 된다. 이렇게 유동하는 숫자가 차지하는 위치는 시간과 공간 안에서 그 좌표를 찾을 수 없는("시간과 공간과는 그에게 何等의 座標를 주지 않고 그냥 지나쳐가는 그 기회"(「얼마안되는 변해」, 3:143)) 곳이며, 이는 "새로운 감정좌표"를 지니는 곳이다. 바로 이러한 위치가 이상에게 있어 "신선한 요술"(3:143)인 '변신술'[18]이 시작되는 위치이다. 수필 「얼마안되는 辨解」에서의 관, 기차, 다시 관의 변화와 그 안에서의 무수한 육체적 변신술은 이러한 숫자의 위치에서 시작되고 있는 것이다.

이러한 가벼운 속도는 유동하고, 튀어오르며 직선 위에서 탈주하는 속도이며, 이 질주의 이미지는 '유동'하는 것, 그러므로 '소용돌이'로 질주하는 것의 이미지로 나타난다. 그것은 「鳥瞰圖」의 계열시인 「광녀의고백」에서, "거대한바닷개잔등을무사히달리"는 질주, "온갖밝음의태양들아래여자는참으로맑은물과같이떠돌고있었는데참으로고요하고매끄러운표면은조약돌을삼켰는지아니삼켰는지항상소용돌이를갖는퇴색한순백색이다"에서 분명한 표현을 얻고 있다. 「오감도시제일호」에서 아이들의 질주가 근대를 탈주하는 질주로서의 의미를 가질 수 있는 이유는, 직선으로 뻗은 대로를 달리는 것이 아니라 끝없이 꼬여 있고 변화하는 미로와 같은 골목을 달리는 질주이기 때문이다.

---

16) G. Deleuze, *Difference et Repetition*, 김상환 역, 『차이와 반복』, 민음사, 2004, 322면. 들뢰즈에게 있어서, 이러한 내포적 '강도'라는 개념은 매우 중요하다. 그것은 외연적 크기와는 달리 단 한순간에 도달하는 것이며, 바로 이러한 내적 강도의 차이가 본질적인 '차이'를 구성한다.

17) G. Deleuze& F. Guattari, 앞의 책, 555면.

18) 이 용어는 신범순, 「이상 문학에서 글쓰기의 몇 가지 양상—변신술적 서판을 향하여」에서 가져온 것이다.

2. 두 가지 '질주'가 현상하는 육체와 감각의 문제

1) 근대적 제도와 국가가 규율하는 기계적 신체

앞 장에서 구별한 두 가지 질주는 각각 무게와 힘, 기하학과 대수학이라는 대립쌍을 가지면서 대립한다. 이러한 질주를 앞 장에서 다소 길게 구별했던 이유는 질주의 두 가지 양상을 구별함으로써, 소설과 수필 같은 이상의 다른 작품들에 적용할 수 있을 것이라고 생각했기 때문이다. '무거운 질주'는 국가, 제도, 군대와 연결되어 있는 질주이며, 그것은 기하학과 입방체를 구축함으로써 끊임없이 육체와 개인을 가두는 하나의 성채로 작동하게 된다.

> I 虛僞告發이라는罪名이나에게死刑을言渡하였다.자취를隱匿한蒸氣속에몸을記入하고서나는아스팔트가마睥睨를하였다./一直에關한典古一則/其父攘羊其子直之/나는아아는것을아알며있었던典故로하여아알지못하고그만둔나에게의執行의中間에서더욱새로운것을아알지아니하면아니되었다./나는雪白으로暴露된骨片을줏어모으기始作하였다./「筋肉은이따가라도附着할것이니라」剝落된膏血에對해서나는斷念하지아니하면아니되었다.
>
> —「出版法」 부분

「建築無限六面角體」의 계열시인 「出版法」(1:71)에는 이러한 국가 권력의 문제와 대로, 그리고 개인의 문제가 중요한 주제로 등장하고 있다. 이 시에서 나는 허위고발이라는 죄명을 쓰고 사형을 언도받았다. 나는 "아스팔트가마를睥睨" 함으로써, 대로가 표상하고 있는 국가를 겨냥하고 있는 것이다. 이 바로 다음 구절이 "一直에關한典古一則一"이라는 점은 중요하다. 국가의 권력을 내포하고 있는 직선의 의미를 보여주고 있기 때문이다. 다시 말하면, 그가 알아야 하는 것은 "있었던 典故로하야알지못하고그만둔나에게집행의중간에서더욱새로운것을아알지아니하면안되는" 것, 즉 직선과 골편의 관계이다. 맹자의 구절을 인용하고 있는 이 고전은 아버지와 아들 사이, 그리고 이를 규정하는 제도와 규칙의 문제를 보여준다. 이는 "雌雄異株의 生物을 虐待"(「무제」, 3:148)하는 도로의 이미지로 변주된다. 이러한 직선의 시선에 의해 나는 폭로된 골편이 되고, 그것을 줏어모으기 시작하지 않으면 안 된다. 이 시에서는 산산조각 난 뼈와 피부, 혈관을 주워 모으는 화자의 모습을 보여줌으로써 국가/제도로서의 질주가 육체를 다루는 방식을 극적이고도 선명하게 보여준다.

이런 식으로 탄생하는 육체는 수술대/해부대 위에서 바라보는 육체와 다르지 않다.

> 墨竹을사진촬영해서원판을햇볕에비쳐보구료—骨格과같다./頭蓋骨은柘榴같고 아니 石榴의陰畵가頭蓋骨같다(?)/여보오 산사람骨片을보신일있우?수술실에서—그건죽은거야요 살어있는골편을보신일있우? 이빨! 어마나—이빨두그래골편일까요. 그렇담손톱두골편이게요?/난인간만은식물이라고생각됩니다.
>
> —「骨片에關한無題」 부분

이 시에서는 대나무의 모습과 사람의 골편을 같은 것으로 만드는 X-광선을 보여준다. 대나무를 찍은 사진술과 인간의 내부를 투사한 X-선은 결국 같은 '시선'의 형태로 볼 수 있을 것이다. 이렇게 투시된 골편은 '죽어 있는 골편'이고, 그것은 수술대 위에서 확인되는 것이다.

이 시가 보여주듯 수술실/해부대에서의 육체의 이미지는 이렇게 '죽은 골편'으로 나타난다. 수술실/해부대는 근대적 병원의 제도와 연결되는 바, 이 제도는 X-선이라는 '시선'으로 명확하게 나타난다. 이 시선은 육체를 파편화시키고 있는 것이며, 아니 오히려, 이러한 불구적 신체를 '생산'하고 그 신체를 교정의 대상으로 삼는 특징을 보인다. 「오감도시 제8호 해부」에서 진행되는 해부는 이러한 신체를 규율하는 광선의 이미지를 직접적으로 보여준다. 여기서, 수술당하는 것은 물론 신체가 아니라 '거울'이지만, 이 해부의 과정은 "평면경의 縱軸을통과하야평면경을二片에切斷함"이라는 점에서 육체의 파편적 이미지가 생성되는 과정을 잘 보여준다. 이 시에서 수술은 여기서 끝나는 것이 아니다. 만족한 결과를 얻기 못했기 때문이다. 두 번째 수술에서는 "직립한 평면경"이 준비된다. 이 수술은 절단된 인간의 팔(上肢)을 거울에 부착하는 수술이다. 이 해괴한 수술은 인간이 해부대에서 어떤 식으로 변형되는지를 잘 보여주고 있다.

이러한 수술이 만들어 낸 인간의 육체는 "폐가 맹장염"을 앓고, "심장의 거처불명"(「一九三一年」)인 육체이며, 이러한 육체를 교정하기 위해서 병원은 "모형맹장을 제작하여 한장의투명유리의 저편에 대칭점"을 만들어주는 식으로 해결하려 든다. 이러한 교정의 방식은 인간의 몸을 기계적으로 재편하는 것이며, 이는 그러한 속도를 운반하는 생체적 운송수단으로 만드는 방식과 유사하다.[19] 말하자면, 이제 인간의 영혼을 담고 있는 집으로서의 육체의 의미는 제거되고, 오로지 경주용 말처럼 사회적 지배로서 통제가능한 육체가 생산되고 있는 것이다. 비릴리오는 이것을 '기계적 신체'[20]라는 개념으로 설명하고 있다.

「一九三一年」에서 나의 육체가 '모형맹장'을 만들어 넣고 나서도 여전히 통제불가능한 것으로 남자, 병원은 드디어 "腦髓替換問題"를 중대

19) P. Virilio, 앞의 책, 95면, 212면.

20) 위의 책, 180면. 같은 '기계'라는 말을 쓰기는 하지만, 들뢰즈가 쓰는 '전쟁기계'로서의 신체는 이와는 완전히 다른 개념이다. 그는 이 말을 끊임없는 '-되기'의 과정에 있는 신체로서 사용하며, 이러한 생성의 신체는 절대속도와 연결되어 있다.(G. Deleuze& F. Guattari, 앞의 책, 65면, 555면 참조) 비릴리오의 텍스트를 호의적으로 인용하고 그의 논의에 많은 부분 공감하지만, 들뢰즈는 '절대속도'의 해석에 있어 결정적으로 비릴리오와 결별하고 있다. 비릴리오는 속도가 극한으로 나아갔을 때, 모든 인간과 인간의 사회는 전쟁의 병참학적 기지로 전락해버릴 것이라는 부정적인 전망을 보이고 있지만, 들뢰즈는 저항의 가능성을 지닌 속도와 그렇지 않은 속도를 구분함으로써 속도의 저항가능성을 사유하고 있는 것이다. 이러한 속도의 해석에서의 차이는, 속도의 지배를 받는 육체를 구분하는 것으로 나아가고 있다.

화한다. 결국 육체의 모든 것을 모형, 혹은 모조로 만들어버리는 기획을 가지고 있는 것이다. 국가/제도를 추동하는 '기계적 신체' 가 될 수 있느냐 없느냐의 문제로 판단하는 이러한 이원론적 기획은 「황의 기」에 등장하는 R의학박사의 신념에도 반영되어 있다. 그는 "두 개의 뇌수사이에 생기는 연결신경을 그는 癌이라고 완고히 주장했" 으며, "메스의 기교로써 그 神經腱을" 잘라버린다.

결국, 이러한 국가/제도의 기획은 기계적 신체를 창출하거나, 혹은 육체를 파편화하는 방향으로 나아간다. 이상의 작품에서 무수히 많이 등장하는 '모조' 의 이미지는 이러한 국가/제도의 기획과 밀접하게 연결되어 있는 것이다. 이러한 기획의 귀결점인 무거운 직선의 질주가 구성하는 무한한 기하학적 입방체는 개인을 죽음으로 내몬다. 「지주회시」의 주인공 吳는 방안지로 가득찬 방안에서 죽어간다. "방은전화자리하나를남기고 빽빽이방안지로메꿔저있었다.낡기도전에갈리는방안지우에붉은선푸른선의 높고낮은것—오의얼굴은일시일각이한결같지않았다"(2:231) 또한 그것은 「지도의 암실」에서 주인공을 묵직하게 육박해오는 죽음과도 같은 것이다.

「지도의 암실」에서 주인공은 "평행사변형의법측으로 보일르샤알르의 법측으로" 떠미는 "죽엄"(「지도의 암실」, 2:154)과도 같은 질주와 맞닥뜨린다. 이때, 그는 "양복저고리가 하나떨어젓다 동시에그의 눈도 그의입도 그의 염통도 그의뇌수도 그의 손까락도 외투도 자암뱅이도모도어얼러떨어젓다 남은것이라고는 단추 넥타이 한릿틀의탄산과 사부시럭이엿다 그러면 그곳에서잇는것은무엇이엿드냐하야도 위치뿐인페허에지나지않는다"(2:154~155)와 같이, 육체마저 소실한 하나의 '폐허' 로 남게 되는 것이다.

2) 역도법이 창출하는 자유로운 육체의 변신술

앞서 「出版法」(1:71)으로 되돌아가보자. 이 시에서는 자신의 산산조각

난 육체를 주워 모으는 지점에서 전혀 새로운 상황이 시작되고 있기 때문이다. "II어느警察探偵의秘密訊問室에있어서/嫌疑者로서檢擧된사나이는地圖의印刷된糞尿를排泄하고다시그것을嚥下한것에對하여警察探偵은아아는바의하나를아니가진다.發覺당하는일은없는級數性消化作用.사람들은이것이야말로卽妖術이라말할것이다.(「出版法」 부분)" 이 바로 그 부분이다. 비밀경찰의 심문실에 끌려간 화자가 '알고 있는 것'은 그러나, 결코 발각당하는 일이 없다. 왜냐하면 내가 알아야만 하는 것은 직선과 골편의 관계이지만, 내가 삼켜버렸기 때문에 경찰탐정은 결코 알 수 없기 때문이다. 이것은 "발각당하는일이없는급수성소화작용"이며, 이를 사람들은 "卽妖術"이라고 부른다. 대로와 직선의 감시의 시선을 피하여, 내가 삼켜버린 골편의 이미지는 육체의 변화와 관계를 맺는다. 사람들이 "卽妖術"이라고 부르는, '변신술'이 시작되고 있는 것이다.

龜裂이生긴莊稼泥濘의地에한대의棍棒을꽂음/한대는한대대로커짐/樹木이盛함./以上꽂는것과盛하는것과의圓滿한融合을가르침./沙漠에盛한한대의珊瑚나무곁에서돋과같은사람이산葬을當하는일을當하는일은없고 심심하게산葬하는것에依하여自殺한다./滿月은飛行機보다新鮮하게空氣속을推進하는것의新鮮이란珊瑚나무의陰鬱한性質을더以上으로增大하는것의以前의것이다. 輪不輾地 展開된地球儀를앞에두고서의說問一題/棍棒은사람에게地面을떠나는아크로바티를가르치는데사람은解得하는것은不可能인가./地球를掘鑿하라/同時에/生理作用이가져오는常識을抛棄하라/熱心으로疾走하고 또 熱心으로疾走하고 또 熱心으로疾走하고 또 熱心으로疾走하는 사람 은 熱心으로疾走하는 일들을停止한다./砂漠보다도靜謐한絶望은사람을불러세우는無表情한表情의無智한한대의珊瑚나무의사람의 頸의背方인前方에相對하는自發的인恐懼로부터이지만사람의絶望은靜謐한것을維持하는性格이다./地球를掘鑿하라./同時에/사람의宿命的發狂은棍棒을내어미는것이어라/事實且8氏는自發的으로發狂하였다. 그리하여어느듯且8氏의溫室에는隱花植物이꽃을피워가지고있었다. 눈물에젖은減光紙가太陽에마주쳐서는히스므레하게光을내었다.

—「且8氏의 出發」 전문

대로와 직선의 감시의 시선을 피하여, 내가 삼켜버린 골편의 이미지는 「出版法」에 이어지는 시인, 「且8氏의 出發」에서 변화를 보인다. 이 시에서 그것은 '棍棒'의 이미지로 나타난다. 땅에 꽂은 곤봉은 커지며, 그것은 植木이 盛한 것과 관련된다. 이러한 생성의 의미는 "열심으로질주하고 또 열심으로질주하고 또 열심으로질주하"는 사람의 "숙명적발광은곤봉을내어미는것이어라"와 연결된다. 이러한 질주의 발광은 "그리하여어느듯且8氏의온실에는 隱花植物이꽃을피워가지고있었다"로 귀결된다. 이러한 질주의 의미는 식물의 이미지로, 그리고 생성의 이미지로 변주되고 있다. 이는 앞서 「骨片에關한無題」에서, "인간은식물"이라는 전언과 일치한다.

이 시에서 질주의 의미는 X-광선처럼 육체에 침투하여 육체를 파편화시키고 생명이 없는 '기계적 신체'로 만드는 것과는 분명히 다른 것이다. 분해되는 것이 아니라, 다른 것으로 변화하는 것이며 이 변화의 과정에는 어떠한 인과관계나 질서도 끼어들고 있지 않다. 이는 '가벼운 질주'가 가지는 생성의 힘이며, 그것은 변용태의 차원, 다양한 변신이나, 발생, 창조와 불가변의 관계에 있다.[21)]

이 시에서 나타난 '식물되기'는 이상에게 있어서 가장 많이 일어나는 변신술이다. 물론, 이상의 작품에 있어서 육체의 '-되기'는 다양한 방향으로 뻗어 나간다. 그것은 주로 '여인의 동물되기'에 집중되어 있는데, 성천 처녀의 누에되기(「산촌여정」, 3:50)나 여인의 암소되기(「어리석은 석반」, 3:160) 등 많은 예를 찾을 수 있다. 그러나 그 자신에게 있어서 그것은 '식물되기'로 나타난다.

21) 위의 책, 693면.

나 같은 不毛地를 地球로 삼은 나의 毛髮을 나는 측은해한다./ 나의 살갗에 발라진 향기 높은 향수 나의 태양욕/ 榕樹처럼 나는 끈기있게 지구에 뿌리를 박고 싶다 사나토리움의 한 그루 팔손이나무보다도 나는 가난하다/나의 살갗이 나의 모발에 이러 함과 같이 지구는 나에게 불모지라곤 나는 생각지 않는다./잘려진 모발을 나는 언제나 땅 속에 매장한다—아니다 植木한다.

—「작품 제삼번」 부분

'식물되기' 는 수염이나 모발과 같은 털의 이미지와 결합하고 있다. 즉, 이 시에서 나는 잘려진 모발을 지구 위에 세우는 행위를, '식목한다' 에 비유하고 있는 것이다. 그것은 내가 '끈기있게 지구에 뿌리를 박고 싶다' 는 욕망, 즉 대지와 연결된 생명력을 지니고 싶다는 욕망과 밀접한 관련을 맺는다. 즉, "마늘-이 토지의 향기를 빨아 올린 귀중한 것"(「어리석은 석반」, 3:164)에서처럼 대지-나무-생명력이라는 도식이 성립하는 것인데, 앞서 인용했던 '인간은 식물' 이라는 전언에는 이러한 대지와 연결된 인간의 원형을 회복하고자하는 의지가 담겨 있는 것이다.

이러한 '-되기' 는 도처에서 발견되며, 수필 「얼마 안되는 변해」는 이러한 변신술의 과정을 가장 풍요롭게 보여주고 있어서 주목된다. 그는 "한 그루의 樹木을 껴안고 차디찬 呼吸을 그 樹皮에 내어 뿜는다." 그는 신이 이브를 창조하는 모양으로 늑골을 더듬어, "그 樹莖에 挿入하였다." 그 이유는 "세상에 다시 없는 아름다운 接木을 實驗하기 위하여" 이다. 이러한 생명력의 희구는 그러나 실패하는데, 그것은 나의 육체, 혹은 골편이 너무나 "초라하게 매말라버" 렸기 때문이다.

그러나 이 수필에서 더 중요한 것은 접목으로 가기까지의 과정이다. 즉, 유동하는 숫자의 좌표가 차지한 위치, 시간과 공간 사이에 어떠한 위치도 가지지 않은 바로 그 자리에서 '요술' 은 시작된다. 잠깐 그 과정을 정리해 보면 다음과 같다.

나는 "그의 골격" 으로 되어 있었다. 그라는 "골편" 은 "방향을 거꾸로 걸었다" 그는 쉴 수 있는 숙소를 찾고 있었지만, 도로는 빌딩에로, 빌딩은 가랑비 속으로 연결되어 있었다. 그 때, "북극을 향해서 남극으로 달리는 한대의 기관차가 제방 위를 疾驅해온다." 기관차에 탔더니, 기관차인 줄 알았던 기차는 객차였다. 그는 차창 밖으로 나이 어린 창기 두명이 "철도선로" 를 건너고 있는 장면을 본다. 그 모양은 그에게 "어느 彈道를 思想하게 하여 인생을 횡단하는 장렬한 방향을" 확인하게 한다. 번개가 치면서, 다시 기관차는 관통으로 화한다. 이 관통 안에서 능금은 껍질을 벗기자 배, 자류, 네불, 무화과로 변화하고, 이 변화를 감당하지 못해서 칼을 집어던지자 그 칼은 끝없이 소도를 분만하여 엄청나게 증식한다.

접목을 시도하기 직전에 일어나는 이러한 일련의 사건들은 '변신술' 의 가장 중요한 부분을 이해하는 데 도움을 주고 있다. 관통 안은 이미 능금이 무화과로 변신하고, 小刀가 무한증식하는 공간으로 변화해 있다. 이 변화를 야기한 것은 '거꾸로' 된 방향이다. 즉, 나의 '골편' 은 거꾸로 걸었고, 북쪽을 향해 거꾸로 가는 기차를 잡아탔으며, 나이 어린 창기는 철로 선로를 '횡단' 하는 순간에 나는 그 '장렬한 방향' 을 깨닫게 되는 것이다. 다시 말하면, 이러한 '증식' 혹은 변신술이 일어나는 공간이 창출되기 위해서는 '거꾸로' 가는 것이 반드시 필요한 것이다.

이러한 '거꾸로' 라는 전도된 이미지는 이상의 작품에서 매우 중요한 방법론으로 등장한다. 그 표현의 최초를 「診斷 0:1」 혹은 「診斷 0 · 1」에서 볼 수 있었거니와, 이것이 '거울' 의 이미지와 밀접하게 연관된다는 사실 역시 알 수 있다. 「얼마안되는 변해」에서는 수목과 결합하려는 의지가 좌절된 후에, 그는 "자궁확대모형" 의 앞문으로 아버지로 위장하고 잠입한다. 뒷문으로 나온 후 후회하면서 이렇게 쓰고 있다. "영원히 연결된 全面의 방향을 그는 오히려 기뻐하였다. 하나의 수학, 퍽이나 짧은 숫자가 그를 번민케 하는 일은 없을까? 그는 한장의 거울을 설계하였다. 그리고 물리적생리수술을 그는 무사히 畢了하였다. 기억이 관계하지 않는 그리고 의지가 음향하지 않는 그 무한으로 통과하는 方丈의 第三軸에 그는 그의 安住를 발견하였다."(「얼마안되는 변해」, 3:146) 앞서, 변신술이 시작되는 곳은 유동하는 숫자가 차지하는 "새로운 감정좌표"를 지닌 곳이었으며, 그것은 '거꾸로' 가는 것을 통해 가능했다. 인용된 구절에서는 그것이 "영원히 연결된 전면의 방향"으로 나타난다. 숫자와 거울이 연결되고, 기억에 의한 시간의 흐름이 구성되지 않으며 목적을 향해 나아가려는 의지도 개입하지 않는, "方丈의 제삼축"이 바로 그 방향이다.

'거꾸로'의 이미지를 해명하기 위해서는 새롭게 돌출한 이미지, 제3축과 방장의 이미지를 함께 해석해야만 하는 필요성이 여기서 제기된다. "숫자는 3이다. 二와 一이라는 짝맞춤 밖에는 전혀 방법은 없는 것이다."(「불행한 계승」, 2:206)의 의미는 다음 장면에서 그 열쇠를 찾을 수 있다. "레일은 더욱 더 차겁다. 매질 하듯 箱의 咀呪 받은 육체를 가로질렀다. 그리고 뺨엔 두 줄기 차거운 것이 있었다. 레일 앞에는 무엇이 있었는가. 거기엔 오로지 그의 재능을 짓밟는 後悔가 있을 따름이었다. 그럼에도 불구하고, 거기 아니면 그는 살아날 수 없다고—아니다, 그릇된 생각이다—내뿜는 奔流를 막아낼 수는 없다고 생각했던 것일까."(「불행한 계승」, 2:206~207)

이 구절에서는 육체를 가로지르는 레일의 이미지가 드러나 있다. 기차는 19세기 후반 이후, 시간에 의한 공간의 지배를 극적으로 현실화한[22] 사물 중 하나였다. 빠른 속도로 지나가는 기차는 먼 거리를 가까운 거리로 느끼게 하는 동시에, 지방의 시간적 정체성을 파괴함으로서 각각의 다른 지방이 하나의 지방으로 여겨지게 만든다. 1930년대 문인들의 의식 속에서 지방색을 탈각하는 보편성의 한 수단으로 여겨졌던 기차는 이상의 작품 속에서는 질주/속도의 구현체로서 육체와 재능을 짓밟는 것으로

22) W. Schivelbusch, *Geschihite der Eisenbahnreise*, 박진희 역, 『철도 여행의 역사』, 궁리, 1999, 48~61면 참조.

여겨지고 있는 것이다. 그것은 앞서 1장에서 논의한, 직선 위의 두 점을 질주하는 '무거운 속도'의 이미지를 구현하고 있으며, 기차의 질주는 국가/제도/계통/혈통과 관계하는 일종의 계보학을 구성하는 질주이다. 따라서 기차의 질주 방향에 수직으로 놓여 있는 육체는 앞서 「얼마안되는 변해」에서 레일을 횡단하는 어린 창기의 이미지로 나타나며, 평면 상에서는 일어날 수 없는 변신이 일어나는 공간인 '제삼축'의 이미지를 표상한다. 숫자 3이란, 이러한 육체의 이미지이다.

이렇게 세 부분을 유기적으로 구성했을 때, 철도/속도의 궤도에서 탈주하는 "새로운 감정좌표"는 시간의 흐름을 구성하지 않으며, 그 흐름에 '역행'함으로써 궤도에서 튀어나가는 '제삼축'의 공간으로 정리할 수 있다. 이렇게 빠져나가는 공간은 '극'의 공간이며, 바다를 건너 도달한 "어느나라인지도 모를 거리의 십자로"에 서 있는 "광채나는 루바시카를 입은 퇴폐적"(「첫번째 방랑」, 3:177/「공포의 기록」, 2:216)인 나가 되는 공간이다.

이 공간은 진화라는 시간적 흐름에서 벗어나 있으며, 따라서 그는 "日曆의反逆的으로나는方向을紛失하"는 것이 "(나의 猿猴類에의進化)"(「出版法」)라고 말할 수 있는 것이다. 물론, 이러한 변화의 과정은 직선 위를 완전히 벗어나 가볍게 도약하여 튀어나간다는 의미에서, 단순한 역행이라고 하기는 어렵다.

이 '거꾸로'라는 역행의 의미를 이해할 때, 이상의 '-되기'라는 변신술의 그 생성적인 의미가 확인된다. 이 '되기'는 진화, 적어도 혈통이나 계통에 의존하지 않는다는 점에서 그것은 결연(alliance)과 관계한다. 들뢰즈는 이러한 '되기'의 과정을 '역행(involution)'[23]이라고 부른다. 이 '역행'은 역진화, 퇴화로 이해되어서는 안 된다. 그것은 원자들의 패거리나 무리들로부터 거대한 소용돌이 조직들로 변하는[24] 흐름과 밀접한 관

23) G. Deleuze& F. Guattari, 앞의 책, 453면.

24) 위의 책, 692면.

련을 맺고 있기 때문이다. 이러한 '소용돌이'로서의 속도의 의미는 바로 이렇게 이상에게 있어서 '생성의 변신술'과 관계를 맺는다. "원후류를 흉내내는 인간", "원후류로 진화하는 인간"의 모티프는 퇴화로 이해될 수 있는 것이 아니다. 이상의 변신술에 있어서 이러한 '순서'는 상관없기 때문이다. 이러한 변화는 자유롭게 전유된다는 점에서 혈통/계보학과 절연한다.

그래서 이는 국가/제도의 질서를 구축하는 위계적인 변화와는 완전히 다른 세계를 구성하게 된다. 「어리석은 석반」에서 시골인들이 장기를 두는 모습은 바로 이러한 생성의 세계를 확연히 보여준다. "그리고 장기를 두었다. 모두 한 덩어리가 되어 훈수를 한다. 마지막엔 완전히 喧騷의 덩어리로 化해 버린다. 그러는 중에 여러번 主演者가 무의식중에 교대되었다." 장기란 국가/제도를 축약해 놓은 놀이이다. 그것은 왕과 포, 졸 등의 각 구성원들이 각각의 위치를 명확하게 점거하고 영토를 차지하기 위해 싸우는 놀이이다. 하지만, 시골인들의 장기놀이는 그러한 장기의 규칙을 완전히 무화시켜버리는 놀이이다. 모두가 '한 덩어리'가 되어 훈수를 하고, 또한 '주연자'가 무의식중에 교대되면서 이러한 규칙은 사라지게 되는 것이다. 이러한 생성의 세계는 바로 그러한 기획되고 구획되지 않는, 혹은 통제받지 않는 자유로운 흐름에 의해 가능하게 된다. 육체를 규율하는 속도는 바로 그러한 육체의 생성적인 힘을 짓누르는 것이며, 이 생성적 힘을 회복하고서야 새로운 세계는 가능해진다. 무거운 속도와 가벼운 속도가 관여하는 육체의 문제는 바로 그것으로서 공포와 사랑의 문제와 관련을 맺는다.

3. 공포를 극복하는 사랑의 세계

앞 장에서 논의하였다시피, 이상의 시에서 발견한 질주의 두 가지 형태는 각각 확연히 다른 이미지와 결합하면서 다른 이미지들의 연쇄를 이끌어가는 원동력으로 작동하는 것으로 보인다. 말하자면 이는 질주의 두 가지 계보인 것인데, 그것은 각각 힘과 중량을 가진 것으로 이해될 수 있었다. 가볍게 튀어오르는 힘을 가진 질주와 무겁게 짓누르는 무거운 질주는 작품의 저류에 흐르는 일종의 방법론으로 나타나고 있다. 육체를 규율하는 질주와 끝없이 생성되는 육체를 만드는 질주, 이 질주는 각각 이상에게 하나는 지양되어야 할 대상으로 또 하나는 지향해야 할 대상으로 나타난다. 앞서 무거운 질주는 국가/제도/혈통과 결합하면서 육체를 짓누르고, 기계적 신체로 만드는 것으로 나타났다. 이상에게 깔려 있는 '공포'의 감정은 바로 이러한 질주에 대한 공포와 거부라는 통로를 우회하고 나서야 비로소 해명될 수 있을 것이다.

그러나 본격적으로 논의하기 전에 공포나 두려움, 무서움의 이미지가 어떠한 이미지와 함께 결합하여 나타나는가를 면밀하게 살펴보아야 한다. 나를 공포에 사로잡히게 하는 개들의 질주가 나오는 「첫번째 방랑」에서는, 공포를 야기하는 분위기와 그것의 해소가 잘 드러나 있어 주목된다. 기차를 타고 여행하는 동안의 의식을 서술한 이 수필은 기차를 타고 산촌에 도달하는 여정으로 되어 있다.

「얼마안되는 변해」에서처럼 여기서도 기차가 등장하지만, 사뭇 다른 형태로 등장한다. 무한한 변신술이 일어나는 객차/무덤으로서의 기차가 아니라, "거대한 바위같은 불안이 공기와 호흡의 중압이 되어 마구 짓누"르는 "야행열차"(「첫번째 방랑」, 3:176)이다. 이 열차의 답답함은 여러 차례 서술되는데, 그것은 주로 호흡의 문제로 나타난다. 즉, "탁한 공기는 빠져나갈 구멍을 잃고 있다. 송사리떼 같은 세균의 蠢動이 육안에도 보이는 것만 같다. 나는 코를 손가락으로 집어봤다. 끈적거리면서 양쪽 벽면은 희미한 소리마저 내면서 부착했다. 나는 더 숨을 쉴 수가 없다. 정신이 아찔했다."(3:180)와 같이 나타나며, 나의 불안과 구토는 바로 이러한 공기에서 비롯된다. "이것은 분명 불결한 공기 탓이리라. 이 불결한

공기로부터 잠시나마 도망치지 않으면 안되겠다." (3:184)

이러한 무거운 공기, 숨막히게 하는 공기는 바로 다음 장면에서 '음향' 과 결합되는 모습을 보인다. "요란한 음향이다. 철과 철이 맞부딪는 대장간 같은 소리는 고통에 넘쳐있다./사람을 초조하게 하는 이 음향에 어서 익숙했으면 좋겠다." (3:184) 이렇게 불안과 소리가 결합하는 장면은 사실 이상의 작품에서 빈번히 드러나고 있다. "크나 큰 불안의 전체적인 음향" (「어리석은 석반」, 3:169)이나, "늘어 선 집들은 공포에 떨고, 계시의 종이 쪼각같은 白蝶 두서너 마리는 화초 위를 방황하며, 단말마의 숨을 곳을 찾고 있다. 그러나 어디에 그런 곳이 있는가. 대지는 間毛의 틈조차 없을만큼 구석마다 불안에 틈입되어 있는 것이다." (「어리석은 석반」, 3:170)의 구절에서 그 예를 찾을 수 있다.

정리하면, 공포의 이미지는 주로 공기의 무게가 주는 답답함과 부정적인 음향과 함께 등장한다. 즉, 공포는 '무게' 를 가진 것이다. 질주하는 야간열차가 무거운 철 소리를 내면서 달릴 때, 그 소리는 사방으로 뻗어나가 무거운 하늘, 무거운 공기가 되어 개별적 사물들을 짓누른다. 그렇다면, 이상이 공포스럽게 느끼는 대상은 무엇인가. 이를 확인하기 위해서는 이른바 공포의 연작, 수필 「공포의 기록」, 「공포의 성채」, 「야색」 그리고 소설 「공포의 기록」을 분석해볼 필요가 있다.

4개의 작품은 모두 비슷한 이미지와 비슷한 서사구조를 가지고 있으며, 여기서 추출해 낼 수 있는 공통적 요소는 이 작품들이 '가족' 이나 '혈통' 에 대한 거부를 나타내고 있다는 점이다. 그것은 「공포의 성채」에서 뚜렷한 표현을 얻고 있는데, 이 수필에서 나는 마을과 가족을 무차별 살륙한다. "어느날 손도끼를 들고", "마을입구에서부터 살륙을 시작한다. 모조리 인간이란 인간은 다 죽여버린다. 그리고 집으로 돌아와서 다 죽여버렸다." (「공포의 성채」, 3:201) 그러나 그들은 "죽은 그들은 눈을 감지 않았다. 그리고 자신들의 피살을 아직도 믿지 않" 으며, 내가 그들을 살륙했다는 사실을 부정한다. 이 수필에서 가족은 그렇게 불결하고 부패

하며, 멸망해야만 하는 '성'에 비유된다. 가족은 그가 노동을 해서 운반해야만 하는 "악취에 싸여 있는 육친의 한 뭉치"(「공포의 기록 서장」, 3:197)이며, "저주스럽게 여기고 증오조차 하고 있"(「첫번째 방랑」, 3:179)는 대상이다.

그러나 사실 이상에게 있어 '가족'은 피하고 거부해야 하는 대상으로만 등장하는 것은 아니다. 그들은 역시 사랑의 대상이기도 한 것이다. 「슬픈이야기」에서는 아버지와 어머니에 대한 애틋한 마음이 드러나 있으며, 「권태」와 같은 수필에서도 굶고 있는 가족에 대한 걱정이 나온다. 이상이 비록 백부의 집에서 자라나긴 했으나, 그가 가족에게 각별했다는 사실은 상기해야할 필요가 있다. 모호하게 섞여 있기는 하지만, 분명히 부정적인 가족은 혈통의 문제와 관련이 있으며, 긍정적인 가족은 사랑의 문제와 연관되어 있기 때문이다.

「오감도시제이호」는 전자의 문제, 즉 "나의 아버지의아버지와나의아버지의아버지의아버지노릇을한꺼번에하면서살아야"하는, 아버지로만 이어지는 혈통의 문제를 제기하고 있다. 가족의 계통/제도의 문제와 관련이 있고, 그것은 그대로 그에게 공포의 대상이 되고 있다. 그러나 "그는 부모의 손을 꽉 쥐어 보았다. 맥박이 뛰면서 전해져 오는 그들 두사람, 이십삼년동안이나 그를 추종해 오고, 계속해 오던 몸-사랑-을 그는 비로소 맘속깊이 느끼었다."(「무제」, 3:148)에서 보듯, 이상이 긍정하고 그리워하는 것은 이러한 '사랑'이다. 조금 더 뒤에서 살펴보겠지만, 이러한 사랑은 '맥박이 뛰면서 전'해지듯, 감각을 통해 전달되는 사랑이다.

이를 이해하기 위해서는, 이러한 공포의 이미지가 전개되는 수필들에 있어서, 공포가 극복되는 순간을 눈여겨볼 필요가 있을 것 같다. 즉, 그 극복의 방식은 어떤지, 극복 후 어떤 세계가 펼쳐지는지가 그 순간을 통해 드러나기 때문이다. 「어리석은 석반」과 「첫번째 방랑」을 중심으로 간단하게 내용을 파악해보도록 한다.

「첫번째 방랑」에서, 야행열차안에서 공포에 시달리던 나는 차창 밖을 보기로 한다. 그러나 눈에 보이는 것은 "바닥없는 막대한 어둠" (「첫번째 방랑」, 3:185) 뿐이다. 들판도, 산도 보이지 않는 이 어둠을 이상은 "그것은 입체가 없기 때문이다. 그것은 이미 헤아릴 수 없는 심원한 거리를 그득히 담고 있다. 그 심원한 거리 속에는 오직 공포가 있을 따름이다."라고 말하고 있다. 여기서 "심원한 거리"는 "아득한 어둠"과 맞물리면서, 모든 구체적인 입상들, 즉 구체적이고 개별적인 것들을 집어삼키는 이미지로 등장하게 된다. 이 광대한 이미지에 집어삼켜지지 않기 위해서, 나무에 기대서고, 아름다운 시를 상기하려고 한다. 그때 그에게 "어느새 은빛으로 빛나는 단장이 쥐어져 있다" (「첫번째 방랑」, 3:186). 이 단장이 비로소 공포를 벗어난 다른 세계가 시작될 수 있도록 하는 기호이다.

단장을 휘두르자, 나는 '하현달'을 본다. 굳이 아름답게 보려고 애를 쓰지만, 그 달은 "가엾게 담배 연기로 혼탁해 있는 달"이다. 이렇게 달이 그 풍요로운 생명을 갖지 못하고 있는 이유는 아직, 내가 "철과 철이 알몸인 채 맞부딪고" 있는 소리에서 벗어나지 못하고 있기 때문이다. 어둠 속에서 내가 두려움에 떨고 있을 때, 나는 "애매미 소리"를 듣게 된다. "이 요란하기 짝이 없는 음향 속에서 애매미 소리가 훨씬 선명하다는 건 이상한 일이다. 그들은 저 어둠에 압살되었을 것이다. 따스한 애정이 오한처럼 나를 엄습한다. 또 실로 오전 세 시의 냉기는 오한이나 다름없다." (3:187) 어둠에 압살되었음에 틀림없을 것 같았던 작은 '애매미 소리'가 선명하게 들리는 것을 깨닫자마자, 나는 '따스한 애정'을 느낀다.

'애매미 소리'는 어둠과 철 음향의 공포를 벗어나게 하는 힘이며, 그 소리가 출현한 이후에야 달은 "아주 딴 방향"으로부터 모습을 드러낸다. 이 달은 "약간 따스함조차 띠고 있"는 "참을 수 없는 아름다움"을 지닌 달이다. 이렇게 단장-애매미 소리-하현달의 이미지의 연쇄는 공포를 벗어날 수 있게 해주고, 비로소 이 무서운 여정은 '산촌'에 도달하는 것으로 끝이 난다. '산촌'은 성천을 의미하며, 성천은 이상의 작품에 그 생명력, 생동의 힘의 원천을 제공하는 곳이다. 이 '산촌'에서는 노파가 원후류가 하듯 손주딸 머리의 이를 잡고, 건강한 육체를 가진 젊은 며느리가 일을 하는 곳이다. 이러한 생명과 사랑의 이미지는 「어리석은 석반」에서도 선명하게 드러나 있다.

「어리석은 석반」에서 공포를 해소하는 신호는 바로, "숨결의 거치른 곳"(3:170)에서 시작된다. 내가 "성욕을 獸慾을" 욕망하는 자리에, 암캐가 나타난다. 개는 연신 냄새를 맡으며, "체중의 토출구"를 찾으려고 한다. 마침내 암캐의 냄새("臭氣는 먼 곳을 불렀다")가 수캐를 부르고, 개들의 교미가 이루어진다. 이 교미의 장면을 이상은 "생비린내 나는 공기가 유동하면서, 넋을 녹여낼듯한 잔물결의 바람이 가벼운 緋緞 바람을 흔들어 일으켰다" (3:171)이라고 표현하고 있다. 바로 여기서 공포의 세계와 그렇지 않은 세계를 명확하게 구분지어주는 하나의 사건을 보게 된다. 그것은 '개들의 교미' 이며, 사랑의 행위다. 이 사랑의 행위는 '냄새' 라는 감각과 함께 등장하고, 여기서 「선에관한각서1」에서의 광선과 감각의 배치를 이해할 수 있게 된다. 감각은 비로소 직선의 공포를 뛰어넘을 수 있는 것으로 등장하고 있는 것이다.

> 일광 아래서 고오드방처럼 촌처녀의 피부는 艶艶히 빛났다. 그녀들의 체취는 목장 풀과 봉선화 향기로 변하였다. 이 처녀들도 격렬한 노역엔 땀을 흘릴까. 투명한 맑은 물같은 땀—곡물처럼 따뜻이 향기나는 땀—저 생율처럼 신선한 뇌수는 동백기름을 바른 모발 밑에서 뭣을 생각고 있는 것일가. 무슨 꿈을 꾸고 있는 것일까. 황옥처럼 투겨진 옥수수의 꿈. 우물속에 움직이는 목고어의 꿈. 그리고 가엾는 물빛 人絹의 꿈. 그리고 서투른 사랑의 꿈. 촌처녀의 성욕은 대추처럼 푸르기도 하고 세피야빛으로 검붉기도 하다.
>
> —「어리석은 석반」(3:172)

개들의 사랑은 불안과 공포의 무게에 휩싸인 시골을 원래의 공간으로 되돌려놓는다. 그들이 되돌려놓은 공간에서 이상은 촌처녀의 성욕과 사랑을 발견한다. 그것은 "대추처럼 푸르고 세피야빛처럼 검붉은" 것으로 감각적으로 표현된다. 이러한 사랑은 이상이 금홍이나 변동림 등과 즐겼던 일종의 연애게임과는 다른 것이다. 속고 속이는 연애게임을 펼치는 대상과는 전혀 다른 여인들이 이상의 작품 속에 등장하고 있는 것이다. 성천의 촌처녀들이 대표적이며, 이들은 생명과 사랑을 소유하고 있는 존재들이다. 이러한 여성의 이미지는 마리아와 비너스의 이미지로 집약될 수 있으며,[25] 이러한 여성들의 이미지를 경유하여 도달하는 세계는 '별' 의 세계이다.

「황의 기」에서 "요리인의 단추는 오리온좌의 약도다/여자의 육감적인 부분은 죄다 빛나고 있다. 달처럼 반지처럼" 라는 구절은 이렇게 여자와 별이 결합되는 부분을 보여준다. 이는 앞 부분에서 논의했던 것처럼, '바닷개의 잔등을 달려 북극의 오로라를 보는 여자' (「광녀의 고백」)에서도 발견된다. 즉 이상이 공포로부터 벗어나 추구하고자 했던 사랑의 세계는, 이렇게 별, 북극, 오로라 등의 천문학적 이미지와 관련을 맺음으로써 그 가벼움을 보여준다.

4. 이상 문학의 내적 논리로서 '질주' 의 이중적 계보

이상에게 있어 '질주' 가 매우 중요한 이미지로 등장하고 있다는 것은 다시 논할 필요도 없다. 이 글에서는 그 '질주' 의 의미가 이중적이라는 점을 밝히려고 했다. 직선적인 질주와 소용돌이의 질주로 구분할 수 있을 것인데, 그것은 각각 기하학과 대수학의 논리와 밀접하게 결합되어 나타나고 있다. 이렇게 구분함으로써, 얻어지는 성과는 이상의 시에만 한정

25) 신범순은 고대의 여성주의로 이상의 문학을 설명하면서, 그 문학적 지향점은 풍요로운 여성의 이미지, 생명력의 근원으로서의 여성인 성모를 찾는 데 있다고 논의하고 있다. 그 여성의 이미지는 마리아와 비너스에 집약된다.

되어 해석되어 왔던 '수학적 이미지' 들이 생성하는 의미들을 소설과 수필에 확장시켜 해석할 수 있게 되었다는 점이다. 이러한 두 가지의 질주는 각각 다른 육체/감각의 계보를 구성하고, 더 나아가 각각 공포의 세계와 사랑의 세계라는 각각 다른 세계의 원천이 되고 있다.

'무거운 질주' 는 국가/제도가 산출하는 질주이므로, 그것은 육체를 규율한다. 이때 육체는 하나의 온전한 형상을 갖추지 못하고 파편화되거나 기계화되는 것으로 나타난다. 한편 '가벼운 질주' 는 자유롭게 유동하는 숫자들의 힘이 산출하는 속도로서, 그것은 어떠한 위계나 질서를 갖지 않고 튀어올라 국가/제도를 가볍게 벗어나는 것이다. 이러한 속도는 '생성' 의 의미를 지니고, 육체는 끊임없이 다른 무엇으로 변화하면서 끝없이 '생성' 되는 모습을 보여준다.

이 두 질주의 계열은 각각 공포와 사랑과 연결된다. 이상의 글에서 공포는 그것이 항상 '무게' , '짓눌림' , '압박' 과 같은 이미지와 결부되어 있다는 점에서, 그리고 그 공포가 주로 혈통/계통적인 가족의 문제와 관련이 있다는 점에서 무거운 질주와 연결될 수 있다. 그리고, 가벼운 질주가 가진 생성적인 사랑은 이상이 여인들과 벌였던 속고속이는 게임이 아니라, 수필에서 나타나는 손녀와 할머니, 단지한 처녀, 시골인들이 보이는 사랑과 연결된다. 이러한 사랑은 현실과 제도를 가볍게 벗어나 별의 높이로 뛰어오른다.

이상 문학 연구에서 줄기차게 물은 것은, 근대적 세계에 대한 환멸과 고통을 극복하는 방식이었다. 그것은 이상 문학의 내적 논리를 찾기 보다는 생활인 김해경과 작가 이상을 대립시키는 방식으로 혹은 아예 근대성에 대한 거부와 매혹이라는 이중성을 지적하는 것으로 운위되어 왔다. 부정적인 대립쌍을 단순하게 '생활' 과 '예술' 로 축소시키는 것이나, '근대' 와 '탈근대' 라고 추상화시키는 것은 이상의 텍스트가 생성하고 있는 수많은 기호들을 놓칠 가능성이 많다. 이 글에서 시도하려고 했던 것은, 다만 이상의 시에서의 주도적인 이미지를 다시 검토하고 그것을 이상 문학 전체의 내적 논리로 확립할 수 있는지의 가능성을 타진해 보는 것이었다.

이상 문학에 나타난 '길'의 의미 고찰

정 하 늬

목차

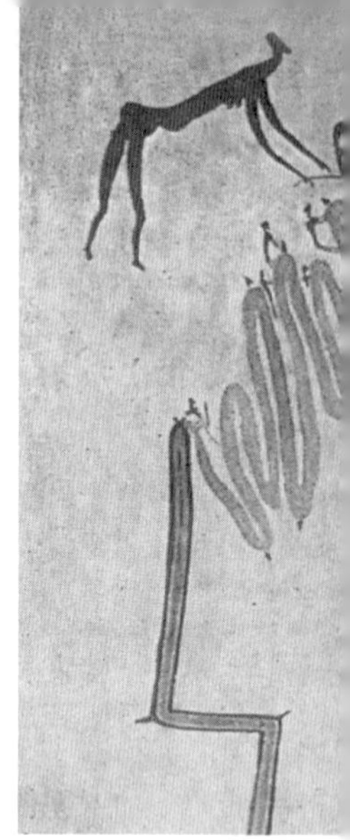

이상 문학에 나타난 '길'의 의미 고찰

정 하 늬*

1. 식민지 수도 경성의 '길'

이상(李箱, 1910~1937)의 문학은 한마디로 규정할 수 없는 성질을 지니고 있다. 1930년대 작품 활동을 했던 이상은 그가 체험한 '근대', 특별히 식민지 경성의 근대/근대적인 것을 그의 문학을 통해 보여준다. 그는 자신이 살고 있는 시공간을 매우 민감하게 지각하고 있었다. 시계와 철도로 대변되는 근대의 새로운 시공간은 이상의 작품에서 독특한 시간관으로 나타나며, 철도 여행 등 전대까지만 해도 서사의 배경의 기능만을 담당했던 공간은 의미를 지닌 곳으로 기능하게 되었다. 이상은 이렇게 그가 체험한 근대의 여러 요소들을 몇몇 주요한 상징 체계로 만들어 그의

* 서울대학교 국어국문학과 박사과정 수료

작품 속에 녹여 냈다. 이러한 상징들은 상호텍스트적인 그의 문학 전반에 걸쳐 다양하게 관계를 맺으며 주제 의식을 드러난다.

이상 문학에서 주목할 것은 바로 '공간'이다. 이상이 살던 시기의 경성은 일본의 제국주의 자본주의가 만들어낸 근대의 축도라 할 수 있다. 특히 1930년대의 경성은 일본의 도시계획과 도시화로 인해 근대 도시의 모습을 갖추고 있었다. 그러한 경성의 모습은 당대 다른 문인들의 글에서도 많이 드러난다.

이상 문학에서 나타나는 공간은 크게 '도시'와 '산촌'으로 나눌 수 있다. 이상은 폐결핵을 앓고 있었는데 그가 요양 차 들른 성천과 배천 온천은 도시가 아닌 곳에 대한 그의 사유를 보여준다. 산촌에서의 경험은 이상의 도시 체험만큼이나 중요하다. 그러나 경성에서 나고 자란 이상에게는 산촌보다는 도시 체험이 그의 의식의 기저를 형성한다. 그렇기 때문에 이상의 산촌 체험은 그의 도시적 감수성을 바탕으로 한 것이며, 이상은 근대의 도시와 산촌의 차이를 근대적 감수성의 시각으로 보여준다. 산촌을 보는 시각에서도 알 수 있듯이 이상의 감각은 도시적이고 근대적이다. 그러므로 이상의 문학에서도 경성은 매우 중요하다. 근대 도시인으로, 경성에서 나서 자란 이상이 식민지 수도 경성을 어떻게 인식하고 있었는지가 '경성'이라는 공간의 여러 모습을 통해 드러나기 때문이다.

총독부 건축 기사였던 이상과 근대적 공간인 경성은 떼려야 뗄 수 없는 관계이다. 이는 그가 배운 근대 학문과 그를 건축 기수로 훈련시킨 근대적 세계관과도 맞닿아 있다. 실제로 그는 총독부 기수로 일을 하면서 의주통 공사장을 건축하는 일에 참여하기도 하였을 정도로 근대 건축과 경성과 밀접한 관련을 갖고 있었다. 그는 이 일을 그만두고 난 후 계속되는 가난과 질병으로 고생하였는데, 그 과정을 모두 그의 작품 속에 꼼꼼하게 기록해 놓았다. 결국 스스로 아무것도 얻지 못했을 뿐이라고 말했지만,[1] 그는

1) "孤獨한晩年가운데 한句의 에피그람을 얻지못하고 그대로 悽慘히 나는 物故하고 만다."(「終生

글쓰기라는 행위 자체를 통해 자신이 살았던 시대를 기록하고, 자신을 기계적으로 훈련시켜 온 세계에 대항하였다.

그렇기 때문에 이상에게 '도시'는 관조나 관찰의 대상이 아니다. 「소설가 구보씨의 일일」에서 구보씨가 경성 거리를 걸으며 군중을 '고현학'의 방법으로 바라보는 것, 김기림이 산책자의 눈으로 군중을 바라보는 것과 이상이 도시의 거리를 돌아다니면서 보고 느끼는 것은 다르다.[2] 이상의 산보는 스스로 산책의 주체이자 동시의 대상이 된다는 점에서 다른 1930년대 산책자들과 구별되는 지점에 선다. 즉 이상의 산보는 당대 현실을 있는 그대로 사실주의적으로 드러내지는 않으나, 산보의 행로 자체를 통해 당대 현실의 모순을 조목조목 배치해 보여준다.

어떤 존재에게 점유된 공간은 그 존재를 표현하는 역할을 하고[3] 그 인물과 계속 영향을 주고받으면서 그 의미망을 확장시키고 그 속에 자신의 내면 세계를 반영한다. 이상이 사유의 대상으로 삼았던 공간으로서의 '길'도 단순한 작품 배경의 하나가 아니라 근대 전체의 축소판이 되고, 그 근대라는 시공간을 이상이 어떻게 인식하고 이에 어떻게 대응했는지를 보

企」, 1:355) "실로 나는 울창한 삼림속을 진종일 헤매고 끝끝내 한나무의 인상을 훔쳐오지 못한 환각의 인이다."(「童骸」, 1:304) 등의 진술을 통해 알 수 있다.

본고에서 이상의 작품 인용은 김주현 주해, 『정본이상문학전집』(소명출판, 2005)에서 하고, 인용 후에 전집의 권 수와 면 수만을 표기하도록 한다.

2) 김기림은 스스로 참된 산책자의 자질이 있다는 자의식을 갖고 있었으며, 그는 도시의 거리를 상품과 군중이 있는 곳으로 파악하고, 그곳을 관찰하고 평가했다. 구보는 또 다른데, 그는 산책하는 동안 군중을 살피고 그 속에서 자신의 기억을 떠올리고, 사유하는 과정을 겪기 때문이다. (신범순, 「1930년대 모더니즘에서 산책가의 꿈과 재현의 붕괴」, 『한국현대시사의 매듭과 혼』, 민지사, 1992 ; 이성욱, 『한국 근대문학과 도시문화』, 문화과학사, 2004 등의 논의 참조) 조영복은 산책자와 시선, 대상과의 관계에서 산책자의 유형을 셋으로 나눈다. 박태원의 '보이는 것'으로서의 산책자의 위치(우월한 존재로서의 산책자의 위치), 김기림의 '보는 자'로서의 산책자의 위치(대상에게서 끊임없이 영향을 받는 산책자), 이상의 '자신을 바라보고 있는 자에 의해 보여지는 자'로서의 산책자가 그것이다. (조영복, 『한국 모더니즘 문학의 근대성과 일상성』, 다운샘, 1997)

3) Leonard Lutwack, *The Role of Place in Literature*, Syracuse University Press, (Syracuse : New York), 1984, p.69.

여주는 역할을 한다. 그러므로 본고에서는 '산책'이라는 행위보다는 그 '길' 자체에 주목하고자 한다.

이상은 순화방 반정동에서 태어나 백부 집에 양자로 들어가면서 백부와 함께 통인동에서 살았다. 그가 나고 살았던 동네와 그가 다닌 보성고보, 경성고등공업학교는 모두 경성의 '북촌'에 속하는 곳으로, 총독부 기수로 취직하기 전까지의 이상은 종로보다도 북동쪽, 즉, 종로를 경계로 북악산-인왕산-창신동 근처까지를 생활 영역으로 하고 있었다고 할 수 있다.[4] 이후 그가 문인들과 교분을 가진 장소나 구보와 함께 걸은 거리를 통해 보면,[5] 이상의 활동 반경이 남촌 지역까지 확장되었음을 알 수 있다. 그러나 기본적으로 이상의 세계관을 확정짓기까지 이상의 공간은 북촌이었다.

이상의 반경뿐 아니라, 그의 문학의 배경 또한 대부분 경성이다. 경성이라는 근대 도시를 조직하는 것은 바로 대로와 골목, 즉 '길'이다. 일본은 조선을 강점하면서, 경성이라는 도시 공간을 대상으로 끊임없이 식민지 수도의 위상에 걸맞는 사업을 시행했다. 그 중에서도 일제는 종합도시계획으로 '경성시가지계획'을 세웠다. 일제가 조선을 강점한 직후 통감부가 행한 것도 '시가정리'라는 이름의 도시개조였다.[6] 도로가 재편되면서 시가지가 생기고, 사람들의 삶은 그 도로를 중심으로 재편된다. 어

4) 가와무라 미나토, 요시카와 나기 역, 『漢陽 · 京城 서울을 걷다』, 다인아트, 2004, 79면 참고.

5) 박태원의 「소설가 구보씨의 일일」에서 구보는 이상과 함께 장곡천정의 낙랑파라에서 나와 낙원동의 카페 엔젤까지 간다. 조이담은 이 둘의 경성 산책 경로를 여러 가지로 추적하는데, 아마 조선은행 앞 정류소에서 남대문로를 따라 종로네거리에 이르는 길로, 휘황환 네온사인 불빛들로 홍청대는 본정으로 가지 않고 황금정을 지나 종로로(북쪽으로) 이동했을 것으로 추측하였다. 그는 애당초 구보와 이상이 본정으로 갈 생각으로 나왔다가 아마 본정에서 1차를 하고 종로 카페는 2차로 갔을 것이라고 추측한다. 그들이 종로를 향해 걸어 올라간 길은 당시 조선판 월스트리트라고 부를 만큼, 은행 등 금융 기관이 모인 곳이었다. 조이담, 『구보씨와 더불어 경성을 가다』, 바람구두, 2005, 220면, 274~276면.

또한 서정주와 『시인부락』 동인들과 이상이 함께 선술집을 순례한 것에서도 이상의 활동 반경이 북촌과 남촌 모두를 아우르는 것임을 볼 수 있다.(신범순, 「실낙원의 산보로 혹은 산책의 지형도」, 『이상 문학 연구의 새로운 지평』, 역락, 2006, 63~64면)

6) 염복규, 『서울은 어떻게 계획되었는가』, 살림, 2005, 4면, 9면.

쩌면 도로와 골목이 도시를 만들고 도시인의 삶을 만든다고도 볼 수 있다. 이상은 도시의 대로와 골목을 헤집고 돌아다니면서, 그곳에서 보고 느낀 것을 작품 속에 드러냈다. 그렇기 때문에 이상이 돌아다닌 길이 중요할 수밖에 없는 것이다. 황도경[7]은 이상의 소설이 기본적으로 '나가다/들어오다' 의 끝없는 반복으로 이루어지면서 주인공의 내적 갈등을 드러내는데, '나가다/들어오다' 의 두 공간인 '안' 과 '밖' 을 가로지르는 중요한 서사적 장치로 '길' 이 나타남에 주목하였다. 그래서 이상 소설 속에서 '길' 은 삶과 죽음, 희망과 절망, 떠남과 돌아옴이 교차하고, 끝없이 회귀하는 순환의 길이며, 벗어날 수 없는 삶과 운명의 비극성을 나타내는 구조적 · 주제적 원리라는 것이다. 황도경은 '길' 을 안과 밖을 가로지르는 서사적 장치로 한정하고 논의를 전개하였지만, 본고에서는 자아와 세상, 집 안과 집 밖의 '틈사구니' [8]에 끼인 '길' 의 의미에 좀더 초점을 맞추어 보고자 한다. 왜냐 하면 그의 문학에서 나타난 '길' 은 스스로를 19세기와 20세기의 틈에 끼인 자라는 인식, 즉, 그의 내면을 보여주는 역할을 하는 공간이기 때문이다.

이상 문학에 나타나는 '길' 은 크게 '도로' 와 '골목' 으로 나누어 볼 수 있다. 도로와 골목의 대립은 그의 문학 전반에 걸쳐 나타나는데, 같은 도로와 골목이라도 낮과 밤의 길이 다르고, 도시 혹은 산촌이라는 장소의 구별에 따라 그 의미도 달라진다. 특히 이상은 도로와 골목에 대한 인식과 반응을 달리하는데, 이것은 그의 여러 작품을 통해 나타나고, 도로와 골목은 대립되는 공간으로 나타난다. 근대 자본주의적 속성을 지닌 '차가운' 길이라고 할 수 있는 '도로' 와 그와 반대되는 이미지를 지닌 길

---

7) 황도경, 「이상의 소설 공간 연구」, 이화여자대학교 박사학위 논문, 1993.

8) 이상은 여러 작품에서 그 스스로가 '틈사구니' 에 끼인 사람이라고 말한다. 심지어 스스로의 태도를 "틈사구니투성이의 점잔으려는才能"(2:283)이라고 하기도 한다. 또 "암만해도 나는 十九世紀와 二十世紀 틈사구니에 끼워 卒倒하려 드는 無賴漢인 모양이오."(「私信(七)」, 3:252) 등 여러 작품에서 이것을 언급하였다. 이 '틈사구니' 에 끼인 사람이라는 인식은 '길' 에 대한 의식에도 적용된다고 본다.

'골목'의 의미 추적을 통해 이상이 근대 도시에 대해 어떤 인식을 갖고 있는지가 드러날 것이다. 또한 이를 통해 그가 어떠한 식으로 그 근대를 초극하려고 하는지도 찾을 수 있을 것으로 기대한다.

2. 자본주의가 직조한 도로

조선의 도읍 한양은 풍수지리의 원리에 따라 정해졌다고 한다. 성곽과 산천으로 둘러싸인 한양은 1882년 '조청상민수륙무역장정'으로 인해 성내 외국인의 거주와 통상이 허가된 이래 많은 외국인들이 거주하게 시작했고, 1894년 일본 공사관이 남산으로 옮기면서부터 일본인들이 남산 근처 소위 진고개 일대에 정착하면서 일본인 거리가 형성되기 시작했다. 이후로 외국인의 경성 거주가 점점 늘어나게 되었고, 한양의 이름이 '경성'으로 바뀐 1910년 이후 외국인의 경성 거주는 더 늘게 되었다.

원래 경성은 왕궁과 궁전을 중심으로 한 도시로, 왕궁으로 통하는 도로 이외의 것은 아무 중요성도 갖지 않는 곳이었다. 그러므로 왕족이나 고급 관리가 아닌 서민들은 각각 자신이 사는 곳에 닿는 작은 길을 마음대로 내고 살아 전체적으로는 무질서하고 미로 같은 도시였다. 즉 성곽이라는 틀과 종로와 남대문거리라는 십자의 메인 스트리트가 있을 뿐, 그 외는 모두 작은 골목으로 연결된 도시였다. 원래 한양 도심부의 간선도로들은 군사적, 풍수적 이유에 따라 서로 직교하지 않고, 어긋나게 만나도록 짜여 있었다.[9] 또 계급에 따라 사는 지역도 나뉘었는데 고위직 관료나 왕족은 경복궁과 창덕궁을 잇는 선 위인 '북촌'에, 하급관료와 무

---

9) 염복규, 앞의 책, 7면.
이러한 폐쇄적 도로망이 개방적 도로망으로 전환되는 것은 교통의 원활한 흐름이라는 차원을 포함하여 여러 가지 측면에서 근대화의 뚜렷한 징표라고 할 수 있다. (같은 면) 이러한 점에서 일본에 의한 시가정리 및 도시계획은 경성의 근대화를 보여주는 것이라고 할 수 있다.

관은 남산 자락 '남촌'에, 중인계급은 왕궁과 종로 사이의 지역에서, 평민은 종로를 중심으로 발달한 상점가나 시장 근방에 모여 살았다.[10] 이 구도는 1920년대까지도 계속된다.

1923년 전차가 개통되면서 경성의 도로는 자동차와 전차라는 근대 교통 시설을 중심으로 재편되었다. 종로통과 황금정통의 가로 길, 남대문통과 광화문통의 세로 길이 그것이다.[11] 한양 특유의 '어긋난' 도로들을 종로, 황금정, 본정 등의 남북 직선 도로와 동서 마디를 기준으로 정비하는 시가 계획 후, 일제는 총독부 청사를 경복궁터로 이전하였다. 이는 단지 건물 하나를 짓는 것이 아니라 식민지배의 거점을 북부 지역으로 옮기는 것을 의미했다. 이후 총독부를 기점으로 대각선 도로가 새롭게 추가되었다.[12] 총독부 준공 후 경성부 신청사도 완공되었는데, 이후 조선은행 본점과 더불어 총독부-경성부-조선은행을 잇는 축이 식민지배의 중심축으로 완성되었고, 이를 기점으로 식민지의 부와 권력이 이동하였다. 또한 일본인이 진고개 일대에 자리를 잡으면서 종로와 청계천 등의 북쪽, 즉 예전에는 왕족과 고위직 관료들이 살았던 곳에 조선인들이 모여 살게 되었고, 일본 영사관이 있었던 진고개 일대를 중심으로 한 남촌 지역에는 일본인들이 세력을 확장하였다.[13] 이에 따라 '북촌'과 '남촌'의 의미가 바뀌었다. 이 시기 조선과 일본, 새로운 북촌과 남촌을 나누는 경계는 황

---

10) 가와무라 미나토, 앞의 책, 44면.

11) 도로의 확장은 현대화 과정의 필연적인 결과이지만, 광화문에서 남대문에 이르는 간선도로의 개설은 일제의 침략 논리를 구체화한 것이며, 이러한 도시 공간의 재편은 도시 안에서 사람들의 속도를 인간적인 것에서 기계적인 것으로 바꾸었으며, 전차에 이어 한강철교(1900년 건설)를 통해 서울과 인천을 기차가 가로지르게 된다.(김진송, 『서울에 딴스홀을 許하라』, 현실문화연구, 2002, 248~249면)

12) 총독부 청사는 남산록의 통감부 청사에서 경복궁 자리로 이전되었다. 일제는 1915년 신청사 부지로 유력하게 지목된 경복궁에서 대규모 박람회를 개최하였고, 이는 상징적으로 일제가 조선왕조의 핵심 공간을 '점령'하는 계기였다. 공진회 준비로 많이 훼손된 경복궁 자리에 일제는 자연스럽게 총독부 청사를 이전하였다.(위의 책, 10~15면 참조)

13) 일본 영사관, 경찰서, 우편전신국, 거류민 숙소, 수비대, 제일은행, 삼정물산회사 등 치안, 통신 상점이 있었고, 정동 일대에는 외국 대사관과 영사관, 선교사들이 있는 구역으로, 재래의 가치관을 전복시키고 의식의 해체를 강요하는 공간이 되었다.(위의 책, 249~250면)

금정통이었다. 조선의 수도 '한양' 시절에 중심지였던 종로통은 일제 강점기에는 그 힘을 잃고, 제국주의적 자본주의가 자리 잡은 황금정통과 본정통이 새로운 자본과 권력의 핵심 거리가 되었다. 그리고 식민지 수도 경성에서 조선인들이 모여 살던 북촌은 일본인들이 모여 살던 남촌과 달리 식민지적 규율이 강하게 작용하던 곳이 되었다. 이는 파고다 공원 옆에 있던 종로경찰서가 1929년 화신상회 맞은편으로 확장 이전하면서 종로통에 대한 식민권력의 감시와 통제가 점점 강화된 것을 통해서도 알 수 있다.

시장 또한 식민지적 규율에 의해 재편되었다. 식민지 수도 경성에서도 시장은 남촌과 북촌의 시장으로 나뉜다. 일제의 억압에 의해 조선의 재래 시장[14]은 크게 억압된 반면, 일본인들의 편의를 위한 공설시장이 들어섰다. 육의전이 사라졌어도 종로의 야시(夜市)와 남대문 시장은 조선인들의 주요 상업 지역이 되었다. 반면 황금정과 본정 등 남촌 지역에는 새로운 문물의 상점과 백화점[15]이라는 근대의 시장이 자리 잡게 되었다. 이제 제국주의적 자본주의는 경성 도심의 이정표가 되어서 경성의 중심대로에 점을 찍고 있는 형국이 되었다. 화려한 네온사인으로 뒤덮인 남촌, 하수구는 늘 막혀 있고 일본인 순사의 발길질이 난무하는 북촌의 대

14) 한양에는 운종가(雲從街 : 지금의 종로 네거리 일대) 이외에도, 하층 서민들의 소비 생활을 책임지는 시장으로 남대문 시장과 동대문 시장이 있었다. 조선조 말기에는 이미 상업의 중심이 폐쇄적인 육의전에서 개방적이고 자유로운 노천 시장인 '삼대시(이현(梨峴), 종루(鐘樓), 칠패(七牌))'로 옮겨가고 있었다.(가와무라 미나토, 앞의 책, 56~58면)

15) 조선의 백화점은 1929년 일본계 백화점인 '미쓰코시 경성 지점'에서부터 시작하였다. 그 사세가 점차 확장되어서 1930년에는 현재 신세계 백화점 본점 건물을 완성하였다. 이곳은 경성부의 오락을 상징하는 곳이었다. 미쓰코시는 내한해 있던 일본 자국인과 당시 일본 총독부의 문화정치를 통해 형성된 내국인 상류층을 주요 대상으로 영업을 하였다. 1931년 조선인 자본에 의해 최초로 개설된 백화점인 화신백화점이, 1932년에는 동아백화점이 세워지면서 종로통과 황금정통 일대는 많은 백화점이 들어섰고, 중요 상권을 형성하였다. 일본인 상점가라는 남대문, 본정통 일대의 미쓰코시 경성지점, 초지야, 미나카이, 히라다 등 일본계 백화점과 종로통의 민족계 백화점 화신이 경성 도심을 양분화하면서 발전하는 과정에서 경성시민들은 '백화점'이라는 도시 상업시설의 관람성과 유희성에 대해 눈을 뜨게 되었다.(김인호, 『백화점의 문화사』, 살림, 2006, 62~67면)

비는 식민지 근대의 이중성과 전근대적인 것의 잔존을 통해야만 비로소 근대적인 것이 성립될 수 있는 아이러니컬한 근대 풍경을 보여주었다.[16)]

이상에서 살펴본 식민지 시대 경성의 중심 도로를 도식화하면 다음과 같다.

광화문통 남대문통
종로통
청계천
황금정통

경성의 중심 도로는 근대의 직선적 세계관과 맞닿아 있다. 십자의 메인 스트리트를 중심으로 자본의 수송에 편리한 도로와 전차길이 생기면서 경성의 중심 도로는 기하학적 형태를 갖게 되었다. 근대 자본에 의해 만들어진 이러한 직선 도로에는 근대 자본주의적 요소가 곳곳에 나타나 있다.

중심 도로의 교차점에는 각각 근대적 자본주의와 건물이 위치한다. 총독부, 경성부청, 종로경찰서, 체신국, 신문사, 백화점, 은행 등이 그것이다.[17)] 이제 경성은 왕궁 중심의, 조선의 가치관을 중심으로 한 도시가 아니라 일본을 매개로 한 근대와 근대 자본주의가 중심이 된 도시가 되었다. 이러한 도로를 중심으로 사람들의 생활과 가치관 또한 재편되고 있었다.

경성의 길은 네 개의 직선 도로가 교차하는 형식으로 이루어져 있었

16) 신명직, 『모던색이, 京城을 거닐다』, 현실문화연구, 2003, 15면.

17) 여기에는 일본의 자본으로 선 건물 뿐 아니라 조선인의 자본으로 선 백화점도 있다. 화신백화점이 그것인데, 화신상회(후에 화신백화점이 되었다)는 조선 자본으로 세워졌고, 북촌에 있었다는 것에서 일본의 유명 백화점이며, 남촌에 있는 미쓰코시 백화점과는 다른 의미를 갖는다.

다. 그리고 그 직선 도로의 꼭짓점에는 근대 자본주의의 표상들이 위치한다. 자본주의의 표상인 화려한 건물과 새로운 문물, 휘황찬란한 네온사인이 장식하는 도심은 겉으로 보기에는 굉장히 활발하고 화려해 보인다. 그의 눈에 경성의 길은 "直線은圓을殺害"한 형국이다. 시 「異常한可逆反應」에서 이상은 직선이 원을 살해했다고 이야기하였다. 즉 한때 그가 배우고 직업으로 삼았던 기하학적인 근대의 질서가 비유클리드적 세계라 할 수 있는 원의 질서를 살해했다는 것으로, 근대의 불합리성을 지적한 것이다. 이상은 이러한 상태를 배설이 자유롭지 않은 '변비증'에 비유하면서 그 불합리성이 본래의 질서를 해치는 것으로 파악한다. 근대를 '변비' 상태로 규정하면서 이상은 근대라는 세계는 순환이 이루어지지 않는, 한쪽이 꽉 막혀서 유입만이 가능한 길로 이루어져 있다고 파악하였다. 이러한 인식은 그의 작품 곳곳에서 나타나는 꽉 막힌 상태, '변비'에 대한 이미지를 통해 볼 수 있으며, 이를 통해 이상이 경성의 '길'을 어떻게 인식하는가가 극명하게 드러난다고 할 수 있다.

그러나 화려함의 이면에는 피로가 숨어 있다. 「날개」에서 '나'가 아내의 밤외출을 틈타 밖으로 나와서 걸은 거리는 "경이에가까울만치 내신경을흥분식히지않고는마지않"게 "너무 복잡하였고 사람은 너무도 들끓"어 금방 피곤하게 만드는 곳이다. 야맹증이 있는 '나'가 걸은 밤거리는 될 수 있는 대로 밝은 거리, 차가 다니고 사람이 많은 큰 도로로, 그가 관철동 집에서 나와 경성역 티룸까지 걸은 도로는 바로 경성의 직선 도로, 자본주의의 도로라고 할 수 있다. 밤 산책의 종착점인 경성역 티룸 또한 자본주의가 만들어 낸 공간이다. 이상은 이 휘황찬란한 거리를 걸으면서 자본주의의 능력에 감탄하기보다는 피로를 느낀다. 또 미쓰코시 백화점 옥상에서 내려다본 도로도 겉으로는 싱싱하게 보였지만 한 번 더 들여다보면 그 거리는 "회탁의 거리"로 "피곤한 생활이 똑 금붕어지느레미처럼 흐늑흐늑 허비적거렸다눈데보이지안는 끈적끈적한줄에엉켜서 헤어나지들을못"하는 사람들로 가득한 곳이며, 생명력을 상실한 공간이 만들어낸 "피로와공복 때문에뭂어저드러가는몸둥이"를 끌고 걸을 수밖에 없는 거리이다.

직선으로 이루어진 '잘 짜인' 틀 안에서 움직이는 것으로 인한 피로감은 시 「運動」에서도 나타난다.

> 一層우에있는二層우에있는三層우에있는屋上庭園에올라서南쪽을보아도아무것도없고北쪽을보아도아무것도없고해서屋上庭園밑에있는三層밑에있는二層밑에있는一層으로내려간즉東쪽에서솟아오른太陽이西쪽에떨어지고東쪽에서솟아올라西쪽에떨어지고東쪽에서솟아올라西쪽에떨어지고東쪽에서솟아올라하늘한복판에와있기때문에時計를꺼내본즉서기는했으나時間은맞는것이지만時計는나보담도젊지않으냐하는것보담은나는時計보다는늙지아니하였다고아무리해도믿어지는것은필시그럴것임에틀림없는고로나는時計를내동댕이쳐버리고말았다.
>
> —「運動」(1:49)

삼층 건물 위 '옥상정원'으로 오르내리는 상하 운동, 그리고 그 모조정원 위에서 도심을 바라본 내용으로 이루어진 이 시는 도시를 세 가지 운동으로 파악한다. 상하, 좌우, 포물선 운동이 그것이다. 이상은 옥상정원에서 도시를 조망하며 "屋上庭園에올라서南쪽을보아도아무것도없고北쪽을보아도아무것도없"다고 한다. 남북 방향은 남대문통을 말한다.[18] 남대문통은 종로통과 황금정통과 만나고, 그 끝에는 조선은행, 본정통, 미쓰코시 백화점 등 근대 자본주의가 잔뜩 모여 있다. 그렇게 근대적인 것들이 모여 있는 방향을 보면서 이상은 '아무것도없'다고 한다. 해가 떠서 지는 동서 방향은 경성을 가로지르는 종로통의 방향으로, 북촌과 남

18) 경성 시내의 남북 방향에는 남대문통 이외에도 광화문통이 있다. 그러나 옥상정원이 있는 건물은 남대문통에 있었다. 이 시에 나오는 옥상정원이 있는 건물은 화신상회이다. 당시 경성에 있는 몇 개의 백화점 중, 증축 전 화신상회가 3층 건물이었고, 「날개」에도 나오는 미쓰코시 백화점은 5층짜리 건물이었기 때문에, 이 건물은 화신상회라고 볼 수 있다. 화신상회는 종로통과 남대문통이 만나는 자리에 있다.

촌을 가르는 경계(동서로)이자 전근대적인 것[19]과 자본주의의 통로의 경계의 교차점이다. 이상은 지금 이 경계점에 서 있는 것이다. 시 「수염」에서 이 방향은 "一小隊의軍人이東西의方向으로前進"하는, 무섭게 오차도 없이 삭막하게 전진하는 방향으로 묘사된다. 동서 방향으로 한가운데-동대문과 동아일보사가 있던 동서 축 한가운데 쯤에 화신상회가 위치한다고 볼 수 있다-에 이상과 태양, 그리고 그의 시계가 멈춰 서 있다. 그가 보려고 했던 것은 차가운 자본주의 시장에 가려진 뜨거운 무언가이다. 그것은 옥상정원에서 내려와서 본, "東쪽에서솟아올라" "하늘한복판에와있는" 태양의 시간 아래에서는 보이지 않는 것이다. 근대적인 시간을 만들어 낸 시계의 시간은 정확하지만 그것을 내동댕이치는 것은 근대의 시계가 주는 획일화가 그것을 쫓아갈 수 없는 사유 체계-전근대적 혹은 반근대적이라 할 수 있는-를 가지고 있는 이상 자신보다 젊다고 하는데서 오는 인식에서 비롯된 것이다.

이 도로에 놓인 백화점을 비롯해 커다랗기만 한 도시의 건조물들을 보고 이상은 "휑하게 트인 황폐한 墓地"를 연상한다.

> 리벳트와 같은 墓地를 보고 그것이 地球를 表彰하는 勳章이라고 생각하지 않는다. 혹은 같은 意味에서 地球의 시들어간 에로티즘을 隱匿하는. 그것이 忠實한 단추라고 생각하지 않는다.
>
> 知識의 尖銳角度 0℃를 나타내는. 그 커다란 建造物은 竣工되었다. 最下級技術者에 屬하는 그는 공손히 그 落成式場에 참예하였다. 그리고 神의 두팔의 遺骨을 든 司祭한테 最敬禮하였다.
>
> 줄지어 늘어선 유니폼 속에서 그는 줄줄 눈물을 흘렸다. 悲哀와 孤獨으로 안절부절 못하면서 그는 그 建造物의 階段을 달음질쳐 내려 갔다. 거기는 휑하게

19) 화신상회 북쪽으로 난 길-공평동 길-은 갑신정변(우정국 터)과 구한말 중요 인사들이 살았던 곳으로, 일제에 의한 근대가 시작되기 전, 근대의 첫 출발이 있었던 곳이라는 점도 간과할 수 없다.

트인 황폐한 墓地였다. 한 개의 새로 판 구덩이속에 자기의 軀殼을 드러눕힌 그는 山하나의 墓를 일부러인 것처럼 만들어 놓았다.

—「얼마 안되는 辨解(혹은 一年이라는 題目)」(3:142, 강조는 인용자)

이상은 자신이 총독부 기수로 일할 때 지은 의주통의 전매청 건물을 '황폐한 묘지'로 묘사한다. 이 건물에서 도망 나온 '그'는 '골편'이 되어 "方向을 거꾸로" 걸으면서 "道路는 삘딩에로 이어지고 삘딩은 또한 가랑비 속으로 이어져 있"는, 쉴 수 있는 곳이 없는 도심의 도로로부터 도망가면서 "편안히 쉴 수 있는 숙소"를 찾는다.(3:143) 그러면서도 그는 '공복과 피로'를 느낀다.

경성의 주요 도로를 잠식한 것은 자본주의이다. 특히 백화점은 직선도로의 교차점에서 도로의 표지 역할을 한다. 이상의 문학에 나타나는 백화점은 화려하고 새롭기는 하지만 '모조'로 이루어진 공간이다. 「운동」에서 도시를 내려다보는 곳도 흙에 뿌리를 박은 식물들로 만들어진 정원이 아니라, 시멘트 덩어리로 된 건물의 꼭대기에 땅 위의 정원을 본떠 만들어진 모조품인 옥상정원이다. 「散策의가을」에서도 이상은 거리를 산책하는 중에 백화점을 지나는데, 비오는 백화점에는 사람도 없고, 사람의 눈을 끄는 것이 많이 있을지라도 그곳은 "石膏 武士는 수염이 없고 뗵이너스는 분안발는살갈이 차즐길없고 그리고 그長황한姿勢에 斷念이없는 윈도오안에 石膏", 즉 생명력이 없어 움직이지도 못하는 모조상만이 자리를 차지한 차가운 곳으로 묘사된다.

특히 「AU MAGASIN DE NOUVEAUTES」(「건축무한육면각체」 中)는 백화점을 러시아 인형 같은 사각형의 연속, "四角이 난 圓"으로 묘사한다.

四角形의內部의四角形의內部의四角形의內部의四角形 의內部의 四角形.

四角이난圓運動의四角이난圓運動 의 四角이 난 圓.

비누가通過하는血管의비눗내를透視하는사람.

地球를模型으로만들어진地球儀를模型으로만들어진地球 (중략)

屋上庭園. 猿猴를흉내내이고있는마드무아젤.

彎曲된直線을直線으로疾走하는落體公式 (후략)(1:67~68)

'사각이 난 원'은 '원'이라고 할 수 없다. 이 역설적인 표현은 '원을 살해한 직선'과 같은 의미 구조를 지닌다고 할 수 있다. 이는 근대적인 시장이 직선 도로 위에 서 있는 직선으로 이루어진 사각에 의해 그 속성이 변질되었다는 의미이다. 이 뿐만이 아니다. 이 시에도 「운동」에서 나왔던 옥상정원과 포물선 운동("彎曲된直線을直線으로疾走하는落體公式")이 등장하여 백화점의 길이라는 것이 만곡된 것도 기하학적 세계관에 가두는 부정적인 공간임을 말한다. 백화점 내의 모든 인물들은 상하운동을 할 뿐이며, 백화점 안의 사람들은 인간으로서의 모습보다도 화려한 상품만을 따라 움직이는, 사고(思考) 없이 화려함에 눈이 멀어 이끌리는 "發光魚類의群集移動"처럼 보일 뿐이며 '소름끼치는일'이 될 뿐이다. 자본주의의 도로는 아름다운 것, 새로운 것으로 가득 찬 공간이지만 그곳은 생명력이 있는 곳이 아니라 모형/모조가 지배하는 공간일 뿐이다.

이상이 경성의 도로만 부정적으로 보는 것은 아니다. 이상은 말년에 동경으로 건너가는데, 그가 동경의 도로를 거닐면서 본 광경도 부정적이기는 마찬가지이다.

* 내가 생각하는 '마루노우찌빌딩'—俗稱마루비루—는 적어도 이 '마루비루'의 네갑절은 되는 宏壯한 것이었다. 紐育 '부로-드웨이'에 가서도 나는 똑같은 幻滅을 당할른지—어쨌든 이都市는 몹시 '깨솔링' 내가 나는구나! 가 東京의 첫 印象이다. // 우리같이 肺가 칠칠치 못한 人間은 위선 이都市에 살 資格이 없다.(「東京」, 3:135)

* 이 '마루노우찌'라는 '빌딩' 洞里에는 '빌딩' 外에 住民이 없다. 自動車가 구두노릇을 한다.(3:135)

* 낮의 銀座는 밤의 銀座를위한 骸骨이기 때문에 적잖이 醜하다. '사롱하루' 구비치는 '네온사인' 을構成하는 부지깽이같은 鐵骨들의 얼크러진 모양은 밤새고난 女給의 '퍼머넨드웨이앤' 처럼 襤褸하다.(3:137)

그는 투병 중이었음에도 불구하고 동경에 가기를 소망했고, 결국 동경에 건너갔다. 그러나 동경에 간 이상의 첫 느낌은 '환멸' 이다. 빌딩으로만 가득 찬 곳이어서 사람이 살지 않는 것처럼 보이는 동경 거리의 삭막함이나, 웅장한 건물과 자동차 매연으로만 가득 차서 산보도 불가능한 거리이다. 산보조차도 지하철로 해야 하고, 구두로 땅을 밟는 대신에 자동차를 타고 움직여야 할 정도로, 걸을 수 있는 길보다는 근대의 교통 수단을 이용해서 다닐 수 있는 길, 또 그러한 환경에서 오는 삭막함과 환멸을 불러오는 것이다.

그러한 도로에 접해 불야성을 이루는 백화점의 모습은 경성 거리나 다를 바 없다. 동경의 은좌(銀座) 거리에 있는 백화점은 "虛榮讀本"이라고 할 정도로 사치스러운 것으로 가득한 곳이다. 이곳은 경성의 백화점보다 훨씬 크고 그 거리도 경성 거리보다 훨씬 화려하다. 하지만 백화점 안은 경성의 그것과 다를 바 없다. 「AU MAGASIN DE NOUVEAUTES」에서 본 것처럼 백화점 내부는 이어져 있는 하나의 거대한 사각형으로 되어 있다. 가득한 모조품으로 사람을 혼란스럽게 만드는 한 개의 커다란 미로이자 덩어리, 무언가를 집어삼키는 이미지이다. 그래서 이상은 그곳에 들어가기를 거부한다.

이상의 눈에 동경은 부정적인 근대의 모습을 지닌 공간이다. 신선한 공기도, 사람 사는 냄새도 없이 오로지 사치의, 치사스러운 모조품으로만 가득해서 '은좌' 라는 이름이 무색하게 "별을 잊어버린지도 오래" 된 곳이며, 달이 주는 충만한 생명력마저도 사라져서 "차라리 十九世紀와 함께 殞命" 했어야만 하는 생명력이나 건강성과는 거리가 먼 부정적인 공간이다. 소망하던 곳에 갔으나 그곳에서도 어떠한 긍정적인 모습을 찾지 못한 이상은 그가 원하던 다른 근대 도시를 소망한다. 그는 동경의 안개를 보며 "街燈이 안개속에서 축축해한다. 英京倫敦이 이렇다지-"(「失花」, 2:344)라며 일본보다 먼저 근대화된 도시를 떠올린다. 그러나 런던 또한 안개 속에서 축축하게 있을 뿐이지 그가 원하는 생명력과 사랑이 충만한 모습은 아니다.

이상은 근대 자본주의의 건물을 사회를 조망하는 오감도 속 까마귀의 시선을 갖고 도로를 관망한다. 「早春占描」에서 "뒤집二層에서 저물어가는都會를 나려다보"는 이상의 눈에 비친 세상의 모든 땅은 누군가의 소유일 뿐 "아스팔트를싼 쌘질한길도空地가아니다." 길조차도 누군가의 재산의 일부일 뿐이라는 서술에서, 이상이 도심의 도로를 근대적 자본주의에 의해 잠식되는 부정적인 것으로 보고 있음을 알 수 있다.

자본주의가 만들어낸 경성의 도로는 기하학적인 도로와 자본주의가 만나 만들어진 곳이어서 생명력 없는 모조로 가득 찬, "속 빈 강정"과도 같은 곳임을 이상은 말하고 있다. 그렇기 때문에 이상은 이러한 삭막한 곳에서는 그가 찾아 헤매는 '사랑'이나 생명력을 찾을 수 없음을 깨닫는다.

3. 미로 속의 골목 헤매기

'도로'로 표상되는 자본주의의 '차가운 시장'의 길은 '뜨거운 시장'이라 할 수 있는 야시와 선술집, 미로와도 같은 '골목'과 대조된다. 사전적으로 정의하면 '도로'는 '사람이나 차들이 다니는 비교적 큰 길'을, '골목'은 '동네 가운데의 좁은 길, 큰 길에서 동네로 들어가는 좁은 길'을 말한다. 앞 장에서 살펴본 '도로'가 낮의 길이라고 한다면, 이 장에서 살펴볼 '골목'은 밤의 길에 해당한다고 할 수 있다.

골목은 사적인 통로이다. 도시가 생기고 거주지가 생기면서 사람들은 도로에서부터 자기 집에 이르는 길을 내기 시작했다. 이 사적인 통로, 즉 골목은 집단 가옥들이나 구역, 지역 등을 가로지르면서 서로 마주치지 않게끔 골목을 만든다.[20] 그러한 골목이 많아지면 도시는 골목들로 미로의 형태를 띠게 된다. 미로는 어떤 경계 안에 벽에 둘러싸여 적어도 하나의 입구와 출구 또는 중심으로 인도하는 하나의 통로를 갖춘 곳, 불투명하고 설계에 어떤 법칙도 없이 우연과 의외의 상황이 지배하는 곳으로,[21] 두 개의 세계 사이에 터져 있는 틈바구니와 같은 것이다.[22]

경성의 골목도 이와 같다. 경성의 골목은 매우 오래된 골목들로 이루어져 있는데, 왕의 행렬을 피해 서민들이 지나다니기 위해 만들어진 피맛골에서부터, 각자의 집에까지 이어지는 수많은 골목이 대로에 접하여 존재한다. 이러한 골목은 도로로부터 멀리 있는 것에서 가까이 있는 것까지 서로 얽히면서 잇닿아 있다. 그러므로 서로 얽혀 있는 골목으로 된 미로를 헤쳐 나간다는 것은 결국 도심을 이 방향 저 방향으로 가로지른다는 의미가 된다.

이러한 의미에서 '골목'은 '틈사구니'의 세계를 살았던 이상의 특징을 잘 보여준다. 이상은 자신이 "十九世紀와 二十世紀 틈사구니에 끼워 卒倒하려 드는 無賴漢인 모양이오. 完全히 二十世紀사람이 되기에는 내 血管에는 너무도 많은 十九世紀의 嚴肅한 道德性의 피가 威脅하듯이 흐르고 있"다고 한다. '틈사구니'에 끼인 사람이라는 표현은 이상 문학 곳곳에서 나타난다. 이상 스스로 말한 자신의 이러한 특성은 그가 미로와도 같은 도심의 뒷골목을 헤맸다는 사실을 통해서도 볼 수 있다. 그가 환멸을 느끼고 피로와 공복에 시달렸던 도로와 그 도로를 점하고 있는 자본주의 세력은 이상의 표현을 빌리자면, "이십세기"식이라고 할 수 있다. 반면 오래 전부터 자연적으로 형성되었고, 식민지 조선이 되기 이전의 모습을 간직한 골목, 혹은 인공적인 것이 배제된 도시가 아닌 산촌의 길은

20) 자크 아탈리, 이인철 역, 『미로－지혜에 이르는 길』, 영림카디널, 1997, 114면.
21) 위의 책, 31~32면.
22) 위의 책, 55면.

이상 식으로 "십구세기" 식이라 할 수 있다. 도로와 골목을 연결하는 미로와도 같은 무수한 작은 뒷골목들은 결국 19세기와 20세기의 틈바구니에 낀 것으로, 그 둘을 꿰어나가는 역할을 하는 것이다.

골목과 도로의 문제는 「烏瞰圖 詩第一號」에서부터 나타난다. 박현수는 이 시에서 '뚫린 골목과 막다른 골목의 대조'가 중요한 것이 아니라 도로와 골목의 대조가 중요하다면서, 아해들이 질주하는 곳은 도로이지 골목이 아니라고 주장한다. 그는 이 시에서 골목은 단지 괄호 내의 부차적인 규정 속에서만 등장한다고 하면서, 사전적인 의미에 기초해 도로가 근대적 뉘앙스를 지니는 반면 골목은 전근대적인 뉘앙스가 강하다고 보았다.[23] 이 해석에서 더 나아가 신범순은 이 시의 아해들이 도로를 질주하지만, 이 직선적인 길을 긍정하는 질주가 아니라, 기하학적으로 펼쳐진 대로에 '무서운 아이들'을 질주시킴으로써 제압하고 싶었던 것이라고 하였다.[24] 박현수나 신범순의 지적에서도 볼 수 있듯이, 이 시에서 중요한 것은 도로와 골목의 의미와 그로부터 파생되는 질주의 의미를 추적하는 것이라고 할 수 있다. 그러기 위해서는 먼저 이 시에서 말하는 도로와 골목이 무엇을 의미하는지, 또 둘 사이의 관계가 어떠한지를 살펴볼 필요가 있다. 이 시는 대칭 구조로 이루어져 있는데, 반복되는 부분을 제외하면 다음과 같은 대칭쌍이 남는다.

> * 十三人의兒孩가道路로疾走하오.
>
> (길은막달은골목이適當하오.)
>
> * (길은뚫닌골목이라도適當하오.)
>
> 十三人의兒孩가道路로疾走하지아니하야도좃소. (1:82)

인용한 부분은 '도로로질주하오'와 '도로로질주하지아니하야도좃소',

23) 박현수, 『모더니즘과 포스트모더니즘의 수사학』, 소명출판, 2003, 109면.

24) 신범순, 「실낙원의 산보로 혹은 산책의 지형도」, 앞의 책, 87~88면.

'막달은골목이적당하오' 와 '뚫닌골목이라도적당하오' 의 두 쌍의 대칭 구도로 되어 있다.[25] 그런데 아해들과 도로, 골목을 조망하는 위치에 있는 화자는 '~적당하오', '~아니하야도좃소' 등의 표현을 사용하여 도로와 골목의 모양새가 반드시 규정될 필요는 없다고 한다. 실제로 이 시에서 서술하고 있는 것을 보면, 13명의 아이가 질주하는 '도로' 는 '막다른 골목' 이 되고, 결국 그 '막다른 골목' 은 '뚫린 골목' 이 된다. 결국 '도로=막다른 골목=뚫린 골목' 이라는 등식이 성립된다. 이렇게 되면 도로와 골목, 막힌 골목과 뚫린 골목은 같은 것이 된다. 아마도 이 서술은 미로처럼 보이는 도로와 골목이 서로 이어지는 것을 의미하는 듯하다. 도로가 막다른 골목이라는 것은 도로에 면한 골목이 보이기에는 막힌 것처럼 보인다는 의미이고, 혹은 골목의 끝이 도로에 접한다는 의미일 것이다. 또 뚫린 골목이란 도로에서 골목으로 들어가는 입구를 의미한다고 볼 수 있다. 도로는 골목보다는 곧게 뻗어 있으므로 도로여서 질주한다는 것이며, 다시 골목으로 돌아왔으니 질주를 하지 않아도 된다는 의미로도 받아들일 수 있다. 즉, 질주할 수밖에 없는 공포의 공간 도로와 질주하지 않아도 되는 골목은 서로 다른 세계의 것인 듯 보이면서도 실상은 맞닿아 있는 것으로 파악할 수 있다.

이상에게 도로나 뒷골목은 모두 뚫린 듯하나 막혀 있고, 또 어느 면에서는 막힌 듯하나 뚫려 있는 상태이기도 하다. 이렇게 막다른 것과 뚫린 것이 어느 순간 같아지는 경우는 다른 작품에서도 찾아볼 수 있다. 특히 「地圖의暗室」에서는 "평행사변형의법측"과 함께 "活胡同是死胡同 死胡同是活胡同"이라는 백화문이 제시되는데, 이 백화문의 내용은 "뚫린 골목은 막다른 골목이요, 막다른 골목은 뚫린 골목이다[26]"로 「오감도 시제1호」의 내용과 일치한다. 이는 함께 진술된 "평행사변형의법측"과도 연

25) 이 시는 무섭다고 하는 아해와 무서워하는 아해의 대칭쌍도 있지만, 본고에서는 '길' 의 의미를 고찰하는 것이 목표이므로 아해에 관한 논의는 하지 않는다.

26) 김주현 주해, 『정본이상문학전집』, 소명출판, 2005, 154면 각주 269번 해설 참조.

결된다. "서로 마주 대하는 두 쌍의 변이 각기 평행인 사변형"을 평행사변형이라고 하는데, 막다른 골목이 뚫린 골목이고, 뚫린 골목이 막다른 골목이라는 서술은 흡사 평행사변형을 말하는 듯하다. 마주 보는 두 쌍의 골목이 같은 상황 말이다.

대립되는 상황이 결국 동일한 상황이 된다는 의미의 표현은 「街外街傳」, 「最低樂園」에서도 나타난다.

> * 나날이썩으면서가르치는指向으로奇蹟히골목이뚤렸다. 썩는것들이落差나며골목으로몰린다. 골목안에는侈奢스러워보이는門이있다. 門안에는金니가있다. 金니안에는추잡한혀가달닌肺患이있다.(1:105))
> * 究疫을 헐값에팔고 定價를 隱匿하는 가가 모퉁이를 돌아가야 混濁한 炭酸瓦斯에 젖은말뚝을 맞날수있고 흙무든花苑틈으로 막다른 下水溝를 뚤는데 기실 뚤렷고 기실 막다른 어룬의 골목이로소이다.(1:133)
> * 안전을 헐값에 파는 가가 모퉁이를 도라가야 최저낙원의 浮浪한 막다른골목이요 기실 뚤인골목이요 기실은 막다른 골목이로소이다. (1:135)

막힌 것과 뚫린 것의 경계가 모호하고 서로 얽혀 있는 이 골목길은 비밀스러운 미로의 이미지를 가지고 있다. 「가외가전」은 제목에서부터 알 수 있듯이 '길 밖의 길'에 관한 이야기를 한다. 여기에서 말하는 거리 밖의 거리는 바로 미로와도 같은 골목을 의미하는 것이다. 여기에서의 골목은 막힌 것이었으나 기적적으로 뚫린다. 썩어가는 것들이 막힌 골목을 뚫고, 다른 골목으로 몰린다. 재미있는 것은 막힌 골목을 뚫는 것이 '썩는 것'이라는 것이다. '썩는 것'은 죽어가는 것으로 이 역시 생명력이 없는 것이며, 근대성에 의해 훼손되는 세계를 의미한다. 또 이상 개인적으로는 폐병으로 죽어가는 그의 육체를 의미한다. 썩어가는 것들이 점점 더 무서운 속도로 막힌 것을 뚫고 들어가서 다다르는 곳에는 '폐환' 즉 폐병에 걸린 이상(李箱)이 있다. 그곳은 "層段을몇벌이고아래도나려가면갈

사록우물이드물"어서 견디지 못할 갈증을 유발하는 곳이고, "답답한 쓰레기"가 가득 찬 곳이다. "落雷심한" 그 방에 조망하는 시선인 까마귀가 등장한 후 그 방뿐 아니라 유곽에도 화재가 난다. 막힌 골목이 뚫리고 골목의 끝까지 다다랐으나 결국 건조한 이상의 공간은 화재로 인해 타버린 것이다. 「최저낙원」은 제목에서부터 통상 가장 높은 곳에 있는 것처럼 생각되는 낙원을 가장 아래에 있는 것으로 상정한다. 여기에서는 미로의 이미지가 나타난다. 가장 아래쪽에 있는 낙원이라는 제목의 의미가 「가외가전」에서 가장 아래쪽·안쪽에 있던 '폐환'의 방에 이르는 길과 같다. 또 그것이 도로(출구이자 입구)로부터 들어간 한 곳에 이르는 길 끝에 있음을 알 수 있다. 여기에서도 막다른 하수구가 나타나는데, 「가외가전」에서 가장 끝에 쓰레기가 가득한 방과 유곽이 있었던 것처럼, 「최저낙원」에서도 '어룬의 골목' 즉 유곽지대를 만나게 된다. '막다른' 곳에 가장 심오한 것이 있다는 의미가 된다. 도시의 가장 안쪽인 골목, 그 안에서도 가장 안쪽에 유곽, 즉 낙원이 있다는 것이 중요하다. 물론 매춘이라는 것 또한 근대 자본주의의 산물이라고 할 수 있지만, 이상에게 유곽은 '사랑'의 이미지를 지닌다는 점에서 이 유곽은 자본주의와 대립되는 것, 낙원에 속하는 것으로 볼 수 있다.

서정주는 『시인부락』 동인들과 함께 이상을 찾아가 그와 함께 밤에 선술집을 순례한 일을 기록해 놓았다. 서정주의 서술에 의하면 이상이 살았던 박쥐가 나올 것 같았던 집은 대로에서 안쪽으로 들어간 골목을 여러 개 거친 곳에 있는 "최하급 일본식 건물"이었다. 이상이 서정주와 문인들과 간 한밤중의 산보는 주로 선술집 기행인데, 그 반경 또한 넓어서 청계천 4가 근처의 이상의 집에서 나와 종로에 이르기까지 그 사이 사이 골목의 선술집들을 지나 반도호텔(지금의 롯데호텔 자리) 언저리까지 돌고, 북촌의 중심인 계동 뒷골목까지를 순례한 후 조선호텔 앞을 지나 다시 원점으로 돌아오는 긴 산보였다. 그들이 움직인 길은 진고개나 본정목에 미치지 않는 북촌 지역으로, 자본주의의 차가운 시장이 아닌 뜨거운 시장의 야생성이 살아 있는 곳이었다. 실제로도 이상이 헤매고 다녔던 북촌 일대의 골목들은 '연애를 파는 시장', 가난한 도시인들을 노리는 작박계, '없는 사람들 층의 유일한 연회장 사교장'인 선술집 등으로 가득 찬 곳이었다.[27]

「가외가전」과 「최저낙원」에서 볼 수 있는 미로로 이어진 길은 도시의 가장 안쪽에 있고 "都會의雪景같이 지저분한 指紋"이 난무하는 "겹겹이 中門"인 곳이다. 그래서 열어도, 뚫려도 막혀 있는 것, 막혀 있는 것 같지만 열리는 곳, 지저분한 것들이 가득 유입되는 골목의 이미지는 「오감도 시 제1호」에서 나타난 대로와 골목, 막힌 골목과 뚫린 골목의 이미지와 겹친다.

이상은 주로 밤에 뒷골목을 돌아다닌다. 또한 그 뒷골목이 유곽지대와 선술집으로 가득 찬 곳이라는 점에서 미로의 세계는 '밤'의 세계라고 할 수 있다. 이상에게서 이런 미로는 '밤'의 세계를 드러내는 이미지이며, 출구와 입구가 단 하나인 선술집·유곽·카페로 나타나는 '어룬의 골목'의 세계이다. '도로'가 낮의 세계라면, 이러한 '골목'은 '밤'의 세계이다. '낮'의 세계가 자본주의의 흐름에 의해 그 틀에 맞춰 분주하게 움직이는 시공간이라면, '밤'의 세계는 낮의 세계보다는 좀더 자유롭고 좀더 야성적인 세계이다. 골목의 밤은 네온사인으로 가득 찬 도로의 밤과 대비된다.

* 보라! 네온사인들저렇게가만—히있는것같어보여도其實은不斷히네온가스가 흐르고있는게란다.
  —肺病쟁이가쌕스폰을불었드니危險한血液이檢溫計와같이
  —其實은不斷히壽命이흐르고있는게란다 (「街衢의추위」, 1:147)

* 밤이면 나는 幽靈과가치 興奮하야 거리를 쏘얻다. 나는 目標를 갓지 안엇

27) 「경성, 앞뒤골 풍경」, 『혜성』, 1931, 11. 김진송, 앞의 책 280~284면에서 재인용.

다. 空腹만히 나를指揮할수잇섯다.(「恐怖의記錄」, 2:220)

밤의 세계의 골목은 주로 북촌의 선술집과 유곽, 뱃놀이 등 주로 유흥과 관련된다.[28] 이상은 "그분들(부모님)이 몰으는 골목길" 로만 다닌다. 부모님이 모르는 골목길이란 선술집과 유곽으로 가득 찬 뒷골목을 말한다. 달에 의해 지배되는 '밤' 시간은 낮의 근대적 자본주의적 시간과는 다른 야생적인 시간이다. 그래서 밤에 미로를 헤매는 데 도로에서와 같은 질주는 필요 없다. 오히려 미로의 구석구석을 헤매며 도로와 골목을 연결하고 가로지를 뿐이다.

밤 시간의 거리는 사랑을 찾는 움직임과도 연결된다. 「불행한계승」이나 「공포의기록」에서 늦은 밤, '나' ('箱')가 유령처럼 거리를 헤매는 것은 애정 문제와 관련된 일련의 사건 때문이다. 사랑하는 사람과의 삼각관계 혹은 아내가 떠나버린 후, 그를 찾기 위해 밤거리를 배회하고, 선술집과 유곽을 순례하는 모습은 그 자체가 골목과 미로를 헤매는 모습으로 나타난다. 「童骸」에서 '나' 는 아내 임이를 윤에게 넘기고, 이상한 삼각관계 때문에 괴로워한다. 그의 "오월의 교외길은 좀 눈이부셔서 실없이 어찔어찔하다". 그의 헤맴은 '환각의 인' 이 그리는 조감도이다. 스스로 "불길한 유령의우슴" 을 그리고 있고, 그러한 자신의 모습에 구토가 날 것 같아도 이상은 스스로를 "어휘를 탕진한 유랑자" 라고 하면서도 계속 돌아다닌다. 그가 순례하는 카페나 단성사 근처는 골목과 대로가 만나는 곳에 위치하고 있다.

그러나 뒷골목을 헤매는 것은 도로를 거니는 것과 다르다. 도로는 근대 자본주의의 시간, 즉 '시계' 의 규칙성에 의해 지배되지만 골목은 그

28) 경성의 유곽 또한 남촌과 북촌의 그것으로 나누어졌다고 한다. 조선인과 일인의 차별이 유곽 구역 안에서도 이루어져 있었다고 한다. 또 재조선 중국인 상태의 마굴도 따로 있었다고 한다.(가와무라 미나토, 앞의 책, 120~121면) 그러므로 이상이 헤매고 다닌 뒷골목은 주로 북촌의 유흥가였을 것이다.

렇지 않다. 또한 그곳은 도로의 화려함과는 거리가 멀다. 이상이 주로 헤매던 이 골목들은 각종 화학 화합물로 가득한 수채와도 같은 것, 썩은 냄새가 나는 하수구와도 같은 썩어가는 곳이다.(「가외가전」, 「최저낙원」 등) 「산책의가을」에서도 화려한 백화점 근처 과일가게가 있는 곳은 "淸溪川헤버러진 수채속으로 飛行機에서 廣告삐라"가 날아다니고 아이들은 "겨우수채구녕에서 노느라고 배앓은것을 니저버"리는 더러운 곳이다. 「조춘점묘」에서도 근대의 산물인 공장 근처에 있는 빈민굴은 "좁은골목안에서복작질"을 하는 곳이다. 야생성이나 생명력, 아직 사랑을 찾는 노력이 가능했기 때문에 긍정적인 의미를 지닐 것 같았던 밤의 골목은 낮의 '회탁의 거리'와는 다른 의미의, 즉 근대적인 위생관으로 보면 더러운 비위생적인 곳으로 마냥 긍정적인 의미를 찾아낼 수는 없는, 막힌 것이 "기적적으로 뚫렸으나 썩어가는" 곳이다. 이상은 도시의 대로와 골목을 순례하면서 폐병으로 지친 육체를 탕진한다. "언어가 이미 이 황막한 지상에서 탕진된 것을 느끼지 않을수 없을만치 정신은 공동이오, 사상은 당장 빈곤"한 상태인 피로와 소진의 상태, 그래서 진액까지 다 말라버려 "보숭보숭한 해골"이 되는 경지, 뼈가 날카롭고 뾰족한 송곳 모양으로 말라버릴 지경에 이른다.

도시의 뒷골목이 대로에 비해 비위생적이고, 또 어떤 목적도 없이 걷는 경우가 많다는 점에서 산촌의 길과의 공통점을 찾을 수 있다. 그러나 도시적 감각을 가지고 산촌의 길을 걷는 이상의 눈에 산촌의 길은 대로나 골목 모두와 다르다. 물론 동경에 가서 이상은 자신이 있던 경성을 '한적한 농촌'에 비유하기도 하지만, 이것은 '농촌〈경성〈동경'의 발전상을 전제로 한 표현이기 때문에 경성과 산촌을 동궤에 놓을 수는 없다. 이상은 「권태」나 「산촌여정」에서 무료한 시간을 달래러 시골길을 걷는데, 늘 북적이던 도시의 도로와 골목과는 다른 시골길에서 그는 권태를 느낀다. 산촌은 "철골전선주"가 "이촌락에 엽서한장 내려트리지안고" 지나는 곳이며, "밤낫다니든길, 그길에는 아무것도 떠러진것이없"는 "소득이 없"

는 길이다.(「권태」) 도회의 길도 매일 다니는 길이지만 그 길은 지겹지 않고, 계속 변하는 것들이 있고 무언가를 발견하고 찾을 수 있었던 것에 비해 산촌의 길은 그야말로 권태만을 자아내는 길이다. 이 산촌은 늘 푸른 빛 속에 난 "촌락 한가운데를 관통하는 한 줄기 도로", "외줄기대로"만이 있을 뿐이다.

이상에게 도시의 골목과 그 골목이 만들어 낸 미로는 19세기(북촌)와 20세기(남촌)의 '틈사구니'에 있는 공간으로, 그 틈바구니에서 졸도하려 드는 무뢰한인 이상 스스로 잃은 것을 찾아 헤매는 길이었다. 도로가 19세기와 20세기를 넘나드는 길이라면, 지금까지 살펴본 골목은 산촌의 한적함도 도로의 화려함도 없이 그 사이에서 양쪽의 모습을 모두 가지고 그것 때문에 오히려 "울창한 森林속을 진종일 헤매고 끝끝내 한나무의 印象을 훔처오지못한 幻覺의人"(2:304)의 모습으로 서게 만든 곳이라고 할 수 있다.

4. 탈주, '역도병'적 세계관

그렇다면 이상이 결국 자신에게 "모두 날 배반하여 虛虛"로운 기분을 느끼게 한 도시의 길에서 무엇을 어떻게 하려 했는가 하는 의문이 남는다. 근대 도시 경성의 도로에서 그는 직선에 의해 재단되는 세계와 그 속에 빠져 흐느적거리는 획일화된 군중의 모습을 보았다. 그래서 그는 자본주의의 논리와 직선의 논리에 의해 지배되는 도로를 '회탁의 거리'로 인식했다. 이상은 그 회탁의 거리에 피로와 공복을 느끼고 그 속에 섞일 수도 섞이지 않을 수도 없는 현실 때문에 힘들어하면서도, 그 속에 섞이지 않을 수 없음을 깨닫는다. '틈사구니에 끼인 자'인 그는 이러한 현실에 졸도할 만큼의 피로를 느끼지만, 쉽게 벗어날 수 없다는 사실에 절망하는 것이다. 도심의 도로만이 그를 피곤하게 하는 것은 아니다. 3장에서 살펴보았듯이 도심의 이면에 있는 미로와도 같은 뒷골목의 세계는 도로보다는 심정적으로 편한 곳이라고 할지라도 썩어가는 것들이 빠져나갈 줄은 모르고 유입만 되는, 그래서 자꾸 끝이 막히는 곳이며 그가 찾아 헤매는 사랑도 손에 잡히지 않아 계속 절망하게 만드는 곳이다. 또 그가 그렇게 도망가고 싶어 했던 가난과 질병이 도시로부터 버려진 썩어가는 것들과 뒤섞이는 곳이다. 근대 도시는 이상을 지치게 만들었고, 결국 그러한 근대인은 그 시공간에 민감한 이상을 배반한 것처럼 느끼게 만들었다. 이상은 이런 공간 속에 무작정 섞일 수도 없음을 깨닫고 도망하려 한다. 이상은 '속도'가 지배하는 도시의 도로와 뒷골목에서 근대의 그것과는 다른 '속도'의 방식으로 탈출을 감행한다.

이상의 초기시에는 '속도'에 관한 언급이 많다. 근대, 특히 자본주의의 시간은 시간과 화폐의 결합으로 특징지을 수 있다.[29)] 모든 것을 '좀더 빨리'라는 욕망 안에 넣으려 한다는 점에서 속도는 파시즘적 성격을 갖지만, 그 속도의 장(場) 안에서 운동하는 모든 것은 강제된 속도에 끌려갈 뿐이다. 그러한 '속도 없는 속도'에서 벗어날 수 있는 힘을 가질 때 혹은 그 속에서 무언가를 포착할 힘을 가질 때-대개 '느림'으로 표시되는-그 때 비로소 '절대적인 속도'를 갖게 될 것이다. 자본주의에서는 이처럼 '느림'이 거꾸로 절대적인 속도가 되는 역설이 발생하는 것이다.[30)] 이상의 문학에서도 이상만의 '절대적인 속도'를 찾아낼 수 있다. 이상의 '절대적인 속도'는 근대적인 시간관 속에서 배태된 속도와는 그 방향부터가 다르며, 물론 자신만의 리듬으로 형성된 속도를 갖는다. 이상만의 '절대적인 속도'와 새로운 방향을 통해 드러나는 탈주와 새로운 길 찾기 행위는 몇 가지 이미지를 통해 드러나는데, '질주', '절름발이'와 '역도병(逆

29) 이진경, 『근대적 시·공간의 탄생』, 푸른숲, 2002, 68면.

30) 위의 책, 77~78면.
이진경은 삶의 모든 영역에서 절대적 속도를 갖는 것, 속도의 중력에서 벗어난 외부를 창조하는 것, 강요된 속도나 시간에서 벗어난 자율적인 속도와 리듬을 갖는 것이 새로운 형식의 시간, 새로운 리듬의 시간을 창안하는 것이 될 것이라고 하였다.

倒病)' 이 그것이다.

이상의 문학에서 속도의 문제는 '질주' 와 함께 나타난다. '질주' 는 속도와 방향을 내포한다. 특히 온 힘을 다해 달린다는 의미의 '질주' 는 뛰는 사람이 낼 수 있는 최대한의 속도를 전제한다. 그런데 이상에게 질주는 목표를 '향해' 달리는 것이 아니라 무언가로 '부터' 하는 것으로, '탈주' 의 의미를 내포하는 것이다. 「오감도 시 제1호」에서도 이상은 도로를 질주하는 아해들에 대해 이야기한다. 이 아이들은 무언가로부터 다른 골목으로 또 다른 골목으로 끊임없이 질주한다. 그러다가 어느 순간 도로가 아닌 골목 사이를 헤맬 때 '도로로질주하지아니하야도좃' 다는 명령을 받는다. 이들이 질주하는 곳은 좁은 골목이 아니라 도로이며, 그곳의 무언가를 무서워하며 질주를 한다.

또 「線에關한覺書5」에서 이상은 '달아남' 에 대해 이야기한다.

> * 사람은光線보다도빠르게달아나면사람은光線을보는가.(1:60)
> * 사람은光線보다도빠르게달아나라.(1:60)
> * 速度를調節하는날사람은나를모은다.(1:61)
> * 사람은달아난다, 빠르게달아나서永遠에살고過去를愛撫하고過去로부터다시그過去에산다.(1:62)
> * 速度etc의統制例컨대光線은每秒當三00000키로메-터달아나는것이확실하다면사람의發明은每秒當六00000키로메-터달아날수없다는법은물론없다.(「스펙톨」, 1:56)
> * 熱心으로疾走하고 또 熱心으로疾走하고 또 熱心으로疾走하고 또 熱心으로疾走하는 사람 은 熱心으로疾走하는 일들을停止한다.(「且8氏의 出發」, 1:74)

「선에관한각서5」 뿐만 아니라 많은 시에서 이상은 질주 혹은 '달아남' 에 대해서 이야기한다. '달아남' 이 그의 질주의 방향인 것이다. 그런데 달아나는 것의 속도와 방향이 문제가 된다. 이상은 '광선보다도빠르게' 달아날 것을 주문한다. 그는 광선보다 빠르게 달아나는 속도로 열심히 질주를 하면 '과거'를 만날 수 있다고 한다. 앞으로 흘러가는 시간을 빛보다도 빠른 속도로 질주해서 만나는 것이 과거라는 것은 마치 타임머신처럼 시간의 역방향으로 질주하는 것을 의미한다. 여기에서 이상의 탈주의 방향이 역방향이라는 것을 알 수 있다.

거꾸로 가는 것, 역방향에 대한 이상의 사고는 곳곳에서 드러난다. 이상은 아예 이러한 자신의 성향을 '역도병(逆倒病)'으로 규정한다. 「獚의 記 作品 第二番」에서 '나'는 어느 봄, 황(獚)과 함께 야시(花園市場)에 가서 완상용으로 "大理石 模造인 種子 模型"을 사다가 마당귀에 묻은 후 역도병에 걸렸다고 고백한다.(1:180) 모든 것을 전도시키고 위치를 바꾸는 병에 걸렸다는 고백은 근대를 모형의 세계로 인식하고 그 세계로부터 도망가고 싶어 하는 이상의 인식을 드러낸 병이라 할 수 있다.

그는 계속해서 속도의 한계를 무시한 역주행에 대해서 이야기한다. 이는 새로운 현재를 직조하라는 것, 즉 현재 상태로부터 달아나는 것을 의미한다. 역주행은 두려움보다는 현재의 '나'를 있게 한 과거의 나를 만나 과거를 위로하는 것에 초점이 맞추어져 있다. 이상은 이러한 역주행을 통해 "太古의事實"을 볼 수 있을 것으로 기대하기도 한다. 결국 이상의 탈주는 그가 벗어나려고 하는 현재의 위치로부터 그가 온 방향으로 되돌아가는 것을 의미한다.

그러나 이 역방향이 반드시 시간적으로 과거의 방향만을 의미하는 것은 아니다. 이상의 역방향은 근대를 직조한 모든 방향—시간과 공간 모두—에 대해 역방향이라는 것을 의미한다. 심지어 이상은 "雪白으로曝露된骨片"을 주워 모아 "日曆의反逆的으로나는方向을紛失하였"다면서 그것을 "나의猿猴類에의進化"라고 말한다.(「出版法」, 1:71) 스스로를 반역적으로 방향을 분실하는 사람이며, 그런 자신이 햇볕에 드러난 골편임을 이야기하면서 진화에 대해 말한다. 통상적으로 '진화'는 더 나은 방향으로 나아가는 것을 의미한다. 그래서 인간의 진화라고 할 때 원인(原人)에서 사람으로 되어 온 것을 가리키는데 반해, 이상은 그 역방향을 '진화'의 방향으로 설정한다. 김주현은 이 부분을 "잘못 이해하기 쉬운 구절, '원후류에서 (사람으로의) 진화' 를 의미하는 것이 아니라 '(사람에서) 원후류에로의 진화', 즉 역진화(퇴화)를 의미한다." 고 주해하였다.[31] 이 부분은 김주현의 해석처럼 '(사람에서) 원후류에로의 진화' 를 의미한다. 그러나 그것이 일반적으로 말하는 진화의 반대 개념, '퇴화' 라고 단정하여 말할 수는 없다. 일반 상식적인 관점에서 그것은 역진화(퇴화)를 말하는 것이지만, 이상이 보기에 그 방향이 좀더 강한 생명력을 내포한 방향이기 때문이다. 앞에서 살펴본 것처럼 이상이 탈주하려는 곳은 생명력을 상실한 썩어가는 것이 가득한 곳이자 모조의 세계이다. 19세기와 20세기의 틈바구니에 끼어 있는 존재 이상은 둘 중 어느 곳도 딱히 그가 원하는 만큼의 생명력으로 충만해 있다고 판단하지 못했기 때문에 스스로를 그 틈바구니에 끼어서 졸도할 정도가 되었다고 수차례 언급한 것이다. 그래서 그는 생명력이 가득한 곳으로의 탈주를 꾀하였고, 「출판법」에서는 그곳을 사람이 원후류였던 시간으로 상정한 것이다. 그러므로 그 시간으로 돌아가 다시 충일한 생명력을 채우는 것은 상식적인 선에서는 역방향으로 가는 것이지만, 그 역방향으로 질주하는 것은 '퇴화' 가 아닌 '진화' 일 수 있는 것이다.

'진화' 이외에도 상식적인 방향을 바꾸는 역도병적인 발상은 「날개」에서도 나타난다. 여기에서 이상은 회탁의 거리를 조망했던 미쓰코시 백화점 옥상에서 내려와 '부글부글 끓' 는 회탁의 거리에 선다. 그리고 그곳에서 "것든걸음을멈추고 그리고 어디한번 이렇게 외처보고싶었다. 날개야 다시 돋아라. 날자. 날자. 날자. 한번만 더 날자ㅅ구나. 한번만 더 날아보자ㅅ구나." (2:279)라고 한다. 회탁의 거리에 내려서서 그곳에 섞여 들어간 그는 다시 날아보기를 갈망한다. 조망하는 위치에 섰던 이상은 회

31) 김주현 주해, 『정본이상문학전집』, 소명출판, 2005, 73면 각주 170번.

탁의 거리 한가운데서 다시 비상을 꿈꾼다. 조망의 위치였던 옥상정원은 모조의 세계이고, 그가 비상을 꿈꾼 것은 '인공의 날개'가 있던 자리가 가려웠기 때문이다. 비상의 꿈을 꾸게 만든 것은 일차적으로는 회탁의 거리에서 오는 절망감 때문이겠지만, 이차적으로는 "희망과야심의 말소된 페-지"와 함께 사라져 '돋았든자죽'만이 남은 '인공의 날개' 때문이다. 근대적 세계관으로 잘 만들어지고, 그러한 세계의 방식으로 잘 학습되어서 갖게 된 희망과 야심은 근대라는 세계의 허상을 깨달은 후 자연스레 사라져야 하는 것, 꺾여야만 하는 날개가 되었다. 말소된 인공의 날개는 그러한 과거의 꿈을 의미한다. 이제 그 자리에서 다시 날개가 돋으려 하고 말소된 희망과 야심의 페이지가 넘어가는 것은 이상의 새로운 방향을 지시하는 것이라고 볼 수 있다. 수직으로 낙하하는 방향(중력의 방향), 동에서 서로 넘어가는 방향(해가 떠서 지는 방향) 등 이미 정해진 방향이 아닌 역방향이 그것이다. 특히 회탁의 거리에 선 이상에게 '정오의 사이렌'이라는 근대적 시간은 하나의 에피파니(epiphany)[32]의 기능을 한다. '현란을 극한 정오'에 회탁의 거리 한가운데 선 이상은 새로운 날개가 솟아 새로운 방향으로 비상하기를 원한다. 이는 그를 옭아매고 괴롭히는 방향으로부터의 '역도병'적인 탈주를 의미한다. 그런 점에서 비상은 이상이 찾은 새로운 길의 하나라고 볼 수 있다.

그렇다면 이상의 '절대적인 속도'는 '빠름'뿐인 것일까. 이상은 「十二月十二日」에서부터 주로 어떤 관계를 형성하는 부분에 꾸준히 '절름발이' 이미지를 등장시킨다.[33] 절름발이의 속도는 다른 사람의 속도보다

32) '에피파니(epiphany)'는 서사 중에서 사소하고 관계없어 보이는 대화나 장면이 자각의 계기가 되는 갑작스런 정신적 현현(sudden spiritual manifestation)을 의미한다. 특별한 의식적 작용이 없다가도 어느 순간 의식적으로 작용하는 경우를 뜻한다.(김학동, 『제임스 조이스－의식의 흐름과 소설의 혁명』, 건국대학교 출판부, 1994, 56~57면) 제임스 조이스(James Joyce)의 소설에서 주인공의 자각 행위에 등장한 이 기법은 버지니아 울프(Virginia Woolf)의 소설에도 사용되었다. 시간을 알리는 사이렌 소리로 인해 어떠한 정신적 자각을 하게 되는 것은 울프의 Mrs. Dalloway의 'Big Bang'의 에피파니적 역할과 같은 모티프라고 할 수 있다.

33) 안미영은 이 절뚝발이/절름발이라는 불구성을 의미하는 신체 훼손어는 균형이 맞지 않는 인

느릴 수밖에 없다. 한쪽 다리가 다른 한쪽과 길이가 달라 절름거릴 수밖에 없는 상태에서는 빠른 속도를 내는 것은 거의 불가능하기 때문이다. 이상의 역도병적인 세계관은 여기서도 작동된다. 이상은 탈주/질주는 빨라야만 한다는 생각을 뒤집어 탈주도 느릴 수 있다는 것을 '절름발이'와 '골편'의 기호를 통해 보여준다.

* 우리부부는 숙명적으로 발이맞지않는 절늠바리인것이다. 내나 안해나 제거동에로 직을브칠필요는없다. 변해할필요도없다. 사실은 사실대로 오해는 오해대로 그저 끝없이 발을 절뚝거리면서 세상을 거러가면 되는것이다. 그렇지않을까? (「날개」, 2:279)
* 그적게는 그끄적게보다 여위고 어적게는 그적게보다 여위고 오늘은 어적게보다 여위고 내일은 오늘보다 여윌터이고 — 나는 그럼 마지막에는 보숭보숭한 骸骨이되고말것이다.(「恐怖의記錄」, 2:222)
* 「슬퍼? 응—슬풀밖에 二十世紀를 生活하는데 十九世紀의 道德性밖에는 없으니 나는 永遠한절늠바리로다. 슬퍼야지—萬一슬프지 않다면—나는 억지로라도 슬퍼해야지 슬픈포—스라도 해보여야지—왜 안죽느냐고? 헤헹! 내게는 남에게 自殺을 勸誘하는 버릇밖에없다. 나는 안죽지. 이따가 죽을것만 같이 그렇게 衆俗을 속여주기만 하는거야. 아—그렇나 인제는 다틀렸다. 봐라. 내팔. 皮骨이相接. 아야아야. 웃어야할터인데 筋肉이없다. 울려야 筋肉이없다. 나는 形骸다. 나—라는 正體는 누가 잉크짓는약으로 지워 버렸다. 나는 오즉 내—痕迹일 따름이다.」(「失花」, 2:349~350)

간 관계 · 사건 · 현실을 드러내는 기호로 사용되어 이상 자신의 자전적 모습이 반영된 유약하고 가진 것 없는 빼빼마른 신체의 약자를 의미하는 것이며, 나아가 "20세기를 생활하는데 19세기식 도덕성 밖에는 없"는 의식상의 "영원한 절름발이"를 의미한다고 보았다.(안미영, 『이상과 그의 시대』, 소명출판, 2003, 76~80면) 그러나 안미영의 해석대로라면 절름발이로 표상되는 것은 이상이 늘 '불균형한 상황에서 열세에 처해 있'다는 것이 되는데, 이상이 늘 유약하고 열세에 처해 있는 것은 아니다. 오히려 절름발이가 갖는 절대적 속도는 이상이 인식한 불합리한 세계에 대한 저항의 포즈로도 볼 수 있다.

이상은 속도를 중요하게 여기는 근대 사회에서 아예 속도나 그 밖의 모든 논리적인 것을 거부하는 포즈로 '절름발이'의 기호를 사용한다. 「날개」나 「공포의 기록」 등에서 이상은 맞지 않는 인간 관계나 현실 상황에 대해 '절름발이'라는 기호를 사용하여 둘 사이에 소통이 불가능함을 보여준다. 기본적으로 '절름발이'라는 기호는 불균형성을 보여주는 기호이지만, 이상은 불균형한 것처럼 보이는 것에 내재한 나름의 균형 감각을 보여준다. 그 균형 감각이라는 것은 힘의 관계가 아니라 소통 불가능함이라는 측면에서의 균형 감각을 보여준다. 이상은 도저히 타협할 수 없는 세계에 그 세계의 방법에 자신을 끼워 맞추는 식의 타협과 그로 인한 균형 획득을 거부한다. 대신에 차라리 그는 맞지 않는 상태로 균형을 맞추는 절름발이식 삶을 택한다. 그래서 서로의 거동에 '로 직(logic)'을 붙일 필요도, 잘 설명해서 이해시킬 필요도 없이 "사실은 사실대로 오해는 오해대로 그저 끝없이 발을 절뚝거리면서 세상을 거러가면 되는것이다"고 말한다. 그의 "틈사구니투성이의 점잔으려는 재능" 또한 19세기와 20세기의 불균형을 야기하지만, 그는 "영원한절늠바리"인 채로 사는 방법을 택한다. 그것은 세상의 속도와는 맞지 않는 느린 속도이지만 그것 또한 개의치 않는다. 이 역시 역도병적인 사고 방식의 하나라고 볼 수 있다.

'골편' 역시 '절름발이'처럼 자신만의 속도를 지니고 있다. 내리쬐는 햇볕이라는 직선에 의해 폭로된 골편(「출판법」)은 최후까지 남아 있는 정수라고 할 수 있다. 움직일 수도 없는 상태이며 누군지 알아볼 수는 없지만 누군가가 살아 있었다는 흔적일 뿐이다. 원후류로 진화하려 한 것이 강한 생명력이 존재했던 시대로 탈주하려는 시도였다면, 골편으로 향한 질주는 생의 정수를 지키려는 질주라고 할 수 있다. 육체가 살과 근육, 진액까지 다 말라버려 "보숭보숭한 해골"의 상태에 이르면, 그것은 더 이상 생명을 지니고 있다고는 할 수 없다. 이재복은 탕진한 몸이 뼈로 남을 수밖에 없다는 인식은 결국 그 몸이 시간의 유기적 생성이 불가능한 무기화된 현실의 상징물을 의미한다면서, 물상화된 무기질로서의 몸은 근대 의식에 침식당한 손상된 현실을 비유한다고 보았다.[34] 물론 뼈는 육체가 다 소진되고 남은 것으로, 이재복의 논의처럼 부정적인 근대에 침식당한 현실을 비유하는 것으로도 해석할 수 있다. 그러나 다른 관점에서 보면 뼈는 아직 죽지 않고 남아 있는 삶을 지탱하는 마지막 힘이며, 삶의 정수를 함축하고 있는 것이 된다. 이 뼈가 완전히 흙으로 돌아가면 그것은 다시 대지의 생명을 키우는 역할을 담당하게 된다. 살아 움직이는 인간으로서의 생명은 다했다 할지라도 대지의 생명력을 담보하고 있다는 점에서 뼈는 아직 죽지 않은 마지막 생의 정수를 담고 있는 것이라 할 수 있다. 그래서 이 골편은 끝까지 남아 부정적인 근대적 합리성에 저항하는 마지막 도구가 된다. 기운이 줄어들고 창백해지고 계속 여위어간다고 할지라도, 해골은 "송곳과가튼" 예리한 삶의 정수를 담고 있는 그릇이 된다. 이상은 골편의 이미지를 통해 송곳처럼 날카롭고 불쑥불쑥 튀어 올라 생명력을 모두 상실한 근대를 꼬집을 수 있는 반(反)근대적 사유가 남아 있음을, 또한 태초의 생명력이며 대지의 생명력을 지닌 세계로의 탈주와 그로 인한 생활의 재편을 꿈꾸고 있음을 보여준다고 할 수 있다.

이렇게 질주를 하되 스스로 부정하는 대상의 속도에 맞추지 않고 자신만의 절대적인 속도를 가지고 그것에 맞추는 것이 이상의 탈주 방식이고, 그 길이 바로 이상이 찾은 새로운 길이라고 할 수 있다.

5. 결론

이상은 그가 태어나서 자란 경성의 길을 걸으면서 그곳에 나타난 근대의 모습을 그의 문학 작품 속에 투영시켰다. 가장 근대적인 학문을 배웠

34) 이재복, 『한국문학과 몸의 시학』, 태학사, 2004, 100~101면.

고 그것을 한때나마 직업으로 삼았으며 당대 누구보다도 현실에 대해 민감하고 예리한 반응을 보였던 이상은 식민지 수도 경성의 '길'을 도로와 골목으로 나누어 보여준다. 그에게 도로는 식민지 시대 경성의 구도를 재편한 제국주의적 자본주의 즉 가장 근대적인 세계관인 직선적 세계관과 연관된다. 이상은 자본주의의 포석이 곳곳에 깔린 도시의 도로를 걸으며 산책자의 시선이 아니라 스스로가 속한 공간을 객관적으로 보려고 노력한다. 그리고 자신이 걷는 도로가 겉으로는 화려해 보이지만 사실은 생명을 잃은 채로 흉내만 내고 있을 뿐인 모조품의 세계이며, 그 세계를 지배하는 자본주의적이고 직선적인 세계관은 결국 피로와 허전함만으로 가득 찬 "속 빈 강정"과도 같은 곳임을 말한다. 이상이 경성의 길을 크게 도로와 골목으로 나누어 본 것은 직선적인 도로의 이면에 마치 미로처럼 끈질기게 이어진 골목 때문이었다. 경성의 뒷골목은 도로보다 먼저 생기기 시작했던 곳이고, 근대 자본주의가 들어오기 이전부터 있었던 곳인데다가 아직은 '19세기식' 생활 방식이 남아 있는 곳이었다. 그러나 그곳은 이상과 같이 가난하고 불쌍한 조선인들이 모여 있는 곳이었고, 도심의 썩어가는 쓰레기와 뒷골목의 존재까지도 위협하는 온갖 더러운 것들과 근대 과학의 찌꺼기가 모여 꽉 막힌 곳이었다. 이상이 찾아 헤매던 강력한 생명력과 건강성, 사랑은 뒷골목에도 없었다.

19세기와 20세기 사이에 끼인, "틈사구니투성이의 점잔으려는재능"은 결국 도심의 길에서는 어떠한 기대도 할 수 없음을 깨닫고 그곳에서 새로운 길을 찾고 부정할 수밖에 없는 대상인 근대를 초극하는 탈주를 시도한다. 그것은 '역도병'적인 '질주'로 절름발이인 채로, 혹은 뼈만 앙상하게 남은 채로 과거로 혹은 원후류의 시기까지 이상의 '절대적인 속도'로 어떤 것에도 구애받지 않고 전진하는 것을 말한다. 모든 과학적 세계관이나 근대적 사고관에 역행하는 방식을 통해 이상은 근대의 죽어가는 모든 썩어가는 것들로 이루어진 모조의 세계에서 벗어나 생명력과 사랑이 가득한 세상을 근대의 자리에 채워 넣으려 했다.

이상 문학에는 육체 이미지와 시공간에 관련된 것들이 다양한 형상으로 빈번하게 나타난다. 이러한 이미지들은 경성 혹은 산촌의 길과 관련을 맺으며 근대에 대한 이상의 인식을 보여주고 있다. 후속 연구에서 본고에서 다룬 것 이상의 다른 이미지들의 정치한 분석을 통해 공간과 관련된 이상의 근대에 대한 인식과, 탈주와 또 다른 길 찾기라는 이상 문학에 있어서 간과할 수 없는 중요한 문제의 해결책을 찾을 수 있을 것으로 기대한다.

이상 문학에 나타난 '모조' 이미지 연구

조 윤 정

목차

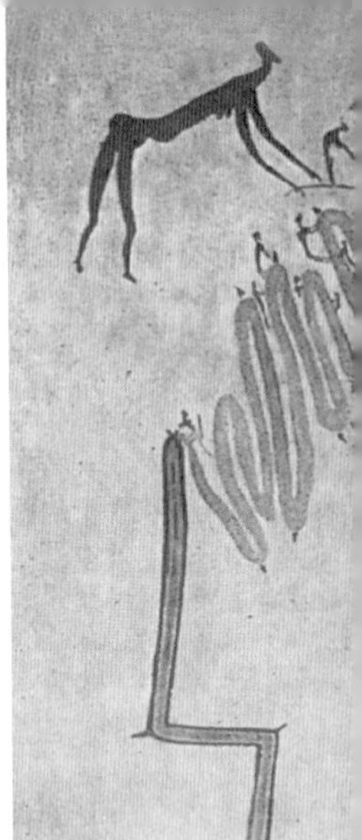

이상 문학에 나타난 '모조' 이미지 연구

조 윤 정*

1. 보이지 않는 진짜와 만들어진 가짜들

작가 이상(李箱, 1910~1937)이 아직 김해경이었을 때, 그가 살았던 시대는 이미 전기로 만든 십억 촉광의 "人工太陽"으로 낮과 같이 밝은 밤을 만들었고,[1] "人工降雨法" 실험으로 가뭄 든 땅에 비를 뿌리고자 했다.[2] 이러한 시대의 인공성을 목도한 김해경은 작가 이상이 되어 그것을 작품에 노골적으로 폭로한다. 이상의 작품에 나타난 인공성은 태양과 비 같은 자연적 이미지와 결합될 뿐 아니라, 신체와 사랑과도 겹쳐짐으로써 그의 문학 전반을 관통한다. 이상 문학에 나타난 이러한 인공성은 인체를

* 서울대학교 국어국문학과 박사과정

1) 《동아일보》, 1929. 2. 27, 4면.

2) 《동아일보》, 1929. 9. 16, 2면.

모조품처럼 인식하여 폐병의 공포를 보잘것없는 것으로 치환하고자 했던 작가 자신의 공포의식으로 지적된 바 있다.[3] 또한 그의 문학에 나타난 '인공태양' 혹은 정신분일자가 보는 '두 개의 태양'은 광학적인 빛의 세계로, 차갑고 우울한 세계로 해석되기도 했다.[4] 이와 같은 논의들에서처럼 작가 이상은 자신의 육체와 정신에서부터 자연에 이르기까지 인공의 이미지를 덧씌움으로써 자신과 자신이 살아가는 세계를 냉소적 시선으로 바라본다. 그렇다면 이상에 의해 '만들어진' 이미지 속에 갇혀 있는 '인공', '모조'의 대상들은 작가의 어떤 의도를 내포한 것일까.

이상은 자신의 소설과 수필에서 반복적으로 "사람이 秘密이없다는 것은 財産없는것처럼 가난하고 허전한 일이다"[5]라고 말한 바 있다. 그렇다면 자전적 요소를 소설화한 것으로 알려진 이상의 작품은 김해경과 작가 이상의 '비밀'을 얼마 만큼 함유하고 있는 것일까. 그리고 그가 작품 속에서 폭로하고자 했던 비밀은 무엇이었을까. 이 질문은 위에서 언급한 이상 문학에 나타난 노골적 인공성의 폭로와 맞물리면서 그 의혹을 더한다. 그러나 이상의 작품을 접한 독자는 그 비밀이 그의 지성에 의해 깊이 은닉되어 있음을 쉽게 발견할 수 있다. 이상은 자신의 작품을 통해 자신이 재산처럼 가지고 있는 수많은 비밀들을 말하고자 했으면서도, 역설적으로 그것을 은폐하는 수사학적 장치들을 동원한다. '공복'이 그를 움직이게 하고, '피로'해지면 더 이상 움직일 수 없다고 말했던 이상의 삶에서 '공복'은 어쩌면 '고갈된' 비밀의 다른 말이며, 피로는 그가 길을 걸으며 포착할 수밖에 없었던 근대 식민지 조선의 비밀에 대한 '감당할 수 없음'을 말한 것인지도 모른다.

이상이 작품에서 빈번히 보여주는 거울 이미지나 역설과 아이러니의

3) 김윤식, 『이상연구』, 문학사상사, 1988, 97면.

4) 신범순, 「실낙원의 산보로 혹은 산책의 지형도」, 『이상 문학 연구의 새로운 지평』, 역락, 2006, 28면.

5) 이 구절은 이상의 소설 「失花」와 수필 「19세기식」에서 반복적으로 나타난다.

수사학은 독자에게 그가 말하고자 하는 바가 무엇이냐의 궁금증을 유발한다. 거울은 '보는 것' 과 '보이는 것' 의 논리 속에 놓이며, 역설과 아이러니는 '모순' 과 '반대' 의 항목 설정을 전제한다. 이들 모두는 두 개의 주어진 항 속에서 이상이 말하려는 '비밀' 과 그 비밀의 진실을 말하기 위해 동원된 '만들어진' 이미지에 대한 진위확인 작업으로 이어진다. 여기에서 흥미로운 것은 그의 작품에 빈번히 나타나는 '模造, 模型, 假裝' 의 대상들이 비밀 폭로의 방법으로 사용되고 있다는 점이다. 이상은 소설체로 쓴 김유정론에서 김기림, 김유정, 박태원, 정지용이 어떤 경우에 어떤 얼굴을 했댔자 사실은 "表情의 떼플매슌" 이니 속지 말라고 말한 바 있다.[6] 이 당부는 이상의 문학을 읽는 독자들에게도 예외가 아니다. 이상이 어떤 얼굴을 하고 작품에 나타나도 그것은 이상 자신에 의해 모조된 또 다른 이상인 것이다.

1930년대 식민지 조선의 사회에서 외부로부터 유입된 근대 문명은 조선인에 의해 반복 생산되었다. 또한, 끊임없이 변화해가는 자본주의 사회 안에서 사람들은 자신의 이익을 위해 서로가 속고 속이는 관계에 놓일 수밖에 없었다. 대상의 반복 생산이 차이를 낳을 수밖에 없으며, 반복된 거짓이 결국 진실을 분별할 수 없게 되는 상황. 이런 상황 속에서 이상은 '진짜' 혹은 '가짜', '진실' 혹은 '거짓' 을 가릴 수 없는 혼란스러움에 빠질 수밖에 없었던 것이다. 이러한 그의 의식은 작품에 그대로 투영된다. 원본과 모조의 관계는 그 둘 사이의 시간적 거리를 내포할 수밖에 없으며, 자신의 기억을 쉽게 잊어버리는 작중 인물들은 자신의 생활에서 무엇이 진짜이며, 무엇이 가짜인지를 지속적으로 되묻는 상황에 놓인다. 그가 작품에서 빈번하게 그려내는 '권태' 와 '불안' 은 이 반복적 진위확인

---

6) 이상, 「김유정」, 김주현 주해, 『정본이상문학전집』 2, 소명, 2006, 319면.
떼플매슌－deformation. 대상의 성격이나 작자의 주관을 강하게 표현하기 위해서 실제 대상의 일부 또는 전부를 변형, 과장시켜 표현하여 공포감, 신비감을 나타내는 회화 기법. 환상적인 장면이나 공포, 실신 등 인물의 주관적인 묘사에 많이 쓰인다.

과정에서 느낄 수밖에 없는 의식을 대변한다.

이상의 작품에서 인물은 '인공 신체' 를 안고 살아가며 끊임없이 자신이 살아있음을 증명하거나, 나를 억압하는 '모조' 크라이스트를 살해하고 자신의 영역을 확보하려는 양상을 보인다. 또한, 그의 작품에는 '거짓말' 과 '야웅게임' 과 같이 자신을 가장하고, 남을 속이면서 사랑놀이를 즐기는 인물, 인간 세상을 살아가기 위해 기꺼이 '동물되기' 를 마다하지 않는 인물이 등장한다. 이때, 가장과 모조는 '참' 과 '거짓' , '실재' 와 '상상세계' 사이의 구별을 위협하며, 독자로 하여금 '참' 과 '실재' 찾기에 빠져들게 한다. 이상은 독자로 하여금 실재하는 것을 대신하거나 은닉하는 '모조, 모형, 가장' 의 이미지를 소거하는 과정을 거쳐, 원본이 되는 대상을 찾도록 한다. 이상은 반복생산과 속임수의 사회적 속성을 그의 글쓰기에 적용하고 있는 것이다.

근대 식민지 사회를 살아가던 '독자' 김해경이 '작가' 이상이 되었다는 사실은, 세계의 인공성과 모조성의 영향력이 예술에까지 이르렀음을 의미한다. 이상은 일회적 현존성이 가진 '아우라' 상실의 시대를 그려낸다. 하지만 이상은 근대가 안고 있는 모순적 가치, 그 중에서도 복제와 모조의 시대를 살아가야만 하는 시대의 비극을 '모조' 이미지를 통해 폭로하고, 이를 통해 작품의 소멸되지 않는 가치를 획득한다. 또한, 건축기사 김해경이 삶의 제반 상황들을 문자화하는 생산가로서의 '작가' 가 되었다는 사실은 "사회의 모순이나 인간과 자연의 대립에 대한 불안의식을 글쓰기라는 이성적 담화를 통해 해소"[7]하려 했음을 보여준다. 특히, 그의 작품들이 '역설' 과 함께 '윗트' 가 가진 '웃음' 을 함유하고 있다는 점은 이를 더욱 뒷받침한다. 이렇듯 역설과 위트로 전복된 당대 사회적 모순들은 독자로 하여금 작가 이상이 살던 시대의 고민이 구체적으로 어떤 것이었을까 하는 의문을 품도록 한다.

7) 베른트 비테, 윤미애 역, 『발터 벤야민』, 한길사, 2001, 171면.

이상 문학에서 현대적인 것은 '폐허' 로 드러난다. 현혹적인 외양의 파괴는 재구성 과정을 용이하게 한다.[8] 이상은 폐허의 이미지 속에서 인공적인 것을 만들어 내고, 그 인공적인 대상의 표면이 부수어지고 소멸의 가장자리에 놓여 있을 때, 진짜 알맹이를 드러낸다. 이상은 이처럼 폐허의 자리에 인공물을 구조하는 반복적 과정을 통해 이미지를 만들어 내는 것이다. 그의 작품에 나타나는 '地球儀', '마네킹', '인공신체' 를 통한 생명력 부재, '모조기독' 을 통한 신의 유일무이성에 대한 부정, '야웅게임' 을 통한 사랑의 진실성에 대한 조소는 각각 "절망", "악의 충동", "욕망" 을 함유한다.[9] 이 세 요소가 성천기행을 바탕으로 쓰여진 「첫번째 放浪」에서 '선지자' 귀뚜라미에게 '들켜버린다' 는 것은, 이상 작품들에 드러나는 모조 이미지가 이상 작품의 내적 연관성 속에서 해명될 수 있음을 보여준다.

그러므로 본고에서는 '비밀 폭로' 의 과정에 놓인 이상의 글쓰기에 나타난 '모조' 이미지들을 추출하고, 이들이 작품 속에서 의미하는 바를 고찰해 보고자 한다. 이 과정에서 '모조' 이미지를 소거하는 작업을 통해 모조되기 이전의 대상을 복원하고, 이상이 모조를 통해 흉내내거나 감추고자 했던 것이 과연 무엇이었는지 밝혀 보도록 하겠다.

2. 地球儀와 人工身體의 '명랑한 암흑시대'

이상이 살던 시대, 신문에서는 '크리피스 천문대의 모형지구'[10]가 진

8) 그램 질로크, 노명우 역, 『발터 벤야민과 메트로 폴리스』, 효형, 2005, 36면.

9) 이 세 요소는 「첫번째 放浪」에서 '선지자' 귀뚜라미에게 들켜버린다.

"너만은 알 것이다. 보다 속 깊이 싹트고 있는 나의 惡에 대한 衝動을, 그리고 염치도 없는 나의 慾望을, 그리고 大海같은 나의 絶望까지도. 그리고 너만이 나를 용서할 것이다. 나를 순순히 받아들여 줄 것이다.

이상, 「첫번째 방랑」, 『정본이상문학전집』 3, 소명, 2006, 195면.

10) 《조선중앙일보》, 1935. 3. 10, 3면.

짜 지구와 똑같은 속도로 회전함을 알렸고, 박물관에서는 '사람 생긴대로 고안된 두뇌의 모형'[11]이 전시되어 있음을 홍보했다. 그리고 '科學의 極致'는 '模造眞珠工業'[12]으로 치환되어 과학의 급속한 발전과 그 효용성을 과시했다. 이상은 이런 시대를 살며 그의 수필 「현대미술의 요람」을 통해 다음과 같이 말한 바 있다.

> 巴里에서오는 한장의複製版에서 우리는 우리가오늘 急行列車와 얼마나힘든 競走를하고잇는가를自覺식힌다 자칫하면우리는 現代라는 機關車에서 千里뒤ㅅ떠러지々아니하면 아니되는 恐怖 ㅅ대문에 威脅당한다 그것은明朗한暗黑時代다.[13]

이는 문명의 복제 시대를 살아가는 이상의 불안의식을 보여주는 동시에 그가 지식인으로서 근대의 모조성을 인식하고 있음을 보여준다. 명랑한 암흑시대라는 역설은 그가 살아가는 근대의 모조성이 지니는 순발력과 모방성을 동시에 보여준다.

이상은 그의 시 「異常한 可逆反應」에서 "顯微鏡/ 그밑에있어서는人工도自然과다름없이현상되었다"라고 쓴다. 근대를 바라보는 이상의 미시적 시선은 '현미경'처럼 빛과 시선에 의해 대상을 포착하는 과학자의 입장을 취한다. 그리고 이는 「一九三三, 六, 一」의 "天秤우에서 三十年동안이나 살아온사람(엇던科學者)"이 "자신의 시가 差押당하는 꼴을 目睹하기 어려웠기 때문에" 자신의 자서전에 자필의 부고를 삽입하는 내용과 그 맥락을 같이한다. 작가 이상은 근대 과학의 발전 속에서 변화의 시대를 살아가는 자신의 입장을 작품에 투영한다. 그렇다면 '인공'과 '자연'에 대한 모호한 변별력을 가진 현미경의 시선은, 현미경에 의해서도 포

11) 《동아일보》, 1935. 12. 7, 4면.
12) 《매일신보》, 1935. 1. 3, 7면, 《중앙일보》, 1932. 3. 14, 2면.
13) 이상, 앞의 책, 279면.

착할 수 없을 만큼 자연을 '모조' 하는 근대의 인공성에 대한 역설이 아닐까. 이상은 현대 사회에서 인간과 자연의 화해라는 유토피아적 꿈이 역전되어 오히려 인간으로 하여금 "인공적인 인간을 발명" 하게 하는 사회를 그려낸다. 이때, 살아있는 인간의 육체는 비유기적 세계를 흉내내는 모습으로 나타난다.14)

이상은 그의 시「AU MAGASIN DE NOUVEAUTES」에서 근대의 모조성을 "地球를模型으로만들어진地球儀를模型으로만들어진地球" 라 표현한다. 地球를 모조한 地球儀인지, 地球儀를 모조하여 만든 地球인지가 혼란스러운 시대. 이상은 작품을 통해 독자들에게 혹시 자신이 진본과 '유사한' 세상을 살고 있는 것은 아닌지 의심해 보게 한다. 이러한 시대의 혼란스러움은 그의 시「正式 VI」에서도 반복된다. 뻐꾸기 울음을 우는 "뻐꾸기시계의木造뻐꾸기하나" 가 그것이다. 이들은 모두 '생명력' 을 상실한 상태로 실재하는 것들을 모방한 형태를 취한다. 지구의와 목조 뻐꾸기가 공간의 축소적 제시와 시간의 알림을 위해 '고안된' 대상이라는 점을 감안할 때, 이들은 정확한 공간성과 정확한 시간성을 담지한 '것처럼' 보여야 하는 규칙을 안고 있다.

모형이 원본의 위치를 의심하게 하는 근대 사회에서 이상은 우주적 공간을 일축하는 인간의 전능성을 보여주기도 한다. 그의 시「習作 쇼오윈도우 數點」에서 이상은 한 장의 종이에 태양과 달의 우주적 공간을 집결시킨다. 이는 "一萬年 후의 어느 해 달력조차 만들어낼 수 있는" 인간의 능력을 전제로 한다. "太陽아 달아 한 장으로 된 달력아" 를 외치며, 이상은 '식어버린 肉體' 를 말한다. 한 장의 종이에 숫자로 압착되어 버린 태양과 달의 우주적 움직임은 그 내부를 살아가는 인간의 육체, 그 생명의 신비를 객관화해 버린다. 집결된 공간의 시각화는 수필「山村餘情」에서 영화를 보는 사람들의 모습을 통해서도 알 수 있다. 그러나 여기서 이상

---

14) 수잔 벅 모스, 김정아 역,『발터 벤야민과 아케이드 프로젝트』, 문학동네, 138면.

은 영화를 통해 단순히 공간적 거리의 단축을 보여주는 것에 그치지 않는다. 산촌에서 영화를 처음 보는 사람을 이상은 "축음기압헤서 고개를 갸웃거리는 북극 '펭귄' 새들"에 비유한다. 그리고 부산, 평양, 압록강이 "역사적"으로 돌아간다고 표현한다. 영화가 역사를 시각화하고 '객관적인' 형태로 고착시키는 데 크게 공헌했다는 점은 역사가 더 이상 신성한 영역의 것으로만 존재할 수 없음을 의미한다.[15] 이처럼 보편적 진리의 영역으로부터 빠져나가 '지금/여기'의 위치를 가늠해보고자 하는 이상의 시선은 과학과 역사의 흐름을 포착하는 것이다.

이상은 역사의 흐름을 그려내며, '진보'의 시간성을 거스른다. 진화한 인간이 원숭이를 흉내내는 기이한 광경과 고대를 향수하는 것이 그에 해당한다. 「建築無限六面角體」에서 시의 화자는 옥상정원에서 "猿猴를 흉내내이고있는마드무아젤"을 본다. 시 「狂女의告白」에서 "잔내비와같이웃는여자의얼굴"이나 소설 「종생기」에서 猿猴를 흉내내는 인간의 모습은 진화의 논리를 역행하고 있다. 「破帖」의 "猴는 드디어 깊은睡眠에빠졌다 空氣는乳白으로化粧되고/ 나는?/ 사람의屍體를밟고집으로돌아오는길에皮膚面에털이솟았다/ 멀리내뒤에서讀書소리가들려왔다"라는 구절은 이 '역행'의 움직임을 더욱 구체적으로 보여준다. 「烏瞰圖 詩第十四號」에 나타난 "抛物線을逆行하는歷史의슯흔울음소리"는 역사의 흐름을 거스르는 인간 행위에 대한 감각적 표현으로 볼 수 있다. 원숭이를 흉내내는 인간의 모습은 진보의 논리대로 자신을 고정시키고 억압해야 하는 사회적 규칙들을 넘어서려는 몸짓을 보여준다. 그의 문학에 자주 등장하는 '동물원'은 도시에 "囹圄"된 상태의 인간을 말하기 위한 하나의 장치이다. 그런 의미에서 이상 문학에 빈번히 나타나는 자살충동은 근대의 도시 속에 "囹圄"된 상태의 인간이 가질 수 있는 불안이 자기 자신에게로 방향 전환한 것이라 볼 수 있다.[16] 도시에 갇혀 동물을 흉내내던 인간은

15) 장 보드리야르, 하태환 역, 『시뮬라시옹』, 민음사, 1993, 100면.
16) 데즈먼드 모리스, 김석희 역, 『인간 동물원』, 물병자리, 2003, 99면.

모방의 단계를 넘어 스스로를 해치는 자해의 단계에 이르게 된 것이다.

「詩第十五號」에서 이상은 거울 속에 실재한 나를 비추며 囹圄된 상태로 갇혀 있는 거울 속의 나를 자살로 유인한다. 이것은 '도시'에 갇힌 나와 "내僞造가登場하지안는내거울"에 갇힌 나를 동일시한 것으로 볼 수 있다. 그리고 "내꿈을支配하는者는내가아니다"라는 말을 통해 내 꿈을 지배하는 자는 오히려 거울을 통해 만들어져 '囹圄된' 나임을 고백한다. 이것은 김해경이 아닌, 김해경에 의해 만들어진 이상으로 살아가는 작가 자신의 인생에 비유될 수 있다. 이처럼 그의 문학에 나타난 모조 만들기와 죽음의 모티프는 함께 고찰될 필요가 있다. 수많은 종류의 모조가 '생성'되어도 그것은 생명력의 확장이 될 수 없으며, 이러한 상황 속에서 그가 살아가는 도시는 '죽음'의 분위기에 휩싸일 수밖에 없는 것이다.

이상은 「파첩」에서 원숭이를 흉내내는 인간을 그리며 "보호색"을 가질 것을 주장한다. 근대의 삶 안에서 스스로를 살아남을 수 있게 하는 보호색이란 어떤 것일까. 인간에게 보호색을 외치던 이상은 결국 모두 똑같은 얼굴을 하고 있는 사람들의 모습에 초조함을 느낀다.

> 暴風이 눈앞에온경우에도 얼골빛이 변해지지않는 그런 얼골 이야말로 人間苦의根源이리라. 실로 나는 울창한 森林속을 진종일 헤매고 끝끝내 한나무의 印象을 훔처오지못한 幻覺의人 이다. 無數한表情의 말뚝이 共同墓地처럼 내게는 똑같아보이기만하니 멀니 이 奔走한 焦燥를 어떻게 점잔을빼어서 救하느냐.[17)]

살아남기 위해 고안된 인간의 보호색은 "공동묘지"를 연상시킬 만큼 동일한 죽음의 색채를 띠고 있다. 모두가 서로를 모조한 얼굴을 하고 있기 때문이다. 근대의 획일화는 인간으로부터 표정을 훔쳐간다. 이때, 이

17) 이상, 「童骸」, 『정본이상문학전집』 2, 303면.

상이 근대 사회에서 살아남을 수 있는 방법으로 제시한 것이 '인공신체'이다.[18]「素榮爲題」의 "헝겁心臟", 「오감도 시제15호」의 "模型心腸", 「一九三一年(작품제1번)」의 "模造盲腸", 「正式 III」의 "標本頭蓋骨"이 그에 해당한다. 그러나 이들은 모두 결핍되거나 균열된 상태로 나타난다는 특이점을 지닌다. '심장'은 배고파 이지러진 상태를 보이거나, 푸른 잉크를 쏟아낸다. 모조맹장은 '폐'가 앓는 맹장염을 위해 고안된 것으로 내가 구입한 '간호부 인형'에 의해 제작되며, 표본 두개골은 웃을 수 있는 시간을 가졌음에도 筋肉이 없어 웃지 못한다.

이상의 이러한 인공신체는 이상이 앓았던 폐결핵과 관련지어 논의되어 왔다. 물론 이 인공신체들은 '기계를 활용한 신체의 보조'라는 의미에서 어릴 적부터 많이 허약했고, 폐병까지 앓았던 이상의 전기적 사실과 통한다. 건강치 못했기 때문에 겪었던 수많은 '좌절'들이 그가 그려낸 인공신체에 투영되어 있는 것이다. 그러나 우리는 이 인공신체를 수식하는 결핍소들에 주목할 필요가 있다. 이들은 모두 이상이 욕망하던 부분들과 연결되기 때문이다. 그를 끊임없이 움직이게 한다는 '공복' 상태의 헝겊 심장, 이상의 글쓰기를 연상시키는 푸른 '잉크'의 모형심장, 폐결핵을 앓았던 그와 그를 간호해줄 사람의 '부재'를 보여주는 모조맹장, 소리 나며 만져지는 '웃음'을 웃지 못하는 두개골. 이처럼 이들 모형에는 이상의 욕망과 그 욕망의 좌절에서 비롯된 절망이 투영되어 있다. 결국 이들 인공신체는 외적이고 기술적인 모조된 이미지를 작가 이상의 전기적 사실과 글쓰기로 내면화시켰다는 특징을 갖는다.

여기서 심장과 폐는 모두 '피'를 연상시키는 기관이지만, 그 인공적 속성 때문에 피가 메마른 상태로 나타난다. 이상은 「失樂園」의 「面鏡」에

18) 그의 작품에 빈번히 나타나는 '거울 이미지'는 거울이라는 매개물을 사이에 두고 벌어지는 빛과 시선을 통한 자기 신체의 '조작' 가능성을 전제하고 있다. 거울을 통한 자기 들여다보기는 정신분석학의 방법론을 통해 이상 문학에 수많은 주석을 달았다. 그러나 이상이 만들어낸 거울 이미지는 그가 많은 작품을 통해 드러내는 '인공신체', 혹은 '모형신체'의 범주들을 아우르지 않고는 그가 보여주는 신체의 조작 가능성을 깊이 있게 해명할 수 없다.

서 "피(血)만 있으면 최후의 血球하나가 죽지만않았으면 生命은 어떻게라도 保存되여있을 것이다", "文學이 되어버리는 잉크에 冷膽하리라" 고 말한 바 있다. 이상의 시에서 잉크는 생명성과 연결되는 피와 대조된다. 생명성이 부재한 잉크만으로 이루어진 문학을 하지 않으리라 선언한 이상의 글쓰기는 '피의 글쓰기' 를 욕망한다. 그리고 혈서마저 붉은 잉크로 위조하여 가짜임을 폭로시키는 「혈서삼태」의 "익살맞은 요절할 혈서" 는 위조된 피와 웃음의 이미지를 결합시킴으로써 '가짜 혈서', '모조 혈서' 의 비극성을 '웃음' 으로 전복시킨다. 이상은 자신이 욕망하던 '피의 글쓰기' 가 좌절된 형상인 가짜 혈서를 작품화하면서 경건함을 뒤집는 '웃음' 의 실재를 보여준다. 이처럼 이상은 모조된 세상, 인공 세상을 보여주면서도 그가 욕망하는 생명성의 세계, 웃음의 세계를 은폐의 방식으로 보여주는 것이다.

욕망 투사체로서의 인공신체는 빛에 의해 만들어지는 '자기의 미메시스', '실제적 현존'[19]을 의미하는 '그림자' 의 모습으로도 나타난다. 그런데 이상의 문학에서 그림자는 '곤두박질 치거나', '거꾸로 서 있거나' (「첫 번째 방랑」), '내 前方을 疾走하는' (「月傷」) 모습으로 나타나는 특이점을 지닌다. 이러한 그림자의 형상은 이상이 전도된 모습, 즉 자신이 성취하지 못한 욕망의 투사체로 볼 수 있다. 이는 소설 「종생기」의 "와글와글 들끓는 여러 나", 「불행한 계승」의 "언짢은 그림자의 사나이", 「휴업과 사정」의 SS, 시 「位置」에 나타난 "나의 分身提出" 등 상대를 경멸하고 두려워하면서도 함께할 수밖에 없는 분신의 이미지와 연결된다. 이와 같은 맥락에서 볼 때, 「오감도」의 제1의 아해부터 제13의 아해들은 그 중 하나만이 진짜 아해고 나머지는 진짜 아해의 모조 상태인 것일 수 있다. 그들은 진짜와 가짜를 구별할 수 없는 수많은 분신의 상황에서 서로가 서로를 속고 속이며 무서움에 떨고 있는 것이다. '무서운' 아해와 '무서워하

19) 빅토르 I. 스토이치타, 이윤희 역, 『그림자의 짧은 역사』, 현실문화연구, 2006, 94~114면.

는' 아해의 이중성이 골목의 막힘과 뚫림에 상관없는 것은 모조 이미지들의 복수성이 근대 사회의 어느 곳에나 널려 있기 때문이다. 이들 아해들을 바라보는 까마귀의 시선은 「童骸」에서 사람들의 똑같은 얼굴을 바라보며 공동묘지와 같은 죽음의 분위기를 읽어내는 나의 시선과 겹쳐진다. 이러한 대칭적 욕망을 갖고 있는 '분신'[20]의 현현이 바로 이상 문학에서는 '그림자'로 나타난 것이다. 이처럼 이상은 모형 기관이나, 그림자를 통해 자신에게 결여된 것들을 보여준다. 그리고 그 모조 이미지를 소거해도 남는 수식어들을 통해 우리는 명랑한 암흑시대를 살아가는 이상의 억압된 욕망을 읽어낼 수 있다.

생명과 웃음의 세계에 대한 이상의 욕망은 시골을 배경으로 하는 그의 작품에서 더욱 두드러진다. 경성을 떠나 시골로 간 이상은 "終日 自己 體溫으로 灼熱하는 태양(「어리석은 석반」)"을 본 자신의 경험을 수필에 담은 바 있다. 여기서는 뜨거운 빛의 이미지가 신체와 결합되어 있다. 이것은 경성을 배경으로 한 그의 작품이 '창백한 얼굴'과 '냉혈'이 가진 차가운 이미지를 가진 것과 대조된다. 이상은 모조물이 범람하는 근대의 허구성을 비판하면서도 그것을 받아들여 살아갈 수밖에 없는 현실을 보여준다. 이는 「황의 기」에서 "모형 종자"를 마당귀에 묻고 "금속의 꽃"을 피워내는 나의 모습을 통해 극대화된다. 성천기행을 토대로 한 그의 수필 「첫번째 방랑」에서 이상은 "아름다운 — 꺾으면 피가 묻는 古代스러운 꽃을 피울 것"을 말한다. 그리고 '太古'를 생각하며 "우리는 더더구나 幸福하지 않으면 안된다. 식어가는 地球 위에 밤낮 없이 따스하니 서로 껴안지 않으면 안될 것이다"라고 당부한다. 어둠에 휩싸여 있던 태고에 비해 인공의 빛에 노출되어 있는 도시의 밤낮은 밝다. 그러나 온기를 상실해가는 지구에서 사람들은 서로를 껴안아야만 살아갈 수 있는 것이다. 이렇듯 이상은 '식어가는 지구'의 이미지를 그리면서도, 그와 함께

20) 보드리야르는 인공신체들 중 가장 오랜 역사를 지닌 것으로 '분신'을 꼽는다. 장 보드리야르, 앞의 책, 166면.

생명력을 가진 고대 세계를 상기시킨다. '역사' 자체가 신화 속으로 뒤섞여 들어갈 때, 진보의 환영은 파괴된다. 19세기의 반복으로부터 참된 해방을 가져오기 위한 과제는 "역사의 결을 거슬러 질주하기"가 될 수밖에 없다.[21] 원숭이를 흉내내는 인간의 모습으로 역사의 흐름을 거스르는 인간의 모습을 보여주던 이상은 그 역사를 고대 신화적 세계에 대한 향수와 나란히 놓음으로써 '진보'의 환상을 파괴하는 것이다.

3. '모조' 크라이스트 살해와 성모 찾기

이상이 地球儀와 人工身體라는 가시적 대상의 '모조'를 통해 자신의 신체적 결함과 욕망의 좌절에서 오는 절망을 그렸다면, '模造基督'을 통해서는 신의 절대성에 대한 비판의식을 보여준다. 「불행한 계승」에서 "箱의 수다에 언제나 번쩍이는 더럽게 基督教 냄새만 나는 思考方式"에 대한 나기 양의 조소에서 우리는 箱, 즉 이상에게 잠재되어 있는 기독교에 대한 의식을 엿볼 수 있다. 그러나 이상은 정의와 평화, 구원의 상징으로 서구로부터 유입된 기독사상을 '모조'의 이미지로 그려낸다. 이는 서구 인식의 매개체로 작용한 기독교의 절대성에 균열을 일으키는 일인 동시에 서구로부터 근대문물을 받아들여 모방하는 조선 근대의 모조성이 가진 허구성을 폭로하는 것일 수 있다.[22] 이상은 자신의 작품에서 단테의 『신곡』과 밀턴의 『실낙원』을 넘어서는 작품을 쓰고 싶다고 말한 바 있다. 『신곡』과 『실낙원』이 그리스도교적 도덕성과 세속적 인간성 사이에서의 긴장을 전제로 하고 있다면, 이상은 예수가 가진 신성성을 부정

21) 그램 질로크, 앞의 책, 220면.

22) 이에 대해 김승구는 이상이 기독교의 내재적 가치를 내면화하기보다는 기독교적 표상을 식민지적 특수성 속으로 매개함으로써 근대성에 대한 새로운 탐색을 시도하는 것으로 보고 있다. 김승구, 「이상 시에 나타난 기독교 표상에 관한 고찰」, 신범순 외, 『이상문학 연구의 새로운 지평』, 역락, 2006, 399면.

함으로써 이 고전들이 목적하는 '구원' 이나 '낙원 회복' 의 가능성을 소거한다.

이상 문학에 나타난 기독교는 '악' 의 형상으로 드러난다. 이는 그가 「첫번째 방랑」에서 귀뚜라미에게 들켜버렸던 '악의 충동' 과 연결됨으로써 그가 감추고 있던 악의 충동이 구체적으로 무엇을 의미하는지 고찰의 여지를 남긴다. 보편적 진리의 영역으로부터 빠져나가 '지금/여기' 의 위치를 가늠해보고자 하는 이상의 시선은 '과학' , '역사' 의 영역에서 종교의 영역으로 확장된다. 그리고 이상은 예수를 '만들어진' 존재로 형상화한다. '낯선 근원' 을 가진 예수를 변질된 형태로 자기화한 이상은 예수를 자신만의 형상으로 부활시킬 수 있는 능력을 가진 작가, 즉 예수를 능가하는 신의 경지를 보여주고 있는 것이다.

> CROSS에는 기름이묻어있었다
>
> 墮落
>
> 不得已한平行
>
> 生理的으로아펐었다
>
> ……
>
> 萬若자네가重傷을입었다할지라도피를흘리었다고한다면참멋적은일이다
>
> —「BOITEUX · BOITEUSE」 부분

이상은 「BOITEUX · BOITEUSE」에서 십자가의 타락에 절름발이 이미지를 덧씌운다. 남성형, 여성형의 단어 조합을 통한 십자가의 탄생과 그 타락을 그려내는 이상의 수사학에서 주목해 볼 수 있는 것은 '生理的' 고통과 '피' 를 흘리는 데 대한 '멋쩍음' 이다. 십자가라는 성상이 실재하지 않는 신의 현현을 말해줄 때, 십자가는 신의 '모조물' 로 기능한다. 그 모조가 생리적 고통을 느끼고, 피를 흘리는 데 대해 멋쩍음을 느끼는 것은 당연하다. 이는 앞에서 살펴본 인공신체의 생명력 없음과 통하는 부분이

다. 생명력 부재 때문에 잉크마저도 냉담하게 바라봤던 이상은 '피' 를 흘리지 못하는 모조기독을 냉담하게 바라볼 수밖에 없다. 사람의 아들 예수가 인간을 구원한다는 기독교의 교리에 대해 이상은 예수가 못 박힌 십자가의 모조성을 통해 교리의 허구성을 폭로한다. 이상의 문학에서 자연스럽게 부부의 관계로 이어지는 '절름발이' 이미지를 십자가의 모조성과 겹쳐 놓고 있다는 점에서 이상은 타락한 아내와 무능한 남편의 결합을 통해 십자가의 신성을 모독한다. 이는 기독교 비판과 함께 모조물이 판치는 근대 자본주의 사회를 바라보는 이상의 시선이 교차하는 지점에 놓여 있다.

「BOITEUX · BOITEUSE」에서 보여주었던 신성 모독의 효과가 「鳥瞰圖」에서는 "남루한 행색을 하고 설교를 시작하는" "基督" 과 미국 시카고의 유명한 갱단두목 "아아ㄹ · 카아보네" 의 대조로 나타난다. "네온싸인으로裝飾된어느敎會" 에서 入場券을 팔고 있는 카아보네의 모습은 세속화된 교회의 모습을 보여준다. 이상은 교회를 부정적 공간으로 그리고 있는데, 이는 소설 「종생기」에서도 드러난다. "足下가 基督敎式으로 結婚하던 날 내이브 · 앤드 · 아일에서 이 '쓰레기', '우거지' 에 近邇한 感興" 을 맛보았다는 李箱의 말은 이를 대변한다. 또한, 성경에서 여호와가 아브라함에게 약속한 '젖과 꿀이 흐르는 곳' 으로 알려진 "가나안" 땅을 "사멸" 의 땅으로 지시하는 「破帖」 역시 이와 맥락을 같이한다. 이상은 절대적인 것이 부정되는 사회에서 예수의 절대성에 대한 믿음이 얼마만큼 효력을 발휘할 수 있는가에 대해 문제제기하고 있는 것이다. 이로써 이상은 기독교가 경험적 역사와 대립하는 동시에 그 역사의 범주 안에서 의미를 획득해야 함을 보여준다.

이상은 「骨片에關한無題」에서 "하나님도亦是페인트칠한細工品을좋아하시지 사과가아무리빨갛더라도속살은亦是하이얀대로. 하나님은이걸가지고人間을살짝 속이겠다" 고 라며 조소한다. 이상은 하나님이 창조한 사과에 '모형사과' 의 이미지를 겹쳐 놓음으로써 기독교 성경의 창세기를 교묘하게 부정한다. 신성한 하나님마저도 위조의 전략을 보임으로써 이상이 그려내는 위조, 모조성의 세계로부터 자유롭지 못하다. 서구 근대문명을 모방하는 데 혈안이 되어 있는 식민지 조선에서 이루어진 이상의 창작활동은, 이처럼 조선의 '모조 근대화'를 비판하려는 의식을 함유하고 있다.

성경의 '루가복음'에서 마리아에게 나타나 '예수 잉태'를 암시했던 '가브리엘 천사'는 「각혈의 아침」에서 폐결핵 균으로 전락한다. 그리고 성 베드로는 가브리엘 천사 균의 존재를 도청하면서도 세 번이나 모른다고 잡아뗀다. 이는 성 베드로가 "불세출의 그리스도"인 나의 죽음을 알고도 모르는 척 하는 것을 의미한다. 예수의 죽음 앞에서 베드로의 거짓은 세 번이나 반복되었고, 결국 예수는 십자가에 못 박힌다. 여기서 가브리엘 천사와 베드로, 이상의 관계 설정을 놓고 볼 때, '이상'은 '예수'의 자리에 놓인다. 가브리엘 천사는 이상의 '죽음'을 예언하고, 베드로는 이상의 죽음을 알고도 모른다고 잡아뗀다. 그렇다면 예수의 자리에 선 이상이 쓴 문학은 성서의 위치에 놓이게 된다. 자신이 살아가는 시대를 '인공, 모조, 위조'의 형태로 그려내는 이상의 문학은 '생명, 탄생, 진실'을 그려내는 '창세기'의 역설에 해당한다. 위트와 파라독스를 바둑포석처럼 깔아놓겠다고 했던 그의 문학은 '피의 경건함을 뒤집는 웃음'과 '성서의 역설'이 만나는 지점에 놓여 있는 것이다.

이상이 살아가는 시대 속에서 자신의 몸에 자라나는 균을 없애줄 수 있는 것은 의학이지 종교가 아니다. 과학의 영향력이 극대화되고 있는 시점에서 신의 영역은 축소될 수밖에 없다. 이상은 '구원'의 상징인 기독교 복음의 보편적 진리에서 빠져나갈 수 있는 가능성을 '천사'와 악마적 '균'의 결합을 통해서 보여준다. 「파첩」에서 '카인'은 예수가 창조한 아담과 하와의 축복받은 자녀인 동시에 동생을 살해하는 살인자의 이중성을 보여준다. 사멸의 땅을 고독하게 완보하는 "카인"의 모습은 이상 시에 반복적으로 등장한다. 예수가 자신의 제물을 받아주지 않았다는 이유로 동생 아벨을 죽인 카인에 대해 이상은 카인의 고독을 강조하고, 그가 자행한 가족 살해의 이미지를 극대화시킨다. 이상의 시에서 가족살해는 肉親 살해로 나타나며, 이는 '모조' 크라이스트의 살해로 표면화된다.

> 크리스트에酷似한한襤褸한사나이가있으니이이는그의終生과殞命까지도내게떠맡기려는사나운마음씨다. 내時時刻刻에늘어서서한時代나訥辯인트집으로나를威脅한다. 恩愛 나의着實한經營이늘새파랗게질린다.나는이육중한크리스트의別身을暗殺하지않고는내門閥과내陰謀를약탈당할까참걱정이다. 그러나내新鮮한逃亡이그끈적끈적한聽覺을벗어버릴수가없다.
>
> —「肉親」 부분

이상은 「실낙원-肉親의 章」에서도 "基督에 酷似한" "模造基督"을 암살하지 않으면 안된다고 말한다. 기존의 연구에서 이 모조 크리스트 살해는 그의 백부와 연결되어 해석되어 왔다. 자신을 양자삼은 백부에 대한 그의 무의식이 이 시를 창작하게 했다는 것이다. 「실낙원-육친의 장」이 '殺意'를 품고 있다면, 同名의 다른 시「육친의 장」은 "家族을爲하여빨리아내를맞아야겠다고焦燥하는마음이었다. 나는24歲나도어머니가나를낳으드키무엇인가를낳아야겠다고생각하는것이었다"는 '생명 탄생에의 소망'을 담고 있다. 그러나 똑같은 제목을 가진 이 두 편의 시는 이상의 전기적 사실을 끌어들이지 않고도 그의 '모조' 크라이스트 살해 욕망이 그의 가족과 연결되어 있음을 알 수 있게 한다. 정숙한 아내를 맞아 아이를 낳아야 한다는 부담감이 그의 육친의 살해 욕망으로까지 이어지고 있는 것이다.

그러나 백부 혹은 부모를 상징하던 '모조' 크라이스트는 「內科」에서 시적 자아인 나를 상징하게 된다. "힌뼁끼로칠한十字家에서내가漸漸키가커진다"라는 구절이 그에 해당한다. 이는 앞에서 예수의 위치에 놓였던 '이상' 자신의 모습을 떠올리게 한다. 십자가 위에 놓여 점점 커가는 나는 나의 '무의식'에 다름 아니다. 전지전능한 '아버지' 되기에 대한 무의식은 그를 십자가에 못 박는다. 결국 그는 부권 중심의 "19세기식" 윤리관을 가진 '모조' 크라이스트인 것이다. 이를 통해 '중심'에 설수는 있지만 '神이 될 수 없는 아버지'에 대한 이상의 무의식을 읽어낼 수 있다. '모형사과', '가브리엘 천사균', '베드로의 거짓증언'으로 예수의 자리에 올랐던 이상은 아버지가 위치하던 '酷似 神'의 자리에 자신을 놓고 있는 것이다.

예수의 자리에 올라서도 아버지 되기에 골몰해야 하는 이상의 무의식은 '성관계 없이' 예수를 잉태한 '성모 찾기'로 이어진다. 그러나 그가 찾는 성모의 이미지는 화폐와 섹슈얼리티에 뒤섞인 형상을 하고 있다. 돈을 주고 성관계를 가져도 아이를 잉태할 수 없는 '매춘부'의 모습이 그것이다. 상품인 매춘부는 대량생산된 인공물의 성격을 지닌다. 현대 대도시의 수많은 매춘부들은 비인간화된 대도시 군중의 중요한 요소로 기능한다. 그러나 매춘부는 자본제적 착취와 성생활의 퇴폐에 편입됨으로써 인간으로서는 비하되지만, 순교를 상징하는 위치에 서게 된다. 그들은 도시적 실존의 공포가 빚어낸 희생자들로, 현대 자본주의에 의한 고통을 구체화한다.[23] 이상은 성모 마리아에게 성적 상품과 순교자의 이중성을 가진 매춘부의 이미지를 덧씌운다. 이는 「BOITEUX · BOITEUSE」에서 보았던 십자가에 덧씌워진 절름발이 이미지와 통한다.

예수의 어머니 성모 마리아는 「LE URINE」에서 "일요일의 비너스"와 "새까만마리아"로 나타난다. 또한, 「街外街傳」에서는 "번식한 거짓천사들"의 이미지로 그려진다. 이들에게 붙은 "MENSTRUATION"과 "種子의 煙滅", 그리고 '부재'의 상황은 시적 자아로 하여금 '아버지에 대한 反逆'을 떠올리게 한다. 이상은 마리아와 매춘부를 구별하지 않는다. 수필 「官能僞造」에서 생활에 면허가 없는 사람 눈에 "매춘부와 성모의 구별은

23) 그램 질로크, 앞의 책, 323~325면.

어렵다"는 말이나, 소설 「종생기」에서 눈으로 보이는 처녀성의 허위를 "다홍댕기"로 언급했던 이상은 급기야 '세상 대부분의 여자는 매춘부의 속성을 가진다'고 주장한다. 성모인 동정녀 마리아를 불임의 매춘부와 나란히 놓는 것은 이상이 기독교에 대해 갖는 악의 충동에서 비롯된다. 그는 예수의 자리에 오른 자신의 곁에 성모 마리아가 아닌 매춘부를 둠으로써 성경의 교리를 전복시킨다. 「興行物天使」에서 "실컷웃어도또한웃지아니하여도웃는" "興行物天使"의 웃음은 성모의 인자한 웃음에 연결된다. 사람들은 천사의 정조를 간직하기 위해 "원색사진판그림엽서"를 산다. 그러나 "整形外科"가 찢어만든 "형편없이늙어빠진 曲藝象의 눈"으로 추파를 남발하는 천사가 횡행하는 한, 이제 이상의 시대에 '정조'는 언제 찢어질지 모르는 '그럴 듯한' 사진판 그림엽서로만 남겨질 수밖에 없다.

그러나 우리가 이상의 문학을 살펴보는 가운데 염두에 두어야 할 것은 이상이 이렇게 부정하고 있는 기독교 의식이 시골을 배경으로 한 그의 수필에서는 긍정되고 있다는 사실이다. 그가 「산촌여정」에서 도시를 떠난 시골에서 이제야 맘 편히 '루가복음'을 읽을 수 있을 것 같다고 말하며, 교회를 찾는 모습은 지금까지 살펴본 이상 문학의 면모와 대조적이다. 또한, 누에를 키우는 시골 처녀들에게서 무한한 생명성과 "'피에다' 畵幅全圖"[24]를 느끼는 이상의 시선은 '다홍댕기'에서도 순결의 허구성을 느끼던 도시에서의 그의 시선과 대조를 이룬다. '모조 만들기'와 '모조 죽이기'를 일삼던 이상은 시골에서 "메조이스트 병 마개"를 뽑지 않겠다고 말한다. 물론 이상은 이 수필에서도 역시 도시의 가족을 꿈에서 만나고 죽어버릴 결심을 반복한다. 그러나 그가 시골에서는 루가복음을 읽을 수 있고, 처녀들을 "귀화한 마리아"로 보고, 광음을 헤아리지 않을 수 있는

24) 피에다-Pieta. 이탈리아어로 경건한 마음, 경건한 동정이라는 뜻으로 "신이여 불쌍히 여기소서"라고 기도할 때 이 명사가 쓰인다. 보통 성모 마리아가 죽은 예수의 시신을 무릎에 안은 구도를 특히 이렇게 표현한다.

것은 도시에 있는 가족과 가난, 생명성의 부재로부터 거리를 두고 있기 때문에 가능한 일이다.

이상이 시골에 와서야 맘 편히 읽을 수 있을 것 같다고 말했던 루가복음은 "누구든지 내게 오는 사람은 자기 아버지나 어머니나 아내나 자식이나 형제나 자매를 버려야 한다. 또 자기 목숨까지라도 버리지 않으면 내 제자가 될 수 없다"[25]는 내용을 담고 있다. 이렇게 볼 때, 이상 문학에 나타난 공포는 이 '제것 버리기'와 '구원받지 못함'으로부터 비롯된 것이라 할 수 있다. 이 공포가 자신과 타인에 대한 파괴 욕망으로 전환된 형태가 바로 이상 문학 전체를 관통하는 악의 충동이다. 이상의 분신들이 사진판 그림엽서에 담긴 천사의 상을 간직한 채 보여주는 "야웅게임" 역시 이 파괴 욕망과 연결된다. 진짜와 가짜의 구별이 불안과 권태를 가져오는 사회 속에서 이상은 '진짜' 성모에 대해 의심하며, 아버지처럼 자신이 또 다른 모습의 '모조' 크라이스트가 될 것이 무서워 매춘부를 찾아간다. 이처럼 이상 문학에 나타난 사랑과 연애에 담긴 비밀은 이상이 의도적으로 매춘부와의 연애를 자행하고 있다는 사실에서 비롯된다.

4. '야웅게임'과 'Double Suicide'의 아이러니

이상은 그의 소설에서 "제일실여하는 飮食을貪食하는 아일로니를 實踐"[26]하는 인물을 그린다. 매춘부와의 사랑을 그린 이상 소설의 인물들은 작품 속에서 "자신을 僞造하는" 행위를 보여준다. 그리고 이상은 자신이 만든 "人生 或은 그 模型"에 속지 않기를 당부한다. 이상의 「날개」에서 "닭이나 강아지처럼" 말없이 아내가 주는 모이를 넙적넙적 받아먹는 나의 생활은 '동물처럼' 게으르다. 아내와의 생활에서 기꺼이 '동물

25) 루가복음 14장 16절.

26) 이상, 「날개」, 『정본이상문학전집』 2, 253면.

되기' 를 마다않는 나의 모습은 비인간성과 비인간적인 조건을 들추어냄으로써 우리에게 '무엇이 인간적인 것인가' 하는 질문을 던진다. 이 인간성과 비인간성이라는 테두리 속으로 들어가면 '동물되기' 의 과정은 인간이 중시하는 수많은 '제도들과의 단절' 을 수반한다. 그리고 이 단절 속에서 주인공은 인간에게는 '지각 불가능' 한 미묘한 지점들을 발견해내는 동물적 감수성을 발휘한다. 이상은 이러한 동물되기의 방식을 통해 '인간 대 인간' 의 관계 속에서는 감지할 수 없는 비인간적 지점들을 폭로하는 것이다.

> 그대는 있다금 그대가 제일실여하는 飮食을貪食하는 아일로니를 實踐해 보는것도 좋을것같ㅅ오. 윗트와파라독스와......
>
> 그대自身을 僞造하는것도 할만한일이오. 그대의作品은 한번도 본일이없는 旣成品에依하야 차라라 輕便하고 고매하리다. 十九世紀는 될수있거든 封鎖하야머리오. 도스토에프스키情神이란 자칫하면 浪費인것같ㅅ오, 유-고-를 佛蘭西의 빵한조각이라고는 누가그랬는지 至言인듯싶ㅅ오. 그렇나 人生 或은 그 模型에있어서 띠테일때문에 속는다거나해서야 되겠오? 禍를보지마오. 부디그대께 告하는것이니......
>
> (테잎이끊어지면 피가나오. 傷차기도 머지안아 完治될줄믿ㅅ오. 꾿빠이)
>
> 感情은 어떤 포-스. (그 포-스의 素만을指摘하는것이아닌지나모르겠오) 그 포-스가 不動姿勢까지 高度化할때 감정은 딱 供給을 停止합니다.
>
> —「날개」 부분

「날개」의 나는 나의 의사와 관계없이 아내가 사들인 '벙어리 금고' 와 함께 살아간다. 그러나 아내가 사들인 벙어리에 돈을 넣는 것은 나이며, 벙어리를 변소에 갖다 버리는 것도 나이다. 나는 금고를 변소에 버린 날, 내 방을 찾은 아내에게 "嘲소도苦소도哄笑도 아닌 우숨을 얼골에띠우고" 아내의 얼굴을 쳐다본다. 이는 뒤에서 살펴볼 「童骸」의 나가 姙에게 보이는 '유령의 웃음'과 연결된다. 그러나 「날개」와 다른 작품의 변별성은 나의 웃음에 대한 여자의 반응이다. 다른 작품들에 등장하는 여자들이 나의 웃음에 '조소'나 '고소' 혹은 '힐끔거림'을 보여줄 때, 「날개」의 '아내'는 "애수"를 보여준다. 가축된 벙어리 남편의 힘없는 웃음에 대한 아내의 '애수'는 사랑에서 비롯된다고 할 수 있다.

그러나 나에 대한 아내의 애수는 그리 오래 가지 않는다. 여기서 이상이 에피그램을 통해 말했던 '포-스'로서의 '감정'이 성립한다. 벙어리가 자신의 기능을 상실하고 '입(금고의 문)'을 열 때나, 가축된 내가 금기된 외출을 감행할 때, 벙어리나 나는 '훈련된 동물'로서의 기능을 상실한다. 가축된 내가 자꾸 집을 나서고, 벙어리가 입을 열자, 아내는 아달린을 먹여 잠재운다. 아내는 자신의 매춘을 눈감아 주고, 침묵하는 상태일 때만 남편을 허용한다. "女人의 全部가 그日常에있어서 개개 '未亡人'이라는 내 論理"는 살아있어도 죽은 듯 살아가야만 남편일 수 있는 나의 생활에 대한 역설적 표현이라 할 수 있다. 이때, '벙어리'는 아내와의 관계에서 아내의 생활을 알고도 모르는 척 '침묵하는 나'의 모조물이다. '벙어리'에게서 모조성을 소거하면, 매춘부인 아내의 비밀을 지켜주다가 자신에게 가해지는 아달린의 횡포를 견디지 못하고 집을 나서는 남편인 나의 형상과 만나게 된다. 결국 나는 매춘부인 아내에게 그녀의 비밀을 알고도 침묵하는 가축된 남편이었던 것이다.

집을 나선 나는 미스꼬시 옥상에 올라가 "눈에보이지안는 끈적끈적한 줄에엉켜서 헤어나지들못하는" 피곤한 생활의 '회탁의 거리'를 내려다본다. 보이지 않는 줄에 엉켜 생활하는 사람들과 손수건 흔드는 '흉내'를 내이는 어항 속 금붕어를 '내려다보는' 나의 시선. 이것은 근대의 중심을 관망하는 자의 시선이다. 그리고 모조물이 되어버린 스스로를 응시하는 시선이다. 근대 조선을 조종하는 보이지 않는 줄과 모방의 움직임을 포착한 나는 '정오의 싸이렌' 소리에 따른 현란의 극한을 목격한다. 이때, 부글부글 끓는 '유리, 강철, 대리석, 지폐, 잉크'가 '희망과 야심의 말소된 페이지'와 만난다. 유리, 강철, 대리석, 지폐와 나란히 놓인 잉크는 '작가' 이상이 근대를 살아가는 방식을 의미한다. 말소된 희망과 야심의 페이지에 대한 기억과 부글부글 끓는 잉크가 만났을 때 돋아난 "인공의 날개"는 그의 글쓰기와 연결된다. 그리고 그 인공의 날개가 가져온 '외침'에 대한 욕망은 '벙어리' 모양의 내가 침묵의 세계를 벗어나게 됨을 의미한다. 내가 알아버린 아내와 내가 사는 근대의 비밀, 그 비밀을 나는 부글부글 끓는 잉크를 통해 폭로해보고 싶은 것이다.

여기서 부글부글 끓는 잉크는 '테잎이 끈어지면 피가 난다'는 에피그램과 함께 주목할 필요가 있다. '모형심장'에서 쏟아지던 생명성 없는 '푸른 잉크'가 아닌, '부글부글 끓는 잉크'는 '피'의 형상에 다름 아니다. 그가 그려낸 '모형 인생'에서 피가 난다는 말은 그의 글쓰기 자체가 이미 '피의 글쓰기'임을 의미한다. 한 방울의 피만 있어도 생명을 획득할 수 있으며, 잉크로 쓴 문학에 냉담하겠다고 했던 이상은 그 자신의 글쓰기에 이러한 방식으로 생명성을 부여하고 있는 것이다. 이상이 매춘부와의 연애에 덧씌우는 도박이나 게임과 같은 놀이의 이미지는 목숨을 건 사랑의 의미를 지닌 '情死' 제안과 만나 긴장감을 형성한다. 정사 제안을 받아들이겠다는 피의 약속으로 이상은 사랑을 확인하려 한다. 이상은 이처럼 게임과 도박으로 사랑의 감정을 위조하는 인물들의 웃음을 그리면서도 그 웃음에 '피', 즉 생명을 걸어 진실한 사랑을 확인하려는 욕망을 겹쳐놓는다.

이상의 「날개」가 가축과 벙어리처럼 살아가는 남편의 모형 인생을 그렸다면, 「童骸」나 「斷髮」은 방 밖으로 나온 가축과 벙어리가 '거짓말'과 '야웅게임'을 즐기는 모습을 그리고 있다. 「童骸」에서 이상은 나와 姙의 관계를 'DOUGHTY DOG'이라는 장난감 사기에 빗댄다. 나는 DOUGHTY DOG이라는 可憎한 장난감을 살 의사가 없다.[27] 그것은 다만 "十圓 짜리

27) 「童骸」의 'DOUGHTY DOG'은 「I WED A TOY BRIDE」 장난감 新婦 이미지와 연관성을 갖는다.

차지와 아울러 姙이의 분간 못할 天候에서 나온 경증의 賭博" 인 것이다. 나는 임이라는 여자를 아내로 맞아들일 생각이 없으나, 처녀가 아닌 임이는 나와의 결혼생활에 도박을 건다. 그리고 임이와 나의 결합은 나에게 스스로 가축이 되는 상상을 가져온다. 임이는 나의 손톱을 깎아주지만 나는 '맹수가 가축이 되려면 이 흉악한 毒牙를 절단해 버려야 한다'고 생각한다. 나는 임이의 '도박' 과도 같은 가축 기르기의 대상이 된 것이다.

그러나 나는 임이가 사들인 장난감 'DOUGHTY DOG' 에 스프링 감기를 반복하면서, '강철의 위치' 에 묶여 움직이는 이 장난감 같은 생활을 면하고 싶어도 자신의 무너져 들어가는 육체를 지지할 수 있는 말을 '공부' 하지 않고는 어쩔 수 없다고 생각한다. 이상에게 사랑과 이별은 공부해서 숙지해야만 할 지성의 영역이었던 것이다. 중요한 것은 장난감 강아지를 사는 것은 임이지만, 강아지에게 태엽을 감는 것은 나라는 점이다. 그리고 임을 데려온 것은 나이지만, 정작 나는 임에게 생활을 부여할 임무를 윤에게 전가한다. 임으로부터 시작된 장난감 사들이기 도박은 나를 거쳐 윤에게 이어진다. 결국 나는 임에게 훈련된 '가축' 의 형상을 하고, 임이의 도박 즐긴 사랑의 '천재' 였던 것이다. 나에게 서로의 과거를 數字로 따져보자는 임이의 말에 나는 여기서부터는 자신의 "教材" 에 없는 내용이라고 일축한다. 사랑을 공부와 기술로 인식하고, 만들어진 사랑 교재에 따라서만 연애를 하는 나에게는 '과거' 가 없으며, 늘 새로운 대상에 적용할 교재상의 기술만이 존재한다.

나는 애초부터 모조된 姙, 즉 DOUGHTY DOG을 살 의사가 없었다. 나는 임이의 동물되기를 자처했지만, 임이가 처녀가 아닌 것을 알고 그 가축 생활에 권태를 느낀다. DOUGHTY DOG에서 그 모조성을 지웠을 때, 남는 것은 '姙' , 즉 '아이를 밴 여자' 이다. 결국 이상은 새끼를 낳을

"작난감新婦는 낮에 色色이風景을暗誦해가지고온것인지도모른다. 내手帖처럼 내가슴안에서 따근따근하다. 이렇게 營養分내를 코로맡기만하니까 나는 자꾸 瘦瘠해간다."

수 없는 장난감 강아지와 '姙'을 나란히 놓음으로써 누군가 태엽을 감아 주어야 움직이며, 불모성을 간직한 채 살아갈 수밖에 없는 여자를 보여준다. 나에게 정조 없는 임이는 신뢰할 수 없는 '거짓'으로 인식된다. 그러나 '卑怯'한 나는 T군이 쥐어준 칼로 임이를 찌를 수 없다. 결국 나에게 문제가 되는 것은 「날개」에서 봉쇄하자고 주장했던 '19세기식' 도덕성인 것이다.

임이에게 정조 없음이 드러난 이후, 한번도 쾌활한 웃음을 웃을 수 없었던 나는 "유리 속에서 웃는 그런 불길한 유령의 웃음은 싫다. 인제는 소리를 가장 쾌활하게 질러서 손으로 만지려면 만져지는 그런 웃음을 웃고 싶다"고 독백한다. 결국 나는 정조 없는 임이를 '철면피'라고 생각하며, 그런 임이를 자신의 친구 윤에게 넘기는 '기술'을 발휘하기에 이른다. 그리고 임이를 친구 윤에게 넘겨버린 나는 자신의 또 다른 친구 T와 갸렐리(갤러리)에 들어가 "신발 바꿔신는 인간코메디"를 '내려다본다.' 나에게 있어서 자신과 부부생활을 꿈꿨던 임이를 친구 윤에게 넘기는 일은 '신발 바꿔 신기'와 같은 일이다. 「날개」에서 백화점 옥상에 올라가 손수건 흔드는 모양을 흉내내는 어항 속 물고기를 내려다보던 나는 이제 갤러리 2층에서 '인간 코메디'를 내려다본다. 이 신발 바꿔 신기를 '내려다보는 시선'은 잘 만들어진 인간 코메디 한 편을 방청하는 우월감으로 대변된다. 이상은 이를 통해 세상의 중심적 흐름, 근대의 모방성을 지각한 자의 시선을 보여주는 것이다.

이상에게 연애는 '도박'의 속성을 띠는데, 「동해」와 함께 「단발」이 그 예이다. 자신에게 애정을 보이는 소녀 仙에게 'Double Suicide'를 제안하는 연은 연애를 놀음하는 셈의 '빨간 거짓'으로 생각한다. 작품에서 흥미를 더하는 것은 오빠의 離反을 경험한 仙이 '윗티즘'과 '아이러니'를 휘두르며 남자의 煙幕을 역이용하기에 이른다는 점이다. 결국 선은 연막을 이겨내기 위해 '武器'를 마련해야 하겠다고 생각한다. 또한 애초부터 少女를 건사할 마음이 없었던 연은 수작을 걸어 소녀가 그에게 발악을 하려들지 않을만 하거든 소녀를 그의 '윗티씀의 地獄' 에서 석방시키려 한다. 그러나 나의 정사 제안을 거절한 선은 오빠의 동경행이 결정되자, 연의 장난 섞인 동경행 프로포즈에 승낙의 답장을 보낸다. 그리고 연에게서 '애정의 문제' 라는 제목의 강연을 듣겠다고 말한다. 선은 이 편지에서 '애정의 문제' 와 '지성의 극치를 흘낏 들여다보는 이야기' 를 나란히 놓는다. 연과 선 사이에서 애정의 문제는 '지성의 극치를 흘낏 들여다보는 이야기' , 즉 게임이 된다. 선은 연의 정사 제안이나, 동경행 프로포즈 모두가 자신에 대한 사랑에서 비롯된 것이 아님을 알고 있었던 것이다. 선에 대한 연의 제안들은 모두 도박의 심리를 내포하고 있으며, 이는 애정을 빙자한 위트 놀이로서 지성의 극치를 보여준다.

> 자기가 제일 싫어하는 음식물을 상 찌푸리지 않고 먹어보는 거 그래서 거기두 있는 '맛' 인 '맛' 을 찾아내구야 마는 거, 이게 말하자면 '파라독스' 지. 요컨댄 우리들은 숙명적으로 사상, 즉 중심이 있는 사상생활을 할 수가 없도록 되먹었거든. 知性 — 흥 지성의 힘으로 세상을 조롱할 수야 얼마든지 있지, 있지만 그게 그 사람의 생활을 '리드' 할 수 있는 근본에 있을 힘이 되지 않는 걸 어떡허나? 그러니까 仙이나 내나 큰소리는 말아야 해 일체 맹서하지 말자 — 허는 게 즉 우리가 해야 할 맹서지.[28)]

그러나 이 애정 놀이에서 승리한 연이 선의 단발 소식을 듣고 눈물을 흘리는 이유는 무엇일까. 이는 "少女의 끝없는 고독이 少女에게 一人二役을 식힌" 것이라는 깨달음과 연결된다. 자신의 애정 놀이가 폭로되는 것에 대해 "愛好하는 假面을 도적맞는 위에 그 가면을 뒤집어 利用당하면서 놀림감이 되고 말 것 밖에 없다" 고 말했던 연에게, 애정은 내가 썼던 가면을 다른 사람이 쓰고 나를 놀리는 일에 그친다. 오빠와의 이별을

28) 이상, 「단발」, 『정본이상문학전집』 2, 286면.

경험하고 자신의 고독 가운데서 혼자 울다가 그 눈물을 자기의 어휘로 설명할 수 없었던 선은 비로소 '나의 어휘로 설명할 수 있는 나'와 '나의 어휘로 설명할 수 없는 나'와 맞닥뜨리게 된다. 나에게 애정의 '가면놀이'가 '지성'이 시킨 일이었다면, 소녀 선에게 있어 '단발'은 '고독'이 시킨 일이었던 것이다.

연의 가면이 의도적으로 남을 속이기 위해 고안된 모조품이었다면, 선의 단발은 내가 의도하지 않은 때에 다가온 고독이라는 "새로운 힘"이 작용한 결과에 해당한다. 존재하지 않는 애인을 하나 만들어 자신의 머리를 자르도록 명령했다는 소녀의 '일인이역'에서, 벗겨져야 할 가면은 없다. 자신을 분열시켜 만든 선의 단발은 결국 자신을 움직이게 할 "흥분", "새로운 힘"을 발현할—부글부글 끓어오르는 잉크와 같은—촉매제로 기능하게 된다. 살아오면서 한 번도 보지 못한 단발한 자신의 모습을 통해 새 힘을 얻고자 한 선의 행위는, 연애를 통해 남을 속이다가 스스로 만든 가면으로 자신을 각성시키는 단계에까지 이른다. 이상에게 연애는 "세상을 속이고 일부러 자기를 속임으로 하여 本然의 자기를 얼른 보기에 高貴하게 꾸미"는 것이었다. 이상이 선에게 부여한 '고귀한 꾸밈'은 자신 스스로도 얼른 속아 넘어가 새로운 삶을 상상해 보기까지 할 수 있는 '단발'이었던 것이다.

「失花」에서 箱은 "눈가리고 야웅하는 희대의 천재" 姸에게서 자신의 친구 S와의 관계를 캐내기 위해 밤을 새워 고문하여 S의 간통 사실을 캐낸다. 그러나 箱은 "계집의 얼굴이란 다마네기다 마지막에 아주 없어질지언정 正體는 안 내놓느니"라고 말한다. 그리고는 "사람이—秘密 하나도 없다는 것이 참 재산 없는 것보다도 더 가난하외다"라고 자조한다. 정희의 다마네기 얼굴은 이상의 시 「紙碑」에서 "한 男子를 소기려" 아침에 외출했던 아내가 "化粧은잇고 人相은없는얼골로 形容처럼 간단히돌아온다"는 내용과 맥락을 같이한다. 자신의 비밀을 '숨기면서 말하는' 이상의 이런 자조는 무엇을 의미하는 것일까. 이는 자신이 알아낸 연의 '비밀' 이 여전히 연의 '정체' 를 말해주지 못한다는 것과 연결된다. 또한, 연에게 "죽도록 사랑할" 것을 '약속' 했던 나 역시 연의 간통 사실을 알고, 연을 더 이상 사랑하지 않게 되었다는 비밀을 내포한다. 箱이 떠나가는 기차역에서 친구에게서 받은 꽃을 잃어버리고, 댄서의 가슴에 꽂힌 "造花"를 포착하는 것은, 箱의 비밀 하나가 영원히 죽지 않을 모조, 하나의 작품으로 탄생되었음을 의미한다.

이처럼 이상의 숨기면서 말하기 과정에서 인물들은 자신이 부여받은 수많은 가면을 쓰고 끊임없이 '무엇 되기' 의 모습을 보여준다. 인공신체가 내가 욕망하는 것과 나에게 결여된 것을 은닉하고 있었다면, 모조기독과 성모 찾기는 악의 충동을 통해 새로 쓰여진 '선' 의 역설, 이상식(李箱式) 창세기라는 비밀을 안고 있다. 가면놀이나 야웅게임을 즐기다가도 '정사' 를 제안하는 이상식 사랑은 자신이 만든 가면에 속아 넘어가는 비밀을 안고 있다. 그 어느 것도 진짜인지 알 수 없는 현실. 자신의 감정마저도 의심스러워 가면을 써야 하는 현실을 이상은 수많은 모조 이미지를 통해서 보여준다. 이 모조 이미지가 가진 '진짜에 대한 알 수 없음' 그 자체가 바로 이상이 의도한 비밀의 수사학이었던 것이다.

이상에게 있어 이러한 모조, 비밀의 수사학은 결국 만드는 사람, 즉 작가 자신의 이야기라 할 수 있다. 건축가 김해경이 작가 이상이 된 것 역시 세상 모든 것을 만들었다가도 허물어버릴 수 있는 신의 경지에 대한 염원에서 비롯된 것이 아닐까. 그의 작품에 나타나는 수많은 '모조' 는 자신 스스로를 비밀 속에 은닉하고, 만들어진 이미지 속에서 살게 하는 작가 이상의 슬픈 운명과 잇닿아 있다. 결국 작가 이상의 삶 전체가 스스로에 의해 가장된 모조의 형태를 띠고 있었던 것이다. 그렇다면, 그가 자신의 시에서 말했던 폐허와 같은 "데드마스크"는 모조 만들기와 모조 죽이기의 무한반복을 보여주었던 작가 이상에게 있어 마지막 모조품에 해당한다. 그리고 그 데드마스크의 피라밋 같은 코에서 드나드는 "유구한 것"은 그가 모조 이미지 속에 숨겨놓은 '피' 와 '웃음' 의 글쓰기가 가진 무한한 생명력을 보여준다. 근대 모조의 역사를 그리면서도, 자신의 글쓰기를 신화적 역사 속으로 끌어다 놓기 위해 이상에겐 수많은 비밀들이 필요했다. 「종생기」에서 정희의 정조문제를 캐다가 어느새 노옹(老翁)이 되어버린 李箱의 모습은 그 비밀 만들기 속에서 쉬 늙어버린 작가 이상의 모습에 다름 아닌 것이다.

5. 결론

이상은 조선의 모조 근대화를 폭로하는 과정에서 숨기면서 말하기의 수법을 취한다. 그리고 이를 위해 '모조'의 수사학을 보여준다. 그의 작품에 빈번히 등장하는 '모형, 인공, 동물, 가면'의 이미지들은 이를 대변한다. 독자는 이 모조 이미지를 추적하거나 소거하는 과정을 통해 모조되기 이전의 대상을 복원하거나, 이상이 모조를 통해 흉내내거나 감추고자 했던 것이 과연 무엇이었느냐를 밝히게 된다. 그가 작품 안에서 만들어낸 수많은 '모조'의 이미지들은 보이지 않아 알 수 없는 '진짜' 찾기의 과정에 놓여 있다. 모조 이미지를 소거해도 남는 수식어들을 통해 독자는 명랑한 암흑시대를 살아가는 이상의 억압된 욕망을 읽을 수 있다. 이를 통해 우리는 지구의와 인공신체의 이미지에 서구문명 추수에 대한 비판과 이상의 억압된 욕망의 전도가 내포되어 있음을 알 수 있었다. 그 억압된 욕망은 생명과 웃음의 세계가 담긴 글쓰기에 대한 욕망으로, 이 글쓰기는 '피'와 '웃음'으로 결합되기도 한다. 이처럼 이상은 근대의 '식어가는 지구' 이미지를 그리면서도, '꺾으면 피가 묻는 고대(古代)스러운 꽃'을 말함으로써 생명력을 가진 고대를 함께 떠올리게 한다.

이상이 지구의와 인공신체를 통해 그가 살아가는 시대와 자신이 경험한 좌절을 그렸다면, 모조기독과 성모 찾기는 이상의 의식 저변에 있는 기독교 의식과 '악의 충동'을 드러낸다. 이상은 가브리엘 천사와 베드로를 자신과 연관시키면서 스스로 예수되기를 마다하지 않다가, 아버지 되기를 강요하는 부친을 모조 크라이스트로 형상화함으로써 부친을 살해하려는 마음을 품기도 한다. 그리고 이상은 자신이 또 다른 모습의 '모조' 크라이스트가 될 것이 무서워 성모의 얼굴을 한 매춘부들을 찾아간다. 진짜와 가짜의 구별이 불안과 권태를 가져오는 사회 속에서 이상은 '진짜' 성모에 대해 의심한다. 이상 문학에 나타난 사랑과 연애에 담긴 비밀은 이상이 일부러 매춘부와의 연애를 자행하고 있다는 사실에서 비롯된다. 이상은 스스로 예수의 자리에 위치함으로써 그의 문학을 李箱式 창세기로 만들고, 작품에 나타난 악의 충동을 선의 역설로 만들어버린다. 그리고 매춘부와의 사랑을 통해 자신의 감정까지도 의심하며, 연애마저도 놀이로 전락시키는 인간의 모습을 그려내기에 이른다.

'동물 되기' 와 '야웅게임' 을 통해 20세기식 사랑을 추구하는 이상의 분신들은 그 사랑놀이 속에서도 '피의 약속' , 즉 '정사' 를 제안하는 진실성을 잊지 않는다. 그 정사가 번번이 실패를 거듭하지만, 이상은 인공신체와 모조기독에서 보여주었던 피의 글쓰기를 사랑의 문제에서도 끊임없이 반복한다. 정사의 실패로 사랑의 진실성은 계속 의심되지만, 남녀간의 사랑이 놀이로 끝나지 않는다는 사실은 애정문제를 그린 그의 소설이 경건함을 전복시키는 웃음에 그치는 것이 아님을 보여준다. 이상이 위트와 파라독스를 바둑포석처럼 깔아놓겠다고 했던 그의 문학은 경건함을 뒤집는 웃음과 피의 역설이 만나는 지점에 놓여 있는 것이다.

그 어느 것도 진짜인지 알 수 없는 현실. 자신의 감정마저도 의심스러워 가면을 써야 하는 현실을 이상은 수많은 모조 이미지를 통해 보여준다. 이 모조 이미지가 가진 '진짜에 대한 알 수 없음' 자체가 바로 이상이 의도한 비밀의 수사학이었던 것이다. 이상은 이를 통해 독자들이 살고 있는 세상 역시 진짜가 아닌, 진짜와 '유사한' 세상이 아닌지 의심해 보게 한다. 그리고 그는 작품을 통해 자신의 인생 역시, '작가 이상' 이라는 만들어진 이미지 속에 수많은 비밀을 은닉한 형태의 모조일 수 있음을 폭로하는 것이다.

참고문헌

이상, 『정본이상문학전집』 1 · 2 · 3, 소명, 2006.

《동아일보》, 《매일신보》, 《조선중앙일보》, 《중앙일보》

고 은, 『이상평전』, 청하, 1992.

구연상, 『공포와 두려움 그리고 불안』, 청계, 2002.

김용석, 『문화적인 것과 인간적인 것』, 푸른숲, 2001.

김윤식, 『이상연구』, 문학사상사, 1988.

김주현, 『이상소설연구』, 소명, 2002.

박현수, 「이상시의 수사학적 연구」, 서울대대학원 박사학위논문, 2002.

배영달, 『보드리야르와 시뮬라시옹』, 살림, 2005.

신범순, 『이상 문학 연구의 새로운 지평』, 역락, 2006.

______, 「이상 문학에 있어서의 분열증적 욕망과 우화」, 『국어국문학』 103, 1990.

오생근, 「동물의 이미지를 통한 이상의 상상적 세계」, 『신동아』 66, 1970.

Baudrillard, Jean, 하태환 역, 『시뮬라시옹』, 민음사, 1993.

Benjamin, Walter, 조형준 역, 『아케이드 프로젝트』, 새물결, 2005.

Benjamin, Walter, 반성완 역, 『발터벤야민의 문예이론』, 민음사, 2006.

Berger, John, 『이미지』, 동문선 편역, 동문선, 1999.

Buck-Morss, Susan, 김정아 역, 『발터 벤야민과 아케이드 프로젝트』, 문학동네, 2005.

Canguilhem, Georges, 여인석 역, 『정상적인것과 병리적인 것』, 인간사랑, 1996.

Deleuze, Gilles, 김재인 역, 『천개의 고원』, 새물결, 2003.

Gilloch, Graeme, 노명우 역, 『발터 벤야민과 메트로 폴리스』, 효형, 2005.

Jaspers, Karl, 이진오 역, 『니체와 기독교』, 철학과현실사, 2006.

Morris, Desmond, 김석희 역, 『인간 동물원』, 물병자리, 2003.

Stoichita, Victor I., 이윤희 역, 『그림자의 짧은 역사』, 현실문화연구, 2006.

Witte, Bernd, 윤미애 역, 『발터 벤야민』, 한길사, 2001.

제4부 수사학과 진실

이상 시학과 경계의 수사학 박현수

이상 시의 '사랑의 진실' 연구 오주리

이상과 아방가르드 최현희

이상 시학과 경계의 수사학

박 현 수

목차

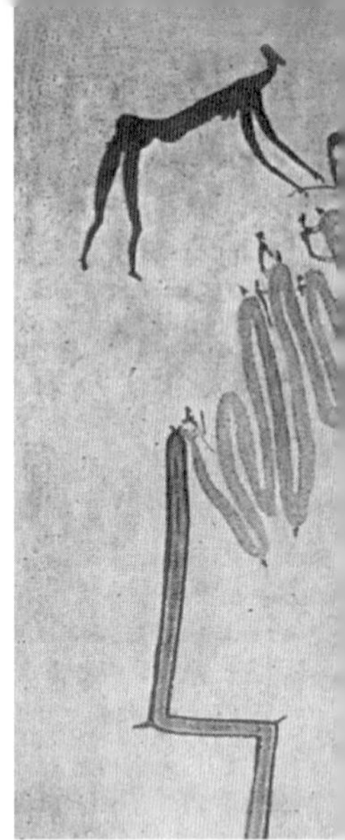

이상 시학과 경계의 수사학

—「종생기」를 중심으로

박 현 수*

1. 서론

이상 시학은 이성에 대한 태도를 기준으로 할 때 모더니즘적 층위와 아방가르드(포스트모더니즘)적 층위로 나누어진다고 할 수 있다. 모더니즘적 층위는 「거울」, 「명경」, 「지비」 등의 시들처럼 지적으로 정돈되어 있는 작품들에 깔려 있는 것이고, 아방가르드적 층위는 「오감도」 계열의 시처럼 이미지의 과격한 충돌이나 급격한 비약 등 실험성이 전면적으로 부각되고 있는 작품들의 바탕에 놓인 것이다. 소설에서는 「날개」와 「지도의 암실」이 서로 대비될 수 있을 것이다. 그러나 이상 시학에서는 이런 이중적 층위가 어느 한쪽으로 절대적으로 기우는 것이 아니라 다양하게

---

* 경북대학교 국어국문학과 교수

혼합되어 있다는 것이 중요한 특성으로 지적될 수 있다.

본고에서 「종생기」를 주목하는 것은 이 작품이 이상 시학의 혼성적인 특성을 해명하는 데 중요한 암시를 제공하기 때문이다. 이상의 후반기 작품인 「종생기」는 그의 소설 전체의 구도를 염두에 둘 때 과격한 실험을 앞세운 「지도의 암실」과, 서술방식에 있어서 지극히 상식적인 수준에 머무르고 있는 「날개」 사이에 놓인 경계적 작품이다. 전반적으로 극단적인 실험성이 자제되어 있고 지적인 제어를 통해 사건이 전개되고 있다는 점에서 모더니즘적 측면이 드러난다. 그러나 이미지가 낯설게 결합하거나 서사의 전개가 불연속적이라는 점에서, 현실의 작가와 소설의 화자가 뒤섞이고, 결과적으로 현실과 픽션이 서로 혼동되어 소설의 내적 완결성을 부정하는 메타픽션적인 특성을 지닌다는 점에서 아방가르드적 측면이 나타나기도 한다. 후자 쪽에 서면 유클리드 기하학이라는 절대적 체계에 대한 불신을 보여온 이상의 모습이 강조된다.[1] 반유클리드 쪽에 서면 소설이라는 담론 자체의 완결성과 폐쇄성, 그리고 이로부터 나오는 절대적 신념(이것은 모더니즘의 중요한 특징들이다)은 자연스럽게 부정될 수밖에 없기 때문이다. 이런 두 가지 층위의 혼재를 특징적으로 지니고 있다는 점에서 「종생기」의 수사학적 특징이 주목받을 만하다. 그리고 이것은 그의 시학 전체에 해당하는 특성이기도 하다는 점이 강조될 필요가 있다.

1) 이상은 "유우크리트는死亡해버린오늘유우크리트의焦點은到處에있어서人文의腦髓를마른풀과같이燒却하는收斂作用을羅列하는것에의하여最大의收斂作用을재촉하는危險을재촉한다,사람은切望하라" 고 한다(「線에關한覺書」, 『이상전집 1』, 문학사상사, 1989, 1992, 151면). 유클리드의 기하학이 인문의 뇌수를 소멸시킨다는 이런 언급은 「最後」(같은 책, 232면)라는 작품에서 뉴턴의 합리주의에 의해 지구가 부서질 정도로 상하고 "如何한 精神도 發芽하지 아니한다"는 진단과 맥을 같이 한다.

2. "인색한 절약법"과 생략법

「종생기」에서 이상은 자신의 시학 즉 창작방법론을 지속적으로 여러 군데에서 언급하고 있는데, 그 중 대표적인 것은 다음과 같다.

> 나는 내「終生記」가 天下 눈있는선비들의 肝膽을 서늘하게해놓기를 애틋이 바라는 一念아래의(이－인용자)만큼 吝嗇한 내 맵씨의 節約法을 披瀝하야보인다.(375)

> 혹 지나치지는 않았나. 天下에 炯眼이 없지않으니까 너무 金칠을 앓이했다가는 서툴리 들킬염려가있다.(378)

이상에 의하면 "인색한 내 맵씨의 절약법" 혹은 "금칠"이란 눈있는 선비들의 간담을 서늘하게 하고 천하의 형안을 속이기 위한 창작 방법이다. 이것은 처음부터 끝까지 독자가 알아채기 힘든 고도의 기교를 의식적으로 사용하는 것이며, 가능한 한 서술적 설명이나 관련정보의 노출을 적극적으로 피하고, 의미의 연결도 표면적인 연관보다는 내적 맥락을 통해 이루어지도록 하는 것이다. 그는 이 외에도 "치레" "장치" "분장" 그리고 "속임" 등 수많은 용어로 이것을 달리 표현하고 있다. 이는 "자의식의 절정 위에 발돋움을 하고"(385) 시종일관 지속적으로 전개한 의식적 방법이라는 점에서 상당히 주목할 만하다. 이것은 「종생기」의 단문주의를 설명하는 논의에서도 드러난다. "이상의 경우 문장 하나하나가 독립변수로 작용하고 있"으며, "뒷문장이 앞문장에 종속되거나 이어지는 경우가 별로 없다"[2]는 언급은 바로 그런 방법론의 특성을 지적한 것으로 보인다. 다소 추상적일 수 있는 이 창작방법을 이상은 소설 한 부분에서 다음

2) 조남현, 「실험과 모순의 텍스트, 그 안팎－자기 비하와 자기 과시의 고백체 소설 「종생기」」, 『문학사상』, 1997. 10, 146면.

과 같이 드러내어, "천하의 형안"이 못되는 독자를 위한 배려도 빠트리지 않았다.

> 나는 선뜻
>
> 「설마가 사람을죽이느니」
>
> 하는소리를 저 배 속에서부터 울어나오는듯한 그런 까라앉은목소리에 꽤 明瞭한發音을얹어서 貞姬 귀 가까이다대이고 지꺼러버렸다. 이만하면 아마 그境遇의 最初의發聲으로는 무던히 成功한편이리다. 뜻인즉, 네가 오라고그랬다고 그렇게 내가 불숙 올줄은 너 꿈에도생각하지못했으리라는 꼼꼼한意圖다.(383)

정희의 편지를 받고 그녀를 만나서 "맨 처음 發言으로는 나는 어떤 奇絶慘絶한 驚句를 내어 놓아야 할 것인가"(383)를 고민하던 화자가 그 고민 끝에 내던진 말이 "설마가 사람을 죽이느니"였다. 사실 이 말이 전후 맥락에 대한 설명없이 등장했다면 독자들은 상당히 당황했을 것이다. 형식적이고 상투적인 인사는 생략한 채 상당히 의식적인 조작을 거친 끝에 비로소 발화되는 이 표현처럼, 생략된 것이 많으면 많을수록 그만큼 그 발언은 생소하게 느껴질 것이다. 그러나 여기에 "꼼꼼한 의도"를 밝히고 있어 그런 생소함과 당황스러움은 다행히 무리없이 해소된다. 애초의 구절에서 이런 의도에 대한 언어적 표현은 생략되어 있었다고 할 수 있다.[3)]

이처럼 문장의 이해에 필요한 요소를 고의적으로 생략하는 "절약법" 혹은 "금칠"은 모더니즘과 아방가르드의 경계에 놓인 수사학이다. 이를 수사학에서는 생략법(ellipsis)으로 불러왔다.[4)] 물론 이상의 표현방식이 이

3) 생략된 요소를 복원하면 그 발화는 다음과 같이 될 수 있을 것이다. "설마가 사람을 죽인다는 말 들어봤느냐?. 네가 오라고 그랬다고 이렇게 내가 불쑥 찾아올 줄은 너 꿈에도 생각하지 못했겠지?"

4) 고전적인 수사학자 뒤마르세는 "생략법은 구문의 문채(figure de construction), 즉 언술에서 단어의 사용과 배열에 관계된 현상이다. 구문을 완전하게 하기 위해 필요한 단어들이 부재할 때 생략법이 존재한다. 생략법은 담화를 축약시켜서 담화를 보다 힘차고 우아하게 만든다."고 설

수사학 개념과 정확하게 맞아떨어지는 것은 아니나 표현의 기교면에서 유사한 측면이 있기 때문에 그의 "절약법"을 이해하는 데 도움이 된다. 생략법은 통사의 일부요소를 제거하는 수사방식을 통칭하는 일반적 개념으로, 수사학과 언어학에서 공통적으로 다루어지고 있는 흥미있는 개념이다.[5] 이것은 문장의 완전한 이해에 필요한 요소를 생략하여 암시적으로 이해하게 만들어 독자의 상상력을 자극하며, 글에 간결함, 속도감을 주며, 문체에 밀도, 강도, 우아함을 부여하는 역할을 하기도 한다.[6] 물론 통사상의 요소만이 생략되는 것은 좁은 의미의 생략법이며, 이제는 문장 단위를 넘어 담화 층위로까지 확대되는 것이 일반적이다.[7] 현대에 와서는 여기에서 한 걸음 더 나아가 사상 내용의 생략까지 가정한다. 박항식이 『수사학』에서 "이 방법이 문법적으로만 접속사 기타의 단어를 약(略)

명한다. 윤희선, 「생략에 관한 연구」, 이화여대 석사학위 논문, 1996, 10면. 본고에서는 여러 논문에서 사용되는 생략법과 생략이라는 용어 중 수사 방식이라는 인식을 분명하게 하기 위해 전자를 사용한다.

5) 유개념으로서의 생략법 속에는 각 단어마다 콤마를 삽입하는 단어접속생략법(brachylogia), 구와 구 사이의 연결사를 생략하는 구절접속생략법(asyndeton), 하나의 서술어가 둘 이상의 실사를 꾸미는 단일서술어법(zeugma) 등이 있다. Alex Preminger(edit.), *The New Princeton Encyclopedia of Poetry and Poetics*, Princeton University Press, 1993, p.326. brachylogia는 간략법, asyndeton은 비접속문, 연결사생략, 접속사생략, 단서법(斷敍法) 등으로 불리고, zeugma는 액식어법, 액어법, 묶거나 풀어서 잇는 수법 등으로 번역된다. 번역용어는 다음의 논저 참고.
박항식, 『수사학』, 현대문학사, 1976.
김기종, 『조선어수사학』, 로녕인민출판사, 1983.
박우수, 『수사적 인간』, 도서출판 민, 1995.
자크 뒤부아, 용경식 옮김, 『일반수사학』, 한길사, 1989.

6) Henri Morier, *Dictionnaire de Poetique et de Rhetorique*, Press Universitaires de France, 1961, p.396.

7) 언어학에서는 생략 현상을 문장의 생략된 부분에 대한 복원가능성 또는 재구성가능성의 유일함에 초점을 둔 Jespersen의 논의가 있는데, 이에 따르면 의미의 모호함이 발생하면 생략법은 성립되지 않는다. 이와 같은 문장단위의 생략법에 대해 Quirk나 Walace, Bally 등은 담화의 층위를 도입한다. 특히 Bally는 문맥적 생략, 상황적 생략으로 나누어 담화 층위에서 생략법을 논하고 있다.
윤희선, 「생략에 관한 연구」, 이화여대 석사학위 논문, 1996.
김윤경, 「영어의 생략에 대한 연구」, 연세대 석사학위 논문, 1988.
노은희, 「담화에서의 생략에 대한 비판적 고찰」, 『선청어문』 22집, 1994.

하는 데 그치는 것이 아니라 사상 내용까지를 생략하게 되는데, 여기에 이르러야만 문학적 가치가 발생하게 되는 것"[8)]이라 한 것은 바로 이런 측면을 지적한 것이라 할 수 있다. 그러나 생략법의 근저에 존재하는 공통적인 전제는 르 비드와의 지적과 크게 다르지 않을 것이다.

> 화자의 정신은 사고의 본질적인 내용으로 급격히 도약한다. 즉 더 빨리 그것에 도달하기 위해 중간단계를 없애 버린다. 담화의 움직임을 무익하게 늦추는 것을 삭제한다. 거기에는 노력의 절약이 있다기보다 활동의 최고도, 절정이 있다. 날개 달린 말(paroles ailees)이라는 호머의 멋진 표현은 생략을 특징지어주는 것으로 보인다.[9)]

"날개 달린 말(언어)" 이라는 표현은 문장과 문장의 연결에 있어서 중간단계를 건너뛰어 메시지의 본질에 신속하게 도달하고자 하는 생략법의 한 특성을 잘 보여주는 것으로 이해할 수 있다. 본질적인 내용에 "급격히 도약" 하는 것은 설명적이고 산문적인 과정을 과감히 생략해버림을 말한다. 특히 이 문제를 노력의 절약이라는 경제성의 측면에서 파악하지 않고 가장 왕성한 지적 활동의 차원에서 접근한 것은 생략법이 지닌 주지적 특성과 의도성을 부각시키는 데 많은 도움이 된다.

이상의 "인색한 절약법" 이 문장 상에서의 상투적인 요소를 생략하고, 고도의 기교로 서술적 설명이나 관련정보의 노출을 적극적으로 피하고, 의미의 연결도 표면적인 연관보다는 내적 맥락을 중시하는 방법이라 한다면, 이는 생략법과 많은 유사성을 공유하게 된다. 그러나 이상이 사용하는 생략법은 그보다 더 적극적으로 더 기교적으로 이루어지고 있다는 데 특징이 있다. 따라서 의미 맥락의 빈 공간은 더욱 커지게 되어 독자의 이해력과 상상력이 고도로 요구된다. 다음과 같은 문장이 좋

8) 박항식, 앞의 책, 123면.

9) R. Le Bidois, *Syntaxe du francais moderne* I, 윤희선, 앞의 논문, 58면에서 재인용.

은 예가 된다.

> 거울을향하야 면도질을한다. 잘못해서 나는 상차기를 내인다. 나는골을 벌컥 내인다.
>
> 그렇나 와글와글 들끌른 여러「나」와 나는 正面으로 衝突하기 때문에 그들은 제각기 뻬스트를 다하야 제자신만을 辯護하는 때문에 나는 좀처럼 犯人을찾어 내이기는 어렵다는 것이다.
>
> 그리기에 大抵 어리석은民衆들은「원숭이가 사람흉내를내이네」하고 마음을 놓고 지내는모양이지만 사실 사람이 원숭이흉내를 내이고지내는 바짜 至當한 典故를 理解하지 못하는 탐(탓－인용자)이리라.(376)

이상의 자의식 상태를 잘 보여주는 앞의 구절은 면도질을 하다가 상처를 낸 범인을 "여러「나」" 속에서 찾기 힘들다는 내용이다. 그런데 다음에 연결되는 원숭이 흉내는 앞의 내용과 무관한 것으로 이해되어 왔다. 그러나 이 두 문장은 이질적인 내용이 아니라 하나의 일관된 흐름 속에 놓여 있다. "그렇기에"라는 접속사는 이 두 문장의 긴밀성을 말해준다. 그럼에도 내용이 이질적으로 보이는 것은「설마가 사람을 죽이느니」라는 예처럼 앞뒤의 맥락에 대한 일반적인 설명 없이 본질적인 내용으로 바로 들어갔기 때문이다.

원숭이의 흉내를 이야기하는 것은 인간의 본질 속에 내재해 있는 근원적인 한계를 지적하기 위해서이다. 즉 원숭이가 사람을 흉내내는 것과, 화자의 행동이 "여러 나"의 혼재 속에서 그 주체도 모른 체 어느 "나", 혹은 복수적 자아의 간섭을 받는 것을 비교한 것이다.[10] 그러나 원숭이는 모방할 대상과 모방하는 주체를 분명하게 인식하고 있는 데 비해, 인간은 근원적으로 그런 단일 주체 자체가 없기에 수많은 자아의 혼돈스런 의

10) 이상은 그의 시에서 이런 상황을 "群雄割據"로 표현하고 있다(『전집』 1, 114면).

지 속에서 근원도 알지 못한 체 흉내를 내어야 한다. 그래서 "사람이 원숭이 흉내를 내"인다고 한 것이다. 즉 "여러 나"의 혼재와 싸움 속에서 인간의 행동이 나오는데, 그처럼 이유도 인식하지 못하고 흉내내는 인간의 무자각적 행위는 원숭이보다 못 하다는 내용이다. 이렇게 해석할 때 이 두 문장은 자연스럽게 연결된다.

비연속적으로 보이는 다음 구절도 유사한 예가 된다. 이 문장들의 배열에서 생기는 의미의 혼란은 문장 간의 문맥적 상황이 생략되어 나타난 결과 때문이라 할 수 있다.

> 「地球를 점여내는 사람들은 光是 自然 破壞者리라」는둥
>
> 「개아미집이야말로 果然 整然하구나」 라는둥
>
> 「비가오면, 아―天下에비가오면」
>
> 「昨年에났든 草木이 올해에도 또 돋으려누, 歸不歸란 무엇인가」라는둥―(388)

여기에 인용된 이 네 구절은 원천이 다른 곳에서 각각 개별적으로 가져온 것으로 볼 수 있다. 이 소설의 앞뒤 문맥에서도 이 점이 잘 드러난다. 즉 화자는 "치레 잘 하면 제법 의젓스러워도 보일만한 가장 한산한 과제로만 골라서" 놓은 것이라 하고 있다. 이는 인용부호가 붙은 그 구절들이란 화자가 정희에게 말을 건네기 위해 발어사격으로 사용하려고 가져온, 상황설정만이 비슷한 인용구들임을 가리킨다. 그리고 이것은 기억에 의존하거나 창조적으로 변형되기 때문에 일부 구절이 다르게 될 가능성이 많다. 그리고 이런 현상은 결과적으로 창작의 한 방식이 된다.

그러나 출처가 다른 인용구라 해서 서로의 의미가 절연되어 있는 것은 아니다. 앞의 두 구절은 자연파괴자와 개미가 서로 연관이 있으며, 나머지 두 구절은 비와 초목의 관계가 전제되어 있다. 특히 모파상의 작품과 관련하여 해석되어온 마지막 부분의 의미는 상호텍스트적 관점에서 관

련자료를 이용하여 새롭게 복원할 수 있다.[11] 마지막 구절은 앞뒤 인용문뿐 아니라, 문장 자체 내에 있는 "초목"과 "귀불귀" 등의 의미도 불명확한 듯하다. 그러나 이 구절이 유명한 왕유(王維)의 「송별(送別)」이라는 작품에서 나온 것임을 알 때 의미의 복원은 그리 어렵지만은 않다.

山中相送罷　산중에서 벗 떠나보내자
日暮掩柴扉　해는 저물어 사립문 닫는다
春草明年綠　봄풀은 내년에도 푸르를 터인데
王孫歸不歸　떠난 왕손은 그때는 돌아오려는지[12]

이 시의 후반부가 바로 「종생기」의 "昨年에났든 草木이 올해에도 또 돋으려누, 歸不歸란 무엇인가"로 변형되어 있다. 원시의 현재-미래(올해의 풀이 내년에도 푸를 것)의 시간이 「종생기」에서는 과거-현재(작년의 초목이 올해에도 돋을 것)의 시간으로 변형된 것이다. 이것은 왕유의 시가 친구를 이별한 뒤 만남을 기다리는 상황인데 반해, 소설은 과거에 알던 소녀를 현재 만나는 상황이기 때문이다. 그러나 이 문맥에서는 봄이라는 상황만이 강조되고 만남의 의미는 후면으로 물러나 있다. 그러나 "귀불귀"라는 만남에 대한 희구가 여전히 포기되지 않는 것은, 소설의 서두에 있는 것처럼 "나는 가을. 소녀는 해빙기. 어느제나 이 두 사람이 만나

11) 김주현은 마지막 구절을 모파상의 「비계덩어리」의 한 구절 "극지에서 겨울철이 끝나고 남쪽으로 향하여 길이 열리는 것을 보는 난파당한 사람들의 기쁨에 관한 훌륭한 비유를 생각해냈다"의 상징적 비유로 해석한다. 그러나 이런 해석은 이 흩어진 구절을 무리하게 하나로 꿰어 맞추려는 시도와, 텍스트에 보이는 "모파상"이란 단어 하나에 너무 과도하게 집착한 결과로 보인다. 김주현, 『이상소설연구』, 소명출판, 1999, 155~156면.

12) 이병한 역주, 『왕유시선』, 민음사, 1976, 69면. 이 시의 마지막 구절은 수많은 시인묵객의 빈번한 인용으로 더욱 유명하다. 김소월은 이 시를 "쓸쓸하다멧골집/ 자네가고난니싸/ 외로워라싸리문/ 져문날에후리네// 봄철풀은해마다/ 다시풀으건마는/ 가이업다우리는/ 가고어이못오나."(「보냄」)로 옮기고 있다. 또 구용(具容)의 시조가 있다.(정병욱 편저 『시조문학사전』) "碧海竭流後에 모ᄅᆡ 모여 셤이 되어/ 無情芳草ᄂᆞᆫ ᄒᆡ마다 푸르르되/ 엇더ᄐᆞ 우리의 왕숀은 귀불귀를 ᄒᆞᄂᆞ니."

서 즐거운 소꿉장난을 한번 해보리까"(379) 하는 간절한 바람이 전제되어 있기 때문이다. 원작품의 이런 변형은 소설의 문맥에 완벽하게 어울리고 있다. 그래서 소설에서 소녀는 "봄이 이렇게 왔군요" 하고 불쑥 말을 받는 것이다. 화자는 원작품에 명시적으로 나오는 "봄"이라는 어휘를 의도적으로 생략하고 있지만, 소녀가 이것을 바로 알아차림으로써 자신의 인색한 절약법이 탄로나자 순간 화자가 당황하게 되는 것도 이런 맥락 안에서 가능한 것이다.[13)]

"「昨年에낫든 草木이 올해에도 또 돋으려누, 歸不歸란 무엇인가」"라는 수사적 발화에는 전후 맥락 혹은 문장 속에서 고도의 생략이 발생함으로써 난해함의 강도가 더욱 강화된다. 그 난해함은 문장 구성 요소의 단순한 생략이 아니라, 생략된 참조 관계의 생소함과 관계된다. 이 구절의 앞에 있는 "「비가 오면, 아-天下에 비가 오면」"이라는 구절 역시 그런 참조관계를 지니고 있는 것으로 보이는데, 그 때문에 전후 문맥 전체가 난해하게 된 것이다. 여기에서 알 수 있는 바처럼 생략법은 그 자체로서 생략된 참조 관계와 짝을 이루고 있다. 그래서 생략법에서 누락된 내용은 이미 그런 참조 관계를 전제하고 있으므로, 누락 자체가 고도의 인용이 되는 셈이다. 생략법은 이 지점에서 심층적으로 인유와 상호텍스트성과 연계된다. 이상의 생략법이 특히 난해하게 느껴지는 것은 이런 심층적인 연계를 전제하고 있기 때문이라 할 수 있다.

이처럼 생략법의 측면에서 고의로 누락된 의미 연관을 복원해갈 때, 「종생기」의 많은 난해구는 상당 부분 복원할 수 있을 것이다. 그러나 그것이 "유일하게 복원가능한(uniquely recoverable)"[14)] 것인가 하는 점에는 이의가 있을 수 있다는 점에서 전통 수사학자들이 말하는 복원가능성

13) 상호텍스트성의 관점에서 새롭게 밝혀낼 수 있는 전거는 이외에도 「종생기」 곳곳에 산재해 있다. 김소월의 시, 두보의 시, 아리스토텔레스의 『시학』, 시조 등이 거론될 수 있을 것이다. 이는 별개의 논문으로 다루어야 될 문제이므로 여기에서는 생략한다.

14) Qurik, et al., *A Grammar of Contemporary English*, London; Longman, 1972, p.536.

과는 다소 거리가 있다는 점이 지적되어야 한다. 이상의 생략법은 복원가능한 문장 성분의 단순한 생략도 있지만, 대부분 생소한 참조 관계의 생략을 전제로 한 복원불가능성과 연계되어 있기 때문이다. 이상의 생략법은 한마디로 복원가능성과 복원불가능성의 경계, 즉 모더니즘과 아방가르드의 경계에 놓여 있다고 할 수 있다.

3. 이상 시학에 있어서 생략법의 기능

「종생기」의 중심적인 창작방법론으로 작용하고 있는 생략법이 작품에서 어떠한 기능을 하고 있는지를 구체적으로 살펴보고 이를 바탕으로 이상 시학에 있어서 생략법이 지니는 의의를 검토하고자 한다. 이상 시학에 있어서 생략법의 기능은 크게 네 가지로 나누어진다.

1) 지각의 탈자동화

이상의 "인색한 절약법"을 생략법과 등가로 볼 때, 그런 수사학의 선택을 강요한 것은 무엇일까. 표면적으로 드러난 방식의 유사성만을 단순비교하는 것은 수사학을 표층의 차원에서만 이해하는 것이 된다. 그런 단계를 넘어서서 작품에 드러난 화자의 문학관과 생략법의 특수성이 긴밀하게 연관되어야 한다. 그것은 생략법의 특성을 드러내면서 동시에 작품의 특성을 드러내는 것이 된다.

이런 관점에서 이상의 「종생기」를 분석하고자 할 때 첫 번째로 언급해야 할 것은 바로 이 작품에 드러난 미학적 관점이다. 그것은 이상이 그의 작품에서 일관되게 강조하고 있는 자의식의 유지와 관련이 깊다.

> 嗚呼라 一擧手一投足이 이미 아담 이브의 그런 衝動的習慣에서는 脫却한지

오래다. 反射運動과反射運動 틈사구니에끼워서 잠시 실로 電光石火만큼 손꾸락이 自意識의捕虜가되었을 때 나는 머처럼 내 虛無한歲月가운데 閑却되어있는 奇岩 내 코잔등이를 좀 만이적 많이적했다거나,(376)

여기에 자의식과 대조되고 있는 것은 “충동적 습관”, “반사운동”이다. 아담과 이브로부터 지녀온 본능과 같은 충동적 습관이나, 생물학적 무의식의 반응인 반사운동은 모두 자의식의 개입을 거부하기 때문이다. 그것은 의식의 여과없이 행해지는 자동성과 동궤에 놓인다.[15] 그런 자동성을 정지시키고 “지각의 탈자동화”[16]를 이룰 수 있는 자의식의 상태가 되었을 때 그는 자동성 속에 잊혀져 왔던 사소한 것(콧잔등)을 비로소 인식하게 된다. 그래서 그는 “자의식의 포로”(376)가 되기를 기꺼이 바라고 있으며, 작품 내내 “자의식의 절정 위에 발돋음을 하고”(385) 최고의 작품을 만들어내기를 갈구하고 있다.

충동적 습관과 반사운동이 나타내는 이 자동성은 다른 말로 상투성이라 할 수 있는데, 그것은 너무나 익숙해 있어 우리에게 어떤 새로운 시각을 요구하지 않는 상태, 즉 무의식의 과정 속에 편입되어 의도적 지각이 결여된 자의식의 부재 상태를 말한다. 「종생기」에서 이런 자동성과 상투성은 바로 감상성으로 나타나고 있다. 그의 미학적 관점이 자의식의 철저한 유지에 놓여 있다고 할 때, 그 결과 거부되어야 하는 것이 바로 이 감상성이 된다.

---

15) 자동성 혹은 자동화는 의미부여하자면, 러시아 형식주의자들의 개념과 연결시킬 수 있다. 쉬클로프스키는 방 청소를 하면서 의자의 먼지를 털었는지 아닌지 기억하지 못하는 것을 동작의 습관적이고 무의식적인 특성에서 찾았는데, 이런 행위의 마비적, 기계적 습관(체코 형식주의자들이 훗날 자동화라고 부름)을 깨트리며, 우리로 하여금 실존적인 신선함과 두려움의 세계에 다시 태어나게 하는 수법을 “낯설게 하기(ostranenie)”라고 하였다. 프레드릭 제임슨, 『언어의 감옥』, 까치, 1985, 42~43면.

16) 레먼 셀던, 김용규 옮김, 『비평과 객관성』, 백의, 1995, 78면.

(가) 美文, 美文, 曖呀! 美文

美文이라는것은 저윽이 措處하기 危險한 수작이니라

나는 내 感傷의꿀방구리속에 靑山가든나비처럼 痲醉昏死하기 자칫 쉬운 것이다. 조심 조심 나는 내 맵씨를 고처야할것을 안다.(379)

(나) 美文에 견줄만큼 위태위태한것이 絶勝에酷似한 風景이다. 絶勝에 酷似한風景을 美文으로 飜案模寫해 놓았다면 자칫 失足 溺死하기쉬운 웅뎅이나 다름없는것이니 僉位는 아예 가까이 닥아서서는안된다.(392)

(가)에서 감상성의 다른 이름으로 나오는 것은 "미문" 이다. 미문은 낭만성을 바탕으로 하고 그것을 고려하는 순간 작가를 무자각적 정서의 세계로 떨어트리기 때문에, 자의식을 뚜렷하게 지니고 있는 작가에게는 금물의 대상이 아닐 수 없다. 자의식의 포즈(맵시)가 조금만 흐트러져도 "감상(感傷)의 꿀방구리 속에 청산 가든 나비처럼 마취혼사(痲醉昏死)하기 자칫 쉬운 것" 이기 때문이다.[17] (나)는 미문과 똑같이 위험한 것으로 "절승에 혹사한 풍경" 을 들고 있다. 절묘한 풍경은 사람을 그 세계 속으로 포용해버리고 경계심을 무너트린다. 그리고 그런 위험한 풍경을 미문으로 모사한다면 그것은 갑절이나 위험한 것이 될 것이다. 그래서 그는 이와 같은 감상성을 "실족 익사하기 쉬운 웅뎅이" 라 하고 다른 곳에서는 "개흙밭" (392)이라 표현하고 있다. 이처럼 이상은 감상주의를 철저하게 거부하고 경계한다. 그것은 잠시라도 방심하는 순간 자의식을 해체시켜 버리기 때문이다.

이런 감상성은 순간적으로 자의식의 경계심을 무너트리고 주체를 일

17) 김주현은 이 부분을 호접몽(胡蝶夢)의 인유로 보고 있으나 이것은 우리나라 시조 "나뷔야 靑山에 가자 범나뷔 너도 가쟈/ 가다가 져무러든 곳듸 드러 자고 가쟈/ 곳에서 푸待接ᄒᆞ거든 닙헤서나 ᄌᆞ고 가쟈" 에서 가져온 표현이다. 최승범 편, 『한국고시조선』, 삼중당문고, 1982, 399면. 호접몽은 수필에서 "淡白한 虛無－莊周의 胡蝶夢" 이라고 직접적으로 사용하고 있다.(『전집』 3, 111면)

상성 속으로 편입되게 만든다. 그 일상성은 자동성, 즉 상투성의 세계에 속해 있으며, 이 순간 세계는 낯익은 채로 되어 버려 우리에게 어떠한 새로운 인식도 주지 못 한다. 풍경이나 미문 등이 주체를 순간적으로 "청산가던 나비처럼" 일상성 속에 "마취혼사" 시켜 버리기 때문이다. 그래서 이상은 이런 감상성을 여러 가지 방식으로 경계하고, 그에 대항할 "맹목적 신조"에 대해 말한다.

> 그럼 風景에對한 傲慢한處身法
>
> 어떤 風景을 뭇지않고 風景의 根源, 中心, 焦點이말하자면 나하나 「도련님」다운 素行에있어야 할것을傍若無人으로 强調한다. 나는 이 盲目的信條를 두눈을 그대로 딱 부르감ㅅ고 믿어야된다.(386)

이것은 감상(풍경)에 몰입되어서는 안 되고, 풍경의 중심에 자의식적 주체가 굳건하고 오만하게 놓여 있어야 한다는 말이다. 정서나 감상에 휩쓸리지 않으려면 의식적인 긴장 상태를 팽팽하게 유지해야 한다는 이런 자기 다짐은 어쩌면 "맹목적 신조"라 부를 수도 있을 것이다. 이런 맹목적 신조는 휘파람 한 번 부는 데에도 "극비리에 정선 은닉된 절차를 온고(溫古)하여야만"(386) 할 정도로 치열하다. 즉 이는 일거수일투족이 모두 의식의 대상이 되어야 함을 강조한 것이다. "극비리에 정선 은닉된 절차"는 자동성과 감상성으로부터 의식적으로 거리를 두는 생략법의 기능과 관련된다.

지금까지 인용한 문장, 즉 "美文, 美文, 曖呀! 美文"이나 "그럼 풍경에 대한 오만한 처신법" 등은 완전한 문장이 아니라 생략된 문장으로 이루어져 앞뒤 맥락에 대한 의식적 긴장을 유발하지만, 문장과 문장 사이의 자연스럽고도 관습적인 연결이 거부된 채 수많은 맥락의 생략을 통해 의미의 폭을 확장시키고 있다. 이는 자동성으로 매몰되려는 의식을 스스로 제어하는 방어기제로 작용하는 데 도움을 준다. 이처럼 「종생기」에서 생략법은 난해하고도 비약적인 문장 운용으로 자동적이고 습관화된 사유를 정지시킴으로써 자의식을 고도로 유지할 것을 요구한다.

2) 순차적 독서의 방해

다음으로 다룰 기능은 생략법을 통해 문장과 문장, 단락과 단락의 연결을 고의적으로 부자연스럽게 만들어 독자의 자연스러운 독서를 지속적으로 방해하는 전략이다. 이것을 구체적으로 실현시키는 방법으로 난해한 단어 사용, 낯선 전거를 인용하는 상호텍스트적인 방법, 전후맥락을 제거한 채로 문맥을 이어나가는 방법 등이 있다. 이 모든 방법이 「종생기」에는 동시적으로 시도되고 있는데, 그 중 한 예를 중심으로 검토하기로 한다.

> ① 휘파람 한번을 분다 치더라도 내 極秘裏에 精選 隱匿된 節次를 溫古하여야만 한다.(…)
>
> ② 動物에 對한 高潔한 智識?
>
> 사슴, 물오리, 이밖의 어떤 種類의 動物도 내 에니멀킹돔에서는 落脫되어 있어야한다. 나는 이 狩獵用으로 귀여히 가여히 되어먹어 있는 動物外에 動物에 언제든지 無可奈何로 無智하다.
>
> 또—
>
> ③ 그럼 風景에 對한 傲慢한 處身法?
>
> (....) 나는 이 盲目的信條를 두눈을 그대로 딱 부르감ㅅ고 믿어야된다.
>
> ④ 自進한 「愚昧」, 「歿覺」이 참 어렵다.
>
> 보아라. 이 自得하는 愚昧의 絶技를! 歿覺의 絶技를
>
> ⑤ 白鷗는 宜白沙하니 莫赴春草碧하라.
>
> 李太白. 이 前後萬古의 으리으리한 「華族」. 나는 이태백을 닮기도 해야 한다. 그렇기 위하야 五言絶句 한줄에서도 한字가량의 泰然自若한 失手를 犯해야만

한다. 絢爛한門閥이 풍기는 可히 犯할수없는 氣品과勢道가 넉넉히 古詩한節쯤 서슴ㅅ지않고 상차기를 내어놓아도 다들 어수룩한 체들하고 속느니 하는 교만한迷信이다.(번호－인용자)(387)

인용된 부분은 연속된 단락으로 이루어진 소설의 일부로서, 문장과 문장, 단락과 단락 사이의 연결이 쉽게 이루어지지 않는 부분 중의 하나로 마치 초현실주의의 자동기술법에 의한 글쓰기를 연상시킨다. 그러나 내외적 맥락을 고찰하면서 읽어가면 이 부분도 하나의 일관된 내용으로 이어져 있음을 알 수 있다. 이런 텍스트를 읽는 데에는 기호학적 방법이 도움이 된다. 기호학 역시 상호텍스트성을 전제로 하며, 어휘연쇄의 다양한 변화가능성을 인정하고 있기 때문이다.[18] 수사학을 정치하게 하기 위해선 기호학적 지식이 필수적인 이유가 여기에 있다.

인용문에서 ②와 ⑤는 특히 이질적인 내용으로 보인다. 그것의 의미를 알려면 하나하나 의미를 정리해나갈 필요가 있다. ①은 자의식에 대해 말한 것임은 이미 살펴본 바가 있다. 그런데 ②는 갑자기 동물 이야기로 넘어가서 낯설게 느껴진다. 그러나 자신의 동물원에서 사슴, 물오리만을 허용하고 이들만을 알고(智識) 있는 것은 그것들이 귀엽고 가엾은 수렵용이기 때문이라는 지적을 고려하면, 이것은 곧 감상성과 관련됨을 짐작할 수 있다. 가련함은 감상성과 결부되어 있으며, 가련한 동물에 대해서만 지식을 가지고 있다는 것은 자신의 자의식을 더욱 고결하게 만드는 것이 된다. 왜냐하면 자의식을 견지하고 있는 사람에게 감상은 하나의 관조(수렵용)의 대상이 되며, 또한 그런 관조 자체가 관조자를 우위에 놓기 때문이다. 이렇게 할 때, 그런 감상성의 일종으로 "풍경"을 말하는 ③이 자연

18) 기호학적 관점에서 텍스트 읽기의 다음과 같은 전제조건은 그 점을 잘 시사해준다. "(1) 시를 읽기 위해 우리는 그 시의 포괄적 전통(제라르 쥬네트가 "원텍스트architext"라 부른 것)과 그 전통 속에 있는 어떤 수의 텍스트들을 알아야만 한다. (2) 우리는 시적 언술의 생략적 본질 때문에 결여하고 있는 요소들(서사적 · 극적 · 연설적 · 개인적)을 채워넣는 어떤 기술을 가져야만 한다." Robert Scholes, 유재천 역, 『기호학과 해석』, 현대문학사, 1988, 59~60면.

스럽게 연결된다. 그리고 ④의 "자진한 우매"는 앞 단락의 "맹목적 신조"에서 파생된 것이다. 맹목적이라는 말은 우매함과 몰각이라는 말의 확장이다. 즉 우매할 정도로 자의식을 가지고 감상성을 적극적으로 부정한다는 의미이다.

문제는 ⑤이다. 이태백 시퀀스라 부를 수 있는 이 구절 중 한시(白鷗는 宜白沙하니 莫赴春草碧하라)의 의미는 이 글 중에서 가장 낯선 것이다. 그러나 지금까지 진행된 의미의 흐름에 접목시키면 쉽게 이해된다. 즉 자의식을 지니고 있는 자는 그에 합당한 인식과 행위를 고려해야 하며, 잘못하여 익사할 수도 있는 감상의 구렁텅이에는 아예 접근하지 말라는 의미이다. 한시에서의 백구/춘초는 의미상 자의식/감상에 대응된다. 다음에 나오는 것이 '이태백 닮기'와 '생채기 내기'다. 이백과 같은 대가의 시를 의식적으로 상처내는 일은 자신을 대가와 동렬에 놓는 행위이며, 이 말 속에는 오히려 낭만적인 감상을 바탕으로 시를 쓰는 이태백보다, 자의식을 가지고 패러디하고 창작하는 화자가 더 낫다는 판단도 깔려 있다. 이것은 서두에서 산호에 대한 시를 패러디하면서 "人智가 발달해가는面目이 실로躍如하다"고 한 언급과 관련된다. 일부러 오자내는 것을 인지의 발달로 보는 것은 의식적 행위의 의미와 중요성을 강조한 것이다. 그리고 "교만한 미신"은 ③의 "맹목적 신조"의 확장이다. 맹목적인 신조는 미신에 가깝기 때문에 이 두 구절은 의미상 연결이 된다. 이렇게 볼 때, 이 구절들은 모두 자의식과 감상성에 대한 화자의 입장을 피력한 일관성 있는 글이 된다.

이런 글은 자세하게 읽지 않으면 내적 맥락을 놓쳐버리기 쉽고, 난해한 문장이나 낯선 단어들이 갑작스럽게 출현하기 때문에 독서의 진전이 지속적으로 방해받는다. 그것은 문장(단락)과 문장(단락)의 나열에서 설명적 요소들을 적극적으로 생략하고 있어, 독자가 여러 방식으로 그 빈칸을 채워나가야 하기 때문이다. 그러면 독자에게 있어서 작품에 몰입할 수 있는 가능성은 그만큼 줄어들게 됨은 필연적이다.

3) 독자의 상투적 기대 거부

순차적 독서의 방해라는 기능으로부터 또다른 측면의 기능이 드러나는데, 그것은 자동성의 방해를 통해 독자의 상투적 기대를 고의적으로 저버리며 독자에게 심리적 충격을 가하는 자극 요법의 기능이다. 생략법을 중추로 삼고 있는 「종생기」의 시학은 바로 자의식을 최고도로 유지하는 방식, 즉 자동성의 방지 기제들을 고안하는 데 역점을 두게 된다. 「종생기」에 나타나는 그런 자동성(감상성)의 방지 기제는 바로 무자각적 몰입의 거부를 최종 목표로 한다. 이 목표를 실현하는 데 동원되는 방법 중의 하나는 문장을 순차적이면서 상투적으로 읽어나가는 독자의 기대를 순간적으로 좌절시키는 방식이 있다.

> (가) 거룩하다는 稱號를携帶하고 나를찾어오는 「戀愛」라는 것을 應酬하는데 있어서도 어디서 어떤 老少間의 의뭉스러운先人들이 발라먹고 내어버린 그런 遺訓을 나는 헐값에 건어들여다가는 製錬 再湯 다시 써먹는다.
>
> 는줄로만 알았다가도 또 내게 혼나는 경우가있으리라.(385)

> (나) 나는 이런境遇에 千萬뜻밖에도 눈물이 핑 눈에긋득 돌아야하는 것이 꼭 맞는原則으로서의 意表가아닐까 그렇게생각하면서 저벅저벅 貞姬앞으로 닥아갔다.(383)

(가)를 읽어가는 독자는 "써먹는다"라는 서술어까지 읽어오면서 하나의 메시지가 완결된 것으로 믿는다. 그리고 거기에는 마침표까지 찍혀 있기 때문에 이런 기대는 전혀 의심의 대상이 되지 않는다. 그런데 이런 기대는 순간적으로 좌절되는데, 바로 이어서 이 문장이 완결되지 않은 것으로 드러나고, 전언이 진행 중임이 알려진다. 이것은 문장을 읽으면서 어느 정도 결과를 예상하는 독서 습관에 타격을 가하면서 소설에 몰입하

는 것을 방지한다.

(나)도 "천만 뜻밖에도"라는 말 때문에 "눈물이 핑 돌았다"라고 읽히게 되는데 결과적으로 그 기대는 좌절된다. 이처럼 한 문장이 완결된 듯하면서 전혀 다른 국면으로 다시 연결되는 기법은 독자가 한 문장의 일반적이고 상투적인 흐름에 몸을 맡기고, (나)와 같은 감상에 빠지는 상황을 방지한다. 또한 이것은 화자가 감상에 빠지지 않으려 의식하고 있다는 사실 자체를 하나의 대상으로 고찰하고 있음을 인식시켜 준다. 이처럼 자의식이 순간적으로 허물어져 감상의 구덩이로 떨어지는 것을 막기 위해 이상은 독자의 일반적인 기대를 계속해서 좌절시킨다.

이것은 서술어가 문장의 마지막에 오는 우리 문장 구조의 특성을 교묘하게 활용한 수사학적 상황이기는 하지만[19] 예기되는 자연스런 상황을 갑자기 생략해버리고 새로운 전환을 가져오는 이 방식 역시 생략법의 새로운 형태로 이해할 수 있다. 인용한 문장에는 독자의 기대지평에 의한 상투적인 문장들이 연속될 것으로 예상될 수 있다. 가령 (가)의 "… 다시 써먹는다." 다음에는 기존의 명언들을 되뇌는 상투적 언어 사용에 대한 내용이나 상황이 예상되고, (나)의 "눈물이 핑 눈에 긋득" 다음에는 일련의 감상적인 장면이 예상된다. 그러나 그런 문맥은 완전하게 생략되고 예상 밖의 상황으로 나아가게 된다. 이것은 이상이 제공해주는 생략법의 가능성으로 높이 평가할 만하다.

4) 작품의 완결성 부정

독자의 상투적인 기대의 거부는 그 다음으로 문장의 차원을 넘어서서 작품 자체에 몰입되는 것을 막는 기능으로 확대될 수 있다. 몰입 자체는 대상에 대한 비판의식을 상실하는 경우에 생기는 현상이므로, 이 역시 감

---

19) 이것은 우리말의 구조와 관련되어 있는 특수한 경우이다. 바로 이런 부분이 아직 명명되지는 않았지만 우리의 수사학이 발생할 수 있는 지점이라는 점에서 앞으로 주목할 필요가 있다.

상성의 방지 기제가 적용되어야 할 대상이 된다. 그 방식은 작품의 완결성을 부정하는 것으로 나타난다.

(가) 「侈奢한 少女는」, 「解凍期의시내ㅅ가에서서」, 「입설의 落花지듯 좀 파래지면서」, 「薄氷밑으로는 무엇이 저리도 움즉이는가 고」, 「고개를 갸웃거리는 듯이 숙이고있는데」「봄 운기를 품은 薰風이 불어와서」「스카-ㅌ」, 아니 아니, 「너무나」. 아니, 아니, 「좀」「슬퍼보이는 紅髮을건드리면」 그만. 더 아니다. 나는 한마디 可憐한語彙를 添加할 誠意를보이자.(378)

(나) 日暮창산-

알(날-인용자)은 저믈었다. 아차! 아직 저믈지 않은것으로 하는것이 좋을까보다.

날은 아직 저믈지 않았다.(387)

(다) 나는 내 墳墓될만한 조촐한터전을 찾는듯한 그런서글픔 마음으로 貞姬를 재촉하야 그 언덕을 나려왔다. 등뒤에 들리는 風磬소리는 진실로 내 心痛함을 도웁는듯하다고 寫字하면 情景을 한층 더 반듯하게 매많어놓ㅅ는 한 도움이 되리라. 그럼 진실로 風磬소리는 내 등뒤에서 내 마즈막 心痛함을 한층 더 들복아놓는듯하드라.(392)

(가)는 자기 소설의 어휘를 다듬는 과정을 보이는 장면이다. 소설 중반부에 쓰일 장면 묘사에 필요한 문장을 소설 서두에 “아니, 아니” 하면서 수정해나가는 것이나, 성의를 보이자고 독백하는 것 등은 기존의 소설이 완벽한 인공세트 속에서 독자에게 완결된 느낌을 제공하려고 노력하는 것과는 완전히 대조적이다. 완결된 느낌은 소설 속에 마련된 인공세트를 실재로 착각한 독자가 그 속에 완전히 몰입될 때 생기는 것이다. 그런데 (가)는 인공세트임을 공공연히 밝히고 있으며, 나중에 사용될 장면묘사

를 소설 서두에 다듬어 보임으로써 시간의 설정 자체도 조작적임을 드러낸다.

이런 시간의 조작은 (나)에 오면 더욱 심해진다. 소설에서나 현실에서의 시간적 배경은 불가역성을 기본으로 한다. 현재와 과거를 교차시키는 방식도 일종의 회상의 형식을 벗어나지는 못하는데, 그 회상 역시 시간의 불가역성이라는 한계 속에서 벌어지는 현상이다. 그런데 (나)에서는 "날은 저물었다"고 선언한 뒤에 이것을 "날은 아직 저물지 않았다"로 완전히 취소, 수정해버린다. 여기에서 시간 자체는 하나의 소도구로 전락되어 있다. 칸트의 시공간이 인식의 가능조건으로 절대화되어 있는 것과 비교하면 이런 시간의 사물화는 독자에게 상당한 충격을 가져다준다. 그리고 그 수정의 이유도 소설 진행상의 필요에 의한 것으로 밝혀져 있어 더욱 소설의 형해를 드러내고 있다. (다) 역시 글쓰기 자체를 하나의 대상으로 기술하고 있다는 점에서 공통된다.

이것은 모두 예술 작품이라는 틀 자체가 허구적이라는 것을 지속적으로 드러냄으로써, 독자가 그 속으로 몰입되는 것을 방지해준다. 소설의 화자와 현실의 작가, 현실과 소설을 계속 혼동시키는 것도 이런 전략에 포함된다. 이것은 "왜 나는 미끈하게 솟아 있는 근대건축의 위용을 보면서 먼저 철근철골, 시멘트와 세사(細砂), 이것부터 선뜩하니 감응하느냐"(393)는 탄식에서도 드러난다. 이것은 하나의 작품을 대할 때에 작품에 침잠하기보다도 그것의 기법이나 형식 같은 가려진 구조가 더 잘 느껴진다는 의미로, 글쓰기를 대상으로 하는 메타픽션의 성격을 잘 드러내준다.[20)]

독자로 하여금 작품 자체의 완결성을 믿게 만들고 거기에 독자 자신의 감정을 투사하여 그 허구적 세계로 자연스럽게 몰입하게 하는 것을 작품과 작가의 역할이라고 믿는 사람에게 이런 식의 표현은 상당히 충격적인

20) 이상은 이것을 "슬픈 透視癖"(『전집』 2, 393면)이라고 부르기도 한다.

것이 아닐 수 없다. 그런 사람들에 있어서 인용한 "일모창산―"이라는 표현 다음에는 해질녘의 상황과 관련된 수많은 상투어와 전거들이 자연스런 문맥을 형성하고 있을 것이다. 「종생기」는 그대로 두었다면 자생적으로 구축되어갈 그런 예상되는 일련의 기대를 고도의 생략법을 통해 완전히 배제해버리고 소설 자체의 몰입을 경계한다. 「종생기」의 생략법을 통해 이상은 완결된 작품이라는 관념을 희화화의 대상으로 삼고 메타소설이라는 새로운 세계를 보여준 점에서 문학사적 의의를 지닌다고 할 수 있다.

4. 이상 시학과 생략법의 의의

지금까지 이상 시학의 특성을 고찰하는 차원에서 「종생기」에 나타난 생략법의 특성과 기능을 살펴보았다. 이제 이를 바탕으로 이상 시학에 있어서 생략법이 어떠한 의의를 지니는지 검토해야 할 것이다. 서론에서 이미 말한 바와 같이 이상 시학은 모더니즘과 아방가르드(포스트모더니즘)라는 두 층위의 혼재로 이루어져 있다. 이 혼재가 소설로 잘 드러나는 것이 바로 「종생기」인데, 이 소설은 여러 측면에서 모더니즘과 아방가르드의 긴장 속에 놓여 있다.

생략법에 있어서 핵심이 되는 개념은 복원가능성(recoverability) 또는 재구성가능성(reconstructionality)이라 할 수 있다.[21] 생략된 항목이나 의미에 대하여 복원가능성이 높은 것, 즉 누구나 분명하게 생략된 내용을 알 수 있는 것일 경우는, 이미 지적한 바와 같이 수사학에서는 그리 매력 있는 것이 아니다. 그것은 일종의 죽은 생략법이라 할 수 있다. 그러나 어느 정도의 복원가능성을 강조하는 맥락의 이면에는 화자와 청자의 지적·

21) Qurik, et al., *A Grammar of Contemporary English*, London: Longman, 1972, p.536.

정서적 공통기반에 대한 믿음이나, 생략된 문장 이전에 일종의 이데아와 같이 존재하는 표준적인 문장에 대한 믿음이 깔려 있다. 이것은 이 세계의 보편성과 완결성을 믿는 모더니즘의 세계관과 유사하다. 따라서 생략법이라는 개념에 "사실상 모든 문장 성분을 생략할 수 있지만 청자나 독자가 문맥에 따라 충분히 생략한 부분의 뜻을 알아차릴 수 있을 정도여야만 한다"[22]는 제한을 가하는 것은 복원가능성을 확고하게 믿는 전통문법론자 혹은 모더니즘의 입장을 반영하는 규정이라 할 수 있다.

그러나 복원가능성에 대한 회의가 생기면서 생략법은 그 지평을 더욱 확장하게 된다.[23] 어느 문장 혹은 담화의 차원에서 어떤 부분이 생략되었다고 느낄 때 그것의 복원이 하나의 동일한 내용을 지닐 것이라고는 생각할 수가 없다. 각각의 독자는 자신의 기대지평을 가지고 생략된 부분을 생각하지만 그런 기대지평에는 개인에 따라 편차가 크기 때문에 거기에 기반한 동일한 복원의 결과는 기대하기 힘들다. 복원가능성을 강조한 수사학자가 스스로 복원불가능성을 드러내는 것도 생략법의 속성상 당연한 결과라 할 수 있다. 김욱동은 생략법에 "청자나 독자가 문맥에 따라 충분히 생략한 부분의 뜻을 알아차릴 수 있을 정도"라는 복원가능성에 기반한 제한을 두고 있지만, 오상순과 김소월의 시를 인용하여 설명한 부분에 오면 이 제한을 스스로 부정한다. 오상순의 "허영의 의상은 그림자마저 사라지고…"의 말줄임표에 들어갈 내용과 관련하여 "시인은 옷을 모두 벗어버린 뒤 일어나는 일은 독자의 상상력에 맡긴 채 더 이상 언급하지 않는다"고 한다. 그러나 생략된 의미를 독자의 상상력에 맡긴다는 것은 이 구절의 해석을 무한하게 열어놓는다는 의미로 이는 복원불가능성에 대한 승인이라 할 수 있다.[24] 복원불가능성이라는 개념에는 완결되

22) 김욱동, 『수사학이란 무엇인가』, 민음사, 2002, 278~279면.

23) Qurik는 생략법 발생의 조건으로서 "유일한 복원가능성"이 모든 생략 현상을 설명해주지 않는다고 인정하며, 복원가능하지 않은 생략을 "약한 생략(weak ellipsis)"으로 명명한 바 있다. Qurik, et al., 앞의 책, 540면.

24) 김욱동, 앞의 책, 280~282면.

고 보편적인 세계인식이 아니라 해체되고 분열된 세계인식이 담겨 있다는 점에서 니체적이며 그래서 아방가르드의 세계인식과 통한다.

이처럼 생략법의 양쪽에는 근대와 탈근대의 세계인식이 놓여 있다.「종생기」에서 생략법은 이 둘 중의 어디에도 속하지 않으며 그 사이의 긴장 상태에 놓여 있다. 복원가능성이 너무 높아 문학적 긴장을 놓치지 않을 정도로 진술의 지적 수준을 유지하고 있다. 그것은 문장 혹은 문장 이상의 단위에서 상투성(즉 높은 "복원가능성")과 반복성을 제거하며, 본질적인 내용만을 다루고자 하는 일종의 세련된 절제 방식으로 사용되고 있다. 이 수사학에서는 높은 복원가능성에 바탕을 둔, 독자와 화자의 너무 뻔한 암묵적 약속을 허용하지 않는다. 또한 동시에 복원가능성이 너무 낮아 극단적인 실험에 그치지 않도록 시종일관 자의식을 견지하며 지적인 제어를 하고 있다.「지도의 암실」처럼 개인적 발화 속에 고립되지 않으면서 소설의 새로운 방향을 제시해보이는 여유를 보이는 것이다.

이런 특성은 근대성을 발판으로 삼으면서 끊임없이 탈근대성을 추구한 이상 시학의 핵심과 맞닿아 있다. 그 시학의 기저에는 근대지식인의 지적 교양이 탄탄하게 깔려 있지만 그는 언제나 거기로부터 탈주를 하여 그 극단으로 가고자 한다. 그래서「거울」,「날개」같은 모더니즘 작품에서는 이미지의 비약을 시도하고,[25]「오감도」,「지도의 암실」같은 아방가르드적인 작품에서는 격렬한 실험정신 속에서도 지적인 제어를 완전하게 버리지 못하는 것이다.[26] 그래서 이들 두 경향의 작품을 적확하게 구분해내는 것은 불가능할 뿐 아니라 또한 불필요한 일이 된다. 격렬한 실험정신과 냉철한 지적 제어는 완전하게 분리될 수 없을 정도로 서로 의존하고 있기 때문이다.「종생기」에서 생략법의 기능이 보여주는 것도 이와 유사하다. 지각의 탈자동화는 그 바탕에 자의식의 유지라는 근대적 제

25)「날개」의 "아스피린, 아달린, 아스피린, 아달린, 맑스, 말사스, 마도로스, 아스피린, 아달린" 이라는 구절이 대표적인 예가 될 것이다. 이것은 흔히 실어증적 양상의 예로 인용된다.

26)「오감도」의 파격성 속에서 발견되는 의도적인 대칭성이 그 예가 될 것이다.

어와 연계되어 있는 기능이지만 순차적 독서의 방해, 독자의 상투적 기대 거부, 소설의 완결성 부정 등은 현실의 작가와 소설의 화자가 뒤섞이고, 결과적으로 현실과 픽션이 서로 혼동되어 소설의 내적 완결성을 부정하는 탈근대적 탈주와 연계되는 기능이다. 그러나 그것은 따로 분리해 낼 수 없을 정도로 서로 긴밀하게 연결되어 있다. 「종생기」의 생략법이 이상 시학의 이런 특성을 집약적으로 보여주고 있다는 점에서 그 의의를 찾을 수 있다. 이상 시학의 특성이 「종생기」의 생략법 속에 응축되어 있다고 말해도 과장이라 할 수 없는 것은 바로 이런 이유 때문일 것이다.

이상 시의 '사랑의 진실' 연구

오 주 리

목차

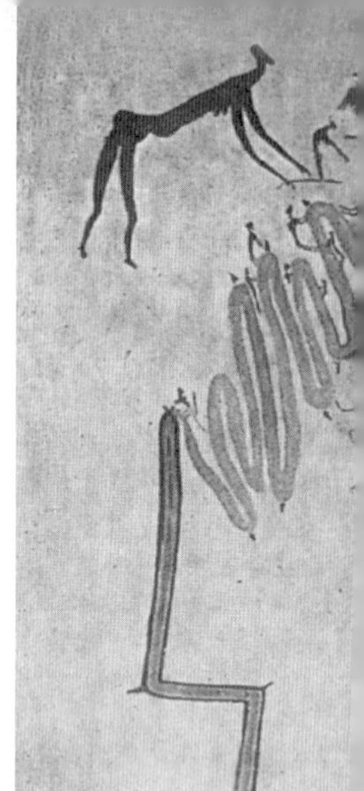

이상 시의 '사랑의 진실' 연구

오 주 리*

1. 서론

이상이 전존재를 던져 해결하고자 한 문제는 세계와의 단절이라는 문제이다. 세계를 거대한 하나의 타자성(他者性)으로 인식한 이상이 단절의 문제를 해결하고자 한 방식은 역으로 관계의 문제를 재상정한 것이다. 그러므로 김현이 이상 문학의 근본 문제가 " '만남' 의 문제"[1]에 있음을 지적한 것은 이상 문학에 있어서의 '타자' 의 문제와 '관계' 의 문제의 중요성을 드러내준 의미 있는 통찰이라고 할 수 있다.

이 세계에 피투성의 존재로 태어난 익명의 존재로서의 한 인간이 죽음

* 서울대학교 국어국문학과 박사과정 수료

1) 김현, 「이상에 나타난 '만남' 의 문제」, 『자유문학』, 1962. 10.(최재서 외, 권영민 편저, 『이상문학전집』 4, 문학사상사, 1996, 159~183면 재수록)

에 대한 불안 앞에서 진정한 '나'를 실현하는 것은, 대명사로서의 '나'를 너머 고유명사로서의 "이 나"[2]로 다시 태어나는 존재론적 비약을 통해서이다. 이것은 또한 이 세계의 총체성으로 환원되지 않는 나의 단독성을 증명하는 것이다. 나의 단독성의 필연적인 근거는 세계의 그 무엇으로도 환원되지 않는 나 자신만의 진실의 존재에 대한 믿음에 있다. 진실은 주체와 세계의 일 대 일 대면에서 세계에 있는 것이 아니라 주체에 있으며, 그런 의미에서 진실은 언제나 주체에 대해 내적 진실이다. 그러나 세계와 나를 단절된 것으로 인식하여 자신을 대타적으로 정립할 때, 총체성에 대한 단독성의 지위에 선 주체의 허약성은 스스로 하나의 체계로서 자기목적성과 자기완결성을 지닐 수 없다는 데 있다. 이것이 바로 주체가 필연적으로 타자를 향해 개방성과 의존성을 띨 수밖에 없는 근원적인 결핍이다. 그러므로 주체의 내적 진실은 자기 안에서 발견되고 구성되어 완성되지 못하고, 그것을 승인해 줄 타자와의 관계를 필요로 하게 된다.

그런 의미에서 모든 주체는 분열(split)이 있다고 보아야 하며, 오히려 분열이 주체 구성을 위한 전제가 된다고 할 수 있다. 그러므로 기존 논의에서 일반적으로 규정되어 온 이상 문학에서의 주체의 분열이란 개념은 좀 더 엄밀한 분절에 의해 재규정되어야만 한다. 그것은 일단 데카르트의 "나는 생각한다. 고로 존재한다(Cogito ergo sum)"는, 자의식의 현존에 대한 믿음에서 성립되는 주체 개념과 비교될 때, 상대적으로 분열적 양상이 극명해 보여 온 것이라고 가정해 볼 수 있다. 그러나 데카르트의 주체에 대한 명제에서 유의미한 것은 오히려 존재론적 차원, 즉 신에 의거하지 않은 자의식이 자신의 존재의 근거가 된다는 실존적 선언 그 자체이다.[3] 이

2) 가라타니 고진, 조영일 역, 「단독성과 개별성에 대하여」, 『언어와 비극』, 도서출판 b, 2004, 342면.

3) 데카르트의 주체 개념의 실존성에 대한 견해는 다음 논문 참조.
가라타니 고진, 이경훈 역, 「개체의 지위」, 『유머로서의 유물론』, 문화과학사, 2002.

러한 관점에서 볼 때, 이상 문학에서의 주체의 분열이란 대개의 인간이 어느 정도 가진 분열의 일면을 텍스트의 표층적 층위까지 자의식적으로 극명하게 드러낸다는 차이밖에 없다. 그러므로 이상 문학에서 주체의 분열이란 개념이 일반론적으로 해소되는 것을 면하기 위해서는 주체성의 문제를 타자성의 문제로 확장하여 관계의 역학 안에서 구체적으로 논의하여야만 한다.

이상 문학에서 '타자와의 관계' 라는 대명제 하에 귀속되는 제반 문제들은 '사랑' 의 문제에서 첨예화된다. 이에 대해 신범순은 이상이 진실이 없는 타락의 시대에 여성과의 관계 속에서 사랑의 순결성을 끊임없이 확인하려는 '사랑의 진실' 을 문제 삼았음을 지적하며, 거짓으로 가득한 현실 세계와 거울 속의 또 다른 세계를 배회하는 가운데 그의 문학 세계가 만들어지고 있다고 한다.[4] 서영채는 이상 문학의 사랑은 그 불가능성으로 인한 절망이 타자와의 단절을 더 심화되므로 그러한 상황 자체를 유희로서의 예술로 전화하게 되는데, 그것이 미적 주체의 탄생으로 가는 과정이 된다고 본다.[5] 사랑의 주체들 사이에 그들의 내면에 진실이 존재한다는 믿음을 갖는 것이 사랑에 대한 진지성의 전제가 되나, 그것 자체에 대한 불신이 진실과 거짓의 연쇄 속에 진실성을 교란되게 만든다는 것이다.[6] 이처럼 이상에게서 사랑의 주체와 타자 간의 관계에서 진실성의 문제를 중심으로 언어의 표리 간에 불일치가 문제시 되는 수사학이 형성되는 것은 본질적으로 사랑의 진실에 모순(矛盾)이 내포되어 있기 때문이다. 그 모순은 단순히 텍스트 표층에서 형식 논리의 층위에 그치는 것이 아니라 이상 시의 본질적 층위인 이른바 "내면의 수사학(rhétorique profonde)"[7]에까지 닿아 있다. 이 논문은, 이상 시의 진실성이 모순의 수사

4) 신범순, 『축제와 여성주의』, 서울대 국문과 박사과정 한국 현대 시사 연구 교재, 2006, 2~3면.
5) 서영채, 「한국 근대 소설에 나타난 사랑의 양상과 의미 연구」, 서울대 박사학위 논문, 2002, 180~268면.
6) 위의 책, 187~188면.
7) 고인숙, 「보들레르의 〈rhétorique profonde〉를 위한 試論」, 『상징주의文學論』, 민음사, 1982.

로 인해 교란된 것이 내면의 진실이 부재하기 때문이 아니라, 진실 자체가 모순을 내포하기 때문이라는 시각을 제안하고자 한다.

진실은 확실성과 정확성을 띠는 것이라기보다 오히려 가변성과 불확정성으로 모호하게 그 정체를 숨기고 있는 것이다.[8] 그러므로 진실을 포착하려는 시의 언어는 개방성을 전제한 가운데 상반된 두 힘 사이의 긴장을 내포함으로써 살아 있는 언어의 형태를 띤다.[9]

이러한 진실의 본질에 가장 근접한 시의 언어는 은유(隱喩)로, 은유적 진실이라는 개념으로 이 문제를 가장 깊이 천착한 이는 리쾨르(P. Ricoeur)이다.[10] 은유는 기본적으로 '~은 ~이다' 라는 구조를 지니는 가운데 긴장을 내포한다.[11] 여기서 중요한 것은 계사(copula)에서 발생하는 존재론적 긴장, 즉, '~이다' 를 '~로 존재 한다' 로 해석할 수 있는 계사의 실존적 기능에서 비롯되는 긴장이다.[12] 이 경우, '~이다' 는 '~이지 않다' 를 내포하게 된다.[13] 왜냐하면 '~로 존재한다' 는 의미의 '~이다' 는 비동일성을 가진 타자와 자신을 동일시하고자 하는 존재론적 열정의 표현이긴 하지만, 또한 끝내 자신과 타자가 완전히 같을 수 없다는 것을 의미하기도 하기 때문이다. 동일성과 비동일성 사이의 상호작용인 은유는 다만 '같음' 이라는 동일성과 '다름' 이라는 비동일성 사이에서 '같음' 도 '다름' 도 아닌 '닮음' 이라는 새로운 제3의 동일성으로 지양될 뿐이다. 그러므로 은유가 존재론적 열정을 동반하여 진실에 이르는 것은, 절실한 믿음의 순간, 즉 존재론적 수행의 순간에만 가능하며, 그로써만 언어는 자기 자신을 넘어서는 언어가 되어 존재의 제한에서 벗어난다.[14] 다시 말해 진

8) P. E. Wheelwright, 김태옥 역, 『은유와 실재』, 한국문학사, 2000, 34~36면.

9) 위의 책, 39~40면.

10) 리쾨르의 은유론에 의한 선행연구로, 유원춘, 「이상 시의 은유 연구」, 서울대 석사학위 논문, 1991.

11) P. Ricoeur, *The Rule of Metaphor*, trans. Robert Czerny, UTP, 1979, p.247.

12) 위의 책, p.248.

13) 위의 책.

14) 위의 책, p.249.

실은, "은유적 존재가 존재와 존재의 부정을 의미"하는 것이 동시에 이루어지는 가운데, 오로지 절실한 믿음에 의해 새로운 의미[15]를 만들어내는 데 있으며, 이는 곧 진실의 문제가 자신에 대한 존재의 물음을 던지는 실존의 문제로까지 나아감을 알게 한다.

나아가 이러한 실존적 연관에서 볼 때, 진실, 즉 참이라는 것은 존재 그 자체 내에서 발견되면서 있다는 것이다.[16] 그러므로 진실로서 존재한다는 것이야말로 진정한 인간 현존재의 존재방식[17]이자, 그로써만 진실의 가장 근원적인 현상에 다다를 수 있다.[18] 그러나 진실은 비진실과의 대립과 혼재 안에 있다. 진실을 가리키는 그리스인의 표현 알레테이아(aletheia)가 망각의 강 레테(lethe)를 벗어나는 것, 즉 "비은폐성"[19]의 의미로 이해되었다는 것은 의미심장하다. 진실에 대한 이러한 이해는 진실이란 무언가 비본질적인 것에 은폐되어 있던 것 사이에서 자신의 본질을 드러내는 것, 즉 "존재내부"[20]에서 일어나는 것임을 암시하기 때문이다. 진실은 역설적으로 자신의 중심 속의 "'본질적인 반대 본질' 또는 '특유의 비본질'"[21]로서의 비진실 안에서만 스스로를 드러낼 수 있는 것이다.[22] 결국 사랑의 진실의 문제는 이러한 비진실의 문제를 관통해가지 않을 수 없다. 이러한 데서 이상 시의 사랑의 진실의 문제가 난해성을 띨 수밖에 없는 것이다. 여기서 난해성으로 비쳐지는 타자성이 단순히 비진실로 매도되는 오류에서 벗어나기 위해 진실은 '나'라는 "1인칭"[23]으로 말해져야 한다는 것 또한 확인될 것이다. 사랑이란 주체와 타자 양자 간에 이루

15) 위의 책, 306면.
16) M. Heidegger, 이기상 역, 『존재와 시간』, 까치 출판사, 2001, 295면.
17) 위의 책, 297면.
18) 위의 책, 297~298면.
19) 진중권, 『미학 오디세이』 2, 새길, 1996, 87면.
20) S. Žižek, 김재영 역, 『무너지기 쉬운 절대성』, 인간사랑, 2004, 119면.
21) 위의 책.
22) 위의 책, 119~121면.
23) A. Zupančič, 조창호 역, 『니체와 라깡: 정오의 그림자』, 도서출판 b, 2005, 182면.

어지는 것이나 일방적으로 한편이 다른 한편에 의해 대상화되어선 안 되기 때문이다. 이러한 사랑의 근본을 깨달아 가기까지가 이상 시에서 사랑의 진실을 찾아가는 과정이다. 이상으로, 진실에 대해 상술된 일련의 시각에 따라 이상 시의 사랑의 진실의 문제를 규명해 가는데 부딪히는 난점을 풀어가고자 한다.

2. 죽음의 문제에서 사랑의 문제로의 전환과정 —타나토스에서 에로스로

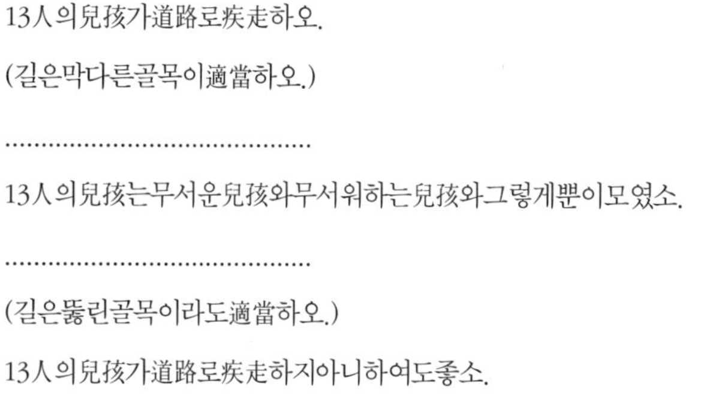

13人의兒孩가道路로疾走하오.

(길은막다른골목이適當하오.)

………………………………………

13人의兒孩는무서운兒孩와무서워하는兒孩와그렇게뿐이모였소.

………………………………………

(길은뚫린골목이라도適當하오.)

13人의兒孩가道路로疾走하지아니하여도좋소.

—「烏瞰圖 詩第一號」 부분(1934)[24]

이상의 세계에 대한 단절적인 인식의 근저에는 공포가 지배하고 있다. 그러한 점은 「烏瞰圖 詩第一號」에서 "무서운兒孩"와 "무서워하는兒孩"만이 존재한다는 데서 극단적으로 드러난다. 공포를 호소하며 질주하는 자들과 공포를 만들며 질주하는 자는 구분되지 않는다. 공포의 대상과 공포의 원인이 구분되지 않는 것이다. 이 세계에서 공포로부터 도피하는 것은 불가능하다. 질주는 도피의 일종이나 그 끝은 닫혀 있는 출구로서의

24) 이하 이 논문의 인용 시 표기는 이상, 『이상문학전집』 1, 이승훈 엮음, 문학사상사, 1999(초판 7쇄)를 따른다.

막힌 골목이다. 세계는 이미 폐쇄되어 있는 것이다. 그러나 도피의 끝이 개방되어 있는 출구로서의 열린 골목이라고 해도 아무런 의미가 없다. 왜냐하면 주체는 이미 이 세계로부터 도피조차 할 수 없다고 단정하고 있기 때문이다. 이 시에서 더 이상 "疾走하지아니하여도좋"다는 것은 세계로부터의 도피에 대한 체념의 표현인 것이다. 공포는 현존재가 세계 안에 있다는 것의 증거로서 필연적인 것이다.[25] 그러나 이상에게는 세계 안에 있는 것 전체가 타자라는 이름을 가진 것으로서 모두 공포가 된다. 그의 세계는 그 자체가 이미 소통 불가능한 타자성이며 주체와 조화를 이루는 것이 불가능하다. 그러므로 공포에 포위되어 있는 주체는 세계와 단절되어 있는 것이다.

> 싸움하는사람은즉싸움하지아니하던사람이고또싸움하는사람은싸움하지아니하는사람이었기도하니까싸움하는사람이싸움하는구경을하고싶거든싸움하지아니하던사람이싸움하는것을구경하든지싸움하지아니하는사람이싸움하는구경을하든지싸움하지아니하던사람이나싸움하지아니하는사람이싸움하지아니하는것을구경하든지하였으면그만이다.
>
> —「鳥瞰圖 詩第三號」 전문(1934)

공포는 타자에 대한 위협을 내포하는 것으로 그러한 세계 안의 존재자들은 타자와 싸우는 방식으로 관계를 맺는다. 이것이 「鳥瞰圖 詩第三號」가 보여주는 세계의 또 다른 단면이다. 이 시에는 "싸움하는사람"과 "싸움하지아니하는사람", 그리고 "싸움하던사람"과 "싸움하지아니하던사람", 이렇게 네 사람이 나온다. 싸움에 대해, 긍정과 부정 그리고 현재와 과거의 두 기준으로 네 부류의 사람으로 나뉘는 것이다. 그런데 싸우는 이는 과거에 싸우지 않던 이거나, 현재 싸우지 않는 이라는 논리 안

25) M. Heidegger, 앞의 책, 194~198면.

에서 결국 시간상의 차이만 있을 뿐 누구든 싸우지 않을 수 없으며, 싸우지 않는다 하더라도 싸우는 것과 다르지 않다는 인식을 보여주고 있다. 싸움은 공포를 더욱 증폭시킨다. 이상의 시 세계에서 공포가 싸움을 유발하였는지, 싸움이 공포를 유발하였는지 그 선후 관계는 분명치 않다. 세계는 공포이며, 그러한 세계 안에서 타자는 싸워야 하는 대상이다. 그러한 세계 인식은 결국 어떻더라도 상관없다는 체념 안에서 고착되어 버린다.

> 두번씩이나咯血을한내가冷情을極하고있는家族을爲하여빨리아내를맞아야겠다고焦燥하는마음이었다. 나는24歲나도어머니가나를낳으셨듯이무엇인가를낳아야겠다고생각하는것이었다.
>
> —「肉親의章」 부분(유고)

> 크라이스트에酷似한襤褸한사나이가있으니이는그의終生과殞命까지도내게떠맡기려는사나운마음씨다. 내時時刻刻에늘어서서한時代나訥辯인트집으로나를威脅한다. 恩愛나의着實한經營이늘새파랗게질린다.나는이육중한크리스트의別身을暗殺하지않고는내門閥과내陰謀를掠奪당할까참걱정이다. 그러나내新鮮한逃亡이그끈적끈적한聽覺을벗어버릴수가없다.
>
> —「肉親」 전문(1936)

> 나의아버지가나의곁에서조을적에나는나의아버지가되고또나는나의아버지의아버지가되고그런데도나의아버지는나의아버지대로나의아버지인데어쩌자고나는자꾸나의아버지의아버지의아버지의……아버지가되느냐나는왜나의아버지를껑충뛰어넘어야하는지나는왜드디어나와나의아버지의아버지의아버지와나의아버지의아버지의아버지노릇을한꺼번에하면서살아야하는것이냐.
>
> —「鳥瞰圖 詩第二號」 전문(1934)

이러한 세계에서 공포에 질린 아이는 시간의 흐름에 따라 아버지가 되어야 한다. 그러나 시간은 자연의 순리 그대로 아이를 아버지로 만들어 주는 것은 아니다. 아이에서 아버지로 가는 그 존재의 이전을 사이에 두고 죽음에 대한 인식이 개입된다. 그는 「肉親의 障」에서 두 번의 각혈[26]을 계기로 죽음에 눈뜬다. 이것이 어머니와 같이 2세를 갖고자 하게하며 또한 아내를 구하고자 하게한다. 여기서 아버지 되기를 각오한 계기가 각혈이라는 것은 의미심장하다. 그것은 바로 타나토스(thanatos)를 에로스(eros)로 전환하고자 하는 의지의 발현이기 때문이다. 각혈에 의해 죽음에 눈을 뜬 것이 결과적으로 에로스를 지향하게 한다는 것은 에로스만이 타나토스를 물리치는 힘이 되기 때문이다. 에로스는 사랑에의 지향과 미(美)에의 지향을 동시에 내포하는 것처럼, 이상에게서도 각혈은 사랑과 예술에 투신하게 하는 근본적인 원인이라고 할 수 있다. 남녀 간의 사랑을 통해 2세를 남기고자 하는 욕망과, 예술을 통해 자신의 죽음 이후에 자신의 이름을 남기고자 하는 욕망은 그 근본이 같은 것이다. 그러므로 이상에게서 각혈의 체험이 사랑과 문학의 출발점이 되는 것이다. 그러한 이상의 어버이 되기에의 욕망으로서의 가족에 대한 사랑은 「肉親」에서 "恩愛"라고 할 만큼 각별하다. 이 시의 서정적 주체는 자신을 "크라이스트" 즉 예수와 동일시하고 있거니와, 예수와 같은 삶을 살기 위해서는 시대를 위해 자신을 희생해야 함을 알고 있다. 그러나 그는 예수와 같은 숭고한 사랑보다 살붙이들 간의 사랑인 가족애를 선택하려 한다. 그러므로 일반적으로 '恩愛'는 신의 인간에 대한 사랑이라는 의미와 가족 간의 사랑이라는 두 가지 의미를 동시에 내포함으로써 긴장을 띠고 있지만, 이 시 안에서는 전자에서 후자로 그 의미가 옮겨가고 있는 것으로 보아야 한다. 이 시의 시적 주체는 가족에 대한 사랑을 위해 기꺼이 자신의 자아상에 포개지는 예수의 상을 "암살"하려는 생각까지 한다. 물론 자의식이 강

26) 전기적으로 이상의 첫 각혈은 1930~1931로 추측되나 정확히 확인되는 것은 1933년으로 「烏瞰圖」 연작이 발표되기 1년 전이다. 김윤식, 「이상 연보」, 『이상연구』, 문학사상사, 2002.

한 그는 미처 그것을 실행에 옮기지는 못하지만, 한 성인의 인류에 대한 사랑에 비해 가족에 대한 사랑이 작지 않다는 것을 보여주고 있다. 그러나 가족에 대한 사랑은 쉽게 실현되지 않는다. 「烏瞰圖 詩第二號」에서 그는 아버지 되기에 대해 실존적인 질문을 던지고 있다. 졸고 있는 아버지의 모습과 나의 동일시를 통해 나는 아버지가 된다. 그러나 그뿐이다. 이 시에서는 "나는왜드디어나와나의아버지의아버지의아버지와나의아버지의아버지의아버지노릇을한꺼번에하면서살아야하는것이냐" 라는 질문에 대해서 아버지의 역사와 역할이 도대체 자신에게 어떤 의미인지, 스스로 그 답을 구하지 못하고 있다. 아버지에 대한 상상적 동일시에 동의하면서도 상징적 동일시를 체화하지 못한 그 사이에 긴장이 형성되고 있는 것이다. 결국 아버지로서의 상징성을 획득하지 못함으로써 그는 아버지 되기에 성공하지 못하고 있다고 보아야 한다.

저사내어머니의얼굴은薄色임에틀림이없겠지만저사내아버지의얼굴은잘생겼을것임에틀림이없다 ... 참으로兒孩라고하는것은아버지보담도어머니를더닮는다는것은그무슨얼굴을말하는것이아니라性行을말하는것이지만 ... 험상궂은얼굴임은卽저사내어머니의얼굴만을보고자라났기때문에그럴것이라고생각되지만저사내아버지는웃기도하고하였을것임에는틀림이없을것이지만大體로兒孩라고하는것은곧잘무엇이나숭내내는性質이있음에도불구하고저사내가조금도웃을줄을모르는것같은얼굴만을하고있는것으로본다면저사내아버지는海外를流浪하여저사내가제법사람구실을하는저사내로장성한後로도아직돌아오지아니하던것임에틀림이없다고생각되기때문에또그렇다면저사내어머니는大體어떻게그날그날을먹고살아왔느냐하는것이問題가될것은勿論이지만어쨌든간에저사내어머니는배고팠을것임에틀림없으므로배고픈얼굴을하였을것임에틀림없는데귀여운외톨자식인지라저사내만은무슨일이있든간에배고프지않도록하여서길러낸것임에틀림없을것이지만아무튼兒孩라고하는것은어머니를가장依支하는것인즉어머니의얼굴만을보고저것이정말로마땅스런얼굴이구나하고믿어버리고선어머니의얼굴만을열심으로숭내낸것임에틀림없는것이어서 ...

—「얼굴」 부분(1931)

그러한 아버지 되기에 대한 분열적인 태도는 「얼굴」에서 변주된다. 이 시에서 한 사내는 아버지의 얼굴과 어머니의 얼굴에 대해 동시에 회상하는데, 아버지는 울고 웃는 표정 많은 남자였고, 어머니는 무표정한 박색의 여자였던 것으로 기억하면서 그 자신은 아버지가 아닌 어머니를 닮아가며 자랐다고 한다. 그것은, 아이는 원래 아버지를 본으로 삼는 것이 옳으나 아버지는 방랑하여 안 계시고, 어머니가 생존을 위해 현실을 책임졌었기 때문에 자연히 어머니께 의지하며 자랐기 때문이라고 한다. 아버지는 현실에 부재하며 결여적으로만 존재하는 것으로, 어머니는 생존의 상징으로 상정 되어 있는 것이다. 사내는 아버지의 얼굴이 아닌 어머니의 얼굴을 닮았다는 것은 아버지가 아닌 어머니와 동일시를 하며 성장하였으나 아버지가 되어야 하는 딜레마 가운데 그 자신이 놓여 있다는 자각을 드러내고 있는 것이다. 그렇기 때문에 아버지 되기로 가는 과정에서 어머니에 대한 거부는 다음과 같은 시들에서 보다 극명하게 드러난다.

房거죽에極寒이와닿았다. 極寒이房속을넘본다. 房안은견딘다. 나는讀書의뜻과함께힘이든다. 火爐를꽉쥐고집의集中을잡아땡기면유리窓이움푹해지면서極寒이혹처럼房을누른다. 참다못하여火爐는식고차갑기때문에나는適當스러운房안에서쩔쩔맨다. 어느바다에潮水가미나보다. 잘다져진房바닥에서어머니가생기고어머니는내아픈데에서火爐를떼어가지고부엌으로나가신다. 나는겨우暴動을記憶하는데내게서는억지로가지가돋는다. 두팔을벌리고유리창을가로막으면빨래방망이가내등의더러운衣裳을뚜들긴다. 極寒을걸커미는어머니—奇蹟이다. 기침藥처럼따끈따끈한火爐를한아름담아가지고내體溫위에올라서면讀書는겁이나서곤두박질을친다.

—「火爐」 전문(1936)

아들-여러아들-老婆의結婚을걷어차는여러아들들의육중한구두-구두바닥의징이다.

....

아기들이번번이애총이되고되고한다.어디로避해야저어른구두와어른구두가맞부딪는꼴을안볼수있으랴.

-「街外街傳」 부분(1936)

어머니는 「火爐」에서 전형적인 모성 상징인 '방'과 '바다'의 이미지로 변주된다. 또한 이 시에서의 어머니는 생존과 생활의 수단의 상징으로서의 "화로"가 죽어가던 것을 살려내는 힘을 지닌 존재이다. 그러나 어머니의 따뜻한 모성이 중심이 된 「火爐」의 세계에서는 그녀는 이상하게 "독서"와는 이율배반적인 관계에 있다. 그러므로 독서하던 시의 주체는 어머니를 거부하려 한다. 모자간(母子間)의 적대적인 관계는 「街外街傳」에서 보다 극단화된다. 「鳥瞰圖 詩第一號」를 연상하게 하는 이 시에서 모자는 전쟁 중에 있다. 아들(들)은 자신(들)의 어머니의 결혼을 반대하고, 그 대가로인지 죽어서 아이들의 무덤인 "애총"으로 가고 마는 것이 「街外街傳」이 그리고 있는 모자상인 것이다. 앞의 시에서 어머니의 모성을 거부하는 데서 더 나아가, 자신을 태어나게 한 근원적 원인인 어머니의 결혼조차 방해하는 것은 상징적인 아버지 되기에 실패한 데서 오는 두려움으로부터 도피하기 위해 나타나는 증상들이다. 이와 같이 부모를 통해 온전한 부부상을 갖지 못한 그는 아버지와 어머니의 관계에서의 불화를 자신의 시 안에서 남성인 시적 주체 다른 여성들과 관계 맺는 방식 안에서 재생산한다. 아버지와 어머니에 대한 기억의 트라우마(trauma)가 잔상으로 남아 부부관계에 무의식적으로 간섭하는 것이다. 그러므로 남성과 여성 사이의 부조화의 심연은 부모의 대를 이어 자신의 세대에서도 그대로 재현된다.

3. 동일성의 논리 안에서의 사랑의 진실

鸚鵡 ※ 二匹

二匹

※ 鸚鵡는哺乳類에屬하느니라.

내가二匹을아아는것은내가二匹을알지못하는것이니라. 勿論나는希望할것이니라.

鸚鵡　二匹

"이小姐는紳士李箱의夫人이냐" "그렇다"

나는거기서鸚鵡가怒한것을보았느리라. 나는부끄러워서얼굴이붉어졌었겠느니라.

鸚鵡　二匹

二匹

勿論나는追放당하였느니라. 追放당할것까지도없이自退하였느니라. 나의體軀는中軸을喪失하고또相當히蹌踉하여그랬던지나는微微하게涕泣하였느니라.

"저기가저기지" "나" "나의―아―너와나"

"나"

sCANDAL이라는것은무엇이냐." 너" "너구나"

"너지" "너다" "아니다너로구나"

나는함뿍젖어서그래서獸類처럼逃亡하였느니라. 勿論그것을아아는사람或은보는사람은없었지만그러나果然그럴는지그것조차그럴는지.

―「烏瞰圖 詩第六號」 전문(1934)

이 시 「烏瞰圖 詩第六號」에서 "鸚鵡"는 자신을 닮은 여인의 은유로서 사랑의 대상이다. 그녀가 말을 따라한다는 것은 상징적 동일시를 할 수 있을 것이라고 기대된다는 것이다. 이상에게서 타자와의 관계에서 동일성을 찾으려는 것은 근원적인 갈망 중 하나이다. 나로 하여금 나를 나 자신이게 하는 것을 내 안에서 찾는 것은 한계가 있다. 이상이 거울에 집착하나 그 안에서 자신을 찾으려는 시도가 결국 공허하게 무화되고 마는 것은 그 때문이다. 그러므로 거울 앞에서 무너진 허약한 자아는 타자와의 닮음의 확인을 통해 자기 확신을 갖고자 한다. 사랑이 의미 있는 것은 바로 그러한 이유에서이다. 사랑하는 대상 안에서 나를 닮은 모습을 통해 자기 정체성을 공고히 하며, 나를 사랑하는 것처럼 남을 사랑하고, 남을 사랑하는 것처럼 나를 사랑하는 과정에서 치유가 이루어지는 것이다. 나와 다른 타자가 나를 바라보는 것을 마주하는 것 자체가 상처에 자신을 노출하는 것이니만큼, 날 닮은 타자가 나를 바라보는 것을 마주하는 것은 치유가 될 수 있는 것이다. 그러한 타자에 대해서는 갈수록 이상(理想)을 투사하여 기대가 높아지기 마련이다. 그러나 위기가 없지 않다. 사랑하는 사람의 진심을 몰라 방황하기도 하고, 다시 희망을 가지고 남은 사랑을 찾으려고도 한다. 이 시에서 앵무새로 표상되는 그녀는 "哺乳類"로서 젖을 가진 여성, 즉 모성이라는 상징까지 내포하고 있다는 점에서 아내이자 어머니가 되어준다는 희망을 주는 여자인 것이다. 그러나 이 시 안에서 그녀는 어느 순간 노하여 화를 내며 "體軀는中軸을喪失"한 것 같은 남성 주체의 성적 열등감을 자극하는 양면성을 보이기도 하는 것이다. 그러한 여인은 일종의 괴물이다. '날 닮은 너'로 은유된 앵무새는 사랑의 대상으로서의 여인으로 자신의 말을 따라하는 것 같지만, 그 말은 결코 의미화되지 못한다. 그녀는 사랑의 주체의 거울상인 것처럼 인식되지만 실은 분노의 표정만을 돌려보낼 뿐 아무런 의미도 되돌려 주지는 않는 것이다. 그것은 거울에서도 상이 맺히지 않는 부분으로서의 암점의 존재를 깨닫게 된 것과 같은 경험이다. 그 암점은 동일화가 불가능한 타자성으로 여겨지는 것이다.[27] 그러나 암점은 거울의 한계지점이라고 여겨질 수도 있지만, 실은 거울이라는 것 자체가 성립하기 위한 필수조건이

27) S. Žižek, 박정수 역, 『그들은 자기가 하는 일을 알지 못하나이다』, 인간사랑, 2004, 264~266면.

기도 하다.[28] 그럼에도 불구하고 이 시의 주체는 아직 타자의 이질성을 주체와의 관계 안의 필연성으로 용인하지 못하고 있다. 다만, 타자성의 암점에 대해 허망함을 절감하고 있을 뿐이다.

이것은 사랑의 주체와 타자 간의 은유적 진실의 양가성을 보여준다. 사랑의 타자는 '나' 이자 '나 아닌 것' 인 것이다. 이것은 존재론적인 필연이다. 그러므로 자신을 긍정할 것으로 기대되던 상대는 다시 자신을 부정하는 것으로 되돌아오는 것이다. 한편, 진실이 한 인간의 존재의 내부로부터 발생하며 이 세상에 유일무이한 단독성으로 있다고 할 때, 이 시의 "sCANDAL(스캔들)" 은 진실과 정반대 편에 놓인다. 하이데거의 관점에서 보았을 때 진실이란 존재의 열어 밝혀짐에서 드러나는 것이라면, 스캔들이란 주체와 전혀 무관한 타자들에 의해 왜곡되는 방식으로 폭로되는 것이며, 이것은 오히려 진실의 은폐로서의 비진실이 되기 때문이다. 그래서 이 시에서의 관계의 변화는 사랑일 때는 원래 "나" "나의-아-너와나" 가 결국 "나", 즉 동일성으로 귀결되던 데서 스캔들에 의해, "너" "너구나" / "너지" "너다" "아니다너로구나" 로 결국 "너", 즉 타자성으로 귀결되는 데로 옮겨가고 있는 것이다. '이다' 와 '이지 않다' 라는 모순이 결국 '이다' 로 지양되는 은유[29]의 과정 속에서, 사랑일 때는 타자도 '나' 로 귀결되지만, 사랑을 타락시킨 스캔들에서는 끝내, 타자인 '너' 를 '너' 로만 제한시킨다. 결국 너를 스캔들로 단정한 나는 사랑의 타락을 견딜 수 없어 눈물에 젖은 채 아무도 보지 않는 곳으로 도망친다. 이상 시의 독특한 점은 이렇듯 은유의 언어에 숨겨져 있는 모순 그 자체를 다 드러내 준다는 데 있다. 그 과정은 존재의 떨림을 함축하고 있다. 사랑의 진실과 진실이 부정되는 처절함 속에 분열을 겪는 주체의 고통이 그대로 표현되고 있는 것이다.

---

28) 위의 책, 265면.

29) P. Ricoeur, 앞의 책, pp.247~248.

優雅한女賊이 내뒤를밟는다고 想像하라

내門 빗장을 내가지르는소리는내心頭의凍結하는錄音이거나, 그「겹」이거나……

—無情하구나 —

燈불이 침침하니까 女賊 乳白의裸體가 참 魅力있는 汚穢—가 아니면 乾淨이다

……………………………………………………

猴는 드디어 깊은睡眠에빠졌다 空氣는乳白으로化粧되고

나는?

사람의屍體를밟고집으로돌아오는길에皮膚面에털이솟았다 멀리 내뒤에서 내讀書소리가들려왔다

……………………………………………………

睡眠뒤에는손가락끝이濃黃의小便으로 차겁더니 기어방울이져서 떨어졌다

—「破帖」 부분(1937)

猿猴를흉내내이고있는마드무아젤.

……………………………………………………

저女子의下半은男子의上半에恰似하다.(나는哀憐한邂逅에哀憐해하는나)

—「建築無限六面角體—AU MAGASIN DE NOUVEAUTES」 부분(1932)

사랑하는 대상으로서 날 닮은 당신의 표상인 앵무는 다른 시에서 원숭이로 변주되기도 한다. 「破帖」의 "猴"와 「建築無限六面角體—AU MAGASIN DE NOUVEAUTES」의 "猿猴"가 바로 그것이다. 앵무새와 원숭이의 공통점은 인간을 흉내내나 언어의 의미는 통하지 않는다는 점이다. 원숭이의 은유로 표상되는 그녀는 「破帖」에서 아름다운 "乳白의裸體에空氣같은化粧"을 하고 내 곁에서 잠들지만, 잠에서 깨어나면 "濃黃의小便"으로 남는 비참함을 느끼게 한다. 여기서 여인과 밤에 이루어지는 사랑

에 실패한 것에 대한 암시와 그것에 대한 자괴감이 느껴진다. 그러므로 이 시에서 "無情" 함으로 나에게 상처를 입히는 여인은 연인이 아니라 "女賊" 이 되는 것이다. 그러한 여인과의 관계에서는 사랑을 상징적인 차원으로 상승시킬 수 없다. 그러므로 이 시에서 상징화의 행위로서의 "독서"는 홀로만의 작업이 된다. 그렇기 때문에 「破帖」이라는 시에서의 여인은 날 닮았으나 끝내 이해하지는 못하는 원숭이인 고로, 원숭이는 동일성 안에서 비동일성이 극명하게 드러나 보이게 하는 대상의 은유이다. 이러한 은유는 대칭의 미의식을 건축을 통해 보여주는 「建築無限六面角體—AU MAGASIN DE NOUVEAUTES」에서도 발견할 수 있다. 이 시 안에서 건축의 기하학적 대칭성은 남녀관계의 대칭성과 유비 관계를 이루고 있다. 이 시에서 "猿猴"를 흉내내고 있는, "마드무와젤" 이라는 아름다운 경칭으로 불리는 여인은 "女子의下半은男子의上半에恰似" 하다는 데서 알 수 있듯이, 남자와 유사성을 지니는 존재로 인식되지만, 그 유사성은 끝내 두 남녀의 일치점을 만들어 주지는 못한다. 유사성은 오히려 어긋남을 확인시켜주는 유사성이다. 그러므로 이 시에서 타자 앞에 기쁘게 섰던 주체는 남녀의 "哀憐한邂逅에哀憐" 할 수밖에 없는 것이다. 결국 내 안에서 의미화되지 않는 타자로 남는 여인들은 날 닮았다는 동일성의 발견이 주는 환희를 오히려 어긋남의 비동일성으로 되돌려 줌으로써 나를 더욱 좌절시킨다. 사랑하는 나의 감정은 애처롭고 가련하지만, 사랑받는 당신은 나에게 무감정한 것이다. 나는 당신을 사랑함으로써 존재하는데, 당신은 나의 존재를 부정한다는 모순에 대한 인식은 사랑을 타락된 것으로 보이게 한다.

△은 나의 AMOUREUSE이다.

나는하는수없이울었다.

....

나는遊戱한다.

▽의슬리퍼는菓子와같지아니하다.

어떻게나는울어야할것인가

*

쓸쓸한들판을생각하고

쓸쓸한눈내리는날을생각하고

나의皮膚를생각하지아니한다.

記憶에對하여나는剛體이다.

정말로

"같이노래부르세요"

하면서나의무릎을때렸을터인일에對하여

▽은나의꿈이다.

스틱! 자네는 쓸쓸하며有名하다.

....

마침내▽을埋葬한雪景이었다.

—「破片의 景致」 부분(1931)

사랑의 타락에 대한 주제는 「破片의 景致」에서도 변주된다. '△' 는 이 시 안에서의 나의 연인이다. 역시 같은 시 안에서 그녀를 사랑하는 '▽' 는 사랑에 있어서의 남성 주체이다. 이 '▽' 는 사랑하던 때의 나로서 사랑에 진실이 있던 때의 나이다. 그러한 나는 사랑이 유희에 불과한 것으로 전락한 것에 대한 슬픔과 고뇌를 가진다. 그러나 유희는 사랑을 희화화 하는 것이 아니다. 이미 사랑에 울고 있는 이 시의 주체가 "어떻게" 울 것인가를 고민할 때, 바로 그 '어떻게' 에 해당되는 것이 유희화인 것이다. 그는 끝내 사랑의 슬픔을 한낱 비웃음으로 전락시키지 않는다. 그는 이 시에서 아직도 기억이 "剛體"의 형상이라고 하는데, 그것은 곧 사랑의 기억이 변함없이 아름답다는 의미이다. 그는 순결의 표상이라고 할 수 있는 눈에 과거의 자신인 '▽'를 매장한다. 그러한 눈의 쓸쓸함 안에 남성의 상징인 "스틱"의 쓸쓸함이 오버랩 되는 것이 「破片의 景致」의 한 장면인 것이다. 눈에의 자신의 매장은 타락하여 더 이상 사랑의 진실성을 갖지 않는 순결하지 않은 사랑에 대한 반성으로 과거의 자신과 현재의 자신을 결별하게 하는 행위이다. 그것은 역설적으로 사랑의 순결을 보존하는 것이기도 하다. 그는 이 시에서, "같이노래부르세요"라고 말하며 자신의 무릎에 앉던 애인을 여전히 진정으로 그리워하고 있는 까닭이다. 그는 기존의 논의에서와 같이 사랑을 유희화하는 것을 의도하고 있는 것이 아니라, 유희화될 수밖에 없는 사랑의 슬픔을 적나라하게 보여주고 있는 것이다. 그것은 다름 아닌 슬픔의 역설을 통한 진실의 표현이다.

△은나의 AMOUREUSE이다.

종이로만든뱀을종이로만든뱀이라고하면
▽은뱀이다.

▽은춤을추었다.

▽의웃음을웃는것은破格이어서우스웠다.

—「▽의遊戲」 부분(1931)

光線을즐기거라,光線을슬퍼하거라,光線을웃거라,光線을울거라,

....

視覺의이름을가지는것은計量의嚆矢이다. 視覺의이름을發表하라.
□ 나의이름.

△ 나의아내의이름(이미오래된과거에있어서나의AMOUREUSE는이와같이도聽明하리라)

....

視覺의이름은사람과같이永遠히살아야하는數字的인어떤一點이다.

ㅡ「線에 關한 覺書 7」 부분(1931)

이 시 「▽의유희」에서 "웃음"이 나오는 것은 오직 웃어서는 안 될 사랑의 슬픔 앞에서 울지 않을 때, 즉 있어서는 안 될 "파격"이 있을 때뿐이다. 계속 이 시의 논리를 따르면, "유희"에서 "웃음"이 "파격"이라는 것은 그것이 유희의 본질은 아니라는 것이다. 그러므로 이상 시에서의 유희의 의미를 진실성을 교란하는 것으로 보아서는 안 된다. 오히려 유희는 칸트적 의미에서의 "놀이"(spiel)[30]의 개념으로 보아야 한다. 놀이는 곧 예술화이다. 이상의 유희의 의미는 예술화를 가리키는 것에 한정되는 것으로 보아야 한다. 그러므로 이상에게 있어서의 웃음의 함의는 "익살"(laune)[31]과 무관하다. 익살은 오히려 미의 영역으로서의 예술과 구분되는 곳에 있다. 유희라는, 예술화를 통해 얻어지는 것은 형식미이다. 형식미는 철저히 주관의 문제인 진실의 문제에는 전혀 영향을 미치지 않는다. 그러므로 '웃음'은 하나의 기호에 불과하다. 기호는 그 자체의 지위만으로는 아무것도 의미하지 않는다.[32] 이 시의 의미구조 안에서 "즐기거라"와 "슬퍼하거라", "웃거라"와 "울거라"와 같이, 이항대립적인 한 쌍 안에서만 그 가치를 갖는다. 즉, 웃음은 사랑의 두 주체인 남과 여 사이의 관계의 파행을 가리키는 하나의 기호일 뿐이다. 여기서 보다 중요한 것은

30) I. Kant, 이석윤 역, 『판단력비판』, 박영사, 2003, 212면.

31) 위의 책, 222면.

32) "종이로만든뱀"(「▽의遊戲」)도 마찬가지다. 그것은 이상 시에 자주 나오는 성적 콤플렉스에서 비롯된 남성 성기에 대한 비유로 볼 수도 있지만, 보다 중요한 것은 '~를 ~라고 한다면 ~는 ~이다' 명명을 통해, 유희를 위한 하나의 기호로 설정하고 있다는 것 자체이다. 그 의미는 시 전체에서 사랑을 나누는 남성과 여성의 관계 안에서만 해석될 수 있다.

이상의 놀이를 위한 기호화의 궁극적인 목적이 무엇이냐 하는 것이다. 이상이 시 안에서 사랑하는 관계에 있는 남자를 '▽' (또는 '□')로, 그리고 상대 여자를 '△' 로 기호화하는 것은 이 시에서 규정하는 바와 같이 "視覺의이름" 을 붙이는 행위이다. 즉, 청각 언어로 된 이름이 아니라 시각 언어로 된 이름인 것인데, 그것은 계량화라는, 이상 나름의 근대성에 대한 파악에서 영감을 얻어 그 명명(命名) 방식을 빌려 온 것이다. 시각적으로 기호화된 것은 계량화된다는 슬픔을 가지고 있긴 하지만 한편 시각성 고유의 성격에 의해 영원성을 획득한다. 그러므로, 이 시에서 "시각의 이름" 은 "영원히살" 수 있다고 하는 것이다. 그러한 이 시의 의미의 맥락 안에서 '△' 는 시간을 초월하여 과거의 연인 즉, "AMOUREUSE" 이자 또는 현재의 아내일 수도 있는 것이다. 다시 말해, 사랑의 주체들을 시각적으로 기호화하는 것은 일종의 형식미의 획득으로 예술 안에서 영원성을 갖게 하기 위한 것이다. 여기서 중요한 것은 바로 그 영원성의 지향 안에 사랑에 대한 진실이 있다는 것이다.

△은 나의 AMOUREUSE이다.

▽이여씨름에서이겨본經驗은몇번이나되느냐.

▽이여보아하니外套속에파묻힌등덜미밖엔없고나.

▽이여나는呼吸에부서진樂器로다

　나에게如何한孤獨은찾아올지라도나는　하지아니할것이다.

　오직그러함으로써만나의生涯는原色과도같이豊富하도다.

그런데나는캐러밴이라고.

그런데나는캐러밴이라고.

―「神經質的으로 肥滿한 三角形」 부분(1931)

이 시 「神經質的으로 肥滿한 三角形」에서도 역시 '△' 로 기호화된 여성과 '▽' 로 기호화된 남성이 사랑의 주인공이 된다. '△' 를 사랑하던 나 '▽' 는 자신의 무력감을 씨름에서 이겨 본 적이 없는 자라고 한다. 그는 사랑으로 타자와 엮어진 관계 안에서 언제나 약자이며 그런고로 언제나 패배자이다. 사랑 앞에 타자를 위해 자신의 욕망을 버리고 차라리 패배를 받아들이는 나는 진정으로 사랑을 하는 자이다. 이에 반해 나의 연인이었던 '△' 가 나에게 신경질적인 태도에 비만한 용모로 변하는 순간은 그녀에게서 사랑의 종말이 온 순간임을 알 수 있다. 신경질은 타자와 일체감이 형성될 때 감각적으로 오는 쾌감과 반대되는 것으로 타자에 대한 거부 반응을 유발하는 상태라고 할 수 있다. 또한 비만은 이상의 여러 시들에서 욕망의 과잉에 대한 비유적 표현으로 유추된다. 그러므로 신경질적인데다 비만하다는 표현은 타자에 대해 포용력을 갖지 않으면서, 진실 없는 사랑임에도 불구하고 오로지 욕망에만 부풀어 올라, 대상에 대한 집착만 남은 관계에서 오는 역겨움의 의미를 내포한다고 할 수 있다. 이럴 때 이 시에서 나는 차라리 고독하게 사막을 혼자 횡단하는 "캐러밴(caravan)" 이 된다. 무조건적으로 관계 자체를 원한다기보다는 진실성이 있는 관계만을 원하는 것이다. 그러므로 고독한 사막의 순례자로서의 삶을 택하는 것은 역설적으로 사랑을 지키고자 하는 노력이라고 할 수 있다. 위의 시들에서 주목해야 할 것은 '▽' 와 '나' 가 같은 존재이지만 다른 의미를 지닌다는 것이다. 내가 사랑을 함으로써 '△' 의 연인이 될 때만 나는 '▽' 이다. 그녀의 사랑을 잃으면 나는 더 이상 '▽' 가 아니고, 절대적인 고독을 받아들여야 한다는 것이다. 이것은 사랑의 역학에 있어서 이상이 자기중심이 아니라 철저히 타자에 의해 자신의 의미를 규정하고 있었다는 것을 알 수 있다. '△' 와 '▽' 는 의미 없이 기호의 유희로 선택된 도형의 일종에 불과하지만 이 두 기호만큼 사랑이 동일성과 비동일성 사이에서 또 다른 동일성으로 지양해 가는 닮음의 변증법이라는 것을 잘 보여주는 것은 없다. 사랑의 진실이란 그러한 관계의 역학 안에서만 자신을 드러낸다.

요컨대, 사랑의 두 주인공인 남과 여를 '▽'와 '△'로 시각화하여 표현한 일련의 시들은 시간의 흐름 속에서 변할 수밖에 없는 사랑의 진실을 시간에 저항하여 변함없는 것으로 보전하기 위해 형식미를 갖춘 시들이라고 할 수 있을 것이다. 그러나 사랑하는 두 사람의 관계를 은유적 관계로 형성되지 못하게 하는 모순의 출현은 사랑을 고통스럽게 하는데, 이는 다음 장에서 다루어질 바이다.

4. 비동일성의 현현에 의한 사랑의 위기 —진실과 비진실 사이의 모순

사랑이란 철저히 둘의 문제이며, 그러므로 이 둘의 관계에 보다 안정적인 충실함을 보이도록 덕목으로 개념화한 것이 순결(純潔)이다. 이상은 타자와의 단절에 그 누구보다 민감했으며, 그러한 이유로 분리 불안 증상을 보일 정도로 타자에 대해 집착한다. 그러나 타자에 대한 욕망이 단순히 사랑의 대상에 대한 소유의 형식이나 지배의 형식으로 발현되지는 않는다. 오히려 이상의 순결의 문제는 진실의 문제의 중심에 놓여 있다. 사랑에 있어서의 진실의 문제는 사랑의 주체가 그 타자에게 순결에 대해 질문을 던지는 형식으로 제시된다. 사랑의 균열은 바로 그 질문에 의해 발생한다. 그것이 사랑하는 주체와 타자 간의 완전한 동일화를 방해하는 것이다. 여기서 순결의 문제로써 이상의 시에서는 '정조(貞操)'의 개념이 등장한다.

안해를즐겁게할條件들이闖入하지못하도록나는窓戶를닫고밤낮으로꿈자리가사나워서가위를눌린다. 어둠속에서무슨냄새의꼬리를逮捕하여端緖로내집내未踏의痕迹을追求한다. 안해는外出에서돌아오면房에들어서기전에洗手를한다. 닮아온여러벌表情을벗어버리는醜行이다. 나는드디어한조각毒한비누를發見하고 그것을내虛僞뒤에다살짝감춰버렸다.그리고이번꿈자리를豫期한다.

—「追求」 전문(1936)

순결에 있어서 가장 중요한 것은 무엇보다도 '당신이 사랑하고 있는 사람이 진정 나인가? 만약 내가 아니라면 누구인가?' 이다. 이 시에서 사랑의 주체는 아내가 자신으로부터 멀어져 가며 누구를 만나는지 알 수 없는 외출을 하고 돌아오는 것에 대해 원망하는 마음을 가진다. 이 시에서 "외출" 이란 시어는 어의 그대로의 의미와 함께 두 남녀를 동일성으로 묶어 주는 영역을 벗어나는, 말하자면 일종의 외도라는 의미를 동시에 지닌다. 그럼에도 불구하고 그가 회복되길 바라는 것은 사랑 안에서의 동일성의 경험이다. 이 시에서 사랑을 하는 남성 주체는 "닮아온여러벌표정을벗어버리는추행이다" 라고 말하고 있는데, 이것은 아내가 자신과 닮았다고 인식할 때 느꼈던 행복감을 잃어버린 것에 대한 상실감의 표현이다. 그는 여전히 아내와 닮음 즉 동일성을 통한 일체감을 공유하길 바란다. 이 시에서 그녀가 자신과의 닮음을 지워버리는 것을 가능하게 하는 "비누" 를 숨기는 행위가 바로 그러한 심리의 반증이다. 그러나 그러한 바람은, 이 시의 세계에서 현실이 아닌, 무의식적 욕망이 실현되는 장소로서의 꿈[33]을 꾸는 공간, 즉 "꿈자리" 에서 밖에 기대되지 않는다. 그는 아내를 잃어버리지 않으려 하지만 둘 사이의 심연은 이미 벌어져 있다. 그가 자신도 모르게 외출하고 돌아오는 아내에 대해 요구하는 것은 사랑에 대한 충실이란 의미에서의 정조나 순결이다. 이와 같이 위의 시들에서 아내와의 일체감의 상실이 사랑의 주체에게 무력감을 느끼게 하고 있는 양상이 다음 시들에서는 아내에 대한 불신과 의심의 징조가 더욱 심화된 양상으로 나타난다.

33) S. Freud, 김인순 역, 「꿈은 소원성취이다」, 『꿈의 해석』 上, 열린책들, 1998.

白紙위에한줄기鐵路가깔려있다. 이것은식어들어가는마음의圖解다. 나는每日虛僞를담은電報를 發信한다. '明朝到着' 이라고. 또나는나의日用品을每日小包로發送하였다. 나의生活은이런災害地를닮은距離에漸漸낯익어갔다.

—「距離—女人이出奔한境遇」 전문(1933)

出奔한 안해의 歸家를 알리는 「페리오드」의 大團圓이었다.

너는 어찌하여 네 素行을 地圖에 없는 자리에 두고 花瓣을 떨어진 줄거리 모양으로 香料와 暗號만을 携帶하고 돌아왔음이냐.

時計를 보면 아무리 하여도 一致하는 時日을 誘引할 수 없고 내 것 아닌 指紋이 그득한 네 肉體가 무슨 條文을 내게 求刑하겠느냐.

그러나 이곳에 出口와 入口가 늘 開放된 네 私私로운 休憩室이 있으니 내가 奔忙中에라도 네 거짓말을 적은 片紙를 데스크 위에 놓아라.

—「無題」3 부분(1939)

위의 시들은 「距離—女人이出奔한境遇」의 표현대로라면 사랑에 대해 "식어들어가는마음의圖解"의 단면을 각각 보여준다. 그러나 사랑이 식어가는 것이 곧 관계의 완전한 단절을 의미하는 것은 아니다. 사랑의 주체는 관계의 지속을 위해 자신이 사랑하는 여인인 아내라는 이름의 그 대상을 자신 앞으로 호출하기를 멈추지 않는다. 두 사람을 연결해 주는 "전보"(「距離—女人이出奔한境遇」)와 "편지"(「無題」3)의 송수신을 위해 노력하는 모습이 바로 그것이다. 그러나 앞의 시에서 "전보"는 "허위"를, 뒤의 시에서 "편지"도 역시 "거짓말"을 전할 뿐이다. 외출이라는, 관계의 외면적 단절은 내면의 진실성마저 부정하는 허위와 거짓으로 변질되어 있는 것이다. 남자의 "마음의圖解"(「距離—女人이出奔한境遇」)를 완전히 벗어난 여인은 "지도에 없는 자리"(「無題」3)에 가버려 있다. 사랑의 주체로서의 남자는 사랑을 저버린 그 여인을 죄인이라며 심판하고 싶어 한다. 그 죄목은 자신에게 없던 그 시간에 "내 것이 아닌 지문이 그득한 네 육체"(「無題」3)가 되어버린 것, 즉 제3의 타자에게 사랑을 판 것이다. 사랑에 있어서, 사랑하는 그 순간만큼은 한 사람만을 사랑해야 한다는 순결의 원칙을 어긴 것이다. 그러나 그러한 사랑의 윤리로 자신을 배신한 여인을 심판하는 것은 양심일 뿐, 양심의 심판만으로 상대를 단죄하지는 못한다. 오히려 그녀로부터 거짓말을 했다면 거짓말을 했다는 고백을 통해 마지막까지 진실을 구제하고 싶어 한다. 사랑의 주체의 이러한 태도야말로 지고한 사랑의 윤리를 보여준다. 전술한 바와 같이, 진실이란 주체의 말함을 통해 열어 밝혀져 보이는 것이다. 그러나 진실은 또한 그래져야만 하는 당위성을 가지는 의무이기도 하다.[34] 이상에게서 진실은 실존의 문제이자 윤리의 문제인 것이다. 그런데 의무란 권리에 상응하므로, 진실에 대한 권리를 가진 사람이 있을 때만 그 상대로서 진실에 대한 의무를 가질 사람도 있는 것이다.[35] 그러나 한편 타자를 해칠 수 있는 경우에는 진실에 대한 권리도 허용되어선 안 된다.[36] 이상은 이러한 도덕률을 철저히 따르고 있다. 사랑의 타자에게 진실에 대한 의무가 있고, 자신에게는 그에 상응하는 권리가 있음에도, 이상은 타자에게 해가 갈만큼 강제하지 않고 다만 스스로 괴로워한다. 이상 시의 사랑의 주체가 타자의 양심에 의한 심판이 아니라, 주체 자신의 고백을 통한 진실의 드러냄을 가능하게 하는 편지라는 형식에 집착하는 것은 바로 타자에 대한 윤리에 충실하기 때문이다.

紙碑一

34) I. Kant, *Ethical philosophy*, Indianpolis, IN: Hacket, 1994, pp.162~163. (A. Zupančič, 이성민 역, 『실재의 윤리』, 도서출판 b, 2004, 80면 재인용)

35) 위의 책 참조.

36) 위의 책 참조.

안해는아침이면外出한다 그날에 該當한 한 男子를 속이려 가는 것이다 … 나는 물어 보면 안해는 모두 率直히 이야기한다 나는 안해의 日記에 萬一 안해가 나를 속이려 들었을 때 함직한 速記를 男便된 資格 밖에서 敏捷하게 代書한다.

紙碑二

안해는 정말 鳥類였던가 보다 안해가 그렇게 瘦瘠하고 가벼워졌는데도 날지 못한 것은 그 손가락에 끼었던 반지 때문이다 … 어느 날 정말 안해는 없어졌다 그제야 처음房안에 鳥糞 냄새가 풍기고 날개 퍼덕이던 傷處가 도배 위에 은근하다

紙碑三

안해의 벗어 놓은 버선이 나 같은 空腹을 표정하면서 곧 걸어갈 것 같다 나는 이房을 첩첩아 닫고 出他한다

—「紙碑—어디갔는지모르는안해」 부분(1936)

내키는커서다리는길고왼다리아프고아내키는작아서다리는짧고바른다리가아프니내바른다리와아내왼다리와성한다리끼리한사람처럼걸어가면아이夫婦는부축할수없는절름발이가되어버린다無事한世上이病院이고꼭治療를기다리는無病이끝끝내있다.

—「紙碑」 전문(1935)

나의步調는繼續된다

언제까지도나는屍體이고자하면서屍體이지아니할것인가

—「BOITEUX · BOITEUSE」 부분(1931)

아내의 외출을 모티프로 나타나는 비극적 양상은 이 시편들에서 보다 극단화된다. 「紙碑—어디갔는지모르는안해」에서 아침이면 외출을 하는

아내는 "남자를 속이려"고 간다. 그런 아내는 내 앞에서는 솔직하게 말하지만, 그녀만의 내밀한 내면 고백이 담긴 일기장은 역시 남편을 또 속이고 있다는 의심으로부터 자유로울 수 없다. 그 시에서 아내는 마치 "새"처럼, 언제든 떠날 것 같으며, 다만 "반지"라는 결혼의 서약 때문에 떠나지 못해 다시 돌아온다. 그러나 그녀가 결혼 생활로부터 완전히 떠나지도 떠나지 못 하지도 않는 것은 외형상으로 그러할 뿐이다. 그녀의 마음은 이미 결혼 생활 안에 없는 것이다. 이 시의 시적 주체는 그녀가 떠난 자리를 확인하며 자신 또한 "출타"한다. 그러한 관계 안에서의 "안해"와 "나"는 "절름발이"가 되고, "무사한세상이 병원"이 되며, "치료를기다리는무병"이 나의 병이 되는 세계가 「紙碑」의 세계인 것이다. 그러나 한편 그러한 모순 형용으로써 드러내고자 하는 것은 나만의 진실이다.[37] 나에게는 세계 자체가 병원이고, 그러한 세계 안에 있는 나는 무조건 이유 없는 병자이다. 병 없이도 병인 것이다. 이 무병의 병이 과연 병인가 병이지 아닌가 하는 것은 중요한 것은 아니다. 그것은 단지 완전히 단절되어 회복에 대한 기대가 없는 부부 관계에 대한 은유인 것이다. 그러한 비극적 사랑의 양상을 보여주고 있는 것이 바로 '종이로 만든 비석'으로서의 「紙碑」의 세계이다. 그것은 사랑의 종말이라는, 존재의 상징적 죽음 앞에 바치는 일종의 묘비명인 것이다. 그러나 상징적 죽음과 상관없이 현실에서의 나는 여전히 살아 있다.[38] 나는 죽었으면서 살아 있는 것이다. 이러한 상징과 실재 사이의 모순이 「BOITEUX · BOITEUSE」에서는 "언제까지도나는屍體이고자하면서屍體이지아니할것인가"라는 실존적 질문을 던지게 한다. 시체이면서 동시에 시체이지 않은, 즉 '이다'와 '이지 않다'라는 그 모순된 '시체의 은유'는 스스로 은유가 가진 고유한 긴장의 구조를 펼쳐 보임으로써 진실을 전하고 있다.[39] 그 진실의 숨겨진 의

37) P. Ricoeur, 앞의 책 참조.
38) P. E. Wheelwright, 앞의 책 참조.
39) P. Ricoeur, 앞의 책 참조.

미를 해석 가능하도록 도와주는 빌미가 되는 이 시에서의 시구는 "나의 步調는繼續된다" 이다. 사랑앓이라는, 그 존재의 아픔을 완전히 치유하지 못한 채 살지도 죽지도 못하는 그 주체들은 불구의 존재로서의 절름발이인 것이다. 사랑에 있어서 한 쌍인 남과 여는 홀로만 불구인 것이 아니라 남자든 여자든 서로에 대해 절름발이다.[40] 이것이 차라리 사랑을 위해 죽지도 못하는 더한 비극인 것이다.

> 내두루마기깃에달린貞操배지를내어보였더니들어가도좋다고그런다. 들어가도좋다던女人이바로제게좀鮮明한貞操가있으니어떠냔다. 나더러世上에서얼마짜리貨幣노릇을하는세음이냐는뜻이다. 나는일부러다홍헝겊을흔들었더니窈窕하다던貞操가성을낸다. 그리고는七面鳥처럼쩔쩔맨다.
>
> —「白晝」 전문(1936)

정조를 주제로 하고 있는 시 「白晝」에서 보듯이, 이상은 역설적인 의미에서 정조의식이 강한 순결주의자이다. 이 시에서 그는 자신의 정조 있음을 자랑스럽게 내세우고, 정조를 조롱당한 여자로 하여금 수줍어하게 한다. 그는 기생에게도 순결성을 요구한다. 아내에게 요구하고자 하였으나 그렇게 하지 못했던 정조를 기생에게 요구하고 있다는 것은 아이러니가 아닐 수 없다. 처녀가 정조에 대응하며, 창녀가 정조의 상실에 대응한다면, 정조의 상실이라는 것도 정조라는 개념의 범주 안에서만 이해될 수 있다는 데서 그것이 가능해진다. 그가 사랑을 원하는 타자에게 요구하는 진실은 정조이지만, 그것을 상실함으로써 타락한 아픔을 지닌 실존은 절망 그 자체도 모두 사랑하고자 하는 것이라고 볼 수 있다.

> 눈이存在하여있지아니하면아니될處所는森林인웃음이存在하여있었다

---

40) 제목 「BOITEUX · BOITEUSE」는 프랑스어로 각각 절름발이의 남성형과 여성형을 가리킨다.

....

一小隊의軍人이東西의方向으로前進하였다고하는것은

無意味한일이아니면아니된다.

....

三心圓

....

疎한것은密한것의相對이며또한

平凡한것은非凡한것의相對이었다

나의神經은娼女보다도더욱貞淑한處女를願하고있었다

—「수염」 부분(1931)

이러한 아이러니는 「수염」의 "소한것은밀한것의상대이며또한/평범한것은비범한것의상대였다/나의신경은창녀보다도더욱정숙한처녀를원하고있었다"와 같은 구절에서 더욱 극명해진다. 창녀와 처녀는 정조를 기준으로 서로 양립하는 모순된 위상에 놓여 있지만, 이 시의 주체는 "삼심원"이라는 제3의 종합의 가능성을 제시한다. 이러한 종합의 논리는 「수염」의 다른 시구 안에서도 반복된다. '존재'의 긍정과 부정, '무의미'의 긍정과 부정, 즉 '이다'와 '이지 않다'라는 모순을 하나로 지양해 내려는 의지는 이 시에서 계속 보이고 있거니와, "삼심원"은 바로 이항대립적인 모순을 하나로 보는데서 오는 이미지인 것이다. 그러므로 이상의 시에서 간과되지 않고 새롭게 발견되어야 하는 것은 그의 시가 대칭구조로 이루어졌다는 데 그치는 것이 아니라, 모든 대칭은 대칭점으로서의 중심을 가지며 둘로 양분된 구조는 다시 하나로 볼 수 있다는 것이다. 그러므로 둘은 둘로 이루어진 하나를 다시 만들어낸다. 그것은 곧 진실 안에 진실과 비진실이 모순적으로 대립하고 있는 것, 그것이 또 하나의 진실이 되는 이치이다. 그가 여성을 정조를 기준으로 처녀와 창녀로 보지만 자기가 사랑하는 여자 안에는 처녀도 창녀도 함께 있는 것이다. 한 여자 안에 있는 처녀와 창녀를 실존적으로 다 받아들일 수 있는 것은 사랑의 힘밖에 없다. 그는 사랑하기 때문에 그녀 안에 존재하는 모순까지 아울러 그녀를 하나의 실존으로 이해하면서, 그러나 그 자신이 요구하지 않을 수 없는 진실로서의 정조를 요구하고 있는 것이다.[41)]

사람은光線보다도빠르게달아나면사람은光線을보는가, 사람은光線을본다, 年齡의眞空에있어서두번結婚한다, 세번結婚하는가, 사람은光線보다도빠르게달아나라.

·

聯想은處女로하라, 過去를現在로알라, 사람은옛것을새것으로아는도다, 健忘이여, 永遠한 忘却은忘却을모두求한다.

·

思考의破片을反芻하라, 不然이라면새로운것은 不完全이다, 聯想을죽이라, 하나를아는者는셋을하는것을하나를아는것의다음으로하는것을그만두어라, 하나를아는것은다음의하나의것을아는것을하는것을있게하라.

·

... 사람은달아난다, 빠르게달아나서永遠에살고過去를愛撫하고過去로부터다시過去에산다, 童心이여, 童心이여, 充足될수없는永遠의童心이여.

—「線에 關한 覺書」5 부분(1931)

사람은絶望하라, 사람은誕生하라. 사람은誕生하라, 사람은絶望하라.

—「線에 關한 覺書」2 부분(1931)

---

41) 이상의 강한 도덕성은 죽음충동과 연관된다. 「月原橙一郎」의 "不道德이 行刑" 이라는 표현은 "墓墳"과 일맥상통한다. 이에 대해서는 다음 참조. (P. Ricoeur, "Eros, Thanatos, Ananke", *Freud and Philosophy*, trans. D. Savage, New Haven and London, Yale University Press, 1970, pp.293~309.)

사람은光線보다 빠르게 달아나는速度를調節하고때때로過去를未來에있어서淘汰하라.

―「線에 關한 覺書」7 부분(1931)

(사람은數字를버리라)

―「線에 關한 覺書」1 부분 (1931)

사람은사람의客觀을버리라.

主觀의體系의收斂에依한凹렌즈.

―「線에 關한 覺書」6 부분(1931)

「線에 關한 覺書」 연작은 시간성과 관련하여 순결과 타락의 문제를 살펴볼 수 있는 근거를 보여주고 있다. 이상은 근대의 시간관을 부정하고 있다. 그러나 그 부정은 무조건적인 거부가 아니라 근대성의 본질을 정확히 간파하면서 그것을 넘어서려는 것이다. 「線에 關한 覺書」1의 "사람은數字를버리라" 고 한 시구에서, 근대성의 지향이라는 명목 하에 시간을 계량화하는 것을 부정하고 있음을 알 수 있다. 그러한 부정은 나아가 「線에 關한 覺書」6에서와 같이 "客觀을버리라"는 의미로 발전되고 있는데, 그 대안으로 주어지는 것은 바로 "主觀의體系의收斂에依한凹렌즈" 즉, 자신만의 유일한 진실을 가지고 보는 주체의 시선이다. 이러한 관점에서 볼 때 그 시간성은 객관적 시간이 아닌 주관적인 시간을 가리키는 것으로써, 이상에게 있어서 사랑의 시간은 "무시간성"[42]의 시간이 된다. 그러나 사랑이 소멸되어 가며 다시 시간은 진행되기 시작한다. 은유의 시간은 끝나고 환유의 시간이 시작되는 것이다.[43] 시간이 흐른다는 것은 존재가 불

42) S. Freud, 윤희기 역, 「무의식에 관하여」, 『무의식에 관하여』, 열린책들, 1998, 192~193면.

43) 시간성에 대해 참조할 수 있는 이상의 시에는 「運動」(1931)이 있다. 이 시에서 시계는 나를

안을 느끼며 대상과 분리되어 간다는 것이다.[44] 사랑하는 대상에 대한 집착은 시간을 멈추게 하고, 새로운 대상을 찾아나서는 길은 시간을 흐르게 한다. 이 시에서는 결혼을 두 번, 세 번 하리만큼 시간이 빨리 지난다. 그런 결혼 생활 안에서 정조라는 것은 이미 부정되는 것이다. 그럼에도 불구하고, 「線에 關한 覺書」5에서는 "연상은처녀로하라"는 문제적인 시구가 발견된다. 사랑을 한 번 거치고 또 두 번 거치면서 타락을 겪지 않은 여자는 없을 것이지만은 다시 사랑을 할 때는 순결을 가진 처녀로 간주한다는 것이다. 시간은 순결에서 타락으로 가는 길이기도 하지만, 타락에서 다시 순결로 돌아가는 재생의 길이기도 한 것이다. 「線에 關한 覺書」2의 "사람은절망하라, 사람은탄생하라. 사람은탄생하라, 사람은절망하라"는 이 강렬한 시구에서도 느껴지는 바와 같이 절망이 곧 탄생이라는 역설에 의해 그는 또 다른 진실을 말하고 있다. 그런데 이 과정에서 망각이라는 것이 중요한 의미를 지닌다. 「線에 關한 覺書」7의 "過去를未來에있어서淘汰"하라는 표현이 곧 망각을 가리키는 것으로 볼 수 있는데, 여기서 망각은 회생의 기회를 주기 위한 망각이기 때문이다. 이상은 끝내 사랑의 진실에 대해 순결주의자이다. 그는 이러한 시간의 흐름 안에서 「線에 關한 覺書」5에서와 같이 "영원"과 "동심"을 동경하고 있다. 그가 만나 사랑한 여자가 몇 번의 결혼을 한 여자이든, 그녀에게서 동심과 같고 영원과 같은 순결을 만나길 원하고 있다. 여기서도 여러 번 결혼을 한 여자와 처녀라는 모순이 그가 순결을 갈망하는 진실 속에서 공존하고 있다.

1.

달빛속에있는네얼굴앞에서내얼굴은한창얇은皮膚가되어너를칭찬하는내말씀

중심으로 한 시간을 가리키고 있으며, 나의 중심을 찾을 때 무의미한 운동으로부터 벗어날 수 있다고 하고 있다.

44) S. Žižek, 이성민 역, 「세계의 밤」, 『까다로운 주체』, 도서출판 b, 2005, 19~115면.

이發音하지아니하고미닫이를간지르는한숨처럼冬栢꽃밭냄새지지고있는네머리속으로기어들어가면서모심듯이내설움을하나하나심어가네나.

2.

진흙밭헤맬적에네구두뒤축눌러놓은자국애비내려가득고였으니이는온갖네거짓네弄談에한없이고단한이설움을哭으로울기전에땅에놓아하늘에부어놓는내억울한술잔네발자국이진흙밭을매며헤뜨려놓음이냐.

3.

달빛이내등에묻은거적자국에앉으면내그림자에는실고추같은피가아물거리고대신血管에는달빛에놀란冷水가방울방울젖기로니너는내벽돌을씹어삼킨원통하게배고파이지러진헝겊心臟을들여다보면서어항이라하느냐.

—「素榮爲題」 전문(1934)

사랑의 본질로부터 벗어나 사랑의 주체와 분리된 여인은 분노하고, 냉담한 데 그치는 것이 아니라 여전히 사랑 안에 머물러 있는 그를 속이기 시작한다. 「素榮爲題」에서 "나"는 "너"의 아름다움을 "칭찬"하지만, "너"는 "나"에게 "거짓"과 "농담"만을 되돌려 보내, 그로 인해, "나"는 "설움을곡으로" 운다. 이상 시에서 진실성이 교란된 양상으로 나타나는 것은 사랑의 주체로서의 '나'로부터 시작된 것이 아니라, 나의 진실이 상대에 의해 상처받은 후에 그것을 보여주는 것에 불과하다. 사랑의 진실이라 믿었던 것 안에서 그와 정반대의 본질인 거짓된 요소들이 출현하게 됨을 역설적인 의미에서 거짓 없이 보여주는 것이다. 이 시에서는 끝내 여자의 거짓말과 농담에 의해 진실이 완전히 부정된 사랑에 의해 망가진 사랑의 주체의 형상은 그로테스크하게 찢겨진 신체의 이미지를 하고 있는데, 그것을 아무렇지 않은 듯 "어항"처럼 관망하는 여인의 시선은 냉혹하고 무자비하다.

계집을 信用치않는나를 계집은 絶對로 信用하려들지 않는다. 나의 말이 계집에게 落體運動으로 影響되는 일이 없었다.

계집은 늘내말을 눈으로들었다내말한마디가계집의 눈자위에 떨어져 본적이 없다.

期於코 市街에는 戰火가일어났다 나는 오래 계집을 잊었다. 내가 나를 버렸던 까닭이다.

—「普通記念」 부분(1933)

사랑의 두 주체인 남과 여 사이의 불신은 상호적으로 심화된다. 「普通記念」에서 "나"는 "계집"을 "신용"치 않으며, "계집"도 "나"를 "신용"치 않는다. 그런데 주체가 타자로부터 신용을 얻지 못하는 이유는 나 자신이 먼저 상대를 신용치 못하기 때문이다. 상대를 불신하는 태도가 똑같이 자신을 불신하는 태도로 되돌아오는 것이다. 그러한 불신은 이 시에서 "낙체운동"을 거스르는 것, 즉 중력의 법칙처럼 자연의 이치에 어긋나는 것으로 비유되고 있다. 이것을 통해 역설적으로 유추해낼 수 있는 것은, 사랑에 있어서 두 주체 간의 믿음이 그 본질이라는 것이다. 그러나 믿음의 실추로 더 이상 사랑의 언어가 한 실존의 고유한 진실을 주고받는 것이 아닐 때, 타자의 시선은 나의 내부 아닌 "외부(dehors)"[45]만을 비춘다. 타자의 시선에 의해 주체는, 스스로 진실을 말할 수 있는 지위로서의 주체성을 박탈당하며, 철저히 객체화된 존재, 즉 "나의—바라보여진—존재"[46]로 한정되고 만다. 그러므로 이 시의, 사랑하는 여인이 "내말을눈으로듣"고 있다는 표현은 바로 타자의 시선에 의해 바라보여지는 존재에 머물며 더 이상 진실을 말할 수 없게 된 시적 주체의 탄식인 것이다.

45) 변광배, 『존재와 무—사르트르』, 살림, 2005, 217면.
46) 위의 책, 215~217면.

그러나 바로 이 순간이야말로 역설적으로 사랑의 진실의 이면이 드러나는 순간이다. 그러나 그것은 진실이 사라진다는 것과는 다르다. 다만, 진실이 언어로써 의미를 구성하는 상징화의 차원을 벗어나 실재의 차원에서만 드러나게 되었다는 것이다. 보는 것(seeing)과 듣는 것(hearing)은 대립적이기도 하지만 서로 다른 영역에서 길항작용을 하는 것으로 볼 수 있는데 그것은 시선이 닿을 수 없게 된 곳에서 들음으로써 인식을 하게 되며, 목소리가 사라지는 곳에서 봄으로써 인식을 하게 되기 때문이다.[47) 물론 전자와 후자가 등가인 것은 아니다. 듣는 것은 타자를 수용하는 것, 즉 타자를 긍정하는 것이라면, 반대로 보는 것은 타자를 수용하지 않는 것, 즉 타자를 부정하는 것이다.[48) 그러므로 들려져야 하는 시적 주체의 말이 상대에게 보여진다는 것은, 타자에 의해 자신이 거부되고 이해 받지 못했다는 것을 의미한다. 그러나 그것은 역설적 의미에서 타자의 긍정이다. 타자가 단순히 자신을 긍정해 주기 위해서만 존재한다면, 타자는 더 이상 타자가 아니다. 그것은 사랑에서도 마찬가지이다. 타자 안에는 주체와 완전히 동일화되지 않는 그 무엇이 있기 때문에 타자인 것인데, 그럼에도 불구하고 타자를 배척하지 않을 때 그것이야말로 타자의 진정한 긍정[49)이라는 의미에서 보다 사랑의 본질에 다가간다고 할 수 있다. 그러나 그 모든 것이 거짓이라고는 할 수 없으되, 진실이라면 너무나 잔인한 진실이기에 그것을 밀쳐내려는 반동이 뒤따르지 않을 수 없는데, 그러므로 이 시의 결말은 결국 "나는 나를 버"리는, 자기 상실에까지 이르는 모습을 보여주고 만다.

重要한位置에서한性格의심술이悲劇을演繹하고있을즈음範圍에는他人이없었

47) S. Žižek, "I Hear You with My Eyes", *Gaze and Voice as Love Objects*, Durham and London, Duke Univirsity Press, 1996, pp.90~118.

48) 위의 책 참조.

49) A. Zupančič, 「…… 이중 긍정을 거쳐……」, 『니체와 라캉: 정오의 그림자』 참조.

던가. 한株—盆에심은外國語의灌木이막돌아서서나가버리려는動機요貨物의방법이와있는倚子가주저앉아서귀먹은체할때마침내가句讀처럼고사이에끼어들어섰으니나는내責任의맵시를어떻게보여야하나. 哀話가註釋됨을따라나는슬퍼할준비라도하노라면나는못견뎌帽子를쓰고밖으로나가버렸는데웬사람하나가여기남아내分身提出할것을잊어버리고있다.

—「位置」 전문(1936)

正式Ⅳ

너는누구냐그러나門밖에와서門을두다리며門을열라고외치니나를찾는一心이아니고또내가너를도무지모른다고한들나는차마그대로내버려둘수는없어서門을열어주려하나門은안으로만고리가걸린것이아니라밖으로도너는모르게잠겨있으니안에서만열어주면무엇을하느냐너는누구기에구태여닫힌門앞에誕生하였느냐.

—「正式」 부분(1935)

마지막으로, 위의 시 「位置」에서는 관계의 끝으로서의 "타인"이 없는 위치에 대해 언급하고 있다. 타인이 없다는 것은 양가적으로 해석할 수 있다. 우선 그것은 사랑에 빠져 있을 때이다. 타자도 완전히 주체 안에 자리 하여 '내 안의 당신'이라는 환상이 가능하게 된 때이다. 그러므로 그것은 아무리 슬퍼해도 아름다운 '비극'이다. 사랑하는 그 대상은 나의 '분신'과도 같은 존재이기 때문이다. 그러나 그러한 환상이 완전히 사라지고 난 다음에는 사랑의 대상은 더 이상 내 안에 있지 않다. 그것이 또 다른 관점에서 '타인'이 없다는 것을 의미한다. 이 시에서 사랑하는 연인 사이의 언어는 "외국어"가 된 것처럼 타인은 자신의 말에 대해 "귀막은 체" 하고 있다. 어떻게든 타자에게 가 닿으려는 노력은 이 시에서 말이 안 통한다면 말과 말 사이의 마침표나 쉼표와 같은 "구두"점으로나마 자신이 존재하겠다고 하는 절실함으로 표현된다. 자신을 그러한 미비한 존재에 동일시한 이 은유는 끝내 타자와의 언어적인 소통에 대한 마지막 간절함인 것이다. 그러나 그것조차 불가능해지자, 이 시의 사랑 이야기는 아름다움을 머금은 "哀話"에서 사랑의 신비를 벗기고 분해하는 "주석"으로 전락한다. 일말의 사랑의 진실이 남은 "비극"도 "애화"도 아닌, 그 끝에 "구두"점으로 남은 주체에게 자신이 사랑하던 연인인 "분신"은 사랑의 당사자와 상관없는 제삼자에 의해 처분되어야 할 대상으로 변해 있게 되는 것이 「位置」에서 가리키는 사랑의 마지막 위치인 것이다. 바로 그 위치는 「正式」에서 다시 "문"으로 표상됨과 동시에, 분신은 내가 알 수 없는 정체불명의 "누구"의 지위로 격하된다. 그것은 닫힌 문을 사이에 둔 '나'와 '너'의 완전한 단절로 표현된다. 안팎으로 닫혀버린 관계는 서로에 대해 완전한 타자로 돌아서게 한다. 그러나 여기서 간과해선 안 될 것은 이 시에서 완전한 타인인 "누구"는 관계의 죽음에 비유된 것이 아니라 "탄생"으로 비유되고 있다는 것이다. 그것은 역설적 의미에서 타자의 긍정이다. 존재가 다른 한 존재에게 문을 열어 받아들이려 하는 것은 사랑의 열정일 수 있으나, 그 문이 끝내 열리지 않음에도 불구하고, 자신의 세계로 귀속되지 않는 자신의 밖에 선 존재를 자기 동일성을 벗어난다는 이유로 부정하지 않으며 그러한 상황에 대해 탄생이라 명명하는 것은 다시 한번 자신의 존재를 스스로 넘어서 타자를 긍정하는 더 뜨거운 열정인 것이다. "분신"(「位置」)의 "누구"(「正式」)로의 격하는, 타자에 대한 나르시시즘적 태도의 폐쇄성을 극복하고[50] 타자에게 또 다른 주체로의 지위를 다시 부여하는 것으로 볼 수 있기 때문이다. 그것은 타자의 입장에서 타자 자신이 진정으로 원했던 것이다.

50) A. Zupančič, 「도덕법칙과 초자아 사이에서」, 『실재의 윤리』, 236~237면 참조.

5. 모순의 운명애로의 긍정에 의한 사랑의 진실의 완성

1 밤

작난감新婦살결에서 이따금 牛乳내음새가 나기도한다. 멀지 아니하여 아기를나으려나 보다. 燭불을 끄고 나는 작난감新婦귀에다 대이고 꾸즈람처럼 속사겨본다.

'그대는 꼭 갓난아기 같다' 고……

작난감新婦는 어두운데도 성을 내이고 대답한다.

'牧場까지 散步갔다왔답니다.'

작난감新婦는 낮에 色色이風景을暗誦해가지고 온것인지도 모른다. 내手帖처럼 내가슴안에서 따근따근하다. 이렇게 營養分내를 코로 맡기만하니까 나는 자꾸 瘦瘠해간다.

2 밤

작난감新婦에게 내가 바늘을주면 작난감新婦는 아무것이나 막 찌른다. 日曆, 詩集, 時計, 내 몸 내 經驗이들어앉아있음직한곳.

이것은 작난감新婦마음속에 가시가 돋아있는證據다. 즉 薔薇꽃처럼……

내 가벼운 武裝에서 피가좀난다. 나는 이 傷채기를 고치기 위하여 날만어두면 어둔속에서 싱싱한蜜柑을먹는다. 몸에 반지밖에가지지않은 작난감新婦는 어둠을 커-틴열듯하면서 나를 찾는다. 얼른 나는 들킨다. 반지가 살에 닿은 것을 나는 바늘로 잘못 알고 아파한다.

燭불을 켜고 작난감新婦가 蜜柑을 찾는다.

나는 아파하지않고 모른체한다.

—「I WED A TOY BRIDE」 전문(1936)

이 시 「I WED A TOY BRIDE」에서 "작난감新婦"는 우선 사랑의 대상인 아내에 대한 은유적(隱喩的) 표현이다. 이 시의 "작난감新婦"는, '장난감' 이라는 표현에서, 사랑하는 관계에 있어서 수동적인 대상으로서의 타자성(otherness)의 의미를 내포함과 동시에, "우유"와 "아기"를 매개함으로써 환유적(換喩的)으로는 모성성(母性性)의 의미도 내포한다. 타자성과 모성성의 양가성을 지닌 존재로서의 "작난감新婦"는 이 시뿐 아니라 이상 시 체계에서 여성성의 의미를 함축하는 중요한 기표가 된다. 이러한 양가성은 바늘과 반지의 이미지에서도 마찬가지로 나타난다. 남녀 관계에서 오가는 것이 사랑이지만 그것이 증오로 변질되면 때로 가학성을 띠는데, 그것은 바늘의 이미지로 표상된다. 사랑하는 여인에게 "바늘"을 준다는 이 시의 표현은 자신이 상대에게 상처를 준다는 의미와, 상대가 자신에게 상처를 줘도 저항할 수 없도록 자신을 노출한다는, 두 가지 의미를 동시에 지닌다. 결국 사랑이 상호적인 것과 마찬가지로, 상처 또한 상호적인 것이다. 타자를 향해 사랑을 긍정할 때는 그에 따르는 상처도 긍정하지 않을 수 없는 것이다. 이 시에서 그러한 사랑의 상처는 치명적이어서, "시집"을 비롯한 내 경험, 즉 내 존재가 그 중심에 있는 소중한 것들에 손상을 입힌다. 그런데 상처에 대한 기억을 간직하고 있는 감각은 상처 주지 않을 그 무엇이 다가와도 먼저 상처의 기억을 떠올리고 만다. 이 시에서 아내가 자신에게 다가올 때 지니고 온 것은 순결한 사랑의 약속으로서의 "반지"일 뿐임에도 불구하고, 그것은 "바늘"로 착각되는 것이다. 그것은 사랑의 순결에 대한 약속이 있었기 때문에 사랑의 배신으로 인한 타락도 있다는, 사랑이 내포하는 두 모순의 양가성을 동시에 보여주고 있다. 사랑의 진실 안에는 그 반대 본질로서의 모순이 필연적으로 내재되어 있는 것이다.[51] 진실의 그러한 성격을 이 시의 의미구조 안에서는 "가시"를 가진 "장미"라는, 여인에 대한 은유적 이미지가 두 모순을 결합됨으로써 보여주고 있다. 그러나 모순 간의 단순한 결합만으로는 그 자체로 사랑이 완성될 수 없다. 이 시에서 사랑으로 인한 상처는

51) S. Žižek, 『무너지기 쉬운 절대성』, 119면 참조.

"밀감"에 의해 치유된다. 그러한 사랑의 자기 치유에 의해 사랑의 진실과 그 반대의 비진실은 다시 하나가 될 수 있는 것이다. 사랑하지만, 상처 받고, 그렇지만 다시 자기치유에 의해 사랑할 수 있게 되는 그러한 변증법 안에서 사랑의 진실은 자신을 드러내 보이고 있는 것이다. 그러나 이것은 어디까지나 사랑의 관계에 있어서의 남성 주체 자신만의 문제이다. 여성 주체가 과연 그러한지는 알 수 없다. 이 시 안에서 발화하고 있는 시적 주체는 남성일 뿐이기 때문이다. 아무리 자신의 연인을 사랑한다고 하여도, 이 시의 "작난감新婦"라는 은유 자체가 여성을 타자의 지위에 고정시키며 대상화하고 있다는 한계를 넘어서지 못한다. 한 남성의 사랑을 받는 그녀는 온전한 그녀 자신이지 못하며 남성의 대상으로서의 그 무엇일 뿐이다.[52)]

整形外科는여자의눈을찢어버리고形便없이늙어빠진曲藝師의눈으로만들고만것이다. 여자는실컷웃어도또한웃지아니하여도웃는것이다.

여자의눈은北極에서邂逅하였다. 北極은초겨울이다. 여자의눈에는白夜가나타났다. 여자의눈은바닷개(海狗)잔등과같이얼음판위에미끄러지고만것이다.

世界의寒流를낳는바람이여자의눈물을불었다. 여자의눈은거칠어졌지만여자의눈은무서운氷山에싸여있어서波濤를일으키는것은不可能하다.

여자는大膽하게NU가되었다. 汗孔은汗孔만큼의 荊棘이되었다. 여자는노래를부는다는것이찢어지는소리로울었다. 北極은鐘소리에戰慄하였던것이다.

거리의音樂師는따스한봄을마구뿌린乞人과같은天使. 天使는참새와같이瘦瘠

52) B. Fink, 「성적 관계 같은 그런 것은 없다」, S. Žižek 외, 김영찬 편역, 『성관계는 없다』, 도서출판 b, 2005, 50~81면.

한天使를데리고다닌다.

天使의배암과같은회초리로天使를때린다.

天使는웃는다, 天使는고무風船과같이부풀어진다.

天使의興行은사람들의눈을끈다.

사람들은天使의貞操의모습을지닌다고하는原色寫眞版그림엽서를산다.

天使는신발을떨어뜨리고逃亡한다.

天使는한꺼번에열個以上의덫을내어던진다.

日曆은쵸콜레이트를늘인(增)다.

여자는쵸콜레이트로化粧하는것이다.

………………………………………………

여자는코끼리의눈과頭蓋骨크기만큼한水晶눈을縱橫으로굴리어秋波를濫發하였다.

여자는滿月을잘게잘게씹어서饗宴을베푼다. 사람들은그것을먹고돼지같이肥滿하는쵸콜레이트냄새를放散하는것이다.

―「興行物天使―어떤後日談으로」 부분(1931)

記憶을 맡아보는器官이炎天아래생선처럼傷해들어가기始作한다.... 感情의忙殺.

………………………………………………………………………………………

脫身....

―「賣春」 부분(1936)

한 실존의 고유한 주체성을 완전히 박탈당하고 남성들에 의해 철저히 대상화된 것이 바로 창녀이다. 위의 시 「輿行物天使」에서 "천사"는 곧 창녀의 은유이다. 창녀는 한 남자의 대상인 '작난감新婦'에 비해 그 비극성을 온몸으로 체현한 존재이다. 한 남자의 사랑의 대상이던 아내가 '장난감'이라면, 모든 남자들의 사랑의 대상이 되는 창녀는 '천사'가 된다. 천사는 인간이 아니다. 천사는 인간 세계 안의 존재들과 관계를 맺으면서도 그들로부터 바깥으로 치부되는 곳에 있다. 바로 그러한 천사의 위상이 창녀의 위상이다. 창녀는 세계의 안이나 바깥으로 치부되는 곳의 "외부적 실존"[53]인 것이다. 그러므로 이 시에서 "북극"이라는, 세계의 마지막 경계, 인간이 살 수 없는 황무지는 바로 그녀가 마지막으로 존재의 기반을 둔 공간이 되는 것이다. 그리하여 한 여인의 현실에서의 사회적 명분은 창녀이나, 그 은유는 천사라는 데는 그 표리 간의 모순에 의해 상당한 긴장이 형성된다.[54] 모든 인간은 페르소나라는 가면을 쓰고 살아가지 않을 수 없음으로 해서 내면의 본질적 자기와는 괴리될 수밖에 없는 자기소외의 고통을 겪지 않을 수 없으나, '천사'에게서는 그것이 극에 달한다. 한 인간의 모순은 일면 생명체의 증거로서의 삶의 원동력이 되나, '천사'에게서는 그 모순이 폭력적으로 작용한다. 왜냐하면 그녀의 외면과 내면 사이의 모순은 타자의 욕망에 의해 완전히 강요된 것이기 때문이다. 이 시에서 '천사'라는 이름의 창녀는 "정형외과"에서 외모가 만들어지며, "쵸콜레이트"과 같은 화장을 하고, "정조" 있는 여자처럼 보이는 "원색사진" 속에 팔려나가는 과정을 통해 상품으로 만들어져, 자신의 그러한 상품성으로 자신의 본심과 상관없이 남자의 욕망을 유발하기 위해

53) 필자는 가라타니 고진의 외부성이란 개념에 대해 하나의 상징적 체계 안에 내면화되지 않는 부분을 가리키는 것으로, 그리고 그러한 것을 자신의 주체 안에 가지고 있는 존재를 외부적 실존으로 보는 것으로 이해하였다.(가라타니 고진, 앞의 책, 13~24면) 이상의 창녀는, 자신의 외면은 사회의 체계 안에 있으나, 체계에 의해 타자화되고 배제되는 내면을 가진 존재라는 점에서 외부적 실존이라고 할 수 있지 않은가 한다.

54) P. Ricoeur, 앞의 책, pp.247~256.

유혹의 "추파"를 던진다. 그러한 그녀는 웃어도 웃지 않아도, 웃고 있도록 강요된다. 그녀에게는 타자의 욕망에 대해 '예'라고 답할 의무만 있고, '아니요'라고 답할 권리는 없다. 그녀는 포주에 의해 구타당하고, 도망가도 다시 덫에 걸려 돌아올 수밖에 없는, 인간으로서의 자유를 완전히 박탈당하고 비인간화된다. 창녀는 「賣春」에서와 같이 내면성으로서의 상징이 되는 "記憶"도 "感情"도 잃고, 자신의 몸으로부터도 완전히 소외되는 "脫身"에 이르게 되는 것이다.

인간과 인간 간의 사랑이 신의 사랑에 근거를 두지 않게 된, 타락한 신성의 시대[55]에 천사의 이미지는 창녀의 그러한 어두운 이면을 가린다는 점에서 잔혹하다. 이 시대의 천사는 신성과 아무런 관련이 없다. "나는 인정 많은 매춘부다"[56]라고 스스로 말한, 고대 여신에게 부여된 신성성은 더 이상 남아 있지 않다. 여신이 곧 인정 많은 매춘부라는 등식이 가능한 것은 모성을 신성시하는 모계 중심 사회의 신화적 의미망이 작동하는 한에서이다. 그러나 근대 사회에서 그러한 신화적 의미망은 문명의 억압에 의해 무의식에 잔존할 뿐, 그것이 인간마저 상품화하는 자본주의의 논리와 결합될 때는 오히려 본연의 의미를 상실한 채 더 위험하게 작동할 뿐이다. 이러한 시대에, 창녀를 천사가 되게 하는 것은 일종의 승화(sublimation)라고 볼 수 있다. 승화는 대상을 물(物: das Ding)의 존엄으로 끌어올리는 것[57]이다. 그러나 그 물은 '당신이 원하는 것은 무엇인가'라는 물음에 대해 답을 하지 않는다. 역으로 상대방의 그러한 물음에 '내가 원하는 것은 ~ 이다'라고 답하지 않는 것이 물이며, 창녀란 바로 그러한 존재이다.[58] 창녀는 자신이 원하는 것이 무엇인지 대답하지 않도록 강

55) 이상 시 가운데 근대사회의 타락한 신성성을 주제로 한 작품에는 「二 人 · 1」, 「二 人 · 2」가 있다. 이 두 편의 시에는, 기독(예수)과 알 카포네(도둑)와 대립 관계에 있는데, 이것은 신성성과 자본주의가 양립할 수 없다는 것을 상징한다.

56) N. Roberts, 김지혜 역, 「기원: 여신과 창녀」, 『역사 속의 매춘부들』, 책세상, 2004, 17면.

57) J. Lacan, *The Seminar of Jacques Lacan Book VII: The ethics of psychoanalysis*, ed. J. A. Miller, trans. D. Porter, W · W · Norton & Company, New York · London, 1999, pp.110~113.

요받은 존재인 것이다. 천사라는, 남성들의 숭배의 대상이 될 만큼 이상화된 이미지에 갇힌 여성은 그 숭배에 대한 대가로 더 이상 그녀 자신이 무엇인가를 원해선 안 된다. 그러므로 타자로부터 숭배를 받는 물의 존엄으로의 승화는 오히려 자신의 주체성을 박탈당하는 것이 된다. 이러한 잘못된 결론에의 봉착은, 진정한 사랑의 추구가 '사랑 받는 대상이 무엇인가' 에 대한 질문의 답을 구하는 과정이 아니라는 것을 반증한다. 이것은 상당히 의미심장하다. 그것은 결국 진정한 사랑의 추구가 자신의 존재 내의 문제, 즉 존재론의 문제라는 것을 알려주기 때문이다. 사랑의 진실은 사랑의 대상 아닌 사랑의 주체가 사랑 그 자체에서 구할 때만 드러나는 것이다.[59] 그러므로 사랑의 진실을 찾기 위해 "사랑받는 자로부터 사랑하는 자에게로 돌아가 그 자체로써 검토해야"[60] 하는 것이다. 이것은 사랑의 진실이 사랑의 대상을 예찬하는 데 있지 않으며 오히려 사랑의 실재에 접근해 가는 데 있다는 것을 보여준다.[61] 이상 시의 사랑은 그러한 진실을 찾아가는 과정에서 다음과 같은 시를 만난다.

불길과같은바람이불었건만불었건만얼음과같은水晶體는있다. 憂愁는DICTIONAIRE와같이 純白하다....

... 矮小한ORGANE을愛撫하면서歷史册비인페이지를넘기는마음은平和로운文弱이다. 그러는동안에도埋葬되어가는考古學은과연性慾을느끼게함은없는바가장無味하고神聖한微笑와더불어小規模하나마移動되어가는실(糸)과같은童話가아니면아니되는것이아니면무엇이었는가.

진綠色납죽한蛇類는無害롭게도水泳하는琉璃의流動體는無害롭게도半島도아

---

58) S. Žižek, 이수련 역, 『이데올로기라는 숭고한 대상』, 인간사랑, 2002, 194~196면.
59) M. Foucault, 문경자 외 역, 「진정한 사랑」, 『성의 역사』 2, 나남출판, 1995, 254면.
60) Platon, *Phedre*, texte et traduit par L. Robin (C.U.F). 204e. (M. Foucault, 앞의 책, 254면 재인용)
61) M. Foucault, 앞의 책, 255면.

닌無名의山岳을島嶼와같이流動하게하는것이며그럼으로써驚異와神秘와또한不安까지를함께털어놓는바透明한空氣는北國과같이차기는하나陽光을보라. 까마귀는恰似孔雀과같이飛翔하여비늘을秩序없이번득이는半個의天體에金剛石과秋毫도다름없이平面的輪廓을日沒前에빗보이며驕慢함은없이所有하고있는것이다.

... 假睡狀態를입술위에꽃피워가지고있을즈음繁華로운꽃들은모두어디로사라지고이것을木彫의작은양이두다리를잃고가만히무엇엔가귀기울이고있는가. 水分이없는蒸氣하여온갖고리짝은마르고말라도시원치않은午後의海水浴場近處에있는休業日의潮湯은芭蕉扇과같이悲哀에分裂하는圓形音樂과休止符, 오오춤추려무나日曜日의비너스여, 목쉰소리나마노래부르려무나日曜日의비너스여.

그平和로운食堂또어에는白色透明한MENSTRUATION이라는門牌가붙어서限定없는電話를疲勞하여LIT위에놓고다시白色呂宋煙을그냥물고있는데. 마리아여, 마리아여, 피부는새까만마리아여, 어디로갔느냐, 浴室水道콕크에선熱湯이서서히흘러나오고있는데가서얼른어젯밤을막으렴, 나는밥이먹고싶지아니하니슬리퍼를蓄音機위에얹어주려무나.

... 太陽은이유없이도사보타아지를恣行하고있는것은 全然事件以外의일이아니면아니된다.

―「LE URINE」 부분(1931)

이 시의 제목 「LE URINE」는 프랑스어로 오줌이라는 단어이다.[62] 이러한 이 시의 제목과의 연관성 안에서 "수척하고왜소한ORGANE을애무"한다는 것은 곧 수음을 의미하는 것으로 해석할 수 있다. 이 시에 나타난

---

62) 프랑스어로 정확한 표기는 L' URINE가 맞다. 이러한 오기(誤記)는 남성 명사에 붙는 관사 'le'를 의도적으로 강조하기 위한 것으로 보인다. 원래 프랑스어에서 urine는 여성 명사이다. 이러한 점도 오줌과 남근성애의 상관성의 근거가 될 것으로 보인다.

성애의 유형을 배뇨성애(urethral erotism)이자, 이와 시기적으로 일치하는 남근성애[63]로 볼 수 있게 하는 근거가 되는 대목이다. 이 시는 "불길"로 시작해서 "태양"으로 끝을 맺고 있거니와, 오줌과 남성의 성적 열망의 상관성[64]을 읽어낼 수 있게 한다. 오줌은 물로 되어 있음에도 불구하고 불의 성질을 지니는 것으로 간주된다. 배뇨성애가 강한 남성일수록 세상에 대한 불타는 열망을 가지고 있거니와, 성적 리비도에 충만한 남근은 불의 상징이 내포하는 의미와 일치하기 때문이다.[65] 이 시에서 "뱀"과 "까마귀" 또한 "불"과 "태양"과 마찬가지로 남성성의 상징체계 안에서 작동한다. 이상의 시 전체에서 차가움의 이미지를 가진 공간, 예를 들면 '북극'이나 '설원', '결빙지옥' 등은 남녀 간의 진정한 사랑, 양성 간의 조화를 이룬 에로티시즘이 부재하는 공간으로 설정되어 있다. 그와 같은 점과 비교해 볼 때, 이 시의 "陽光", 즉 태양의 빛과 "까마귀", 즉 태양의 위치에서 세계를 조망하는 시선은 그러한 열기 없는 공간의 황무지와 같은 불모성을 극복하는 남성적 생명력[66]으로 묘사되는 것으로 볼 수 있다. 그것을 지지하는 이 시 안에서의 또 하나의 근거로서 주목할 것은 "반도"가 아닌 "산악"과 "수분이없는증기" 또한 대양에나 대기에 물이 없음을 보여준다는 것이다. 이에 따라, 물을 불과 대칭되는 관계에서 여성적 생명력이라고 한다면, 「LE URINE」의 세계는 여성적 불모성의 세계에 충만한 남성의 생명력을 가지고 성애의 대상으로서의 여성을 찾는 과정에 놓여 있는 것으로 볼 수 있다.

그러한 과정에서 마주하는 여성은 '비너스'와 '마리아'라는 신화적 인물들이다. 「LE URINE」라는 시적 공간 안에서 신화 속의 그녀들이 근

63) S. Freud, 김정일 역, 「성욕에 관한 세편의 에세이」, 『성욕에 관한 세편의 에세이』, 열린책들, 2000, 301~312면.

64) S. Freud, 「성격과 항문 에로티시즘」, 앞의 책, 109면.

65) S. Freud, 이윤기 역, 「불의 입수와 지배」, 『종교의 기원』, 열린책들, 1998, 441면.

66) 신범순, 「실낙원의 산보로 혹은 산책의 지형도」, 신범순 외, 『이상 문학 연구의 새로운 지평』, 역락, 2006, 47~48면.

대라는 시간에 재등장할 수 있는 것은 이 시의 상상적 공간이 "역사의빈페이지" 이자 "매장되어가는고고학" 의 세계, 즉, 상징계의 여백으로서의 세계이기 때문인데 그곳은 다름 아닌 "동화" 의 세계이기도 하다. 여성이 근대 문명에 의해 억압된 신성성의 뉘앙스를 다시 입고 나타난 것은 바로 그러한 배경 때문에 가능한 것이다. 그러나 근대의 비너스와 마리아는 그 누구도 더 이상 숭배의 대상으로서의 진정한 신성성을 지니고 있지는 않다.[67] 시의 남성 주체는 그녀들에게 명령문으로 말을 하고 있거니와, 그녀들의 지위에서 이름을 제외하고는 그 본연의 신성성을 찾아볼 수 없다. 이 시의 의미체계 안에서 "비너스"는 춤추고 노래하도록 요구받는 존재로서, "설탕과같이청렴한이국정조"를 가지고, "입술위에꽃"을 피운 "여가수"와 대치 가능하며 동일한 의미작용을 하는 기호이다. 즉, 정조와 꽃은 여성의 정신적 · 육체적 매력을 육화(incarnation)한 그런 존재인 것이다. 더불어 이 시에서 "축음기" 또한 성적 대상으로서 육화된 여성의 은유로 볼 수 있다. 그녀는 사랑의 윤리로서의 정조를 요구받을 뿐 아니라 성애를 위한 육체적 매력을 동시에 지니고 있다. 그녀는 신격화된 사랑의 대상이 아니라, 인간화된 사랑의 대상인 것이다. 마리아 또한 마찬가지다. 성경에서 예수의 어머니로서의 성녀인 동정녀 마리아와 창녀로서의 막달라 마리아, 두 마리아가 있지만, 이 시에서의 "마리아"는 어떤 마리아를 가리키는지 알 수 없다. 그러나 성녀와 창녀, 그 어느 정체성을 대입해 본다 할지라도 맞지 않는다. 왜냐하면, 그녀는 이 시 안에서 "MENSTRUATION", 즉 월경을 하고 있으므로 성녀로서 예수를 잉태할 수도, 창녀로서 성관계를 가질 수도 없음으로 해서 남성을 여성으로부터 격리시킴으로써 남성에게 "백색투명한" 감정, 즉 우수의 감정을 유발시키기 때문이다. 그러므로 그녀를 향해 이 시의 주체인 남성은 조금씩 꺼져가는 자신의 열정에 애처로워하며 "밤을막으렴" 이라며 남성 상

67) 위의 책, 73면.

징으로서의 "태양"이 사라지는 것을 경계한다. 인간으로서는 단 한 명의 남자의 여자도 아닌 동정녀 마리아나, 모든 남자의 여자인 막달라 마리아, 그 어느 편의 마리아도 인간적인 사랑을 하지 않았던 것에 비해, 이 시 안의 "마리아"는 한 남자의 여자가 되고 있음으로 해서 다시 인간화되고 있는 것이다.

이로써, 비너스와 마리아는 사랑에 의해 승화되는 것이 아니라 탈승화(desublimation)되고 있는 것으로 볼 수 있다. 탈승화는 숭배와 예찬의 대상에서 다시 인간화되는 것으로,[68] 여신에서 여성으로 성화(sexualization)되고 있는 국면인 것이다. 사랑은 남성과 여성을 대자적(對自的)으로 성화시킨다는 데 진정한 의미가 있다. 사랑 안에서 비로소 남자는 남성으로서의 지위를, 여자는 여성으로서의 지위를 갖게 되며,[69] 그에 따라 남성성과 여성성도 정립되는 것이다. 이것은, 승화가 사랑이라는 명목 하에 숭고하게 여겨지는 대상에 대한 숭배로 성립되나, 실상 주체는 그 대상과 닿을 수 없다는 관계의 불가능성에 기반을 둠으로써, 진정한 상호주체성의 의미를 상실한 채 이성을 탈성화(desexualization)하게 되는 것과 정반대의 작용이다.[70] 이상 시의 사랑은 그 대상을 닿을 수 없는 곳의 숭고한 그 무엇으로 만들어 예찬하지 않는다. 오히려 신성성을 지닌 여성을 자신만의 사랑의 대상으로 탈승화하여 육화되고 성화된 차원에서 구체성을 가진 사랑을 추구한다. 그러나 그러한 사랑이 육적인 섹슈얼리티의 차원으로 타락하는 데 그치는 것이 아니다. 그것은 미지로서의 타자인 여성에 대해 그 사랑의 진실에 접근하기 위해 지난한 과정을 견뎌가는 것이다. 탈승화되고 성화된 여성은 비로소 남성과 상호작용할 수 있는 동등한 자격에서 주체화될 가능성을 가진다. 다음 시는 이상의 시 가

68) A. Zupančič, 「희극으로서의 사랑에 대하여」, 『니체와 라캉: 정오의 그림자』, 266~269면.
69) A. Badiou, "What is love?", "*Sexuation*", ed. R. Salecl, Duke University Press, Durham and London, 2000, p.279.
70) A. Zupančič, 앞의 책, 246~269면.

운데서 여성 주체가 직접 발화하는 유일한 시가 된다.

여자인S玉孃한테는참으로未安하오.... 우리들은S양앞길에다시光明이있기를빌어야하으.

蒼白한여자

얼굴은여자의履歷書이다. 여자의입(口)은작기때문에여자는溺死하지아니하면아니되지만여자는물과같이때때로미쳐서騷亂해지는수가있다. 온갖밝음의太陽들아래여자는참으로맑은물과같이떠돌고있었는데참으로고요하고매끄러운表面은조약돌을삼켰는지아니삼켰는지항상소용돌이를갖는退色한純白色이다.

등쳐먹으려고하길래내가먼첨한대먹여놓았죠.

잔내비와같이웃는여자의얼굴에는하룻밤사이에참아름답고빤드르르한赤褐色쵸콜레이트가無數히열매맺혀버렸기때문에여자는마구대고쵸콜레이트를放射하였다.... 웃는다. 어느것이나모두웃는다.... 야자는 羅漢을밴것인줄다들알고여자도안다. 羅漢은肥大하고여자의子宮은雲母와같이부풀고여자는돌과같이딱딱한쵸콜레이트가먹고싶었던것이다. 여자가올라가는層階는한층한층이더욱새로운焦熱氷結地獄이었기때문에여자는즐거운쵸콜레이트가먹고싶지않다고생각하지아니하는것은困難하기는하지만慈善家로서의여자는한몫보아준心算이지만그러면서도여자는못견디리만큼답답함을느꼈는대이다지도新鮮하지아니한慈善事業이또있을까요....

여자는勿論모든것을抛棄하였다. 여자의姓名도, 여자의皮膚에붙어있는오랜歲月中에간신히생겨진때의薄膜도심지어는여자의唾線까지도.... 여자는혼자望遠鏡으로SOS를듣는다.... 發光하는波濤는여자에게白紙의花瓣을준다. 여자의皮膚는벗기고벗긴皮膚는仙女의옷자락과같이바람에나부끼고있는참서늘한風景이라는점을깨닫고사람들은고무와같은두손을들어입을拍手하게하는것이다.

이내몸은돌아온길손, 잘래야잘곳이없어요.

여자는마침내落胎한것이다.... 死胎도있다.... 여자는이제는이미五百羅漢의불쌍한홀아비들에게는없으려야없을수없는唯一한아내인것이다. 여자는콧노래와같은ADIEU를地圖의엘리베이션에다고하고 No.1~500의어느寺刹인지向하여걸음을재촉하는것이다.

—「狂女의告白」 부분(1931)

이상의 시에서 한 번도 직접 발화하지 않던 여성 주체는 이 시 「狂女의告白」에서 처음이자 마지막으로 고백을 한다. 이 시의 언술은 남성 주체에 의해 진행되고 있으나, 그 내용의 중심은 여성에게 있으며, 언술의 대상이 되던 여성은 부분적으로나마 대상성에서 벗어나 주체성을 가지고 자기 고백을 하고 있다. 오필리아처럼 사랑의 광기에 익사한 여자에 대해 이 시의 남성 주체는 "미안"한 마음을 갖는데, 그러한 연민과 공감은 타자에 대해 수용적인 태도로 해석할 수 있다. 이 시에서와 같이 태도가 그렇게 변화할 때 비로소 "익사"하여 "창백한 여자"의 얼굴에서 그녀의 피부 이면의 영혼을 읽어내는 것이 가능하게 된다. "얼굴은여자의이력서"라는 이 시의 표현은 바로 한 여자에게는 그 어느 타자의 욕망에 대한 대상화와 무관하게 자신만의 역사가 있다는 것을 읽어내게 되었음을 보여주는 것이다. 이것은 한 남성 주체가 암흑과도 같은 미지인 실재로서의 타자이던 여성을 대화 가능한 상대로 "순화(gentrification)"[71]하여 재인식하게 되는 중요한 국면이다. 타자가, 단순히 거울과 같은 관계 속의 나를 닮은 대상으로서의 상상적 타자이거나, 도무지 대화 불가능한 미지의 사물로서의 실재의 타자가 아닌, 비로소, 언어에 의해 이해 가능한 타자가 등장하고 있는 것이다.[72] 그럼으로써 여자는 비로소 "주체화(subjectivizaion)"[73]되는 것이 가능해진다. 그녀는 이 시에서 타자의 '당신은

71) S. Žižek, 「성적 차이의 실재」, S. Žižek 외, 『성관계는 없다』, 266~267면.
72) 위의 책, 265면.
73) A. Zupančič, 「진리에서의 문제들」, 앞의 책, 168면.

왜?' 라는 질문을 함축한 시선에 대해 "등쳐먹으려고하길래내가먼첨한대먹어놓았죠" 라고 자신을 자신의 언어로 항변하며, 그리고 "이내몸은돌아온길손, 잘래야잘곳이없어요" 라고 자기 자신이 누구이며 자신의 삶이 어떠했던가를 유언처럼 남기고 있다. 그녀는 사랑의 진실을 구하려는 남성에게 알 수 없는 모습이었던 이유를 밝히며 고백한 것이다. 이처럼 자신의 실존을 드러내는 이 순간 그녀의 언어가 곧 진실의 언어이다. '나' 에 의해서만 진실이 말[74)]을 할 수 있게 되는 것이다. 모든 이들에게 하나로 관철되는 진실은 없으며, 그러한 진실이 있다는 강요에 의해 그것이 정말로 진실로 인정된다면 오히려 그 진실은 오류이다.[75)] 나에게 진실이 있으되, 그것이 곧 타자의 진실과 그대로 일치하지 않을 수 있다는 것을 인정하는 것, 그로써 타자에게 '나' 를 주어로 스스로 말하게 하는 것, 그럼으로써 타자를 "나에 의해 '바라보여진-존재(l' etre-regarde)' 에서 나를 '바라보는-존재(l' etre-regardant)' 로 변화하는 것을 '승격(transfiguration)' "[76)]으로 용인하는 것, 그것이 바로 '너' 와 '나' 의 모든 진실에 일보 접근하는 것이다. 그러나 여기서 다시 문제가 되는 것은 날 닮은 당신으로서의 타자이든, 미지의 물로서의 타자이든, 상징화될 수 없는 소리 없는 세계에서 나와, 처음으로 여성이 주체화되어 발화하게 된 시점이 언제인가 하는 것이다. 그것은 이 시에서 보는 바와 같이 그녀가 "모든것을 포기" 하고 자신마저 포기하였으나 아무로부터 구원받지 못하고 마지막 희망이던 생명의 잉태마저 "낙태" 되고 익사하게 된 시점, 즉 창녀로서의 삶이 끝내 죽음으로 귀결된 다음이다. 그러므로 그 발화는 그 자체만으로도 비극적이다. 한 여인의 진실이 삶 너머에서야 드러난 것이다. 익사체가 말을 한다는 불가능이 가능한 것은 그 죽음이 현실에서의 죽음이라

74) F. Nietzsche, 백승역 역, 「이 사람을 보라: 왜 나는 하나의 운명인지」, 『바그너의 경우 · 우상의 황혼 · 안티크라이스트 · 이사람을 보라 · 디오니소스 송가 · 니체 대 바그너』, 책세상, 2002, 456~457면.

75) A. Zupančič, 앞의 책 참조.

76) 변광배, 『존재와 무—사르트르』, 살림, 2005, 212면.

기보다는 상징적인 죽음을 가리키는 것으로 보아야 한다. 그 죽음은 완전한 삶도 완전한 죽음도 아닌 어떤 경계로서, 역설적 의미에서 그 자체로 삶의 일부인 것이다. 그러므로 그녀의 진실이 밝혀지는 죽음으로서의 삶 너머는 오히려 "삶이 결정되는 지점"[77]인 것이다. 이 시에서 남성들은 임신한 그녀를 "나한"을 잉태했다며, 그녀의 자궁을 자선가처럼 숭배하였고, 다시 그녀가 "낙태"하자 "없을래야없을수없는유일한아내"라며 어머니가 되지 못한 그녀를 다시 창녀로 전락시키면서도 그녀의 정조를 예찬했지만, 남성들에 의해 창녀와 어머니를 오가는 그 삶은 외로운 것이었을 뿐이다. 그 누구도 그녀의 진실을 진정으로 이해하지는 못 했다. 그것은 한 실존의, 삶에 연루된 것으로서의 진실을 깨닫지 못한 채, 진실의 내재성[78]을 보지 못하고 환상으로 대상으로서의 타자에 접근했기 때문이다. 환상은 진실을 가림으로써 상처로부터 보호해 줄 뿐이다.[79] 그것은 역사적으로 인간이 속음 자체가 아니라, 속음으로써 상처 받는 것으로부터 벗어나기 위해 진실을 고정된 것으로 만들어 온 논리와 같다.[80] 과거에 소위 진실이라 불려온 것은 닳아빠진 은유에 불과한 환상으로, 시간의 누적에 의해 구속력을 갖게 된 인간관계의 총체일 뿐이다.[81] 그 인간관계의 총체 안에, 창녀는 있으나 없는 것으로 치부되어 왔고 그러므로 그녀에게 진실이라 불리는 것은 빗겨가는 것에 불과했다. 한 사회가 그녀를 거짓이라 부르고 거짓으로 대하는 데서 구원할 수 있는 유일한 것은 다음 시에서와 같이 사랑하는 자로부터의 시선에 의해 그녀의 진실이 승인받음에 의해서이다.

77) A. Zupančič, 「진리에서의 문제들」, 앞의 책, 186면.

78) 위의 책, 149면.

79) J. Lacan, 앞의 책, 298면.

80) F. Nietzsche, "On Truth and Falsity in Their Extramoral Sense", *Philosophical Writings* vol. 48., ed. R.Grimm, trans. M. A. Mugge, Continumm, New York, 1995, pp.88~90.

81) 위의 책, 92면.

> 입안에짠맛이돈다. 血管으로淋漓한墨痕이몰려들어왔나보다. 懺悔로벗어놓은 내구긴皮膚는白紙로오고붓지나간자리에피가아롱져맺혔다. 尨大한墨痕의奔流는온갖合音이리니分揀할길이없다고다물은입안에그득찬序言이캄캄하다. 생각하는無力이이윽고입을빼겨젖히지못하니審判받으라陳述할길이없고溺愛에잠기면벌써滅形하여典故만이罪業이되어이生理속에永遠히氣絶하려나보다.
>
> —「內部」 전문(1936)

구원, 그것은 「內部」에서 보는 바와 같이 "溺愛"라는 사랑의 형식에 의해서 이루어진다. "溺死"(「狂女의告白」)를 극복하는 것은 "溺愛"(「內部」)인 것이다. 이 시의 "溺愛", 그것은 "참회"의 아픔에도 불구하고, "심판" 앞에서 유구무언이 될 수밖에 없음에도 불구하고, 사랑의 "죄업"을 자신의 생리 안에 영원히 간직하는, 자신의 전 존재를 다 던져 푹 빠져버린 사랑이다. 그것은 각혈과도 같이 죽음까지 자신의 운명을 결정지어버린 것이다. 각혈을 받아들이지 않을 수 없는 것처럼 거부할 수 없이 빠져드는 사랑으로서의 익애를 받아들이는 것은 운명의 사랑이 아닐 수 없다. 운명의 사랑, 즉 운명애(amor fati)란, 필연적인 것을 참아내기만 하는 것이 아니라, 감추지 않으며, 오히려 더 사랑하려고 하는 것이다.[82] "필연적인 것에 대한 긍정이 다만 존재하는 것에 대한 긍정일 뿐이지 않고, 또한 존재하지 않는 것에 대한 긍정"[83]이기도 한데, 그것은 사랑에서도 마찬가지다. 사랑의 진실을 찾아가는 과정에서 만나게 되는 타자와의 관계에서 동일성 뿐 아니라 비동일성을 모두 필연적인 것으로 받아들임으로써 그 사랑을 운명의 사랑이라는 보다 진정한 사랑으로 격상시킬 수 있다. 진실과 반대되는 비진실로 간주되는 것도 타자에게 대상으로서의 지위만이 아니라 주체로서의 지위를 부여하여 직접 발화하게 하면 진실이

82) F. Nietzsche, 「이 사람을 보라: 나는 왜 이렇게 영리한지」, 『바그너의 경우 · 우상의 황혼 · 안티크라이스트 · 이사람을 보라 · 디오니소스 송가 · 니체 대 바그너』, 373~374면.

83) A. Zupančič, 「…… 최소 차이로서의 허무로」, 앞의 책, 243면.

될 수 있다. 사랑은 이러한 동일성과 비동일성 사이의 모순을 필연적인 것으로서 받아들이고 그 모순 자체를 사랑으로 받아들이는 데 있다. 사랑하지만, 또한 사랑할 수 없는 부분까지 내포하는 타자와 그 타자 안의 또 다른 타자마저 사랑하는 것, 그로써 남녀 양자 간의 대칭이 아니라 주체성에 대해 동일성으로 환원되지 않는 타자성마저 배척하지 않고 긍정함으로써, 남녀의 주체가 각각 하나와 하나가 만나 둘이 아닌 셋이 되게 하는 것이 사랑이다. 하나와 하나가 만나 셋이 되는 것은 둘 사이에 무(無)가 있는 것을 다시 하나로 세기 때문이다.[84] 무가 있다는 것은 없다는 것과 다르다. 그 무는 '나'에게도 닿을 수 없고, '너'에게도 닿을 수 없는, 양자 모두에게 타자성으로 드러나는 그 어떤 심연이다. 그 심연은 둘을 너머 있으나, 그 너머는 바깥이 아니라 오히려 중심이다.[85] 이상의 시에서 대칭과 비대칭 그리고 중심의 비유가 관계의 문제에서 계속 변주되는 것은 바로 사랑의 진실을 추구하는 과정을 보여주고 있는 것이거니와, '익애'에 이르러서야 그 사랑의 비극적이지만 아름다운 궁극이 드러난다.

84) A. Zupančič, 앞의 책, 131~269면.
85) 위의 책 참조.

이상과 아방가르드

최 현 희

목차

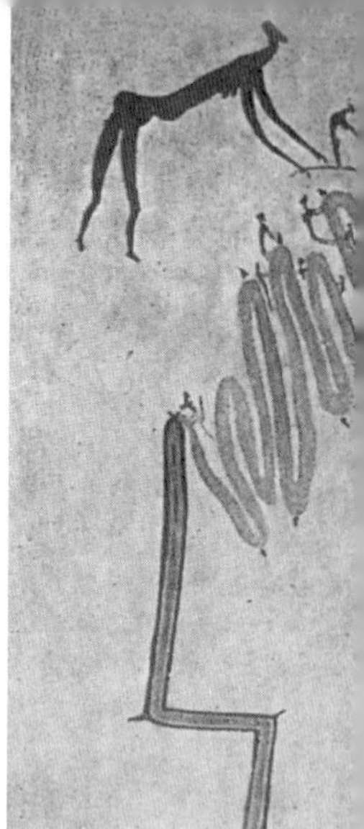

이상과 아방가르드

—근대 문학의 존재론을 향하여

최 현 희*

1. 한국 근대 문학과 李箱이라는 사건

'사건으로서의 李箱' 이라는 테제에서 우선적으로 떠오르는 것은 다음의 두 가지 사항이다. 첫째, 이상 문학이 전개되어 갔던 당대에 이상은 이미 사건이었다는 점이다. 이는 「오감도(烏瞰圖)」 연작이 《조선중앙일보》에 연재되면서 일어난 히스테리에 가까운 독자들의 반응, 그리고 「날개」를 둘러싼 최재서와 김문집의 공방, 마지막으로 이상의 요절을 둘러싼 문단 전체의 요란한 후일담이라는 세 층위를 지닌다. 둘째, 이상 당대로부터 떨어져 이어령, 임종국, 고석규로부터 시작되는 이상 문학에 대한 폭

* 충북대학교 강사

* 이 글은 최현희, 「'이상' 의 아방가르드 시학」, 『인문논총』 57집, 서울대학교 인문학 연구원, 2007을 수정 · 보완한 글임을 밝혀 둔다.

발적인 연구열이 있다. 최근에 쓰여지는 이상론들은 거개가 이상 연구사란 이미 그 자체가 별도의 연구 대상으로 성립할 만큼의 위용을 자랑하고 있다는 점을 지적하면서부터 출발하기 십상이다. 즉 이상 텍스트는 그 산출 시점부터 한국 근대 문학사상 항구적인 문젯거리로 자리매김되어 왔던 것이다.[1]

이상이 활동했던 1930년대로부터 70년 이상이 경과한 시점에서도 그의 텍스트는 여전히 새로움을 모토로 삼는 연구자들로부터 끊임없는 호출을 받고 있다. 그의 생애와 작품을 둘러싼 수많은 논란들은 문학과 다른 학문 분과들, 문학 연구와 창작, 직업적 연구자와 아마추어 독자 사이의 경계를 넘나들며 펼쳐지고 있다. 비단 외국 문학 전공자들에 의해서 행해졌던 이상에 대한 선구적 연구들뿐만이 아니라 철학, 수학, 의학, 건축학, 시각예술 등의 분과에서 행해진 연구들은 이상 텍스트 해명에 지대한 기여를 해온 바 있다.[2] 이상 작품이 후대의 문인들에게 끼친 간접적인 영향력을 차치하고서라도 그의 문학 세계의 본질을 직접 탐구하고자 하는 소설[3]이 창작되었다는 사실도 근대 문학사의 다른 작가들의 경우에 비해 볼 때 특이한 현상임이 분명하다. 이상의 생애와 텍스트에 대한 연구가 제도적으로는 한국 근대 (혹은 현대) 문학이라는 학문 분과에 귀속되어 있다는 점을 고려해본다면, 이상은 그러한 제도의 경계를 무너뜨리는 독특한 존재로서 자리매김 되는 셈이다. 즉 이상에 관한 한 제도의 내부와 외부의 경계는 무의미해지는 것이다.

왜 이런 현상이 발생하고 있는 것인가? 여기에는 이상 문학이 다양한

---

1) 권영민, 「이상문학 60년, 새로운 형식의 물음을 찾아」, 권영민 편, 『이상문학연구 60년』, 문학사상사, 1998, 6면.

2) 이러한 연구 성과들은 다음의 세 책에 잘 갈무리되어 있다. 김용직 편, 『이상』, 문학과지성사, 1977; 김윤식 편, 『이상문학전집』 4~5권, 문학사상사, 1995~2001; 권영민 편, 앞의 책.

3) 이진우, 『오감도』, 문학세계사, 1993; 김연수, 『꾿빠이 이상』, 문학동네, 2001. 또한 이상의 작품에서 모티프를 얻은 〈건축무한육면각체의 비밀〉(1999)이라는 제목의 영화도 제작된 바 있다.

해석을 견뎌낼 수 있는 다층성을 지니고 있기 때문이라거나, 그러한 텍스트를 만들어내는 예술가 이상이 천재이기 때문이라는 응답이 주어져 왔다. 전자에서 출발하는 경우 이상의 텍스트는 해석학적 보고(寶庫)로 여겨지며 무수한 해석의 가능성을 보증한다.[4] 해석자가 어떠한 지평에서 해석을 수행하느냐에 따라 이상 텍스트는 수많은 의미론적 주름을 펼쳐 보이게 된다. 이와 달리 '천재 예술가 이상' 이라는 전제에서 출발하는 경우, 이상 텍스트가 생산되는 방법론에 대한 접근이 이뤄진다. 이렇게 되면 자연인 김해경이 어떻게 하여 '이상 문학' 이라는 텍스트의 주재자가 되었는가, 즉 어떻게 예술가 이상으로 자기 스스로를 텍스트화해 갔는가가 물어지게 된다. 이상에 대한 평전 식의 접근을 취하는 경우[5]가 이에 해당된다. 이러한 두 개의 연구 경향은 글쓰기, 시학, 수사학과 같은 용어를 핵심어로 내세운 최근 경향의 연구들[6]을 통해서 그 종합을 이루고 있는 것으로 보인다. 이렇게 이상 연구의 역사를 정리해 놓고 보면 다음과 같은 사실을 간취하게 된다. 즉 이상 연구사의 초점은, 이상의 텍스트가 펼쳐 놓은 다층적 의미망들이 홀로 해석의 대상으로 서지 못하고 결국 그것을 생산한 주체에게로 돌아오는 순간, 또 동시에 작가 자신은 자기가 생산하는 텍스트로 화해야만 존재할 수 있게 되는 그 순간으로 수렴되고 있는 것이다.

이를 통해 우리는 지금까지의 이상 연구가 귀결되는 지점은, '인간 김해경' 도 아니고 '이상 문학' 도 아닌, 그 둘 가운데 존재하는 李箱이라는 사실을 알 수 있게 된다.[7] 이런 사실에 비춰 볼 때, 이상은 예술과 삶 사

4) 단적으로 「오감도 시제1호」를 둘러싼 논란을 보라.

5) 고은, 『이상평전』, 향연, 2003; 김윤식, 『이상연구』, 문학사상사, 1987.

6) 이러한 연구 경향의 출발점에는 줄리아 크리스테바의 제노텍스트 개념으로부터 영감을 얻은 김승희의 연구가 있다(김승희, 「이상 시 연구: 말하는 주체와 기호성의 의미 작용을 중심으로」, 서강대 박사학위 논문, 1992). 김주현, 「이상 소설의 글쓰기 양상 연구」, 서울대 박사학위 논문, 1998; 박현수, 「이상 시의 수사학적 연구」, 서울대 박사학위 논문, 2002; 이경훈, 『이상, 철천의 수사학』, 소명, 2000.

7) 이 글에서는 따라서 텍스트 해석의 대상이 되는 작품들의 생산자로서의 이상과 그러한 해석학

이의 경계를 모호하게 하는 존재로 규정될 수 있으며, 이는 한국문학사상 이상만의 특이성이란 그가 제도권과 비제도권의 경계를 붕괴시키는 데 있다는 발상을 뒷받침해 준다. 바로 이 지점에 착목하는 것에서 출발했기에, 이 글은 이상에 대해서 다루고 있지만 이상 작품론이나 작가론을 겨냥하지 않는다. 오히려 하나의 사건으로서 존재하는 李箱에 대해서 기술하는 것을 목표로 한다. 작가로도 작품으로도 환원되지 않는, 인간학으로도 미학으로도 완전히 해명되지 않는 李箱이라는 존재를 최대한 객관적으로 기술하고자 하는 것이다. 이러한 의도를 충족시키기 위해서 이 글은 이상이 한국 근대 문학과 관련하여 고유하게 점하고 있는 위상, 즉 李箱만의 특이성에 주목해야 한다고 보는 것이다.

다시 말해 이 글은 李箱이 제도의 안과 밖을 모호하게 뒤섞이는 장을 창출한다는 점, 또 예술과 삶의 경계를 혼란스럽게 조장한다는 점, 바로 그러한 면모에 주목한다. 이 때 문제되는 것이 바로 李箱의 아방가르드적 본질이다. 후술하겠지만, 아방가르드는 현대의 모든 예술 운동 혹은 예술 사조와는 구별되는 탁월한 위상을 점하고 있다. 이는 아방가르드 텍스트에 접근하는 것은 전통적인 '예술 작품' 이라는 전제를 무너뜨리는 것에서 출발해야 한다는 점을 의미한다. 그렇기 때문에 아방가르드의 작품에 대한 분석은 그것의 자기 완결적 의미를 검출하는 데로 나아가서는 안 되고 그것을 산출하고 있는 제도와 조건에 대한 성찰로 진입해야 한다. 그런 의미에서 이 글은 이상의 아방가르드를 가능하게 했던 조건과 그에 대해 李箱이 거두었던 효과에 대해서 검토해 보고자 한다. 이는 자연스럽게 李箱이라는 존재가 한국 근대 문학의 존재론에 있어 하나의 시금석으로 작용할 수밖에 없다는 논지로 연결될 것이며, 이 글은 이상의

에의 소환을 거부하는 존재로서의 이상을 구분한다. 전자의 경우 '이상' 으로, 후자를 지칭할 때는 '李箱' 으로 표기한다. 하지만 지금까지 쓰여진 이상론에서도 이와 비슷한 구분을 발견할 수 있기 때문에 이는 이 글에서 시도되는 구분과 어떠한 차이가 있는지에 대해 의문을 갖게 된다. 그러나 기왕의 이상론에서 시도된 것은 자연인 김해경과 이상 문학이라는 텍스트의 생산자 이상 사이의 구분이라는 점에서 이 글의 그것과는 층위를 달리한다.

그러한 본질을 일러 '사건으로서의 李箱' 이라는 테제를 제시할 것이다.

2. 아방가르드의 본질과 이상의 근대 예술론

아방가르드라는 창을 통해 이상에 접근하려 할 때 우선 아방가르드의 본질에 대해서 논의하는 과정이 필요하다. 그 축자적인 의미를 볼 때, 아방가르드(Avant-Garde)는 전위부대라는 뜻을 지니는 만큼 어원적으로는 군대용어 혹은 전쟁용어이다. 이것이 예술사를 서술하는 데 있어 활용되게 되는 구체적인 과정을 살펴보는 것이 이 글의 목적은 아니다.[8] 여기서 주목하는 것은, 앞서 지적한 대로 근대 예술사의 전개 과정에서 아방가르드가 다른 모든 유파에 대해서 지니는 탁월성이다. 이 글의 기본 가설, 즉 이상은 근대 문학사상 지속적인 문젯거리로, 사건으로 존재할 수밖에 없다는 테제와 아방가르드의 그러한 본질은 긴밀히 관련되어 있다.

아방가르드에 대한 최초의 체계적 이론서로 꼽히는 레나토 포지올리의 『아방가르드 예술론』을 관통하는 기본 전제는 "현대 예술의 극단적 내지 우월한 단계로서의 아방가르드"라는 명제이다.[9] 그에 따르면 아방가르드는 현대 예술이 추구하는 이념이 실현된 상태, 즉 예술에 있어서의 현대성 그 자체에 해당한다. 그렇다면 포지올리에 있어 예술의 현대성(modernity; 근대성)이란 무엇인가. 그는 진정한 근대 예술사의 출발을 난숙기의 낭만주의에서 찾는데, 이는 낭만주의 예술가들이 특정 사회 계급을 자기 예술의 후원자이자 향유자로 상정하지 않았기 때문이다. 낭만주의가 예술사의 주류로 부상하면서 예술가들은 자신이 속했던 계급으

8) 이에 대해서는 Matei Calinescu, 이영욱 외 역, 『모더니티의 다섯 얼굴』, 시각과언어, 1994, 125면 이하의 논의를 참조.

9) Renato Poggioli, 박상진 역, 『아방가르드 예술론』, 문예출판사, 1996, 126면.

로부터 떨어져 나와 보헤미안으로 존재하게 된다. 사회 속에서 예술가와 그들이 생산하는 예술 작품이 그와 같이 자율적인 위상을 점하는 것으로 상정되는 것, 그것이 바로 포지올리가 보는 근대 예술의 본질적 성격인 것이다. 아방가르드는 '사회로부터 자율적인 예술' 이라는 명제가 가장 완벽하게 실현된 상태에서 발생했으며, 따라서 아방가르드는 예술의 현대성이 가장 극단적으로 실현된 상태로 규정되는 것이다.

그렇다면 자율성 담론의 확립과 더불어 근대 예술사가 아방가르드라는 정점으로 치닫게 되는 과정에는 어떠한 계기들이 존재하는가? 예술의 자율성이라는 담론이 하나의 원칙으로 자리잡게 되면서 예술은 그 발전의 동력을 사회적 기반에서가 아니라 자신의 내부에서 찾기 시작한다.[10] 즉 예술에 있어 전반적인 양식과 코드의 변화는 예술 작품을 수용하는 특정 사회 계층 혹은 그 계층이 지닌 취향의 변화에 기반을 두지 않고 예술 자체의 내적 논리에 바탕을 두게 된다는 식의 이념이 성립되는 것이다. 이는 '예술을 위한 예술' 을 모토로 하는 19세기말 유미주의(唯美主義)에 이르러 완성된다. 즉 유미주의에 이르러 예술은 사회로부터 완전히 독립되어, 고유의 개별적인 담론 체계로 취급된다. 페터 뷔르거는 이 유미주의가 아방가르드의 출현에 있어 필연적인 논리적 계기를 형성한다고 본다. 아방가르드가 근대 예술사에서 점하는 위상에 대한 뷔르거의 테제는 다음과 같이 정리된다. "[유미주의 예술론에 있어] 사회적 무기능성(Funktionslosigkeit)이 시민 사회에서의 예술의 본질로서 드러나게 되고 그에 따라 예술의 자기 비판이 유발되기에 이른다. 이러한 자기 비판을 실천적으로 수행한 것이 역사적 아방가르드 운동들의 공적이다."[11]

---

10) 김상환은 "전적인 인간을 요구"(3:201)하는 것이 이상 문학의 기본적인 동력임을 지적하고 이것이 서구의 근대 사상사를 규정짓는 "자율성의 신화"에 대한 반발이라고 지적했다(김상환, 앞의 글, 135~137면).

아울러 이 글에서 이상의 작품은 김주현 편, 『이상문학전집』 1권, 소명, 2005와 김윤식 편, 『이상문학전집』 2~3권, 문학사상사, 1991~1993에서 인용한다. 이 책들에서 인용하는 경우 인용 끝의 괄호 안에 '전집 권 수: 면 수' 와 같은 방식으로 출전을 표기한다.

11) Peter Bürger, 최성만 역, 『전위예술의 새로운 이해』, 심설당, 1986, 46면.

아방가르드에 대한 뷔르거의 이 같은 평가는 근대 예술의 제도로서의 측면에 주목한 데 기반을 둔다. 그의 이론에서 '제도 예술'이라는 개념에는 "예술을 생산해내고 분배하는 장치뿐만 아니라 어느 일정한 시대에 있어서 예술에 대해 지배적인 생각들, 작품의 수용을 본질적으로 결정짓는 그러한 생각들까지도 포함"된다.[12] 이 문장에서 중요하게 읽어내야 하는 것은 뷔르거가 예술이라는 현상을 그 자체만을 준거 삼아 보지 않고 그것을 형성시키고, 나아가 사회 속에서 그것의 위치를 규정짓는 이데올로기까지를 고려하여 파악하고 있다는 점이다. 그렇기 때문에 그는 아방가르드를 예술의 전개 과정 내에서 가능한 하나의 발전 방향으로 보지 않고 제도 예술 자체에 대한 부정으로 보는 시각을 정립할 수 있게 된다. 아방가르드는 헤겔적 의미에서 "예술의 지양(止揚)"에 해당하는 시도로 아방가르디스트들은 "예술로부터 새로운 실제 생활을 조직하려고 시도"했다는 것이다.[13] 따라서 예술 작품을 제작하는 기술 혹은 기법에 있어서의 혁신을 추구하는 데서 그치며 예술이라는 제도 자체에 대해서 회의하지 않는 아방가르드, "예술의 재료를 변모시키거나 언어를 개혁하는 데 그치는 아방가르드는 가장 중요하지 않은 아방가르드이다."[14] 나아가 아방가르드 작품을 기법의 층위로 환원시키려는 비평 태도는 제도 예술에 대한 극단적 문제 제기라는 아방가르드의 본질을 직시하지 못한 결과에 해당한다.

따라서 이상이 아방가르드에 속한다고 할 때 그것을 검증해볼 수 있는 방법은 그의 작품에서 아방가르드 시작품들이 공통적으로 보이는 기법적 공통 인자를 확인하는 것이 아니다.[15] 이상의 작품들이 예술 작품을

---

12) 위의 책, 37면.

13) 위의 책, 84면.

14) Renato Poggioli, 앞의 책, 197면.

15) 이러한 맥락에서 이 글은 아방가르드와 모더니즘을 기법의 차원에서 동등한 위치에 있는 것으로 보는 시각에 반대한다(박현수, 앞의 글, 2장 참조. 그의 이러한 시각은 모더니즘, 아방가르드, 포스트모더니즘을 20세기 예술의 전개 과정에서 성립한 세 개의 동등한 사조로 취급하

사유하는 데 있어서 필연적인 것으로 보이는 그러한 기법이라는 개념 자체를 의문에 부치고 있는가 아닌가를 확인하는 것이 타당한 방법이다. 이러한 시각을 취할 때 문제적으로 다가오는 것은 근대 예술이 처해 있는 조건에 대한 이상의 시각, 그리고 「오감도」 연작이다.

이상은 「조춘점묘(早春點描)」에서 골동품 취미에 대해서 다음과 같은 코멘트를 한 바 있다.

> 항아리 나부랑이는 말할 것 없이 그 時代에 있어서 意識的으로 美術品으로 만들어진 것은 아니다. 間或 꽤 美術的인 要素가 豊富히 섞인 것이 있기는 있으되 亦是 餘技 程度요 하다못해 꽃을 꽂으려는 實用이라도 實用을 目的으로 된 것임에 틀림없다. (중략) 이것을 純粹한 美術品으로 알고 와자지껄들 하는 것은 可驚할 無智다.(3:47)

여기서 이상은 현대에 와서 예술 작품으로 취급받는 골동품 도자기는 원래 실용적인 목적을 위해서 만들어진 것이라는 점을 지적한다. 그런데 그것을 오랜 세월이 지났기 때문에 예술품 취급한다는 것은 오류에 불과한 것이라고 보고 있다. 그렇다면 그가 생각하는 예술 작품이란 제작자가 예술 활동을 한다는 의식을 가지고 생산한 것을 수용자들 역시 예술품으로 자각한 상태에서 향유할 때에만 성립할 수 있다. 이는 그가 예술 작품은 그 자체의 내적 특질만으로는 성립되지 않고 그것을 생산하고 향유하는 제도의 틀 속에서 성립한다는 점을 파악하고 있었음을 말해준다.

이러한 시각은 동경에서 "帝展"을 관람한 후 "오직 가령 字典을 맨들어냈다거나 一生을 鐵 研究에 바쳤다거나 하는 사람들만"(3:236) 훌륭한

는 오세영의 입론에 기초한 것이다. 이에 대해서는 오세영, 「모더니즘, 포스트모더니즘, 아방가르드」, 『한국 근대문학론과 근대시』, 민음사, 1996 참조). 아방가르드 작품을 제대로 파악하기 위해서는, 그 작품이 취하는 예술적 처리 기법이 아니라 그것이 제도 예술 자체에 대해서 거두고 있는 효과 혹은 그것을 형성시키는 조건을 검토해야 하는 것이다.

사람이 아닌가 하는 생각을 하는 부분에서 더 진전된 형태로 나타난다. 최신의 현대적 사조가 난무하고 있는 미술 전시회를 관람하는 도중, 이상은 거기 걸린 작품들이 "난센스"에 불과하다고 여긴다. 나아가 그는 그것들이 풍기는 페인트 냄새에 질식할 것 같아서 뛰쳐나왔다고 고백한다. 여기서 주목할 것은 이상이 자신이 생각하는 기준에 못 미치는 미술 작품들을 보면서 그것들이 "난센스"로 떨어지지 않기 위해 충족시켜야 하는 조건이 무엇인지를 이야기하지 않는다는 점이다. 그는 예술 작품보다도 기계적이고 단순한 작업을 통해서 만들어내는 생산물, 위에서 인용한 바 "자전"이나 "철"이 훨씬 가치 있는 것이라는 식으로 생각을 전개하고 있다. 이 흐름을 놓치지 않는다면, 그가 생각하는 진정한 예술은 예술가가 독자적으로 가지고 있는 비전과 그것의 독창적 표현물로서의 예술 작품으로 구성되는 것이 아니라는 점을 알 수 있다. 그에게 중요한 것은 기계적이고 반복적인 기술(技術) 그 자체이다. 예술에 대하여 이러한 관점에 서게 되면 예술 작품은 실제의 삶에 대한 메타적인 지위를 점하는 자율적 장에 속할 수 없게 된다. 그것은 삶 속에 이뤄지는 여타의 생산 활동과 구분되지 않는 것이다.

이러한 생각이 표명되고 있는 글은 이상이 동경에서 김기림에게 보낸 편지인데, 제전에서의 경험과 더불어 그는 이 편지에서 최재서가 「날개」에 대해서 쓴 평문에 대한 자신의 반응을 보이고 있다. 이를 통해 예술에 대한 그의 상기(上記)한 입장을 좀더 명료하게 파악해볼 수 있다.

朝鮮日報 某氏 論文 나도 그 後에 얻어 읽었오. 炯眼이 足히 남의 胸裏를 透視하는가 싶습디다. 그러나 氏의 모랄에 대한 卓見에는 勿論 具體的 提示도 없었지만 若干 愁眉를 禁할 수 없는가도 싶습니다. 藝術的 氣品 云云은 氏의 失言이오. 톨스토이나 菊池寬氏는 말하자면 永遠한 大衆文藝(文學이 아니라)에 지나지 않는 것을 깜빡 잊어버리신 듯합니다./ 그리고 危篤에 對하여도 / 事實 나는 요새 그따위 詩밖에 써지지 않는구려. 차라리 그래서 徹底히 小說을 쓸 決心

이오. 암만해도 나는 十九世紀와 二十世紀 틈사구니에 끼여 卒倒하려 드는 無賴漢인 모양이오.(3:235)

최재서는 「날개」의 작자가 "科學者와같이 冷嚴한態度를 갖이고 自己自身의 生活感情을 다룰줄" 안다고 했는데, 이상은 바로 이 점에 대해 동의를 표했을 터이다. 최재서는 같은 글에서 현대의 예술가는 그러한 "냉엄함"을 유지해야만 예술가로 자처할 수 있을 것이라고 주장하며, 그러한 태도를 통해 현대인의 "意識의分裂"을 최대한 그대로 표현해내야 한다고 주장하기도 한다. 예술의 현대성에 대해 이러한 입장을 가진 최재서는 이상이 「날개」에서 생활인으로서의 자신과 예술가로서의 자신을 엄밀히 분리하여 후자가 전자를 객관적으로 분석하는 경지에 이르렀다는 점을 상찬하고 있다.[16] 이상은 자신의 작품이 예술과 삶의 분리에 대해 다루고 있는 것이라는 점을 최재서가 간파한 것을 두고 "형안이 남의 흉리를 투시하는가 싶"다고 말하고 있는 것이다.

그러나 이상은 최재서가 「날개」에는 "모랄이 없"기 때문에 "높은 藝術的氣品이라할가 何如튼 重大한一要素를"을 찾을 수 없다고 지적한 것은 "실언"에 불과하다고 일갈한다. 최재서가 그러한 "모랄"을 담고 있는 작품의 모델 격으로 제시할 법한 톨스토이는 "문학"이 아닌 "대중문예"에 불과하다는 것이 이상의 생각이다. 이러한 이상의 견해를 이해하기 위해 최재서의 평문을 조금 더 읽어보면 「날개」에 "모랄"은 없고 "斷片的인 포—즈에 不過한" 것만 찾을 수 있다는 구절을 찾을 수 있다. 여기서 나아가 그는 "그彼岸에 그「이상」의 獨自한 世界는 아즉 發見할수없다"는 판단을 내리기도 한다.[17] 이러한 최재서의 태도는 뷔르거의 용어를 빌자면 "제도 예술"이라는 틀과 "개별 작품의 내용"을 구별하지 않는 입장

---

16) 최재서, 「『川邊風景』과『날개』에關하야: 리아리즘의擴大와深化」, 『文學과 知性』, 인문사, 1938, 102면.

17) 위의 글, 112면.

이라고 할 수 있다.[18] 즉 그는 근대 예술은 제도적으로 사회로부터 자율적으로 존재하고 있는데, 그러한 존재 양식은 인식하지 않은 채로 개별 작품의 내용이 사회를 직접적으로 변화시킬 수 있어야 한다고 주문하고 있는 것이다.

이상은 최재서가 제시하는 이와 같은 모델로는 "19세기" '문학', 그가 생각하기에는 문학이 아닌 "대중문예"에 불과한 것 밖에는 생산할 수 없다고 보고 있다. 이상이 지향하는 "20세기" 문학, 진정한 근대 문학이란 제도 예술 자체를 문제 삼고 그것을 넘어서려는 움직임을 담고 있는 문학이다. 그러한 문학은 지속적으로 남을 모럴을 부르짖을 수 없으며, 순간적 포즈를 취하는 것으로만 만족할 수밖에 없다. 그런 문학이 겨냥하는 것은 제도 예술 자체의 파괴이지 제도 예술의 범위 내에서 새 버전의 예술 양식을 만들어내는 것이 아니기 때문이다. 이에 이상은 자신이 지향하는 문학을 이제 다시 할 수 없을 것만 같고, "소설"이라는 제도적 양식을 취하는 작품을 창작해낼 수밖에 없다는 데로 나아간다. 그럼에도 불구하고 자신의 목표를 포기할 수는 없었던 그는, "소설"을 "철저히" 씀으로써, 즉 그 양식의 한계까지를 실험해 봄으로써 제도 예술을 넘어서려고 하지만 그것은 시도되는 순간 곧장 실패할 수밖에 없도록 운명지어진 시도에 불과하다. 그가 자신을 "19세기와 20세기 틈사구니에 끼어 졸도하려는 무뢰한"으로 규정짓는 것은, 이처럼 자신이 경계에 서 있을 수밖에 없다는 점을 드러낸 것으로 보아야 한다.

3. 알레고리의 시학 혹은 퍼포먼스로서의 시

예술이라는 제도를 부정하고자 하는 이와 같은 지향은 결국 '예술 작

18) Peter Bürger, 앞의 책, 40면.

품' 이라는 카테고리를 구성하는 양식에 대한 부정으로 나아간다. 이때 양식의 부정이란 전대 양식의 변혁이라는 의미가 아니라 양식 자체의 소진을 통한 해소를 의미한다. 아방가르드의 이와 같은 기획은 '예술 작품'의 유기성 혹은 자족성을 파괴하는 것을 통해 달성된다. 이때 작품의 유기성이란 그 부분과 전체가 통일성을 가지고 관련되어 있는 성질을 가리킨다.[19] 유기적 작품 개념이 파기될 때 성립하는 것이 바로 알레고리(allegory)의 시학이다. 이는 발터 벤야민의.보들레르론에서 연원하는 개념으로 그 기원을 거슬러 올라가면 벤야민 사상의 비교적 초기 단계에서 전개된 독일 바로크 비극론에 이르게 된다. 전통적으로 알레고리는 상징에 비해 열등한 문채(文彩)로 생각되어 왔는데, 상징은 "표상과 언어의 의미론적 기능의 통일성을 보여주는 것으로 생각되었"던 반면[20] 알레고리에서 그러한 통일성은 구축되지 못하기 때문이다. 상징의 메커니즘에서 표상과 그것이 의미하는 것은 유기적으로 관련되어 있지만, 알레고리의 경우에는 그렇지 못하다는 것이다.

벤야민의 알레고리 개념은 본래 독일 바로크 비극 연구를 관통하는 키워드에 해당하지만 그가 아방가르드에 깊이 연루되어 있지 않았다면 불가능했을 개념이기도 하다.[21] 이는 벤야민이 평생에 걸쳐 탐구한 샤를르 보들레르에 관한 논의에 있어 현대적 시학의 근본 요건으로 정립된다. 우선 알레고리를 만드는 것은 어떠한 대상을 그것이 놓여 있는 맥락으로부터 완전히 분리하는 것에서 시작된다. "알레고리는 (중략) 이 세상에 침입하기 위해서 세상의 조화를 이룬 구조물들을 산산조각을 낼 욕구를 지닌 원한(Ingrimm)의 흔적을 지니고 있다."[22] 그렇게 맥락을 떠나 파편화

19) 위의 책, 94~95면.

20) Paul de Man, "The Rhetoric of Temporality," *Blindness and Insight: Essays in the Rhetoric of Contemporary Criticism*, University of Minnesota Press, 1983, p.189.

21) Peter Bürger, 앞의 책, 117면.

22) Walter Benjamin, 차봉희 역, 「중앙공원: 보들레르에 관한 이론적 단상」, 『현대사회와 예술』, 문학과지성사, 1980, 115면.

된 사물은 아무런 가치가 없는 것, 무상한 것이 되고 만다.

그러나 바로 이 파편성에서 역설적으로 영원성을 끌어내는 것이 알레고리의 핵심 원리이다. "혼란된 것을 묘사한다는 것은 혼란된 묘사와 같지 않다."[23] 이것이 알레고리의 성립을 가능하게 하는 전제가 된다. 알레고리는 현대를 이루는 지극히 완벽해 보이는 구조물들을 붕괴시키고 그것들이 배치되어 있는 질서를 흔들어 놓는 것에서 출발한다. 여기서 창출되는 것은 완벽한 혼란이다. 그러나 보들레르 같은 진정으로 현대적인 시인은 그러한 쓰레기와 넝마의 더미를 그 자체로 묘사함으로써 오히려 그것들이 근대적 도시에 귀속되기 전, 창세기적 혼돈의 세계에 그저 놓여 있던 때에 지녔던 의미들에 빛을 비춘다. "손에 쥐어진 파편에 화들짝 놀란 듯한 시선을 떨구는 명상가"[24]의 이미지, 그것이 바로 벤야민이 보았던 보들레르였고 알레고리 시학의 핵심이었다. 따라서 알레고리의 시학을 통해서 산출되는 작품은 "파편들의 조합으로 이념을 발생시키는" 것을 겨냥한다고 말할 수 있다.[25] 아무런 의미 연관이 없어 보이는 파편들이 나열되어 있다는 점에서 알레고리의 작품은 통일성이 기본 원리로 관철되어 있던 세계의 몰락을 드러내지만, 또 한편으로는 갈피를 잡을 수 없는 근대 세계를 구성하는 파편들로부터 영원성을 끌어낸다는 점에서 구원을 나타내기도 한다. 그런 의미에서 "몰락과 구원은 알레고리의 두 얼굴이다."[26]

알레고리의 시학은 따라서 해석학적 순환을 모델로 하는 해석에 저항한다. 부분들의 독해를 종합한 결과 전체의 의미가 산출되고 그렇게 확

23) 위의 책, 108면.

24) Walter Benjamin, 조형준 역, 『아케이드 프로젝트』 2권, 새물결, 2005, 778면. 이 책을 이루는 여러 개의 메모 묶음 중 J라는 기호 아래 분류된 보들레르에 관한 항목은 가장 많은 분량을 차지하고 있다. 이 무수한 단상들의 연쇄에 일관성을 부여하는 것이 있다면 그것은 '알레고리'와 보들레르 사이의 상관성에 대한, 강박적인 반복이다.

25) 진중권, 『현대미학 강의』, 아트북스, 2003, 37면.

26) Graeme Gilloch, 노명우 역, 「도시의 알레고리:파리, 보들레르와 현대성의 경험」, 『발터 벤야민과 메트로폴리스』, 효형출판, 2005, 273면.

보된 퍼스펙티브에서 부분들의 의미를 다시 조망한다는 식의 모델은 이 시학에 비집고 들어갈 틈이 없다. 이런 맥락에서 검토해볼 작품이 「오감도」이다. 일단 이 연작시는 『朝鮮と建築』이나 『가톨닉靑年』 같은, 문단과는 상관없는 지면에 작품을 발표하던 이상이 《조선중앙일보》라는 문단의 공기(公器)에 해당하는 매체에 발표한 것이라는 점에서 주목을 요한다. 당시 문단의 공식적인 발표 통로는 일차적으로 일간지라고 할 수 있는데 여기에 이상이 작품을 발표하는 것은 그의 시학을 공식적으로 선언하는 행위에 해당하기 때문이다.[27] 이 연작 중에서도 특히 「오감도 시제1호」는 이상의 알레고리 시학을 기술(技術)과 모티프 양면에 걸쳐서 종합적으로 구현하고 있는 텍스트라는 점에서 매우 중요하게 취급되어야 한다.

烏瞰圖

李箱

詩第一號

十三人의兒孩가道路로疾走하오.
(길은막달은골목이適當하오.)

第一의兒孩가무섭다고그리오.
第二의兒孩도무섭다고그리오.
第三의兒孩도무섭다고그리오.
第四의兒孩도무섭다고그리오.

27) 김용직, 「이상, 현대열(現代熱)과 작품의 실제」, 김용직 편, 앞의 책, 11~12면.

第五의兒孩도무섭다고그리오.

第六의兒孩도무섭다고그리오.

第七의兒孩도무섭다고그리오.

第八의兒孩도무섭다고그리오.

第九의兒孩도무섭다고그리오.

第十의兒孩도무섭다고그리오.

第十一의兒孩가무섭다고그리오.

第十二의兒孩도무섭다고그리오.

第十三의兒孩도무섭다고그리오.

十三人의兒孩는무서운兒孩와무서워하는兒孩와그러케뿐이모혓소. (다른事情은업는것이차라리나앗소)

그中에一人의兒孩가무서운兒孩라도좃소.

그中에二人의兒孩가무서운兒孩라도좃소.

그中에二人의兒孩가무서워하는兒孩라도좃소.

그中에一人의兒孩가무서워하는兒孩라도좃소.

(길은뚫닌골목이라도適當하오.)

十三人의兒孩가道路로疾走하지아니하야도좃소. (1:82~83)[28]

이 텍스트에서 가장 먼저 유의해야 할 것은 「오감도 시제1호」라는 제목이다. 앞선 연구자들은 '鳥→烏' 라는 바꿔치기에 깊은 관심을 보여왔고 따라서 이 변환의 의미에 대해서는 무수한 설이 있어 왔다. 그러나 여기서 주목하는 것은 '시제1호' 라는 부분이다. '오감도' 라는 큰 제목 아

28) 원래 발표 지면은 《조선중앙일보》, 1934년 7월 24일호이다.

래 앞으로 작품을 연재할 것을 암시하고자 했다면 '오감도 제1호' 혹은 '오감도 1호' 라는 제목으로도 충분했을 텐데, 굳이 "詩" 라는 단어를 삽입시킨 것은 잉여적인 것으로 보인다. 이 단어는 따라서 이상이 자신이 이 지면에 발표하고 있는 이 텍스트가 '시' 라는 양식에 드는 것이라는 점을 의식적이고 공공연하게 선언하고 있음을 의미한다. 역설적으로 말하자면, 그렇게 내놓고 선언하지 않고서는 이것이 그 자체로는 '시' 로 성립할 수 없다는 점을 드러내고 있는 것이다. 결국 이상은 시가 아닌 것을 시라는 범주에 포함시킴으로써 시라는 양식 자체 혹은 문학 작품이라는 개념 자체, 나아가 그것이 포함되어 있는 문학 그리고 예술의 범주를 의문에 부치는 효과를 거둔다.

이를 염두에 둘 때에야 당대의 독자들이 「오감도」 연작에 대해 보낸 반응의 본질을 간파할 수 있다. 당대의 독자들이 이를 문학 작품으로 보고 해석하려 하지 않고 "미친놈의 잠꼬대" 라는 식의 극언을 통해 무조건적인 거부감을 드러냈었다. 그러나 이런 식의 수용 방식이 오히려 이 '작품' 에 대한 최선의 독법이라고 보아야 한다.[29] 시작품을 둘러싼 소통의 코드를 깡그리 무시하는 것을 지향한 텍스트를 두고 해석을 시도하는 독자가 있다면 그것은 오히려 본질을 놓치는 결과에 해당한다. 그러나 이상이 이러한 독자들의 반응까지 염두에 두고 있었다고 볼 수는 없을 것이다. 그 스스로는 「산묵집(散墨集): 오감도 작자의 말」에서 보듯이 자신의 작품을 이해해 준 사람이 거의 없다는 사실에 대단한 실망감을 드러내고 있다(3:353). 따라서 「오감도」가 일으킨 스캔들을, 천재 이상이 펼쳐 놓은 심오한 작품 세계를 당대의 무지한 독자층 중에는 아무도 이해할 수 없었다는 식으로, 또는 사기꾼 이상의 연극이 양식 있는 독자들에 의해 제지되었다는 식으로도 볼 수는 없다.

이상이 한 것은 예술 아닌 것을 예술이라는 이름으로 공시함으로써 근

29) 김용직, 앞의 글, 12면.

대적 제도 예술의 존재 자체를 의문에 빠뜨리는 퍼포먼스를 행한 것까지이다. 그리고 독자들은 그에 대해서 가장 적확한 반응을 보였다. 이 사건에서 읽어내야 하는 것은 작품의 실패도, 수용의 실패도 아니며, 당대로부터 많은 시간이 경과한 후에도 그 퍼포먼스의 의의를 작품과 그 해석이라는 양자의 층위로만 환원시키려 하는, '해석' 의 실패이다. 여기서 필요한 것은 해석이 아니라 그 퍼포먼스 자체를 객관적으로 관찰하고 기술하는 것이다. 이처럼 「오감도 시제1호」는 그 신문지상에의 발표와 그것을 둘러싼 스캔들이 하나의 퍼포먼스로, 하나의 사건으로 드러나 있을 뿐 아니라 나아가 그것을 작품으로 가정하고 읽을 때조차도 해석을 거부하는 본질을 보이고 있다. 그렇다면 여기서 이 '작품' 을 '작품' 으로서 읽을 때, 해석학의 텍스트로 환원시킬 때에 어떤 효과가 발생하는지를 기술해 보도록 하자.[30)]

우선 이 텍스트의 첫 행은 13명의 아이가 도로를 향해 질주한다는 정보를 전달하면서 시작한다. 이어 2행에서 제시되는 정보는 특이하게 괄호로 묶여 있다. 이는 그 정보의 질이 1행의 그것과는 다르다는 점을 암시한다. 1행은 화자가 독자에게 직접 전달하는 정보, 독자가 그에 대해 즉각적으로 해석하는 행위로 돌입할 것을 요구하는 정보라면, 2행은 1행을 해석하는 데 있어 참고하면 되는 정보에 그친다. 이렇게 분리되어 있는 두 개의 해석상의 층위는 연극의 대사와 지문 사이의 구별을 연상시킨다.[31)] 13인의 아이가 질주하는 이미지를 떠올리되 그들이 달려가는 도

30) 그러나 한편으로 「오감도 시제1호」를 '해석' 한다는 행위 자체가 이미 李箱이 쳐놓은 함정에 걸려드는 것이라는 점은 자명하다. 그러나 李箱은 그러한 '해석' 의 과정을 거치지 않고서는 그러한 함정의 존재를 눈치챌 수 없도록 이 퍼포먼스를 설계해 놓았다. '해석' 을 수행함으로써만 '해석' 의 한계를 깨달을 수 있도록 되어 있는 텍스트, 스스로 텍스트이기를 거부하는 텍스트, 그 존재 상황 자체가 패러독스인 텍스트가 「오감도 시제1호」인 것이다.

31) 이 텍스트의 연극적인 특성에 대해서는 신형철, 「이상 시에 나타난 시선(視線)의 정치학과 거울의 주체론」, 신범순 외, 『이상 문학 연구의 새로운 지평』, 역락, 2006, 277~279면에서 지적된 바 있다. 이는 「오감도 시제1호」에서 완결된 텍스트로서 지니는 의미를 읽어내지 않고 "이야기와 현실의 경계" 를 "교란" 시키는 의도를 발견했다는 점에서 시사적인 연구라 할 수 있다.

로는 막다른 골목이라는 점을 염두에 두기를 바란다는 주문이다. 이 두 행은 전체 텍스트를 읽어 나가는 방법론을 제시해주는 부분에 해당한다. 독자는 이 텍스트를 마치 희곡을 읽을 때 연극의 상연을 상상하면서 읽어야 하듯이 읽어야 한다. 동시에 13인의 아이의 질주는 종국에는 실패할 수밖에 없는 절망적인 질주라는 느낌을 지니고 그 독해는 시작되어야 한다.

이어지는 3~15행은 이 질주하는 13인의 아이가 느끼는 무서움이라는 정서를 화자가 건조하게 전달해주는 것으로 이뤄져 있다. 이 13번의 반복은 일상 언어의 용법에서 보면 매우 비경제적인 소통 방법이다. 다만 '13인의 아해는 모두 무섭다고 그리오' 라고만 해도 그 내용 자체는 온전히 전달될 수 있다. 그러나 이 텍스트는 언어적으로 읽어서는 안 되고 연극적으로 읽어야 한다는 요령이 모두(冒頭)에 암시되어 있다는 사실을 상기할 필요가 있다. 따라서 독자는 이 13번의 반복을 순차적인 반복으로 읽어야 할 것이 아니라 지금 바로 눈앞에서 벌어지고 있는 동시적인 반복으로 읽어야 한다. 3~15행을 하나의 의미 단위로 읽고 독자는 13명의 아이가 모두 동시에, 무서워하면서 도로를 질주하고 있는 장면을 떠올려야 하는 것이다.

그렇다면 이 아이들은 도대체 무엇을 무서워하고 있는 것인가? 그리고 왜 그것을 감수하고라도 도로를 질주하는가? 그러한 질문에 대한 답을 모색해보기도 전에 16행에서는 전자에 대한 대답이 주어진다. 13인의 아이는 무서운 아이와 무서워하는 아이로 구성되어 있다는 것, 즉 그들 모두가 서로를 무서워하고 있다는 것이다. 16행의 끝에 붙인 지문에서 화자는 "다른 사정은 업는 것이 차라리 나앗소" 라고 함으로써 그들이 왜 서로를 무서워하는지에 대해서는 알 필요가 없다는 주문을 하고 있다. 이

그러나 결국 이 논의도 "이 시의 배경이 되는 도로가 경성의 도로이고 경성의 근대는 식민지 수탈 정책의 일환으로 이루어진 '식민지 근대화' 의 산물이라는 너무나 당연한 사실을 되새기" 는 데서 그치는 한계를 보이고 만다.

아이들의 무서움은 다만 그들 서로에 대한 것, 즉 그들 안에 한정되어 있을 뿐이니 그들 밖에서 그 공포의 원천을 찾으려는 시도는 애당초에 하지 않는 것이 좋겠다는 주문이다. 독자는 그저 눈앞에 펼쳐진 공포의 질주 장면을 아주 냉정하게, 그 어떤 해석의 지평에도 소환시키지 않고 그 자체로만 관찰하면 되는 것이다. 화자가 기계와 같이 아이들의 무서움을 더 이상 건조할 수 없는 어조로 전달하는 것과 같이 독자도 그들의 무서움에 공감할 필요가 전혀 없이 그것을 그저 바라보기만 하면 된다.

17~20행에서 전달되는 것은 행여 독자가 찾을지 모르는 해석의 가능성을 차단하려는 의도이다. 13인의 아이들이 서로를 무서워하고 있는 중이라 해도, 그들 중 누군가는 유달리 무서운 아이일 수도 있고 또 누군가는 무서움을 타는 아이일 수도 있을 것이다. 13명의 아이가 모두 균질하고 동등하게 서로를 무서워하고 있다고 이미 상정되었지만 독자는 그러한 주문을 거슬러 그들 사이의 차이를 발견함으로써라도 해석을 하고 싶은 욕망에 사로잡힐 수 있다. 17~20행은 13인의 아이 중 누가 무서운 아이고 누가 무서워하는 아이인지는 상관없다고 말함으로써 그러한 해석에의 시도를 차단시켜버린다. 아무런 의미가 없는 파편들이 완전하게 동등한 무게를 가지고 모여 있는 상황만이 거듭 확인될 뿐이다.

이제 이 텍스트의 결구를 이루는 21~22행은 지금까지의 모든 과정마저도 무위로 돌려버리고자 하는 의도의 소산이다. 독자는 지금까지 애써 상상하면서, 해석의 시도가 계속해서 좌절되는 과정을 감수하면서 이 마지막 두 행에 이르렀다. 여기서 독자가 대면하게 되는 것은 맨 처음 이 텍스트에 설정된 기본 상황 자체가 사라져 버리는 순간이다. 막힌 골목을 향해 무서운 질주를 하는 13인의 아이를 상상했던 독자는 그것이 아무것도 아니라는 사실을 대면하게 된다. 결말 부분에 가면 이 모든 수수께끼 놀음의 실마리가, 즉 이 텍스트의 의미를 개시해줄 열쇠가 있으리라는 독자의 기대는 이렇게 무너져 내린다.

이렇게 놓고 보면, 「오감도 시제1호」는 그것을 구성하고 있는 표상들이 무언가 통일적인 의미를 유기적으로 지시한다는 식의 '작품' 개념을 무너뜨리고 있다고 할 수 있다. 그런 의미에서 「오감도 시제1호」는 "텍스트 자체의 현실성"을 추구하는 아방가르드의 본질을 구현한 작품이라고 할 만하다. 텍스트가 그 자체로서 현실을 이루는 사건들과 동일한 평면 위에 놓이기를 갈구하는 텍스트, "현실성"이 지나쳐 현실을 반영하는 것에서는 만족하지 못하고 그 자체가 현실이 되어 버린 텍스트가 「오감도 시제1호」이다. 다시 말해 이 텍스트는 "의미론"으로부터 탈피한 시학, "발화와 퍼포먼스의 시학(a poetics of utterance and performance)"으로의 지향을 보여주고 있는데,[32] 이러한 표현을 통해서 우리는 「오감도 시제1호」가 텍스트로서가 아니라 퍼포먼스로서 읽혀져야 한다는 점을 다시금 확인할 수 있다.[33]

여기서 우리는 「오감도 시제1호」가 이상의 실질적 등단작이라는 점을 상기할 필요가 있다. 이상의 데뷔는 「오감도 시제1호」라는 '텍스트'를 통해 문학 작품을 생산해내는 제도 예술을 심리에 회부하는 것이었다.

---

32) Andrew Hewitt, "Avant-Garde and Modernism," *Fascist Modernism: Aesthetics, Politics, and the Avant-Garde*, Stanford University Press, 1993, p.39. 여기서 앤드류 휴잇은 모더니즘과 아방가르드를 구분하는 기준으로 다음과 같은 틀을 제시한다. 두 경향 모두 텍스트와 현실 사이의 경계를 모호하게 하는 것이 특징이지만 모더니즘은 "현실의 텍스트성"을 내세우는 반면 아방가르드는 "텍스트 자체의 현실성"에 방점을 찍는다는 것이다. 그렇기 때문에 아방가르드의 텍스트는 현실의 반영물이 아니라 현실 속에서 직접 작용하는 수행(performance)으로서 자리매김되는 것이다.

33) 최혜실은 「오감도 시제1호」가 " '공중에서 바라본, 운동감이 강조된 입체파류의 건물의 모습'을 그린 점에서는 「선에 관한 각서」와 동일하며 과학적인 의미를 초월하여 무수한 공포의 이미지를 창출했다는 점에서 후자를 문학적으로 극복한 작품이"라고 주장한다. 그러한 결론에 도달하기 전 그는 "본고의 해석 역시" "논리의 허점을 지닐" 수밖에 없고 "단지 지금까지 제시된 다양한 해석들을 좀더 일관된 논리로 단일화시키는 데 그 의의를 두고 싶다"면서 자신의 독법에 한계를 설정한다. 이는 그가 「오감도 시제1호」의 독해에서 이 작품이 초기의 일문시에 비해 볼 때 숫자나 기호를 사용하지 않고 언어로만 이뤄져 있다는 점에서 "문학성"을 지니고 있다는 점에 주목하고 있는 데서 기인하는 문제점으로 판단된다. 필자가 보기에 이러한 문제점은 비단 최혜실의 이 연구뿐만 아니라 「오감도 시제1호」를 '문학성을 가진 텍스트'로 취급하는 모든 연구에서 공통적으로 발견되는 것이다. 이를 극복하기 위해서는 이 '작품'의 '퍼포먼스'로서의 본질을 인식해야 한다는 것이 이 글의 기본 시각인 셈이다(최혜실, 『한국 모더니즘 소설 연구』, 민지사, 1992, 124~129면 참조).

이런 「오감도 시제1호」의 공적(公的) 발표라는 퍼포먼스를 통해 이상은 李箱일 수 있게 되었다. 제도 예술의 틀을 경계를 넘어서는 존재, 예술과 삶 사이의 엄격한 분리를 붕괴시키려 한 존재, 끊임없는 해석학적 실험의 장으로 소환되는 텍스트를 생산한 존재, 텍스트만으로는 그 해석이 완결될 수 없어 그 생산자를 분석할 수밖에 없도록 만드는 존재. 바로 그 존재, 즉 「오감도 시제1호」의 주체는 건축기사 김해경도 천재 예술가 이상도 아니다. 「오감도 시제1호」의 주체는 그 둘 사이에 존재하는 李箱이며 그는 오직 「오감도 시제1호」라는 사건을 통해서만 존재할 수 있다. 李箱은 「오감도 시제1호」라는 퍼포먼스를 통해서만 접근할 수 있는 존재이다. 그는 현실에도 텍스트에도 존재하지 않는다. 李箱은 「오감도 시제1호」이다.

4. 근대문학의 존재론 혹은 사건으로서의 李箱

공포의 질주를 하는 13인의 아이라는 파편을 벽돌 모양으로 균질하게 깎아서 한군데 모아 놓은,[34] 李箱 시학에 대해 우리는 벤야민의 알레고리의 시학이라는 틀을 통해 접근할 수 있을 것이라는 가설을 앞에서 내세운 바 있다. 알레고리의 작품은 파편들의 무질서해 보이는 회집물(會集物) 가운데 별자리처럼 떠오르는 이념을 찾아내는 비평과 짝을 이룰 때에만 그 본질을 열어 보인다. 다시 한 번 강조하자면 그 이념은 파편들이 유기적으로 구성됨으로써 떠오르는 것이 아니라 파편들이 그저 파편으로서 모여 있음으로 해서 떠오르는 것이다. 그렇다면 「오감도 시제1호」를 비평하는 자가 찾아내야 하는 이념은 과연 무엇인가? 여기서 알랭 바디우의 다음의 서술을 음미해 보자.

34) 김윤식, 『이상연구』, 문학사상사, 1987, 61면.

> 주체는 무엇인가가 일어났기를, '이미 주어진 것' 속의 그 일상적 기입으로는 환원될 수 없는 무엇인가가 일어났기를 요구하는 것이다. 이 잉여적 부가물을 사건이라고 부르자. 그리고 진리가 문제삼아지지 않는(오직 의견만이 문제삼아지는) 다양태적 존재를 사건과 구분하자. 사건은 우리로 하여금 새로운 존재 방식을 결정하도록 강요하는 것이다. (중략) 이제부터 사건적인 잉여적 부가물의 관점에서 상황에 관계하려는 결정으로부터이다. 이를 충실성이라고 부르자. (중략) 1905년 아인슈타인의 텍스트들 이후로, 만약 내가 그 텍스트들의 근본적인 새로움들에 충실하다면, 나는 물리학을 고전적 틀 속에서 계속할 수는 없는 것이다. (중략) 우리는 한 사건에 대한 충실성의 실재적 과정을 '진리' (하나의 진리)라고 부른다.[35]

앞서 논의한 바, 이상은 그 존재 자체로서 제도 예술의 영역 내에서는 해결되지 않는 문제들을 산출한다. 李箱은 근대적 제도 예술에 있어서 잉여적 부가물이며 따라서 사건으로 규정될 수 있다. 사건으로서의 李箱은 근대 문학이라는 제도 내에서 발언하는 사람이 주체가 되기를 요구한다. 기존의 상황에 대한 지식으로 환원되지 않는 잉여적인 것만이, 제도의 행로를 따르던 자, 다시 말해 여태껏 주체였던 적이 없던 자로 하여금 주체가 되도록 강요하기 때문이다. 사건을 외면하지 않고 자신을 주체로서 세우려는 충실성을 견지할 때, 바디우는 진정한 인간적 차원으로서의 윤리적 층위가 개시된다고 보았다. 그렇다면 한국 근대 문학에서 李箱이라는 존재는 그를 대면하는 윤리적 주체들로 하여금 한국 근대 문학 자체를 다시 사유하도록 하는, 즉 한국 근대 문학의 존재론을 구성하도록 하는 사건인 셈이다. 李箱의 알레고리 시학에서 현재의 우리가 읽어내야 하는 이념은 바로 한국 근대 문학에 대한 존재론에의 요구, 그것이다.

35) Alain Badiou, 이종영 역, 『윤리학』, 동문선, 2001, 54~56면(강조는 원문).

참고문헌

고 은, 『이상평전』, 향연, 2003.

권영민 편, 『이상 문학 연구 60년』, 문학사상사, 1998.

김연수, 『꾿빠이, 이상』, 문학동네, 2001.

김용직 편, 『이상』, 문학과지성사, 1977.

김윤식, 『이상연구』, 문학사상사, 1987.

김주현, 『이상 소설 연구』, 소명, 1999.

박현수, 「이상 시의 수사학적 연구」, 서울대 박사학위 논문, 2002.

신범순 외, 『이상 문학 연구의 새로운 지평』, 역락, 2006.

안성찬, 『숭고의 미학:파괴와 혁신의 문화적 동력』, 유로서적, 2004.

오세영, 「모더니즘, 포스트모더니즘, 아방가르드」, 『한국 근대문학론과 근대시』, 민음사, 1996.

이경훈, 『이상, 철천의 수사학』, 소명, 2000.

이 상, 『이상문학전집』 1~5권, 이승훈 · 김윤식 편, 문학사상사, 1991~2001.

_____, 『이상문학전집』 1권, 김주현 편, 소명, 2005.

전영준, 「이상 시의 건축술과 분열의 형식」, 제2회 한국문학연구를 위한 국제교환 프로그램 자료집, 2005.

조영복, 『한국 모더니즘 문학의 근대성과 일상성』, 다운샘, 1997.

진중권, 『현대미학 강의: 숭고와 시뮬라크르의 이중주』, 아트북스, 2003.

최재서, 『문학과 지성』, 인문사, 1938.

최혜실, 『한국 모더니즘 소설 연구』, 민지사, 1992.

Badiou, Alain, 이종영 역, 『윤리학』, 동문선, 2001.

Benjain, Walter, 조형준 역, 『아케이드 프로젝트』 1~2권, 새물결, 2005.

____________, 반성완 역, 『발터 벤야민의 문예이론』, 민음사, 1983.

____________, 차봉희 역, 『현대사회와 예술』, 문학과지성사, 1980.

Bolz, Nobert & Willem van Reijen, 김득룡 역, 『발터 벤야민』, 서광사, 2000.

Buck-morss, Susan, 김정아 역, 『발터 벤야민과 아케이드 프로젝트』, 문학동네, 2004.

Bürger, Peter, 최성만 역, 『전위예술의 새로운 이해』, 심설당, 1986.

Calinescu, Matei, 이영욱 외 역, 『모더니티의 다섯 얼굴』, 시각과언어, 1994.

De man, Paul, "The Rhetoric of Temporality," *Blindness and Insight*, University of Minnesota Press, 1983.

Gilloch, Graeme, 노명우 역, 『발터 벤야민과 메트로폴리스』, 효형출판, 2005.

Hewitt, Andrew, Fascist Modernism; *Aesthetics, Politics, and the Avant-Garde*, Stanford University Press, 1993.

Hobsbawm, Eric, 양승희 역, 『아방가르드의 쇠퇴와 몰락』, 조형교육, 2001.

Lyotard, Jean-Francois, 이현복 역, 「숭고와 아방가르드」, 『지식인의 종언』, 문예출판사, 1993.

Poggioli, Renato, 박상진 역, 『아방가르드 예술론』, 문예출판사, 1996.

Tzara, Tristan & André Breton, 송재영 역, 『다다/쉬르레알리슴 선언』, 문학과지성사, 1987.

편저자 소개

신범순 | 서울대 국문과 및 동 대학원 졸업. 서울대학교 국어국문학과 교수. 『한국현대시사의 매듭과 혼』, 『글쓰기의 최저낙원』, 『한국현대시의 퇴폐와 작은 주체』, 『깨어진 거울의 눈-문학이란 무엇인가』(공저), 『바다의 치맛자락』 등의 저서와 「원초적 시장과 레스토랑의 시학」, 『제축적 신시와 처용 신화의 전승』, 「담배파이프와 안경의 얼굴기호」, 「이상의 원시주의와 부채꼴 인간의 의미」 등의 논문이 있음.

김주현 | 안동대 및 서울대 국문과 대학원 졸업. 경북대학교 국어국문학과 교수. 1995년 조선일보 신춘문예 평론부문 등단. 『이상 소설 연구』와 편저로 『정본이상문학전집』(전3권), 『백세 노승의 미인담(외)-신채호선집』 등의 저서와, 「김동리의 사상적 계보 연구」, 「국문 창제 요의설(了義說)을 통한 '천희당시화'의 저자 규명」 등의 논문이 있음.

조영복 | 서울대 국문과 및 동 대학원 졸업. 광운대 국어국문학과 교수. 『1920년대 초기 시의 이념과 미학』, 『월북 예술가 오래 잊혀진 그들』 등의 저서가 있음.

조은주 | 서울대 국문과 대학원 박사과정 재학 중. 「이상 문학의 낭만성 연구」 등의 논문이 있음.

조규갑 | 서울대 국문과 대학원 석사과정 재학 중.

김초희 | 서울대 국문과 대학원 박사과정 수료. 「정지용 문학의 감각연구」 등의 논문이 있음.

최진옥 | 중앙대 국문과 졸업. 서울대 국문과 대학원 박사과정 수료. 「이문구 소설 연구」 등의 논문이 있음.

송민호 | 서울대 국문과 졸업. 동 대학원 박사과정 수료. 「이상 문학에 나타난 화폐와 글쓰기의 상관성 연구」 등의 논문이 있음.

정주아 | 서울대 국문과 졸업. 동 대학원 박사과정 수료. 「김원일 소설에 나타난 기억 방식 연구」 등의 논문이 있음.

박슬기 | 연세대 인문학부 졸업. 서울대 국문과 대학원 박사과정 수료. 충북대학교 강사. 『20세기한국시론』(공저), 『주근옥의 문학세계』(공저) 등의 저서와 「한국 전후 시의 그로테스크 시학 연구–박인환, 고석규, 전봉건을 중심으로」, 「이광수의 문학관, 심미적 형식과 '조선' 의 이념화」, 「1960년대 동인지의 성격과 『현대시』 동인의 이념」 등의 논문이 있음.

정하늬 | 가톨릭대학교 국문과 졸업. 서울대 국문과 대학원 박사과정 수료. 「오정희 소설에 나타난 공간 의식 연구– '집' 을 중심으로」 등의 논문이 있음.

조윤정 | 서울대 국문과 대학원 박사과정 재학 중. 「이태준 문학의 심상지리 연구」, 「잡지 《소년》과 국민문화의 형성」 등의 논문이 있음.

박현수 | 세종대 및 서울대 국문과 대학원 졸업. 경북대학교 국어국문학과 교수. 1992년 한국일보 신춘문예 시 부문 등단. 『우울한 시대의 사랑에게』(시집), 『모더니즘과 포스트모더니즘의 수사학』, 『현대시와 전통주의의 수사학』 등의 저서와 「현대시와 은유의 세 층위」, 「김종삼 시와 포스트모더니즘의 수사학」 등의 논문이 있음.

오주리 | 서울대 사범대 졸업 및 국문과 대학원 박사과정 수료. 1998년 서울대 대학문학상 시 부문 당선. 「소월의 '사랑시' 연구」 등의 논문이 있음.

최현희 | 성균관대 어문학부 졸업. 서울대 국문과 대학원 박사과정 수료. 충북대학교 강사. 「반복의 자동성을 넘어서: 최인훈의 「구운몽」과 정신분석학적 문학비평의 모색」, 「1920년대 초 한국문학과 동인지 『폐허』의 위상」, 「이태준의 『별은 창마다』 연구」, 「이태준의 『화관』 연구」, 「최인훈 소설에 나타난 '사랑' 의 의미 연구」 등의 논문이 있음.

이상의 사상과 예술

초판 1쇄 발행 2007년 8월 30일

지은이 신범순 외
펴낸이 이 재 선
펴낸곳 신구문화사

출판등록 1968년 6월 10일
주소 서울시 종로구 청진동 229-1
전화 02-735-4461~5
팩스 02-732-4838
e-mail kkk33@korea.com

ISBN 978-89-7668-139-3 93810

값 25,000원
* 지은이와의 협의에 따라 인지는 생략합니다.
* 잘못된 책은 바꾸어 드립니다.